Nacht über Europa

Das Buch

In seiner großen Kulturgeschichte des Ersten Weltkriegs lenkt der Historiker Ernst Piper den Blick weg vom Schlachtengetümmel, hin zu den kulturellen Strömungen der Zeit. Er beschreibt die geistige Mobilmachung der Nationen, die Entwicklung des totalen Krieges, die Spaltung der Arbeiterbewegung, die Not der jüdischen Minderheiten und das unheilvolle Fortwirken des Krieges in Deutschland nach der Niederlage von 1918. Eindringlich zeigt er, wie sich das Kriegsgeschehen in Debatten, Literatur und Bildmedien spiegelt. Er stellt die politischen, geistigen und künstlerischen Akteure als Seismographen der tiefgreifenden Veränderungen vor, die die Welt erschütterten.

Piper schildert, wie die engmaschigen kulturellen Netzwerke der europäischen Eliten mit Kriegsausbruch schlagartig zerrissen, wie aus eben noch befreundeten Literaten Kriegspropagandisten wurden, wie das Kriegsgeschehen vielfältig verklärt und überhöht wurde, welche Verheerungen es in den Köpfen der Europäer anrichtete, aber auch, wie sich Kriegsgegner aller Seiten dem Feindbild-Denken widersetzten und sich, vor allem im Schweizer Exil, die Hände reichten. So entsteht eine neue, eindringliche Erzählung des Ersten Weltkriegs, die weit über das Gemetzel an den Fronten hinausweist.

Der Autor

Ernst Piper, geboren 1952 in München. Studium der Geschichte, Philosophie und Germanistik in München und Berlin. Er ist Privatdozent für Neuere Geschichte an der Universität Potsdam und hat zahlreiche Veröffentlichungen zur Geschichte der Renaissance sowie des 19. und 20. Jahrhunderts vorgelegt, zuletzt »Nationalsozialismus. Seine Geschichte von 1919 bis heute« (2012). Ernst Piper lebt in Berlin.

ERNST PIPER

NACHT ÜBER EUROPA

Kulturgeschichte
des Ersten Weltkriegs

List Taschenbuch

Besuchen Sie uns im Internet:
www.list-taschenbuch.de

Ungekürzte Ausgabe im List Taschenbuch
List ist ein Verlag der Ullstein Buchverlage GmbH, Berlin.
1. Auflage Dezember 2014
© Ernst Piper, 2013
© Ullstein Buchverlage GmbH, Berlin 2013/Propyläen Verlag
Lektorat: Jan Martin Ogiermann
Umschlaggestaltung: Sabine Wimmer, Berlin
Titelabbildung: Klemens Brosch: »Schlummernder Mann im Schnee
vor dunklem Himmel«, © Oberösterreichische Landesmuseen
Satz: LVD GmbH, Berlin
Gesetzt aus der Janson und Futura
Papier: Pamo Super von Arctic Paper Mochenwangen GmbH
Druck und Bindearbeiten: CPI books GmbH, Leck
Printed in Germany
ISBN 978-3-548-61231-7

Inhalt

Vorwort

Der deutsch-französische Krieg von 1870/71, der zur Gründung des Deutschen Reiches führte, ist für mich ein historisches Ereignis, ich habe keinen persönlichen Bezug zu ihm. Ganz anders der Erste Weltkrieg. Meine beiden Großväter waren in diesen Krieg involviert. Der eine gehörte zu den wenigen Menschen, die damals schon einen Führerschein besaßen. Er hatte nicht als Soldat gedient, konnte aber Auto fahren und wurde deshalb an der Westfront als Lkw-Fahrer bei einer Versorgungseinheit eingesetzt. Der andere Großvater hatte zehn Jahre zuvor einen Verlag gegründet und war in vielerlei Hinsicht vom Kriegsgeschehen betroffen. Alle sechs männlichen Mitarbeiter wurden eingezogen, drei von ihnen kamen nicht zurück. Auch die beiden Teilhaber meines Großvaters standen im Feld. Der eine musste als Reserveoffizier sofort einrücken, der andere Mitgesellschafter wurde aus gesundheitlichen Gründen zurückgestellt, meldete sich aber freiwillig und kam ebenfalls an die Front. Beide wurden in regelmäßigen Briefen über das Geschehen im Verlag unterrichtet, in einem der Briefe hieß es: »Die Kriegsproduktion droht alles andere zu verschlingen.« Reinhard Piper war darangegangen, in Zusammenarbeit mit Heeresstellen repräsentative Alben herauszubringen, zum Beispiel *Zwischen Arras und Péronne* oder *Die Schlacht in Flandern*, von denen die entsprechenden Truppenteile hohe Stückzahlen abnahmen. Von dem Band *Das schöne Ostpreußen*, der dem Sieger von Tannenberg Paul von Hindenburg gewidmet war, wurden in kurzer Zeit 20 000 Exemplare verkauft. Mein Großvater rechnete auch selbst mit seiner Einberufung und wies für diesen Fall seine Schwester Gertrud umfassend in die Verlagsgeschäfte ein. Tatsächlich wurde er nicht einberufen, wohl aber sein Schwager, der jüdische Arzt Ludwig Stern, der bei den Kämpfen so schwer verwundet wurde, dass er seinen Verletzungen wenige Jahre nach Kriegsende erlag.

Mein Vater und sein Bruder bekamen von dem Kunstakademieprofessor Franz Reinhardt, der mit meinem Großvater befreundet war, 1915 das handgemalte Kriegsbilderbuch *Freund und Feind* geschenkt, damit sie sich im zarten Alter von vier bzw. zwei Jahren von den Kriegsparteien ein Bild machen konnten. Während der Revolution im November 1918, inzwischen war mein Vater sieben Jahre alt, musste er mit ansehen, wie vor dem Haus, in dem die elterliche Wohnung lag, auf der Straße ein Mann erschossen wurde, ein Geschehnis, das ihm zeitlebens vor Augen stand. All dies führt dazu, dass für mich der Erste Weltkrieg ein Ereignis der Zeitgeschichte ist, ein Ereignis der Epoche der Mitlebenden, auch wenn die erwähnten Vorfahren inzwischen alle längst verstorben sind. Vielleicht ist das gar nicht untypisch. Stéphane Audoin-Rouzeau und Annette Becker vertreten die These, dass seit den neunziger Jahren des vergangenen Jahrhunderts eine »Wiederkehr des Verdrängten« zu beobachten sei und dass dies mit der dritten Generation, also meiner, zusammenhänge: »Vielleicht sollten wir bei der dritten Generation nach den Narben suchen, die das ungeheure Blutbad der Zeit von 1914 bis 1918 hinterlassen hat.«[1]

In Deutschland war die Erinnerung an dieses ehedem so umkämpfte Ereignis nach 1945 durch die jüngste Vergangenheit überlagert und lange Zeit nahezu marginalisiert. Während in England und Frankreich »The Great War« beziehungsweise »La Grande Guerre« immer unübersehbar präsent war, verdrängten ihn hierzulande die jedes menschliche Vorstellungsvermögen übersteigenden Schrecknisse des Holocaust. Die lange Zeit stark auf die NS-Geschichte fokussierte Zeitgeschichtsforschung tendierte dazu, die Zeit vor 1933 zur Vorgeschichte des Folgenden zu degradieren, die vor allem unter dem Aspekt des Aufstiegs der

NSDAP rezipiert wurde.[2] Erst in jüngster Zeit wird der Erste Weltkrieg verstärkt im Kontext der Gewaltgeschichte des 20. Jahrhunderts und des »europäischen Bürgerkriegs« diskutiert, ein Begriff, den Franz Marc schon 1914 geprägt hat.[3]

So kehrt der Erste Weltkrieg nun auch in Deutschland machtvoll in das kulturelle Gedächtnis zurück, was zu einer erstaunlichen Reihe repräsentativer Darstellungen, aber auch zur Erforschung vieler in der Vergangenheit vernachlässigter Aspekte geführt hat, zum Beispiel der Geschichte der Propaganda oder der Mediengeschichte. Der neunzigste Jahrestag im Jahr 2004 markierte bisher den Höhepunkt der erneuten Konfrontation mit diesem Krieg. Ich bin sicher, dass die Auseinandersetzung zum hundertsten Jahrestag 2014 angesichts der inzwischen bestehenden medialen Möglichkeiten noch weitaus intensiver ausfallen wird. Der Erste Weltkrieg wird heftiger in unsere Wohnstuben Einzug halten als je zuvor. Der Krieg kehrt in die Gegenwart zurück, wobei sich zugleich die Frage stellt, wie viel unsere Vorstellung von diesem Krieg noch mit dem Geschehen der Jahre 1914 bis 1918 zu tun hat beziehungsweise wie stark das Bild des Jahres 2014 sich durch die memoriale und historiographische Überformung von diesem Geschehen entfernt hat.

Die Geschichte ist das Objekt einer Konstruktion, wie Walter Benjamin einmal bemerkt hat. Diese Konstruktion geschieht nicht in einem abstrakten, luft- oder gar zeitleeren Raum, sondern an einem konkreten Ort, der mit Jetztzeit gefüllt ist. Bei jeder erneuten Konstruktion ist die Jetztzeit eine andere, so dass auch das Ergebnis jedes Mal ein anderes ist.[4] Heute steht nicht mehr die Abwehr der These von der deutschen Kriegsschuld oder die Leugnung der Niederlage mit Hilfe der Dolchstoßlegende im Vordergrund. Und für die Franzosen ist Verdun nicht mehr in erster Linie eine Projektionsfläche des Patriotismus, ein Ort, an dem die Grande Nation sich in äußerster Bedrängnis bewährte, sondern auch ein Ort der Versöhnung. Inzwischen haben die Deutschen ihren Frieden mit diesem Krieg gemacht. Nach

9

1918 fehlte es an einem die Nation einenden Narrativ der Niederlage, an seine Stelle trat ein Wettstreit der wechselseitigen Schuldzuweisungen. Ein Konsens war allenfalls im Wunsch nach Revision des Friedensvertrags von Versailles zu finden. Erst nach 1945, nach dem zweiten verlorenen Krieg, war in Deutschland eine »Kultur der Niederlage« (Wolfgang Schivelbusch) möglich.[5]

Michel Foucault hat die Auffassung vertreten, dass jede Aufzeichnung der Geschichte ihrerseits auch eine Repräsentation von Geschichte und insofern immer abhängig von Vermittlung und Perzeption ist. Das Studium der Geschichte sei immer nur ein Studium verschiedener Formen von Erinnerung.[6] Auf die Erforschung verschiedener Formen des Erinnerns und Gedenkens habe ich bei meiner Arbeit als Historiker immer großen Wert gelegt, sie wird auch im letzten Kapitel dieses Buches eine Rolle spielen. Aber ich glaube nicht, dass Vergangenheitspolitik und Erinnerungskultur Teil des geschichtswissenschaftlichen Materials sind. Die Erinnerung tritt nicht an die Stelle des Geschehens, auch wenn beide sich oftmals in Konkurrenz zueinander befinden. Der Historiker ist Wissenschaftler und nicht Zeitzeuge. Objekt seiner Forschung ist das Ereignis ebenso wie dessen Tradierung, die Rekonstruktion des Geschehens wie die Beschäftigung mit den symbolischen Dimensionen der Vergangenheit, mit kollektiver Imagination oder mit der Analyse der Formen und Funktionen des Gebrauchs der Geschichte, wie sie sich in Gedenkstätten, historischen Museen oder Denkmälern sowie andererseits an den »politischen Orten« (Sandra Petermann)[7] manifestiert.[8] Den Geschichten kommt dabei ebenso Bedeutung zu wie der Geschichte. Das eine wird durch das andere begreifbar. Die »Dialektik des Konkreten« (Karel Kosik) geht davon aus, dass jede Erscheinung als Moment des Ganzen begriffen werden kann.[9]

In dem vorliegenden Buch wird die Zeit von 1914 bis 1918 aus einer kulturgeschichtlichen Perspektive betrachtet, es geht um

»symbolische Formen der Vergangenheit« wie »Zeichen, Metaphern, politische Sprachen, kollektive Repräsentationen oder Rituale«,[10] aber auch um die Akteure und ihre unmittelbare Perzeption des historischen Geschehens, die noch nicht durch das Wissen um das Ergebnis des Krieges und spätere Sinndeutungen überformt ist. Mein besonderes Interesse gilt den jeweiligen diskursiven Anstrengungen zur Legitimation des kriegerischen Handelns beziehungsweise des Handelns in Kriegszeiten, also der umfangreichen Literatur im Kontext der geistigen Mobilmachung, aber auch dem Propagandaschrifttum, den Kriegszieldiskussionen, den Werken der Kriegsteilnehmer und der Kriegsgegner und nicht zuletzt den Artefakten der Memorialkultur. Im Zentrum stehen dabei die Mittelmächte, die nach allem, was wir heute wissen, den Krieg nicht allein verschuldeten, aber durch ihr Verhalten in den entscheidenden Krisenwochen ihn doch jedenfalls maßgeblich mit auslösten. Korrespondierend soll aber auch das Geschehen in den gegen das Deutsche Reich und die Habsburger Monarchie verbündeten Staaten, namentlich in Großbritannien, Frankreich und Italien, sowie im neutralen Ausland in den Blick genommen werden. Ziel dieser Arbeit ist eine »dichte Beschreibung« im Sinne der Kulturtheorie von Clifford Geertz,[11] der den Menschen in ein Bedeutungsgewebe verstrickt sieht, das er Kultur nennt: »Ihre Untersuchung ist daher keine experimentelle Wissenschaft, die nach Gesetzen sucht, sondern eine interpretierende, die nach Bedeutungen sucht.«[12] Ob dieses Ziel erreicht worden ist, muss der geneigte Leser entscheiden.

Ich danke meinem Agenten und Freund Peter Fritz, der sich mit großem Engagement der Vermittlung dieses Buchprojektes angenommen hat. Für die sachkundige und engagierte Betreuung danke ich dem Team des Propyläen Verlages, besonders Jan Martin Ogiermann, Christian Seeger und Tanja Ruzicska. Sönke Neitzel, Gerhard Hirschfeld und Andreas Austilat haben sich in dankenswerter Weise früherer Arbeitsergebnisse angenommen.

Kerstin Lorenz hat mich unermüdlich bei den bibliographischen Recherchen unterstützt. Den Teilnehmern meiner Seminare an der Universität Potsdam verdanke ich wertvolle Anregungen. Ganz besonders aber danke ich Heike Roehl, die mich mit gro-ßer Freude, stimulierendem Interesse, äußerst hilfreichen Sprach-kenntnissen und nie erlahmender Energie bei meinen Reisen zu den ehemaligen Schlachtfeldern begleitet hat. Ihr verdankt das Buch am meisten, ihr ist es zugeeignet.

Alle Straßen münden in schwarze Verwesung

Der österreichische Dichter Georg Trakl, 1887 in Salzburg geboren, wuchs, äußerlich wohlbehütet, als viertes von sechs Kindern in einer gutbürgerlichen Familie auf. Und doch hat er die Abgründe menschlichen Seins durchmessen wie nur wenige. Der Vater betrieb eine florierende Eisenhandlung, die von der industriellen Entwicklung im Land profitierte. Er war ein Familienoberhaupt von ausgleichendem Temperament, mit deutschnationalen Sympathien, aber loyal gegenüber dem habsburgischen Herrscherhaus. Der Sohn Georg besuchte das humanistische Gymnasium, musste allerdings wegen ungenügender Leistungen vor dem Abitur von der Schule abgehen und begann eine Ausbildung als Apotheker. 1908 ging er nach Wien, um dort Pharmazie zu studieren. Trakls Jugendjahre waren von depressiven Verstimmungen überschattet. Seine immer häufigeren Rauschmittelexzesse beschränkten sich nicht auf Alkohol, schon seine Mutter war drogenabhängig gewesen. Georg Trakl nahm alles, dessen er habhaft werden konnte, Morphium, Opium und andere Betäubungsmittel. Durch seine Tätigkeit als Apotheker hatte er leichten Zugang zu vielerlei Rauschmitteln, und mehr als einmal fanden seine Freunde ihn vom Chloroform betäubt.

Schon als Gymnasiast hatte Trakl zu schreiben begonnen, kleine Prosastücke, dramatische Szenen, vor allem aber Lyrik, schwermütige, vom französischen Symbolismus beeinflusste Gedichte. Bald fand er zu einem ganz eigenen Ton, der von einer großen Begabung zeugte, aber auch von Unbehaustheit und tiefer Verzweiflung. In den letzten Jahren vor Ausbruch des Ersten Weltkriegs entstanden die Gedichte, die Trakls Ruhm als einer

der bedeutendsten expressionistischen Dichter begründen sollten. 1913 brachte der Berliner Verleger Kurt Wolff einen ersten
Band mit Gedichten des Österreichers heraus.[13] In dem dort ab-
gedruckten Gedicht »Menschheit« intoniert Georg Trakl ein
apokalyptisches Szenario:

> Menschheit vor Feuerschlünden aufgestellt,
> Ein Trommelwirbel, dunkler Krieger Stirnen,
> Schritte durch Blutnebel; schwarzes Eisen schellt,
> Verzweiflung, Nacht in traurigen Gehirnen:
> Hier Evas Schatten, Jagd und rotes Geld.
> Gewölk, das Licht durchbricht, das Abendmahl.
> Es wohnt in Brot und Wein ein sanftes Schweigen
> Und jene sind versammelt zwölf an Zahl.
> Nachts schrein im Schlaf sie unter Ölbaumzweigen;
> Sankt Thomas taucht die Hand ins Wundenmal.[14]

Während Jakob van Hoddis in seinem berühmten Gedicht »Welt-
ende« das jugendlich-ungestüme Aufbegehren gegen das satu-
rierte wilhelminische Bürgertum bildstark artikulierte, dominieren bei Trakl Ausweglosigkeit und Untergangsstimmung.
Allenfalls der Verweis auf das letzte Abendmahl kann als Hoffnung auf eine religiöse Erlösung nach der Apokalypse gedeutet
werden. Aber ungleich stärker als die Hoffnung ist bei Trakl die
Vision des nahen Endes, der finalen Katastrophe. Er ist, anders
als all die anderen, kein Dichter, der den Furor teutonicus be-
singt. Er richtet keine Hoffnungen auf den nahenden Krieg.
    Apokalyptische Bilder hatten eine große Tradition in der eu-
ropäischen Literatur und Kunst, gerade im Ersten Weltkrieg
fanden sie weite Verbreitung. Doch nach den Erfahrungen von
Auschwitz und Hiroshima ist die Apokalypse aus der Literatur
verschwunden: »Die literarische Metapher der Apokalypse eig-
net sich für nahezu jede menschliche Katastrophe mit Ausnahme
der letzten und endgültigen.«[15] Georg Trakl wusste nichts von

Auschwitz und Hiroshima. Aber anders als viele seiner Zeitgenossen beschlichen ihn Ahnungen von den namenlosen Schrecken des Krieges.

Nachdem er seinen militärischen Präsenzdienst als Einjährig-Freiwilliger bei der k. u. k. Sanitätsabteilung Nr. 2 in Wien absolviert hatte, wurde Georg Trakl am 1. Dezember 1911 zum Landwehrmedikamentenakzessisten ernannt. Es folgte eine unstete Zeit, in der er häufig den Aufenthaltsort wechselte, auch die geliebte Schwester Margarete in Berlin besuchte und sich verschiedentlich um Anstellungen bewarb, zuletzt beim niederländischen Kolonialamt, wo er aber abgewiesen wurde. Seine wirtschaftliche Situation war in jener Zeit prekär, aber sein Freund und Förderer Ludwig von Ficker, der in Innsbruck die Kulturzeitschrift *Der Brenner* herausbrachte, verständigte sich am 27. Juli 1914 mit Ludwig Wittgenstein darüber, dass von den 100 000 Kronen, die dieser für den *Brenner* zur Verfügung gestellt hatte, 20 000 Kronen Georg Trakl zukommen sollten. (Einen Beitrag in dieser Höhe sollte auch Rainer Maria Rilke bekommen.) Damit wäre die Existenz des Dichters auf Jahre hinaus gesichert gewesen. Doch am Tag darauf erklärte Österreich-Ungarn dem Königreich Serbien den Krieg.

Im August wollte Trakl in seine Geburtsstadt Salzburg reisen, doch der Kriegsausbruch hinderte ihn daran. Am 5. August meldete er sich freiwillig bei seiner Einheit zur »aktiven Dienstleistung«,[16] wohl nicht so sehr aus patriotischem Überschwang, sondern eher sich in das Unvermeidliche schickend, um wenigstens die Vorteile eines Freiwilligen zu genießen. Das Kommende sah Georg Trakl mit großer Klarheit voraus. Es gibt ein einziges Gedicht von ihm, von dem wir sicher wissen, dass es im August 1914 entstanden ist:

Im Osten
Den wilden Orgeln des Wintersturms
Gleicht des Volkes finstrer Zorn,

15

Die purpurne Woge der Schlacht,
Entlaubter Sterne.

Mit zerbrochnen Brauen, silbernen Armen
Winkt sterbenden Soldaten die Nacht.
Im Schatten der herbstlichen Esche
Seufzen die Geister der Erschlagenen.

Dornige Wildnis umgürtet die Stadt.
Von blutenden Stufen jagt der Mond
Die erschrockenen Frauen.
Wilde Wölfe brachen durchs Tor.[17]

Am 24. August fuhr Trakl mit einer Sanitätskolonne von Innsbruck aus an die Front. Als der Verleger Ludwig von Ficker sich von ihm auf dem Hauptbahnhof verabschiedete, drückte Trakl ihm einen Zettel in die Hand:

Gefühl in den Augenblicken totenähnlichen Seins
Alle Menschen sind der Liebe wert
Erwachend fühlst du die Bitternis der Welt
darin ist alle deine ungelöste Schuld
dein Gedicht eine unvollkommene Sühne[18]

Fast vier Wochen nach dem Attentat von Sarajewo hatte Baron Wladimir Giesl, der k. u. k. Gesandte in Belgrad, dem amtierenden serbischen Ministerpräsidenten am 23. Juli 1914 ein auf 48 Stunden befristetes, bewusst unannehmbar formuliertes Ultimatum übergeben. Als die serbische Regierung sich durchaus fristgemäß den ultimativen Forderungen im Prinzip unterwarf, in zwei Punkten aber ausweichend antwortete, brach der Gesandte die diplomatischen Beziehungen mit Serbien ab, bestieg – die Koffer waren schon gepackt – den Zug und verließ Belgrad. Nach zehn Minuten war der Zug auf der anderen Seite der Donau und damit auf habsburgischem Territorium. Der Gesandte telegrafierte nach Wien, um einen Lagebericht zu geben, doch den hatte man gar nicht abgewartet. Die Teilmobilmachung gegen Serbien war bereits im Gange.

Dies war die Stunde der Kriegspartei, deren schneidigster Vertreter der Feldmarschall Franz Freiherr Conrad von Hötzendorf war, der Chef des k. u. k. Generalstabes, ein Mann von Entschlussfreude und Angriffslust. Conrad hatte sich Verdienste um die Modernisierung der traditionsreichen österreichisch-ungarischen Streitkräfte erworben, sich aber auch weitausgreifende Gedanken über die Zukunft des Habsburgerreichs gemacht. Mehrfach plädierte er für einen Präventivkrieg gegen Italien. In einer anderen Denkschrift stellte er den österreichisch-ungarischen Ausgleich von 1867 in Frage und schlug die Eingliederung Serbiens in die Donaumonarchie vor. Conrad hatte detaillierte Operationspläne gegen die potentiellen Kriegsgegner Russland, Serbien und Italien ausgearbeitet, Letzteres, obwohl Österreich durch den Dreibund von 1882 mit Italien verbündet war. Als der Kriegsfall im Juli 1914 dann tatsächlich eintrat, traf Conrad mit großer Konsequenz falsche strategische Entscheidungen, die Österreich-Ungarn innerhalb weniger Monate an den Rand einer Niederlage brachten.

Die Kriegserklärung vom 28. Juli hatte große Begeisterung im Habsburgerreich ausgelöst. Die Parole »Serbien muss sterbien« versetzte die Volksseele in Wallung, und Conrad gab der Hoffnung Ausdruck, bis zum 84. Geburtstag von Kaiser Franz Joseph am 18. August ganz Serbien besetzt zu haben.[19] Die Fixierung auf Serbien führte dazu, dass man gegen das kleine Land ebenso drei Armeen in Marsch setzte wie gegen das mächtige Zarenreich, mit dem man sich inzwischen gleichfalls im Kriegszustand befand. Das schwächte die russische Front so sehr, dass es beinahe zu einer Katastrophe kam, ohne dass sich auf dem Balkan der erhoffte Erfolg eingestellt hätte. Am 16. August begannen die österreichisch-ungarischen Truppen den Vormarsch auf die Hochebene von Cer südwestlich von Belgrad, doch den serbischen

Verbänden gelang es, sie wieder auf ihre Ausgangsstellungen zurückzudrängen. Die Schlacht von Cer endete am 24. August mit einem Sieg der Serben, während die weit überlegene k. u. k. Armee 18 000 Tote und Verwundete und 4500 Gefangene zu verzeichnen hatte. Da deutsche und österreichische Zeitungen darüber nicht berichteten, blieb dieser desaströse Kriegsbeginn der Bevölkerung unbekannt.

Die Russen waren unterdessen auf dem Vormarsch. Schon Mitte August griffen sie in Ostpreußen an, das nur von der 8. Armee verteidigt wurde, weil das Deutsche Reich nach der Doktrin des Schlieffen-Plans seine Truppenverbände weitgehend an der Westfront konzentriert hatte. In der Schlacht von Gumbinnen erlitten die Deutschen am 19. und 20. August eine schmerzhafte Niederlage, so dass die Russen für kurze Zeit große Teile Ostpreußens besetzen konnten. Weitaus folgenreicher war allerdings die Schlacht um Galizien. Das Königreich Galizien und Lodomerien war das östlichste Kronland des cisleitanischen Teils der Habsburger Monarchie, wenn man einmal von der Bukowina absieht, die 1849 als selbständiges Kronland von Galizien abgetrennt wurde. Hier koexistierten etwa ein Dutzend verschiedene ethnische Gruppen miteinander. In der Hauptstadt Lemberg, der viertgrößten Stadt des Habsburger Reiches, lebten damals etwas mehr als 200 000 Menschen, von denen drei Viertel Polnisch als Umgangssprache angaben. Die anderen sprachen meist Deutsch oder Ruthenisch, wie man das Ukrainische damals nannte. Unter den Einwohnern der Stadt waren rund 57 000 Juden, die fast alle Jiddisch sprachen. Lemberg war eine der großen Garnisonsstädte im Karpatenvorland, zwei weitere wichtige Festungen waren das 300 Kilometer weiter westlich gelegene Krakau und Przemyśl, das heute nur wenige Kilometer von der polnisch-ukrainischen Grenze entfernt ist. 1914 waren allein in und um Przemyśl, das ein Befestigungsring von 45 Kilometern Durchmesser umgab, über 140 000 österreichische, ungarische und polnische Soldaten stationiert.[20]

Die Festungen Krakau, Przemyśl und Lemberg sollten den Operationsraum an der Nordostflanke des Habsburger Reiches sichern. Sie waren groß und mächtig, entsprachen aber nicht mehr dem neuesten technologischen Standard. Das Zarenreich, das 1905 im Russisch-Japanischen Krieg eine unerwartete Niederlage erlitten hatte, konzentrierte seine imperialen Ambitionen seither auf Europa. Namentlich der Ausbau des Eisenbahnnetzes machte es möglich, dass der Aufmarsch der russischen Armeen nach Kriegsausbruch wesentlich schneller vonstattenging, als die Mittelmächte das erwartet hatten. Am 29. August 1914 meldete das k. u. k Armeeoberkommando: »Die Entscheidungsschlacht in der Gegend von Lemberg kann noch tagelang dauern. Alle Anzeichen deuten darauf hin, daß sie mit unserem Sieg enden wird.«[21] Schon vier Tage später war es damit vorbei, und der *Pester Lloyd* sah sich veranlasst, versteckt auf der dritten Seite mitzuteilen: »Der eventuell eintretenden Notwendigkeit, die bei Lemberg kämpfende Armee etwas zurückzunehmen, brauchen wir [...] keine besondere Bedeutung beizumessen.«[22] Tatsächlich war zu diesem Zeitpunkt der Eventualfall bereits eingetreten. Conrad von Hötzendorf musste die ungeordnet zurückflutenden österreichisch-ungarischen Truppen bis weit hinter Lemberg zurückziehen, die Hauptstadt des Kronlandes befand sich am 3. September in russischer Hand.

Am 6. September ließ Conrad die 4. Armee zu einem Gegenangriff antreten, musste sich aber den überlegenen russischen Verbänden bei Rawa Russka geschlagen geben. Insgesamt wurden in den ersten Septembertagen etwa 130 000 österreichisch-ungarische Soldaten von den Russen gefangen genommen, weitere 300 000 fielen oder wurden verwundet, Hunderte von Geschützen und gewaltige Mengen an militärischem Material gingen verloren. Damit hatte die österreichisch-ungarische Armee an der galizischen Front fast die Hälfte ihrer Truppen eingebüßt und die Initiative vollständig an die Russen verloren, was umso gravierender war, als es ihr an einem Rückzugsraum fehlte. Winston

Churchill verglich die Niederlage bei Lemberg mit der zeitgleichen deutschen Niederlage in der Schlacht an der Marne, die das Scheitern des Schlieffen-Plans besiegelte.[23] Die Russen konnten nun mehr als 150 Kilometer in Richtung Karpaten vorstoßen. In den Monaten Dezember 1914 bis März 1915 kam es dann zu dem dramatischen Winterkrieg in den Karpaten, einer der verlustreichsten Schlachten, die es im Ersten Weltkrieg an der Ostfront gab.

Als Conrad von Hötzendorf sich zur Rückführung seiner Armee gezwungen sah, blieb lediglich die Festung Przemyśl in österreichisch-ungarischer Hand. Die 140 000 Soldaten waren, zusammen mit 30 000 Zivilisten, in der Festungsstadt eingeschlossen und vom Hungertod bedroht. Dennoch hielten sie der russischen Belagerung über hundert Tage lang stand. In dieser schwierigen Situation, in der das österreichisch-ungarische Armeeoberkommando sich um eine Neustrukturierung seiner Verbände bemühte und die russischen Armeen nach Galizien strömten, traf Trakl mit seiner Lazaretteinheit in Grodek, dem heutigen ukrainischen Horodok, etwa 25 Kilometer südwestlich von Lemberg ein. Der Dichter dürfte sich dort kaum lange aufgehalten haben, denn die Stadt, die damals etwa 12 000 ganz überwiegend polnische Einwohner hatte, wurde am 7. September 1914, dem Tag, an dem Trakl vermutlich eintraf, von den Russen eingenommen. Die idyllische kleine Stadt, an der Eisenbahnstrecke von Krakau nach Lemberg gelegen, geriet im Ersten Weltkrieg immer wieder zwischen die Fronten.

Von Grodek ging es für Trakls Einheit, das k. u. k. Feldspital 7/14, weiter in Richtung Lemberg, das die 3. österreichisch-ungarische Armee vergeblich zurückzuerobern versuchte. Es kam zu heftigen Kämpfen mit zahllosen Toten auf beiden Seiten, die in »wirren und schrecklichen Hügeln aufgespeichert liegen«.[24] Besonders erbittert wurde in einem Wald nordöstlich von Grodek gekämpft. Den Russen war es gelungen, mit Steigeisen die Nadelbäume emporzuklettern und oben Maschinengewehre zu platzieren, mit denen sie »wie rasend« um sich schossen. Dennoch mussten sie die Stellung schließlich aufgeben und belegten den Wald daraufhin mit intensivem Granat- und Schrapnellbeschuss, der »den Aufenthalt zur Hölle machte«.[25] Hier kam die Feldlazaretteinheit des Landwehrmedikamentenakzessisten Georg Trakl zu ihrem ersten Einsatz. Zwei Tage lang musste der gelernte Apotheker ohne ärztliche Unterstützung neunzig Schwerverletzte betreuen, die man in einer Scheune untergebracht hatte. An den Bäumen vor der Scheune hingen die Leichen von Ukrainern, die wegen angeblicher Spionage hingerichtet worden waren. Noch Wochen später hatte Trakl »das Stöhnen der Gepeinigten im Ohr und ihre Bitten, ihrer Qual ein Ende zu machen«.[26]

Ein Schwerverletzter, der einen Schuss in die Blase bekommen hatte, tötete sich selbst, um den unerträglichen Schmerzen zu entkommen. Er schoss sich in den Kopf, und »unversehens klebten blutige Gehirnpartikel an der Wand«.[27] Ein Augenzeuge, der Apotheker Konrad Rawski-Conroy, berichtete später darüber: »Ich sah, wie Trakl mit vor Entsetzen weit aufgerissenen Augen an der Bretterwand der Scheune lehnte. Die Kappe war seinen Händen entglitten. Er merkte es nicht und ohne auf Zuspruch zu hören, keuchte er: ›Was kann ich tun? Wie soll ich helfen? Es ist unerträglich.‹«[28]

Am 11. September kam der Rückzugsbefehl, Trakl und seine Sanitätseinheit zogen mit den verbliebenen österreichisch-ungarischen Truppen nach Westen, zuerst nach Przemyśl und von dort weiter nach Jaroslau (heute Jarosław). In dieser Zeit, etwa am 22. September, unternahm Trakl einen Selbsttötungsversuch. Mit der Erklärung, er könne nicht mehr weiterleben, man möge entschuldigen, aber er müsse sich erschießen, sprang Trakl während des Abendessens auf und stürzte davon. Mehrere Kameraden eilten ihm nach und entwanden ihm gemeinsam die Waffe. In jener Zeit entstand das Gedicht »Klage«:

Schlaf und Tod, die düstern Adler
Umrauschen nachtlang dieses Haupt:
Des Menschen goldnes Bildnis
Verschlänge die eisige Woge
Der Ewigkeit. An schaurigen Riffen
Zerschellt der purpurne Leib
Und es klagt die dunkle Stimme
Über dem Meer.
Schwester stürmischer Schwermut
Sieh ein ängstlicher Kahn versinkt
Unter Sternen,
Dem schweigenden Antlitz der Nacht.[29]

Etwa zehn Tage später traf der Dichter in Limanowa ein, einer kleinen Stadt in den Beskiden, südöstlich von Krakau. Hier verbrachte er eine geradezu beschauliche Zeit und genoss das »sanfte und weite Hügelland«.[30] Am 7. Oktober wurde er überraschend nach Krakau abkommandiert, als Apotheker, wie er glaubte, tatsächlich aber aus einem anderen Grund. Aus Krakau schrieb er an seinen Freund Ludwig von Ficker: »Ich bin seit fünf Tagen hier im Garnisonsspital zur Beobachtung meines Geisteszustandes. Meine Gesundheit ist wohl etwas angegriffen und ich verfalle recht oft in eine unsägliche Traurigkeit.«

Georg Trakl war in der Psychiatrischen Abteilung des Garnisonsspitals Nr. 15 gelandet, und der Freund machte sich Sorgen. Am 25. Oktober traf Ficker zu einem zweitägigen Besuch in Krakau ein.[31] Vergebens versuchte er, die diensthabenden Ärzte davon zu überzeugen, dass Trakls depressive Verstimmungen im Allgemeinen nicht von längerer Dauer seien und es für den Patienten das Beste wäre, wenn er ihn mit zu sich nach Hause nehmen könne.

Trakl fürchtete, er könne wegen »Mutlosigkeit vor dem Feind« vors Kriegsgericht gestellt und hingerichtet werden. Instinktiv spürte der Dichter, dass er für das angehende Völkermorden nicht über das erforderliche Maß an Kriegslust verfügte. Ficker gab sich alle Mühe, ihm das Hirngespinst eines drohenden Prozesses wegen seines Selbsttötungsversuches auszureden. Die Begegnungen zwischen den beiden waren davon überschattet, dass Trakl sein schmales Krankenzimmer mit einem Leutnant teilen musste, der an Delirium tremens litt und zu unkontrollierten Wutausbrüchen neigte. Das Krankenzimmer mit seinem vergitterten Fenster erinnerte Ficker an eine Gefängniszelle, deren Trostlosigkeit sich noch steigerte, sobald es dunkel wurde: »Die Ausgesetztheit aller demütigen Kreatur in dieser Welt der sinnlosen Gewalt wurde zu unvergesslichem Ausdruck gesteigert, wenn Trakls Diener, ein blasser, kränklich aussehender Mensch, Zeltblatt und Decke über einem Häuflein Holzwolle auf dem Boden ausbreitete, um in dem Winkel zwischen Fensterwand und Eisenbett zu Häupten seines Herrn sich schlafen zu legen.«[32]

Am zweiten Tag von Fickers Aufenthalt in Krakau las Trakl dem Freund die beiden Gedichte vor, die er im Feld geschrieben hatte, die schon zitierte »Klage« sowie »Grodek«:

Am Abend tönen die herbstlichen Wälder
Von tödlichen Waffen, die goldnen Ebenen
Und blauen Seen, darüber die Sonne
Düster hinrollt; umfängt die Nacht
Sterbende Krieger, die wilde Klage
Ihrer zerbrochenen Münder.
Doch stille sammelt im Weidengrund
Rotes Gewölk, darin ein zürnender Gott wohnt,
Das vergossne Blut sich, mondne Kühle;
Alle Straßen münden in schwarze Verwesung.
Unter goldnem Gezweig der Nacht und Sternen
Es schwankt der Schwester Schatten durch den schweigenden
    Hain,
Zu grüßen die Geister der Helden, die blutenden Häupter;
Und leise tönen im Rohr die dunkeln Flöten des Herbstes.

O stolzere Trauer! ihr ehernen Altäre,
Die heiße Flamme des Geistes nährt heute ein gewaltiger
   Schmerz,
Die ungebornen Enkel.[33]

Während der Krieg für die Expressionisten oftmals eine Metapher für die Umwälzung der Verhältnisse war, für ein Purgato-
rium, an dessen Ende ein neuer Mensch in einer besseren Welt
leben würde – man denke etwa an Georg Heyms berühmtes Gedicht »Der Krieg« –, so dominieren hier Düsternis, Verzweiflung und Vernichtung: zerbrochene Münder, blutende Häupter
und ein gewaltiger Schmerz. Am Ende steht die Anrufung der
ungeborenen Enkel der toten Krieger.

»Grodek« sollte das letzte Gedicht sein, das Trakl schrieb. Am
Tag nach dessen letztem Besuch schickte er Ludwig von Ficker
die beiden Gedichte, die dieser in der folgenden Ausgabe des
Brenner veröffentlichen wollte, und schrieb dazu: »Seit Ihrem
Besuch im Spital ist mir doppelt traurig zu Mute. Ich fühle mich
fast schon jenseits der Welt.«[34] Im Falle seines Ablebens, so schrieb
er weiter, solle seine Schwester Margarete seine Erbin sein.

Am 3. November 1914 starb Georg Trakl abends gegen neun
Uhr an einer Kokainvergiftung. Er hatte Kokain seit langer Zeit
in erheblichen Mengen konsumiert, auch im Garnisonshospital
hatte er es, versteckt unter dem Bett, bei sich. Ob er sich diesmal
in der Dosierung geirrt hatte oder seinem Leben bewusst ein
Ende setzen wollte, ließ sich nicht mehr klären.

Im Frühjahr 1915 veröffentlichte das *Zeit-Echo. Ein Kriegs-
Tagebuch der Künstler*, eine expressionistische Zeitschrift, die in
München erschien, Paul Klees Zeichnung »Der Tod für die
Idee«. Ihr gegenübergestellt war Trakls Gedicht »Die Nacht«.[35]
Darunter stand: »Georg Trakl / seiner Verwundung erlegen im
Garnisonsspital in Krakau / 3. November 1914«. Das war nicht
falsch. Der Krieg hatte seine Seele tödlich verwundet. Am 6. No-
vember 1914 wurde er in Krakau beerdigt, als einer von fast

15 Millionen Menschen, die im Ersten Weltkrieg starben.[36] Ob Georg Trakl den militärischen oder den zivilen Todesfällen zuzurechnen ist, mag jeder für sich entscheiden.

Menschen im Krieg

Vom 16. bis zum 19. Oktober 1813 tobte die später so genannte Völkerschlacht bei Leipzig. Mit weit mehr als 500 000 Kombattanten war sie eine der größten und blutigsten Schlachten der europäischen Geschichte. Ihre militärische Bedeutung war am Ende eher bescheiden, umso bedeutsamer dagegen das Mythenarsenal, das sie hervorbrachte.[37] Ernst Moritz Arndt, der große Dichter der Freiheitskriege, wünschte sich am historischen Ort ein »ächt germanisches Denkmal«, groß sollte es sein »wie ein Koloß, eine Pyramide, ein Dom in Köln«.[38] Und tatsächlich zählt dieser hochaufragende steinerne Koloss mit seinen 91 Metern bis heute zu den größten Denkmälern in Europa. Bis zu seiner Errichtung sollten allerdings hundert Jahre ins Land gehen.

Auf dem Wiener Kongress etablierten die europäischen Großmächte nach dem Sturz Napoleons eine Nachkriegsordnung, die in vielem eher einer Vorkriegsordnung glich, und schufen so ein Klima der Restauration, das den Ideen von Freiheit und nationaler Einheit wenig förderlich war. Die großen europäischen Monarchien hatten andere Prioritäten, die Denkmalsidee geriet mehr und mehr in den Hintergrund. In der Stadt Leipzig vermochte man sich ohnehin nicht so recht für die Idee eines Völkerschlachtdenkmals zu erwärmen, hatten die Sachsen doch in der Schlacht als Verbündete Napoleons gegen die Preußen und Österreicher gekämpft und insofern zu den Verlierern gehört. So kam es erst zum 50. Jahrestag der Schlacht 1863 überhaupt zur Grundsteinlegung für ein Denkmal, danach geschah wieder lange Zeit nichts mehr.

Am 26. April 1894 wurde dann auf Initiative des Architekten

Clemens Thieme der »Deutsche Patriotenbund zur Errichtung eines Völkerschlachtdenkmales« bei Leipzig gegründet, der nun Bewegung in die ganze Angelegenheit brachte. Der Vorstand dieser höchst vaterländischen Vereinigung versammelte Vertreter von Turn-, Militär-, Sänger- und Schützenvereinen. Die Unterstützung der national gesinnten Presse trug das Ihre dazu bei, dass der Bund nach einem Jahr bereits 45 000 Mitglieder hatte und so viele Spenden einnahm, dass am 18. Oktober 1898 der erste Spatenstich erfolgen konnte. Pünktlich zum hundertsten Jahrestag wurde das Völkerschlachtdenkmal schließlich der Öffentlichkeit übergeben.

Die Einweihungsfeier stand am Ende eines langen Festjahres, das mit Kaisers Geburtstag am 27. Januar begonnen hatte. Es folgten am 5. Februar die Jahrhundertfeier des ersten Zusammentretens des ostpreußischen Provinziallandtags in Königsberg, am 9. Februar die Säkularfeier der Friedrich-Wilhelms-Universität zur Erinnerung an die Befreiungskriege. Vom 8. bis 17. Juni wurde das fünfundzwanzigjährige Regierungsjubiläum von Kaiser Wilhelm II. begangen und gleich zu Beginn der festlichen Tage im Berliner Grunewald das Deutsche Stadion eingeweiht, wo 1916 die Olympischen Sommerspiele stattfinden sollten, die dann kriegsbedingt ausfielen. Am 25. August folgte eine weitere Säkularfeier in der Befreiungshalle in Kelheim. Bei diesen Anlässen wurde gerne Ernst Moritz Arndts »Vaterlandslied« von 1812 zu Gehör gebracht, dessen fünfte Strophe lautet:

> Wir wollen heute Mann für Mann
> Mit Blut das Eisen röten,
> Mit Henkerblut, Franzosenblut –
> O süßer Tag der Rache!
> Das klinget allen Deutschen gut,
> Das ist die große Sache.[39]

Dass die Sieger von 1870/71 von Rache sangen, war erstaunlich genug und Wilhelms II. selbstgewähltem Image als Friedenskaiser womöglich unzuträglich. Zur Einstimmung auf das Kommende mag es seinen Beitrag geleistet haben.

Höhepunkt des wilhelminischen Feierjahres war die Einweihung des Völkerschlachtdenkmals. Schon während der Bauzeit hatten 600 000 Menschen die Stätte besucht. Nun kamen 43 000 deutsche Turner aus allen Teilen des Reiches in »Eilbotenläufen«, bei denen nach jeweils zweihundert Metern das Staffelholz zu übergeben war, nach einer exakt geplanten Choreographie in Leipzig zusammen. Sie sollten dem Kaiser den »Gruß des Volkes in Gestalt eines Eichenzweiges überbringen, der an einem geschichtlich bedeutsamen Ort geschnitten und von Mann zu Mann im Schnellauf durch Deutschlands Gaue bis an die Stufen des Denkmals getragen wird«.[40] Die aufwendige Inszenierung sollte die spät erreichte nationale Einheit symbolisieren. Das Denkmal stand dabei im Schnittpunkt dreier konkurrierender Narrative. Zum einen war es das Denkmal einer Völkerschlacht, denn es war eine internationale Koalition aus Österreichern, Preußen, Russen und Schweden gewesen, die Napoleon Bonaparte besiegt hatte. Zugleich aber sollte es ein nationales Denkmal sein, ein »Denkmal der Befreiung und der nationalen Wiedergeburt Deutschlands«,[41] denn entscheidend sei, so die »Weiheschrift« des Deutschen Patriotenbundes, »daß die siegreiche deutsche Heldenkraft ihren Löwenanteil bei der Überwindung der französischen Übermacht unter dem höheren Antrieb des erwachenden deutschen Bewußtseins erstritt und den unsterblichen Willen zur Entfaltung unserer nationalen Einheit gebar«.[42]

Schließlich sollte das steinerne Monument, obwohl es mitten in Sachsen stand, noch eine weitere Botschaft transportieren. Es war nicht nur »ein Sinnbild des kettensprengenden, zum Lichte drängenden deutschen Gedankens«,[43] sondern es hatte dort auch, jedenfalls nach der Überzeugung des Deutschen Patriotenbundes, »die frei nach eigner Art sich vollziehende Entwicklung Deutschlands unter Preußens Führung«[44] begonnen.[45] Der Leipziger Steinkoloss war einerseits eine symbolische Grabstätte für die mehr als 100 000 vor den Toren Leipzigs gefallenen Soldaten, andererseits war er ein weithin aufragendes Symbol der kleindeutschen Lösung, wie sie die Frankfurter Nationalversammlung 1848 diskutiert und Bismarck mit der Gründung des Norddeutschen Bundes 1867 und dessen Erweiterung zum Deutschen Reich 1871 durchgesetzt hatte. Er war ein steinernes Symbol des »unheiligen Deutschen Reiches preußischer Nation«, wie Thomas Mann den Nachfolgestaat des Heiligen Römischen Reiches Deutscher Nation einmal pointiert genannt hat.[46]

Der Deutsche Patriotenbund, der so erfolgreich für die Errichtung des Völkerschlachtdenkmals gekämpft hatte, widmete sich nach dessen Einweihung der Erhaltung der Anlage und organisierte dazu Besichtigungen, den Verkauf von Devotionalien, Gedenkkonzerte und anderes mehr. Der Patriotenbund, der in seiner besten Zeit etwa 100 000 Mitglieder hatte, ist ein typisches Beispiel für die deutschnationale Organisationskultur des Wilhelminismus. Die politischen Parteien waren den meisten Deutschen suspekt, man sagte ihnen nach, partikulare Ziele aus egoistischen Zwecken zu verfolgen und ihre Energie allzu oft im Kampf gegeneinander zu verbrauchen. Wer sich für die hehren Aufgaben der deutschen Nation einsetzen wollte, hielt sich von den Niederungen der Parteipolitik fern und engagierte sich in den vielen Vereinen und Verbänden. Das wilhelminische Bürgertum konnte wählen zwischen dem Deutschen Ostmarkenverein, dem Deutschen Flottenverein oder der Deutschen Kolonialgesellschaft, wobei Mehrfachmitgliedschaften sehr häufig vorkamen. Die genannten Vereine wurden wie der Deutsche Patriotenbund alle im letzten Jahrzehnt des 19. Jahrhunderts gegründet, nachdem Bismarck abgetreten war und Wilhelm II. mehr und mehr die deutsche Politik prägte. Das galt auch für den Alldeutschen Verband, einen der größten nationalistischen Agitationsverbände, der das übliche pangermanisch-expansionistische Programm noch um eine stark antisemitische Komponente erweiterte. Die Alldeutschen traten für eine imperialistische Kolonialpolitik ebenso ein wie für den massiven Ausbau der deutschen Flotte. Sie vertraten einen Nationalismus, der auf Exklusion setzte und in den nationalen und religiösen Minderheiten Feinde im eigenen Lande sah. An die Stelle des kulturellen Nationalismus des 19. Jahrhunderts trat zunehmend ein rassistisch aufgeladener Nationalismus, der das deutsche Volk nicht durch Landesgrenzen, sondern über ethnische Differenz definieren wollte. Im Ersten Weltkrieg taten die Alldeutschen sich dann durch besonders radikale Kriegszielprogramme hervor und propagierten weit ausgreifende Annexionspläne in Europa, Asien und dem Nahen Osten.

Nationalkonservativ-antisemitisch geprägt war auch der Bund der Landwirte, der, 1893 gegründet, vor allem für eine Protektion der heimischen Landwirtschaft eintrat und bis zu einem Drittel der Reichstagsabgeordneten für seine Interessen mobilisieren konnte. Im selben Jahr entstand der Deutschnationale Handlungsgehilfenverband, eine völkisch orientierte Angestelltengewerkschaft, die Juden und Frauen die Mitgliedschaft verwehrte. Eine direkte politische Stoßrichtung hatte der von der Schwerindustrie geförderte und von konservativen Politikern geführte »Reichsverband gegen die Sozialdemokratie«. Vorsitzender war Eduard von Liebert, zuvor Gouverneur von Deutsch-Ostafrika. Kurz nach Kriegsausbruch musste der bis dahin nur mäßig erfolgreiche Verband infolge der offiziellen Burgfriedenspolitik seine Tätigkeit einstellen. Agitation gegen die SPD war angesichts der kollektiven Kriegsanstrengung nicht mehr erwünscht.

Der letzte nationalistische Verband, der vor dem Ersten Weltkrieg gegründet wurde, war im Jahr 1912 der Deutsche Wehrverein, die zweite Marokkokrise hatte den Anlass gegeben.[47] Vorsitzender war der pensionierte General August Keim, ein Veteran des Deutsch-Französischen Krieges von 1870/71. Keim war auch im Flottenverein und bei den Alldeutschen engagiert.

Das war sehr typisch für die wilhelminische Vereinskultur. Es gab starke Überschneidungen bei den führenden Funktionären all dieser Organisationen, so dass der deutsche Nationalismus sich auf ein dichtes Netzwerk von Honoratioren, Agitatoren, Industriemagnaten, Militärs und Lobbyisten stützte. Sie fanden Unterstützung bei einer völkisch-nationalistischen Presse, die ihre Aufgabe darin sah, »dem deutschen Volk die kriegerische Gesinnung zu erhalten«.[48]

Der Deutsche Wehrverein sah sein Hauptziel in der Aufrüstung, konkret in der Verabschiedung der Heeresvorlagen von 1912 und 1913 durch den Reichstag. Daneben gab es ein umfangreiches geselliges Programm, das neben Bierabenden, Fahrten zu den Schlachtfeldern von einst und zu patriotischen Festen auch den Besuch des Völkerschlachtdenkmals einschloss. Zur Stärkung der Wehrkraft zielte der Vorsitzende Keim besonders auf junge Männer und hatte schon 1908 einen Deutschen Jugendverband gegründet, der patriotische Gesinnung mit körperlicher Ertüchtigung verbinden wollte. Die Initiative war indes wenig erfolgreich und ging 1911 in den Jungdeutschland-Bund über, eine von Generalfeldmarschall Wilhelm Leopold Colmar von der Goltz gegründete Dachorganisation aller Jugendverbände zur Wehrerziehung. 1883 war Goltz' Kampfschrift *Das Volk in Waffen* erschienen,[49] in der er betonte, dass es vor allem auf die Jugend ankäme. Sie sei der Garant für nationale Stärke und zeichne sich durch besondere Einsatzbereitschaft und Risikofreude aus, denn, so Goltz, »leicht trennt sich nur die Jugend vom Leben«.[50] 1913 hatte der zwei Jahre zuvor gegründete Jungdeutschland-Bund bereits mehr als eine halbe Million Mitglieder.[51]

Diesem offiziösen Deutschland, dessen hochtönender Patriotismus sich auf die Befreiungskriege berief und dessen Deutschtümelei oftmals altmodisch und pompös wirkte, stand eine Jugendbewegung gegenüber, die viele Impulse der Lebensreform aufnahm und jugendliches Alter keineswegs als Mangel empfand, sondern als Voraussetzung für ein neues, anderes Leben als das der Vorväter. Jenseits der kirchlichen, politischen und völkischen Jugendorganisationen artikulierte sich eine Subkultur meist bildungsbürgerlicher Jugendlicher, die ihren prominentesten Ausdruck in dem 1896 in Steglitz gegründeten Wandervogel fand.

Diese Jugendkultur, aus der dann nach dem Ersten Weltkrieg die Bündische Jugend hervorging, war in erster Linie ein deutsches Phänomen.[52] In ihrer Programmatik spiegelte sich die Ambivalenz der Lebensreformbewegung, die wiederum als eine sehr deutsche, gewissermaßen reaktionäre Modernisierungsbewegung Antworten auf die Herausforderungen der Industrialisierung und der modernen Zivilisation suchte. Das Streben in die Natur verband sich mit Großstadtfeindlichkeit und Agrarromantik. Die Idee einer harmonischen Volksgemeinschaft ging einher mit Polemik gegen das »Parteibrillentum«. Es war ein tendenziell elitärer, sozialromantischer Antikapitalismus, der sich hier artikulierte. Der »entseelten« Großstadt mit ihren rauchenden Fabrikschloten wollte man entfliehen und mit Klampfe, kurzer Hose, Sporthemd und Schillerkragen durch die deutschen Wälder streifen. Eine Initiative, Juden die Mitgliedschaft im Wandervogel grundsätzlich zu verwehren, führte nach intensiven Diskussionen zu einem Kompromiss. Auf der Bundestagung zu Ostern 1914 wurde den einzelnen Ortsgruppen die Entscheidung überlassen, auch Juden als Mitglieder aufzunehmen.[53]

Am 11. Oktober 1913, genau eine Woche vor der feierlichen und hochoffiziellen Einweihung des Völkerschlachtdenkmals, trafen sich mehrere Tausend Jugendliche auf dem Meißner im Kaufunger Wald bei Kassel, der seither der Hohe Meißner heißt. Drei Tage lang wurde der Erste Freideutsche Jugendtag gefeiert. Es war ein Treffen von Wandervögeln, Burschenschaftern, freien Schulgemeinden und Lebensreformern. Unter den Teilnehmern waren der liberale Politiker Friedrich Naumann, der Naturapostel Gusto Gräser, der Reformpädagoge Gustav Wyneken und sein Schüler Walter Benjamin, der »Kosmiker« und Lebensphilosoph Ludwig Klages, der spätere sozialdemokratische Kultusminister Adolf Grimme, der nachmalige SED-Funktionär Alfred Kurella, der marxistische Psychoanalytiker und Zionist Siegfried Bernfeld, der nationalkonservative Verleger Eugen Diederichs und viele andere damals oder später prominente Vertreter des deutschen Kulturlebens. Sie repräsentierten eine große Bandbreite intellektuellen Lebens im kaiserlichen Deutschland. Hier war, auch bei sehr unterschiedlichen politischen Überzeugungen und ästhetischen Positionen, ein offenes Gespräch möglich, ein oftmals freundschaftlicher Umgang ganz verschiedenartiger Geister, eine unvoreingenommene Diskussion über aktuelle Fragen. Es gab einen gesellschaftlichen Grundkonsens, der dann im Ersten Weltkrieg, zugespitzt im Krisenjahr 1917, zerbrach.

Auf dem Hohen Meißner beschwor man das Ziel, das Leben in »innerer Wahrhaftigkeit« zu gestalten. Dazu sollten Reformgewänder, Volkstänze und Wanderungen beitragen, aber auch die Vermeidung von Alkohol und Nikotin. Der Schriftsteller Herbert Eulenburg schrieb in seinem »Festgruß«:

Ich grüße die Jugend, die nicht mehr säuft
die Deutschland durchdenkt und Deutschland durchläuft.[54]

Der völkische Gesinnungskünstler Fidus (eigentlich Hugo Höppener) aquarellierte 1913 eine neue Fassung seines »Lichtgebets«, ein Motiv, das er im Verlauf von vier Jahrzehnten insgesamt elfmal gestaltete.[55] Die Fassung von 1913 war die sechste,[56] sie wurde auf farbige Postkarten gedruckt, eine Teilauflage mit dem Schriftzug »Freideutscher Jugendtag 1913, Jahrhundertfeier auf dem Hohen Meißner, 11./12. Oktober«.[57] Auch die Dokumentation des Jugendtages war mit einem Frontispiz von Fidus ausgestattet. Fidus, der wie sein Lehrer Karl Wilhelm Diefenbach die »Freie Körper-Kultur« (FKK) propagierte[58] und sich auch gegen die Beschneidung von Haupt- und Barthaaren wandte, in denen er kosmische Antennen sah, verband die Propagierung von Licht, Luft, Sonne und Nacktheit mit dem zeittypischen kosmischen Pathos, er war ein Proponent des Lichtglaubens und propagierte die Feuerbestattung. Das »Lichtgebet« gewann durch den Verkauf der Postkarten auf dem Hohen Meißner enorm an Popularität, es wurde zur Ikone der Lebensreformbewegung, das Fidushaus in Woltersdorf bei Berlin zu einem Wallfahrtsort der Jugendbewegung. Der androgyne Jüngling, der sich tatbereit der Sonne entgegenreckt, erscheint als Symbol der jungen deutschen Nation, die bereit war, um ihren Platz an der Sonne zu kämpfen. Nach dem Ausbruch des Ersten Weltkriegs tauchte dann der Erzengel Michael als »nationaler Kriegsengel«[59] in Fidus' Werk auf. Der Erzengel Michael galt seit der Schlacht auf dem Lechfeld im Jahr 955 als Schutzpatron des Heiligen Römischen und später des Deutschen Reiches. 1933 ließ Fidus ihn als »Durchbrechender Michael« erneut ins Feld ziehen, nun ganz zeitgemäß mit einem Hakenkreuz auf der Gürtelschnalle.[60]

Fidus, der das Bildprogramm der Lebensreformbewegung geprägt hat wie keiner sonst, repräsentiert die germanisch-völkische Variante des deutschen Militarismus. Die von ihm geschaffenen germanischen Jünglinge sind stets von schlankem Wuchs und haben wallende blonde Haare. Sie treten oftmals nackt auf, so dass ihre wohlgeformte Muskulatur zur Geltung kommt, und stehen für Sonnenkult und Naturverehrung, aber auch für den rassischen Imperativ und die territoriale Selbstbehauptung. Sie kämpfen mit langen germanischen Schwertern, zur Urbarmachung des eroberten Landes sind sie mit Spaten zur Stelle.[61]

Das Neue an Fidus' Ikonographie verdeutlicht ein Vergleich mit Friedrich August von Kaulbachs Germania, die ganz in der deutschnationalen Tradition des 19. Jahrhunderts steht. Kaulbach, fast zwanzig Jahre älter als Fidus, war einer der Münchner Malerfürsten und einer der am besten verdienenden Porträtmaler seiner Zeit. Das Ölgemälde, das »Deutschland August 1914« beschriftet ist, demonstriert die Kampfbereitschaft des Deutschen Reiches: Germania in einer aktiven, nach vorne gerichteten Körperhaltung, mit langem, rotblondem Haar, in schimmernder Wehr, das Reichsschwert in der Rechten und einen Schild mit dem deutschen Adler in der Linken. Die Kaiserkrone auf ihrem Haupt verweist auf die Tradition des Heiligen Römischen Reiches Deutscher Nation, das lodernde Feuer im Hintergrund vervollständigt die kriegerische Inszenierung.

Die Rückbesinnung auf das Eigene, so wie die Völkischen es verstanden, fügte sich ein in einen radikalen Nationalismus, der einen Aufbruch in eine alternative, eine antimoderne Moderne wollte. Einen Nationalismus, der seine Hoffnungen auf eine bessere Zukunft für das deutsche Volk immer stärker mit der militärischen Option verband. In einer Zeit, in der Krieg noch als ein legitimes Mittel zur Verfolgung nationaler Interessen angesehen wurde, ist das nicht überraschend. Und doch gilt der preußisch-deutsche Militarismus, wie er sich insbesondere nach 1890 als »Humus für die europäischen Hegemonialansprüche des Deutschen Reiches«[62] herausbildete, bis heute als globaler Prototyp des Militarismus, vergleichbar allenfalls mit dem japanischen Militarismus.[63] Der Anarchist Gustav Landauer nannte das Deutsche Reich die »am [...] meisten auf Gewalt und Disziplin beruhende Militärmacht Mitteleuropas«.[64]

Das Deutsche Reich war aus den Einigungskriegen der Jahre 1864 bis 1871 hervorgegangen. Die Veteranen dieser Kriege verkörperten die heroische Elite des neuerstandenen Reiches, ihre Krieger- und Militärvereine waren in nahezu jeder Gemeinde des Reiches präsent und zählten fast drei Millionen Mitglieder.[65] Auf privaten Festen und öffentlichen Gedenkveranstaltungen aller Art traten sie in ihren Uniformen auf und genossen allgemein größten Respekt. Der Maler Christian Schad, der sich dem Kriegsdienst durch ein fingiertes Herzleiden entzog und 1915 in die neutrale Schweiz flüchtete, schrieb rückblickend: »Alles Dichten und Denken, dessen die Deutschen so gern sich rühmen, hatte unter preußischer Zucht in die Parole ›Gott, Kaiser und Vaterland‹ sich verwandelt, Maß und Wert des Bürgers war der Offizier geworden und der Krieg die höchste Bewährung.«[66] Der preußisch-friderizianische Staatsgedanke, wie Oswald Spengler ihn nach der Kriegsniederlage wirkungsvoll interpretieren sollte,[67] basierte auf einem autoritären Sozialismus, auf den Ideen von Zucht und Ordnung, Gehorsam und Dienst, Gefolgschaftstreue und dem Willen zur Macht. Hauptfeind war das »innere England«, der »kapitalistisch-parlamentarische Liberalismus«.[68]

Ein Grund für den eindeutigen Ruf des preußischen Militarismus war die unglaubliche Brutalität, mit der die Soldaten von ihren Vorgesetzten be- und allzu häufig auch misshandelt wurden. Zur Durchsetzung solcher Sekundärtugenden wie blankgeputzte Stiefel und korrekt sitzende Uniformen wurden drakonische Strafen wie wochenlanger Dunkelarrest bei Wasser und Brot verhängt, der den Willen des Soldaten brechen sollte und dieses Ziel auch oft genug erreichte. Aufsehen erregte der Fall einiger Landwehrmänner, die einen Viehwaggon besteigen sollten, um ihren Heimaturlaub anzutreten, sich aber weigerten und ein Beschwerdetelegramm an den Kaiser sandten. Das war zweifellos ein Fall von Insubordination, die dafür verhängte Strafe von sieben Jahren Zuchthaus wird man gleichwohl als maßlos überzogen bezeichnen dürfen.[69] Nach dem Kriegsausbruch gewann das Problem eine neue Dimension, weil nun auch zahlreiche Kriegsfreiwillige von den brutalen Misshandlungen betroffen waren, so dass der preußische Kriegsminister bereits am 22. August 1914 einen Erlass gegen die Missstände herausgab, damit der »opferfreudige Geist [...] keinen Schaden erleide«.[70] Zugleich wurde »Militarismus« im öffentlichen Diskurs zu einem positiv konnotierten Begriff, zu einem Synonym für die Notwendigkeit der Hochrüstung angesichts von Deutschlands strategisch ungünstiger Mittellage. In einer Rede im November 1914 bekannte Ernst Troeltsch, dass die kriegerische Organisation eines bedeutenden Teils der Gesellschaft auch das bürgerliche Leben präge, und fügte hinzu: »Militarismus heißt schließlich, daß wir unser Heer nicht bloß aus Vernunftgründen schätzen und pflegen, sondern daß wir es lieben aus unwillkürlichem Zwange unseres Herzens.«[71]

Der Militarismus hatte in Preußen tatsächlich eine besondere Ausprägung gefunden. Die Mischung aus Säbelrasseln und Bramarbasieren, Großmannssucht und Untertanengeist wurde von vielen als typisch preußisch-deutsch empfunden.[72] Die Kombination aus romantischer Kriegsphilosophie, sozialdarwinistisch-pseudowissenschaftlicher Grundierung und einem virulenten Nationalismus gab dem Militarismus im Deutschen Reich, das aus Kriegen hervorgegangen war, aber selbst noch keinen Krieg geführt hatte, eine ganz besondere Wirkungsmacht. Bei alledem sollte aber nicht übersehen werden, dass das Jahrzehnt vor dem Kriegsausbruch nicht nur in Deutschland eine Zeit des Bellizismus war. Auch in anderen Staaten regierten Männer, die jede Kompromissbereitschaft ablehnten und diplomatisches Geschick oder geistige Beweglichkeit als Zeichen von Schwäche abtaten. Der Historiker und Psychoanalytiker Peter Gay fasste die Julikrise 1914 in die Worte: »Den ganzen Juli hindurch taumelte das bürgerliche Zeitalter am Rande des Grabes entlang, während der deutsche Kaiser, die Diplomaten der Donaumonarchie und kampflustige russische Patrioten ihre harte Linie verfolgten, die eine friedliche Lösung der Krise immer unerreichbarer werden ließ.«[73] So trieb die Welt auf einen Krieg zu, den so, wie er sich dann entfaltete, keiner gewollt hatte. Aber es hatte auch kein Staatsmann den Weitblick und den Mut gehabt, sich dieser Entwicklung in den Weg zu stellen.

Die ersten Jahre des 20. Jahrhunderts waren reich an kriegerischen Auseinandersetzungen. Der Russisch-Japanische Krieg 1904/05, in dem das Zarenreich eine überraschende Niederlage hinnehmen musste, hatte gezeigt, dass die schwere Artillerie bei den Gefechten zwischen Großkampfschiffen künftig eine entscheidende Rolle spielen würde, und die Entwicklung der englischen »Dreadnought«-Großkampfschiffe angeregt. In den Kolonialkriegen in Deutsch-Südwestafrika kam es nach 1904 zu den ersten genozidalen Aktionen des 20. Jahrhunderts, das Volk der Herero wurde nahezu ausgerottet. In den Balkankriegen 1912/13 verlor das Osmanische Reich den größten Teil seiner europäischen Territorien. Vor allem die zweite Marokkokrise von 1911 erwies sich als Präludium des Ersten Weltkriegs. Sie fand ihren Abschluss in dem Abkommen vom 4. November 1911, in dem Deutschland seine Ansprüche in Marokko zugunsten Frankreichs aufgeben musste, nachdem Paris mit englischer Unterstützung schon in der ersten Marokkokrise 1905/06 seine Interessen geschickt gegen Deutschland durchgesetzt hatte. Das versetzte vor allem die Gemüter der Alldeutschen und der Imperialisten in Wallung, die ohnehin argwöhnten, Deutschland sei bei dem sogenannten Wettlauf um Afrika unzumutbar ins Hintertreffen geraten und lasse sich von den anderen Kolonialmächten immer wieder übervorteilen. Dass die Franzosen dem Deutschen Reich im Gegenzug einen Teil ihrer Kongo-Kolonie, insgesamt 275 000 Quadratkilometer, überließen, wurde als ganz unzureichende Kompensation angesehen. Obwohl im Hinblick auf langfristige Expansionsziele in Mittelafrika keineswegs bedeutungslos, erklärten die Nationalisten diese Gebiete für ödes, von der Schlafkrankheit geplagtes Sumpfland und sprachen hämisch vom »Schlafkongo«.[74]

Dieselben Kräfte hatten die vom Staatssekretär des Auswärtigen Alfred von Kiderlen-Wächter veranlasste Entsendung des Kanonenboots »Panther« am 1. Juli 1911, den sogenannten Panthersprung nach Agadir, begeistert begrüßt. Sie wollten nicht wahrhaben, dass dieses unbeholfene Säbelrasseln nur die außenpolitische Isolation Deutschlands verstärkte und den Schulterschluss der anderen europäischen Großmächte förderte.[75] In der Reichstagssitzung vom 9. November 1911 überzogen die konservativen Parteien das von der Regierung Erreichte mit herber

Kritik, während einzig die Sozialdemokraten die Reichsregierung unterstützten, die das Spiel mit dem Feuer gerade noch rechtzeitig beendet hatte. Der SPD-Vorsitzende August Bebel hielt eine große Rede, in der er die Kriegsgefahr nach dieser Krise ganz zu Recht gewachsen sah:

> Es kann auch kommen, wie es zwischen Japan und Rußland gekommen ist; eines Tages kann die eine Seite sagen: das kann nicht so weiter gehen. Sie kann auch sagen: halt, wenn wir länger warten, dann geht es uns schlecht, dann sind wir der Schwächere statt der Stärkere. Dann kommt die Katastrophe. Alsdann wird in Europa der große Generalmarsch geschlagen, auf den hin 16 bis 18 Millionen Männer, die Männerblüte der verschiedenen Nationen, ausgerüstet mit den besten Mordwerkzeugen, gegeneinander als Feinde ins Feld rücken.[76]

Auf den großen Generalmarsch würde aber nach Bebels Überzeugung »der große Kladderadatsch« folgen. Den Konservativen hielt er vor, »ihrer eigenen Staats- und Gesellschaftsordnung das Totenglöcklein zu läuten«.[77] Die Folgen seien Massenelend, Arbeitslosigkeit und Hungersnot. Diese im Kern treffende Prognose provozierte in den Reihen der Konservativen den bemerkenswerten Zwischenruf: »Nach jedem Kriege wird es besser!«[78] Für diese Auffassung hätte man sieben Jahre später wohl nicht mehr viele Gewährsleute gefunden.

Die zweite Marokkokrise heizte die Stimmung in Deutschland enorm auf. Seit Jahrzehnten waren die Beziehungen zwischen den europäischen Mächten nicht mehr derartig gespannt gewesen. In den Großstädten regte sich massenhafter Protest. Neben bürgerlichen Pazifisten waren es vor allem Sozialdemokraten und Gewerkschafter, die Kundgebungen, Demonstrationen und Versammlungen organisierten, zu denen man jeweils Vertreter aus den anderen involvierten Ländern einlud. So demonstrierten am 13. August 1911 mehrere Tausend Menschen auf dem Londoner Trafalgar Square gemeinsam mit französischen Arbeitern. Die größte Kundgebung fand am 3. September in Berlin statt. Mehr als 200 000 Menschen versammelten sich im Treptower Park, um gegen die Kriegsgefahr zu protestieren.

Auch die nationalistischen Kräfte wurden durch die Krise mobilisiert. Die zweite Marokkokrise war der unmittelbare Anstoß für Friedrich von Bernhardis Buch *Deutschland und der nächste Krieg*. Bernhardi war ein pensionierter preußischer General, der in mehreren Büchern für die Militarisierung des öffentlichen Lebens eintrat, um das Deutsche Reich wehrhaft für einen kommenden, seiner Ansicht nach unvermeidlichen Krieg zu machen. Das war ganz im Sinne derjenigen, die das Ergebnis der Marokkokrise als Demütigung Deutschlands empfunden und Reichskanzler Bethmann Hollweg im Parlament entsprechend zugesetzt hatten. Bernhardi wurde vor allem von den Alldeutschen lebhaft unterstützt und sein Buch in der Öffentlichkeit stark diskutiert, ohne dass ihm ein großer Verkaufserfolg beschieden gewesen wäre. Besser verkaufte sich die englische Übersetzung, die noch 1912 erschienen war und dazu beitrug, das Feindbild vom prospektiven deutschen Kriegsgegner zu festigen. 1913 kam auch eine französische Übersetzung heraus, und die Tatsache, dass Bernhardi dem preußischen Generalstab angehört hatte, diente Engländern wie Franzosen als Beweis für die deutschen Eroberungsgelüste. Auch Fritz Fischer war der Meinung, Bernhardi habe »mit großer Präzision die Intentionen des offiziellen Deutschland« wiedergegeben,[79] doch blieb er mit dieser Auffassung unter den Historikern in der Minderheit. Tatsächlich war Bernhardi sehr viel eher ein Sprachrohr jener nationalistischen Kräfte, die nach Kriegsausbruch Bethmann Hollweg von rechts angriffen, weil ihnen seine Politik nicht aggressiv und expansionistisch genug war. Diese Kreise artikulierten sich zwar lautstark und hatten auch einen nicht unerheblichen Rückhalt in den Funktionseliten des Kaiserreiches, aber sie waren keineswegs repräsentativ für das politische Deutschland und weit davon entfernt, die Politik des Deutschen Reiches zu bestimmen.

Bernhardi war der Überzeugung, Deutschland müsse eine Rolle als Weltmacht anstreben, andernfalls werde es auch seine Position als europäische Großmacht auf lange Sicht verlieren. Damit befand er sich in Einklang mit der in seiner Zeit populären Weltreichslehre,[80] die davon ausging, dass die europäische Pentarchie nach dem Eintritt der Vereinigten Staaten in die Weltpolitik durch ein Weltstaatensystem abgelöst würde, in dem sich nur ein Teil der europäischen Großmächte würde behaupten können. Konkret forderte Bernhardi die Niederwerfung Frankreichs, einen mitteleuropäischen Staatenbund unter deutscher Führung und die Erweiterung des deutschen Kolonialbesitzes.

1912 erschien nicht nur Bernhardis *Deutschland und der nächste Krieg*, sondern auch ein Buch gänzlich anderer Art: *Das Menschenschlachthaus*, ein Roman für Jugendliche aus der Feder des sozialdemokratischen Volksschullehrers Wilhelm Lamszus. Der Untertitel »Bilder vom kommenden Krieg« signalisiert, dass auch Lamszus einen großen Konflikt kommen sah, doch ging es ihm nicht um Deutschlands Weltgeltung und notwendige Eroberungen, sondern ganz im Gegenteil um die namenlosen Schrecken, die das Aufeinandertreffen der Millionenheere auslösen würde: »Es schwindelt mir, wenn ich die Massen vor mir sehe. Und wenn ich daran denke, wie sie aufeinander losmarschieren, will mir der Atem stocken.« Der Krieg von 1870/71 erschien ihm im Vergleich dazu wie ein »Vorpostengefecht«.[81] Lamszus versucht, die Realität des Krieges zu schildern, vom Leben in der Kaserne über die Mobilisierung gegen Frankreich bis zum Einsatz an der Front. Das letzte Kapitel »Wir armen Toten« ist den Gefallenen gewidmet. Er beschreibt, wie Vertreter der unterschiedlichsten Berufe einträchtig nebeneinander in der Erde liegen, ein Arbeiter neben dem abgerissenen Bein eines Briefträgers: »Ihm zur Seite windet sich aus einem Rumpfe, der den Kopf verlor, die abgerissene knorpelige Luftröhre so weit hervor, als schnappe sie hier unten noch nach Luft. Die barg den starken Atem eines Arbeiters, der unter wenig Brot und sieben Kindern so durchs Leben keuchte, daß sich die Luftröhre davon geweitet hat.«[82]

Der ursprünglich für Jugendliche gedachte Roman *Das Menschenschlachthaus* hatte einen sehr beachtlichen Erfolg. Nach drei Monaten waren bereits 100 000 Exemplare verkauft. Es erschienen zahlreiche Übersetzungen, zur französischen schrieb Henri Barbusse das Vorwort,[83] zur dänischen Martin Andersen Nexø.[84] Dieser Erfolg brachte dem Autor nicht nur Freunde ein. Die nationalistische Presse tobte und wollte ihn als vaterlandslosen Gesellen, mindestens aber als »nervenschwachen Feigling« diffamieren. Man versuchte vergeblich, Lamszus aus dem Schuldienst zu entfernen, bis er schließlich mit einer Sondermission nach Nordafrika abgeschoben wurde.[85] Nach Ausbruch des Krieges, als realistische Beschreibungen des Kriegsgrauens definitiv nicht mehr erwünscht waren, wurde *Das Menschenschlachthaus* verboten. Erst 1919 konnte es erneut aufgelegt werden, nunmehr vermehrt um die Fortsetzung *Das Irrenhaus* und mit einem Vorwort von Carl von Ossietzky. Auch diese Ausgabe hatte eine große Resonanz, bis 1923 wurden noch einmal 70 000 Exemplare verkauft.

Während die einen den großen Krieg fürchteten, berauschten sich die anderen an der modernen Technik und ihren Möglichkeiten. Hybris und Untergang lagen damals nahe beieinander. Kaiser Wilhelm II. hatte die von Bismarck stets geübte Zurückhaltung in der Frage einer kolonialen Expansion rasch hinter sich gelassen. Er forderte für sein Deutsches Reich einen Platz an der Sonne, der womöglich in Afrika liegen sollte. Der Kaiser wollte der traditionellen Seemacht Großbritannien Paroli bieten. In der zivilen wie in der militärischen Schifffahrt gab es in den Jahren vor dem Ausbruch des Ersten Weltkriegs einen gewaltigen Wettbewerb, der nach dem zweiten, im Jahr 1900 vom Leiter des Reichsmarineamts Großadmiral Alfred von Tirpitz durchgesetzten Flottengesetz noch an Schärfe zunahm. Die Briten bauten, als sie der maritimen Aufrüstung der Deutschen gewahr wurden, Schlachtschiffe der »Dreadnought«-Klasse, die an Größe und Bewaffnung alles bisher Dagewesene in den Schatten stellten. Die HMS »Dreadnought« verfügte über zehn 30,5-cm-Geschütze in Doppeltürmen, hatte keine mittlere Artillerie, dafür aber 22 Geschütze des Kalibers 7,6 cm für die Torpedobootabwehr. Dieses Riesenschiff mit seiner gewaltigen Feuerkraft machte sofort Schule. Ähnliche Kolosse wurden in Frankreich, Österreich-Ungarn, Spanien, Italien, den USA und Japan auf Kiel gelegt. Vor allem das Deutsche Reich unternahm in der Produktion gewaltiger Kampfschiffe enorme Anstrengungen, ohne der britischen Flotte an Zahl und Feuerkraft jemals nahezukommen.

In der zivilen Schifffahrt erreichte der Wettlauf um das Größer, Schneller, Weiter manchmal fast apokalyptische Dimensionen. Der Glaube an die ungebremsten und unbegrenzten Möglichkeiten des technischen Fortschritts war die säkularisierte Form der religiösen Heilserwartung.[86] Die britische »Titanic« sollte das erste unsinkbare Schiff der christlichen Seefahrt sein. Tatsächlich ging sie bereits bei ihrer Jungfernfahrt am 15. April 1912 unter. Da sie als unsinkbar galt, hatte sie deutlich zu wenige Rettungsboote an Bord, und etwa 1500 Menschen ertranken. So ist der Name der »Titanic« bis heute vor allem mit einer der größten zivilen Schiffskatastrophen der Menschheitsgeschichte verknüpft. Ihr Schwesterschiff »Gigantic«, deren Name ebenfalls Großes verhieß, wurde daraufhin in »Britannic« umbenannt. Nur das dritte Schiff der Baureihe, die »Olympic«, behielt ihren der griechischen Mythologie entlehnten Namen.

Am 3. April 1913 lief in Hamburg die »Vaterland« vom Stapel, die Luxusreisende wie arme Auswanderer gleichermaßen über den Atlantik transportieren sollte. Sie konnte nahezu 15 000 Personen an Bord nehmen und galt als das größte Passagierschiff der Welt. Doch auch mit diesem Schiff nahm es, jedenfalls aus deutscher Sicht, kein gutes Ende. Als der Krieg ausbrach, blieb es im

Hafen von New York und verwandelte sich nach dem Kriegseintritt der Vereinigten Staaten im Jahr 1917 in den Truppentransporter USS »Leviathan«. Den beiden Schwesterschiffen erging es ähnlich. Sie wurden 1914 stillgelegt und gingen nach dem Krieg in britischen Besitz über. Der »Imperator« tat fortan als »Berengaria« Dienst, benannt nach der Frau von König Richard Löwenherz, und aus der »Bismarck« wurde die »Majestic«.

Als der Erste Weltkrieg ausbrach, verfügte das Deutsche Reich über 15 Schlachtschiffe, vier Schlachtkreuzer, 22 Linienschiffe, neun Panzerkreuzer, 41 geschützte Kreuzer und 149 Zerstörer. Das hörte sich eindrucksvoll an, aber an der drückenden maritimen Überlegenheit Großbritanniens änderte die von Tirpitz so nachdrücklich betriebene Aufrüstung nichts. Auch sollten die großen Überwasserschiffe entgegen seinen Prognosen im Krieg nur eine untergeordnete Rolle spielen, ganz anders als die vom Großadmiral unterschätzten U-Boote. Die Bedeutung der deutschen Hochseeflotte bestand tatsächlich vor allem darin, die politischen Spannungen zwischen Großbritannien und dem Deutschen Reich erheblich zu verschärfen.[87] Daran änderte auch nichts, dass viele deutsche Strategen im Flottenbau eine große nationale Aufgabe und zugleich ein Palliativ gegen die Sozialdemokratie sahen, deren Anhänger, so glaubte man, sich der heroischen Faszination großer deutscher Schiffe auf Dauer nicht würden entziehen können. Als der Krieg dann ausgebrochen war, lagen diese Schiffe die meiste Zeit auf Reede, die entscheidenden Schlachten wurden zu Lande geschlagen.

Das Deutsche Reich war ein junges Gebilde. Es gab keine große nationale Tradition, ja nicht einmal einen Nationalfeiertag. In den ersten Kriegsjahren trat, um diese Leerstelle auszufüllen, wieder die Meistererzählung von der deutschen Einigung unter preußischer Führung mitsamt dem gewonnenen Krieg gegen Frankreich in den Vordergrund. Am 2. September 1870 hatten die verbündeten Deutschen in der Schlacht von Sedan die französischen Armeen besiegt und Kaiser Napoleon III. gefangen genommen. Auch wenn der Deutsch-Französische Krieg erst im folgenden Jahr endete, war dies die kriegsentscheidende Schlacht gewesen, und das Datum galt hinfort als maßgeblich, wenn es um den deutschen Sieg über Frankreich im letzten der drei Einigungskriege ging. Am dritten Jahrestag der Schlacht wurde auf dem Berliner Königsplatz die Siegessäule eingeweiht.[88] In Auftrag gegeben worden war sie bereits 1864, nach dem Deutsch-Dänischen Krieg, die Säulentrommeln schmückten 60 in sämtlichen Einigungskriegen erbeutete Kanonenrohre. Dennoch wurde das Monument vor allem als Symbol des Sieges über Frankreich wahrgenommen. Nachdem es schon in den Vorjahren örtliche Aktivitäten gegeben hatte, gewann der 2. September mit diesem Ereignis einen stärker amtlichen Charakter. Das preußische Kultusministerium ordnete Festveranstaltungen in den Schulen und Universitäten des Landes an, Kaiser Wilhelm I. nahm eine Militärparade ab. Auch in den folgenden Jahren wurde an diesem Tag der Sieg über Frankreich gefeiert, und mit der Zeit wurde das Sedanjubiläum mehr und mehr zu einer Art Nationalfeiertag, allerdings vor allem einem preußischen. Einen offiziellen Nationalfeiertag gab es nicht. Den von liberal-protestantischen Kreisen, namentlich dem Pastor Friedrich von Bodelschwingh, dafür vorgeschlagenen 18. Januar, den Tag der Kaiserproklamation in Versailles, hatte Wilhelm I. mit der bezeichnenden Begründung abgelehnt, dass dies auch das Datum der ersten preußischen Königskrönung sei. Er wollte verhindern, dass ein so wichtiges Ereignis der preußischen Geschichte in den Schatten eines deutschen Feiertags geriet.

Es ist symptomatisch für den militaristischen Charakter des preußisch-deutschen Obrigkeitsstaates, dass die nationale Einheit durch die Erinnerung an den militärischen Sieg über Frankreich gefeiert wurde und der Bezug zu Preußen dabei nicht zu kurz kam. Das Königreich Preußen bestand immerhin seit 1701, während das Deutsche Reich am 2. September 1870 noch gar nicht existiert hatte und erst im Jahr darauf überhaupt gegründet wurde. In Bayern hatte man deshalb ebenso wenig wie in Baden Neigung, Sedanfeiern abzuhalten, die süddeutschen Länder hätten den 18. Januar als nationalen Feiertag vorgezogen. Die katholische Kirche sah den Sedantag in der Tradition der Politik Bismarcks, der seinerzeit den »Kulturkampf« gegen sie geführt hatte, und so blieben die Ultramontanen den Feiern fern. Auch der katholische Adel im Rheinland und in Schlesien lehnte den Tag ab. Und die Sozialdemokratie, die sich dem Antimilitarismus und Internationalismus verpflichtet sah, feierte stattdessen lieber am 18. März den Aufstand der Pariser Kommune von 1871.[89] Damals hatte ein revolutionär gestimmter Stadtrat versucht, die Stadt unabhängig von der französischen Zentralregierung nach sozialistischen Vorstellungen zu verwalten. Als die Sozialdemokraten auch die 25. Jahresfeier der Schlacht von Sedan 1895 boykottierten, sprach Wilhelm II. von einer »Rotte von Menschen, nicht wert den Namen Deutscher zu tragen«.[90] Diese schrille Äußerung zeigt deutlich, dass der Sedantag wie der Kaisergeburtstag wenig dazu angetan waren, das gemeinsame Nationale zu feiern, da sie die inneren Gegensätze des Deutschen Reiches immer wieder schmerzhaft spürbar machten.

Nach dem Thronwechsel 1888 wandelte sich die Bedeutung des Sedantages. Anders als sein Großvater sah Wilhelm II. sich in erster Linie als Deutscher Kaiser und nicht als König von Preußen. Die Erinnerung an Sedan sollte nun vor allem dazu dienen, die Erinnerung an den Reichsgründer Wilhelm I. ins Mythische zu steigern. Zugleich sollte der 2. September ein Tag der Wehrertüchtigung sein, der die deutsche Nation, namentlich ihre Söhne, an die Bedeutung von Disziplin, Kampfbereitschaft und Pflichterfüllung erinnerte. Ein wichtiger Aspekt wehrhafter Pflichterfüllung war die körperliche Ertüchtigung. Der 1901 in Berlin gegründete Verein für vernünftige Leibeszucht, der die einflussreiche Zeitschrift *Kraft und Schönheit* herausgab, warb mit einem Wort Wilhelms II.: »Wir wollen eine kräftige Generation.«[91] Am 2. September 1914 kehrte der Sedantag dann unversehens zu seinen Ursprüngen zurück. Abermals sollte ein Sieg über Frankreich zelebriert werden. In einer großen Prozession, einer endlosen Reihe von Pferdewagen wurden der staunenden Volksmenge auf dem Prachtboulevard Unter den Linden jüngst eroberte französische, aber auch russische Fahnen und Geschütze vorgeführt und anschließend vor dem Berliner Schloss aufgestellt.

Kriegserklärung

Am 1. August 1914 erklärte das Deutsche Reich Russland den Krieg. Am Tag darauf besetzten Teile des VIII. Armee-Korps das kleine, wegen seiner Eisenbahnverbindungen aber strategisch wichtige Großherzogtum Luxemburg. Abends gegen 19 Uhr überreichte der deutsche Gesandte im Brüsseler Außenministerium ein Ultimatum und verlangte binnen zwölf Stunden die Zusicherung wohlwollender Neutralität sowie insbesondere des ungehinderten Durchmarschs der deutschen Truppen nach Frankreich. Während die luxemburgische Regierung die Fortdauer ihrer Neutralität erklärte, legte die Regierung des gleichfalls neutralen Belgien gegen die völkerrechtswidrige Verletzung der Landesgrenzen entschiedene Verwahrung ein. Sie kündigte an, die Neutralität des Landes notfalls mit Waffengewalt zu verteidigen. Dennoch marschierten die deutschen Truppenverbände am Morgen des 4. August in dem Glauben in Belgien ein, sie würden auf keinen nennenswerten Widerstand stoßen. Das war ein folgenschwerer Irrtum.

Am selben Tag versammelte Kaiser Wilhelm II. die Mitglieder des Reichstags im Berliner Stadtschloss zu einer Thronrede, in der er betonte, der nun ausgebrochene Krieg sei ein Verteidigungskrieg, »das Ergebnis eines seit langen Jahren tätigen Übelwollens gegen Macht und Gedeihen des Deutschen Reichs«: »Uns treibt nicht Eroberungssucht, uns beseelt der unbeugsame Wille, den Platz zu bewahren, auf den Gott uns gestellt hat, für uns und alle kommenden Geschlechter.« Es folgten dann die am meisten zitierten Sätze dieser Rede: »Ich kenne keine Parteien mehr. Ich kenne nur Deutsche.«[92] Es war dies die verkürzte

Wiederholung des Aufrufs zur inneren Einheit, den der Kaiser bereits drei Tage zuvor an die vor dem Schloss versammelte Menschenmenge gerichtet hatte. Der Appell hatte eine starke Wirkung entfaltet, weshalb Wilhelm II. ihn, obwohl er nicht im Manuskript seiner Rede stand, noch einmal wiederholte, wobei er diesmal vor allem auf die sozialdemokratischen Mitglieder des Reichstages zielte.[93] Das Protokoll verzeichnete daraufhin »Langanhaltendes brausendes Bravo«.

Reichskanzler Theobald von Bethmann Hollweg, der die Ansprache des Kaisers im Wesentlichen verfasst hatte, eröffnete anschließend die Beratungen des Reichstags mit einer Rede, in der er noch einmal die friedlichen Absichten seiner Regierung unterstrich: »Nur zur Verteidigung einer gerechten Sache soll unser Schwert aus der Scheide fliegen.«[94] Man stehe in einem erzwungenen Krieg mit Russland und Frankreich. Es folgte eine ausführliche Schilderung der kaiserlichen Friedensbemühungen bis zur letzten Stunde, bevor der Reichskanzler schließlich auf den entscheidenden Punkt zu sprechen kam: »Meine Herren, wir sind jetzt in der Notwehr; und Not kennt kein Gebot! Unsere Truppen haben Luxemburg besetzt, vielleicht schon belgisches Gebiet betreten. Meine Herren, das widerspricht den Geboten des Völkerrechts.«[95] Nur so habe man einem französischen Angriff zuvorkommen können. Man sei gezwungen gewesen, sich über die berechtigten Proteste der luxemburgischen und der belgischen Regierung hinwegzusetzen: »Das Unrecht – ich spreche offen, das Unrecht, das wir tun, werden wir wieder gutzumachen suchen, sobald unser militärisches Ziel erreicht ist. Wer so bedroht ist wie wir und um sein Höchstes kämpft, der darf nur daran denken, wie er sich durchhaut!«[96]

So sprach der deutsche Reichskanzler, der selbst alles andere als glücklich über den Ausbruch des Krieges war und sich an die Hoffnung klammerte, Großbritannien werde wegen der Verletzung der belgischen Neutralität nicht in den Krieg eintreten. Belgien hatte durch die Revolution von 1830 seine Unabhängigkeit von den Niederlanden erlangt, es war seitdem neutral und tatsächlich 84 Jahre lang von Kriegen verschont geblieben. Großbritannien hatte, wie übrigens auch Preußen, diese Neutralität garantiert und musste intervenieren, wenn sie verletzt wurde. Doch auch die Briten waren Politiker und diskutierten diese Interventionspflicht unter dem Gesichtspunkt der Opportunität. Die Gegner der Intervention argumentierten, die Pflicht, die belgische Neutralität zu schützen, gelte nur für alle Signatarstaaten gemeinsam, die Befürworter vertraten die Überzeugung, eine Intervention diene den Interessen Großbritanniens.[97] Die britische Kriegserklärung gegen das Deutsche Reich erfolgte noch am 4. August und trat um Mitternacht in Kraft.

Nach der Rede Bethmann Hollwegs genehmigte der Reichstag ohne Gegenstimme Kriegskredite in Höhe von fünf Milliarden Mark und beschloss zugleich, für die Dauer des Krieges auf Neuwahlen und selbst auf Nachwahlen für frei gewordene Sitze zu verzichten. Das wichtigste Recht des Reichstages war das Budgetrecht, von seiner Zustimmung hing die Finanzierung des Krieges ab. Weiter gingen seine Mitwirkungsmöglichkeiten nicht. Völkerrechtlich wurde das Deutsche Reich ausschließlich durch den Kaiser vertreten, seine Aufgabe war es, »im Namen des Reiches Krieg zu erklären und Frieden zu schließen, Bündnisse und andere Verträge mit fremden Staaten einzugehen, Gesandte zu beglaubigen und zu empfangen«.[98] Deshalb wurde der Reichstag auch erst einberufen, als die deutsche Kriegserklärung bereits ergangen war.

In den Reihen der SPD hatte es im Vorfeld durchaus kontroverse Diskussionen um die Zustimmung zu den Kriegskrediten gegeben. Die SPD war bei den Reichstagswahlen 1912 mit 34,8 Prozent der Stimmen die mit Abstand stärkste Partei geworden und verfügte, trotz erheblicher Benachteiligung durch das geltende Wahlrecht, mit 111 von 417 Abgeordneten auch über die stärkste Fraktion. Die SPD war zugleich die einzige Partei, die in grundsätzlicher Opposition zum semiabsolutistischen

System des wilhelminischen Obrigkeitsstaats stand. Sie kämpfte gegen Klassenherrschaft und Monarchie, gegen die kapitalistische Produktionsweise und das Privateigentum an Produktionsmitteln. »Dem System keinen Mann und keinen Pfennig« lautete die berühmte Parole, die Wilhelm Liebknecht auf dem Berliner Parteitag 1892 erstmals propagiert hatte. Dabei ging die prinzipielle Systemopposition einher mit Forderungen nach einem allgemeinem Wahlrecht, Freiheit der Meinungsäußerung, Gleichstellung der Frau oder Verbot der Kinderarbeit, die durchweg vernünftig, aber keineswegs revolutionär waren. Hier offenbarte sich eine zunehmende Dichotomie zwischen einem revolutionären Attentismus, der den theoretischen Teil des Parteiprogramms dominierte, und einem politischen Alltag, der durch die enge Zusammenarbeit mit den Gewerkschaften sowie durch die vielen Tausend sozialdemokratischen Gemeindevertreter gekennzeichnet war und in den praktischen Teil des Parteiprogramms Eingang gefunden hatte.[99]

Am 25. Juli 1914 hatte der Parteivorstand der SPD einen Aufruf publiziert, in dem die österreichische Kriegsprovokation gegenüber den Serben scharf verurteilt wurde. Unmissverständlich hieß es dort: »Kein Tropfen Blut eines deutschen Soldaten darf dem Machtkitzel der österreichischen Gewalthaber, den imperialistischen Profitinteressen geopfert werden.«[100] Für den 28. Juli rief die Partei allein im Großraum Berlin zu 32 Protestversammlungen in allen Bezirken der Stadt und den damals noch selbständigen Vorstädten auf, der Anlass war einfach und klar: »Tagesordnung: Gegen den Krieg.«[101] Trotz des Verbots durch Polizeipräsident Traugott von Jagow beteiligten sich in Berlin mehr als 100 000 Menschen an diesen Versammlungen, in ganz Deutschland waren es mehr als 750 000.[102] Etlichen gelang es, trotz der polizeilichen Straßensperren bis ins Zentrum der Hauptstadt vorzudringen. Dort trafen sie auf Gegendemonstranten. Während die einen »Hoch lebe die Sozialdemokratie« und »Nieder mit dem Krieg« riefen, stimmten die anderen die

»Wacht am Rhein« und »Heil dir im Siegerkranz« an. Nach zeitgenössischen Berichten waren die Arbeitermassen bei diesem »Sängerkrieg Unter den Linden« sogar vorübergehend in der Überzahl, hatten allerdings die Polizei gegen sich, die mancherorts mit gezücktem Säbel in die Menge ritt, was von den dichtbesetzten Balkons der umliegenden Caféhäuser mit stürmischem Beifall begrüßt wurde.[103]

Noch am 29. und 30. Juli 1914, also nach der österreichischen Kriegserklärung an Serbien, kam das Exekutivkomitee der Sozialistischen Internationale in Brüssel zu einer Sondersitzung zusammen. Der Teilnehmerkreis war prominent. Aus Deutschland waren Karl Kautsky und Hugo Haase gekommen, aus Österreich Victor Adler, für die polnische Partei Rosa Luxemburg. Die Franzosen waren unter anderem durch Jean Jaurès, den Mitbegründer der Französischen Sozialistischen Partei, vertreten. Auch aus Großbritannien, Spanien, Italien, Russland und weiteren Ländern waren Delegationen gekommen. Die »Delegierten aller vom Weltkrieg bedrohten Nationen« verabschiedeten einstimmig eine Resolution, in der sie die »Proletarier aller betroffenen Länder« zu verstärkten Demonstrationen gegen den Krieg verpflichteten. Sodann hieß es: »Die deutschen und französischen Proletarier sollen stärker denn je Druck auf ihre Regierungen ausüben, damit Deutschland auf Österreich mäßigend einwirkt und Frankreich Rußland dazu bringt, sich nicht in den Konflikt einzumischen. Die Proletarier Großbritanniens und Italiens werden diese Bemühungen mit aller Kraft unterstützen. Der dringlich nach Paris einberufene Kongreß wird diesen pazifistischen Willen kraftvoll zum Ausdruck bringen.«[104] Victor Adler, der Begründer und Vorsitzende der Sozialdemokratischen Arbeiterpartei Österreichs, berichtete in den Beratungen, dass der Bellizismus der österreichischen Regierung ihn und seine Partei überrascht habe. Die antiserbische Stimmung in Wien sei gewaltig, »die Partei ist wehrlos«. Adler schloss mit den Worten: »Trotz allem hoffen wir, den großen Krieg vermieden zu sehen. Daran glauben, heißt vielleicht an ein Wunder glauben, trotz allem hoffen wir.«[105]

Das Wunder ist bekanntlich nicht eingetreten. Der Kongress, der den pazifistischen Willen des Proletariats zum Ausdruck bringen sollte, fand nicht statt. Die sozialdemokratischen Parteien in den verschiedenen Ländern, mit Ausnahme derjenigen von Russland und Serbien, folgten dem Kurs ihrer jeweiligen nationalen Regierungen, das Exekutivkomitee der Sozialistischen Internationale trat nie wieder zusammen. Die Idee der grenzüberschreitenden Solidarität der Arbeiterklasse scheiterte an der harten Realität des Krieges. Der Sozialistischen Arbeiterinternationale, der 1923 gegründeten Nachfolgeorganisation, erging es nicht besser. Bestand sollte erst die Neugründung der Sozialistischen Internationale im Jahr 1951 haben.

Nur einen Tag nach der Sitzung wurde der Sozialist und Pazifist Jean Jaurès, dem für die deutsch-französischen Verständigungsbemühungen eine zentrale Rolle zugekommen war, von einem nationalistischen Studenten erschossen, als er nichtsahnend im Pariser Café du Croissant saß. Sein Mörder verbrachte den Krieg in Untersuchungshaft und wurde 1919 im siegestrunkenen Frankreich von einem Geschworenengericht freigesprochen, das überdies der Witwe von Jean Jaurès die Prozesskosten aufbürdete.

Am 3. August, nur wenige Tage nach den machtvollen Antikriegsdemonstrationen, beriet die sozialdemokratische Reichstagsfraktion über die Zustimmung zu den Kriegskrediten. Eine deutliche Mehrheit von 78 gegen 14 Abgeordnete sprach sich für die Zustimmung aus. Anschließend wurde bei 24 Gegenstimmen außerdem der Fraktionszwang beschlossen.[106] So kam es, dass am Tag darauf dem Partei- und Fraktionsvorsitzenden Hugo Haase, der als Pazifist zu der überstimmten Minderheit gehört hatte, die Aufgabe zufiel, die Erklärung der Fraktion vorzutragen. Zunächst betonte er, dass die SPD die verhängnisvolle Entwicklung mit allen Mitteln bekämpft habe und insbesondere in

»innigem Einvernehmen mit den französischen Brüdern« versucht habe, den Frieden zu erhalten. Erst dann kam er auf den entscheidenden Punkt zu sprechen:

> Wir lassen in der Stunde der Gefahr das eigene Vaterland nicht im Stich. Wir fühlen uns dabei im Einklang mit der Internationale, die das Recht jedes Volkes auf nationale Selbständigkeit und Selbstverteidigung jederzeit anerkannt hat, wie wir auch in Übereinstimmung mit ihr jeden Eroberungskrieg verurteilen. Wir fordern, daß dem Kriege, sobald das Ziel der Sicherung erreicht ist, und die Gegner zum Frieden geneigt sind, ein Ende gemacht wird durch einen Frieden, der die Freundschaft mit den Nachbarvölkern ermöglicht. [...] Wir hoffen, daß die grausame Schule der Kriegsleiden in neuen Millionen den Abscheu vor dem Kriege wecken und sie für das Ideal des Sozialismus und des Völkerfriedens gewinnen wird.[107]

Von diesen Grundsätzen geleitet, stimmten Haase und die anderen Sozialdemokraten den Kriegskrediten zu; zwei Abgeordnete, die sich dazu nicht in der Lage sahen, verließen vor der Abstimmung den Saal, um das Bild der Einstimmigkeit zu wahren. Hugo Haase war die Zustimmung, die seiner persönlichen Überzeugung völlig widersprach, sichtlich schwergefallen. Schon in seiner allerersten Reichstagsrede hatte er sich 1898 kritisch mit dem preußischen Militarismus auseinandergesetzt. In den letzten Jahren vor dem Kriegsausbruch hatte er bei den Debatten über Heeresvorlagen der Regierung regelmäßig warnend seine Stimme erhoben, vor einer Eskalation des Wettrüstens gewarnt und internationale Rüstungskontrollen gefordert. Bis zuletzt hatte er in Berlin zahlreiche Antikriegskundgebungen organisiert und gemeinsam mit Jean Jaurès nach Mitteln und Wegen gesucht, auf die Regierungen Deutschlands und Frankreichs mäßigend einzuwirken.

Bei der Zustimmung der Sozialdemokraten zu den Kriegskrediten mögen verschiedene Überlegungen eine Rolle gespielt haben: die Angst vor Repressionen wie zur Zeit der Sozialistengesetze, die vielen noch in lebhafter Erinnerung war; die Anpassung an die Volksstimmung; die Sorge um die Wahrung der sozialpolitischen Errungenschaften, mochten sie auch bescheiden sein, und um den organisatorischen Bestand der Partei und der Gewerkschaften; die Hoffnung auf innenpolitische Reformen, die ein gewonnener Krieg ermöglichen würde. Ein Hauptargument aber war zweifellos, dass der gerade begonnene Krieg ein Verteidigungskrieg war, wahlweise gegen das zutiefst reaktionäre russische Zarenreich, dem gegenüber selbst der wilhelminische Obrigkeitsstaat geradezu fortschrittlich wirkte, gegen den britischen Imperialismus oder gegen das revanchelüsterne Frankreich, das seine 1871 verlorenen Regionen Elsass und Lothringen zurückerobern wollte. Doch schon bald wurde deutlich, dass diese Defensivrhetorik die wahren Intentionen der Mittelmächte eher verdeckte als zutreffend benannte. Nachdem Wilhelm II. am 1. August noch betont hatte: »Uns treibt nicht Eroberungssucht«, setzte schon im September eine heftige Kriegszieldiskussion ein, zu der vor allem die Alldeutschen schrille Töne beisteuerten. Zugleich standen die deutschen Truppen an allen Fronten in Feindesland. Wenn sie wirklich nur einen Verteidigungsauftrag gehabt hätten, hätte man also durchaus von einer erfolgversprechenden Ausgangslage für einen vorteilhaften Friedensschluss sprechen können. Von Friedensverhandlungen war gleichwohl keine Rede.

Für die offizielle Burgfriedenspolitik war das eine enorme Belastung. Im Dezember 1914 brach mit Karl Liebknecht erstmals ein SPD-Abgeordneter aus der Fraktionsdisziplin aus, stimmte im Reichstag gegen neue Kriegskredite und gab zur Begründung eine schriftliche Erklärung zu Protokoll. Der Reichstagspräsident, der Freisinnige Johannes Kaempf, lehnte es allerdings ab, diese ins Protokoll aufzunehmen, weil sie aus seiner Sicht im Falle eines mündlichen Vortrags Ordnungsrufe notwendig gemacht hätte. Liebknechts Erklärung begann mit den Worten: »Dieser Krieg, den keines der beteiligten Völker selbst gewollt hat, ist nicht für die Wohlfahrt des deutschen oder eines anderen Volkes entbrannt. Es handelt sich um einen imperialistischen Krieg, einen Krieg um die kapitalistische Beherrschung des Weltmarkts, um die politische Beherrschung wichtiger Siedlungsgebiete für das Industrie- und Bankkapital.«[108] Liebknecht stimmte allen Krediten zu, die dafür bestimmt waren, die Situation der Soldaten zu verbessern und die Not der Verwundeten und Kranken zu lindern, aber er gab seine Stimme nicht für die Finanzierung weiterer Kampfhandlungen. Die »kapitalistischen Ziele« des gegenwärtigen Krieges, die Annexionspläne und die Verletzung der belgischen und der luxemburgischen Neutralität lehnte er ab.[109]

Bei der nächsten Abstimmung, im März 1915, war die Zahl der Dissidenten bereits gewaltig angewachsen. Karl Liebknecht und Otto Rühle stimmten mit Nein, während weitere dreißig Abgeordnete, an ihrer Spitze der Fraktionsvorsitzende Haase, vor der Abstimmung den Saal verließen, um so einerseits die Fraktionsdisziplin zu wahren und andererseits nicht zustimmen zu müssen. Hier wurde schon die Bruchlinie erkennbar, die dann 1917 zur Spaltung der SPD führen sollte. Aber die verschiedenen Gruppen, die sich nun herausbildeten, waren keineswegs identisch mit den Parteiflügeln, wie sie sich in den großen Debatten der vorangegangenen Jahre entwickelt hatten. Der radikale linke Flügel, die Revisionisten auf der Rechten und das marxistische Zentrum um August Bebel und Karl Kautsky hatten sich über den Reformismus, über Sozialreform oder Revolution oder über den Massenstreik als politisches Kampfmittel gestritten. Nun aber zählten die Revisionisten Eduard Bernstein und Kurt Eisner zu den entschiedenen Kriegsgegnern und sollten später zu jenen prominenten Sozialdemokraten gehören, die die Partei aus diesem Grund verließen. Die Gruppe um die Linken Konrad Haenisch, Heinrich Cunow und Paul Lensch dagegen ging nach

anfänglichem Widerstand ins Lager der Befürworter der Kriegskredite über und versuchte, diesen Schritt marxistisch zu begründen. Der Zentrist Karl Kautsky fand sich in seiner Gegnerschaft gegen den Krieg an der Seite von Eduard Bernstein
wieder, den er zuvor viele Jahre lang bekämpft hatte. Der Revisi-
onist Max Maurenbrecher wiederum verfiel einem hemmungs-
losen Nationalismus, so dass er die SPD verließ und sich 1917 der
erzreaktionären Deutschen Vaterlandspartei anschloss.

Eine zentrale Rolle spielte Eduard David, der im Revisionis-
musstreit an der Seite von Bernstein gestanden hatte. Über einen
hessischen Wahlkreis in den Reichstag gekommen, gehörte er
zu den insgesamt eher reformistisch orientierten süddeutschen
Sozialdemokraten. Wiederholt hatte er vor den fatalen Folgen
des Wettrüstens mit Großbritannien gewarnt, war in haushalts-
politischen Fragen einer der führenden Redner der Partei und
gehörte seit 1912 dem Fraktionsvorstand an. David, der für die
Einbeziehung ländlicher Wählergruppen warb und die SPD von
einer Arbeiter- zu einer Volkspartei weiterentwickeln wollte, gilt
als maßgeblicher Architekt der Burgfriedenspolitik auf sozialde-
mokratischer Seite. Er kämpfte in der Reichstagsfraktion für die
Zustimmung zu den Kriegskrediten und verband damit die Hoffnung auf innenpolitische Fortschritte nach dem Krieg, insbesondere gerechtere Wahlen. Bis zuletzt hielt David an der Illusion
fest, das Deutsche Reich führe lediglich einen Verteidigungskrieg, eine Überzeugung, von der er sich erst 1919 verabschiedete.

Am 21. August 1914 publizierte Karl Kautsky in der *Neuen Zeit*
einen Aufsatz mit dem schlichten Titel »Der Krieg«.[110] Kautsky,
der 1854 in Prag zur Welt gekommen war, hatte im Deutsch-Französischen Krieg 1870/71 noch mit den Franzosen sympathisiert,
in denen er Förderer der tschechischen Unabhängigkeitsbewegung sah. Schon vor dem Beginn seines Studiums der Philosophie in Wien schloss er sich dann der österreichischen Sozialdemokratischen Arbeiterpartei an. 1881 besuchte er Karl Marx und

Friedrich Engels in London und gründete zwei Jahre später die *Neue Zeit*, die rasch das führende Theorieorgan der deutschen Sozialdemokratie wurde und deren Herausgeber Kautsky bis zu seinem Parteiaustritt 1917 blieb. Wie fast jedermann glaubte Kautsky 1914, dass der Krieg von kurzer Dauer sein würde. Der Krieg von 1870/71 habe sieben Monate gedauert, ein derart langer Krieg sei heute angesichts der ungeheuren Zahl von Soldaten, die man dafür brauche, und der immensen Kosten gar nicht mehr denkbar. Das war damals ein weitverbreiteter Irrtum, und tatsächlich war keine der kriegführenden Mächte auf einen lang andauernden Krieg vorbereitet. Der deutsche Kriegsschatz reichte gerade einmal für zwei Tage, der Vorrat an Munition nur für wenige Wochen. Aber diese Umstände führten bekanntlich nicht zu einem raschen Kriegsende.

Sehr hellsichtig dagegen war, dass Kautsky bereits damals, als der amerikanische Kriegseintritt noch in weiter Ferne lag, vorhersagte, dass die USA aus diesem Krieg den größten Nutzen ziehen würden, da ohne ihre wirtschaftliche Hilfe die Kriegsschäden nicht beseitigt werden könnten. Tatsächlich griffen die USA 1917 erstmals in einen Konflikt auf dem europäischen Kontinent ein und stiegen so zur Weltmacht auf, was fraglos eines der entscheidenden Resultate des Ersten Weltkriegs darstellt. Zugleich thematisierte Kautsky das grundlegende Dilemma, in dem sich eine internationalistische Partei wie die Sozialdemokratie befand: »Wir müssen die Organisationen und die Organe der Partei und der Gewerkschaften intakt halten, ihre Mitglieder bewahren ebenso vor Unvorsichtigkeiten wie vor feiger Fahnenflucht. [...] Jeder Krieg bringt die Sozialdemokratie in das fatale Dilemma zwischen der Notwendigkeit, den eigenen Herd zu verteidigen, und der internationalen Solidarität.«[111]

Den Krieg als Mittel der Politik grundsätzlich abzulehnen und gleichzeitig die Nation im konkreten Konfliktfall nicht im Stich zu lassen – das war für die SPD ein schwieriger Spagat. Da sie Teil einer internationalen Bewegung war, betrachteten viele Nationalisten die Partei ohnehin als einen Hort vaterlandsloser Gesellen. Die Sozialdemokraten gehörten aus der Sicht des reichsdeutschen radikalen Nationalismus zu den »inneren Reichsfeinden«, ebenso wie die Juden sowie in schwächerem Maß die Katholiken und die polnischen, französischen und dänischen Minderheiten. Trotz der Gefahr, als Vaterlandsverräter diffamiert zu werden, lehnten im Lauf der Zeit immer mehr SPD-Abgeordnete die weitere Finanzierung des Krieges ab und traten dann 1917 aus der Partei aus, die Linken Liebknecht und Luxemburg ebenso wie die Zentristen Haase und Kautsky oder die Revisionisten Bernstein und Eisner. Für die Nationalisten machte es keinen Unterschied, ob jemand als Kommunist einen imperialistischen Krieg ablehnte oder als Pazifist grundsätzlich jeden Krieg verurteilte. Ihnen waren sie alle gleichermaßen verhasst, und so wurden die kommunistischen Revolutionäre Liebknecht und Luxemburg 1919 aus der gleichen reaktionären Gesinnung heraus ermordet wie der Neokantianer und Pazifist Kurt Eisner oder der Pazifist und Anarchist Gustav Landauer.

In einer etwas anderen Situation als die SPD waren die mit ihr verbündeten freien Gewerkschaften, die seit 1890 in der Generalkommission der Gewerkschaften Deutschlands zusammengeschlossen waren. Die große Mehrheit der Aktiven glaubte an die Möglichkeit, durch aktive Sozialpolitik im Rahmen des bestehenden politischen Systems das Los der Arbeiterschaft verbessern zu können, fast alle gehörten dem reformistischen Flügel der SPD an.[112] Gegenüber der besonders nach der Russischen Revolution von 1905 heftig umkämpften Idee, den Massenstreik auch als Mittel des politischen Kampfes einzusetzen, nahmen sie eine ablehnende Haltung ein. Die freien Gewerkschaften wollten ihre mit über zwei Millionen Mitgliedern machtvolle Organisation nicht durch politische Abenteuer gefährden und trotzten der SPD im Mannheimer Abkommen von 1906 die Anerkennung als gleichberechtigtes Leitungsgremium der deutschen Arbeiterbewegung ab.

Als der Krieg ausbrach, stellten die Gewerkschaften sich schneller und entschlossener als die SPD auf die Seite der Befürworter des Burgfriedens. Schon am 2. August 1914 erklärte die Generalkommission den Verzicht auf Streiks zur Durchsetzung von Lohnerhöhungen für die Dauer des Krieges. Diese Verzichtserklärung hatte durchschlagende Konsequenzen. Hatte es im letzten Friedensjahr 1913 noch 2173 Streiks mit mehr als 4,1 Millionen ausgefallenen Arbeitstagen gegeben, waren es 1915 nur noch 60 Streiks mit über 4000 entfallenen Arbeitstagen, was einem Rückgang um 99,9 Prozent entsprach. In den letzten Kriegsjahren, als die sozialen Spannungen größer wurden, nahm die Streiktätigkeit wieder leicht zu, blieb aber im Vergleich zur Vorkriegszeit marginal.[113]

Vorsitzender der Generalkommission war seit 1890 Carl Legien, der fast ebenso lange die SPD im Deutschen Reichstag vertrat und seit 1913 als Vorsitzender des Internationalen Gewerkschaftsbundes amtierte. Dieser Bund hatte sein internationales Büro in Berlin, die deutschen Gewerkschaften waren der bei weitem mitgliederstärkste und mächtigste Einzelverband, ähnlich wie die SPD in der Sozialistischen Internationale. Legien gehörte zu den entschiedenen Vertretern einer konsensorientierten Reformpolitik. Mit großem Nachdruck drängte er auf den Partei- und Fraktionsausschluss der pazifistischen Dissidenten und versuchte gegen Ende des Krieges mit aller Macht, die radikalen Kräfte in der Gewerkschaftsbewegung nicht zu Einfluss kommen zu lassen.[114] Im November 1918 handelte er mit dem Ruhrindustriellen Hugo Stinnes das Stinnes-Legien-Abkommen aus. Die Arbeitgeberseite machte in diesem Abkommen weitreichende Zugeständnisse, erkannte die Generalkommission als gleichberechtigten Tarifpartner und berufenen Vertreter der Arbeiterschaft an, akzeptierte die Bildung von Arbeitervertretungen in den Betrieben und die Einführung des Achtstundentages bei vollem Lohnausgleich, alles Dinge, die ohne Kriegsniederlage und Revolution undenkbar gewesen wären. Die Unternehmer taten dies alles sicherlich nicht aus plötzlich erwachter Liebe zu den Arbeitern, sondern um noch weiter gehenden Forderungen, etwa nach einer Sozialisierung der Betriebe, den Boden zu entziehen. Man kann aber in dem Stinnes-Legien-Abkommen auch die Intentionen der Burgfriedenspolitik vom August 1914 wiedererkennen.

Die Gewerkschaften waren nicht nur aus Sorge um ihre organisatorischen Errungenschaften geneigt, den Schutz des Burgfriedens zu suchen. Sie befanden sich auch in einer Position der Schwäche. Unter den Millionen von Soldaten, die nun an die Front fuhren, waren auch viele Gewerkschafter. Hatten zum Beispiel in Köln die freien Gewerkschaften im Juni 1914 noch fast 32 000 Mitglieder, so waren es Ende 1915 weniger als ein Drittel, was sich naturgemäß in massiven Einnahmeausfällen niederschlug.[115] Die Entwicklung war im gesamten Deutschen Reich ähnlich dramatisch.[116]

Die Politik des Burgfriedens konnte aus Sicht der Eliten des Obrigkeitsstaates als Rückkehr zu den bewährten Verhältnissen von ehedem wahrgenommen werden. Kaiser, Regierung und Verwaltung konnten agieren, ohne dass Schwierigkeiten durch eine parlamentarische Opposition zu gewärtigen waren, zumal der Reichstag am 4. August nicht nur einstimmig die Kriegskredite bewilligt hatte, sondern zugleich auch ein Kriegsermächtigungsgesetz, das es der Regierung ermöglichte, während des Krieges wirtschaftliche Notverordnungen ohne Mitwirkung des Parlaments zu erlassen. Solange Krieg herrschte, war der Vorrang alles Militärischen unantastbar, Widerspruch galt als unpatriotisch. Die veröffentlichte Meinung beschränkte sich auf Akklamation und patriotischen Überschwang. Die eigentlich systemkritische Sozialdemokratie war neutralisiert. Gab es abweichende Meinungsäußerungen, sorgte die Militärzensur dafür, dass das Bild der Einhelligkeit sich nicht trübte. Und während andernorts, zum Beispiel in Frankreich und Belgien, bei

Kriegsbeginn im Sinne der inneren Einheit auch Sozialisten in die Regierung aufgenommen wurden, konnte in Deutschland davon keine Rede sein. Es galt vielmehr als großer Triumph der offiziellen Politik, dass es gelungen war, die Zustimmung der SPD zu den Kriegskrediten »ohne auch nur den Hauch einer politischen Gegenleistung« zu erreichen.[117]

Als die Deutschen im August 1914 in den Krieg zogen, hatten sie das gemeinsame Ziel, diesen Krieg, da er nun einmal ausgebrochen war, auch zu gewinnen. Doch die anfängliche Euphorie verdeckte die Tatsache, dass es für dieses gemeinsame Ziel keine gemeinsame Basis gab. Die Konfliktlinien zwischen den gegenläufigen Narrativen von nationaler Führung und sozialem Ausgleich wurden, als der Krieg sich in die Länge zog und das Schlachtenglück ausblieb, immer schmerzhafter spürbar. Am Ende führten sie zu einer revolutionären Umgestaltung der gesellschaftlichen Ordnung.

Die amtlich geförderte Kriegsbegeisterung hatte die Bevölkerung in Bewegung versetzt. Diese Mobilisierung machte die Menschen zur jubelnden Kulisse, zugleich aber auch zu einem aktiven politischen Element. Im völkisch-nationalistisch geprägten Obrigkeitsstaat war die Affirmation der bestehenden Ordnung, die vielfach als von Veränderung bedroht wahrgenommen wurde, vor allem durch eine soziale Mobilisierung von oben gekennzeichnet.[118] Sie manifestierte sich in zahlreichen Vereinigungen, vom Ostmarkenverein über die Alldeutschen bis zum Verband gegen die Überhebung des Judentums. Diesmal fand dagegen eine soziale Mobilisierung von unten statt, deren energetische Potentiale über die Grenzen des Obrigkeitsstaates hinauswiesen.

Die Regierung förderte sehr bewusst das Narrativ von der kollektiven Kriegsbegeisterung der Deutschen. Zum einen verfolgte sie damit die Legitimierung des eigenen Handelns, zum anderen wusste sie, dass ohne die ungeteilte Unterstützung der Bevölkerung der Krieg nicht zu gewinnen war. Es gab die Hoffnung, durch diesen ersten Feldzug der 1871 geeinten Nation der konservativen Staatsidee neuen Glanz zu verleihen. Doch der Feldzug wurde zum Stellungskrieg, es folgten kräfte- und nervenzehrende Materialschlachten mit entsetzlichen, bis dahin außerhalb jeder Vorstellung liegenden Verlustzahlen; die »Blutmühle von Verdun« wurde sprichwörtlich. Mit schwindendem Kriegsglück schwand auch die Unterstützung des Unternehmens in der Bevölkerung, und am Ende stand die Abdankung aller bis dahin in den Weiten des Deutschen Reiches noch regierenden 22 Herrscherhäuser.[119] Kaiser Wilhelm II., der am 14. August 1914 noch vom Balkon des Berliner Stadtschlosses den Jubel seiner Untertanen huldvoll entgegengenommen hatte, retirierte am 10. November 1918 im Salonwagen ins niederländische Exil.

Je klarer sich abzeichnete, dass dieser Krieg kein Spaziergang war und die siegreichen Feldgrauen keineswegs an Weihnachten wieder zu Hause sein würden, desto mehr büßte der »Geist von 1914«, der sich insbesondere in der kollektiven Erregung der ersten Augusttage manifestiert hatte, an Strahlkraft ein. Von Anfang an hatte es aber neben der fanatischen Begeisterung und dem vor allem rhetorisch sich austobenden Kampfesmut der bildungsbürgerlichen Funktionseliten auch bange Beklommenheit angesichts des drohenden Unheils gegeben, nicht zuletzt unter der städtischen Arbeiterschaft. In großen Teilen der Landbevölkerung wiederum herrschte eine tiefsitzende Skepsis gegenüber fern der Heimat unternommenen Eroberungsfeldzügen.

Der Burgfrieden war sicher mehr als bloße »Phraseologie«, wie der frühe Hans-Ulrich Wehler einmal gemeint hat.[120] Aber es handelte sich beim Burgfrieden sehr viel eher um einen Waffenstillstand im Klassenkampf, als dass davon die Rede sein konnte, es habe sich in Deutschland über Nacht das Elysium einer klassenlosen Gesellschaft realisiert. Der August 1914 war kein Wir-Erlebnis, das ein solidarisch handelndes kollektives Subjekt schuf. Vielmehr brachte er eine Schicksals- und Notgemeinschaft hervor, deren Aktionsbasis die temporäre Suspendierung widerstrebender Partikularinteressen war. Die Ausrufer des Burgfriedens wollten eine autoritär strukturierte Volksgemeinschaft, deren innerer Zusammenhalt nicht durch sozialen Ausgleich, sondern durch die gemeinsame Abwehr einer äußeren Bedrohung erreicht werden sollte. Ebenso war auch die gleichfalls vielbeschworene »Schützengrabengemeinschaft« eine ideologische Konstruktion, die eine Gemeinschaft gleichrangiger Männer suggerieren sollte, ohne damit der Realität des Kriegsalltags irgendwie zu entsprechen. Daran änderte sich in den vier Jahren, die der Krieg dauerte, nichts. Bei dem Kieler Matrosenaufstand im November 1918 spielten die eklatanten Unterschiede in Ernährung und Komfort, die zwischen Offizieren und Mannschaften nach wie vor bestanden, eine erhebliche Rolle.

Es kann hier dahingestellt bleiben, ob der deutsche Radikalnationalismus, der sich im Krieg besonders laut und heftig artikulierte, in erster Linie auf eine gezielte Manipulationsstrategie der konservativen Eliten zurückging oder ob hier eher eine gesellschaftliche Selbstmobilisierung tendenziell antigouvernementaler nationalistischer Verbände ihre Wirkung entfaltete. In jedem Fall hat dieser Radikalnationalismus, der in der Historiographie lange Zeit etwas verkürzt als eine ausschließlich antimoderne Ideologie wahrgenommen wurde, entscheidend zur Ausbildung der These vom deutschen Sonderweg beigetragen. Tatsächlich gab es in der deutschen Entwicklung zum modernen, liberalen, demokratischen Staat viele Besonderheiten, Hindernisse und Umwege, aber ähnlich verhielt es sich in mehr oder weniger ausgeprägter Weise in der Mehrzahl der europäischen Staaten. Trotz des eigentümlichen Spannungsverhältnisses zwischen Tradition und Moderne war das deutsche Kaiserreich in manchem auch fortschrittlicher als andere Monarchien. Und neben den völkischen Nationalisten, die das Heil bei den germanischen Urvätern suchten, gab es auch einen modernen Radikalnationalismus, der in einem pseudowissenschaftlichen Gewand auftrat und auf eine sozialtechnologische Umgestaltung des Volkskörpers und biopolitische Züchtungsutopien setzte. Sein Ziel war soziopolitische Systemstabilisierung bei gleichzeitiger Reformvermeidung. Die Nation wurde nicht als Vollendung der Idee der Volkssouveränität angesehen, sondern galt als Legitimationsbasis staatlich-autoritärer Herrschaft. Die emphatisch gesteigerte Idee der Nation führte in Deutschland zu einem radikalen Reichsnationalismus, für dessen Beschreibung Hans-Ulrich Wehler den problematischen Begriff der politischen Religion vorgeschlagen hat.[121]

Der sichtbarste Ausdruck des deutschen Sonderwegs, soweit von einem solchen zu sprechen ist, waren die »Ideen von 1914«. Sie waren ein heterogenes Konglomerat nationalpolitischer Sinndeutungen und gesellschaftspolitischer Zukunftsentwürfe, die nach Kriegsausbruch in einer publizistischen Materialschlacht ohnegleichen an die Öffentlichkeit drängten. Das Deutsche Reich war der Parvenü unter den europäischen Großmächten, und die 1871 vollendete nationale Einheit war nicht die Folge einer gelungenen bürgerlichen Revolution, sondern das Ergebnis dreier Kriege gewesen. Jetzt artikulierten sich die Inferioritätsgefühle einer verspäteten Nation im Postulat der Überlegenheit deutscher Kultur gegenüber der westlichen Zivilisation. Die nationale Idee von 1914 stand in dieser Antithetik gegen die demokratische Idee von 1789, Gemeinschaft gegen Gesellschaft, Führerschaft gegen parlamentarischen Partikularismus, organisches gegen mechanisches Denken, deutsches Heldentum gegen britischen Krämergeist, das romantische Volk der Dichter und Denker gegen französische Zivilisationsliteraten. Sie war Ausdruck einer trotzigen Selbstisolation. Der deutsche Sieg musste errungen werden gegen eine Welt von Feinden. In Stefan Georges Gedicht hieß es: »Doch diesmal kommt von osten nicht das licht.«[122] Dort hauste der russische Moloch, die barbarische Tyrannis des zaristischen Feudalismus.[123] Doch aus dem Westen kam das Licht ebenso wenig. Dort war die Heimat der modernen Zivilisation, das »innere Ausland« der deutschen Kämpfer.[124]

Geprägt hat den Begriff der »Ideen von 1914« Johann Plenge, der Professor für Staatswissenschaften an der Universität Münster war.[125] Die Französische Revolution von 1789 war für ihn eine »Revolution der zerstörenden Befreiung«, der deutsche Krieg von 1914 dagegen eine »Revolution des Aufbaus und des Zusammenschlusses aller staatlichen Kräfte«.[126] Der antiliberale Plenge sah in der Französischen Revolution die »abstrakte Freiheitsidee der leeren atomistischen Einzelwillen« am Werk.[127] Dem wollte er einen »organisatorischen Sozialismus« entgegensetzen, eine in einem starken Staat zusammengefasste »Volksgemeinschaft«.[128] Damit werde eine neue Epoche in der Weltgeschichte erreicht, deren Verlauf durch die Konkurrenz sozialer und individualistischer Grundideen gekennzeichnet sei.[129] Plenge bewegte sich in der Denktradition eines autoritären Sozialismus, die auf viele unterschiedliche Geister eine starke Anziehungskraft ausübte und gerade in Kriegszeiten, wenn dem Feind ein Äußerstes an gemeinschaftlicher Anstrengung entgegenzusetzen war, eine enorme Dynamik entwickelte. Sein »Sozialismus« war in seinem Antiliberalismus auch antikapitalistisch, vor allem aber autoritär und antiparlamentarisch. Plenges Antikapitalismus war autoritär, aber nicht reaktionär. Äußeren Individualismus wollte er mit »innerem Sozialismus« verbinden.[130] Anders als viele Proponenten der Ideen von 1914 war Plenge zwar ein Kulturkrieger, aber kein Kulturkonservativer.[131] Er stimmte nicht ein in die Klage über die moderne Sachlichkeit, sondern zeichnete sich durch eine erstaunliche »Intensität der Rationalisierungsbejahung«[132] aus. Plenge ist im Kontext der in Deutschland so wirkmächtigen antimodernen Moderne zu sehen, sinnbildlich gesprochen stand er Walter Gropius näher als Thomas Mann.

Am Ende dieses deutschen Nachdenkens über organisierte Staatlichkeit stand die Vision einer »Volksgemeinschaft des nationalen Sozialismus«, die zugleich das Destruktionspotential eines exklusiven Nationalismus und die formative Gewalt einer autoritären Sozialutopie in sich trug. Der Begriff National-Sozialismus kennzeichnete ursprünglich eine konservative Antwort auf die sozialen Probleme der industrialisierten Gesellschaft, die internationalistisch orientierte Arbeiterschaft sollte in die nationale Gemeinschaft integriert werden. Eugen Dühring hatte den Begriff schon 1875 benutzt, um Lassalles Abgrenzung gegen den proletarischen Internationalismus zu charakterisieren. 1887 erschien im *Deutschen Adelsblatt* ein Beitrag mit dem Titel »Fürst Bismarck der erste Nationalsozialist«.[133] Und als Friedrich Naumann 1896 den Nationalsozialen Verein gründete, stand zur Debatte, ihn Nationalsozialistischen Verein zu nennen, um seine arbeiterfreundliche Haltung noch deutlicher zu akzentuieren.[134] Der Nationalsoziale Verein wollte als Partei reüssieren, blieb aber bei den Wahlen erfolglos und löste sich 1903 wieder auf. Aber Nationalismus und Sozialismus waren nichtsdestotrotz die dominierenden ideologischen Strömungen der Zeit, und auch manche Linke, die zwischen der grenzüberschreitenden Solidarität der Sozialistischen Internationale und dem Patriotismus der Arbeiterschaft in ihren Ländern hin- und hergerissen waren, bemühten sich, diese miteinander zu verbinden.

Johann Plenge stand der Lensch-Cunow-Haenisch-Gruppe innerhalb der SPD nahe, ohne der Partei selbst anzugehören. Paul Lensch war Mitglied des Reichstages, Konrad Haenisch gehörte dem Preußischen Landtag an, und Heinrich Cunow, der als bedeutender marxistischer Theoretiker galt, war Redakteur der *Neuen Zeit* und des *Vorwärts* sowie Dozent an der von August Bebel gegründeten Reichsschule der SPD, die ihre Tätigkeit allerdings bei Kriegsausbruch einstellte. Im August 1914 gehörte Cunow wie die anderen *Vorwärts*-Redakteure noch zu denen, die die Bewilligung der Kriegskredite ablehnten. Im Herbst des Jahres änderte er seine Meinung und schloss sich der Mehrheit um Friedrich Ebert an. Die genannte Gruppe bildete sich dann 1915, sie schlug in ihrer Rechtfertigung der Burgfriedenspolitik einen zunehmend nationalistischen Ton an und versuchte zugleich, im Rahmen der marxistischen Nomenklatur zu argumentieren. Zum

Umkreis der Gruppe gehörte auch der Gewerkschaftsfunktionär August Winnig, der nach 1918 zum völkischen Antisemiten mutierte und SPD wie Gewerkschaft verlassen musste. Sie alle betrieben einen erheblichen publizistischen Aufwand, um den Gegensatz zwischen dem grundsätzlichen Internationalismus der Sozialdemokratie und den patriotischen Pflichten in Kriegszeiten zu überbrücken.[135] Konrad Haenisch, der nach dem Krieg preußischer Kultusminister wurde, berief sich dabei ausdrücklich auf die Ideen von 1914, mit deren Hilfe die ideologischen Nachwirkungen der Jahre 1789 und 1848 überwunden werden sollten.[136]

Plenge bemühte sich, den »Geist« von 1914, der sich bei Ausbruch des Krieges offenbart hatte, durch die »Ideen« ideologisch zu überhöhen und ihm eine dauerhafte Wirkung zu bescheren. Den libertären Ideen von 1789 stellte er die Imperative des organisierten Sozialismus entgegen: »›Schaffe mit‹ ist die Freiheit der Tat! ›Gliedere Dich ein‹ ist die Gleichheit des Dienstes! ›Lebe im Ganzen‹ die Brüderlichkeit des Sozialismus!« Sein prominentester Schüler war Kurt Schumacher, der 1920 bei ihm über den Kampf um den Staatsgedanken in der deutschen Sozialdemokratie promovierte und in seiner Arbeit noch einmal die Diskussionen von der Zeit der Parteigründung bis zur Revolution von 1918 nachzeichnete.[137] Nach 1945 kämpfte Schumacher, der im Ersten Weltkrieg schwer verwundet worden war und einen Arm verloren hatte, leidenschaftlich für die Neugründung der im »Dritten Reich« verbotenen SPD als selbständige Partei und gegen eine Wiedervereinigung mit der 1917/18 abgespaltenen KPD. Er sah in der Sozialdemokratie die entscheidende politische Kraft für eine demokratische Lösung der nationalen Frage. Schon in seiner Dissertation von 1920 hatte er die Auffassung vertreten, dass gerade in den Jahren des Ersten Weltkriegs deutlich geworden sei, dass der Kapitalismus immer mehr die Realisierung partikularer bürgerlicher Interessen fördere, während die sozialdemokratische Arbeiterbewegung sich immer mehr zur Wahrerin des

Allgemeinwohls entwickle. Als naheliegender Beleg für seine These diente Schumacher jene Mehrheit der Partei, die allen Kontroversen zum Trotz am Burgfrieden und an ihrer Verantwortung für die kriegführende Nation festgehalten und auch in der revolutionären Umbruchsituation von 1918 dieser Verantwortung gerecht zu werden versucht hatte.

Der konservative schwedische Staatswissenschaftler Rudolf Kjellén griff den Begriff der Ideen von 1914 im Mai 1915 in einem Vortrag auf, der wenig später publiziert und sehr bald auch ins Deutsche übersetzt wurde.[138] Kjellén trug so stark zur Popularisierung des Begriffs bei, dass manche in ihm sogar dessen Urheber sehen wollten. Dem französischen Wahlspruch von Freiheit, Gleichheit und Brüderlichkeit setzte er die Trias Pflicht, Ordnung und Gerechtigkeit entgegen. Ordnung sei das Siegeszeichen des kämpfenden Heeres und gleichermaßen »der Glücksstab der friedlich arbeitenden Gesellschaft«.[139] In Kjelléns Dialektik war das 1789 gestürzte Ancien Régime die These, die Ideale der Französischen Revolution waren die Antithese und die Ideen von 1914 die im dialektischen Prozess gewonnene Synthese. Kjellén verwarf also die Ideen von 1789 keineswegs pauschal, er billigte ihnen das Verdienst zu, den alten Feudalstaat überwunden zu haben. Ähnlich wie Plenge sah er aber das deutsche Modell einer autoritär gebundenen Freiheit als genuine Weiterentwicklung modernen und zugleich traditionsgebundenen Denkens an. Gegen diese überlegene deutsche Synthese hatten sich in der Allianz der deutschen Kriegsgegner in widersinniger Weise die feudalistische These (Russland) und die freiheitlich-revolutionäre Antithese (Großbritannien und Frankreich) miteinander verbündet.[140] Kjellén stand mit seinem Etatismus dem autoritätsgeneigten deutschen Denken nahe, was ihm einige Popularität einbrachte und dazu führte, dass sein Einfluss bis weit ins völkische Lager reichte.

Ein anderer Repräsentant der Ideen von 1914 war der liberale Theologe Ernst Troeltsch. Er hatte bei Kriegsausbruch eine

Professur für systematische Theologie in Heidelberg inne und wurde dann 1915 auf einen Lehrstuhl für Philosophie in Berlin berufen. Bei der geistigen Mobilmachung stand Troeltsch in vorderster Front. Am 2. August 1914, einem Sonntag, sprach er in Heidelberg auf einer »vaterländischen Versammlung«, seine Rede erschien anschließend in mehreren Zeitschriften.[141] Troeltsch schlägt darin den hohen Ton patriotischer Erregung an: »Die Losung ertönt mit allem Zauber männlich-heldischer Gesinnung: Zu den Waffen, zu den Waffen.«[142] Als nach Russland und Frankreich auch die Briten in den Krieg eintraten und die Parole ausgaben, Demokratie und Freiheit müssten gegen die wilhelminische Monarchie und den preußischen Militarismus verteidigt werden, brachten die deutschen Kriegsrhetoriker den Begriff von der »deutschen Freiheit« in Stellung. Troeltsch sprach von der »inneren Freiheit« und stand damit ganz in der deutschen Denktradition, die stets dazu neigte, Freiheit nicht als Freiheit von etwas, sondern als Freiheit zu etwas zu verstehen. Nicht um die Freiheit von Knechtschaft und Willkür, sondern um die Freiheit zu williger Pflichterfüllung ging es dabei,[143] in den Worten von Johann Plenge um die »Befreiung des Einzelnen zur bewussten Einordnung in das begriffene Lebensganze von Volk und Staat«.[144] Die Soldaten sollten, so Troeltsch, disziplinierter und monarchistischer aus dem Krieg zurückkommen, als sie in ihn gezogen waren. Sie sollten die Tatsache anerkennen, dass ein »moderner Riesenstaat« wie das Deutsche Reich anders als durch einen starken Herrscher nicht zu regieren war.[145] Das war gewissermaßen Troeltschs liberale Variante des Kriegssozialismus. Er warnte vor einer »Verstaatlichung des Gehirns«[146] und lehnte Plenges strikte Dichotomie der Ideen von 1789 und denen von 1914 ab. Ähnlich wie Kjellén wandte er sich gegen eine einseitige Zurückdrängung des Individualismus.[147]

Im November 1915 wurde die »Deutsche Gesellschaft 1914« gegründet, eine bewusst pluralistisch zusammengesetzte Vereinigung von höheren Beamten, meist aus dem Auswärtigen Amt,

Männern der Wirtschaft, Militärs, Professoren, Schriftstellern und Künstlern ganz unterschiedlicher Couleur, darunter auch viele Juden. Walther Rathenau und Fritz Haber waren hier ebenso Mitglied wie Hugo Stinnes und Hjalmar Schacht, Helmuth von Moltke und Hugo von Hofmannsthal, Max Liebermann und Richard Strauss; Alfred Hugenberg traf auf Matthias Erzberger und den revisionistischen Sozialdemokraten Albert Südekum. In dieser Gesellschaft hielt Ernst Troeltsch 1916 einen Vortrag über die Ideen von 1914, jene legitimatorische Anstrengung des deutschen Kriegseintritts, die auch der Gesellschaft, vor der er auftrat, den Namen gegeben hatte. Auch hier sprach er von deutscher Freiheit, die von dem Utilitarismus zügelloser Freiheit französischer Provenienz nichts wissen wollte und sich zu einer deutschen Gemeinschafts- und Pflichtethik bekannte.[148] Troeltsch war ein wichtiger Repräsentant der Ideen von 1914, aber als er diesen Vortrag hielt, hätte der »Spaziergang nach Paris«, zu dem die deutschen Soldaten im August 1914 mit wehenden Fahnen und klingendem Spiel ausgerückt waren, längst erfolgreich beendet sein sollen. Die Strahlkraft der Ideen von 1914 hatte erheblich nachgelassen, viele Kriegsrhetoriker waren verstummt, die eruptive Begeisterung des Anfangs war zunehmender Ernüchterung gewichen und es brach sich die Erkenntnis Bahn, dass dieser Krieg allen Beteiligten das Äußerste abverlangen würde und die unerschütterliche Gewissheit über seinen siegreichen Ausgang auf tönernen Füßen stand.

In der französischen Hauptstadt Paris, die gemäß dem Schliefen-Plan innerhalb von fünf Wochen hätte erobert werden sollen, war die Situation bei Kriegsausbruch in mancherlei Hinsicht ähnlich wie in Berlin, es gab aber auch gewichtige Unterschiede. Der Deutsch-Französische Krieg hatte auf der einen Seite zur Ausrufung des preußischen Königs zum deutschen Kaiser geführt, auf der anderen Seite zum Sturz Kaiser Napoleons III. Frankreich war jetzt eine Republik, an deren Spitze der von der

Nationalversammlung gewählte Staatspräsident stand. Seit Februar 1913 war dies Raymond Poincaré, der sich auf ein Mitte-Rechts-Bündnis stützte. Poincaré sah das ungeliebte Nachbarreich östlich des Rheins von einem starken Bellizismus beherrscht und setzte alles daran, dass Frankreich im Fall eines militärischen Konflikts gut gerüstet sein würde. Er hob den Militäretat an, verlängerte die obligatorische Dienstzeit auf drei Jahre und trug Sorge für eine Stärkung der Tripel-Entente mit Großbritannien und Russland. Am 21. Juli 1914 besuchte er gemeinsam mit Ministerpräsident René Viviani, der zugleich Außenminister war, die russische Regierung in St. Petersburg, um sie einmal mehr der französischen Bündnistreue zu versichern.

Die Franzosen hatten, anders als die Deutschen, für den Konfliktfall auch ein klares Kriegsziel, dessen Priorität unumstritten war: die Rückgewinnung von Elsass-Lothringen. Nur eine kleine radikale Minderheit hatte dafür plädiert, dieses Ziel mit militärischen Mitteln aktiv in Angriff zu nehmen. Aber als der Krieg ausbrach, bestand Einigkeit darüber, dass die Schmach von 1870/71 getilgt werden sollte und diese Gebiete wieder französisch werden müssten. Wie in Deutschland wurden auch in Frankreich mit zunehmender Dauer des Krieges die Ziele immer weiter gesteckt. Ging es zunächst noch um Elsass-Lothringen in den Grenzen von 1814, sollten es dann die Grenzen von 1790 sein, also Elsass-Lothringen einschließlich des Saargebiets. Dann stellten sich auch Begehrlichkeiten hinsichtlich der übrigen linksrheinischen Gebiete des Deutschen Reiches ein, und in Westafrika sollte ein zusammenhängendes Kolonialgebiet entstehen. Dem russischen Verbündeten wiederum schlug man in Geheimverhandlungen im Februar 1917 vor, doch seine Westgrenze nach dem Krieg vorteilhaft neu zu definieren. Das Deutsche Reich, seit 1871 die dominierende Macht in Kontinentaleuropa, sollte auf jeden Fall dauerhaft geschwächt werden.

Am 4. August 1914 trat Ministerpräsident Viviani vor die Versammlung der Abgeordneten und verlas eine Botschaft des Staatspräsidenten Poincaré, anschließend trug der Justizminister Jean-Baptiste Bienvenu-Martin denselben Text der zweiten Kammer, dem Senat, noch einmal vor. Nach der Verfassung hatte der Präsident nicht das Recht, selbst im Parlament zu sprechen, und auch in dieser Situation wollte Poincaré jeden Anschein vorkonstitutioneller Willkür vermeiden.[149] Er berief sich in seiner Rede an die Nation auf das Recht der Franzosen zur Selbstverteidigung und die ewige Kraft der Moral. Die Passage seiner Botschaft, die bis heute immer wieder zitiert wird, lautete: »In dem Krieg, der jetzt beginnt, wird Frankreich [...] heldenhaft von all seinen Söhnen verteidigt werden, deren heilige Einheit durch nichts gebrochen werden wird und die heute brüderlich vereint sind in einhelliger Empörung gegen den Aggressor und im selben patriotischen Glauben.«[150] Mit dieser Rede prägte Poincaré, der damals die dominierende politische Persönlichkeit in Frankreich war, den Begriff der Union sacrée, der heiligen Einheit, die gemeinhin als das französische Pendant zum deutschen Burgfrieden angesehen wird.

Wie in Deutschland hatte es auch in Frankreich eine starke sozialistische Opposition gegen den Krieg gegeben, die sich einerseits auf den 1895 gegründeten Gewerkschaftsbund Confédération générale du travail (CGT) stützte, andererseits auf die Sozialistische Partei, die durch die Ermordung von Jean Jaurès am 31. Juli 1914 einen ihrer profiliertesten Vertreter verloren hatte. Am Vormittag des 4. August, noch bevor Poincarés Botschaft im Parlament verlesen wurde, fand das Begräbnis von Jean Jaurès statt. Der Präsident des Abgeordnetenhauses nahm daran ebenso teil wie der Präsident des Senats und die meisten Minister. Es kamen sogar Vertreter der nationalistischen Patriotenliga. Der Generalsekretär der CGT Léon Jouhaux hielt eine stark beachtete Rede, in der er sich von seinem bisherigen Antimilitarismus distanzierte und auf die Linie des Vorrangs der Landesverteidigung einschwenkte. Er konnte sich dabei auf Jaurès berufen, der zwei Wochen vor seinem Tod in der Parteizeitung *L'Huma-*

nité erklärt hatte, im Angriffsfall befürworte auch er trotz aller Differenzen den Kampf gegen den gemeinsamen Feind.

Nachdem die Dreyfus-Affäre das Land in zwei tief verfeindete Lager geteilt hatte – man sprach gar von »les deux Frances« –, wurde die Beerdigung des populären Sozialistenführers zu einem entscheidenden Signal für ein echtes innenpolitisches Bündnis, das dann als Union sacrée seine propagandistisch wirksame Überhöhung erfuhr. Konservative, Liberale und Sozialisten rückten zusammen und signalisierten ihre Bereitschaft, die bestehenden Meinungsverschiedenheiten zu überwinden, um Frankreich gemeinsam gegen den äußeren Feind zu verteidigen. Noch am selben Tag schlossen die Gewerkschaften sich offiziell der Union sacrée an, nachdem die Sozialisten noch eine Woche zuvor in Paris eine gewaltige Massenkundgebung gegen den Krieg veranstaltet hatten. Der symbolische Höhepunkt des nationalen Schulterschlusses war erreicht, als am 26. August zwei Sozialisten in die bürgerliche Regierung von René Viviani eintraten, was den bis dahin geltenden Prinzipien der Sozialistischen Internationale entschieden widersprach.

Die Union sacrée war letztlich ein pragmatisches Zweckbündnis auf Zeit. Ähnlich dem deutschen Burgfrieden transportierte sie zwei ganz unterschiedliche Narrative, da sie sich ebenso auf die gemeinsame Verteidigung der in Gefahr geratenen Nation bezog wie auf die Vereinigung aller Franzosen. Dass ein solcher Zusammenschluss überhaupt zustande kam, war für die zutiefst gespaltene französische Republik keineswegs selbstverständlich. Der Historiker Jean-Jacques Becker meint sogar, die Franzosen seien 1914 das am wenigsten einige Volk Europas gewesen.[151] Es gab auf der einen Seite die konservativen, antiparlamentarischen, monarchistischen und klerikalen Kräfte, die der Republik mit größter Skepsis begegneten und eine Rückkehr zur traditionell-autoritären Staatsform anstrebten, auf der anderen Seite die parlamentarisch-demokratischen, antiklerikalen und sozialistischen Kräfte. Wie unversöhnlich sich die beiden Lager gegenüberstanden, hatte die Affäre um den 1894 zu Unrecht wegen Landesverrats – ausgerechnet zugunsten des Deutschen Reiches – verurteilten Offizier Alfred Dreyfus offenbart. Sie endete schließlich 1906 mit der vollständigen Rehabilitierung des widerrechtlich zu lebenslanger Verbannung verurteilten Hauptmanns. Schon drei Jahre zuvor hatte die politische Linke im Gefolge der Auseinandersetzungen die Parlamentswahlen gewonnen. Daraufhin wurde der Einfluss des Klerus durch eine Reihe von Maßnahmen – unter anderem die Schließung der katholischen Privatschulen und die Aufhebung aller Ordensgemeinschaften – immer weiter zurückgedrängt, was sogar dazu führte, dass der Vatikan die diplomatischen Beziehungen zu Frankreich abbrach. Abgeschlossen wurde der Prozess durch das nach dem Premierminister Emile Combes benannte »Loi Combes« von 1905, das die grundsätzliche Trennung von Kirche und Staat festschrieb. Die laizistische Ausrichtung des französischen Staates wurde auch von späteren konservativen Regierungen nicht wieder in Frage gestellt.

Trotz der erheblichen Friktionen, die durch die Auseinandersetzungen um Dreyfus entstanden waren, gelang den Franzosen im Moment der Bedrohung sehr rasch ein Schulterschluss, der alle politischen Lager umfasste, wenngleich auch der französische Burgfrieden nicht allen Belastungen der Kriegsjahre standhielt. Dabei spielte sicher eine Rolle, dass sie mit mehr Recht als die Deutschen behaupten konnten, sie würden sich lediglich gegen einen feindlichen Angriff verteidigen. Selbst Pazifisten wie Romain Rolland stellten die Notwendigkeit, sich gegen die deutsche Aggression zur Wehr zu setzen, nicht in Frage. Im französischen Innenministerium gab es ein »Carnet B«, ein Verzeichnis, das für den Fall der Mobilmachung die vorsorgliche Verhaftung von etwa 2500 Pazifisten, Anarchisten und potentiellen Saboteuren vorsah. Tatsächlich meldeten sich mehr als 80 Prozent der dort Aufgeführten freiwillig zu den Waffen, und die Behörden waren gut beraten, die Liste in der Schublade zu lassen.[152]

Der Bogen der im Kampf für das Vaterland Vereinten reichte von den Sozialisten auf der Linken bis hin zu dem 1898 gegründeten Comité d'action française am anderen Ende des politischen Spektrums. Diese Gruppe war während der Auseinandersetzungen um Dreyfus entstanden, ihr führender Kopf war der rechtsextreme Schriftsteller und Publizist Charles Maurras, der ein fanatischer Antisemit und Deutschenhasser war. Der angeblich für den deutschen Erbfeind spionierende jüdische Offizier Alfred Dreyfus entsprach perfekt seinem Feindbild. Das Comité verfügte seit 1908 über die Tageszeitung *L'Action française*, die ein wirksames Instrument der royalistischen, nationalistischen, katholischen und antisemitischen Propaganda war. Während des Krieges nahm das protofaschistische Comité aber eine gouvernementale Haltung ein, mit seinen antikonstitutionellen Zielen hätte es ohnehin keine Chance auf Massenwirkung gehabt. Mit seinem Aktivismus hatte es aber einen nicht unerheblichen Anteil an der Kriegspropaganda und entwickelte, ähnlich wie die Alldeutschen auf der anderen Seite der Front, ein weit ausgreifendes territoriales Expansionsprogramm, das die Atmosphäre in der Kriegsgesellschaft beeinflusste.

Wenn man die Situation in Deutschland und Frankreich im Sommer 1914 miteinander vergleicht, fallen Gemeinsamkeiten ebenso wie Gegensätze auf. Beiden Ländern gemeinsam ist das »Wunder« der inneren Einheit,[153] die sich gewissermaßen über Nacht herstellte. Hier wie dort kam es zu einem in dieser Intensität nicht erwarteten Aufwallen patriotischer Empfindungen, das besonders in Deutschland Gefühle des Überschwangs und der Beglückung auslöste. Hier wie dort zögerten die Organisationen der Arbeiterschaft nicht, sich in die nationale Einheitsfront zur Abwehr des äußeren Feindes einzureihen. Aber an dieser Stelle wird auch eine wichtige Differenz deutlich. Das Deutsche Reich war ein semikonstitutioneller Obrigkeitsstaat. Das Volk versammelte sich hinter seinem Kaiser, die Regierung war stolz darauf, die Zustimmung der Sozialdemokraten zu den Kriegskrediten ohne politische Zugeständnisse erreicht zu haben. Frankreich war eine Republik, in der sich die Royalisten in Opposition zum System befanden. Dort war das integrative Potential entschieden größer als im wilhelminischen Klassenstaat. Es war nur konsequent, dass nach Kriegsausbruch auch Sozialisten auf der Regierungsbank Platz nahmen, was in Deutschland erst im Oktober 1918, als schon alles verloren war, denkbar wurde.

In Deutschland träumten die Nationalkonservativen den alten vorkonstitutionellen Traum vom einigen Volk diesseits aller Parteiungen und projizierten ihn auf das Ideologem der nationalen Einheit. Die Arbeiter sollten zufriedene Untertanen sein und ihren Wunsch nach sozialer Emanzipation zugunsten der Vision von Deutschlands nationaler Größe aufgeben, das einige Volk sollte das Unterpfand für einen glänzenden Sieg sein. In Frankreich dagegen blieb man sich politischer Differenzen bewusst, entschied sich aber, sie bis zum Sieg über den äußeren Feind zurückzustellen. Von der Linken bis zur äußersten Rechten kämpften alle für den Sieg der französischen Fahnen, während in Deutschland die Nationalisten in Opposition zur Regierung standen, die ihnen nicht radikal genug erschien. Sie glaubten, gerade ihre maßlosen Kriegsziele seien eine unentbehrliche Motivation für die kämpfende Truppe und würden das Deutsche Reich dem Sieg näherbringen. Diese Leute hatten nichts Besseres zu tun, als am Sturz des ihnen zu kompromissbereiten Theobald von Bethmann Hollweg zu arbeiten, der im Juli 1917 schließlich aufgab und zurücktrat.

Am 2. September 1914, dem in Berlin mit einer Siegesparade begangenen Sedantag, sah die militärische Lage Frankreichs kaum weniger trostlos aus als 44 Jahre zuvor. Die Deutschen standen an der Marne, einem östlichen Nebenfluss der Seine, der wenige Kilometer südöstlich von Paris in die Seine fließt. Die 1. Armee des Generals Alexander von Kluck hatte bereits die Vororte der französischen Hauptstadt erreicht, die Regierung musste nach

Bordeaux evakuiert werden. Nach dem präzise berechneten Plan, den der damalige Chef des Großen Generalstabs Alfred Graf von Schlieffen 1905 aufgestellt hatte, sollten die im Westen angreifenden Armeen am 31. Tag der Mobilmachung, das war im aktuellen Fall der 31. August 1914, an der Somme stehen, den Angriff auf Paris beginnen und zehn Tage später die Stadt erobert haben.[154] Die Grundidee des 1913 verstorbenen Generaloberst Schlieffen war, dass Frankreich durch einen überfallartigen Angriff rasch niedergeworfen werden sollte, was auch den Durchmarsch durch das neutrale Belgien notwendig machte. Frankreich sollte besiegt sein, ehe die mangels eines dichten Eisenbahnnetzes relativ unbeweglichen russischen Armeen an der Ostgrenze des Deutschen Reiches aufmarschiert sein und zum Angriff übergehen würden.

Zu Beginn sah es durchaus so aus, als ob dieser Plan funktionieren könnte. Der Durchmarsch durch Belgien gelang, wenngleich die Deutschen dort zu ihrer Überraschung auf Widerstand stießen. Die Somme, etwa 120 Kilometer nördlich von Paris, wurde in den letzten Augusttagen überschritten, während gleichzeitig die 6. und 7. deutsche Armee den Franzosen in Lothringen schwere Verluste beibrachten. Allein am 22. August verloren die Franzosen 27 000 Mann, was einem Drittel der gesamten französischen Verluste während des Deutsch-Französischen Krieges von 1870/71 gleichkam. Doch die Armeen des Zaren standen wesentlich schneller als von Schlieffen berechnet an der deutschen Ostgrenze und eroberten, wenn auch nur für wenige Wochen, weite Teile Ostpreußens, was mehr deutsche Kräfte band als geplant. Unterdessen standen vier deutsche Armeen südlich der Marne.[155] Sie waren bedrohlich nahe auf Paris vorgerückt, aber dann tat die 1. Armee unter von Kluck genau das Gegenteil dessen, was Schlieffen vorgesehen hatte, als sie es unterließ, Paris nordwestlich zu umfassen, und stattdessen nach Osten schwenkte, um dann südöstlich von Paris zum Stehen zu kommen. Entgegen dem vielzitierten Vermächtnis Schlieffens

»Macht mir den rechten Flügel stark!« war der rechte Flügel der deutschen Angriffsformation empfindlich geschwächt. Es fehlten Truppen, die zur Belagerung Antwerpens und zur Sicherung der eroberten Territorien abgestellt worden waren, und auch die Verbände, die man an die Ostfront verlegt hatte. Die Gewaltmärsche durch Nordfrankreich mit Tagesleistungen von bis zu 40 Kilometern hatten den deutschen Soldaten alles abverlangt. Am Ende waren sie erschöpft und zudem in der Minderzahl. An einer Frontlinie von mehr als 400 Kilometern, die von Paris bis ins Elsass reichte, standen den 750 000 Deutschen mehr als eine Million Briten und Franzosen gegenüber. Marschall Joseph Joffre, der Chef des französischen Generalstabs, wusste um die überragende Bedeutung der erfolgreichen Verteidigung von Paris. Deshalb wurden Einheiten aus Lothringen abgezogen und weitere Truppen in einer sagenumwobenen Aktion mit beschlagnahmten Taxis von Paris an die Front gefahren. Dennoch stand die Situation auf des Messers Schneide. Ein Sieg der Deutschen schien greifbar nahe, als der Chef der Obersten Heeresleitung Helmuth von Moltke am 9. September den Rückzug befahl. Sein Hauptquartier war weitab der Front in Luxemburg, wo es nicht leicht war, sich einen exakten Überblick über die militärische Lage zu verschaffen, und er war beunruhigt über die Höhe der deutschen Verluste.[156] Die deutschen Armeen zogen sich, von Briten und Franzosen allenfalls halbherzig verfolgt, auf eine Linie zurück, die von Noyon über Soissons und Reims bis Verdun reichte.[157] Im September verfestigte sich diese Front zunehmend. Im Lauf des Winters sollte sie dann ihre charakteristische Gestalt gewinnen, mit einem weitverzweigten System umfassend befestigter Schützengräben.

Mit der Niederlage in der Marneschlacht war die deutsche Kriegsplanung gescheitert, Schlieffens Idee einer Umfassung von Paris blieb eine Illusion. Die Hoffnung auf einen kurzen, kontrollierbaren Kabinettskrieg war im Pulverdampf zerstoben. Ein jahrelanger Abnutzungskrieg mit furchtbaren Opfern stand bevor, aber es gab nur wenige, die sich das eingestehen wollten. Einer von ihnen war der preußische Kriegsminister Erich von Falkenhayn, der am 14. September 1914, als Moltke infolge der Niederlage an der Marne zurückgetreten war, zusätzlich auch Chef der Obersten Heeresleitung wurde. In einem am 18. November vorgelegten Memorandum drängte Falkenhayn auf eine Verhandlungslösung, weil er der Überzeugung war, das deutsche Heer sei ausgebrannt und eine rein militärische Beendigung des Krieges nicht mehr erreichbar.[158] Mit dieser erstaunlich hellsichtigen Position fand Falkenhayn kein Gehör. Schon in dieser frühen Phase des Krieges verfestigte sich in Deutschland eine fatale Einstellung, die jede realistische oder auch nur differenzierte Sicht der Dinge als Ausdruck eines mangelnden Patriotismus ansah und als defätistisch brandmarkte. Bedingungslose Siegeszuversicht galt als unabdingbare Voraussetzung für den militärischen Erfolg. Je bedrängter die Situation des Deutschen Reiches war, desto entschiedener suchte man in dieser Überzeugung Zuflucht und verharrte in ihr bis zuletzt.

Am 9. September 1914, dem Tag des deutschen Rückzugsbefehls, war Paris nicht erobert, aber der Sieg an der Marne schien noch möglich. Reichskanzler Bethmann Hollweg, der bei Kriegsbeginn ob des zu erwartenden Blutvergießens in Tränen ausgebrochen war und auch jetzt lieber früher als später Frieden geschlossen hätte, befand sich im Großen Hauptquartier in Luxemburg. Seinem Stellvertreter in Berlin, dem Staatssekretär des Innern Clemens von Delbrück, übersandte er eine »vorläufige Aufzeichnung über die Richtlinien unserer Politik beim Friedensschluss«. Tatsächlich hielten nicht wenige einen Präliminarfrieden mit Frankreich für möglich, wie es ihn zuletzt im Februar 1871, drei Monate vor dem eigentlichen Friedensschluss, gegeben hatte. Bethmann Hollwegs Aufzeichnung ist unter dem Namen »Septemberprogramm« in die Geschichte eingegangen, als maßgeblicher Verfasser gilt der Diplomat Kurt Riezler, der in außenpolitischen Fragen der wichtigste Berater des Reichskanzlers war.[159]

Der Einfall deutscher Armeen in die westlichen Nachbarländer hatte der Phantasie kräftig die Zügel schießen lassen. »Man watet in Denkschriften!«, lautet eine vielzitierte Bemerkung des Staatssekretärs des Reichskolonialamts Wilhelm Solf, der Bethmann Hollweg in seinem Bemühen um einen Verständigungsfrieden unterstützte.[160] Der Ruhrindustrielle August Thyssen hatte schon am 28. August ein phantastisches Annexionsprogramm vorgelegt, dessen Planungen vom Ärmelkanal bis zum Kaukasus reichten. Die Denkschrift des Zentrumspolitikers Matthias Erzberger vom 2. August war kaum weniger expansionistisch gewesen, nicht zu reden von den wilden Kolonialisierungsträumen der Alldeutschen, die ihren Verband nicht nur als »Stoßtrupp der nationalen Bewegung«, sondern zugleich auch als Speerspitze des Kampfes gegen Bethmann Hollweg sahen, dessen Wirken aus ihrer Sicht ein Haupthindernis für einen deutschen Sieg darstellte.[161]

Im Vergleich zu diesen sich gegenseitig an Radikalität und Irrealität übertrumpfenden Kriegszielprogrammen war der Entwurf des Reichskanzlers geradezu gemäßigt, so anspruchsvoll er dem heutigen Leser auch erscheinen mag.[162] Das Septemberprogramm, das bewusst ein »vorläufiges« sein wollte, war in gewisser Weise eine moderierende Gesamtschau dessen, was damals im politischen Berlin gedacht und gefordert wurde, und ein Versuch, den im Burgfrieden gefundenen Konsens nicht zu gefährden. Bethmann Hollweg war bemüht, das Wohlwollen des Kaisers nicht aufs Spiel zu setzen und gleichzeitig Akzeptanz bei den Sozialdemokraten zu finden. Frankreich sollte in jedem Fall das Erzbecken von Briey abtreten, »weil für die Erzgewinnung unserer Industrie nötig«.[163] Über die Notwendigkeit weiterer Gebietsabtretungen sollten militärische Stellen entscheiden. Im Vordergrund standen nicht territoriale Ansprüche, sondern die strukturelle Verteidigungsfähigkeit des Landes. Des Weiteren sollte Frankreich so hohe Reparationen leisten, dass keine finanziellen Spielräume für eine erneute Aufrüstung bleiben würden. Ein Handelsvertrag sollte das Land in wirtschaftliche Abhängigkeit bringen und »zu unserem Exportland mach[en]«. Belgien sollte »zu einem Vasallenstaat« herabsinken,[164] Luxemburg würde deutscher Bundesstaat, die Niederlande »in ein engeres Verhältnis zu dem Deutschen Reich gebracht« werden. Ein zusammenhängendes mittelafrikanisches Kolonialreich war anzustreben. Zentral aber war die Forderung nach der »Gründung eines mitteleuropäischen Wirtschaftsverbandes durch gemeinsame Zollabmachungen«.[165] Diese Zollunion sollte von Frankreich über Skandinavien bis nach Polen, das damals als Staat gar nicht existierte und zum guten Teil russischer Besitz war, und weit hinunter bis Italien reichen. Bethmann Hollweg, der bei den Nationalisten ohnehin als »Flaumacher« galt, wollte seine politische Stellung nicht über Gebühr in Gefahr bringen durch ein Programm, das den Gegnern des Krieges zu sehr entgegenkam. Mit dem Septemberprogramm, das den Schwerpunkt nicht auf territoriale Expansion legte, sondern durch eine Zoll- und Wirtschaftsunion die Vorherrschaft des Deutschen Reiches in Europa sichern wollte, konnte er leben. In der belgischen Frage war Bethmann Hollweg, der am 4. August im Reichstag den Einmarsch in Belgien noch als Unrecht bezeichnet und von späterer Wiedergutmachung gesprochen hatte, sehr schwankend. Kurt Riezler dagegen wiederholte in einer Denkschrift vom 15. Februar 1915 die Forderung nach deutscher Suprematie über Belgien, der Friedensschluss müsse sich »auf einer mittleren Linie zwischen Annexion und Freiheit Belgiens bewegen«. Belgien sollte ein deutscher Bundesstaat »im weiteren Sinne« werden.[166] Der Höhepunkt der annexionistischen Propaganda wurde mit der Petition der sechs großen Wirtschaftsverbände vom 10. März 1915 erreicht, die in enger Zusammenarbeit mit dem Alldeutschen Verband entstand und gebieterisch forderte, die belgischen Stahlwerke und Kohlegruben in deutschen Besitz zu überführen.

Die Petition forderte außerdem die Freigabe der Kriegszieldiskussion im Deutschen Reichstag.[167]

Das Septemberprogramm entsprach den Intentionen von Leuten wie Walther Rathenau, der Bethmann Hollweg nahestand und als Leiter der Kriegsrohstoffabteilung eine Stimme von erheblichem Gewicht hatte. Zugleich vertrat Rathenau als Aufsichtsratsvorsitzender der AEG die modernen, exportorientierten Industrien, die vor allem ein Interesse an der Erschließung neuer Märkte hatten und die Welt ökonomisch beherrschen wollten, während ein Schwerindustrieller wie Hugo Stinnes in den alten Kategorien territorialer Expansion dachte, die den Zugang zu Rohstoffen wie Kohle und Eisenerz sichern sollte. Bethmann Hollweg wollte seinerseits dem englischen und dem russischen Weltreich einen »feste[n] und unzerstörbare[n] mitteleuropäische[n] Wirtschaftskern«[168] entgegensetzen, die künftige deutsche Hegemonie also auf ökonomische Dominanz stützen und damit zugleich das soziale System des wilhelminischen Kaiserreichs stabilisieren und gegen Reformdruck immunisieren. Dieser Sozialimperialismus deckte sich mit den Interessen eines modernen, global operierenden Kapitalismus, aus dessen Perspektive der Bau einer Bagdadbahn wesentlich vielversprechender war als die Eroberung einer Kohlengrube. Er hat zudem den Vorteil, dass er, anders als territoriale Annexionen, die ethnische Homogenität des Deutschen Reiches nicht gefährdete. Aus dem Ziel des Erhalts der ethnischen Homogenität zog der an Brutalität nicht zu übertreffende Deutschtumspolitiker Heinrich Claß, von 1908 bis 1939 Vorsitzender des Alldeutschen Verbandes, die genau gegenteilige Konsequenz: »Vor allem aber stellte ich den Grundsatz auf, daß aller Landerwerb, den wir unter dem Gesichtspunkte der Befriedigung des deutschen Landhungers oder der militärischen Sicherheit tun müßten, frei von Menschen zu geschehen habe, d. h. daß der Staat, der uns nach unserem Siege solches Land abtrete, die bisherigen Bewohner zu übernehmen habe, damit es menschenleer an uns abgeliefert würde.«[169]

Direkter und brutaler ist das Prinzip der völkischen Flurbereinigung damals von niemandem formuliert worden. Eine solche Politik, die die Suprematie der deutschen Herrenmenschen zur Leitlinie politischen Handelns machen wollte und dafür die Vertreibung von Millionen Menschen und ihren massenhaften Tod in Kauf nahm, war damals noch nicht mehrheitsfähig. Dass sie am rechten Rand des politischen Spektrums unter Zustimmung einer lautstarken Minderheit artikuliert werden konnte, ist immerhin symptomatisch. Die perfekt organisierte, industrialisierte Ausrottung ganzer Ethnien war im Ersten Weltkrieg noch eine Dystopie, aber seine immer wieder aufs Neue umgepflügten Schlachtfelder waren der Nährboden für eine Radikalisierung des Vernichtungswillens, der in den folgenden drei Jahrzehnten zu einer beispiellosen Blutorgie führen sollte.

Nach der Schlacht an der Marne, die ohne einen deutschen Sieg zu Ende gegangen war, wollte Falkenhayn als neuer Chef der Obersten Heeresleitung die militärische Initiative zurückgewinnen. Er verlegte Verbände nach Norden und hoffte, auf diese Weise das Britische Expeditionskorps einkreisen und von den logistisch wichtigen Kanalhäfen abschneiden zu können. Die alliierten Armeen operierten nach einem ähnlichen Kalkül und versuchten, die Deutschen zu umschließen, so dass sich nach mehreren außerordentlich verlustreichen Schlachten an der Aisne und in Flandern ein »Wettlauf zum Meer« ergab. Im November, bei Wintereinbruch, erstarrte die Front dann auf einer Linie von Reims über Arras und Ypern bis zur Kanalküste, die Jagd ging unversehens in einen Stellungskrieg über.

An dieser Front spielten sich in den folgenden Jahren industrielle Feldschlachten[170] ab mit Verlusten, wie sie bis dahin undenkbar gewesen waren. Angesichts der erstarrten Linien nahmen die Militärstrategen Zuflucht zu einer Abnutzungsstrategie. Falkenhayn wollte die Franzosen »weißbluten« lassen, und auch sein Gegenspieler Joseph Joffre setzte darauf, so lange Angriff auf

Angriff folgen zu lassen, bis der Gegner erschöpft war und aufgeben musste. Diese Ermattungsstrategie erbrachte gelegentlich kleinere Geländegewinne, aber keine wirklichen militärischen Erfolge, dafür kostete sie auf beiden Seiten Millionen von Soldaten das Leben. Ganze Regimenter wurden pulverisiert, ohne dass man dadurch einer Entscheidung näher kam. Allein im Jahr 1916 starben mehr als zwei Millionen Soldaten. Im August 1916 wurde Falkenhayn als militärischer Oberbefehlshaber abgelöst, drei Monate später auch Joffre. Im Sommer 1918 war der Frontverlauf nicht viel anders als vier Jahre zuvor. Erst in den allerletzten Kriegsmonaten mussten die Deutschen ihre Frontlinie zurücknehmen, standen aber im November 1918, als sie kapitulieren mussten, noch immer in Feindesland.[171]

Wer von »The Great War« oder »La Grande Guerre« spricht, hat dabei unweigerlich die Westfront vor Augen. Sie bestimmt bis heute das Bild des Ersten Weltkriegs, insbesondere in Gestalt der monatelangen Schlachten von Verdun und an der Somme, die sich tief in das historische Gedächtnis der beteiligten Nationen eingegraben haben. Auch die deutsche Kriegserinnerung, die lange vom Geschehen des Zweiten Weltkriegs überlagert war, ist vor allem durch die Westfront geprägt. Wenig präsent ist dabei die Tatsache, dass die verlustreichsten Monate die beiden ersten waren. Im August und September 1914 betrug die Gesamtzahl der Toten, Verwundeten und Vermissten auf französischer Seite 329 000, bei den Deutschen lag die Zahl mit 373 000 sogar noch höher. Nie wieder sind während dieses Krieges in so kurzer Zeit so viele Soldaten verwundet oder getötet worden.[172]

Der Erste Weltkrieg markiert einen Übergang. Er steht am Beginn eines Zeitalters, das durch ein bis dahin undenkbares Ausmaß an Massengewalt gekennzeichnet war. Eric Hobsbawm hat die Zeit von 1914 bis 1991 das Zeitalter der Extreme genannt, er schreibt in seinem gleichnamigen Buch: »1914 begann das Zeitalter des Massakers.«[173] Einen wichtigen Grund für seine enorme

Brutalisierung sieht er in »der seltsamen Demokratisierung des Krieges«.[174] Kriege wurden nicht länger von Söldnern, Berufssoldaten oder Spezialisten geführt, sondern von Volksheeren. Die Kabinettskriege früherer Zeit wurden abgelöst durch eine Generalmobilmachung, die alle Ressourcen in den Dienst des Krieges stellte und nichts und niemanden schonte. Jeder Angehörige der Nation war potentiell auch ein Kombattant. Diese Entwicklung nahm an der Schwelle zum 19. Jahrhundert ihren Anfang, sie ging zurück auf die Französische Revolution. Danton hatte gefordert, jedem Franzosen ein Gewehr in die Hand zu geben. Am 23. August 1793 wurde die Anordnung der Levée en Masse vom Wohlfahrtsausschuss verabschiedet, die alle unverheirateten Männer im Alter von 18 bis 25 Jahren zum Kriegsdienst verpflichtete. Diese Anordnung gilt als der erste Fall einer allgemeinen Wehrpflicht in der europäischen Geschichte, sie diente anderen Staaten als Vorbild. 1814 wurde im Zuge der Heeresreform auch in Preußen die Wehrpflicht gesetzlich verankert. Die Bewaffnung des Volkes trug maßgeblich zum Sieg Frankreichs im Ersten Koalitionskrieg 1797 bei, wandte sich aber nur wenige Jahre später in der Völkerschlacht bei Leipzig und auch im Spanischen Unabhängigkeitskrieg gegen die Franzosen.

Auch im Krieg von 1870/71 war die Volksbewaffnung ein wichtiges Thema. Mit der Gefangennahme Napoleons III. am 4. September 1870 kam die Monarchie in Frankreich endgültig an ihr Ende. Jules Favre und Léon Gambetta traten an die Spitze einer republikanischen »Regierung der nationalen Verteidigung«. Gambetta, der den Krieg ursprünglich abgelehnt hatte, proklamierte nun einen Volkskrieg gegen die Deutschen. Nach der Kriegserklärung an Preußen war die französische Armee unerwartet schnell in die Defensive geraten. Um den Vormarsch der preußischen Truppen zu stoppen, hatte schon Kaiser Napoleon III. die Franktireurs zu den Waffen gerufen. Gambetta weitete diese Art der Kriegführung erheblich aus, konnte die Niederlage Frankreichs aber nicht verhindern. Bei den deutschen

Soldaten wurden die Franktireurs dennoch zu einem stark wirkenden Feindbild, da sie zum Teil ohne Uniformen und oft aus Hinterhalten und mit Sabotageakten die deutschen Nachschublinien angriffen.[175] Bei dem Versuch, die deutschen Repressions- und Vergeltungsmaßnahmen im August 1914 in Belgien zu rechtfertigen, spielte die Erinnerung an die französischen Franktireurs eine große Rolle.

Im Ersten Weltkrieg gewann das Prinzip der Volksbewaffnung noch ganz andere Dimensionen. Es ging nicht mehr um einen wilden Volkskrieg, sondern um die Militarisierung der ganzen Nation. Der Krieg war ungleich totaler als die Kriege zuvor, auch die Heimat war Front, der Feind war überall. Das äußerte sich nicht nur in der allgegenwärtigen Spionagehysterie, die zahlreiche Menschen das Leben kostete, sondern ebenso in der Ausgrenzung von Minoritäten und in der Verdächtigung diverser innerer Feinde. In Deutschland forderten viele Stimmen, allen voran die Alldeutschen, die Schließung der Ostgrenze, um die Zuwanderung von Juden zu verhindern, und tatsächlich verhängte das preußische Innenministerium nach massivem Druck nationalistischer Kräfte im April 1918 eine Grenzsperre für jüdische Arbeitskräfte aus Polen. Dass der erste Genozid des 20. Jahrhunderts, die massenhafte Ermordung der im Osmanischen Reich lebenden Armenier, sich im Windschatten des Ersten Weltkriegs vollzog, ist gewiss kein Zufall.[176]

Selbst jenseits des Atlantiks, in den USA, gab es in der Zeit des Ersten Weltkriegs eine Heimatfront. Einwanderer aus Deutschland, die sich als Geschäftsleute Ansehen erworben hatten, wurden über Nacht zu feindlichen Ausländern, die in Internierungslager wanderten und deren Eigentum man konfiszierte.[177] Die USA traten erst im April 1917 in den Krieg ein, aber es gab schon 1914 Organisationen wie die National Security League, die, getragen von einflussreichen Großindustriellen, Militärs und Finanzmagnaten, mit den Alliierten sympathisierte und vor einer Fünften Kolonne deutscher Einwanderer warnte. Nicht Herrscher kämpften im Ersten Weltkrieg gegeneinander, sondern Völker. Gegner wurden zu Feinden, und am Ende des Krieges stand nicht der Frieden, sondern es folgte eine Welle von Völkerverschiebungen und Bürgerkriegen, deren zentrales Charakteristikum die Entgrenzung der Gewalt war.

Bevor sich auch in Flandern die Front im November 1914 festlief, gab es immer wieder Durchbruchsversuche der Deutschen. Sie waren zahlenmäßig überlegen, was ihnen aber nichts nutzte, da in ihren Einheiten viele sehr junge und mangelhaft ausgebildete Kriegsfreiwillige standen. Am 20. Oktober hatte die erste Flandernschlacht begonnen, in der auch Adolf Hitler, Angehöriger des Königlich Bayerischen Reserve-Infanterie-Regiments Nr. 16, seine »Feuertaufe« erhielt. Diese Episode diente als Ausgangspunkt für die später sorgfältig gepflegte Legende vom »Frontkämpfer«, während der Gefreite Hitler in Wirklichkeit Meldegänger war.[178] In dieser Schlacht wurden vier von sechs der neugebildeten Korps eingesetzt. Sie bestanden einerseits aus Reservisten, die bisher noch nicht zum Einsatz gekommen waren, zum Teil aber auch aus Studenten und Schülern, die noch keine militärische Ausbildung erhalten hatten. Letztere waren nicht in der Mehrzahl, aber ihr Auftreten war so einprägsam, dass sich in der öffentlichen Wahrnehmung das Bild verfestigte, diese Einheiten hätten sich ausschließlich aus Jugendlichen zusammengesetzt, die direkt von der Schulbank an die Front geeilt waren, um für das Vaterland den Sieg zu erkämpfen. Diesen Reservekorps standen auf der anderen Seite die Soldaten des Britischen Expeditionskorps gegenüber, kampferprobte Männer, die über die »schoolboy corps« staunten, die gegen ihre Stellungen anrannten. Tatsächlich begann die Wehrpflicht im Deutschen Reich erst mit 18 Jahren, aber viele der Freiwilligen waren wesentlich jünger. Ernst Stadler notierte im September 1914 in seinem Tagebuch: »Ich treffe einen 15jährigen Pfadfinder aus Düsseldorf [...]. Er hat eine Art Infanterieuniform an, ist der 5. Batterie unseres Regiments zugeteilt. War schon bei Sennheim mit dabei. S. Vater hat ihm ausdrücklich die Erlaubnis bescheinigt, sich auch im Ausland als Pfadfinder zu betätigen. Er ist Quartaner. Die ganze Quarta und Untertertia sei mit. Er suche Verwundete, sammle Waffen, beseitige Drahthindernisse. Nachts schläft er beim Wachtmeister im Zelt.«[179]

Die Berliner Morgenzeitung *Der Tag* meldete am 12. November, dass der vierzehnjährige Karl Belz aus Tegel bei Berlin und der fünfzehnjährige Fritz Lehmann aus Leipzig für das Eiserne Kreuz vorgeschlagen seien: »Die beiden jugendlichen Helden haben sich in Feindesland in hervorragender Weise ausgezeichnet.«[180] Belz tat in Pfadfinderkluft bei einer Artillerieabteilung Dienst, Lehmann war bei Dinant verwundet worden, rückte aber kaum genesen erneut aus und rettete einem verwundeten Major das Leben. Im Dezember 1914 hatte eine Ausgabe der künstlerischen Illustrierten *Wachtfeuer* statt des üblichen militärischen Motivs einen Pfadfinder auf dem Umschlag, der eine Fahne in den Wind hielt, aber nicht bewaffnet war. Auch im Inneren des Heftes finden sich zwei Motive, die eindeutig in die Kategorie »Kindersoldaten« fallen. Eine der Zeichnungen, der Künstler ist Philipp Franck, zeigt drei nackte Knaben, die mit Pfeil und Bogen in den Himmel schießen, die Bildunterschrift lautet »Ueb Aug und Hand/Fuer's Vaterland«.[181] Auch Otto Braun, der Lyriker und hochbegabte Sohn der sozialdemokratischen Frauenrechtlerin Lily Braun, war gerade erst 17 geworden, als er sich im September 1914 freiwillig an die Front meldete. Er nahm im Osten an unzähligen Kämpfen teil, wurde im November 1916 schwer verwundet, arbeitete dann ein Jahr im Auswärtigen Amt und ging, als er wieder einsatzfähig war, an die Westfront, wo er im April 1918 durch eine Granate umkam.[182]

Am 10. November versuchte das XXVII. Reserve-Korps, sechs Kilometer nördlich der belgischen Ortschaft Langemark eine von Briten besetzte Anhöhe zu erobern. Die den Hügel hinaufstürmenden jungen Kriegsfreiwilligen waren eine leichte Beute für die britischen Maschinengewehrschützen, denen sie direkt vor die Mündung liefen. Reihenweise wurde sie niedergemäht. Mehr als 2000 Tote waren das Resultat des dilettantischen Sturmangriffs. Am nächsten Tag meldete die Oberste Heeresleitung:

> Westlich Langemarck brachen junge Regimenter unter dem Gesange ›Deutschland, Deutschland über alles‹ gegen die erste Linie der feindlichen Stellungen vor und nahmen sie. Etwa 2000 Mann französischer Linieninfanterie wurden gefangengenommen und sechs Maschinengewehre erbeutet.[183]

Dies sind die am häufigsten zitierten Sätze eines deutschen Heeresberichtes während des gesamten Krieges. Sie sind der Ausgangspunkt für den Langemarck-Mythos. Die Mythenbildung begann schon mit der Wahl des Ortsnamens. Für Engländer und Franzosen war Bixschote der Ort der Schlacht, Langemark wird in der englischen Militärgeschichte lediglich als Ort einer Schlacht im Jahr 1915 erwähnt. Auch die Eindeutschung des Ortsnamens Langemark war Teil der Inszenierung, das »ck« sollte an Namen wie Bismarck erinnern und patriotisches Pathos erzeugen.

Der Heeresbericht, so kurz er ist, war sehr bewusst choreographiert und transportierte eine ganze Menge Botschaften. Die konkrete Benennung der beteiligten Militäreinheiten wird vermieden, stattdessen ist von »jungen Regimentern« die Rede. Das soll jugendlichen Enthusiasmus suggerieren und die Erinnerung an das Augusterlebnis beschwören. Verschwiegen wird die Niederlage gegen die Briten, stattdessen ist von irgendwelchen französischen Infanteristen die Rede. Außerdem wird behauptet, die jungen Soldaten hätten »die erste Linie« der feindlichen Stellungen genommen. Es blieb dem Leser überlassen, was er sich darunter vorstellen wollte. Langemark jedenfalls wurde von den Deutschen zu keiner Zeit erobert. Schlussendlich wird behauptet, die Soldaten hätten das Deutschlandlied gesungen. Wenn

man sich einen vielleicht Achtzehnjährigen mit 30 Kilo Marsch-
gepäck vorstellt, der gegen Maschinengewehrfeuer auf vom Regen aufgeweichtem Lehmboden eine Anhöhe hinaufzustürmen
versucht, dann ist es nicht eben naheliegend, dass er dabei auch
noch singt, noch dazu ein Lied mit einem derart langsamen, ge-
tragenen Rhythmus. Diesen Einwand haben auch schon Zeitgenossen vorgebracht.[184] Aber das Deutschlandlied war besonders
geeignet, nationale Hochgefühle zu evozieren, deshalb zitiert es
der Heeresbericht.

Der Langemarck-Mythos war ein konservativer, rückwärtsge-
wandter Mythos, der an die traditionelle Art der Kriegsführung
anzuknüpfen versuchte, zugleich aber auch an ein überkomme-
nes bürgerliches Konzept von Jugendlichkeit, wie es die Jugendbewegung der Vorkriegszeit neu zu beleben versucht hat.[185] In
Wahrheit war dieser Mythos antipodisch zur Realität des Krieges, der wenige Wochen zuvor begonnen hatte. Eben deshalb bot
die von der Obersten Heeresleitung in die Welt gesetzte Legende
Stoff für zahllose Gedichte, Romane, Dramen, Feierstunden,
Festreden, Denkmäler, Institutionen und Studienprogramme.
Die militärische Niederlage verflüchtigte sich im Nebel, es blieb
der moralische Sieg, der in der deutschen Memorialkultur keinen
geringeren Raum einnahm als die Mythen, die auf den Schlachten bei Tannenberg und Verdun basierten. »Langemarck« wurde
zum Symbol einer ritterlich-heldenhaften, opferbereiten Kriegsführung, die »jungen Regimenter«, die mit dem Deutschlandlied auf den Lippen in den Tod gegangen sein sollen, waren gewissermaßen die letzte Nachhut des deutschen Heerbannes, der
hundert Jahre zuvor Napoleon aus deutschen Landen vertrieben
hatte.

Veteranen eines Reservekorps versammelten sich 1919 zu einer
Langemarck-Feier in der Berliner Kaiser-Wilhelm-Gedächtnis-
kirche, 1921 veranstalteten Jugendverbände und die Berliner Studentenschaft eine Feier in der Potsdamer Garnisonskirche, 1924
nahmen zweitausend Menschen an der Enthüllung eines Lange-

marck-Denkmals in der Rhön teil. Auch andernorts pflegten Turnerschaften, die Organisationen der bündischen Jugend und soldatische Traditionsverbände die Erinnerung an die Schlacht vom 11. November, zumal die zeitliche Nähe zum 9. November geeignet war, die Erinnerung an die Kriegsniederlage durch die Feier von »Langemarck« zu überdecken. Doch alles in allem trat die Erinnerung daran, wie die deutsche Kriegserzählung insgesamt, nach der Niederlage lange Zeit eher in den Hintergrund. Erst 1928, zum zehnten Jahrestag des Kriegsendes, kam es zu einer umfassenden Auseinandersetzung mit dem Ersten Weltkrieg, und Langemarck gewann einen zentralen Stellenwert in der Memorialkultur. Damals reisten Vertreter der Deutschen Studentenschaft auf dem Weg zu einem internationalen Treffen von Studentenverbänden in Paris durch Flandern und stellten fest, dass es in Langemark zwar Friedhöfe für englische, französische und belgische Soldaten gab, nicht aber für die deutschen. Daraufhin wurde die »Langemarck-Spende der Deutschen Studentenschaft« ins Leben gerufen, 1929 gab es im Berliner Sportpalast eine Feier mit 15 000 Teilnehmern. Im Jahr darauf wurde der Grundstein für den deutschen Soldatenfriedhof in Langemark gelegt, der 1932 fertiggestellt war und heute mehr als 44 000 Gräber umfasst. Jährliche Langemarck-Feiern waren an vielen deutschen Universitäten ab 1928 eine feste Einrichtung.

Eine gänzlich andere Dimension gewann das Thema nach der nationalsozialistischen »Machtergreifung«. 1934 wurde ein »Referat Langemarck« beim Reichsjugendführer Baldur von Schirach errichtet, und 1938 trat an die Stelle der Langemarck-Spende ein monatlich von jedem Hitlerjungen zu entrichtender »Langemarckpfennig«, mit dem Stipendiaten ein »Langemarck-Studium« finanziert wurde. Als Adolf Hitler 1936 die Jugend der Welt nach Berlin rief, durften die »jungen Regimenter« von 1914 nicht fehlen. Werner March, der Architekt des Olympiastadions, errichtete auf dem Olympiagelände eine Langemarckhalle, die das Totengedenken gänzlich der faschistischen Ästhetik unterwarf. Es ist eine überdimensionierte Säulenhalle von radikaler Nüchternheit. An die Schlacht wird nur höchst abstrakt erinnert, auf Stahlschilden sind die beteiligten militärischen Einheiten genannt. Auf einer der Stirnseiten ist ein Zitat von Friedrich Hölderlin in Stein gehauen, auf der anderen eines von Walter Flex:

> Ihr heutigen grauen Reihen geht unter Wolken des Ruhms
> und tragt die blutigen Weihen des heiligen Königtums.[186]

Hier paarten sich der Körperkult sportlicher Ertüchtigung und der Opferkult soldatischen Mutes zu einem faschistischen Menschenbild. 1935 verkündete Hitler auf dem Reichsparteitag der NSDAP, der deutsche Junge der Zukunft müsse »schlank und rank sein, flink wie Windhunde, zäh wie Leder und hart wie Kruppstahl«. So wünschte er sich die Kämpfer für den kommenden Krieg. Im Zweiten Weltkrieg gab es eine SS-Freiwilligen-Grenadier-Division Langemarck, in der flämische Freiwillige für den deutschen »Endsieg« an der Ostfront kämpfen durften.

Bei aller Verehrung der Kämpfer bei Langemark machte Hitler keinen Hehl daraus, dass er es für ein »Verbrechen« hielt, so junge und so schlecht ausgebildete Soldaten sehenden Auges in den Tod geschickt zu haben.[187] Tatsächlich brach sich schon bald nach dem Opfertod der »jungen Regimenter« die Erkenntnis Bahn, dass der Soldatentypus des Kriegsfreiwilligen nicht mehr zeitgemäß war. Um industrialisierte Feldschlachten zu bestehen, waren ganz andere, gut ausgebildete und technisch versierte Kämpfer vonnöten. Der Blutzoll, den die jungen Enthusiasten entrichteten, die direkt von der Schulbank ins feindliche Maschinengewehrfeuer marschierten, war auf die Dauer nicht zu verantworten. Er beraubte das Land seiner Jugend und führte militärisch nicht zum Sieg. Während der Anteil der Gefallenen in der deutschen Armee insgesamt bei 15 Prozent der Kriegsteilnehmer lag, waren es bei den Angehörigen des Wandervogel 25 Prozent.[188] Dabei darf man allerdings nicht übersehen, dass wir von einem überschaubaren Personenkreis sprechen. Insgesamt leisteten etwa sechstausend Wandervögel Kriegsdienst, die Hälfte aller Mitglieder.[189] Ein Fünftel aller deutschen Studenten fiel im Ersten Weltkrieg. Auch der Arzt Hans Breuer, eine der prägenden Persönlichkeiten des Wandervogel, überlebte den Krieg nicht. Als Student hatte er den *Zupfgeigenhansl*, das legendäre Liederbuch des Wandervogel, herausgegeben. Angesichts seiner starken Kurzsichtigkeit war er vom Militärdienst befreit, meldete sich aber freiwillig und fand Verwendung im Lazarett Merles bei Verdun. Dort wurde er am 19. April 1918 verschüttet und verstarb am Tag darauf.

Zu den Soldaten, die im September 1914 in der Schlacht an der Marne ihr Leben ließen, gehörte auch der neunzehnjährige Leutnant Otto Flex, der jüngste Bruder von Walter Flex. Walter Flex selbst war bei Kriegsausbruch schon 27. Wegen einer verkrüppelten rechten Hand hatte er nicht gedient, stattdessen sein Studium mit der Promotion abgeschlossen, war als Hauslehrer tätig und hatte bereits eine Reihe von literarischen Werken herausgebracht. Nach Kriegsausbruch diente er zunächst als Freiwilliger im Infanterie-Regiment Nr. 50 in Posen, im Oktober 1914 kam auch er an die Westfront, nach Lothringen. Flex setzte seine literarische Produktion fort und beteiligte sich mit mehreren Gedichtbänden an der literarischen Mobilmachung. Die zweite Ausgabe seiner *Kriegsgesänge eines Kriegs-Freiwilligen* widmete er seinem gefallenen Bruder Otto.[190] Im Frühjahr 1915 kehrte Walter Flex dann zur Offiziersausbildung nach Posen zurück und diente danach an der Ostfront. Einige Monate später kam sein Freund, der Theologiestudent und Leutnant Ernst Wurche, ums Leben, der wie Walter und Otto Flex ein »Wandervogel-Soldat«[191] gewesen war. Sein Tod erschütterte Flex außerordentlich, er verarbeitete dieses traumatische Erlebnis in der autobiographischen Erzählung *Der Wanderer zwischen beiden Welten*. Wurche war nicht nur Wandervogel gewesen, er gehörte auch dem Deutschen Bund abstinenter Studenten an, der einer der Initiatoren für das Treffen auf dem Hohen Meißner gewesen war.[192] *Der Wanderer zwischen beiden Welten* ist eine eschatologisch überhöhte Heldengeschichte mit stark homoerotischen Zügen, geschrieben in einer Sprache, die zwischen mythischem Raunen und brünstigem Kitsch schwankt. Die Blindheit für die Realität des Krieges wird camoufliert durch wandervogelhaftes Lyrisieren über Heldenblut und Frühlingswind, sonnige Seen und schattige Wälder, Vogelflug und Schwerterglanz. Der Soldatentod wird eskamotiert: »Aber wenn ein Mann den tödlichen Schuß, der ihm die Eingeweide zerreißt, empfangen hat, dann soll keiner mehr nach ihm hinsehen. Denn was dann kommt, ist häßlich und gehört nicht mehr zu ihm. Das Große und Schöne, das heldische Leben ist vorüber.«[193] Das heldische Leben war das Thema des Buches, die hässliche Realität hatte da keinen Platz.

Der geliebte Freund Ernst Wurche hatte »auffallend schöne lichtgraue Menschenaugen« und »eine Stimme so rein wie seine Augen«,[194] alles an ihm war bewundernswert, sein Blick, seine Gestalt, sein Gang, seine überlegene Ruhe. Immer wieder entledigt er sich seiner Kleider und springt nackt ins Wasser, was seine lichtvolle Erscheinung besonders zur Geltung bringt: »Der junge Mensch stand schlank und hell auf dem blühenden Grunde, die Sonne ging schimmernd durch seine leichtgebreiteten Hände, und die Lippen, die so oft von Goethes Liedern überflossen, strömten den uralt heiligen Wohlklang der Psalmen Davids über den sonnentrunkenen Gottesgarten hin.«[195] Diese Beschreibung des der Sonne sich entgegenreckenden Jünglings erinnert wohl nicht zufällig an das »Lichtgebet« von Fidus.

Am 23. August 1915 kam Ernst Wurche bei einem Patrouillengang ums Leben, der Apotheose des Verstorbenen ist der ganze letzte Teil der schmalen Schrift gewidmet. Wurche wurde in voller militärischer Ausrüstung zum »Heldenschlafe« gebettet, in der Hand eine Sonnenblume »wie eine schimmernde Lanze«.[196] Der Wandervogel-Soldat war eingegangen in Walhall, auch als

Toter ganz gegenwärtig: »Ein Flammenengel des Weltgerichts/
Schläft still in schimmernden Waffen.«[197] Zum Erzähler spricht
er: »So laß sehen, ob ich nicht lebendiger bin als du!«[198] Die Toten marschieren mit den Lebenden, sie fordern ein Heimrecht in
ihrem Kreis, und die Lebenden halten mit ihnen Zwiesprache.[199]
Das Buch endet mit einem Gedicht, das darüber hinwegtrösten
soll, dass die Gräber der gefallenen Helden in Polen und nicht in
der Heimat sind:

> Von allen Gräbern weht's aus Ost:
> Erde ist immer lind.
> Erde, aus Heimaterde entsproßt,
> Wir selber nur Heimaterde sind,
> Fürchtet euch nicht!

Das Buch *Der Wanderer zwischen beiden Welten* hatte eine ungeheure Wirkung, vor allem auf die junge Generation, die sich auch
in einem Verkaufserfolg niederschlug, der von kaum einem anderen Kriegsbuch übertroffen wurde. Die erste Auflage erschien im
Oktober 1916, nach einem halben Jahr waren bereits 10 000 Exemplare verkauft. Im Oktober 1917 fiel Walter Flex auf der estni-
schen Insel Ösel. Die weiteren Auflagen seines Buches enthielten
ein Nachwort seines Bruders Martin, der 1919 an den Kriegs-
folgen ebenfalls starb. Bis 1933 waren von dem Buch 340 000 Exemplare verkauft, am Ende des Zweiten Weltkrieges waren es
700 000, und in den sechziger Jahren wurde die Millionengrenze
überschritten.[200]

Martin Flex zitiert in seinem Nachwort seinen Bruder Walter,
der zu Beginn des vierten Kriegsjahres gesagt hatte: »Ich bin
heute innerlich so kriegsfreiwillig, wie am ersten Tage.«[201] Die
vorbehaltlose Bejahung des Krieges trotz nicht enden wollender
Entbehrungen und Strapazen, trotz der inzwischen in die Millionen gehenden Zahl der Kriegstoten; die radikale Romantisie-
rung des Soldatentodes; ein unreflektierter Nationalismus, der

den Kriegseintritt Italiens auf Seite der Alliierten mit Judas' Verrat an Jesus gleichsetzte und über Russland den Donner des Namens Hindenburg grollen ließ – das alles machte die ungeheure Wirkung des Buches aus, die sofort nach Erscheinen einsetzte und dann über Jahrzehnte anhielt. Es war das Buch einer Generation, das Buch der Wandervogel-Soldaten, die Geschichte von Ernst Wurche, dem Flammenengel des Weltgerichts:

> Einst wird er, zerstäuben die Welten des Nichts.
> Die blühende Lanze voll schwellenden Lichts
> Von seinem Grabe raffen.
> Dann leuchtet sein Leib aus der Toten Chor,
> Ein Blitz aus wogender Wolke,
> Dann bricht er mit Fackel und Schwert hervor
> Und leuchtet durch der Ewigkeit Tor
> Voran seinem deutschen Volke.[202]

Mobilmachung

Der Bellizismus bewegte sich in den letzten Friedensjahren des Kaiserreiches zwischen zwei entgegengesetzten Polen. Zum einen war da der Chor der Nationalisten und Imperialisten, die stets aufs Neue die unabweisbaren Forderungen herunterbeteten, damit Deutschland eine seiner Bedeutung gemäße Machtposition und einen der Größe des Volkes entsprechenden Lebensraum erreichen konnte: wirtschaftliche Dominanz in Europa, eine der britischen Flotte ebenbürtige Seemacht, die dauerhafte Ausschaltung der potentiellen Kriegsgegner Frankreich und Russland und ein ausreichend großes Kolonialreich in Afrika. Sprachrohr dieser Leute waren Männer vom Schlage Bernhardis. Zum andern artikulierte die literarische Moderne, der frühe Expressionismus, ein antibürgerliches Aufbegehren gegen überkommene Normen, das auch vor der Feier des Krieges, der Apotheose von Kampf und Erneuerung, Virilität und Ekstase nicht zurückscheute. So schrieb der österreichische Schriftsteller Robert Müller 1912 in seiner *Apologie des Krieges:* »Einen siegreichen Krieg soll man führen, wie unser Blut ihn lehrt, wenn an einem schönen Sommertage des Gemüts die Blutkörperchen in Schlachtordnung gegen die ›Fremdkörper‹ ausrücken und in wilder Schlacht die Eindringlinge vollständig vernichten. Nach diesem Morden wird der Kopf klar und hell, die Organe gedeihen und das Gemüt hat Sommer von innen her.«[203] Vom Blut ist die Rede, von Fremdkörpern und von vollständiger Vernichtung. Es ist erstaunlich, mit welcher Deutlichkeit hier die Metaphorik des nationalsozialistischen Rassismus vorweggenommen wird, wobei Müller selbst einen ganz anderen Weg einschlug. Er meldete sich 1914 freiwillig, kam an die Isonzofront, wurde zum Kriegsgegner und starb 1924 an einer Schussverletzung, die er sich selbst beigebracht hatte.

Der epigonalen zeitgenössischen Lyrik von Waldesgrün und Lerchensang setzten die Expressionisten grelle und heftige Bilder entgegen, kühne Wortkaskaden, lyrische Eruptionen, wilde Proteste gegen bourgeoise Langeweile und überlebte Traditionen. Ihre Beschwörung des Krieges hatte weniger mit Militanz als mit Anarchie zu tun. Dass ihre Zeitschriften *Sturm* und *Aktion* hießen, ist gewiss kein Zufall. In ihren Texten trafen sich kosmische Ekstase, Normalitätsüberdruss und Saturiertheitsekel. Am 6. Juli 1910 notierte der 22-jährige Georg Heym in seinem Tagebuch:

Es ist immer das gleiche, so langweilig, langweilig, langweilig. Es geschieht nichts, nichts, nichts. Wenn doch einmal etwas geschehen wollte, was nicht diesen faden Geschmack von Alltäglichkeit hinterläßt. […] Würden einmal wieder Barrikaden gebaut. Ich wäre der erste, der sich darauf stellte, ich wollte noch mit der Kugel im Herzen den Rausch der Begeisterung spüren. Oder sei es auch nur, daß man einen Krieg begänne, er kann ungerecht sein. Dieser Frieden ist so faul ölig und schmierig wie eine Leimpolitur auf alten Möbeln. Was haben wir auch für eine jammervolle Regierung, einen Kaiser, der sich in jedem Zirkus als Harlekin sehen lassen könnte. Staatsmänner, die besser als Spucknapfhalter ihren Zweck erfüllten, denn als Männer, die das Vertrauen des Volkes tragen sollen.[204]

Im Jahr darauf schrieb Heym sein Gedicht »Der Krieg«,[205] das zu seinen Lebzeiten nicht mehr veröffentlicht wurde, inzwischen aber seit Jahrzehnten zum Kanon der berühmtesten expressionistischen Gedichte gehört. Die bildstarke lyrische Apokalypse entstand vor dem Hintergrund der Marokkokrise. Am 16. Januar 1912, im Alter von 23 Jahren, ertrank Georg Heym beim Schlittschuhlaufen in der Havel. Neben Georg Trakl, der am 4. November 1914 in Krakau starb, und Ernst Stadler, der am 30. Oktober 1914 in der Schlacht bei Ypern fiel, ist er der bedeutendste Lyriker des frühen Expressionismus. Er war ein sprachgewaltiger Dichter, der in formstrengen Sonetten apokalyptische Visionen kommender Katastrophen entwarf. Sein Gedicht »Der Krieg« endet mit den Zeilen:

> Eine große Stadt versank in gelbem Rauch,
> Warf sich lautlos in des Abgrunds Bauch.
> Aber riesig über glühnden Trümmern steht
> Der in wilde Himmel dreimal seine Fackel dreht,
>
> Über sturmzerfetzter Wolken Widerschein,
> In des toten Dunkels kalte Wüstenein,
> Daß er mit dem Brande weit die Nacht verdorr,
> Pech und Feuer träufet unten auf Gomorrh.[206]

Der Krieg, welcher lange schlief und nun wieder aufgestanden ist, wohl eine Anspielung auf den Krieg von 1870/71, der sich 1911 anschickt, sich in gewaltig vergrößerter Dimension zu wiederholen, zerstört alles – Städte, Wälder, Menschen – und zuletzt auch das biblische Gomorra, die Stadt, die in den Tagen Abrahams wegen ihrer Gottlosigkeit von einem Feuer- und Schwefelregen vernichtet wurde. Heym beschwört die absolute Vernichtung, nichts ist mehr geblieben vom abenteuerlich-revolutionären Pathos der Tagebucheintragung aus dem Vorjahr. Das Gedicht reflektiert die eigene Ohnmacht angesichts der Unbesiegbarkeit des Krieges.

Eine künstlerische Entsprechung zu Georg Heyms Gedichten sind Ludwig Meidners »Apokalyptische Landschaften«.[207] Die ersten entstanden in den »glühenden Sonnentagen«[208] des Sommers 1912. Diese Bilder, die heute von uninformierten Betrachtern oftmals als Kriegsbilder wahrgenommen werden, sind visionäre Darstellungen des Kommenden. Am berühmtesten sind die

»Apokalyptische Landschaft« und »Apokalyptische Stadt«, beide aus dem Jahr 1913. Die Bilder sind dominiert von Feuersbrünsten, berstenden Gebäuden und kosmischen Erscheinungen. Letzteres war vermutlich durch den Halleyschen Kometen beeinflusst, der im Mai 1910 über Deutschland erschienen war und in der Bevölkerung eine Weltuntergangshysterie ausgelöst hatte. Eine ganze Reihe von Meidners Bildern tragen den Titel »Apokalyptische Landschaft«, das erste ist von 1912, auch eine »Apokalyptische Vision« hat er gemalt, mehrmals das Motiv »Brennende Stadt« und bereits 1911 »Schrecken des Krieges«. Auf der Rückseite einer der apokalyptischen Landschaften befindet sich das Bild »Barrikade« (1912), das eine ganz ähnliche Grundstimmung hat. Man sieht Kämpfende in einer chaotischen Stadtlandschaft, brennende Häuser, aus denen sich Menschen stürzen, Explosionen. Der Träger der roten Fahne im Vordergrund hat einen Verband um seinen Kopf, und sein Gesicht drückt eher Verzweiflung als Hoffnung aus.

Meidners untergangsschwangere Visionen wurden nur allzu schnell Wirklichkeit, der prophetische Maler nahm sich des neuen Themas voller Entschlossenheit an. Am 9. August 1914 schrieb er in sein Tagebuch: »Ich muß endlich auch meinen lange geplanten Zyklus beginnen: Europa 1914/15[.] Vor lauter Pinselschwingen kam ich nicht dazu. Zuerst kommt das Huldigungsblatt an den Friedenskaiser dran, mit dem Motto ›Ich kenne keine Parteien mehr‹ (Ich kenne nur Kanonenfutter!). Muß etwas Starkes, Tolles, Notwendiges werden … Wer zeichnet denn heute die Welt, wie sie ist?«[209] Er jedenfalls tat es. 1914 erschien seine Mappe *Krieg* mit acht Drucken nach Tuschfederzeichnungen, düstere Bilder, die weit von der offiziellen Kriegseuphorie entfernt waren. Die expressionistischen Stadt- und Kriegslandschaften sind von Soldaten, Dämonen, Totenköpfen und Skeletten bevölkert. Eine wie auch immer geartete Parteinahme für eines der kriegführenden Länder ist diesen Blättern nicht ablesbar.

Während in den prophetischen Kriegsgedichten von Heym wie in den vor und nach dem Kriegsausbruch entstandenen Bildern von Meidner das Apokalyptische dominiert, kommentierten andere Autoren den August 1914, indem sie das Kathartische des Krieges betonten. Thomas Mann schrieb über den Kriegsausbruch: »Es war Reinigung, Befreiung, was wir empfanden, und eine ungeheure Hoffnung.«[210] Und Gertrud Bäumer, die Vorsitzende des Bundes deutscher Frauenvereine und wichtigste Stimme der bürgerlichen Frauenbewegung, nannte die rauschhafte Erfahrung der Mobilisierung »[e]ine Erschütterung, eine Erhebung, ein Weitwerden der Seelen«.[211] Der Krieg wird nicht nur zur Abwehr äußerer Feinde geführt, er wird gewissermaßen zum Selbstzweck, ja er wird gebraucht, um dem Neuen zum Sieg zu verhelfen. Der Schriftsteller und Kunsthistoriker Friedrich Markus Huebner formulierte es so: »Der Krieg ist nicht der Verneiner der sogenannten Neuen Kunst, sondern ihr ungeahnter, sieghafter Zu-Ende-Bildner.«[212] Nach Kriegsausbruch ging Huebner nach Belgien, wo er für das Auswärtige Amt im Sinne der deutschen Flamenpolitik wirkte, die darauf aus war, die Flamen gegen die Wallonen in Stellung zu bringen und so auf die Spaltung des Landes hinzuarbeiten.

Der prominente Kunstkritiker Karl Scheffler, der dem Impressionismus in Deutschland ganz maßgeblich zum Durchbruch verholfen hatte, griff in seinem Essay »Der Krieg«, mit dem er den ersten Kriegsjahrgang der von ihm herausgegebenen Zeitschrift *Kunst und Künstler* einleitete, zu einem noch kühneren Bild als Huebner: »Es ist noch stets so gewesen, wenn sich nach blutigen Kriegen die Nation mit mächtiger Anstrengung regenerierte, dass sich an diesem leidenschaftlichen Wachstum das Geniale entzündete, dass auf dem blutgedüngten Boden die Ernten des Friedens nur umso reicher und vielfältiger wogten.«[213] Für Scheffler war der Krieg eine Gnade, ein »Zeichen, dass der Weltgeist es gut mit uns meint«, ein »Kunstwerk der Natur«.[214] Scheffler, ursprünglich als Dekorationsmaler tätig, war als Kunsthistoriker Autodidakt, aber einer von hoher Bildung. Wir dürfen davon ausgehen, dass ihm Jacob Burckhardts Werk *Kultur der Renaissance in Italien* bekannt war. Darin findet sich im ersten Abschnitt »Der Staat als Kunstwerk« das Kapitel »Der Krieg als Kunstwerk«. Dort geht es allerdings nicht um ein Kunstwerk der Natur, sondern eigentlich um Kunsthandwerk, etwa im Zusammenhang mit Ritterkämpfen und Rüstungen. Burckhardt wiederum bezog sich auf Machiavellis *Dell'arte della guerra* (1519/20). Machiavelli, der leidenschaftliche Anwalt der florentinischen Republik, erörterte in diesem Buch, das er als sein Hauptwerk ansah, die Kunst der Kriegführung zum Zweck des Erhalts der Staatsmacht. Machiavelli war noch aufgewachsen in einer Zeit, in der die Condottieri das Geschehen bestimmten, von den italienischen Stadtstaaten bezahlte Söldnerführer. Kriegführung war eine pragmatische Angelegenheit, die eingesetzten Geldmittel entschieden oftmals über Sieg und Niederlage. Der kathartisch-regenerative Ansatz des frühen 20. Jahrhunderts wäre Machiavelli fremd gewesen. Scheffler war womöglich mehr vom Expressionismus, den er eigentlich ablehnte, beeinflusst, als er wahrhaben wollte.

Scheffler, der vehement für den Impressionismus und dessen wichtigsten deutschen Vertreter Max Liebermann gekämpft hatte, entwickelte in seinem Essay über den Krieg auch eine eigenwillige Variante der Weltreichslehre. In diesem Krieg gehe es um die Weltherrschaft und für Deutschland um eine »zweite, grössere Einigung nach der von 1870/71, nämlich um die Vorherrschaft in Europa«. Mit dem militärischen Sieg werde auch im Künstlerischen die Führung auf Deutschland übergehen, der Impressionismus erweise sich dann als »ein Kunstschicksal für alle Völker arischer Herkunft«,[215] wobei der heutige Leser bedenken sollte, dass »arisch« damals ein ethnographisches Synonym für »indogermanisch« war. An anderer Stelle heißt es im selben Essay: »Jetzt flüstert uns der Genius der Rasse vernehmbar ins Ohr, dass nur durch Katastrophen eine Wiedergeburt möglich ist.«[216] Diese nationale Wiedergeburt solle, so Scheffler, ein »reinigendes Gewitter« sein. Mit dieser Metapher war er nahe bei Thomas Mann. Wenn Scheffler von Wiedergeburt sprach, ging es nicht um Renaissance, sondern um Regeneration.

Schefflers rassische Stilkunde, die den Impressionismus zum arischen Kunstschicksal erheben wollte, fand ihren Niederschlag auch in seinem Italienbuch.[217] 1913 war es erstmals erschienen, 1915 trat Italien an der Seite der Entente in den Krieg ein. Die heftigen Debatten, die dieser »italienische Verrat« ausgelöst hatte, fanden ihren Niederschlag im Vorwort zur zweiten Auflage des Buches im Jahr darauf. Scheffler distanzierte sich von denjenigen, die forderten, Deutsche dürften nun selbst nach einem gewonnenen Krieg nicht mehr nach Italien reisen: »Es gilt nicht, das Land Italien und seine Kultur äußerlich abzutun, sondern sie innerlich zu überwinden.« »Los von Italien« müsse bedeuten »Los von der Renaissance«, für die Deutschen gehe es um eine »Wiedergeburt des gotischen Geistes«.[218] Eine solche Berufung auf die Gotik war in einer Zeit, in der man Krieg gegen Frankreich, die Urheimat dieses Kunststils, führte, eine delikate Angelegenheit, aber Scheffler wollte vor allem sagen, ihre romanische, sprich: italienische Sehnsucht könnten die Deutschen nur durch höchste eigene schöpferische Anstrengungen überwinden. Doch dafür bot der Krieg nicht den Raum. Jetzt regiere Mars Ultor die Stunde, wie Scheffler zu Beginn seines Kriegsessays geschrieben hatte, der rächende Kriegsgott, und *Kunst und Künstler*, unter Schefflers Leitung die wichtigste Stimme der modernen europäischen Kunst in Deutschland, stellte sich ganz in dessen Dienst. Der Jahrgang 1914/15 enthielt unter anderem Feldpostbriefe von Max Beckmann, Waldemar Rösler, Max Neumann und einer Reihe weiterer Maler. Er zeigte Kriegsbilder von Max Liebermann, Originallithographien diverser Künstler mit Motiven wie »Soldatentod«, »Heldenlied« oder »Jünglingstod in der Schlacht«, Aufsätze über griechische Kriegergräber, über Krieg und Schlacht in der Kunst, Dürer und den Krieg. Auch der Vormarsch der deutschen Soldaten hinterließ seine Spuren. Es gab Beiträge über die Architektur in den besetzten französischen Städten, die Kunstgeographie der Niederlande und die Zerstörung von Brüssel im Jahr 1695, was wohl eigenes Tun relativieren sollte.

Es war frappierend, mit welcher Vehemenz viele Kunstfreunde, Publizisten und Künstler, die in den Jahren zuvor begeistert nach Frankreich und Italien gereist waren, um sich an den Schönheiten dieser Länder zu berauschen und um neue künstlerische Entwicklungen zu studieren, die gegen die Enge und den Starrsinn des kaiserlichen Kunstverstandes und für die Moderne gekämpft hatten, die Sezessionen und Salons gegründet und aufsehenerregende Ausstellungen organisiert hatten, nunmehr die nationale Sache zu der ihren machten. All die Kosmiker, Ekstatiker, Pathetiker und Vitalisten, aber auch viele Expressionisten wandten ihren Furor nicht mehr gegen Tradition und Konvention, sondern gegen den Landesfeind. Die Begeisterung für den Krieg verbreitete sich im August 1914 geradezu explosionsartig. Die erbitterten Auseinandersetzungen zwischen der traditionellen akademischen Schule, die die Sympathie des Kaisers genoss, und den verschiedenen Richtungen der Moderne spielten plötzlich keine Rolle mehr. Ähnlich der Flut der patriotischen Gedichte, die landauf, landab in den Zeitungen, aber auch in eigenen Anthologien publiziert wurden, entstand mit den Künstlerflugblättern ein neues Medium der bildlichen Kommunikation.[219]

Das prominenteste Beispiel war die *Kriegszeit*, ein wöchentlich erscheinendes Doppelblatt.[220] Jede Ausgabe enthielt vier Originallithographien und kostete 15 Pfennige. Vier Hefte kosteten einschließlich Zustellung 50 Pfennig, und auf Wunsch war auch die Feldpostzustellung möglich. Unter dem Zeitschriftentitel war vermerkt: »Der Ertrag ist für gemeinnützige Zwecke bestimmt!« Verleger war der Galerist Paul Cassirer, der mit seiner Pan-Presse vor allem den Impressionismus fördern wollte und auch dem Vorstand der Berliner Secession angehörte. Die erste Ausgabe der *Kriegszeit* erschien am 31. August 1914, das Titelblatt, eine Lithographie von Max Liebermann, zeigte die Menschenmenge auf dem Berliner Schlossplatz am 1. August, darunter stand in Liebermanns Handschrift der Satz Wilhelms II. »Ich kenne keine Parteien mehr, ich kenne nur Deutsche«. Das war von hohem Symbolwert. Liebermann war nicht nur ein weithin anerkannter Repräsentant des wohlhabenden Bildungsbürgertums in der Reichshauptstadt, sondern auch ein prominenter Angehöriger der jüdischen Minderheit, zugleich der bedeutendste deutsche Impressionist und Präsident der Berliner Secession, also Vertreter einer Kunst, von der Wilhelm II. gesagt hatte, sie sei gar keine, da sie sich über die von ihm bezeichneten Schranken hinwegsetze.[221] 1889 hatte er sich als deutscher Künstler an der Weltausstellung in Paris beteiligt, während das Deutsche Reich eine offizielle Beteiligung wegen »antimonarchistischer Tendenzen« in Frankreich abgelehnt hatte. Der Maler und der Kaiser waren einander in inniger Feindschaft verbunden. Die beiden hatten sogar gegeneinander einen – von Liebermann gewonnenen – Prozess geführt, in dem es um den Umbau des Hauses am Pariser Platz ging, das der Künstler erworben hatte. Aber all das spielte jetzt keine Rolle mehr. Auch die zweite Nummer hatte eine Lithographie von Liebermann als Aufmacher, diesmal mit dem Kaiserwort »Jetzt wollen wir sie dreschen!«. Die erste Ausgabe der *Kriegszeit* enthielt auf der letzten Seite ein faksimiliertes handschriftliches Bekenntnis des Kunsthistorikers Julius Meier-Graefe, der an den Kampfgeist der Künstlerschaft appellierte: »Aus Feuerschlünden, aus Not und Blut, aus Liebe und heiligem Haß wird uns Erlebnis. Wehe dem Künstler, der heute nicht erlebt!«[222] Alle Parteien hätten jetzt dasselbe Ziel, die Kunst solle ihnen folgen. Ganz im Sinne dieses Aufrufs engagierte sich der Verleger Paul Cassirer auch selbst im Krieg. Er war damals schon 43 Jahre alt und zudem herzleidend, doch gelang es ihm, als Kriegsfreiwilliger an die Front zu kommen, wo er als Meldefahrer eingesetzt wurde.

Auch das Periodikum *Krieg und Kunst. Original-Steinzeichnungen der Berliner Sezession* enthielt in der Regel jeweils vier Originallithographien. Das Impressum der ersten Folge erläuterte, die Blätter sollten aus dem Geist der Zeit sprechen und »späterhin als ein Ausdruck künstlerischen Kampfes in friedlicher Zeit fortgesetzt werden«.[223] Dazu sollte es nicht kommen, die letzte Ausgabe der Reihe erschien 1917. Ein anderes Beispiel für die jetzt allerorten erscheinenden Künstlerflugblätter waren die *Kriegsbilderbogen Münchner Künstler*, die noch näher an den Usancen des Kunstbetriebs zu Friedenszeiten waren. Es waren nummerierte Mappen mit zwölf lose eingelegten signierten Originalgrafiken, wobei die Produktionsbedingungen im Verlauf des Krieges immer schwieriger wurden. Der dritten und letzten, auf nichtbayerische Künstler erweiterten Mappe lag ein maschinenschriftlicher Zettel bei: »Blatt II von Seewald: In den Kolonien ist nicht signiert, da der Künstler im Auslande festgehalten ist. Blatt III von Heckendorf: Sturm ist unkoloriert und unsigniert, da der Künstler sich im Felde befindet. Beide Blätter werden nach Rückkehr der Künstler gegeb kolorierte, resp. signierte umgetauscht. [!]«[224] Ein schlichteres Beispiel war das kleinformatige *Wachtfeuer*, das von dem 1913 gegründeten Wirtschaftlichen Verband Bildender Künstler herausgegeben wurde und alle 14 Tage im Berliner Zirkel-Verlag erschien. Dieses Periodikum ging mit der Zeit. Zunächst lautete der Untertitel »Künstlerflugblätter zum Krieg 1914«, dann »Künstlerflugblätter zum Krieg 1914/15«. Das setzte sich so fort, bis es am Ende »Künstlerflugblätter zum Krieg 1914/18« hieß.

Die anfängliche Kriegseuphorie hielt nicht lange an. Künstler sind sensible Naturen, und das reale Kriegserlebnis führte oftmals zur Ernüchterung, nicht selten auch zur Erschütterung. Max Slevogt, der ebenfalls der Berliner Secession angehörte und wenige Wochen nach Kriegsausbruch seinen 46. Geburtstag feierte, hatte seine Verbindungen eingesetzt, um trotz seines fortgeschrittenen Alters als Kriegsmaler an die Front zu kommen,[225] war aber so entsetzt über das, was er in Belgien zu sehen bekam, dass er schon nach wenigen Wochen wieder das Weite suchte. In der Vorbemerkung zu seinem Kriegstagebuch schrieb er, das Gesehene habe ihn »unsäglich gedrückt«, die Verwüstungen seien abstoßend, es bleibe »als letzte entscheidende Erinnerung: eine Welt, die durch blinde Zerstörung geschändet erscheint«.[226] Ernst Ludwig Kirchner hatte sich freiwillig gemeldet, musste aber bald beurlaubt werden und erlitt, ähnlich wie Max Beckmann, einen Nervenzusammenbruch. George Grosz wurde nach sechs Monaten als »dienstunbrauchbar« entlassen, Anfang 1917 erneut eingezogen und, nach einem tätlichen Angriff auf einen Vorgesetzten, in eine Nervenheilanstalt eingeliefert.[227] Auch Oskar Kokoschka wurde auf Grund seiner angegriffenen psychischen Verfassung vom Dienst suspendiert. Waldemar Rösler, der 1914 in Belgien zum Einsatz gekommen und für seine Tapferkeit ausgezeichnet worden war, versetzte man 1916 wegen seines zerrütteten Zustands auf einen Truppenübungsplatz in Masuren, wo er sich im Dezember 1916 das Leben nahm.

Auch Paul Cassirer war 1916 desillusioniert nach Berlin zurückgekehrt. Er entschloss sich, die *Kriegszeit* einzustellen. An ihre Stelle trat *Der Bildermann*, der ganz auf die Illustration setzte. Das neue Periodikum wollte sich ausdrücklich nicht auf Bilder vom Krieg beschränken, es war vielmehr der Liebe und Freude an den »Werken jeglicher Kunst« gewidmet, die in Kriegszeiten noch stärker geworden sei.[228] Die erste Nummer hatte die Lithographie »Europa« von August Gaul als Titelblatt. Sie zeigt den gallischen Hahn und den deutschen Adler einträchtig auf derselben Stange sitzend.[229] Schon im Dezember 1916 wurde auch *Der Bildermann* wieder eingestellt, die letzte Ausgabe zierte Ernst Barlachs Lithographie »Dona Nobis Pacem«,[230] eine recht eindeutige Botschaft. Bei der Militärzensur machte Cassirer sich damit keine Freunde, es gab sogar Bemühungen, ihn erneut an die Front zu bringen, obwohl sein Gesundheitszustand dafür ganz offensichtlich zu schlecht war. Schließlich gelang es durch

Vermittlung von Harry Graf Kessler, Cassirer mit einem Auftrag des Auswärtigen Amtes in die Schweiz zu schicken und ihn so im doppelten Sinne des Wortes aus der Schusslinie zu nehmen.[231]

Max Beckmann, Mitglied der Berliner Secession, aber im Herzen ein Einzelgänger, illustrierte in der ersten Ausgabe von *Kunst und Künstler* die Textcollage »Die erste Kriegswoche in Berlin nach Mitteilungen Berliner Tageszeitungen« mit sieben Zeichnungen, aber den Illustrationen fehlte alles Euphorisch-Triumphale. Über dem Text mit der Anordnung der Mobilmachung durch Wilhelm II. ist der Kriegsgott Mars zu sehen, der seine Sandalen schnürt, daneben eine weinende Frau, die ihr Gesicht verhüllt.[232] Das war fast schon defätistisch. Auf Beckmanns Radierung »Die Kriegserklärung«[233] sieht man Menschen, die eine Zeitung, vermutlich mit einer amtlichen Bekanntmachung, studieren. Ihre Gesichter sind ernst, manche auch ratlos angesichts der Ungewissheit des Kommenden. Eine Frau steht hinter den Lesenden mit vor Schreck geweiteten Augen und offenem Mund. Beckmann, der sein ganzes Schaffen dem Studium der menschlichen Kreatur, ihrem Leben und Überleben im Welttheater widmete, weshalb die Abstraktion für ihn nie eine Herausforderung war, mischte sich am 1. August 1914 unter die jubelnden Menschen auf Berlins Magistrale Unter den Linden. Seine erste Frau Minna Tube hat das Erlebnis in ihren Lebenserinnerungen festgehalten: »Unvergesslich, wie wir über die Linden gingen – ein Jubel, nur Max ging mit einem Zeichenblock und zurückgeschobenem Hut mitten in der Straße und zeichnete die armen Irren ab. Da klopfte ihm ein riesiger Junker oder etwas Derartiges auf die Schulter und sagte: ›Mensch, wie können Sie jetzt zeichnen in all dem Jubel!‹ – Max antwortete: ›Das ist das größte nationale Unglück, was uns treffen kann.‹«[234]

Max Beckmann, der bedeutendste deutsche Maler des 20. Jahrhunderts, war kein Nationalist, kein Jubler, auch nicht in Momenten allgemeinen Überschwangs, er war vielmehr ein unbestechlicher Beobachter, ein Seismograph für das Geschehen in seiner Zeit. »Die nackte Entblößung menschlicher Leidenschaft«[235] im Überlebenskampf war sein Thema, lange bevor der Krieg kam.[236] 1909 malte er die »Szene aus dem Erdbeben in Messina«. In der Stadt an der nordöstlichen Spitze Siziliens hatte sich am 28. Dezember 1908 ein Erdbeben ereignet, bei dem mehr als zwei Drittel der 120 000 Einwohner umgekommen waren. Besonders inspirierte Beckmann ein Zeitungsbericht, wonach kaum bekleidete Strafgefangene, die in der allgemeinen Zerstörung hatten entkommen können, über andere Überlebende hergefallen waren und sie beraubt hatten.[237] Als nächstes großes Gemälde folgte die vom Vitalismus Nietzsches spürbar beeinflusste »Amazonenschlacht« (1911), bei der sich Erotik und Kampf lebensvoll miteinander verbanden, und 1912/13 entstand das gewaltige, 3,30 Meter breite und 2,65 Meter hohe Gemälde »Untergang der Titanic«. Dieses Werk wurde von der zeitgenössischen Kritik ebenso abgelehnt wie das Messina-Bild. Man warf dem Maler vor, sich gewissermaßen als Bildberichterstatter zu gerieren und so auf das Sensationsbedürfnis des Betrachters zu spekulieren. Völlig verkannt wurde darüber die existentielle Dimension des Bildes, die Hans Belting so beschreibt: »Die Schiffskatastrophe im Eismeer sollte eine Menschheitsfabel in zeitgemäßem Gewand vorführen, den tragischen Lebenskampf und die trotzige Selbstbehauptung nach dem Denkstil des Vitalismus.«[238] Während die hellerleuchtete »Titanic« im Hintergrund zu sehen ist, treiben im Zentrum des Gemäldes sieben Rettungsboote auf hoher See. Hilflose Schiffbrüchige versuchen sich an die Boote zu klammern, aber die Menschen, die schon in den Booten sind, reagieren teils gleichgültig, teils abwehrend und aggressiv; Hilfe findet nur ein Einziger.

Bald nach Kriegsausbruch musste Beckmanns Schwager Martin Tube einrücken. Er kam an die Ostfront, wurde in der Schlacht bei Tannenberg schwer verwundet und war am 31. August wieder in Berlin, wo Beckmann ihn mit seinem Kopfverband porträtierte.[239] Die Lithographie zeigt das eindringliche Porträt eines Mannes, der mit ernster Miene in die Weite schaut. Er hat das Leiden und Sterben vieler Menschen gesehen, das hat sich erkennbar eingeprägt. Wenige Wochen später war Martin Tube so weit wiederhergestellt, dass er erneut eingesetzt werden konnte. Er fuhr zurück an die Ostfront und fiel am 31. Oktober bei Iwangorod (heute Dęblin) im zaristischen Teil Polens. Max Beckmann, der nicht gedient hatte, wurde entgegen seiner Erwartung nicht eingezogen. Er entschloss sich gleichwohl Anfang September 1914, einen Transport mit Liebesgaben zu begleiten, und kam so ebenfalls an die Ostfront. Dort konnte er eine Stelle als freiwilliger Krankenpfleger in einem provisorischen Krankenhaus übernehmen, das in einem Schloss in der Nähe von Tannenberg untergebracht war. Er sah, wie für die Beerdigung eines in der Nacht zuvor Verstorbenen Zweige gesammelt wurden: »Einen anderen, auch heute nacht gestorbenen, habe ich mit seziert. Er sah meinem Modell von der Beweinung ähnlich, hatte ein großes fahles Profil. Dann habe ich natürlich das ganze Lazarett gesehen mit allen Kranken. […] Die Ärzte zeigten mir sachlich und freundlich die grauenhaftesten Wunden. Und überall trotz guter Lüftung und hellen Räumen ein scharfer Duft von Verwesung. Etwa eineinhalb Stunde habe ich ausgehalten, dann mußte ich hinaus aufs Feld.«[240] Der Brief schloss mit der Feststellung: »Die Landschaft ist wunderschön.«[241]

Beckmann nahm alles mit wachen Augen wahr, wenige Tage später schrieb er an Minna Tube, er habe so viel erlebt wie seit Jahren nicht, aber er blieb ein genauer, doch äußerlich unbeteiligter Beobachter. Er zeichnete alles, was er sah, wodurch er sich mehr als einmal dem Verdacht aussetzte, er sei ein Spion, und in unangenehme Situationen geriet. Das vom Krieg inspirierte grafische Werk wie auch seine Briefe lassen eine Kunstauffassung erkennen, die der von Walter Flex exakt entgegengesetzt ist. Stand Flex für die romantische Überhöhung und die Eskamotierung des Soldatentodes, der ihm zu unheroisch schien, sah Beckmann

111

sich ganz im Gegenteil einem Realismus verpflichtet, der nichts ausspart und gerade dadurch den Menschen gerecht zu werden versucht. Die Kaltnadelradierung »Die Granate« (1914)[242] zeigt dies deutlich. Das traumatische Kriegserlebnis verlangt nach einer neuen Bildsprache, die explodierende Granate sprengt die Zentralperspektive.[243] Wir sehen um die Explosion Schießen, Kampf, schreckgeweitete Gesichter und die für den Ersten Weltkrieg so typischen schweren Kopfverletzungen.

Im November 1914 kehrte Beckmann nach Berlin zurück, nahm freiwillig an einem Sanitätskurs teil, meldete sich anschließend zum Kriegseinsatz und kam Anfang 1915 nach Belgien, wo er zuerst in einem Typhuslazarett und dann in einem Operationssaal in Kortrijk (französisch Courtrai, damals Courtray) im Einsatz war. Hier entstanden Blätter wie »Große Operation«,[244] »Kleine Operation«[245] und »Das Leichenhaus«.[246] Nachdem er kurze Zeit in Roeselare stationiert war, wechselte Beckmann in das Feldlazarett in Wervik, wo er dem Kriegsgeschehen besonders nahe war. Er berichtet seiner Frau von dem »wunderbare[n] apokalyptische[n] Ton der Riesengeschütze«,[247] sieht die »pyramidenförmigen Reflexe der Schrapnells und ihr düsterrot zickzackartiges Aufblitzen«,[248] trifft in den durch wochenlangen Artilleriebeschuss umgepflügten Landschaften auf »seltsam unwirkliche, mondgebirgeartige Städte«, zeichnet »einen Franzosen, der halb aus seinem Grab heraussah«,[249] und ist als Maler überwältigt von der wilden Vielfalt der Farben: »Heute früh war ich an der staubigen, weißgrauen Front und sah wunderbare verzauberte und glühende Dinge. Brennendes Schwarz, wie goldenes Grauviolett zu zerstörtem Lehmgelb, und fahlen, staubigen Himmel und halb und ganz nackte Menschen mit Waffen und Verbänden. Alles aufgelöst. Taumelnde Schatten. Prachtvoll rosa und aschfarbene Glieder mit dem schmutzigen Weiß der Verbände und dem düstern, schweren Ausdruck des Leides.«[250]

Dies alles setzte Beckmann offenbar mehr zu, als seine lakonischen Beschreibungen vermuten lassen. Am 4. Mai 1915 hatte er

seiner Frau geschrieben: »Meine Seele ist in wüsten Wogen.«[251]
Wenige Wochen später erlitt er einen Nervenzusammenbruch
und kehrte nach Deutschland zurück. Er lebte nun in Frankfurt
bei der Familie des Majors von Braunbehrens, der 1917 Beckmanns endgültige Entlassung aus dem Militärdienst erwirkte.
Der Maler Ugi Battenberg überließ ihm sein Atelier. In dieser
Zeit entstand ein Selbstbildnis, auf dem Beckmann kaum zu
erkennen ist, man sieht einen schmalen alten Mann mit eingefal-
lenen Wangen.[252] Statt des gewohnten Bleistifts verwendete er
eine Rohrfeder. Sie machte den Strich hart und scharf, übertrug
jede Unsicherheit bei der Linienführung und gab so den Er-
schütterungen des Kriegserlebnisses Ausdruck.[253] Beckmann arbeitete damals an einem monumentalen Gemälde, einer zweiten
»Auferstehung«, die von der ersten »Auferstehung« des Jahres
1909 Welten entfernt war und die radikale Entwicklung deutlich
werden ließ, die der Künstler durchgemacht hatte. War die frühere Version des Motivs noch stark an traditionellen Darstellungen, etwa von Peter Paul Rubens, orientiert, so ist nun aus dem
steilen Hochformat ein gewaltiges Breitformat geworden, die
Zentralperspektive ist einer Fragmentierung des Dargestellten
gewichen. Ein Empor zum Licht gibt es nicht mehr, die Sonne
ist schwarz, ein Todesstern, der nicht Erlösung, sondern Vernichtung verheißt. Das 4,97 Meter breite und 3,45 Meter hohe
Bild stand wie ein Monument des künstlerischen Wandels bis
1933 im Frankfurter Atelier. Max Beckmann sah es täglich, ohne
es jemals zu vollenden. Als Reinhard Piper den Maler im Mai 1917
besuchte, hatte die apokalyptische Auferstehung eine starke Wirkung auf ihn:

Oben in der Mitte schwebte die schwarze Sonne im weißen
Himmel. Zu ihr blickten Gestalten auf, deren Maßstäbe bizarr
wechselten. Über dem Ganzen lag ein grauer Leichenton.
Schiefe Schlünde öffneten sich, in denen sich Menschen verloren. Der Boden schien zu schwanken. Die Körper waren zer-

renkt oder aufgequollen, Gruppen moderner Menschen ängstlich in Winkeln zusammengedrängt, beklommen blickend. Schwebende, Kniende, Nackte oder von grellfarbigen Laken noch halb Umwickelte bewegten sich durcheinander. Dazwischen eine jaulende Katze. Die schöne Malerei war verlassen, alles war in unwirklichen Farben kartonhaft mehr gezeichnet als gemalt.[254]

Beckmann sagte dem Besucher, er wolle noch vier ebenso große Bilder malen, und fügte hinzu: »Wilhelm II. wird ja für meine Kunst nichts übrig haben. So hoffe ich also auf eine deutsche Republik.«[255] Tatsächlich kam dann die Republik schon im Jahr darauf, aber als Folge der Niederlage und begleitet von Bürgerkriegswirren. Beckmann reflektierte diese Ereignisse in dem Mappenwerk *Die Hölle. Großes Spektakel in 10 Bildern* (1919).[256] Das Titelblatt der Mappe zeigt den Künstler als Ausrufer, der das verehrte Publikum bittet näherzutreten, um die herrschenden Zustände, Hunger und Chaos, Kriegsgewinnler und die Ermordung Rosa Luxemburgs in Augenschein zu nehmen. Das letzte Bild »Die Familie« zeigt den Künstler, seine Schwiegermutter und seinen Sohn Peter, der auf einem Spielplatz einen Stahlhelm und »Büchsen« gefunden hat, die in Wirklichkeit von heimgekehrten Soldaten weggeworfene Handgranaten sind.[257]

Die wichtigsten Künstlergruppen des Expressionismus waren die »Brücke« und der »Blaue Reiter«. Während der erst 1912 gegründete »Blaue Reiter« ein Opfer des Krieges wurde, weil die ausländischen Künstler wie Wassily Kandinsky und Alexej von Jawlensky das Land verlassen mussten und andere wichtige Mitglieder der Gruppe wie August Macke und Franz Marc fielen, hatte die »Brücke« sich schon 1913 aufgelöst. Bis auf Emil Nolde leisteten die Maler der 1905 in Dresden gegründeten »Brücke« alle Militärdienst. Erich Heckel war Sanitätssoldat in Flandern, wo er Max Beckmann begegnete, ebenso wie dem belgischen Expressionisten James Ensor, der in Ostende lebte. Auch Max Pechstein und Otto Mueller waren an der Westfront eingesetzt, während Fritz Bleyl und Karl Schmidt-Rottluff in Ostpreußen beziehungsweise an der deutsch-russischen Grenze zum Einsatz kamen. Ernst Ludwig Kirchner meldete sich wie so viele andere damals »unfreiwillig freiwillig« zum Militärdienst, in der Hoffnung, so Waffengattung und Einheit wählen zu können. Er kam als Rekrut zum Feldartillerie-Regiment Nr. 75 nach Halle.

Schon nach wenigen Wochen zeigte sich, dass Kirchner den Anforderungen des Dienstes physisch und psychisch nicht gewachsen war. Er wurde bereits im September 1914 wegen »Lungenaffektion und Schwäche« beurlaubt.[258] Dem Ausbildungsoffizier Hans Fehr, einem Schweizer Juristen, der der »Brücke« seit langem als passives Mitglied verbunden war, hatte Kirchner es zu verdanken, dass er unter der Auflage, sich auszukurieren, im November 1915 aus dem Dienst entlassen wurde. Mehrere Sanatoriumsaufenthalte erbrachten keine Verbesserung seines Gesundheitszustandes. Kirchner wehrte sich gegen die Heilungsversuche, weil er glaubte, sie seien sein Tod, und geriet noch mehr in die Fänge von Tablettensucht und Alkoholabhängigkeit. Seine dramatische Situation spiegelte sich in zwei berühmten Selbstbildnissen, »Der Trinker« (ursprünglich »Der Absinthtrinker«, 1915) und »Selbstbildnis als Soldat« (1915). Er malte diese Dokumente der Verzweiflung in seinem Berliner Atelier, »als Tag und Nacht die schreienden Militärzüge unter meinem Fenster vorbeifuhren«.[259] Während der Trinker zusammengesunken auf einem Stuhl sitzt und mit glasigen Augen ins Leere schaut, ist das Gesicht des Soldaten maskenhaft erstarrt, seine Augen sind leer. Er trägt die Uniform des Feldartillerie-Regiments Nr. 75. Im Vordergrund ist sein blutiger rechter Armstumpf zu sehen, die Hand ist abgehackt. Das hinter ihm stehende Modell hat sich umsonst entkleidet, er kann nicht mehr malen. Kirchner, der während seiner kurzen Ausbildung keinerlei körperliche Verletzung davongetragen hatte, brachte in diesem Selbstporträt mit bemerkenswerter Drastik seine Angstzustände zum Ausdruck. Am 28. März 1916 schrieb er an den Sammler Gustav Schiefler: »Schwerer als alles andere lastet der Druck des Krieges und die überhandnehmende Oberflächligkeit. Ich habe immer den Eindruck eines blutigen Karnevals. [...] Aufgedunsen schwankt man, um zu arbeiten, wo doch jede Arbeit vergeblich und der Ansturm des Mittelmäßigen alles umreißt. Wie die Kokotten, die ich malte, ist man jetzt selbst. Hingewischt, beim nächsten Male weg. Trotzdem versuche ich immer noch Ordnung in meine Gedanken zu bringen und aus dem Verwirrenden ein Bild der Zeit zu schaffen, was ja meine Aufgabe ist.«[260]

Im Januar 1917 ging Kirchner erstmals nach Davos, wo er noch eine Weile mit Lähmungserscheinungen und Bewusstseinsstörungen zu kämpfen hatte. Schließlich besserte sich sein Zustand, und er ließ sich dauerhaft auf der Stafelalp nieder. Als die Nazis seine Bilder brutal aus den Museen entfernten und sein Werk als »entartete Kunst« zeigten, verdüsterte sich Kirchners Gemüt erneut. Selbstmordgedanken suchten ihn heim. Erst zerstörte er Druckstöcke seiner Grafiken und schoss auf seine Bilder, im Juli 1938 setzte er dann mit einem Schuss ins Herz seinem Leben ein Ende.

Otto Dix war ein Künstler von gänzlich anderem Naturell als Kirchner. Er meldete sich gleich bei Kriegsbeginn und wurde in Dresden, Spandau und Bautzen erst als Artillerist und dann als MG-Schütze ausgebildet. 1915 kämpfte er in der Champagne, 1916 an der Somme und 1917 an der Ostfront. Er wurde zum Feldwebel befördert und meldete sich noch kurz vor Kriegsende für eine Ausbildung zum Flieger. Ähnlich wie Ludwig Meidner hatte Otto Dix 1913 ein Gemälde geschaffen, das trotz des optimistisch klingenden Titels »Sonnenaufgang« einen apokalyptischen Charakter hatte. Inspiriert war Dix durch van Goghs »Weizenfeld mit Krähen« (1890), das er im Jahr zuvor in Dresden gesehen hatte. Auch im »Sonnenaufgang« sind auffliegende

Krähen ein dominierendes Element, es gibt genau dreizehn von ihnen, diese Unglückszahl ist im Tarot dem Tod zugeordnet. Ein Weg durchschneidet die Landschaft diagonal, der nicht zu der kalt und abweisend strahlenden Sonne führt, sondern zu einem dunklen Wolkengebirge, das sich im Hintergrund aufbaut und in dem ein dämonisches Gesicht zu erkennen ist. Der »Sonnenaufgang« markiert den expressionistischen Höhepunkt im Werk von Otto Dix und verkörpert zugleich »den Vorhang zum Welttheater des Krieges, der sich demnächst öffnen wird«.[261]

Als der Vorhang sich dann öffnete, wollte Dix dabei sein, nicht aus Kriegsbegeisterung, sondern getrieben von dem unbändigen Willen, sich der Wildheit und Grausamkeit des Lebens rücksichtslos auszusetzen. Im Rückblick sagte er: »Der Krieg war eine scheußliche Sache, aber trotzdem etwas Gewaltiges. Das durfte ich auf keinen Fall versäumen. Man muss den Menschen in diesem entfesselten Zustand gesehen haben, um etwas über den Menschen zu wissen. [...] Alle Untiefen des Lebens muss ich selbst erleben, deswegen gehe ich in den Krieg, und deswegen habe ich mich auch freiwillig gemeldet.«[262] Hier offenbart sich auch der Einfluss von Nietzsches Lebensphilosophie, mit der Dix sich in den Jahren vor dem Krieg intensiv beschäftigt hatte. Er porträtierte den Philosophen 1911 sogar in einer heute verlorenen Büste.[263]

Otto Dix erlebte den Krieg so intensiv wie kaum ein anderer Künstler. Nicht als Sanitäter wie Max Beckmann, als Nachrichtenoffizier wie Willy Jaeckel, als Armierungssoldat wie Karl Schmidt-Rottluff, als Flugzeuganstreicher wie Paul Klee oder als Dolmetscher wie Hermann Struck, nicht zu reden von den vielen Künstlern und Schriftstellern, die in Kriegsarchiven, Propagandaabteilungen und Zensurbehörden überwinterten, oder Komponisten wie Arnold Schönberg, die das Glück hatten, einer Militärkapelle zugeteilt zu werden. Dix stand die ganzen Jahre an vorderster Front, er setzte sich der Realität dieses Krieges mit aller Radikalität aus. In Gefechtspausen und in den Lazaretten schrieb und zeichnete er ohne Unterlass. Auch sein Tagebuch ist ein herausragendes Dokument der Kriegswirklichkeit: »Läuse, Ratten, Drahtverhau, Flöhe, Granaten, Bomben, Höhlen, Leichen, Blut, Schnaps, Mäuse, Katzen, Gase, Kanonen, Dreck, Kugeln, Mörser, Feuer, Stahl, das ist der Krieg! Alles Teufelswerk!«[264]

So war dieser Krieg, so sah Dix ihn, und so stellte er ihn auch dar. 1924 publizierte er *Der Krieg*, einen Zyklus von fünfzig Radierungen. Zu sehen sind Verwundete, Verstümmelte, Tote, niedergebrannte Dörfer, eingestürzte Schützengräben, zerstörte Landschaften.[265] Heute sind diese Radierungen das dominierende Exponat im Hauptraum des 1992 eröffneten Historial de la Grande Guerre in Péronne an der Somme, dem nationalen französischen Museum zum Ersten Weltkrieg. Die Technik der Radierung ermöglichte es Dix, seiner Chronistenpflicht minutiös nachzugehen und die verrenkten und zerrissenen Körper, die Verwundungen, die von Würmern und Maden durchsetzten Totenschädel detailgetreu wiederzugeben. Er stützte sich dabei nicht nur auf die eigene Erinnerung, sondern nahm auch Fotografien zu Hilfe und besuchte in Dresden die pathologische Abteilung des Friedrichstädter Krankenhauses, wo er sich sezierte Leichen bringen ließ.[266]

Otto Dix war ein »Wirklichkeitsmensch«, wie er selbst es einmal formulierte.[267] Immer wieder porträtierte er damals auch sich selbst, zuerst im »Selbstbildnis mit Artilleriehelm« (1914), dann im »Selbstbildnis als Soldat« (1914) und im »Selbstbildnis als Mars« (1915), schließlich, als der Fronteinsatz näher rückte, im »Selbstbildnis als Schießscheibe« (1915). War er in dem expressionistischen »Selbstbildnis als Soldat« noch wie ein bedrohlicher Berserker aufgetreten, sehen wir hier einen ganz gewöhnlichen Soldaten, dem die Angst ins Gesicht geschrieben steht, einen Anonymus, den die Uniform zu einem Todgeweihten macht, zu einer Zielscheibe für den Kriegsgegner. Die Kokarden an der Mütze erscheinen wie Markierungen für den tödlichen Kopfschuss. Das Bild zeigt eindrücklich, dass Dix klar war, worauf er im Begriff war sich einzulassen. Und da er das Glück hatte zu überleben, war es seine Rolle zu berichten, was er gesehen hatte. Dabei sind für ihn die Schrecken Teil der Grausamkeit des Lebens. Dix fragt nicht nach politischen Gründen oder gesellschaftlichen Verhältnissen. Entsprechende Motive, wie sie zum Beispiel in Beckmanns »Hölle« auftauchen, finden sich bei Dix nicht.

In den Bildern von Otto Dix, mehr als in den Grafiken, gibt es aber nicht nur Zerstörung, sondern auch vitale Dynamik, naturhafte Wucht. Jede Explosion ist auch eine Kraftentladung. Dieter Schubert hat sein Selbstbild als Mars ein »nietzschesches Bild« genannt.[268] Matthias Eberle hat auf das vitalistisch-erotische Element in den Naturdarstellungen verwiesen, etwa in der Gestaltung der verwundeten Erde, und die von Dix gezeichneten Granattrichter mit Darstellungen des weiblichen Geschlechts verglichen.[269] Immer wieder sind auch Parallelen zu Ernst Jünger gezogen worden, in dessen Werk dieses vitalistisch-erotische Element, nicht nur in seinem Essay über den Kampf als inneres Erlebnis, sehr deutlich wahrzunehmen ist. Während aber Ernst Jünger sein Kriegserlebnis zu einem heroischen Realismus verklärte, will Otto Dix die Menschen immer wieder an die Schrecken des Krieges erinnern, von denen diejenigen, die auf den Schlachtfeldern zurückgeblieben sind, nicht mehr reden können. Sein unbedingter Wille zur realistischen Darstellung, als dessen Höhepunkt sein großes, 1932 vollendetes Triptychon »Der Krieg« gelten darf, verursachte immer wieder Skandale und rief geradezu hysterische Reaktionen nicht nur bei Nationalisten und Kriegsromantikern hervor, sondern auch bei denjenigen, die wie zum Beispiel Julius Meier-Graefe den Impressionismus nach Kräften gefördert hatten, dem Expressionismus aber verständnislos gegenüberstanden. Als 1933 die Nazis an die Macht kamen, wurde Dix als Kunstlehrer fristlos entlassen.

Die Künstlerin Käthe Kollwitz zog nicht in den Krieg. Mit 47 Jahren war sie dafür zu alt, und als Frau hätte sie allenfalls Hilfsdienste leisten können, etwa in der Krankenpflege. Sie und ihr Mann, der Arzt Karl Kollwitz, lehnten den Krieg ab, aber als loyale Sozialdemokraten befürworteten sie, als er dann doch kam, den Burgfrieden und die Bewilligung der Kriegskredite. Und die beiden Söhne Hans und Peter, 18 und 22 Jahre alt, meldeten sich sofort freiwillig. Peter Kollwitz, der im Februar 1914 das 19. Lebensjahr erreicht hatte, wäre für den regulären Dienst eigentlich noch zu jung gewesen und nur zum Landsturm eingezogen worden, der Reserve, in der alle Männer von 18 bis 60 Jahren erfasst wurden. Aber er erklärte den widerstrebenden Eltern: »Das Vaterland braucht meinen Jahrgang noch nicht, aber mich braucht es.«[270] Peter Kollwitz war 1912 von der Schule abgegangen. Auf Empfehlung von Max Liebermann hatte die Mutter den künstlerisch begabten Jungen in der Malklasse des Kunstgewerbemuseums angemeldet. Peter war wie viele seines Alters ein Wandervogel, 1913 nahm er am großen Jugendtreffen auf dem Hohen Meißner teil.[271] Im Jahr darauf hatte er sich auch an den Antikriegsdemonstrationen der SPD beteiligt. Aber nun, da der Krieg einmal ausgebrochen war, wollte er seinen Beitrag zum deutschen Sieg leisten. Die Eltern ließen nichts unversucht, um den Jungen von seinem Entschluss abzubringen, doch noch so intensive Gespräche änderten nichts. Am 11. August 1914 notierte Käthe Kollwitz: »Verzweifeltes Aufwachen am Morgen. Gefühl der Unmöglichkeit der Hingabe Peters.« Aber die Mutter sagte dem Sohn auch: »Er müsse über sich selbst bestimmen. Aber ob er nicht doch noch warten wolle bis er gerufen werde? Die Wahrscheinlichkeit läge nahe, daß keiner dieser Jünglinge wiederkäme. Es sei so viel Kulturarbeit zu leisten.«[272] Schließlich gab der Vater seine Einwilligung, aber das minderte das Gefühl der Verzweiflung nicht: »Abends ich und Karl allein. Weinen, Weinen, Weinen.«[273]

In den folgenden zwei Monaten durchlief Peter eine kurze militärische Ausbildung. Am 10. Oktober war er noch immer in Berlin, dennoch schrieb die Mutter: »Peters Ehrentag. – Antwerpen ist gefallen. […] Zum ersten Mal in unserm Leben hängen wir – Sozialdemokraten, die wir bewußt sind und bleiben – heut am 10. Oktober die schwarz-weiß-rote Fahne heraus. Aus der Jungen Stube. Das gilt unserm Peter und Antwerpen. Vor allem, vor allem aber unserm Sohn.«[274] Zwei Tage später fuhr Peter Kollwitz an die Front. Und noch einmal zehn Tage später war er schon tot. Er fiel am 22. Oktober 1914 bei Diksmuide (französisch Dixmude) in Westflandern. Die Mutter hatte prophezeit, dass keiner der Jünglinge aus Peters Malklasse wieder nach Hause kommen würde. Tatsächlich überlebte nur ein einziger, Hans Koch, er starb 1995 im Alter von 97 Jahren.

Der Tod des geliebten Sohnes war für Käthe Kollwitz ein ganz entscheidender Schicksalsschlag, von dem sie sich nie mehr wirklich erholte. Lange Zeit war es ihr kaum noch möglich zu arbeiten. Am 17. Mai 1915 schrieb sie in ihr Tagebuch:

Eine Frau ging ins Wasser weil ihr einziger Sohn fiel. Sie wurde herausgefischt, ging dann noch einmal zurück und ertrank.

Eine andere Frau, eine junge, tötete sich auch, weil ihr Mann fiel.

Ich denk es müssen noch viel mehr sein.[275]

Erst durch den Plan eines Ehrenmals für den gefallenen Sohn fand sie zurück zur plastischen Arbeit. Den Entschluss dazu hatte sie schon im Dezember 1914 gefasst, aber erst fünf Monate später mit der Arbeit begonnen. Über Jahre hinweg quälte sie sich mit verschiedenen Entwürfen, unterbrach die Arbeit immer wieder. 1932 waren die beiden Skulpturen aus belgischem Marmor fertig. Sie zeigen das trauernde Elternpaar, den knienden Vater mit verschränkten Armen, der auf das Grab des Sohnes schaut, und die gramgebeugte Mutter, deren Blick zu Boden gerichtet ist. Am 17. Oktober 1917 hatte Käthe Kollwitz notiert, dass mit Peters Tod das Altsein für sie begonnen habe, das »dem Grabzugehn. Das war der Bruch. Das Beugen bis zu einem Grade, daß es nie mehr ein ganzes Aufrichten gibt. Es zeigte sich, daß ich von nun an nach unten zeige.«[276] Wie das zu verstehen war, macht die eindrucksvolle Plastik der trauernden Mutter deutlich. Die beiden Skulpturen wurden 1932 in Anwesenheit der Künstlerin auf dem Gräberfeld bei Esen, wenige Kilometer östlich von Diksmuide, aufgestellt und 1958 im Zuge der Umbettung der toten Soldaten an ihren heutigen Standort, die Kriegsgräberstätte Vladslo, verbracht.

Käthe Kollwitz widmete ihr weiteres Leben dem Engagement gegen den Krieg. Als der Schriftsteller Richard Dehmel in dem Aufruf »Einzige Rettung«[277] im Oktober 1918 noch einmal zum Durchhalten aufforderte, widersprach sie ihm mit einem Goethe-Zitat: »Es ist genug gestorben! Keiner darf mehr fallen. Ich berufe mich gegen Richard Dehmel auf einen Größeren, welcher sagt: ›Saatfrüchte sollen nicht vermahlen werden.‹«[278] In der Weimarer Republik unterstützte die Künstlerin die jährlichen Antikriegstage, die Anfang August als Mahnung an das Augusterlebnis des Jahres 1914 stattfanden. Berühmt ist ihr Plakat »Nie wieder Krieg!« (1924). 1923 erschien ein Zyklus von sieben Holzschnitten mit dem Titel *Krieg*, die ihre Auseinandersetzung mit der Religion reflektieren.[279] Kollwitz engagierte sich auch für sozialpolitische Themen und reiste 1927 mit ihrem Mann in die Sowjetunion, schloss sich aber ganz bewusst nie der KPD an. Der ältere Sohn Hans Kollwitz überlebte den Krieg und heiratete 1920. Im Jahr darauf wurde ein Enkel geboren, der in Erinnerung an seinen gefallenen Onkel Peter hieß. Tragischerweise fiel auch er, am 22. September 1942 an der Ostfront. In diesem Jahr entstand die Lithographie »Saatfrüchte sollen nicht vermahlen werden«, Käthe Kollwitz' letzte grafische Arbeit.

Künstler und Soldat war auch der Schriftsteller Ernst Wilhelm Lotz, ein enger Freund des Malers Ludwig Meidner. Im Frühjahr 1914 hatten sie in Dresden ein gemeinsames Atelier bezogen, doch die Lebensgemeinschaft währte nur kurz. Lotz, der Sohn eines Kadettenhausprofessors, hatte 1906 eine Offiziersausbildung an der Kadettenanstalt in Lichterfelde bei Berlin begonnen, 1911 dann seinen Abschied genommen, sich aber nach Kriegsausbruch sofort freiwillig gemeldet und war als Leutnant und Kompanieführer an die Westfront gekommen. Bisher hatte der expressionistische Lyriker Frankreich vor allem durch seine Dichter kennengelernt. Rimbaud und Verlaine hatte er ins Deutsche übersetzt. Jetzt sollte er kämpfen. Am 7. September erhielt er das Eiserne Kreuz, am 26. September starb er während eines Angriffs in der Nähe von Bouconville in den Ardennen. Sein Tod traf Meidner tief. Am 12. Februar 1915 fand in Berlin eine Gedenkfeier für Ernst Wilhelm Lotz statt, die »zugleich den ebenfalls frühzeitig in einem sinnlosen Kriege gefallenen Autoren Walther Heymann dem Ostpreußen, Hans Leybold aus München, Ernst Stadler dem Elsässer, Charles Péguy dem Franzosen galt«.[280]

Besonders tragisch ist der Fall des Dichters und Literaturwissenschaftlers Ernst Stadler. Er stammte aus Colmar, das seit dem Krieg von 1870/71 als Teil des Reichslandes Elsass-Lothringen zum Deutschen Reich gehörte. 1902 hatte er sich dem Kreis »Jüngstes Elsaß« angeschlossen, dem unter anderem René Schickele und Otto Flake angehörten. Diese elsässischen Autoren fühlten sich der französischen wie der deutschen Kultur gleichermaßen verbunden. Auch Stadler hatte sich stets für die Verständigung zwischen Deutschland und Frankreich eingesetzt. Er hatte an den Universitäten in Oxford und Brüssel und an der 1871 aus der Universität Straßburg hervorgegangen Kaiser-Wilhelm-Universität unterrichtet. Im September 1914 sollte er eine Dozentur für Germanistik im kanadischen Toronto übernehmen. Doch daraus wurde nichts, denn am 31. Juli, dem Tag der

Mobilmachung, wurde er wegen des »Zustands drohender Kriegsgefahr« einberufen. Bereits am 10. August überschritt Stadler
mit seiner Einheit die Grenze zum Feindesland: »Es ist ein wun-
dervoller Abend. Weiter freier Blick in die französischen Berge.
Ich grüße Frankreich beinahe mit solcher Erschütterung wie
damals, als ich vor sieben Jahren zum ersten mal Paris sah. Ich
denke kaum mehr, dass Krieg ist. Ich grüße Dich, süße Erde von
Frankreich.«[281] Doch mit der Idylle war es bald vorbei. Am
22. August 1914 erreichte Stadlers Infanterieeinheit ein zerstör-
tes französisches Dorf:

Auf der Straße riesige Krater und Trichter, die die schweren
Fußartilleriegeschosse ausgeworfen haben. Tote in Massen.
Tornister, Hemden, Wäsche, Fleisch. Die Toten im Dorf meist
den Kopf mit einem Tuch verhüllt. Nachher auch das nicht
mehr. Im Chausséegraben einer neben dem anderen. Fürchterlich zugerichtet durch die Artilleriegeschosse. Einem das
ganze Unterkinn weggerissen. Ein ganzer Schützengraben
voll gefallener Franzosen. Dann tote Deutsche, die ihn gestürmt haben. An den Leichen sind schon die Fliegen. Die Bewohner großenteils geflohen. In den Ställen steht noch Vieh,
soweit es nicht erschossen ist. Eine Katze schleicht vorsichtig
über die Schwelle des zu Trümmern geschossenen Hauses.
Hühner. In einer Jauchelache ein stinkender, ersäufter Hund.
Ein Kramladen. Die Soldaten wühlen in den Sachen.[282]

Stadlers Tagebuch gibt einen detailreichen und realistischen
Einblick in die ersten drei Kriegsmonate. Zugleich ist es das
Dokument eines zutiefst deprimierten Humanisten. Am 26. September beobachtete er das Sterben eines Soldaten, dessen Ge-
hirn offen lag, weil ein Geschoss seine Schädeldecke wegge-
sprengt hatte, und beendete den Eintrag mit den Worten: »Das
Grauenvolle des Krieges. Ich fühle mich schlecht.«[283] Am
30. Oktober, acht Tage nach Peter Kollwitz, wurde Ernst Stadler

auf einem Schlachtfeld in der Nähe von Ypern durch eine Granate getötet.

Ernst Wilhelm Lotz und Ernst Stadler waren bei weitem nicht die einzigen deutschen Schriftsteller, die schon im ersten Kriegsjahr fielen. Auch die Expressionisten Hans Leybold, Alfred Lichtenstein und Hugo Hinz sind zu nennen, der Heimatschriftsteller Hermann Löns und der Lyriker, Mäzen und Verleger der *Insel* Alfred Walter Heymel. Hermann Löns hatte keinen Militärdienst geleistet, war bereits 48 Jahre alt und bei schlechter Gesundheit, so dass er seine Beziehungen spielen lassen musste, damit seine freiwillige Meldung überhaupt angenommen wurde. Den angebotenen Posten als Kriegsberichterstatter lehnte er ab und kam stattdessen als Infanterist zum Füsilier-Regiment Nr. 73 aus Hannover, dem später auch Ernst Jünger angehörte. Die Regimentsgeschichte vermerkt zu dem für den 25. September 1914 ergangenen Angriffsbefehl: »Das Füsilier-Regiment hatte den ehrenvollen Auftrag, bei diesem Unternehmen in erster Welle zu stürmen.«[284] Löns notierte dazu in seinem Tagebuch: »Frohe Stimmung, und es geht in die Linie.«[285] Es war dies sein letzter Eintrag, denn am folgenden Tag wurde er bei dem Angriff zehn Kilometer nördlich von Reims tödlich getroffen, möglicherweise ohne dass er, der Ungediente, je einen Schuss abgegeben hatte. Hermann Löns galt als »Heidedichter«, dessen Tier- und Jagdgeschichten die Natur verklärten, aber sein Kriegstagebuch schilderte die Verhältnisse ganz ungeschminkt. Am zweiten Tag seines Einsatzes schrieb er: »Leutnants Geburtstag. Ich bekomme Glas Wein und gratuliere. Spreu für Lager gesucht. Der ganze Wald ist voll von Scheiße und Granatstücken. Schwerer Donner unserer groben Geschütze.«[286]

Noch zwei Jahre älter als Löns war Richard Dehmel, dem wir den Zweizeiler verdanken »Da alles ruht in Gottes Hand/wir bluten gern fürs Vaterland«.[287] Dehmel meldete sich freiwillig, wurde aber wegen seines fortgeschrittenen Alters erst nach einer Intervention des Kriegsministeriums als Rekrut angenommen.

Im Ministerium war man überzeugt, dass Dehmels Eintritt ins Heer angesichts der Popularität des Autors eine »moralische Wirkung« haben würde.[288] Er diente bis 1916 und wurde dann wegen eines Venenleidens dauerhaft freigestellt, meldete sich aber im Oktober 1918 erneut zum Dienst, denn »im äußersten Notfall muß meines Erachtens jeder Mann von Ehrgefühl an die Front, wenn sein Körperzustand es irgend zulässt, schon des guten Beispiels wegen«.[289] Diese Einsatzbereitschaft in letzter Stunde rief den schon zitierten Widerspruch von Käthe Kollwitz hervor. Praktische Konsequenzen hatte sie nicht mehr, denn das Ende war zu nah. Im Februar 1920 verstarb Dehmel an dem Venenleiden, das er sich im Krieg zugezogen hatte, weswegen Ernst Jünger ihn in den 1928 von ihm herausgegebenen Band *Die Unvergessenen* aufnahm, der im Krieg gefallene Schriftsteller, Künstler und hochdekorierte Soldaten porträtiert.

Während die meisten der an der Front stehenden Dichter schwer an ihren Eindrücken zu tragen hatten, kam patriotischer Überschwang besonders von denen, die am Krieg nur aus der Ferne teilnahmen:

> Komm, wir wollen sterben gehen
> in das Feld, wo Rosse stampfen,
> wo die Donnerbüchsen stehn
> und sich tote Fäuste krampfen.

> Lebe wohl, mein junges Weib
> und du Säugling in der Wiegen!
> Denn ich darf mit trägem Leib
> nicht daheim bei euch verliegen.

> Diesen Leib, den halt' ich hin
> Flintenkugeln und Granaten:
> Eh' ich nicht durchlöchert bin,
> kann der Feldzug nicht geraten.[290]

Dieses prekäre Elaborat stammte von keinem Geringeren als Gerhart Hauptmann, dem großen Naturalisten und Verfasser berühmter sozialer Dramen wie *Die Weber*. Es entstand im Dezember 1914, als der dritte seiner vier Söhne eingezogen wurde, der unmittelbar zuvor Vater geworden war.[291] Selbst machte der Einundfünfzigjährige nicht die Probe aufs Exempel, seinen Leib Kugeln und Granaten auszusetzen, und beließ es dabei, in den gewaltigen Chor einzustimmen, der den Krieg vom ersten Tag an begleitete. Vom erlauchten Dichterfürsten bis zur einfachen Soldatenmutter griffen damals unzählige Menschen zur Feder. Der Österreicher Peter Rosegger, der 1913 vor allem in Deutschland als heißer Favorit für den Literaturnobelpreis gehandelt worden war, produzierte nach Kriegsausbruch eine erstaunliche Fülle nationalistischer Lyrik, besang »Manneswort und Weibesreinheit« und andere patriotische Güter. Er gab die Parole aus: »Jetzt ist jeder von uns Soldat«, wobei er zugleich wusste, dass er mit seinen 71 Jahren nicht mehr einrücken konnte: »Man verglüht sich u. kann nicht mittun, sich nirgends mehr nützlich machen.«[292] Rosegger versuchte es aber doch, spendete Geld und rief zur Zeichnung von Kriegsanleihen auf. Und er tat noch ein Weiteres. Im Wissen um die große Bedeutung der Stunde veröffentlichte er im *Kunstwart* einen Aufruf, der jedermann aufforderte, Tagebuch zu führen. Die Ereignisse sollten unmittelbar festgehalten werden, der »gefährliche Augenblick«[293] seine ungefilterte Wirkung entfalten, so dass die Nachfahren ein unverfälschtes Bild jener heroischen Tage erhielten.[294]

Tatsächlich sind unzählige Alben, Aufzeichnungen und private Fotografien aus der Zeit dieses Krieges überliefert, zudem wurden in Deutschland Millionen von Kriegsgedichten geschrieben und von deutschen Soldaten mehr als 28 Milliarden Feldpostbriefe und -karten verfasst.[295] Die Feldpostbriefe waren nicht nur ein tägliches Mittel der Kommunikation zwischen Front und Heimat. Viele wurden veröffentlicht, in Tageszeitungen wie in Anthologien. Das machte sie zu öffentlichen Ereignissen, die ihren Beitrag zur Mobilisierung leisteten. Vielerorts entstanden Schützengrabenzeitungen, die ein Charakteristikum des Ersten Weltkriegs sind.[296] Es gab sie in fast allen kriegführenden Staaten, am meisten in Frankreich.[297] Die Feldzeitungen brachten amtliche Bekanntmachungen, kämpferische Artikel, die die Stimmung der Soldaten positiv beeinflussen sollten, und Unterhaltsames. Teils wurden sie von den Soldaten in Eigenregie produziert, teils von den Militärbehörden für die Soldaten. Bildende Künstler schufen Kriegsskizzenbücher,[298] aber auch die Daheimgebliebenen steuerten Artikel und Material bei. Viele große Archive und Bibliotheken begannen gleich nach Kriegsausbruch mit der Sammlung all dieser Dinge, so dass wir über diesen Krieg Quellenmaterial in konkurrenzloser Fülle haben. Auch die Königliche Bibliothek Berlin wandte sich kurz nach Beginn der Kampfhandlungen an die Öffentlichkeit und bat um Zusendung aller mit dem Krieg in Verbindung stehenden Veröffentlichungen. Das Ziel war eine »möglichst vollständige Sammlung der die Zeitereignisse betreffenden Drucksachen«. Erwünscht waren »Extrablätter, Flugblätter, Bilderbogen, Karikaturen, Lieder, Plakate, Anschläge, Bekanntmachungen«. Der Aufruf richtete sich ausdrücklich nicht nur an Behörden, Verwaltungen und Vereine, sondern auch an alle »Mitkämpfer« und an »Privatpersonen jeder Art daheim und im Auslande«.[299] Dabei wurden nicht nur Veröffentlichungen aus dem Deutschen Reich und den mit ihm verbündeten Staaten gesammelt, sondern in großem Umfang auch Literatur aus den neutralen und den Feindstaaten, mit deren Beschaffung spezielle Agenten beauftragt waren. Insgesamt kamen etwa 70 000 Bände zusammen, von denen aber ein erheblicher Teil im Zweiten Weltkrieg verlorenging.

Gleich nach Kriegsbeginn hatte die einschlägige Buchproduktion gewaltige Ausmaße angenommen. Bis Dezember 1914 erschienen 1416 Bücher, die der Kriegsliteratur zuzurechnen sind, zwei Monate später hatte sich die Zahl bereits verdoppelt, und Ende 1915 waren es etwa siebentausend Bände, von denen ein knappes Viertel auf die Belletristik entfiel. »Seelsorge und erbauliche Schriften« machten 23 Prozent aus, »Kriegswissenschaften« 18 Prozent und Kartenwerke 10 Prozent.[300] Insgesamt erschienen im Jahr 1915 nicht weniger als 23 558 neue Bücher,[301] womit die kriegsbezogenen Veröffentlichungen einen beachtlichen Anteil von etwa 30 Prozent erreichten, was ein Schlaglicht auf das Ausmaß der Militarisierung wirft.

Der Münchner Albert Langen Verlag, in dem auch die satirische Wochenschrift *Simplicissimus* erschien, stellte seine Produktion rasch auf kriegsverherrlichende Literatur um. Neben die *Kriegsflugblätter* traten *Langens Kriegsbücher. Geschichten aus Deutschlands Kämpfen 1914* sowie diverse Einzeltitel, was Umsatz und Gewinn deutlich anwachsen ließ.[302] Auch im Berliner S. Fischer Verlag, damals der wichtigste Publikationsort der literarischen Moderne, war ein Drittel der Neuerscheinungen der Kriegsliteratur im engeren Sinne zuzurechnen. Vielfach handelte es sich um Schilderungen des Kriegsgeschehens. Essayistisches wie Thomas Manns Rechtfertigungsschrift *Friedrich und die große Koalition*, in der er den Einmarsch in Belgien mit Friedrichs II. Einmarsch in Sachsen verglich, war da noch gar nicht mitgerechnet.[303] Der Reclam Verlag brachte sogar, der Anregung eines Soldaten folgend, eine tragbare Feldbücherei heraus. Es gab sie in den drei Ausstattungsvarianten Metall, Holz und Pappe, sie konnte hundert Bände der Universal-Bibliothek aufnehmen.[304]

Auch im Kinderbuchbereich hielt die Militarisierung Einzug. Diese Entwicklung hatte schon nach dem Krieg von 1870/71 begonnen und setzte sich ab 1914 verstärkt fort. Das betraf zum einen moderne Entwicklungen wie militärisch eingesetzte Zeppeline und Flugzeuge, die zum Thema in Kinder- und Jugendbüchern wurden, bald aber auch konkrete Kriegsereignisse, die in Büchern wie *Im Kampf und Sieg durch Belgien* oder *Mit Held Mackensen durch Galizien* (beide 1915) ihren Niederschlag fanden.[305] Dem korrespondierte der unbekümmerte Einsatz von Kindern auf den Propagandapostkarten, zum Beispiel wenn kleine Mädchen abends im Bett beteten: »O Hindenburg, tu weiter siegen,/ Damit wir wieder schulfrei kriegen!«[306] Die Kinderbuchautorin Else Ury steuerte in ihrer berühmten »Nesthäkchen«-Reihe den Band *Nesthäkchen und der Weltkrieg* zur Mobilisierung im Kinderzimmer bei, wobei nicht ganz klar ist, ob das undatierte Buch tatsächlich vor 1918 herauskam. Es ist die Geschichte vom Nesthäkchen und der Deutsch-Polin Vera, die erst zu Freundinnen werden können, nachdem Veras Vater sein Leben an der Front verliert und mit seinem Tod den Spionageverdacht widerlegt, der ihm anhaftete. Dieser vierte Band der »Nesthäkchen«-Reihe war sehr erfolgreich. Anfang der zwanziger Jahre waren bereits über 200 000 Exemplare verkauft. Die Deutschen dankten der Autorin ihren Patriotismus allerdings schlecht, 1943 wurde sie als Jüdin in Auschwitz ermordet.

An der literarischen Mobilmachung besonders eifrig beteiligt war der Berliner Lyriker und Dramatiker Julius Bab. Er gehörte dem Vorstand des Centralvereins Deutscher Staatsbürger Jüdischen Glaubens (CV) an und war Mitbegründer des Kulturbunds Deutscher Juden. Bab war ein umtriebiger Mann, der schon als Student erste Gedichte veröffentlicht hatte, als Theaterkritiker und Essayist für zahlreiche Zeitungen schrieb, an der Freien Volkshochschule unterrichtete und in der Volksbühnenbewegung maßgeblich engagiert war. In zwölf Heften, die während der Kriegsjahre erschienen, präsentierte Bab unter dem Reihentitel *1914. Der Deutsche Krieg im Deutschen Gedicht* einen kleinen Ausschnitt der patriotischen Dichtkunst jener Zeit. Ausgehend von seiner Sammeltätigkeit errechnete Bab, dass in Deutschland allein im August 1914 etwa eineinhalb Millionen Gedichte geschrieben wurden, bis Dezember 1914 sogar drei Millionen. Allein die *Berliner Tageszeitung* erhielt in den ersten Kriegsmonaten täglich etwa fünfhundert Gedichte zugesandt, und der fleißige Julius Bab rezensierte in den ersten zwei Jahren des Krieges nicht weniger als 220 Bände mit Kriegslyrik.[307] Eine solche Eruption nationalstolzer Dichtung hatte es noch nie in einem Krieg gegeben, und nirgends hatte sie so einen gewaltigen Umfang wie in Deutschland. Diese Springflut affirmativer Textproduktion zu einem politischen Ereignis ist in der deutschen Literaturgeschichte singulär.[308]

Eine besonders schrille Stimme im nationalen Dichterchor war die von Ernst Lissauer. Sein »Haßgesang gegen England« erschien im ersten Heft der von Julius Bab herausgegebenen Serie mit Kriegsgedichten.[309] Die letzten Zeilen dieses langen Gedichts lauten:

> Dich werden wir hassen mit langem Haß,
> Wir werden nicht lassen von unserem Haß,
> Haß zu Wasser und Haß zu Land,
> Haß der Hämmer und Haß der Kronen,
> Drosselnder Haß von siebzig Millionen.
> Sie lieben vereint, sie hassen vereint,
> Sie haben alle nur einen Feind:
> England![310]

Lissauers Gedicht »fiel wie eine Bombe in ein Munitionsdepot«, erinnerte sich Stefan Zweig.[311] Es begeisterte nicht nur den Kaiser, es wurde auch auf Anordnung des bayerischen Kronprinzen an die kämpfende Truppe verteilt. Mehrere Übersetzungen entstanden.[312] Man schrieb Lissauer, aufgrund seiner Hasspredigt mit einem Schlag der bekannteste deutsche Mobilmachungspoet, die Losung »Gott strafe England« zu, die in dem Gedicht aber gar nicht vorkommt. Sie avancierte zu einem Schlachtruf des deutschen Heeres und stand auf zahllosen Propagandapostkarten. Es gab sogar eine offiziöse neue Grußformel »Gott strafe England«, auf die der so Begrüßte mit »Er strafe es« antwortete.

Ernst Lissauer stammte aus einem assimilierten jüdischen Elternhaus. Stefan Zweig hat ihn in seinen Lebenserinnerungen als einen warmherzigen und idealistisch gestimmten Dichter geschildert.[313] Er schwärmte für die preußisch-deutsche Geschichte, suchte dort eine kulturelle Heimat und besang zu ihrem hundertsten Jahrestag die Befreiungskriege in dem Gedichtband *1813. Ein Zyklus.* Sein Hassausbruch im Jahr 1914 war dennoch irritierend. Die einen hatten in der zaristischen Despotie einen natürlichen Kriegsgegner gesehen, die anderen im französischen Erzfeind, kaum einer aber in Großbritannien. Es gab im Gegenteil verbreitete, wenn auch illusionäre Hoffnungen, die Briten würden trotz des deutschen Einfalls in Belgien neutral bleiben. Bei aller Enttäuschung über den englischen Kriegseintritt traf es nicht nur auf Zustimmung, dass Lissauer das Vereinigte Königreich nun zum Hauptfeind erklärte. Seine Aussage, das Land sei nunmehr aus dem Kreis der europäischen Kulturnationen ausgeschlossen, empfanden manche als Tabubruch.[314] Der Künstler Helmut Herzfeld, von Anfang an ein entschiedener Gegner des Krieges, nahm Lissauers hasserfüllten Text zum Anlass, seinen Namen zu anglisieren und sich fortan John Heartfield zu nennen. Die Behörden des Kaiserreiches verweigerten die amtliche Registrierung dieses Pseudonyms,[315] bis dieses Problem nach Kriegsende entfiel und Heartfield ein berühmter Fotomontagekünstler wurde. Selbst der alldeutsch empfindende britische Schriftsteller Houston Stewart Chamberlain, der eine intensive Brieffreundschaft mit Wilhelm II. pflegte und 1916 demonstrativ die deutsche Staatsbürgerschaft annahm, wollte nicht hinnehmen, dass seiner Heimat durch Lissauer der Status einer Kulturnation abgesprochen wurde.[316]

Weiterer Widerspruch gegen Lissauers Werk kam von dem Sozialdemokraten Konrad Haenisch, der im Preußischen Abgeordnetenhaus erklärte, das jugendgefährdende Gedicht vergifte die Atmosphäre an den Schulen und sei aus den Schulbüchern fernzuhalten. Die antisemitische Zeitschrift *Der Hammer* behauptete mit Blick auf den jüdischen Verfasser, das Gedicht sei der Ausdruck zutiefst undeutscher Gefühle.[317] Der Publizist Binjamin Segel wiederum veranstaltete eine Umfrage unter mehr als sechzig jüdischen Persönlichkeiten, die ohne Ausnahme »die in diesem Gedichte zum Ausdruck kommende Gesinnung und Gefühlswelt« ablehnten und es für völlig unjüdisch hielten.[318]

Lissauer, bei seiner freiwilligen Meldung wegen massiven Übergewichts als untauglich für die Frontverwendung eingestuft, hatte versucht, diese Enttäuschung durch verbale Militanz zu kompensieren, und sah sich nun in einer schwierigen Lage. Zu seiner Rechtfertigung brachte er vor, dass er über den unerwarteten Kriegseintritt Großbritanniens enttäuscht gewesen sei. Der »Haßgesang« sei ein politisches Gedicht, das sich nicht gegen den einzelnen Engländer richte, sondern gegen ein England, das Deutschland vernichten wolle.[319] Trotz solcher Abschwächungen wurde ihm höchste Anerkennung zuteil, als er im Januar 1915 für seinen Beitrag zur literarischen Wehrertüchtigung den Roten Adlerorden 4. Klasse erhielt, gemeinsam mit Gerhart Hauptmann, Richard Dehmel, Walter Flex und einigen weiteren Schriftstellern. Gut zwei Jahrzehnte später, im Juli 1935, wurde ihm »im Namen des Führers und Reichskanzlers« das Ehrenkreuz für Kriegsteilnehmer verliehen. Dieses Ehrenkreuz hatte Reichspräsident Paul von Hindenburg am 13. Juli 1934, keine drei Wochen vor seinem Tod, aus Anlass des zwanzigsten Jahrestags des Kriegsausbruchs gestiftet. Alle »reichsdeutschen« Kriegsteilnehmer sollten es erhalten, einschließlich ihrer Witwen oder hinterbliebenen Eltern. Zu diesem Personenkreis zählte auch Lissauer, da er zum Landsturm gehört hatte. Außerdem wollte Hindenburg, anders als der von ihm ernannte Reichskanzler Adolf Hitler, auch den Beitrag der jüdischen Kriegsteilnehmer gewürdigt wissen. Deshalb hatte er auch in der 1933 einsetzenden antijüdischen Gesetzgebung gelegentlich Ausnahmeregelungen zu ihren Gunsten durchgesetzt. Ernst Lissauer lebte damals schon lange in Österreich und versuchte, in der Weltabgewandtheit des Alpenlandes ein neues Profil als Autor zu gewinnen. Im Dezember 1937 verstarb er, gerade noch rechtzeitig vor dem »Anschluss«.

Einen ganz anderen Weg als Lissauer ging Ludwig Thoma. Zum Kriegsausbruch hatte er die üblichen Jubelgesänge auf »Du Mutter uns – Germania!« angestimmt.[320] Doch je schwieriger die militärische Lage wurde, desto mehr schlug er sich auf die Seite derer, die ihr Heil in verbalradikalem Nationalismus, illusionären Kriegszielprogrammen und Intoleranz gegen alle, die anderer Meinung waren, suchten. Thoma hatte sich vor dem Krieg als scharfzüngiger Satiriker und Kritiker des Wilhelminismus einen Namen gemacht. Er reüssierte auch als Buchautor, unter anderem mit den »Filserbriefen«. Diese Briefe eines fiktiven katholischen Landtagsabgeordneten, in denen Thoma schonungslos über die politischen Verhältnisse in Bayern herzog, brachten ihm den Ruf ein, der Hauptagitator gegen die Zentrumspartei im *Simplicissimus* zu sein, dessen Chefredakteur er war. Thoma verstand sich damals als Liberaler, der gegen den klerikalen Traditionalismus wortmächtig zu Felde zog. Gleichzeitig war er national eingestellt und wie viele Süddeutsche ein Verehrer des früheren Reichskanzlers Otto von Bismarck, der bei den Liberalen südlich des Mains weitaus mehr Ansehen genoss als Wilhelm II. und für sie die positive Idee der nationalen Einheit verkörperte. Seine Reichsfeinde, die Sozialisten und Katholiken, waren auch ihre Reichsfeinde. 1895 machten die Münchner Bismarck sogar zum Ehrenbürger. So erklärt sich auch die doppelte Frontstellung Thomas gegen den wilhelminischen Militarismus auf der einen und gegen das in Bayern notorisch majoritäre Zentrum auf der anderen Seite.

Durch den Ausbruch des Ersten Weltkriegs ergab sich eine neue Lage. Nun hieß es, gegen eine Welt von Feinden zusammenzustehen. Für Satire war da aus Thomas Sicht kein Raum mehr. Er plädierte deshalb dafür, das Erscheinen des *Simplicissimus*, dessen wichtigster Autor er bis dahin gewesen war, für die Dauer der Kriegshandlungen einzustellen. Der das Blatt prägende Grafiker Thomas Theodor Heine widersprach ihm heftig. Er war der Überzeugung, dass gerade in Kriegszeiten eine international angesehene Publikation wie der *Simplicissimus* die deutsche Sache zu unterstützen habe. Dieser Auffassung stimmten die anderen Redakteure, die froh waren, ihre Arbeit nicht zu verlieren, gerne zu.[321] So hielt man lediglich zwei Nummern, die bereits vor der Mobilmachung in Druck gegangen waren, zurück, aber eingestellt wurde das Blatt nicht. Stattdessen versuchte man sich in literarischen Kriegsanstrengungen. Die beiden französischen Beiträger Jules Pascin und Henry Bing sandten keine Zeichnungen mehr ein. Auch Karl Arnold fiel weitestgehend aus, weil er als Kriegsfreiwilliger nach Lille ging, wo er für die *Liller Kriegszeitung* arbeitete. Um die propagandistische Wirksamkeit, namentlich in den neutralen Vereinigten Staaten, zu erhöhen, erschien nun auch eine englischsprachige Ausgabe des *Simplicissimus*. Auf dem Umschlag der Zeitschrift bekam der berühmte *Simplicissimus*-Hund Verstärkung in Gestalt eines säbelschwingenden Kavalleristen. Die Illustrationen warben für Kriegsanleihen oder karikierten den Feind. Zusätzlich gab es eine Serie von Kriegsflugblättern,[322] außerdem die *Streit- und Kampfschriften* des Simplicissimus-Verlags, deren Titel den programmatischen Wandel deutlich signalisierten. War es 1911 *Gegen das Zentrum!* gegangen, hieß die Publikation des Jahres 1913 *Für den Frieden*, 1915 dagegen *Gott strafe England!*.[323] Das patriotische und nicht selten chauvinistische Engagement des *Simplicissimus* war aber keine abrupte Wende, sondern entsprach der nationalen Haltung, die das Blatt schon immer eingenommen hatte, auch wenn die Schwierigkeiten mit der preußischen Zensur etwas anderes vermuten lassen.

Ludwig Thoma, der ein versierter Bühnenautor war, schrieb zu Beginn des Krieges zwei Einakter, »Der erste August« und »Christnacht 1914«. Außerdem meldete er sich zum Sanitätsdienst und überbrachte an den verschiedensten Fronten Liebesgaben an bayerische Truppenverbände. Im September 1915 wurde er mit fast fünfzig Jahren wegen schwerer Krankheit aus dem Dienst entlassen. Er widmete sich wieder verstärkt der Tätigkeit beim *Simplicissmus*, während seine Mitarbeit bei der Zeitschrift *März* zunehmend zum Erliegen kam, weil der leitende Redakteur Theodor Heuss eisern an der liberalen Linie des Blattes festhielt. Thoma radikalisierte sich zusehends, 1917 kam es zu einem offenen Konflikt in der Redaktion des *Simplicissimus*, und der sich immer chauvinistischer gebärdende Thoma musste ausscheiden.[324] Daraufhin stellte er sich der neugegründeten Deutschen Vaterlandspartei als Agitator zur Verfügung, so wie sein Kollege Ludwig Ganghofer, der nicht nur in Millionenauflagen verbreitete Heimatromane geschrieben hatte, sondern auch mit Wilhelm II. befreundet war, als eifriger Kriegsberichterstatter wirkte und noch Durchhalteparolen verkündete, als der Krieg längst verloren war. Nach der Kriegsniederlage glitt Thoma dann endgültig ins rechtsextreme Fahrwasser ab und wurde der wichtigste Autor des *Miesbacher Anzeigers*, des neben dem *Völkischen Beobachter* radikalsten antidemokratischen Hetzblattes in den frühen Jahren der Weimarer Republik.[325]

Wenn wir mit Bernd Hüppauf der Meinung sind, dass der Erste Weltkrieg seine Bedeutung nicht nur auf den Schlachtfeldern gewann, sondern auch durch die kulturellen Hervorbringungen, die er provozierte,[326] so lag das zum Wenigsten an den Hassgesängen, patriotischen Aufwallungen, den Mobilmachungspoemen und den Herzergießungen alldeutscher Welteroberer. All diese Emanationen deutschnationalen Geistes waren eher die letzten Äußerungen einer untergehenden Epoche und in vielen Fällen ihren Urhebern spätestens im dritten Kriegsjahr nicht mehr geheuer, erst recht nicht nach dem Krisenjahr 1917 und der Niederlage im Jahr darauf. Das hohle Kriegspathos alternder Dichterfürsten stieß aber bei manchen Zeitgenossen auch schon nach wenigen Wochen realer Kriegserfahrung auf Widerspruch. So schrieb August Stramm am 6. Oktober 1914 über Richard Dehmels Beitrag zur geistigen Mobilmachung an seinen Verleger Herwarth Walden und dessen Frau Nell: »Sein Kriegsgedicht

Quatsch. Schleim Jauche. Wo sind Worte für das Erleben. Stümper elendige.«[327] Stramm selbst fand durchaus Worte für das Erleben, wenn auch weit jenseits der sprachlichen Konvention. Er war der älteste Dichter der expressionistischen Generation und zugleich einer der bedeutendsten. War der Naturalismus ein blinder Spiegel der Wirklichkeit gewesen, so schuf der Expressionismus eine Grammatik des menschlichen Erlebens und fand so auch Zugang zu den Schrecken des Krieges: »Die Wahrheit dieser Literatur ist nicht in ihrer Dokumentation zu suchen, sondern gerade in ihrer radikalen Trennung von der sichtbaren Oberfläche der Schlachtfelder, deren Wirklichkeit jede realistische Schilderung überstieg.«[328] Stramms eigentliches lyrisches Schaffen besteht aus nur 62 Gedichten, dem im Februar 1915 erschienenen Band *Du. Liebesgedichte* und der ebenfalls im Verlag Der Sturm erschienenen Sammlung *Tropfblut. Gedichte aus dem Krieg*, die erst 1919 herauskam. Diese Gedichte sind von großer sprachlicher Kühnheit, höchster Expressivität und Verdichtung. Stramm rang um jedes Wort, ja um jeden Buchstaben.[329] Mit Kandinsky fand damals die Abstraktion in die Malerei Eingang, Stramm führte sie in die Literatur ein.

August Stramm, im Zivilberuf Postinspektor, wurde als Hauptmann der Reserve sofort nach Kriegsausbruch einberufen. Zunächst kam er mit dem badischen Landwehr-Infanterie-Regiment Nr. 110 ins Elsass, dann zu einer anderen Einheit an der Westfront, bevor er im April 1915 in den Osten versetzt wurde. Im Mai nahm er an der Schlacht von Gorlice-Tarnów teil, bei der die Mittelmächte den zaristischen Truppen eine schwere Niederlage beibrachten, daraufhin Galizien zurückeroberten und Kongresspolen besetzten. An dieser in Bewegung geratenen Front war Stramm im Einsatz. Die pausenlosen Märsche, Angriffe und Gefechte erschöpften ihn zusehends. Dennoch übernahm Stramm den Posten seines gefallenen Regimentskommandeurs und war entscheidend an der Schlacht von Radymno beteiligt. Im Juli kämpfte er bei Przemyśl und war auch dabei, als Grodek zurück-

erobert wurde, wofür er das österreichische Militärverdienst-
kreuz erhielt.

Stramm war ohne Enthusiasmus in den Krieg gezogen. Am
20. August 1914 hatte er an Nell und Herwarth Walden geschrieben: »Krieg. Alles liegt hinter mir. Hoffnungen, Freundschaft
und Liebe.«[330] Sechs Wochen später hieß es: »Es ist so unendlich
viel Tod in mir, Tod und Tod. [...] Ich bin in Unglauben. Lebe
gestorben, und bin gesund dabei und stark, wie eine starkwandig
taube Nuß.«[331] Inmitten der kriegerischen Auseinandersetzungen – Stramm nahm an mehr als siebzig Gefechten teil – arbeitete Stramm immer weiter an seinen Gedichten. Am 14. Februar
1915 erreichte ihn das erste gedruckte Exemplar der Liebesgedichte, die er Anfang des Jahres zusammengestellt hatte:

Vorgestern nacht bekam ich die ›Liebesgedichte‹. Essen und
Post wird uns immer nur nachts gebracht. Trotz Finsternis,
Regen, Donnern, Krachen ringsum! [...] Ich musste das Paket
öffnen, in einem Erdloch auf dem Bauche liegend, damit es
nicht nass wurde. [...] Und ein erstohlenes Kerzenlicht dazu,
vor das sich mein Bursche legen musste, damit es für den Feind
kein Zielpunkt wurde mit seinem Schein. [...] Und dann aus
der Feldflasche Kaffee über die Finger gegossen, oder Finger-
spitzen, um es nicht zu sehr zu beschmutzen. Ich glaube, es
sind nur wenige Liebesgedichte zum ersten Male s o geöffnet
worden. Ich w a r entzückt! Und heute am Tage sehe ich es vor
mir. Ich b i n entzückt. Habt Dank, innigen Dank, Ihr beiden!
Wer hat die Reihenfolge zusammengestellt? Herrlich, wunderbar! So voll Verständnis und Sinn! Dank – Dank! Jetzt geht
die Schießerei schon wieder los.[332]

Die Liebesgedichte, für die der Autor dem Verlegerehepaar so
innig dankt, waren das letzte Werk, das zu seinen Lebzeiten erschien. Der Kriegsdienst erschöpfte Stramm zunehmend, die
Freunde machten sich Sorgen, aber er lehnte es strikt ab, sich sei-

nen Pflichten zu entziehen oder sich auch nur krankzumelden. Am 30. Juli 1915 schrieb er: »Ein deutscher Dichter darf nicht fahnenflüchtig werden. Ihr kennt ja meine Auffassung.« Im selben Brief standen aber auch die Sätze: »Die letzten Wochen waren unbeschreiblich voll Not und Tod. […] Schlimmer kann es nicht werden. Nur das Letzte kann noch kommen.«[333] Das Letzte kam nur allzu bald. Am 1. September fiel August Stramm beim Angriff auf die russische Stellung vor dem Dnjepr-Bug-Kanal, er wurde auf dem jüdischen Friedhof in Horodec beigesetzt. 1919 erschien sein Buch *Tropfblut*, darin das Gedicht »Krieg«:

Wehe wühlt

Harren starrt entsetzt

Kreißen schüttert

Bären spannt die Glieder

Die Stunde blutet

Frage hebt das Auge

Die Zeit gebärt

Erschöpfung

Jüngt

Der

Tod.[334]

Ähnlich wie bei Otto Dix ist auch in den Gedichten von August Stramm das Verhältnis zum Krieg ambivalent. Schrecken geht einher mit Faszination. Auch sein Werk ist von vitalistisch-erotischen Einflüssen nicht frei. So heißt es in dem Gedicht »Schlacht« an einer Stelle:

Das Grabtuch

Die Erde hüllt

Und

Liebe spreizt den Schooß [335]

Stramm wurde zum Vorbild für die Dichter des »Sturm«-Kreises, die eine eigene Schule innerhalb des literarischen Expressionismus bildeten, mit dem späteren Dadaisten Kurt Schwitters als bekanntestem Vertreter. Herwarth Walden, der eigentlich Georg Lewin hieß und in erster Ehe mit Else Lasker-Schüler verheiratet gewesen war, förderte wie nur wenige andere die Kunst der Moderne und initiierte dabei auch den »Sturm«-Kreis. 1904 hatte der vielseitig interessierte Verleger den Verein für Kunst gegründet, der vor allem durch literarische Abende in Erscheinung trat. 1909 bildete sich um Kurt Hiller das »Neopathetische Cabaret«, mit dem Walden, der auch komponierte, wiederholt als Pianist auftrat. Nachdem er bei verschiedenen Zeitschriften als Redakteur mitgearbeitet hatte, gründete Herwarth Walden 1910 die Zeitschrift *Der Sturm. Wochenschrift für Kultur und die Künste*, die bis 1932 erschien und sein Markenzeichen wurde. Bald gab es »Sturm«-Abende, eine »Sturm«-Galerie, eine »Sturm«-Kunstschule und eine »Sturm«-Bühne. Die Galerie erlangte sehr rasch eine internationale Ausstrahlung. Nachdem er 1912 die italienischen Futuristen gezeigt hatte, veranstaltete Walden 1913 dort den Ersten Deutschen Herbstsalon nach dem Vorbild des 1903 erstmals in Paris veranstalteten Salon d'Automne, des wichtigsten Orts der französischen Avantgarde. Der Berliner Salon hätte eine ähnliche Bedeutung erlangen können, aber der Ausbruch des Ersten Weltkriegs machte eine Fortsetzung unmöglich. Walden verfolgte aber weiterhin unbeirrt sein Anliegen, den deutsch-französischen Austausch zu fördern, und verweigerte sich konsequent allen chauvinistischen Tendenzen.

Das galt in noch radikalerer Weise für die zweite expressionistische Zeitschrift, *Die Aktion*, die 1911 von Franz Pfemfert gegründet worden war. *Die Aktion* war ein ausgesprochen politisches Blatt, musste sich aber ab August ganz auf die Publikation von Literatur und Kunst beschränken, um einem völligen Verbot zu entgehen. Doch auch mit dieser Einschränkung gelang es Pfemfert, einen dezidiert kriegskritischen Kurs zu verfolgen, unter anderem dadurch, dass er ostentativ Autoren aus den Ländern zu Wort kommen ließ, mit denen Deutschland im Krieg lag. Ab Oktober 1914 gab es die Rubrik »Verse vom Schlachtfeld« (zuerst »Dichtungen vom Schlachtfeld«), und ab April 1915 publizierte Pfemfert unter der Überschrift »Ich schneide die Zeit aus« unkommentiert Zitate aus anderen Presseorganen, was oftmals eine entlarvende Wirkung hatte. 1916 gab Franz Pfemfert den Sammelband *Die Aktions-Lyrik* heraus, die bezeichnenderweise mit Kurd Adler eröffnet wurde, einem Autor, der kurz zuvor an der Westfront gefallen war. Am Ende des Bandes gab es neben weiterer Verlagswerbung auch eine Anzeige für *Die Aktion*, die mit den Worten begann:

DIE AKTION war bis zum Ausbruch des Weltunheils das radikalste Organ Derer, die in k e i n e m Kriege »Erhebendes«, »Großes« oder gar »Heiliges« erblicken konnten. Mehr als vier Jahre hindurch kämpfte die AKTION gegen die Völkerkrankheit Chauvinismus. Da die AKTION (als e i n z i g e s bürgerliches Blatt in Deutschland) auch nach dem August 1914 nicht »umlernte«, so sah sie sich gezwungen, während der Dauer des Krieges als politisches Organ zu schweigen.[336]

Es folgt dann eine lange Autoren- und Künstlerliste, darunter zahlreiche Franzosen, Russen und Italiener, und die Feststellung, dass *Die Aktion* mit diesen Beiträgern »auch während der schwarzen Tage nach Kräften für Kultur und Völkerfreundschaft gewirkt« habe.[337] Die Liste begann mit den Namen Heinrich Mann, Dostojewski, Flaubert, Oscar Wilde und August Strindberg, durchweg Autoren, deren Rang über jeden Zweifel erhaben ist.

Die Expressionisten waren am ehesten immun gegen die nationalistische Erregung und den Siegestaumel, die allseits um sich griffen. Yvan Golls retrospektive Behauptung, sie seien alle »Anti-Krieg« gewesen,[338] stellt eine Eindeutigkeit her, die zwar nicht der Realität entspricht, aber in der Tendenz nicht falsch ist. *Der*

Sturm und *Die Aktion* waren die wichtigsten Orte einer literarischen Kriegsgegnerschaft, doch ist auch unübersehbar, dass viele bedeutende Expressionisten zwar keine Nationalisten, aber auch keine Pazifisten waren. Die Gedichte von August Stramm, dem führenden Kopf der im *Sturm* zu Wort kommenden Dichterschule, zeigen das deutlich. Chauvinismus war ihm fremd, aber das Ekstatische, Rauschhafte des um ihn her tobenden Krieges faszinierte ihn. Die ständige Präsenz des Todes führte zu einer gesteigerten Intensität des Lebens, eines Lebens, das die gewohnten Erlebnishorizonte sprengte und doch jeden Moment vorbei sein konnte. Der Soldat musste immer mit allem rechnen, in seinem Gedicht »Patrouille« beschreibt Stramm dieses Gefühl sehr anschaulich:

> Die Steine feinden
> Fenster grinst Verrat
> Aeste würgen
> Berge Sträucher blättern raschlig
> Gellen
> Tod.[339]

Wenn einige Expressionisten doch von der Euphorie des Augusterlebnisses erfasst wurden, war es damit oftmals schnell wieder vorbei, und nicht wenige wandelten sich zu prominenten Kriegsgegnern. Ernst Toller zum Beispiel, dessen Schreiben sich unter dem Eindruck des Kriegserlebnisses vollkommen veränderte, sah 1916 im Bois-le-Prêtre, dem »Priesterwald« in Lothringen, in dem es im ersten Kriegsjahr schwere Kämpfe gegeben hatte, einen Leichenberg aus Deutschen und Franzosen, die im Todeskampf ineinander verschlungen waren:

> Ein Düngerhaufen faulender Menschenleiber:
> Verglaste Augen, blutgeronnen,
> Zerspellte Gehirne, ausgespiene Eingeweide,

Die Luft verpestet vom Kadavergestank,
Ein einzig grauenvoller Wahnsinnsschrei!

O Frauen Frankreichs,
Frauen Deutschlands,
Säht Ihr Eure Männer!
Sie tasten mit zerfetzten Händen
Nach den verquollnen Leibern ihrer Feinde,
Gebärde, leichenstarr, ward brüderlicher Hauch,
Ja, sie umarmen sich.
O schauerlich Umarmen![340]

Wenig später erlitt Toller einen körperlichen und nervlichen Zusammenbruch und wurde nach längerer Rekonvaleszenz als »nicht mehr kriegsverwendungsfähig« aus der Armee entlassen. 1933 erschien, bereits im Exil in Amsterdam, sein autobiographischer Bericht *Eine Jugend in Deutschland*, der sich in seiner literarischen Bedeutung mit Erich Maria Remarques Roman *Im Westen nichts Neues* vergleichen lässt.

   Die große literarische Euphorie der nationalen Erregungsgemeinschaft verrauchte, die Springflut der patriotischen Reime wurde spätestens 1916 zum Rinnsal, wobei die Dichter, die an der Front gewesen waren, ihren Enthusiasmus schneller einbüßten als diejenigen, die an der Heimatfront die Feder wetzten.[341] Erstere hatten den Vorteil, dass sie wirklich wussten, was Krieg bedeutet, während Letztere eher einer Karikatur im *Wahren Jakob* entsprachen: »Zum Militärdienst sind die Kerls alle untauglich – dafür machen sie patriotische Gedichte, in denen ganze Armeen umgebracht werden!«[342] Nationalistischer Überschwang und illusionärer Siegesrausch waren dabei nicht das Privileg einer älteren Generation. Auch viele junge Autoren mussten erkennen, dass ihre Erwartungen zu Beginn des Krieges ganz unrealistisch gewesen waren, dass nicht Abenteuer und Heldentum ihrer harrten, sondern, vor allem in den Blutmühlen des

Stellungskriegs an der Westfront, millionenfach Tod und Verderben. Die Degradierung des Einzelnen zu einem winzigen Rädchen in einer gigantischen Maschinerie war für viele eine Erfahrung, die sie zutiefst verstörte. Den meisten Dichtern blieb wenig von ihrer anfänglichen Begeisterung, etliche distanzierten sich – auch öffentlich – von ihren früheren Gedichten, nicht wenige gingen ins Exil. Auch bei dem so umtriebigen Julius Bab machte die anfängliche Begeisterung einer nachhaltigen Ernüchterung Platz. Bab wurde zu einem entschiedenen Kriegsgegner und vehementen Kritiker des preußischen Militarismus.

Einen deutschen Schriftsteller traf der Kriegsausbruch in einer profunden Schaffenskrise. Am 8. November 1913 hatte er an seinen bewunderten und beneideten älteren Bruder geschrieben:

> Ich bin oft recht gemütskrank und zerquält. Der Sorgen sind zu viele: die bürgerlich-menschlichen und die geistigen, um mich und meine Arbeit. Überschuldet bin ich auch. [...] Wenn nur die Arbeitskraft und -Lust entsprechend wäre. Aber das Innere: die immer drohende Erschöpfung, Skrupel, Müdigkeit, Zweifel, eine Wundheit und Schwäche, daß mich jeder Angriff bis auf den Grund erschüttert; dazu die Unfähigkeit, mich geistig und politisch eigentlich zu orientieren, wie Du es gekonnt hast; eine wachsende Sympathie mit dem Tode, mir tief eingeboren: mein ganzes Interesse galt immer dem Verfall, und das ist es wohl eigentlich, was mich hindert, mich für Fortschritt zu interessieren.[343]

Zuletzt hatte der deprimierte Schriftsteller *Der Tod in Venedig* geschrieben, eine Novelle, die er selbst als die Tragödie einer Entwürdigung charakterisiert hatte. Nun saß er an einem Roman, zu dem ihn der Aufenthalt in einem Sanatorium in Davos angeregt hatte, und kam nicht voran. Doch bald kamen »die ersten glühenden August-Tage 1914«, der Dichter empfand sie »als

Erhebung, historisches Hochgefühl, Aufbruchsfreude, Abwerfen des Alltags, Befreiung aus einer Welt-Stagnation, [...] als Zukunftsbegeisterung, Appell an Pflicht und Mannheit, kurz, als heroische Festivität«.[344] Die Rollen des ungleichen Brüderpaares verkehrten sich ins Gegenteil. Am 18. September 1914 schrieb Thomas Mann an seinen Bruder Heinrich, doch wie anders klang es nun: »Deinen Pessimismus in Betreff Deiner Produktion und ihrer Zukunft in Deutschland teile ich nicht sondern glaube, daß Du der deutschen Bildung Unrecht damit thust. Dein Ruhm war in steilem Aufstieg während der letzten 10 Jahre. Kannst Du wirklich glauben, daß durch diesen großen, grundanständigen, ja feierlichen Volkskrieg Deutschland in seiner Kultur oder Gesittung so sollte zurückgeworfen werden, daß es Deine Gaben dauernd abweisen könnte?«[345]

Thomas Mann wurde zum bedeutendsten literarischen Apologeten des gerade beginnenden Krieges. Sein Bruder dagegen war der Berühmteste in der kleinen Gruppe der Schriftsteller, die ihn von Beginn an ablehnten, und avancierte zum Wortführer des linksbürgerlichen Lagers. Heinrichs Sorgen, die Thomas in dem Brief ansprach, waren nicht unbegründet. Gerade hatte er seinen Roman *Der Untertan* abgeschlossen, in dem er den antidemokratischen Nationalismus des wilhelminischen Bürgertums gnadenlos beschrieb. Der Vorabdruck in der Münchner illustrierten Wochenschrift *Zeit im Bild* hatte bereits begonnen, wurde aber am 13. August 1914 abgebrochen.[346] Der Verleger Kurt Wolff wurde auf das Buch aufmerksam und erwog zunächst, es in der Schweiz zu publizieren, was aber keine Wirkung gehabt hätte. Stattdessen veranstaltete er einen Privatdruck in zehn Exemplaren für ausgewählte Persönlichkeiten, die dem Regime eher kritisch gegenüberstanden.[347] Wolff war von dem Roman begeistert: »Ich habe die Lektüre des Buches eben beendet und bin hingerissen. Hier ist der Anfang dessen, was ich immer suchte: der deutsche Roman der Nach-Gründer-Zeit.«[348] Doch dem Verleger war klar, dass das Werk nicht erscheinen konnte, solange der

Krieg andauerte; es kam erst im Dezember 1918 heraus. Heinrich Mann arbeitete aber weiter an seiner Trilogie über die deutsche Gesellschaft im Zeitalter Wilhelms II., und 1917 erschien statt des ersten der zweite Band, der Roman *Die Armen*.

Der ungediente Landsturmmann Thomas Mann wurde bei der auf die Mobilmachung folgenden Musterung von einem wohlmeinenden Stabsarzt, der große Ehrfurcht vor dem berühmten Schriftsteller an den Tag legte, ausgemustert, um ihm Unbequemlichkeiten zu ersparen, und bei einer Nachmusterung im November 1916 wegen Nervosität und Magenschwäche vom Militärdienst dauerhaft freigestellt. Manns Biograph bemerkt dazu: »Er zieht nicht in den Krieg, sondern himmelt ihn aus der Ferne an.«[349] Das aber tat er gründlich. Die ganzen Jahre des Ersten Weltkriegs widmete er einschlägiger Publizistik, die Arbeit an dem Roman *Der Zauberberg* nahm er erst nach dem Krieg wieder auf. In einem ersten Beitrag »Gute Feldpost« bekannte er sich in allgemeinen Worten zum deutschen Militarismus, den er, anders als manch anderer Autor, immerhin in Anführungszeichen setzte.[350] Im September 1914 schrieb Thomas Mann seinen ersten größeren Text zur neuen Lage, die »Gedanken im Kriege«.[351] Hier begegnen wir dem bekannten argumentativen Arsenal derer, die ihren Nietzsche gelesen hatten und die hehre deutsche Kultur gegen die weiter westlich gelegenen Niederungen demokratischer Zivilisiertheit verteidigen wollten.[352] Friedrich der Große, dessen Seele in den kriegführenden Deutschen wiedererstanden sei, wird gegen die Französische Revolution in Stellung gebracht. Mann polemisiert gegen den Advokaten-Parlamentarismus und erklärt den deutschen Militarismus, diesmal ohne Anführungszeichen, zur maßgeblichen Erscheinung der deutschen Moralität. Die bekannte Antithetik von 1789 und 1914 wird entfaltet im Angesicht des Kriegsausbruchs, als »die Herzen der Dichter sogleich in Flammen standen«,[353] das des Autors jedenfalls. Dem »sozialen Kaisertum« des Deutschen Reiches gehöre die Zukunft, die bürgerliche Revolution der Franzosen sei eine Sackgasse, die zu nichts als Anarchie und Zersetzung führe.[354] Am Schluss versteigt der Autor sich zu einer rassistisch argumentierenden Siegesgewissheit:

> Man glaubt, ein Recht zu haben, auf Deutschland Kirgisen, Japaner, Gurkhas und Hottentotten loszulassen, – eine Beleidigung, beispiellos, ungeheuerlich, und einzig nur möglich geworden kraft jener im stärksten Sinne des Wortes unerlaubten Unwissenheit über Deutschland, die aus jedem Worte der Bergson, Maeterlinck, Rolland und Richepin, der Deschanel, Pichon und Churchill [...] spricht. Solche Unwissenheit über das heute wichtigste Volk Europas ist nicht statthaft, sie ist strafbar und muß sich rächen. Warum vor allem ist Deutschlands Sieg unbezweifelbar? Weil die Geschichte nicht dazu da ist, Unwissenheit und Irrtum mit dem Siege zu krönen.[355]

Im Zuge der semantischen Aufrüstung gewann Thomas Manns kultureller Elitismus reaktionäre Züge. Zeigte sich hier der europäische Intellektuelle im militärischen Tarnanzug, oder offenbarten sich Schlacken eines aristokratisch-vorkonstitutionellen Überlegenheitsdünkels, der so gar nicht zu den Erfordernissen moderner Kriegsführung passen wollte? Handelt es sich womöglich um das Dokument eines innerlich Zerrissenen? Die Frage ist nicht leicht zu beantworten, zumal Mann sich, anders als viele seiner Schriftstellerkollegen, jeder Demobilisierung der Leidenschaften widersetzte, den *Gedanken im Kriege* den deutlich umfangreicheren Essay *Friedrich und die große Koalition* folgen ließ und mit seinem kriegerischen Opus magnum, den *Betrachtungen eines Unpolitischen*, rang bis zuletzt. Am Ende war aus dem Essay ein Buch von mehr als sechshundert Seiten geworden, das, als es erschien, aus der Zeit gefallen war.

Der Krieg war vorbei, aber Thomas Mann entschied sich nach kurzem Zögern dennoch für die Druckfreigabe, was ihm den Beifall der rechten Gegner der Republik einbrachte. Armin Mohler ernannte ihn gar zum Paten der Konservativen Revolution.[356] Doch dieselben Nationalisten waren nachhaltig enttäuscht, als Mann sich 1922 in seiner Rede »Von deutscher Republik« unter dem Eindruck der Ermordung Walther Rathenaus unerwartet deutlich zur Weimarer Republik bekannte. In der Vorrede zur Druckfassung des Textes konstatierte er, die Rede habe »viel Lärm auf der Gasse gemacht«,[357] weil nach allgemeiner Überzeugung darin ein überraschender Gesinnungswechsel zum Ausdruck gekommen sei. Mann dagegen betonte, seine Gesinnung richte sich unverändert auf »deutsche Menschlichkeit«. Es gebe keinen Bruch, vielmehr eine direkte Linie von den *Betrachtungen* zum republikanischen Zuspruch. Gedanken seien nur Mittel zum Zweck. Wenn er nun teilweise andere vertrete als vier Jahre zuvor, »so liegt darin nur ein Widerspruch von Gedanken untereinander, nicht ein solcher des Verfassers gegen sich selbst«.[358] Doch die Nationalisten blieben unversöhnlich. 1933, da war er schon im Exil, protestierten die Vertreter des Münchner Kulturlebens gegen ihren ehemaligen Mitbürger »Herr[n] Mann, der das Unglück erlitten hat, seine früher nationale Gesinnung bei der Errichtung der Republik einzubüßen und mit einer kosmopolitisch-demokratischen Auffassung zu vertauschen«.[359]

Der Kriegsausbruch traf Thomas Mann in einer Schaffens- und Lebenskrise. Das Leben als Krankheit zum Tode, wie Kierkegaard es formuliert hat, und die stete Angefochtenheit künstlerischer Existenz waren aber nicht seine einzigen Themen in dieser Zeit. Auch seine Homosexualität trieb ihn um, *Der Tod in Venedig* gibt davon beredtes Zeugnis. In »Gute Feldpost« zitiert Mann Soldaten mit den Worten, diese Geschichte vom Tode sei ihnen niemals näher gewesen als gerade jetzt.[360] Nirgends treffen Männlichkeit und Tod so unmittelbar aufeinander wie im Krieg. Die soldatische, asketische Männlichkeit habe, so lesen wir in *Friedrich und die große Koalition*, des Weiblichen zu entraten. Friedrich der Große, der »Zögling französischer Frauen«, habe sich durch langes Kriegertum dem anderen Geschlecht entfremdet, was in jenem »französischen Jahrhundert, einem rechten Weibsjahrhundert, welches von dem ›Parfüm des Ewig-Weiblichen‹ ganz erfüllt und durchtränkt war«, umso bemerkenswerter gewesen sei. Friedrich habe seinen Offizieren das Heiraten untersagt; sie sollten ihr Glück durch den Säbel machen, nicht durch die Scheide.[361]

Dieser Angriff auf die französische Aufklärung und auf die Weiblichkeit war zugleich auch eine Attacke gegen den Bruder Heinrich, der beidem gleichermaßen zugetan war. Der Krieg hatte auch ein privates Kampffeld eröffnet, er gab »die Erlaubnis zum offenen Bruderhass«.[362] Aus der unterschwelligen Rivalität wurde offene Feindschaft, ebenbürtig dem Kampf zwischen Kultur und Zivilisation, mit Heinrich Mann als dem »Zivilisationsliteraten«, wie der jüngere Bruder Thomas ihn abschätzig etikettierte. In einem Essay feierte Heinrich 1915 Émile Zola als den Intellektuellen par excellence, den Vorkämpfer für die Wahrhaftigkeit, für die Rehabilitation des verleumdeten Dreyfus und betonte zugleich, wie lange Zola für seine intellektuelle Entwicklung gebraucht habe. Doch es gebe auch andere: »Sache derer, die früh vertrocknen sollen, ist es, schon zu Anfang ihrer zwanzig Jahre bewußt und weltgerecht hinzutreten.«[363] Als Thomas Mann diese auf ihn gemünzte Bemerkung las, war er anschließend eine Woche lang krank, noch Jahre später sprach er in einem Brief an den Bruder von einem »unmenschlichen Exzess«.[364] Seine eigentliche Antwort aber waren die *Betrachtungen eines Unpolitischen*, an denen er fast drei Jahre lang arbeitete und in denen er nicht nur das deutsche Dreigestirn Schopenhauer, Wagner und Nietzsche beschwor, mit Romain Rolland abrechnete und sich in endlosen Invektiven an dem brüderlichen Zivilisationsliteraten abarbeitete, sondern auch noch einmal auf den zitierten Satz zu sprechen kam: »Es ist ja ein kleiner Guß Schwefelsäure, en passant dem Nächsten ins Angesicht.«[365]

Die sechshundert Seiten starke Replik Thomas Manns auf das literarische Säureattentat seines Bruders las Heinrich nie. Erst 1922, nach dem Erscheinen seiner mutigen Rede »Von deutscher

Republik«, sprachen die beiden überhaupt wieder miteinander. Die offene Feindschaft wich der gewohnten Hassliebe. Der Kampf gegen den aufkommenden Nationalsozialismus führte die beiden dann noch weiter zusammen, Heinrichs Engagement für den Kommunismus ließ die Distanz allerdings wieder wachsen. In seinem Alterswerk *Ein Zeitalter wird besichtigt*, das er im amerikanischen Exil schrieb, rechtfertigte Heinrich Mann die Moskauer Prozesse ausgerechnet mit dem Verweis auf Émile Zola und dessen Kampf für Wahrheit und Gerechtigkeit,[366] dem er 1915 ein Loblied gesungen hatte. Heinrich und Thomas Mann blieben in ihren Werken ein Leben lang aufeinander bezogen.[367] In der Konkurrenz des literarischen Bruderpaares lagen Hass und Liebe stets im Wettstreit, aber ihrer elementaren Verbundenheit entkamen sie nie. Ähnliches gilt für Deutsche und Franzosen. Damals war ihre Begegnung ein »schauerlich Umarmen«, wie Ernst Toller es genannt hat. Drei Kriege haben sie zwischen 1870 und 1945 gegeneinander geführt, ein vierter ist undenkbar. Heute bilden die beiden großen Nationen im Zentrum Europas das Herz des europäischen Einigungsprozesses. Das sollte auch den größten Fortschrittsskeptiker mit einer gewissen Zuversicht erfüllen.

Remember Belgium

Am Mittwoch, den 19. August 1914, erreichte der Erste Weltkrieg die Stadt Löwen, den Hauptort der belgischen Provinz Flämisch-Brabant, zwanzig Kilometer östlich von Brüssel. Die Deutschen waren bei ihrem Marsch auf Paris gut vorangekommen[368] und hatten dabei eine breite Blutspur hinterlassen. Am 4. August waren fünf deutsche Armeen in Belgien einmarschiert und hatten Kurs auf Lüttich (französisch Liège) genommen. Lüttich war das kulturelle Herzstück des wallonischen Teils von Belgien und zugleich das größte Industriezentrum des Landes. Der Stadt kam eine entscheidende Bedeutung für den planmäßigen Vormarsch des rechten Flügels zu. Der Schlieffen-Plan hatte die Verletzung der Neutralität aller drei Benelux-Staaten vorgesehen. Schlieffens Nachfolger Helmuth von Moltke entschied sich indessen dafür, nur durch Belgien und Luxemburg, nicht aber durch die Niederlande zu marschieren. Entsprechend schmaler war das Einfallstor nach Nordfrankreich, denn die belgisch-deutsche Grenze war nicht einmal hundert Kilometer lang. Gleichzeitig durfte es nicht zu zeitlichen Verzögerungen beim Vormarsch kommen, sollte der Schlieffen-Plan funktionieren. 39 000 deutsche Soldaten traten deshalb zum Sturm auf die Stadt Lüttich an, von der man annahm, sie würde lediglich von sechstausend regulären Soldaten und dreitausend Angehörigen der Garde Civique verteidigt. König Albert I. von Belgien war aber nicht nur ein liberaler und fortschrittlicher Monarch, sondern auch ein energischer Verteidiger seines Landes. Er hatte sich, als die Deutschen in sein Land einfielen, nicht in das ihm zugedachte Schicksal gefügt, unfreiwilliger Zaungast beim deutschen Sturm auf Paris zu sein, sondern dem Deutschen Reich den Krieg erklärt. Er versuchte, eine möglichst effektive Verteidigung auf die Beine zu stellen, nachdem das belgische Heer angesichts eines drohenden Krieges bereits 1913 auf 350 000 Mann vergrößert worden war. In der Festung von Lüttich und dem vorgelagerten Verteidigungsring von zwölf Forts wurden, je nach Schätzung, zwischen 30 000 und 40 000 Mann zusammengezogen, so dass die Deutschen auf erheblichen Widerstand trafen. Die Belagerung der Festungsanlage band mehr deutsche Einheiten und dauerte auch länger, als die Oberste Heeresleitung vorgesehen hatte. Die Eroberung gelang am 7. August, wobei das letzte Außenfort erst neun Tage später genommen wurde. Eine entscheidende Rolle spielte dabei Generalmajor Erich Ludendorff, der wenige Monate zuvor in Straßburg zum Brigadekommandeur ernannt worden war. Die Eroberung Lüttichs steigerte seine Reputation enorm. Er bekam den Orden Pour le Mérite verliehen und wurde im September als Chef des Generalstabs der 8. Armee an die Ostfront berufen, wo er unter dem formalen Oberbefehl Paul von Hindenburgs rasch Karriere machte, bis er im August 1916 gemeinsam mit seinem Vorgesetzten die Führung der Obersten Heeresleitung übernahm.

Der überraschend heftige Widerstand, auf den die deutschen Truppen in Belgien stießen, ging zum Teil von französischen, vor allem aber von belgischen Truppen aus, sowie von der eilig mobilisierten Garde Civique, einer paramilitärischen Bürgerwehr, die nach der Revolution von 1830 geschaffen worden war. Sie bestand aus Männern im Alter von 21 bis 50 Jahren, die nicht in der Armee dienten und Wach- und andere Hilfsdienste außerhalb des Kampfgebiets verrichteten. Sie trugen Uniformen, die denen der regulären Armee nachempfunden waren. Es gab aber auch Angehörige der Garde Civique, die zwar bewaffnet waren, aber eine irreguläre oder auch gar keine Uniform trugen, was die Furcht der Deutschen vor Franktireurs befeuerte und es ihnen leichtmachte, diesen Kämpfern den Kombattantenstatus abzusprechen und sie zu Freiwild zu erklären. Die belgische Zivilbevölkerung stand unter dem Generalverdacht der Heimtücke. Die Deutschen hatten kein Verständnis dafür, dass die Belgier sich ihrem Anliegen widersetzten, unbehelligt nach Frankreich zu marschieren, und sahen den belgischen Widerstand als illegitim an. Noch weniger Beifall fand die Tatsache, dass die Belgier sich dabei auch noch geschickt verhielten und, im Sinne einer asymmetrischen Kriegsführung, als militärisch Unterlegene auf eine Strategie der Nadelstiche setzten. Wo eine Konfrontation nicht zu umgehen war, wichen sie der offenen Feldschlacht aus und zogen sich stattdessen in ihre Festungsstädte zurück. Am Ende wurde das belgische Territorium nahezu vollständig erobert, die Regierung von König Albert musste nach Le Havre ins Exil gehen. Aber der Preis, den die Deutschen dafür bezahlten, war beträchtlich. Die rasche Eroberung Lüttichs war in der deutschen Presse stark herausgestellt worden, aber König Albert hatte seine Truppen anschließend hinter die Gete zurückziehen können. Als die Deutschen diesen Fluss überschreiten wollten, mussten sie zunächst einen Rückschlag hinnehmen, weil sie das Gefecht bei Haelen, eines der letzten großen Kavallerietreffen der europäischen Geschichte, am 12. August gegen die Belgier verloren.[369] Der deutsche Befehlshaber Georg von der Marwitz hatte die Stärke der belgischen Einheiten, Kavallerie, Radfahrer und Pioniere, unterschätzt. Das konnte den deutschen Vormarsch auf Dauer nicht stoppen, zeigte aber einmal mehr, dass die Besetzung Belgiens kein Spaziergang werden würde. König Albert entschied sich für den Rückzug in die Hafenstadt Antwerpen, die größte Stadt des Landes, gewissermaßen das belgische Reduit. Zu den 70 000 Mann Besatzung in der Stadt und den vorgelagerten Festungen kamen noch 80 000 Soldaten des Feldheeres, die hoffen konnten, dem deutschen Angriff so lange standzuhalten, bis britischer und französischer Entsatz eintraf. Die Belagerung Antwerpens begann am 20. August. Die deutsche Heeresleitung musste dafür 120 000 Soldaten zusammenziehen, die von

160 schweren Geschützen sowie 13 sehr schweren Mörsern unterstützt wurden, deren Transport besonders aufwendig war. Am 2. Oktober trafen zweitausend Briten der Royal Navy Division in Antwerpen ein, mehr als diese schwache Unterstützung konnten die Alliierten nicht leisten. Nach mehrtätigem Dauerbeschuss kapitulierte Antwerpen am 10. Oktober, die meisten Einwohner verließen die Stadt. Ein Teil der belgischen Soldaten entkam in die Niederlande, andere gingen in deutsche Gefangenschaft, die meisten aber schlossen sich den belgischen Truppen in Westflandern an, die Seite an Seite mit den Entente-Mächten den Kampf fortsetzten.

Der belgische Widerstand rief Erinnerungen an den Volkskrieg wach, den die Franzosen nach der Gefangennahme Napoleons III. im Herbst 1870 entfesselt hatten. Auch wenn dieser Krieg mit einer Niederlage der französischen Republik endete, hatte er doch erhebliche preußische Kräfte gebunden. Die französischen Freischärler kämpften an verschiedenen Fronten mit unterschiedlichem Erfolg. Zu ihrem Guerillakrieg gehörten auch Sabotageakte, Angriffe aus dem Hinterhalt, Auftreten in Zivil und mit verborgenen Waffen. Der deutsche Oberbefehlshaber Helmuth von Moltke (der Ältere) legte fest, dass die Franktireurs nicht wie reguläre Soldaten zu behandeln, sondern standrechtlich zu erschießen seien. Damit lag er auf derselben Linie wie später die Haager Landkriegsordnung von 1899 beziehungsweise 1907, die nicht nur den Schutz der Soldaten im Kriegsfall festlegte, sondern auch die Voraussetzungen für die Zuerkennung des Kombattantenstatus. Später erweiterte Moltke seinen Befehl dahingehend, dass zur Vergeltung von Angriffen ganze Dörfer zerstört werden sollten.

Der Krieg gegen die Franktireurs war eine prägende Erfahrung für das preußische Heer gewesen. Der belgische Widerstand, auf den die Deutschen 1914 trafen, aktivierte ihre Ängste vor Heckenschützen und Sabotageakten. Selbst wenn, wie in Berneau, deutsche Soldaten durch ein Versehen aufeinander schossen und dabei elf von ihnen getötet wurden, lastete man den Zwischenfall der belgischen Zivilbevölkerung an. Am 5. August, dem zweiten Tag der Invasion, gab es bereits die ersten Massenhinrichtungen von Zivilisten, und am 8. August waren schon 850 Menschen getötet und 1300 Gebäude zerstört worden.[370] Bis zum 20. August gab es in über dreißig Städten Zwischenfälle mit mehr als zehn zivilen Todesopfern.[371] Dabei ist bis heute umstritten, ob es in Belgien überhaupt Franktireure gab, die in den von den Deutschen kontrollierten Gebieten operierten. Was es sicher gab, war die Angst vor ihnen.

Am 19. August waren deutsche Verbände auf ihrem Marsch nach Namur bei Andenne angekommen und wollten die Maas auf der Brücke nach Seilles überqueren, mussten aber feststellen, dass belgische Soldaten die Brücke nach ihrem Rückzug gesprengt hatten. Deutsche Pioniere errichteten eine Pontonbrücke, die von Soldaten in großer Zahl überquert wurde. Plötzlich entstand gegen 19 Uhr eine Schießerei, die dann die ganze Nacht anhielt. Es steht inzwischen eindeutig fest, dass der Auslöser des Feuergefechts eine Selbstbeschießung der deutschen Soldaten war.[372] Aber wie so oft bedurfte es nur eines durch einen unglücklichen Zufall ausgelösten Schusswechsels, und sofort begannen die nervösen, durch wilde Gerüchte über einen belgischen Volkskrieg verunsicherten Soldaten wie wild um sich zu schießen. Es wurde, wie es im Kriegstagebuch der Brückenbau-Einheit heißt, »besonders weil nicht zu erkennen war, woher die Geschosse kamen, eine große Aufregung unter den marschierenden Truppen hervorgerufen«.[373] Diese Aufregung kostete 262 Einwohner der kleinen Stadt das Leben, die bei der Vergeltungsaktion für den angeblichen Überfall entweder standrechtlich erschossen oder auf andere Weise getötet wurden.[374] Harry Graf Kessler, der damals mit seiner Einheit in Belgien stationiert war, berichtet über die Vergeltungsaktion in seinem Tagebuch:

Dieser Ort, der wohl an die drei- bis viertausend Einwohner gehabt haben mag, ist gestern und heute von unseren Truppen vollkommen eingeäschert worden. [...] Kein Haus hat noch ein Dach und Fenster; die kahlen ausgebrannten Wände stehen Strasse für Strasse da, wo nicht, was noch grässlicher ist, Hausstandsgegenstände, Familienbilder, zerbrochene Spiegel, umgestürzte Tische und Stühle, halbheruntergebrannte Tapeten von dem vorgestrigen Zustande zeugen. Haustiere, Schweine, Kühe, Hunde irren herrenlos umher zwischen den Ruinen. Vor einem Hause, das noch brennt, sitzt auf der Strasse eine Familie, eine alte Frau, ein Mann, eine junge Frau und ein kleines Mädchen: sie sehen zu, wie die letzten Dachsparren zu Ende brennen und weinen, weinen ... so ganz still und sprachlos vor sich hin.[375]

Kessler findet die Vernichtungsaktion, die er beschreibt, völlig gerechtfertigt und sieht die Schuld bei der belgischen Bevölkerung, die dafür verantwortlich sei, dass dieser Krieg grausamer geführt werde als die meisten vorhergehenden: »Man muss wohl bis auf den 30 jährigen Krieg zurückgehen, um Etwas Ähnliches wie das schauerliche Drama in Seilles Andenne zu finden.«[376] Kritik übt Kessler lediglich an den Plünderungen durch deutsche Soldaten, worin er eine Gefährdung der Disziplin sieht, und insbesondere daran, dass sie »jeden Tag kompagnieenweise bis zur Sinnlosigkeit betrunken vom Bordeaux und den Schnäpsen aus den abgebrannten Häusern« sind,[377] ein Missstand, der auch von anderen Zeitgenossen beklagt wurde.

Wer Ähnliches finden wollte, brauchte allerdings schon bald nicht mehr weit zu reisen oder gar an den Dreißigjährigen Krieg zurückzudenken. Am 22. August wurden nach Kämpfen bei Tamines, an denen sich in erster Linie französische Truppen beteiligt hatten, 383 Einwohner der Stadt, denen die Deutschen unterstellten, sie hätten mit den Franzosen gemeinsame Sache gemacht, mit Gewehren und Maschinengewehren erschossen oder mit Bajonetten und Gewehrkolben niedergemacht.[378] Werner Dittmann, einer der beteiligten deutschen Soldaten, hielt seine Erlebnisse in seinem Tagebuch fest:

> Nun erscheint der Regimentskommandeur Oberstleutnant von Rognes. Auf seinen Befehl werden die männlichen Geiseln sofort die Treppe heruntergeworfen und durch Schüsse in den Rücken getötet. Die Weiber und Kinder klettern über die Leichen ihrer Angehörigen hinweg und suchen das Weite. Meine Gruppe bekommt den Befehl, die Häuser ringsum anzuzünden, um die schießenden Zivilisten auszuräuchern. Ich persönlich stecke die Leinwand des Kinos an. Dazu schlagen von den Hügeln andauernd Gewehrkugeln in die Straßen ein. Es war ganz furchtbar.[379]

Dies war einer der schlimmsten Vorfälle während der Invasion, der allerdings schon am folgenden Tag durch das Geschehen in Dinant in den Schatten gestellt wurde. Dort ermordeten Soldaten der 3. Armee unter Generaloberst Max von Hausen 674 Menschen, was nahezu einem Zehntel der gesamten Bevölkerung gleichkam, und zerstörten die Stadt weitgehend. Auch hier waren militärische Auseinandersetzungen mit französischen Einheiten vorausgegangen, für die man sich an der belgischen Bevölkerung fürchterlich rächte.[380]

Die fünf Infanterieregimenter und das Reserve-Husaren-Regiment Nr. 6, die am 19. August Löwen (französisch Louvain, niederländisch Leuven) besetzten, kamen in eine Stadt, die mit ihren prachtvollen gotischen Bauten ein Prunkstück flämischer Baukunst war und auf eine bedeutende kulturelle Tradition zurückblickte, was vor allem mit der 1425 gegründeten Universität zusammenhing. Sie war die älteste Universität im Gebiet der heutigen Benelux-Staaten und zugleich die einzige Hochschule, an der nach der Gründung des Königreichs Belgien im Jahr 1830 auf Niederländisch unterrichtet wurde. Als die deutschen Soldaten eintrafen, besetzten sie die Stadt ohne Kampf, denn die Belgier waren abgezogen. Die Garde Civique hatte sich aufgelöst, ihre Waffen waren nach Antwerpen gebracht worden.[381] Im Rathaus, einem der Hauptwerke der europäischen Spätgotik, wurde die deutsche Kommandantur eingerichtet, und für einige Tage diente die Stadt sogar als Hauptquartier der 1. Armee. An die Bevölkerung ergingen strenge Anordnungen: Die Häuser durften nicht verriegelt werden, die Fenster mussten nach Einbruch der Dunkelheit erleuchtet sein, alles, was einer Schusswaffe ähnelte, zum Beispiel Jagdgewehre, war abzuliefern, und ab 20 Uhr galt eine strikte Ausgangssperre. Zuwiderhandlungen wurden mit dem Tode bestraft. Täglich wurden neue Geiseln genommen, um das Wohlverhalten der Bevölkerung sicherzustellen. Die eingeschüchterten Bewohner waren, soweit sie sich nicht für die Flucht entschieden hatten, ängstlich bemüht, alle diese Vorschriften genau zu beachten, denn über das Wirken des Furor teutonicus war ihnen genug zu Ohren gekommen, um sie in Angst und Schrecken zu versetzen.

Sechs Tage lang herrschte gespannte Ruhe in Löwen. Aber am 25. August schrillten gegen 18 Uhr die Alarmsirenen. Ausgelöst worden war der Alarm durch einen belgischen Angriff auf deutsche Einheiten nördlich der Stadt. Danach geschah eine Weile nichts, doch gegen 20 Uhr begann eine Schießerei. Die ersten Schüsse fielen am Bahnhofsplatz, wo eine Landsturmeinheit lagerte, die am Nachmittag leichte Verluste erlitten hatte. Nach dem Ausfall am Tage, dem ersten Kriegseinsatz dieser Einheit, erwartete man einen Gegenangriff belgischer und englischer Truppen. Auch ein Überfall der Zivilbevölkerung lag immer im Erwartungshorizont der deutschen Soldaten. Ein Lichtsignal am Himmel wurde als Angriffssignal missdeutet. Es begann ein heftiges Feuergefecht. Die Selbstbeschießung der Deutschen war auch dem Umstand geschuldet, dass die Soldaten nicht wussten, dass auch deutsche Einheiten in den Häusern untergebracht waren. Deshalb hielten sie alle Schüsse, die von dort kamen, für Angriffe belgischer Zivilisten.[382] Tatsächlich war es eine »planlose Knallerei«, Beweise für irgendeine belgische Mitwirkung haben sich nie gefunden.[383] Nachdem es den diensthabenden Offizieren mit großer Mühe gelungen war, die Disziplin wiederherzustellen, verständigte man sich auf eine Erklärung, die gesichtswahrend war, plausibel erschien und sich zur Legitimierung von Gewalt eignete: Im Glauben, die aus Antwerpen ausgerückte belgische Armee habe einen entscheidenden Sieg über die Deutschen errungen, seien Franktireure zur Aktion gegen die in der Stadt zurückgebliebenen Soldaten geschritten. Diese Erklärung verfestigte sich rasch, und wir dürfen davon ausgehen, dass viele Soldaten das tatsächlich glaubten. Das Auswärtige Amt hielt auch später noch an dieser Version fest.[384]

Was folgte, war ein Inferno. Die deutsche Heeresleitung hatte beschlossen, ein Exempel zu statuieren, die Aktion erhielt den offiziellen Namen »Strafgericht über Löwen«. Zunächst wurden mehr als zweihundert Einwohner ohne jedes Gerichtsverfahren erschossen. Das jüngste Mordopfer war gerade einmal sechs Monate alt.[385] Anschließend nahm man sich die Stadt vor. Haus für Haus wurde aufgebrochen, geplündert, der Hausrat zu einem Scheiterhaufen aufgeschichtet und das Ganze in Brand gesetzt. Ein deutscher Offizier, der das Procedere überwachte, sagte zu dem amerikanischen Diplomaten Hugh Gibson am 28. August, dem dritten Tag des Infernos: »Wir werden aus diesem Ort eine Wüste machen. Wir werden es ausmerzen, so dass es schwer sein wird festzustellen, wo Löwen einmal stand. Auch noch nach Generationen werden die Menschen hierher kommen, um zu sehen, was wir getan haben, und es wird sie lehren, Deutschland zu respektieren und es sich zweimal zu überlegen, gegen Deutschland die Waffen zu erheben.«[386]

Am Tag darauf musste die Bevölkerung das Areal räumen, in der ganzen Stadt wurden Brände gelegt, wobei das Vernichtungswerk sich auf die Altstadt konzentrierte. Je nach Quelle wurden zwischen tausend und zweitausend Gebäude zerstört.[387] Die Häuser am Alten Markt und am Großen Markt wurden fast alle niedergebrannt, aber auch die Peterskirche, das Theater, der Konzertsaal, die Kunstakademie und ein Teil der Universitätsgebäude. Am schwersten wog der Verlust der Universitätsbibliothek. Sie brannte tagelang, am Ende waren tausend Handschriften, achthundert Inkunabeln und fast 300 000 Bücher ein Raub der Flammen geworden. Die Früchte fünfhundertjähriger Sammlungstätigkeit waren vernichtet. Von dem Bibliotheksgebäude standen nur noch die Außenmauern.[388]

Während sich deutsche Soldaten in Löwen mit Entschlossenheit und Akribie daranmachten, einen der schönsten gotischen Stadtkerne Europas zu zerstören, errang das deutsche Heer in Ostpreußen einen gewaltigen Sieg in einer Auseinandersetzung, die als »Schlacht bei Tannenberg« in die Geschichte eingehen sollte. Das Geschehen an der Ostfront beherrschte die Schlagzeilen; was in Flandern passierte, interessierte in jenen Tagen niemanden. Erst als Löwen schon in Schutt und Asche lag, meldete das Wolffsche Telegraphenbüro: »Der Ort, Tausenden von Deutschen lieb und vertraut wegen seiner deutschen Kunstschätze, [...] ist nicht mehr.«[389] Das war, allen Schrecknissen zum Trotz, nun doch übertrieben. Als sich in Deutschland dann die Nachricht vom Strafgericht über Löwen verbreitete, war die Reaktion vielerorts enthusiastische Zustimmung. Max Osborn, immerhin Kunstkritiker der *Vossischen Zeitung*, schrieb: »Für den hinterlistigen Überfall der Bewohner Löwens gab es nur eine Antwort und nur eine Strafe: das ganze Mordbrennernest vom Erdboden zu vertilgen.«[390] Andere Zeitungen sprachen von einer verdienten, unerbittlich vollzogenen Strafe oder von einem Schandfleck des zivilisierten Europa, der mit glühenden Eisen ausgebrannt werden müsse.[391] Doch es gab auch Stimmen, die von mehr Klugheit und Weitblick zeugten. Theodor Wolff, der liberale Chefredakteur des *Berliner Tageblatts*, schrieb am 28. August in sein Tagebuch: »Die Nachrichten über die Zerstörung von Löwen machen auf mich u. auf jeden Kulturmenschen einen niederdrückenden Eindruck. Ich fürchte, der Eindruck im Auslande wird höchst übel sein.«[392] Und vier Tage später notierte er: »Habe, um meine Seele zu erleichtern, einen Artikel über die Zerstörung von Loewen geschrieben – soweit es bei d. Zensur möglich ist.«[393] In dem Artikel, der am folgenden Tag erschien, betonte er, dass das deutsche Bedauern über die »Tragödie von Löwen« genauso aufrichtig und tief sei wie das jedes anderen Kulturvolks.[394]

Am 28. August wandte sich die belgische Regierung mit einer Note zur den Vorgängen an die Öffentlichkeit und wies die amtliche Darstellung der deutschen Seite zurück. Zu Recht betonte sie, dass der wahre Auslöser des Massakers eine Selbstbeschießung deutscher Soldaten gewesen sei. Schließlich war die einheimische Bevölkerung schon vor längerer Zeit entwaffnet worden. Löwen war eine offene Stadt gewesen, als die Deutschen in sie einzogen, und amtliche Bekanntmachungen der Regierung hatten die Bevölkerung unmissverständlich dazu aufgefordert, jegliche Widerstandshandlungen zu unterlassen. Die vom belgischen Außenminister an die diplomatischen Vertretungen seines Landes übersandte Note trug dazu bei, dass die Nachrichten über die deutschen Gräueltaten sich rasch in der Welt verbreiteten. Der Schock war groß. Während des gesamten Krieges schadete kein Vorgang dem weltweiten Ansehen des Deutschen Reiches mehr als die Zerstörung von Löwen, ausgenommen vielleicht der U-Boot-Krieg gegen Passagierschiffe, der unter anderem im Mai 1915 zur Versenkung der »Lusitania« führte. Insbesondere in den neutralen Ländern, namentlich den Vereinigten Staaten, aber auch in Italien und Skandinavien, wandte sich die Stimmung nun gegen Deutschland. Die Bluttaten in Tamines und Dinant hatten wesentlich mehr Opfer gefordert, aber diese Orte kannte niemand, während Löwen als Ort der Kunst und Kultur weltberühmt war. Die Freveltat der Deutschen löste einen Sturm der Entrüstung aus. Die englische *Daily Mail* sprach vom »Holocaust of Louvain«.[395] Der französische Schriftsteller Romain Rolland, der ein Kriegsgegner war und sich deshalb in der neutralen Schweiz aufhielt, schrieb in sein Tagebuch: »Die Nachricht von der Zerstörung Löwens macht mich krank. Welcher Wahnsinn treibt diese Deutschen in ihren moralischen Ruin? Jeder Schritt, den sie tun, gräbt einen Abgrund von Haß. Wollen sie denn über Trümmer herrschen?«[396]

Als die Deutschen sahen, dass sie im Kampf um die öffentliche Meinung dramatisch an Boden verloren hatten, versuchten sie, eine Strategie zur Begrenzung des Schadens zu entwickeln. Die noch vor kurzem mit markigen Worten gerechtfertigte exemplarische Strafaktion verwandelte sich unversehens in eine Abwehrmaßnahme. Man habe das auf unerklärliche Weise ausgebrochene Feuer mit einem »Gegenfeuer« einzudämmen versucht, hieß es nun. Es sei auch gar nicht die ganze Stadt zerstört worden, was der Wahrheit näher kam als die zuvor kursierenden amtlichen Vernichtungsphantasien. Tatsächlich stand die Mehrzahl der insgesamt neuntausend Häuser noch, aber die Zerstörungen im Zentrum waren erheblich und der kulturelle Schaden außerordentlich groß. Franz von Reichenau, diplomatischer Vertreter des Deutschen Reiches in Stockholm, empfahl dem Auswärtigen Amt in einem Bericht über die allgemeine Empörung, die der barbarische Akt in Schweden hervorgerufen hatte: »Falls Rathaus, Gertrudenkirche, Peterskirche erhalten sind, würde es sich meines Erachtens dringend empfehlen, dies amtlich zu veröffentlichen, andernfalls feststellen, dass ihre Zerstörung lediglich unglückliche Folge des von Bevölkerung selbst begonnenen und unterhaltenen Straßenfeuers war.«[397] Das Rathaus, eines der berühmtesten Ratsgebäude der Welt, war – anders als die Universitätsbibliothek – tatsächlich noch vorhanden, auch die Kirche Sint Geertrui. Die viel bedeutendere Kirche Sint Pieter, ein Hauptwerk der Brabanter Gotik, war allerdings abgebrannt, ein großer Teil des Kirchenschatzes unwiederbringlich verloren. Das Dach war durch das Feuer zerstört worden, die Seitenkapellen hatten die deutschen Soldaten systematisch in Brand gesetzt und so viele Kunstwerke und Altäre vernichtet. Die Brandstifter hatten von ihrem Tun erst abgelassen, als beim Einsturz des Daches auch die schweren Kirchenglocken herunterkrachten und sie sich gefährdet sahen. Die Stelle, an der das Feuerlegen endete, ist bis heute durch die verrußte Balustrade der zweiten Kapelle im linken Seitenschiff markiert. Nach dem Krieg wurde die Kirche wiederhergestellt, im Zweiten Weltkrieg dann erneut beschädigt, als ein Bombenangriff den nördlichen Arm des Querschiffs zerstörte, der danach wiederum restauriert wurde.

Die Belgier versandten nicht nur diplomatische Noten, sie wurden auch persönlich bei den neutralen Regierungen vorstellig. Am 16. September 1914 sprach eine Delegation im Weißen Haus mit US-Präsident Woodrow Wilson. Ihre Schilderung der Geschehnisse beendete die Delegation mit dem Appell an das Gewissen der zivilisierten Welt, den unzähligen schweren Menschenrechtsverletzungen die gebührende Aufmerksamkeit zu widmen.[398] Dieser Appell traf auf eine interessierte Öffentlichkeit. Die USA hatten am 5. August ihre Neutralität erklärt, die Präsident Woodrow Wilson mit einer aktiven Außenpolitik ausfüllte, indem er sogleich seine Mittlerdienste bei prospektiven Friedensverhandlungen anbot. Er konnte sich dabei auf das Vorbild seines Vorvorgängers Theodore Roosevelt berufen, durch dessen Vermittlung der Russisch-Japanische Krieg im September 1905 zu einem Ende gekommen war.

Lange Zeit war die Monroe-Doktrin von 1823 die zentrale Leitschnur für die amerikanische Außenpolitik gewesen. Die USA hatten bestehende Kolonien europäischer Mächte respektiert, darüber hinausgehende Kolonisierungsambitionen in »ihrer« westlichen Hemisphäre aber strikt abgelehnt, sich umgekehrt aber auch nicht in die inneren Angelegenheiten der Europäer eingemischt und sich auch nicht an Kriegen in Europa beteiligt. In der Zeit des Hochimperialismus war es immer schwieriger geworden, diesen isolationistischen Kurs durchzuhalten. Im April 1898 anerkannte der amerikanische Kongress die Unabhängigkeit Kubas und forderte den Abzug der spanischen Besatzungsmacht. Im darauf folgenden Spanisch-Amerikanischen Krieg brachte die moderne amerikanische Marine der veralteten spanischen Flotte eine empfindliche Niederlage bei, im Friedensvertrag von Paris vom 10. Dezember 1898 musste Spanien nicht nur seine Ansprüche auf Kuba, sondern auch die Besitzungen Puerto Rico, Guam und die Philippinen aufgeben. Zugleich übernahmen die USA im Fernen Osten, in scharfer Konkurrenz zu Japan, immer mehr die Rolle einer Ordnungsmacht. Im Jahr 1900 waren sie führend an der Niederschlagung des chinesischen Boxeraufstands beteiligt, legten aber zugleich Wert darauf, dass die Open-Door-Politik fortgesetzt wurde und damit der Status quo erhalten blieb, der ihren wirtschaftlichen Interessen entgegenkam.

Auch in den USA gab es einen Sozialimperialismus, der durch eine expansive und interventionistische Außenpolitik den Wohlstand der ganzen Nation und damit auch den der unteren Schichten mehren sowie gesellschaftliche Konflikte entschärfen wollte. Präsident Theodore Roosevelt hatte das Umdenken der USA durch sein aggressives Auftreten in Panama schon unter Beweis gestellt. Durch den am 6. Dezember 1904 verkündeten Roosevelt-Corollary (Roosevelt-Zusatz) wurde diese entscheidende Veränderung der Monroe-Doktrin zur offiziellen Grundlage der amerikanischen Außenpolitik. Die USA erhoben nunmehr den Anspruch, in Ausübung internationaler Polizeigewalt gegen Staaten vorzugehen, deren innere Ordnung nach ihrer Überzeugung gefährdet war oder die ihren internationalen Zahlungsverpflichtungen nicht nachkamen. Lateinamerika wurde durch den Zusatz zur Monroe-Doktrin gewissermaßen zum Hinterhof der Vereinigten Staaten, was die Beziehungen zu diesen Ländern bis heute belastet. Nachdem US-amerikanische Truppen 1903 den kolumbianischen Isthmus besetzt und einen unabhängigen Staat

Panama ausgerufen hatten, durchquerte just am 15. August 1914 erstmals ein mit zweihundert Passagieren besetztes Paketboot den fertiggestellten Kanal auf seiner vollen Länge von 82 Kilometern. Die offizielle Eröffnungsfeier des Panamakanals wurde aber mit Rücksicht auf den gerade in Europa ausgebrochenen Krieg vertagt und dann im Jahr 1920 nachgeholt.

Als der Erste Weltkrieg begann, lehnte die große Mehrheit der Amerikaner eine militärische Intervention ab, brachte aber der Entente viel mehr Sympathien entgegen als den Mittelmächten. Das Schicksal des von den Deutschen besetzten Belgien, das von der amerikanischen Öffentlichkeit aufmerksam verfolgt wurde, war Wasser auf die Mühlen derjenigen, die einer Verstärkung der nationalen Verteidigungsanstrengungen das Wort redeten. Im Dezember 1914 wurde die National Security League (NSL) gegründet. Sie versammelte einflussreiche Vertreter verschiedener politischer Strömungen, die sich für ein möglichst amerikanisches Amerika stark machten. Die Liga warb für die Naturalisierung der Einwanderer, für den allgemeinen Wehrdienst, für Englisch als einzige Amtssprache, aber auch für ein leistungsfähiges Fernstraßensystem und für einen nationalen Haushalt, keine Selbstverständlichkeit in dem noch immer von der Erinnerung an den Bürgerkrieg geprägten Land. Die NSL erwartete von den Schulen eine Erziehung zum Patriotismus. Durch körperliche Ertüchtigung sollte die amerikanische Männlichkeit gestärkt werden. Außerdem kämpfte die Liga für die Verbannung des Fremdsprachenunterrichts aus den Schulen, insbesondere des Deutschunterrichts. Die Vereinigung hatte etwa 100 000 Mitglieder und zählte einflussreiche Finanzmagnaten wie Cornelius Vanderbilt, Henry Clay Frick und Simon Guggenheim zu ihren Förderern.[399]

Das Programm der NSL war strikt nationalistisch. Trotzdem unterstützte die Liga ohne Vorbehalte den amtierenden demokratischen Präsidenten Wilson und seine Neutralitätspolitik, weswegen sich im August 1915 eine noch konservativere Gruppe abspaltete und die American Defense Society (ADS) gründete, die den republikanischen Expräsidenten Roosevelt zu ihrem Ehrenvorsitzenden wählte. Die ADS hatte ein noch radikaleres Programm als die NSL. Sie plädierte für einen konsequenten Kulturkampf gegen die deutschen »Hunnen«. Nicht nur sollte gegen das Deutsche Reich Krieg bis zur bedingungslosen Kapitulation geführt werden, auch die deutsche Sprache, Literatur und Wissenschaft seien zu bekämpfen, der Deutschunterricht in den USA wie auf der ganzen Welt zurückzudrängen.

Diese beiden Organisationen repräsentierten eine radikale Strömung, die aber symptomatisch für die Stimmung im Lande war, und bei entsprechenden Anlässen ließen sich auch weite Kreise der Bevölkerung entflammen. Ein solcher Anlass war die Versenkung der »Lusitania« durch ein deutsches U-Boot am 7. Mai 1915. Die Deutschen hatten als Reaktion auf die britische Seeblockade am 4. Februar 1915 eine Zone rund um die britischen Inseln zur Kriegszone erklärt. 14 Tage später begannen die streng nach Prisenordnung zu führenden Angriffe. Die Prisenordnung war das Pendant zur Haager Landkriegsordnung und regelte den Krieg zur See. Handelsschiffe durften nicht ohne Warnung versenkt werden, der Besatzung musste Gelegenheit gegeben werden, von Bord zu gehen. Bei stärkerem militärischem Geleitschutz durften die U-Boote aber auch getaucht und ohne Warnung angreifen, so dass es immer wieder zu spektakulären Zwischenfällen kam.

Die »Lusitania« fuhr unter britischer Flagge, als das Schiff am 7. Mai 1915 von einem deutschen U-Boot ohne Vorwarnung mit der Begründung versenkt wurde, dass es Kriegsmaterial transportiere, was sich später auch als zutreffend herausstellte. Von den fast zweitausend Menschen an Bord kamen dabei 1198 ums Leben. 159 Passagiere waren US-Bürger, von ihnen starben 128. Es war dies nach der Zahl der Opfer das größte Schiffsunglück während des gesamten Krieges. Die Tatsache, dass die deutsche Botschaft in der Woche vor dem Auslaufen des Schiffes in amerikanischen Tageszeitungen Anzeigen geschaltet hatte, in denen potentielle Passagiere daran erinnert wurden, dass Deutschland und Großbritannien sich im Krieg befanden und jeder, der in die Kriegszone reise, dies auf eigenes Risiko tue, steigerte nur die Empörung. Diese wohl ehrlich gemeinten Warnungen wurden als zynisch und provokativ empfunden. Nach der Versenkung der »Lusitania« hielt der amerikanische Botschafter in London den Kriegseintritt seines Landes für unausweichlich. Präsident Wilson beschränkte sich aber darauf, in mehreren Noten an die deutsche Regierung energisch die Einstellung des U-Boot-Krieges zu verlangen. Aufgrund der großen Empörung über die Versenkung der »Lusitania« befahl Wilhelm II. am 13. Mai, Schiffe unter neutraler Flagge und Passagierdampfer nicht mehr anzugreifen, und im September wurde der U-Boot-Krieg in der Zone um die britischen Inseln ganz abgebrochen.

Die weltweite Empörung über die Zerstörung von Löwen hatte sich noch nicht gelegt, da gab es einen weiteren Vorfall, der das Deutsche Reich als den Barbaren im Kreis der europäischen Kulturvölker dastehen ließ und seinem Ruf auch bei den Neutralen einen kaum wiedergutzumachenden Schaden zufügte. Die Deutschen hatten bei ihrem Vormarsch am 4. September 1914 Reims besetzt, sich aber nach der Schlacht an der Marne wieder aus der Stadt zurückgezogen. Am 17. September griffen sie erneut an und nahmen dabei auch die Kathedrale unter Beschuss. Am 19. September schlugen 25 Granaten in das Gebäude ein und entzündeten das Dach.[400] Als das Feuer schließlich erlosch, standen von der Kathedrale nur noch die Außenmauern; Dach, Glasfenster, Innenausstattung und der reiche Figurenschmuck an den Fassaden waren ebenso zerstört wie die Altstadt von Reims. Es dauerte nach dem Krieg nicht weniger als zwanzig Jahre, bis die Kirche wieder als Gotteshaus genutzt werden konnte.

Die Kathedrale von Reims, seit 1211 erbaut, war ein französisches Nationalheiligtum und die Königin im gotischen Dreigestirn von Chartres, Reims und Amiens.[401] Schon im 5. Jahrhundert war hier auf den Überresten einer römischen Therme eine erste Kathedrale errichtet worden, die aber 1210 einem Brand zum Opfer fiel. Nach der Überlieferung durch den Geschichtsschreiber Gregor von Tours hatte Bischof Remigius in dieser Kirche um das Jahr 500 den Merowingerkönig Chlodwig zusammen mit dreitausend Franken getauft, was dem Kirchenvorsteher als einem der Wegbereiter des abendländischen Christentums die Heiligsprechung einbrachte. Seit dem Jahr 816 diente die Kathedrale als Krönungskirche der französischen Könige, denn nur die Reimser Bischöfe konnten die Rechtmäßigkeit einer weltlichen Herrschaft vor Gott verbürgen.[402] 1429 hatte Jeanne d'Arc, nachdem es ihr gelungen war, die englische Belagerung von Orléans zu beenden, den jungen Dauphin in einem Triumphzug hierhergeführt und so seine Krönung als König Karl VII. ermöglicht. Auf welche, wenn nicht auf diese Kirche sollte Artikel 27 der Haager Landkriegsordnung Anwendung finden, in dem es hieß: »Bei Belagerungen und Beschießungen sollen alle erforderlichen Vorkehrungen getroffen werden, um die dem Gottesdienste, der Kunst, der Wissenschaft und der Wohltätigkeit gewidmeten Gebäude, die geschichtlichen Denkmäler, die Hospitäler und Sammelplätze für Kranke und Verwundete soviel wie möglich zu schonen, vorausgesetzt, dass sie nicht gleichzeitig zu einem militärischen Zwecke Verwendung finden.«[403]

Die deutschen Bemühungen, den katastrophalen internationalen Ansehensverlust, den die Beschießung der Kathedrale verursacht hatte, in Grenzen zu halten, kaprizierten sich auf den letzten Teil dieses Satzes. Man versuchte verzweifelt nachzuweisen, die Kirche sei von den Franzosen für militärische Zwecke missbraucht worden. In einer Publikation des preußischen Kriegsministeriums wurde betont, die Beschießung sei »allein durch den Mißbrauch eines Turmes der Kathedrale zu einem Beobachtungsposten veranlaßt und geboten gewesen«.[404] Die Kathedrale war alles andere als eine mittelalterliche Wehrkirche, aber sie war ein

Symbol des französischen Nationalstolzes und eine Ikone des Widerstands gegen die deutsche Invasion. Kirchtürme waren in der damaligen Zeit nicht nur die höchsten Gebäude in den Städten, die von Reims waren die höchsten Türme, die die Deutschen auf ihrem Marsch auf Paris vorfanden. Bei ihrem Abzug hatten sie am 12. September 81 Geiseln genommen und außerdem gedroht, die Stadt beim geringsten Zeichen von Widerstand einzuäschern.[405] Deutsche Aufklärungsflugzeuge hatten festgestellt, dass die Stadt befestigt war und eine Menge Soldaten beherbergte. Diese in einem Krieg nicht unbedingt überraschende Feststellung hätte aber noch in keiner Weise die Beschießung der Kathedrale gerechtfertigt, zumal sich in deren unmittelbarer Nähe ein Lazarett befand, in dem neben französischen auch deutsche Verwundete lagen.

Im Anhang der Rechtfertigungsschrift des Kriegsministeriums werden die Zeugenaussagen zahlreicher Soldaten zitiert, die auf einem der Türme Personen gesehen haben wollten, darunter einen Signalgeber, der angeblich durch Flaggenzeichen die Franzosen über Standort und Bewegungen der deutschen Einheiten informiert habe. Im Übrigen sei die Beschießung »in durchaus vorsichtiger Weise an der Hand eines Stadtplanes« erfolgt.[406] Dass trotz dieser vorsichtigen Beschießung die gesamte Kirche niederbrannte, wurde in gewohnter Manier der einheimischen Bevölkerung in die Schuhe geschoben. Durch brennende Häuser in der Umgebung sei ein an der Kirche aufgestelltes Gerüst in Brand geraten, das dann zwei Tage lang brannte, ohne dass die Bevölkerung versucht habe, den Brand zu löschen. Die deutsche Artillerie habe nur einen einzigen Schuss auf die Kathedrale abgegeben, der zur Vertreibung des Signalpostens geführt habe, aber den Brand des Gebäudes nicht ausgelöst haben könne.[407] Dies alles war so wenig glaubhaft, dass es kaum dazu beitragen konnte, den immensen Ansehensverlust zu mindern. Stattdessen verschlimmerten die zahlreichen martialischen Verteidiger dieses barbarischen und militärisch sinnlosen Akts noch den für

Deutschland entstandenen Imageschaden. Generalmajor Bodo Borries von Ditfurth war das »Schicksal toter Bauwerke« gleichgültig; Ernst Lissauer legte dar, dass Deutsche nur um deutsche Kunststätten trauern könnten; Philipp Zorn, Professor für Völkerrecht an der Universität Bonn, erklärte, dass Belgien selbst die Neutralität verletzt habe, der deutsche Durchmarsch gerechtfertigt gewesen sei und die Schuld an der Zerstörung Löwens »einzig und allein die Löwener Bevölkerung trage«; der Schriftsteller Paul Ernst verwies darauf, dass Kunstwerke so wenig wie Menschen ein ewiges Leben hätten.[408] Und das sind nur die Stimmen aus einer einzigen Zeitung. Der Generalmajor ging dabei am weitesten in der Artikulation des deutschen Standpunkts: »Der schlichteste Grabhügel, der sich über der Leiche eines gefallenen Kriegers wölbt, ist uns heute ehrwürdiger als alle Kathedralen, alle Kunstschätze der Welt. [...] Man schilt uns Barbaren. Mit Unrecht! Noch sind wir es nicht. Aber wir könnten es werden. Und dürften unseren Feinden in Ost und West zurufen: Ihr habt's gewollt!«[409] In einer anderen Zeitung hieß es: »Der deutsche Militarismus ist doch wertvoller als das ganze Völkerrecht.«[410]

Die deutsche Presse bemühte sich, die deutsche Sicht der Dinge zur Geltung zu bringen, und auch die Kunsthistoriker gaben publizistischen Begleitschutz. Allein in *Kunst und Künstler*, dem wichtigsten Periodikum, erschienen drei größere Beiträge. Max J. Friedländer, der an der Berliner Gemäldegalerie tätig war und 1924 ihr Direktor wurde, legte dar, dass die Stadt Löwen mit ihrem Kunstbesitz schon immer nachlässig umgegangen sei.[463] Wilhelm Worringer, der an der Universität Bonn lehrte, widmete seinen Beitrag der Kathedrale von Reims.[464] Er begann mit der trotzigen Feststellung, dass die Deutschen nicht zögern würden, die Kathedrale zu opfern, wenn dadurch auch nur eine Handvoll deutscher Soldaten gerettet werden könnte. Er beeilte sich aber hinzuzufügen, dass die Beschädigung des Bauwerks glücklicherweise ganz geringfügig sei. Den Vorwurf der Barbarei wies er zurück und grüßte »über all die Entsetzlichkeit und Sinnlosigkeit dieses Krieges hinweg, in alter Bewunderung das formale Genie der französischen Rasse«,[465] nicht ohne zu betonen, dass die »geschichtliche[n] Durchforschung der Reimser Domplastik« immer eine Domäne der deutschen Wissenschaft gewesen sei.[466] Curt Glaser, der am Berliner Kupferstichkabinett tätig war und am Ersten Weltkrieg als Arzt teilnahm, überschrieb seinen Beitrag »Die Zerstörung von Brüssel im Jahre 1695«.[467] Er versuchte darzutun, dass Zerstörungen von Kulturgut im Kriegsfall leider nicht immer zu vermeiden seien: »Warum in Löwen Gericht gehalten werden musste, wie es kam, dass der Kathedrale von Reims die schwere Beschiessung nicht erspart werden konnte, das weiss die Welt aus den eindeutigen und bestimmten Kundgebungen unserer Heeresleitung.«[468] Zugleich betonte Glaser, dass gerade Deutschland immer wieder Opfer von kriegerisch nicht notwendigen Zerstörungsaktionen gewesen sei. So erinnerte er an die Zerstörung des Heidelberger Schlosses durch die Soldaten Ludwigs XIV. gegen Ende des 17. Jahrhunderts.

Ein bemerkenswertes Dokument im Kontext dieser publizistischen Auseinandersetzungen ist die »kriegspsychologische Betrachtung« des Mediziners Magnus Hirschfeld *Warum hassen uns die Völker?*.[469] Hirschfeld hatte sich als Arzt in Berlin niedergelassen und war außerdem ein Pionier der Sexualforschung. Das 1897 von ihm gegründete Wissenschaftlich-humanitäre Komitee gilt als die weltweit erste Organisation, die sich die Entkriminalisierung der Homosexualität auf die Fahnen schrieb. Im Ersten Weltkrieg arbeitete Hirschfeld als Lazarettarzt. In seinem Essay über den Hass kam Hirschfeld zu dem kuriosen Ergebnis, dass das »unkluge Verhalten« der Belgier, ihr »fanatisches Vorgehen« gegen die Deutschen nur durch eine künstlich eingeflößte Angst vor diesen erklärbar sei; dass England von »Spionenfurcht« erfüllt sei, weshalb Tausende von Deutschen in Konzentrationslagern schmachten müssten; dass die Franzosen die Deutschen heftig hassten und das russische Volk das deutsche auf Befehl des Zaren hasse. Einzig die Deutschen seien zu jedermann freundlich und hassten niemanden:»Die übergroße Mehrzahl des deutschen Volkes hegte, vom Kaiser angefangen durch alle Gesellschaftsschichten hindurch, verwandtschaftliche Empfindungen für England, Gefühle der Sympathie für Frankreich und Mitleid für das russische Volk, während unsere Regierung sich der zarischen nur allzu gefällig erwies.«[470] Es ist tragisch, dass der Autor dieser Zeilen später selbst ein Opfer deutschen Hasses wurde. Als Jude und als Homosexueller gehörte er gleich zwei von den Nationalsozialisten stigmatisierten Minderheiten an.

Als Akt diskreter Dissidenz wird man es werten dürfen, dass der Verleger Kurt Wolff noch während des Krieges Auguste Rodins Buch über die französischen Kathedralen, dessen zentrales Kapitel Reims gewidmet war, in deutscher Übersetzung herausbrachte. Auf jahrelangen Wanderungen des Künstlers durch Frankreich entstanden, war die Originalausgabe 1914 erschienen. Die deutsche Übersetzung kam 1917 heraus und reflektierte die deutschen Untaten:»Die Künstler, die dieses schufen, haben den Abglanz der Gottheit in die Welt geworfen; um uns zu erheben, haben sie ihre Seele an unsere gefügt und nun ist diese Seele mit allem Köstlichen, was sie besitzt, unser, ist unsere Seele. Und darum entwürdigt man uns, wenn man die Werke dieser alten Meister zugrunde gehen läßt. – Als Zeuge dieses Verbrechens fühlt sich der Künstler selbst von Gewissensbissen gepeinigt.«[411]

Es dauerte fast ein halbes Jahrhundert, bis Reims der Ort wurde, an dem ein neues Kapitel der deutsch-französischen Beziehungen seinen Anfang nahm. Zuvor war der absolute Tiefpunkt erreicht worden, als am Morgen des 7. Mai 1945 Generaloberst Alfred Jodl im Namen des deutschen Oberkommandos die Gesamtkapitulation aller deutschen Streitkräfte im Alliierten Hauptquartier in Reims unterzeichnete. Am 8. Juli 1962 besuchten dann Konrad Adenauer und Charles de Gaulle einen Gottesdienst in der Kathedrale, und de Gaulle sagte zu dem Erzbischof, der die beiden Regierungschefs empfing: »Der Kanzler und ich besuchen Ihre Kathedrale, um die Versöhnung von Deutschland und Frankreich zu besiegeln.«[412] Am 22. Januar 1963 wurde dann der Elysée-Vertrag unterzeichnet, der bis heute die Grundlage der deutsch-französischen Freundschaft bildet.

Die schrecklichen Zerstörungen von Löwen und Reims und die verheerende internationale Resonanz, die sie hervorgerufen hatten, führten in Deutschland zu Überlegungen, wie dem Gedanken des Kunstschutzes künftig besser Geltung verschafft werden könne. Am 12. September 1914 wurde Otto von Falke, der Direktor des Berliner Kunstgewerbemuseums, für die Dauer des Krieges der deutschen Zivilverwaltung in Belgien zugeordnet. Seine Aufgabe war die Sicherung der beweglichen Kunstschätze. Paul Clemen, Professor an der Universität Bonn und ein angesehener Kunsthistoriker und Denkmalpfleger, bekam am 10. Oktober die Verantwortung für den Schutz der Baudenkmäler übertragen, zuerst nur in Belgien, später noch in weiteren Kriegsgebieten. Im Lauf der Zeit wurden noch weitere Museumsdirektoren und Konservatoren als Kunstschutzbeauftragte für die verschiedenen Kriegsgebiete berufen, im Westen wie im Osten und zuletzt, nach der Niederlage der Italiener, auch im Süden.[413]

Unter all den zerstörten Kulturgütern ragt die Bibliothek von Löwen heraus. Wer eine Bibliothek verbrennt, versündigt sich am kulturellen Gedächtnis der Menschheit. Es gab auch in Deutschland Menschen, denen das bewusst war. So stellte der Generaldirektor der Königlich Preußischen Bibliothek in Berlin, Adolf von Harnack, schon bald Überlegungen an, wie ein weiterer Biblioklasmus verhindert werden könnte. Auf seinen Vorschlag hin ernannte der preußische Kultusminister im März 1915 den Direktor der Universitätsbibliothek Breslau, Fritz Milkau, zu seinem Beauftragten. Milkau sollte versuchen, die belgischen Bibliotheken vor weiteren Verlusten zu bewahren. Am 30. März traf er in Brüssel ein und besichtigte in zweieinhalb Monaten nicht weniger als 110 Bibliotheken. Von dem, was er in Löwen sah, war er tief erschüttert: »Die älteste Bibliothek des Landes spurlos und für immer vom Erdboden verschwunden; mit ihren 200 000 und mehr Bänden, mit ihren Hunderten wertvoller Handschriften in Rauch und Flammen aufgegangen, ohne etwas zu hinterlassen als eine metertiefe Aschenschicht. [...] Das ist kein belgischer Verlust mehr. Die ganze Welt ist dadurch ärmer geworden.«[414] Milkau war ein passionierter Bibliophiler und von ganzem Herzen Bibliothekar. Er regte sogar an, bei den deutschen Bibliotheken eine Sammlung zugunsten von Löwen durchzuführen. Dieser Vorschlag wurde aber von der deutschen Besatzungsverwaltung mit der Begründung verworfen, die Belgier könnten die Sammlung zurückweisen, was einen Gesichtsverlust Deutschlands bedeuten würde.

Die Zerstörung der Bibliothek war ein Fanal. Die Ruine blieb während der Kriegsjahre als Mahnmal der deutschen Schande bestehen. Die einzige Veränderung zu Kriegsende war die Anbringung eines Transparents mit der Aufschrift »Ici finit la culture allemande«. Am 19. Juni 1919 kam, wie vor ihm schon andere prominente Persönlichkeiten, der amerikanische Präsident Wilson hierher. In der Ruine verlieh die Universität Löwen ihm die Ehrendoktorwürde.[415] Am 28. Juni wurde der Friedensvertrag von Versailles unterzeichnet. Artikel 247 des Vertrages verpflichtete Deutschland, der Universität Löwen Handschriften, Inkunabeln, Bücher, Karten und Sammlungsgegenstände »in gleicher Zahl und in gleichem Werte zu liefern, wie sie durch den von Deutschland an die Bibliothek von Löwen angelegten Brand zerstört wurden«.[416] Zur Erfüllung dieser Verpflichtung wurde das Amt eines »Staatskommissars für die Wiederherstellung der Universitätsbibliothek Löwen« geschaffen. In das Amt berufen wurde auf Milkaus Vorschlag hin dessen ehemaliger Mitarbeiter in Brüssel Richard Oehler, der im April 1920 sein Büro im Leipziger Buchhändlerhaus bezog. Die deutschen Bibliothekare waren ehrlich bemüht, die Bibliothek vollständig zu restituieren, was in Belgien auch Anerkennung fand. Das Gebäude wurde mit amerikanischer Finanzhilfe im Stil der flämischen Renaissance wiedererrichtet und am amerikanischen Unabhängigkeitstag, dem 4. Juli 1928, eingeweiht. Im Zweiten Weltkrieg brannte die Bibliothek nach deutschem Beschuss am 16. Mai 1940 erneut aus, ohne dass das Ereignis eine vergleichbar starke Beachtung wie 1914 fand.[417] Dieses Mal verbrannten 900 000 Bücher. Nach dem Krieg wurde das Bibliotheksgebäude wiederum originalgetreu rekonstruiert. Seit 1987 steht es unter Denkmalschutz, beherbergt allerdings nur noch die halbe Bibliothek, weil in den sechziger Jahren die Universität Löwen, mehr als fünfhundert Jahre nach ihrer Gründung, in einen niederländisch- und einen französischsprachigen Teil aufgeteilt wurde und mit ihr auch die Bibliothek.

Im Krieg, wenn sich bewaffnete Verbände verfeindeter Staaten bekämpfen, kommt es immer wieder zu Zerstörungen und zu Schäden an Leib und Leben, die über das unmittelbare Kampfgeschehen hinausweisen. Dabei ist nicht nur an die heute so genannten Kollateralschäden zu denken oder an legitime oder weniger legitime Vergeltungsmaßnahmen wie Geiselerschießungen. Immer wieder gibt es auch Fälle von überschießender Gewalt, die auch nach der Logik der kriegführenden Regierungen nicht zu legitimieren sind. Schon im Mittelalter gab es Bemühungen, die Anwendung von militärischer Gewalt durch Regelwerke zu begrenzen. Ein Hauptgrund dafür war neben ethischen Überlegungen und den Prinzipien der Selbsterhaltung die Wahrung der Disziplin innerhalb der eigenen Streitkräfte, die durch Exzesse stets ins Wanken zu geraten drohte. Diese Bemühungen um Regularien hatten im Vorfeld des Ersten Weltkriegs zur Kodifizierung der Haager Landkriegsordnung geführt. Tatsächlich bilden Gräueltaten in Relation zur Gesamtheit kriegerischer Gewalt die Ausnahme von der Regel,[418] doch fanden und finden sie aus leicht verständlichen Gründen besondere Aufmerksamkeit.

Die Vorgänge von Gernika, Nanking, Katyn, Lidice, Oradour und My Lai haben sich tief in das kollektive Gedächtnis der Menschheit eingegraben, und das zu Recht. Aber die Erinnerung ist nicht immer gerecht, zu zahlreich und vielfältig sind die Faktoren, die auf die Perzeption der Ereignisse und die Intensität der Erinnerung einwirken. Im Ersten Weltkrieg ist hier von Anfang an ein fundamentaler Unterschied zwischen dem Geschehen an der Ostfront und dem an der Westfront zu beobachten, ein Unterschied, der bis heute anhält. Während die Vorgänge an der Westfront sich gewissermaßen unter dem Scheinwerferlicht der Weltöffentlichkeit abspielten, denken die allermeisten Menschen, wenn sie das Wort »Ostfront« hören, automatisch an die Jahre ab 1941, obwohl schon im Ersten Weltkrieg Millionen von Soldaten an der Ostfront kämpften. Durch das verdienstvolle Buch des amerikanischen Historikers Vejas Gabriel Liulevicius hat die nördliche Hälfte des östlichen Kriegsschauplatzes erstmals etwas klarere Konturen bekommen.[419] Aber auch Liulevicius widmet den russischen Kriegsgräueln nur einen einzigen Satz: »Die Kosaken plünderten und brandschatzten, nahmen Zivilisten als Geiseln und deportierten sie nach Osten.«[420] Unpräziser kann eine historische Darstellung wohl kaum sein.

Im Zarenreich lebten bei Kriegsausbruch etwa 2,5 Millionen Deutsche, nachdem es um die Jahrhundertwende noch 1,8 Millionen gewesen waren.[421] Die »deutsche Frage« hatte die russische Gesellschaft in den Jahrzehnten zuvor immer wieder beschäftigt,[422] ehe 1914 der Kampf gegen die wirtschaftliche Potenz der Deutschen und gegen die deutsche Kultur erheblich an Brisanz gewann. Ethnische Minderheiten stehen stets im Verdacht, als fünfte Kolonne des Feindes im eigenen Lande zu wirken, und bei militärischen Rückschlägen sucht man gerne die Schuld für den eigenen Misserfolg bei diesen angeblich illoyalen Gruppen. Erschwerend kam noch die speziell im Ersten Weltkrieg grassierende Furcht vor Spionen hinzu. Das Zarenreich hatte im 18. und 19. Jahrhundert nach Westen expandiert und zudem in den ersten Kriegswochen ganz Ostpreußen und große Teile Galiziens besetzt, so dass Nikolaus II. über einen breiten, vom Baltikum bis ans Schwarze Meer reichenden Landgürtel gebot, der ganz überwiegend von Nichtrussen bewohnt war. Das eroberte Gebiet ging im Norden schon nach wenigen Wochen, im Süden nach etwas mehr als einem halben Jahr wieder verloren. Dann machten die von Hindenburg und Ludendorff geführten deutschen Armeen gewaltige Geländegewinne, woraufhin die Russen nicht nur das ehemals polnische Territorium räumen mussten, sondern bis Ende 1915 auch Teile ihres Kerngebiets.

Die russische Armee verfolgte bei ihrem Rückzug eine Politik der verbrannten Erde, um den deutschen Eroberern keinerlei Ressourcen zu überlassen. Diese Politik erfasste auch die nichtrussischen Teile der Bevölkerung, denen man Illoyalität, wenn nicht Sympathie für den Feind unterstellte. In besonderem Maße galt das für die Deutschen und Juden, von denen allein aus dem russischen Teil Polens 200 000 nach Sibirien deportiert wurden.[423] Der aus Pressburg (heute Bratislava) stammende Rabbiner Aron Tänzer war der deutschen Bugarmee als Feldrabbiner zugeteilt, die die österreichisch-ungarischen Verbände an der Ostfront unterstützen sollte. Er beschrieb die Zustände in Brest-Litowsk (heute Brest), nachdem in der zweiten Augusthälfte 1915 »die zum Schutze der großen, blühenden Stadt berufenen russischen Truppen« die Stadt vollständig verwüstet und das Archiv der jüdischen Gemeinde, das Aufzeichnungen aus sechshundert Jahren enthielt, gänzlich vernichtet hatten: »Nur Steine reden noch, die vielen Ruinen jüdischer Anstalten in den langen Trümmerreihen der unglücklichen Stadt erzählen, daß hier einst ein großes jüdisches Gemeinwesen geblüht hat.«[424]

Am 15. August 1915 hatte der russische Kommandant bekanntgegeben, dass die 40 000 Einwohner, von denen 30 000 Juden waren, die Stadt in den folgenden Tagen zu verlassen hätten. Einige wurden auf offenen Lastwagen abtransportiert, manche konnten sich durch Bestechung Panjewagen verschaffen, viele mussten zu Fuß gehen. Dann wurde die ganze Stadt geplündert und am 24. und 25. August, einen Tag bevor die deutschen und die österreichisch-ungarischen Truppen eintrafen, mit Hilfe von Handgranaten gesprengt und niedergebrannt. Tänzer schließt seinen Bericht mit den Worten: »Die jüdische Gemeinde von Brest-Litowsk? Vorläufig gehört sie der Vergangenheit an.«[425] Man könnte hinzufügen, dass sich nach dem Krieg wieder eine große jüdische Gemeinde in Brest-Litowsk bildete. Als das Deutsche Reich im Juni 1941 die Sowjetunion überfiel, ermordeten deutsche Polizisten allein in den ersten Wochen der Besatzung viertausend Brester Juden; die noch Lebenden wurden in ein Getto gesperrt und im Jahr darauf ermordet.

Insgesamt verschleppten die Russen während ihres Rückzugs 1915 300 000 Litauer, 250 000 Letten, 743 000 Polen und zwischen einer halben und einer Million Juden.[426] Wie viele von ihnen durch Mangelernährung, Kälte und die Strapazen des Transports umkamen, wissen wir nicht. Die Politik der Deportationen machte nicht einmal vor Personen halt, die noch wenige Jahre zuvor im Russisch-Japanischen Krieg für das Zarenreich gekämpft hatten, dabei verwundet und ausgezeichnet worden waren.[427] Im Süden, an der Kaukasusfront, richtete sich dieser »eliminatorische Nationalismus der russischen Generalität« auch gegen Türken und Muslime, die aus den grenznahen Gebieten vertrieben wurden.[428]

In Galizien machten die Juden etwa 12 Prozent der Bevölkerung aus, wobei sie sehr in den Städten konzentriert waren. Hier gab es im Krieg eine massive antisemitische Kampagne, die schon unter österreichisch-ungarischer Herrschaft begann und sich unter der russischen Besatzung verstärkt fortsetzte.[429] Sie führte einerseits zu zahllosen Verhaftungen und Deportationen, deren Ausgangspunkt häufig Denunziationen waren, und löste andererseits eine Massenflucht nach Westen aus, vor allem nach Wien, was die dortigen jüdischen Organisationen vor erhebliche Probleme stellte. Gleichzeitig wurde die ukrainische Unabhängigkeitsbewegung brutal unterdrückt. Die Russen deportierten viele Ukrainer, begannen darüber hinaus einen Kulturkampf und beeilten sich, die Russifizierungspolitik des Vorkriegsjahrzehnts in dem neugewonnenen Territorium unter Hochdruck nachzuholen. Es war der Versuch, in einem komplexen Machtgebilde den nationalen Diskurs von einer homogenen Gesellschaft zu etablieren, der minoritäre Gruppen sich anzugleichen hätten, ein Unterfangen, das immer mit Schwierigkeiten und Konflikten verbunden ist und in einer am Ende nur nach Monaten zählenden Besatzungszeit kaum Chancen hat.

Als die Russen die eroberten Gebiete im Frühjahr 1915 nach und nach wieder räumen mussten, verbesserte sich die Situation für die Bevölkerung kaum. Das Militär der Habsburger Monarchie ging in den zurückeroberten galizischen Territorien mit großer Brutalität gegen tatsächliche und – in den allermeisten Fällen – vermeintliche Kollaborateure vor. Viele wurden nach fragwürdigen Schnellverfahren hingerichtet, noch mehr ohne jegliches Verfahren ermordet. Die zeitgenössischen Schätzungen schwanken zwischen 11 400 und etwa 60 000 Todesopfern. Zahllose Menschen starben darüber hinaus in Internierungslagern, allein in dem ungarischen Lager Arad waren es zwischen dreitausend und viertausend.[430] Der aus Galizien stammende polnische Sozialdemokrat Ignacy Daszyński klagte im Abgeordnetenhaus unter dem Schutz der parlamentarischen Immunität über die Rückkehr der k. u. k. Armee: »Der Einzug in Galizien war der Einzug des Galgens und des Mordes.«[431]

Auch weiter im Süden, an der serbischen Front, ging die österreichisch-ungarische Armee sichtlich mit großer Brutalität vor. Die drei Offensiven in den letzten Monaten des Jahres 1914 scheiterten allesamt, aber es kam trotzdem oder vielleicht gerade deswegen zu schweren Übergriffen gegen die serbische Zivilbevölkerung. Schon im August wurden etwa viertausend Menschen ermordet.

Die russischen wie auch die österreichisch-ungarischen Kriegs-verbrechen standen den deutschen Untaten in Belgien an Skru-pellosigkeit nicht nach und übertrafen sie nach der Zahl der Op-fer bei weitem, dennoch wurden sie von der Weltöffentlichkeit weit weniger beachtet. Sie ereigneten sich erst im Frühsommer 1915 und fanden nicht in den westlichen Provinzen Polens, seit langem Opfer preußischer, russischer und österreichischer impe-rialer Interessen, sondern in weiter östlich gelegenen Gebieten statt, die die wenigsten aus eigener Anschauung kannten. Ein Schauplatz war Galizien, das östlichste Kronland und Armen-haus der Habsburger Monarchie, wohin sich kein österreichi-scher Beamter freiwillig versetzen ließ, ein anderer der Balkan, wo seit Jahren kriegerische Auseinandersetzungen in wechseln-den Konstellationen stattfanden. Flandern war dagegen seit dem Mittelalter eine zentrale Landschaft der europäischen Geschichte und Kultur. Hier stießen 1914 mit Großbritannien, Frankreich und Deutschland die drei Großmächte des modernen Europa auf-einander. England, Frankreich, Preußen, Österreich und Russ-land hatten 1839 im Vertrag von London gemeinsam die Neutra-lität des neu konstituierten Staates Belgien garantiert. 75 Jahre lang war diese Neutralität allseits respektiert worden, eine der großen Leistungen der europäischen Diplomatie des 19. Jahr-hunderts, bis das Deutsche Reich diesen Konsens durch seinen Einmarsch am 4. August 1914 spektakulär aufkündigte. Die Fol-gen waren dramatisch. In Großbritannien und später auch in den USA, Staaten, die keine Wehrpflicht kannten, wurde »Remem-ber Belgium« zum zentralen Schlachtruf bei der Rekrutenwer-bung, der auf unzähligen Plakaten mit unterschiedlichen Bild-motiven zu lesen war. Populär waren besonders zwei Motive: Das eine zeigte einen Schattenriss mit einem deutschen Soldaten, der ein junges Mädchen verschleppt, im Hintergrund eine brennende Stadt. Unter dem Slogan »Remember Belgium« stand die Auf-forderung, Kriegsanleihen zu kaufen. Das war die amerikanische Version des Motivs. Auch in Großbritannien war »Remember

Belgium – Enlist To Day« eine populäre Parole. Im Vordergrund steht ein Soldat, der sich auf sein Gewehr mit aufgepflanztem Bajonett stützt. Im Hintergrund brennt eine Kleinstadt, eine Mutter mit zwei Kindern ist von dort auf dem Weg zu dem standhaften Soldaten, um Schutz zu finden. Auch »The Rape of Belgium«, die Vergewaltigung Belgiens, war in den Kriegsjahren Thema zahlreicher bildlicher Darstellungen.[432] Besonders intensiv engagierte sich der Niederländer Louis Raemaekers, der als Cartoonist für die Zeitung *De Telegraaf* in Amsterdam tätig war. Er produzierte mehr als tausend sehr heftige antideutsche Karikaturen, die auch in Frankreich und England in Ausstellungen gezeigt wurden und 1916 in Buchform erschienen.[433] Als die deutsche Regierung eine Belohnung von 12 000 Gulden auf die Ergreifung des Zeichners aussetzte, ging er nach London und arbeitete dort für die *Times*.

Das Deutsche Reich, das angetreten war, an der Westfront einen handstreichartigen Sieg zu erringen, um anschließend Russland niederzuwerfen, befand sich unversehens in der Defensive. Paris war bedroht, aber nicht erobert worden. Dafür hatten deutsche Truppen Tausende von belgischen Zivilisten als angebliche Freischärler ermordet, das historische Zentrum von Löwen einschließlich der Universitätsbibliothek in Schutt und Asche gelegt und die Kathedrale von Reims abgebrannt. Diese Untaten waren mit größter Aufmerksamkeit wahrgenommen worden. Die »deutschen Kriegsgräuel«, so auch der Titel der einschlägigen Monographie der Historiker John Horne und Alan Kramer, wurden sofort zu einem konstituierenden Element der Meistererzählung über diesen Ersten Weltkrieg. Die im Gegenzug erhobenen Beschuldigungen gegen Franzosen und Belgier, gleichfalls schreckliche Verbrechen verübt zu haben, fanden dagegen selbst in Deutschland nur ein verhaltenes Echo. Die am meisten verbreitete Mythe besagte, dass man deutschen Kriegsgefangenen, verwundeten wie nicht verwundeten, die Augen ausgestochen habe. Schon am 4. September 1914 richteten namhafte Theologen und

Hochschullehrer einen Aufruf an die evangelischen Christen im Ausland, in dem sie über »namenlose Greuel« klagten, »die mancher heidnische und mohammedanische Krieg nicht aufzuweisen hatte«.[434]

Am 10. Oktober 1914 legte das Auswärtige Amt einen ersten Bericht über die Missachtung der Genfer Konvention durch französische Soldaten und belgische Freischärler vor.[435] Er enthielt eine Sammlung von Zeugenaussagen und typischen Berichten. Verwundete deutsche Soldaten seien auf den Schlachtfeldern mit Lanzen oder Bajonetten erstochen worden, unverwundet Gefangengenommene aus nächster Nähe erschossen worden. Auch der Fall eines Kriegsgefangenen, dem die Augen ausgestochen worden seien, wurde von einem der Zeugen zu Protokoll gegeben. Solche Berichte finden sich in großer Zahl auch in der deutschen Presse. Die Kriegsberichterstatter – im Widerspruch zu ihrer Berufsbezeichnung berichteten sie oft über Ereignisse, die sie selbst gar nicht gesehen hatten, und verließen sich einfach auf Berichte der Militärbehörden – trugen erheblich zur Verbreitung der Gräuelmärchen bei.[436] Der Schriftsteller Norbert Jacques, der für die *Frankfurter Zeitung* tätig war, fuhr immerhin an die Front. Als gebürtiger Luxemburger war er Ausländer, weswegen man seine freiwillige Meldung zum Kriegsdienst nicht angenommen hatte. Deshalb wollte er wenigstens publizistisch zum Sieg der deutschen Waffen beitragen. Doch obwohl er selbst ins Kampfgebiet reiste, tat er dasselbe wie alle Verkünder von Gräuelmärchen auf beiden Seiten der Front und berichtete nur, was andere gesehen haben wollten: »Durch Zeugen ist bestätigt worden, daß Einwohner wallonischer Dörfer in unerhört grausamer Weise deutsche Verwundete marterten, kastrierten und schlachteten.«[437] Der Krieg war nach Jacques' Überzeugung ein »Feldzug gegen die deutsche Menschlichkeit«,[438] für Zweifel an solchen Berichten sah er demnach keinen Anlass.

Wesentlich mehr Eindruck als die Dokumentation des Auswärtigen Amtes machte der erste französische Kommissionsbericht, der im Januar 1915 veröffentlicht wurde. Es gab eine ausführliche Version von mehr als 250 Seiten, in der alle Hinrichtungen, Vergewaltigungen, Brandstiftungen, Plünderungen und sonstigen Gewalttaten der Deutschen detailliert verzeichnet waren. Daneben erschien eine Kurzfassung, die in zahlreichen Zeitungen abgedruckt wurde und in verschiedenen Übersetzungen auf der ganzen Welt Verbreitung fand.[439] Der Bericht hinterließ einen tiefen Eindruck, nicht zuletzt auch in Großbritannien, das offiziell wegen der Verletzung der belgischen Neutralität durch das Deutsche Reich in den Krieg eingetreten war.

Der britische Premierminister Herbert Henry Asquith hatte seinen Innenminister und den Generalstaatsanwalt schon im September 1914 beauftragt, ebenfalls einen Untersuchungsbericht vorzulegen. Mehr als 1200 Personen machten dafür Zeugenaussagen, die meisten von ihnen waren belgische Flüchtlinge. Ein genialer Schachzug war es, den Juristen, Historiker und Politiker James Bryce zum Vorsitzenden der Untersuchungskommission zu berufen. Zuletzt war der bereits 76 Jahre alte Bryce britischer Botschafter in den USA gewesen. Dieser Umstand trug sicher dazu bei, dass der am 12. Mai 1915 vorgelegte »Bryce Report«[440] eine »durchschlagende Wirkung« hatte.[441] Der liberale Bryce war ein international angesehener Wissenschaftler und Humanist von hoher Glaubwürdigkeit, zumal er während des Burenkrieges von 1899 bis 1902 die brutale Kriegsführung der Briten scharf kritisiert hatte. Nachdem die Untersuchung der Vorgänge in Belgien abgeschlossen war, erhielt Bryce von der britischen Regierung einen weiteren Auftrag. Er sollte die türkischen Gräueltaten gegen die Armenier untersuchen, die 1915 in vollem Gange waren, und legte darüber im September des Jahres ebenfalls einen Bericht vor. Auch in Deutschland erschien im Jahr darauf ein Buch, das die Öffentlichkeit aufrütteln und auf das schreckliche Schicksal der Armenier aufmerksam machen wollte.[442] Verfasser war der evangelische Theologe und Orientalist Johannes

Lepsius, der auch Vorsitzender der 1914 in Berlin gegründeten Deutsch-Armenischen Gesellschaft war. Nun war aber die Türkei im Ersten Weltkrieg ein Verbündeter des Deutschen Reiches, das offiziell jede Stellungnahme zu den Vorgängen vermied, auch wenn die massenhafte Vertreibung und Ermordung der Armenier in Berlin durchaus kritisch gesehen wurden. Der Bericht von Lepsius fiel der Militärzensur zum Opfer und konnte nur »als Manuskript gedruckt« einem begrenzten Kreis zugänglich gemacht werden. In dem an die »lieben Missionsfreunde« gerichteten Vorwort schrieb Lepsius: »Die Zensur kann während des Krieges Veröffentlichungen über die Vorgänge in der Türkei nicht gestatten. Unser politisches und militärisches Interesse zwingt uns gebieterische Rücksichten auf. Die Türkei ist unser Bundesgenosse. Sie hat nächst der Verteidigung ihres eigenen Landes auch uns durch die tapfere Behauptung der Dardanellen Dienste geleistet.«[443] Die Anweisung der regierungsamtlichen Pressekonferenz vom 7. Oktober 1915 lautete:

Über die Armeniergreuel ist folgendes zu sagen: Unsere freundschaftlichen Beziehungen zur Türkei dürfen durch diese innertürkische Verwaltungsangelegenheit nicht nur nicht gefährdet, sondern im gegenwärtigen, schwierigen Augenblick nicht einmal geprüft werden. Deshalb ist es einstweilen Pflicht, zu schweigen. Später, wenn direkte Angriffe des Auslandes wegen »deutscher Mitschuld« erfolgen sollten, muß man die Sache mit größter Vorsicht und Zurückhaltung behandeln und stets hervorheben, daß die Türken schwer von den Armeniern gereizt wurden.[444]

Die offizielle deutsche Ignoranz gegenüber dem Schicksal der Armenier war Wasser auf die Mühlen der alliierten Propagandaapparate, die ohnehin dazu neigten, den Deutschen eine indirekte Mitschuld an den Gräueltaten zuzusprechen, weil diese ihren türkischen Bundesgenossen nicht in den Arm gefallen waren. Einmal mehr sah sich Deutschland vor der Weltgemeinschaft auf der Anklagebank.

Der Bryce Report war so umfangreich, dass er in zwei Bänden publiziert wurde, aber es gab auch eine Kurzfassung von 48 Seiten. Diese kam am 12. Mai 1915 zeitgleich in dreißig verschiedenen Sprachen heraus, fünf Tage nach der Versenkung der »Lusitania« durch ein deutsches U-Boot, die die Öffentlichkeit in den anglophonen Ländern ohnehin schon aufgewühlt hatte. Das britische War Propaganda Bureau hatte die Publikation beschleunigt, um diese antideutsche Stimmung, die sich auch in der Plünderung deutscher Geschäfte und anderen gewalttätigen Aktionen niederschlug, auszunutzen, in der Hoffnung, dass die Vereinigten Staaten nunmehr an der Seite der Entente in den Krieg eintreten würden. Der Bericht kam zu dem Ergebnis, dass 1. die Deutschen in Belgien vorsätzlich große Massaker veranstaltet hatten, 2. in großer Zahl unschuldige Zivilisten ermordet worden waren, Männer, Frauen und Kinder, 3. Offiziere ihre Mannschaften zu Plünderung, Brandschatzung und Zerstörungsaktionen angehalten hatten, ohne dass dazu eine militärische Notwendigkeit bestanden hatte, und 4. vielfach gegen die Regeln der Genfer Konvention und der Haager Landkriegsordnung verstoßen worden war, insbesondere durch die Verwendung von Zivilisten als menschliche Schutzschilde, die Tötung von Gefangenen und Verwundeten sowie den Missbrauch der Rotkreuz-Flagge.

Auch der Bryce Report enthielt unzuverlässige Zeugenaussagen, Berichte aus zweiter Hand und Gräuelmärchen, aber in der Gesamttendenz war er differenzierter und glaubwürdiger als die französischen und belgischen Berichte, und er traf auf eine Öffentlichkeit, die angesichts der Vorkommnisse, die es unzweifelhaft gegeben hatte, die erhobenen Vorwürfe auch dann für plausibel hielt, wenn sie unzutreffend waren. Anders als die Franzosen, die zu einer Kollektivschuldthese neigten, enthielt sich der Bryce Report negativer Bewertungen der Deutschen als Volk und machte vielmehr die Führungsschicht und den deutschen Militarismus für die Untaten verantwortlich. Während die Franzosen das deutsche Vorbringen, es habe Angriffe von Freischärlern gegeben, als bloße Schutzbehauptung abtaten, hielten die Engländer die Franktireurhysterie für real, glaubten allerdings so wenig wie die Franzosen, dass, von Ausnahmen abgesehen, solche Freischärler wirklich in Aktion getreten waren, eine Sicht, die der Realität sehr nahe kam. Der Historiker Arnold Toynbee, der für das War Propaganda Bureau tätig war und 1915 einen Bericht über die Ermordung der Armenier publizierte,[445] legte im vorletzten Kriegsjahr ein eigenes Buch über die deutschen Kriegsgräuel in Belgien vor, das das im Bryce Report entworfene Bild noch einmal scharf konturierte.[446]

Am 10. Mai 1915 hatte die britische Tageszeitung *The Times* einen Bericht mit dem Titel »Torture of a Canadian Officer« publiziert. Der Bericht stützte sich auf drei Augenzeugen, die gesehen haben wollten, wie deutsche Soldaten einige Tage zuvor einen verwundeten Kanadier mit Bajonetten, die durch Hände und Füße getrieben worden waren, an einem Baum gekreuzigt hatten. Sehr bald existierten auch von dieser Gräueltat bildliche Darstellungen, die der Mobilisierung der öffentlichen Meinung gegen die deutschen »Hunnen« dienen sollten. Es ist bezeichnend, dass es von diesen Vorfällen nur Zeichnungen, aber keine Fotos gibt, was einfach daran liegt, dass es sich um Produkte der Kriegspropaganda handelte, die jeder faktischen Grundlage entbehrten. Das gilt auch für das populärste Gräuelmärchen, das auf Seiten der Alliierten in die Welt gesetzt wurde. Deutsche Soldaten hatten angeblich belgischen Kindern die Hände abgehackt.[447] Dieses Märchen verbreitete sich sogar bis an die Ostfront, so dass auch Karl Liebknecht bei seinem Einsatz in Litauen damit konfrontiert wurde. Über einen Besuch in Memel berichtete er seinem Sohn: »Auf der Straße wurden mir sofort tolle Mordsgeschichten von abgehackten Händen erzählt und gegen meinen Zweifel eingewandt: die Regierung streite das alles nur ab, um die Angst der Bevölkerung zu dämpfen.«[448] Gerüchte wollten wissen, dass viertausend französische Kinder von den Deutschen verstümmelt worden seien. Einer der wenigen, die sich die Mühe machten, diesen Gerüchten auf den Grund zu gehen, war der Schriftsteller André Gide, doch alle seine Nachforschungen stießen ins Leere. Am 15. November 1914 notierte er: »Nicht eine von diesen Behauptungen konnte bewiesen werden.«[449]

Es ist eine bittere Ironie, dass dieses Gräuelmärchen einen realen Ursprung ausgerechnet in der belgischen Kolonialgeschichte hatte. Der Kongo, seit 1885 Privatbesitz des belgischen Königs Leopold II., war mit beispielloser Grausamkeit ausgeplündert worden. Dabei waren unendlich viele Menschen umgekommen, die Schätzungen reichen bis zu zehn Millionen. Genaue Opferzahlen kennen wir nicht: »Nur wenige Regierungsbeamte führten Statistiken über etwas so Unwesentliches wie afrikanische Menschenleben.«[450] Teil der Herrschaftspraxis dieses extrem brutalen Kolonialregimes war die Anweisung an die Soldaten, keine Patronen zu verschwenden. Um nachzuweisen, dass jeder abgegebene Schuss einen Eingeborenen getötet hatte, sollten abgetrennte Hände, gelegentlich auch Füße, vorgelegt werden als symbolischer Ersatz für den Leichnam. Wenn nun doch, aus welchen Gründen auch immer, Patronen vergeudet worden waren, schlugen die Soldaten einfach lebenden Kindern die Hände ab, damit die Anforderungen des *body count* erfüllt waren und die Tötungsbilanz zumindest auf dem Papier stimmte. Diese Vorgänge waren leider keine Gräuelmärchen, sie sind fotografisch vielfach dokumentiert.[451] So projizierten die Belgier 1914 bewusst oder unbewusst eigene Schandtaten aus früherer Zeit auf den Kriegsgegner.

Am 9. September 1914 hatte auch das preußische Kriegsministerium eine Untersuchungskommission eingesetzt, die Militäruntersuchungsstelle für Verletzungen des Kriegsrechts. Sie wurde nicht von einem Zivilisten, sondern von einem Major geleitet und sollte Beweise dafür sammeln, dass es einen Franktireurkrieg in Belgien gab, und in diesem Sinne auch die der »Bestrafung Löwens« zugrunde liegenden Vorgänge aufklären.[452] Das »Weißbuch« der Kommission kam am 10. Mai 1915 heraus, zwei Tage vor dem Bryce Report, aber es verfehlte seine Wirkung. Die zusammengetragenen Beweismittel waren »merkwürdig unkonkret und beruhten zum größten Teil auf Hörensagen«.[453] Entlastende Erkenntnisse wurden systematisch ausgeblendet, von den angeblichen MG-Stellungen in Wohnhäusern gab es kein einziges Foto. Die vergleichsweise geringen Verlustzahlen der deutschen Einheiten kontrastierten auffällig mit der Behauptung, es habe ständig hinterhältige Angriffe gegeben. So meldete der Stadtkommandant von Löwen offiziell lediglich »mehrere Tote und Verwundete«,[454] und bei diesen wenigen handelte es sich, nach allem, was wir wissen, um Opfer einer versehentlichen Beschießung durch Kameraden. Auch die verstümmelten deutschen Soldaten blieben eine Schimäre. Es gab weder Namen noch präzise Orts- und Datumsangaben, geschweige denn Fotos. Das ist umso auffälliger, als Fotos von hingemetzelten Opfern diverser Gräueltaten damals ein beliebtes Demonstrations- und Beweismittel der politischen Propaganda waren.[455]

Von den Hinrichtungsorgien, die die habsburgischen Truppen während des Ersten Weltkriegs veranstalteten, gibt es zahllose Bilder.[456] Berühmt ist das Foto von der Hinrichtung Cesare Battistis mit dem lachenden Henker, der stolz über dem Galgen thront. Dieses Bild ging damals durch die Presse, obwohl es eindeutig einen Justizmord zeigt. Battisti war ein aus Trient gebürtiger Irredentist, der trotz seiner österreichischen Staatsbürgerschaft auf der Seite Italiens kämpfte. Die Österreicher hatten ihn gefangen genommen und am 12. Juli 1916 in Trient hingerichtet, obwohl er als Abgeordneter des österreichischen Reichsrats über die parlamentarische Immunität verfügte und ihm diese vor der Eröffnung eines Strafverfahrens erst hätte entzogen werden müssen. Battisti wurde nach einem Prozess von nur zwei Stunden Dauer sofort gehängt, überlebte aber die Exekution wegen eines technischen Defekts am Würgegalgen. In solchen Fällen wurden die Hinzurichtenden normalerweise begnadigt. Bei Battisti legte jedoch der Henker Josef Lang, der für den Vollzug des Urteils eigens aus Wien angereist war, dem Delinquenten erneut einen Strick um den Hals. Diesmal gelang die Hinrichtung. Anschließend wurde der Gehängte öffentlich zur Schau gestellt. Die Aufnahme dieser Szene gehört seitdem zum ikonographischen Kernbestand des Ersten Weltkriegs.[457]

Das deutsche Weißbuch von 1915 gilt inzwischen unbestritten als obsolet. Während es in der Zwischenkriegszeit noch keine Verständigung hinsichtlich der Ereignisse des Ersten Weltkriegs gab und in Belgien gelegentlich Prozesse gegen den Baedeker-Verlag wegen einzelner Aussagen in seinen Reiseführern angestrengt wurden, kam in den fünfziger Jahren eine Historikerkommission, die aus je drei belgischen und deutschen Wissenschaftlern bestand, zu einer einvernehmlichen Einschätzung. Auf belgischer Seite war der Althistoriker Fernand Mayence federführend, der sich in mehreren Veröffentlichungen kritisch mit dem deutschen Weißbuch und mit der Legende vom Franktireurkrieg auseinandergesetzt, aber auch einen »Aufruf an alle Deutschen, die guten Willens sind« publiziert hatte.[458] Mayence stand auf deutscher Seite Franz Petri gegenüber, der sich schon als junger Mann 1930/31 mit den Vorgängen in Andenne beschäftigt, diese Arbeit dann aber aufgegeben hatte, als er merkte, dass die belgische Version der Ereignisse wohl zutreffend war, eine Erkenntnis, deren Verbreitung seine akademische Karriere gefährdet hätte. Stattdessen habilitierte er sich 1936 über *Germanisches Volkserbe in Wallonien und Nordfrankreich* und wurde ein wichtiger Vertreter der NS-konformen Westforschung. In der Bundesrepublik versuchte Petri sich neu zu orientieren und kam auf sein altes Forschungsfeld zurück. Entscheidend war dabei die Arbeit seines Assistenten Peter Schöller *Der Fall Löwen und das Weißbuch*, die 1958 gleichzeitig auf Deutsch, Flämisch und Französisch erschien und deren Ergebnis von den Mitgliedern der belgisch-deutschen Historikerkommission einhellig gebilligt wurde.[459] Petri forderte in seiner Einleitung, dass das Weißbuch fortan »publizistisch und literarisch nicht mehr verbreitet wird«.[460] Damit war es als Quelle für historische Darstellungen endgültig erledigt. Im selben Jahr 1958 wurde dem in Luxemburg geborenen französischen Politiker und großen Europäer Robert Schuman und dem deutschen Bundeskanzler Konrad Adenauer gemeinsam die Ehrendoktorwürde der Universität Löwen verliehen, ein schmerzliches Kapitel der deutsch-belgischen Beziehungen fand so seinen symbolischen Abschluss.

Bis dahin war es ein weiter Weg gewesen. Die deutsche Regierung, die 1915 das Weißbuch vorlegte, duldete keinen Zweifel an ihrer Theorie von einem »wilde[n] Volkskampf gegen die deutschen Truppen«, in dem sie eine flagrante Verletzung des Völkerrechts sehen wollte.[461] Und angesichts des verheerenden internationalen Echos, das das deutsche Vorgehen in Belgien hervorgerufen hatte, legte die Regierung größten Wert darauf herauszustellen, dass die Belgier an dem, was ihnen widerfahren war, selbst schuld waren: »Denn abgesehen davon, daß eine Regierung für derartige Taten, die den allgemeinen Ausdruck des Volkswillens darstellen, unter allen Umständen einzustehen hat, muß ihr zum mindesten der schwere Vorwurf gemacht werden, daß sie diesen Freischärlerkrieg, obwohl sie es konnte, nicht verhindert hat. [...] So trifft die belgische Regierung die volle Verantwortung für die ungeheure Blutschuld, die auf Belgien lastet.«[462] Nicht der Mörder, der Ermordete ist schuldig. Das deutsche Weißbuch war ein selbst für die Verhältnisse der Kriegspropaganda ungewöhnlich selbstgerechtes Werk, das deshalb auf unvoreingenommene Beobachter wenig Eindruck machte.

Die brutale deutsche Besatzungspolitik war nicht dazu angetan, die von Hirschfeld als unklug und fanatisch charakterisierten Belgier ein von Sympathie getragenes Bild von den Deutschen gewinnen zu lassen. Die Städte mussten »Kriegsbußen« für angebliche Freischärleraktionen leisten, die Provinzen monatliche »Solidarbeiträge« in Höhe von 40 Millionen belgischen Francs an die Besatzer abführen. Das preußische Kriegsministerium betrieb eine rigorose Ausbeutungspolitik, von der sich die belgische Wirtschaft nie mehr richtig erholen sollte.[471] Die massiven Übergriffe der deutschen Soldaten während des Durchmarschs nach Frankreichs, die Brandschatzungen und Massenhinrichtungen hatten eine gewaltige Fluchtbewegung ausgelöst. Von den 7,6 Millionen Belgiern verließen 1,4 Millionen ihre angestammten Wohnorte, und auch nach Beendigung der Kampfhandlungen befanden sich noch Hunderttausende auf der Flucht.[472] 600 000 Belgier standen in den Jahren der Besatzung vor deutschen Militärgerichten, viele erhielten hohe Strafen, vor allem Spione wurden zum Tod verurteilt, mehrere Tausend »unerwünschte Personen« nach Deutschland deportiert.[473] Um eine Massenflucht in die neutralen Niederlande zu verhindern, errichteten die Deutschen entlang der Grenze einen 180 Kilometer langen Zaun, der unter der tödlichen Stromspannung von 2000 Volt stand. Mehr als dreitausend Menschen kamen bei dem Versuch, diesen Zaun zu überwinden, ums Leben.[474]

Der Todesstreifen, den die Deutschen an der belgisch-niederländischen Grenze geschaffen hatten, hemmte den Flüchtlingsstrom in die Niederlande, zum Versiegen brachte er ihn nicht. Es gab immer wieder Menschen, denen es mit den unterschiedlichsten Hilfsmitteln gelang, den Zaun zu überwinden. Dazu trugen auch Untergrundorganisationen und Fluchtringe bei, die eine Infrastruktur schufen, auf die die Flüchtlinge sich stützen konnten, und die trotz intensiver Verfolgung durch die Deutschen recht erfolgreich waren. Berühmt ist der Fall der britischen Krankenschwester Edith Cavell. Sie war 1907 nach Brüssel gekommen und hatte dort die Leitung einer Schwesternschule übernommen, die im Ersten Weltkrieg als Lazarett diente. Verwundete englische und französische Soldaten wurden hier gepflegt und anschließend ebenso wie belgische Kriegsgefangene über die Niederlande nach England geschleust. Das Netzwerk der Fluchthelfer funktionierte gut, wurde aber verraten, zahlreiche Personen wurden verhaftet und 35 von ihnen zum Tod verurteilt. Am 12. Oktober 1915 wurde Edith Cavell standrechtlich erschossen. Nach Kriegsrecht war die Verurteilung wegen Hochverrats formal korrekt gewesen, aber propagandistisch erwies sie sich für die Deutschen als ein weiteres Desaster.

Nach der Hinrichtung der Krankenschwester brach ein weltweiter Sturm der Empörung los, der so heftig war, dass das deutsche Kriegsgerichtsverfahren für den Fall, dass Frauen von Todesurteilen betroffen waren, geändert wurde. Gottfried Benn allerdings hielt von den neugeschaffenen Begnadigungsmöglichkeiten nichts. Er schrieb später: »Sie hatte als Mann gehandelt und wurde von uns als Mann bestraft.«[475] Benn meldete sich zu Wort als einer, der sowohl den Prozess als auch die Hinrichtung miterlebt hatte. Als in Brüssel stationierter Militärmediziner war er der diensthabende Arzt, als Edith Cavell gemeinsam mit dem Belgier Philippe Baucq erschossen wurde. Seine Aufgabe war es, den Tod der Krankenschwester amtlich festzustellen. Anschließend hatten es die Besatzer sehr eilig: »Sie wird sofort beigesetzt, die Stelle soll unbekannt bleiben. Man befürchtet Unruhen wegen ihres Todes oder eine nationale Prozession aus der Stadt, darum Eile und dann Schweigen und Geheimnis um ihr Grab.«[476] Dieses Kalkül ging in keiner Weise auf, vielmehr wurde der Fall von Edith Cavell zu einem der größten britischen Propagandaerfolge während des gesamten Krieges. Kaum waren die Kämpfe vorüber, wurde Cavells Leichnam 1919 exhumiert und nach London überführt, in Anwesenheit des britischen Königs fand in Westminster Abbey ein Gedenkgottesdienst statt. Anschließend brachte man den Leichnam per Sonderzug nach Norwich und setzte Cavell dort bei. Alljährlich wird an ihrem Grab ein Gedenkgottesdienst gefeiert. Mehrere Filme widmeten sich ihrem Schicksal, und in Brüssel ist ein großes Krankenhaus nach ihr benannt. Edith Cavell bleibt in der Memorialkultur Großbritanniens eine der großen Heldengestalten des Ersten Weltkriegs, eine Märtyrerin im Krieg des Vereinigten Königreichs gegen die Bedrohung durch die »Hunnen«.

Die deutschen Kriegsverbrechen in Belgien, die Versenkung der »Lusitania« durch deutsche Torpedos und die Hinrichtung von Edith Cavell waren die drei Ereignisse, die mehr als alles andere der britischen Kriegspropaganda Munition lieferten. Der Erste Weltkrieg war der erste Krieg, in dem die Propaganda zu einer veritablen Waffe wurde, und die Briten, die damals über die mächtigste Presse der Welt verfügten, waren hier allen anderen Kriegsparteien überlegen.[477] Das war von erheblicher Bedeutung, denn ähnlich wie in Deutschland hatte die anfänglich überbordende Kriegsbegeisterung auch hier rasch an Schwung verloren. Zugleich gab es in Großbritannien zunächst keine Wehrpflicht, so dass es auf die emotionale Mobilisierung der Massen ankam, wobei die Überzeugung von der Gerechtigkeit der eigenen Sache ebenso wichtig war wie ein konsistentes Feindbild. Presse und Propaganda zeichneten die Deutschen als Hunnen und Barbaren, selbst der von ihnen reklamierte Begriff der Kultur, die angeblich der westlichen Zivilisation überlegen war, wurde gegen sie gewandt. Ein kanadisches Plakat, das für die Zeichnung von Kriegsanleihen warb, trug den Slogan »Kultur vs. Humanity«.[478] Emblematisch ist ein amerikanisches Plakat, das zum freiwilligen Kriegsdienst aufforderte und als zentrales Bildmotiv ein riesenhaftes affenähnliches Wesen zeigt, das das Meer überquert hat und im Begriff ist, in Amerika an Land zu gehen. Der Riesenaffe trägt eine Pickelhaube mit der Aufschrift »Militarism«, im linken Arm hält er eine geraubte Jungfrau, in der rechten Hand einen riesigen Knüppel, auf dem »Kultur« steht.[479] Die Überschrift des Plakates lautet »Destroy this mad brute«. Es ließen sich viele weitere solche Beispiele zitieren, die alle zeigen, wie rasch und nachhaltig sich nach den Ereignissen der ersten Kriegswochen das Feindbild der barbarischen Deutschen verfestigte.

Das Deutsche Reich hatte den Krieg an der Propagandafront schon verloren, kaum dass er begonnen hatte.

Am 2. September 1914 kamen im Londoner Wellington House 25 der bekanntesten Schriftsteller Großbritanniens zu einer Konferenz zusammen. Eingeladen hatte Charles Masterman, der in der britischen Regierung für Kriegspropaganda zuständig war. Das Wellington House war der Sitz der Nationalen Gesundheitsbehörde und bot eine gute Tarnung für eine Konferenz, die in der Öffentlichkeit nicht bekannt werden sollte. Unter den Teilnehmern waren Arnold Bennett, G. K. Chesterton, Arthur Conan Doyle, Ford Madox Ford, Thomas Hardy und H. G. Wells. Rudyard Kipling, der 1907 als erster britischer Autor den Nobelpreis für Literatur bekommen hatte, war verhindert, sandte aber eine Botschaft, in der er seine Mitarbeit bei den geplanten Aktivitäten zusagte. Kipling, der auch an vom War Office organisierten Fahrten an die Front teilnahm, war einer der aggressivsten Agitatoren auf britischer Seite.[480] Berühmt sind seine Verse:

> For all we have and are
> For all our children's fate
> Stand up and take the war
> The Huns are at the gate.[481]

Von Hass war hier zwar nicht die Rede, aber Kiplings Rhetorik war der von Ernst Lissauer dennoch nicht unähnlich.

Diese patriotische Aufwallung unter den Literaten war ein Novum. Viele britische Schriftsteller standen Staat und Regierung eher distanziert gegenüber, nicht wenige waren pazifistisch gesinnt. Nun versammelten sie sich mit wenigen Ausnahmen – namentlich George Bernard Shaw und Bertrand Russell, die man als bekannte Kriegsgegner zu der Konferenz erst gar nicht eingeladen hatte – hinter der Fahne des Vaterlandes und versuchten, als Publizisten ihren Beitrag zum Sieg zu leisten. Im Wellington House wurde das War Propaganda Bureau gegründet, das sich rasch zu einer sehr effektiven Behörde entwickelte, die eine ganze Reihe von Zielen verfolgte: die Werbung von Kriegsfreiwilligen, die Hebung der Moral an der Heimatfront, die Herausarbeitung eines zu letzten Anstrengungen motivierenden Feindbildes, die Vorbereitung von Publikationen und die Verbreitung eines Bildes vom Krieg, das den Vorstellungen und Wünschen der Regierung entsprach. Letzteres war entscheidend. Bereits mit dem Defence of the Realm Act vom 8. August 1914, einem Gesetz zur Landesverteidigung, waren der Regierung weitreichende Vollmachten übertragen worden, die ihr auch die Kontrolle über sämtliche Pressemeldungen sicherten. Winston Churchill, der damals Marineminister war, hatte darüber hinaus vorgeschlagen, mit der *Times* die wichtigste Zeitung des Landes in ein Regierungsorgan umzuwandeln. Dazu kam es zwar nicht, aber in enger Zusammenarbeit zwischen der militärischen Führung, den Zensurbehörden und der Presse gelang es, der Öffentlichkeit ein beruhigendes Bild vom Geschehen an den Fronten zu vermitteln. Als der Kriegskorrespondent Philip Gibbs am 27. Dezember 1917 bei einem Abendessen den britischen Premierminister David Lloyd George über die in Wirklichkeit verheerenden Zustände an der französischen Front unterrichtete, war dieser so schockiert, dass er sagte: »Wenn die Menschen hier die Wahrheit kennen würden, wäre der Krieg morgen zu Ende.«[482] In einem modernen, totalen Krieg, der in der einen oder anderen Weise alle Angehörigen der Nation zu Kombattanten machte, kam es darauf an, möglichst jeden für die Kriegsanstrengung zu mobilisieren, und dazu bedurfte es einer genau inszenierten und gelenkten Perzeption des Kriegsgeschehens. Das begann bei der Darstellung der Ursachen für den Kriegsausbruch, betraf alle Facetten der Kriegsführung und schloss nicht zuletzt auch die Gewissheit des Sieges über den vernichtungswürdigen Gegner ein. Das War Propaganda Bureau brachte im Lauf der Jahre weit über tausend Publikationen heraus, in zahlreiche Sprachen übersetzt und in hohen Auflagen, von denen der Bryce Report die stärkste Wirkung hatte. Der Höhepunkt der Publikationstätigkeit wurde im Jahr 1917 erreicht, als nicht weniger als 469 verschiedene Schriften erschienen.[483] Mit *The War of the Nations* gab es auch ein Periodikum,[484] dessen Chefredakteur zunächst William Le Queux, dann Edgar Wallace war. Der Kriminalschriftsteller Wallace setzte sein Talent dafür ein, die Kriegsgeschichten so spannend zu erzählen, dass sie viele Leser fanden.

Eine große Öffentlichkeitswirkung erzielten die engagierten Schriftsteller zum ersten Mal mit ihrem Aufruf »Famous British Authors Defend England's War«. Er war von 54 bekannten Autoren unterzeichnet, erschien zuerst am 18. September 1914 in der Londoner *Times*, genau einen Monat später auch in der *New York Times* und begann mit den Worten: »Die unterzeichneten Schriftsteller, unter denen sich Menschen mit den unterschiedlichsten politischen und sozialen Überzeugungen befinden und von denen einige viele Jahre lang für gute Beziehungen zu Deutschland gekämpft haben und von denen viele leidenschaftliche Freunde des Friedens sind, sind sich gleichwohl einig, dass es eine Schmach für Großbritannien bedeuten würde, an dem gegenwärtigen Krieg nicht teilzunehmen.«[485] Das Manifest traf vor allem in den Vereinigten Staaten auf große Resonanz, in vielen amerikanischen Zeitungen wurde es nachgedruckt. Die USA waren als der mit Abstand mächtigste und wichtigste unter den neutralen Staaten von Anfang an das bevorzugte Ziel der Auslandspropaganda beider Seiten. Dabei bedienten sich die englische und die deutsche Propaganda ganz ähnlicher Argumentationsmuster. Beide Seiten betonten, die jeweils andere sei schuld am Kriegsausbruch. Beide stellten die vom Gegner begangenen Kriegsgräuel heraus. Briten wie Deutsche behaupteten, die wahren Absichten des Kriegsgegners seien den Interessen der Vereinigten Staaten ganz entgegengesetzt, und schließlich hoben sie beide ihre kulturellen und ethnischen Gemeinsamkeiten mit den Amerikanern hervor.[486] Gerade das letzte Argument konnte von den Engländern, nicht nur aufgrund der gemeinsamen Sprache, mit mehr Aussicht auf Erfolg vorgetragen werden als von den Deutschen, deren Bedeutung stetig geschwunden war. In der zweiten Hälfte des 19. Jahrhunderts waren fast 17 Millionen Menschen in die USA gekommen, von denen mehr als ein Viertel Deutsche gewesen waren, doch hatte ihr Anteil an der Immigration stetig abgenommen. Waren im Jahr 1882 noch 250 000 Deutsche ins Land gekommen, waren es dreißig Jahre später nur noch knapp 28 000.[487] Das Ergebnis einer Meinungsumfrage unter Chefredakteuren amerikanischer Zeitungen ist deshalb nicht überraschend. Ein Drittel der befragten 377 Redakteure erklärte ihre Sympathie für eine der beiden Kriegsparteien, dabei votierten 105 für die Entente, aber nur zwanzig für die Mittelmächte.[488] Dieses Ergebnis war eindeutig, und das lange vor dem Untergang der »Lusitania«. Den Briten kam auch der Umstand zustatten, dass sie in den ersten Kriegswochen fast über ein Nachrichtenmonopol in Übersee verfügten, nachdem sie in einer ihrer ersten Kriegshandlungen die deutschen Transatlantikkabel gekappt hatten. Gleichzeitig hatten in Berlin die zuständigen militärischen Stellen die Anordnung erlassen, dass keine deutschen Zeitungen ins Ausland versandt werden dürften, so dass das Deutsche Reich noch in höchst ungeschickter Weise zu seiner Isolation beitrug.[489]

Äußerst engagiert im Propagandakrieg war auf britischer Seite der Schriftsteller und Sozialist H. G. Wells. Er war Autor zahlreicher Science-Fiction-Romane, von denen manche wie zum Beispiel *Die Zeitmaschine* noch heute gelesen werden. Wells glaubte, dass die Überwindung des preußischen Militarismus die Voraussetzung für eine friedliche Welt sei. Er müsse besiegt werden, dann sei der Erste Weltkrieg der letzte Krieg, »The War That Will End War«.[490] Gleich am 5. August 1914 hatte er in der *New York Times* geschrieben: »Die Niederlage des Deutschen Reiches kann den Weg zu Abrüstung und Frieden in der ganzen Welt ebnen.«[491] H. G. Wells war angesichts seines Weltruhms als Autor eine wichtige Stimme für die britische Kriegsanstrengung. David Lloyd George, der für den Aufbau des War Propaganda Bureau verantwortlich war und 1916 auch Premierminister wurde, hatte sich deshalb bald nach Kriegsbeginn mit Wells zu einer privaten Unterredung getroffen, um ihn für die Propagandaarbeit zu gewinnen.[492] Die Mission war erfolgreich. Bereits im August schrieb Wells nicht weniger als elf Artikel zur Rechtfertigung des britischen Kriegseintritts und blieb auch in der Zeit danach als Publizist aktiv.[493] 1918 war er sogar in dem neugeschaffenen Ministry of Information in leitender Funktion für die antideutsche Propaganda zuständig.

Es gab aber auch Dissidenten in Großbritannien. Der prominenteste war der Philosoph, libertäre Sozialist, Friedensaktivist und spätere Literaturnobelpreisträger Bertrand Russell. Er war davon überzeugt, dass die britische Regierung in der Julikrise versagt hatte, und wandte sich auch entschieden gegen die These von Wells, dass dieser Krieg allen Kriegen ein Ende bereiten würde. Auch die Allianz mit dem reaktionären Zarenreich hielt er für verhängnisvoll.[494] Russell war durchaus der Meinung, dass der deutsche Militarismus überwunden werden müsse, hielt aber einen Angriffskrieg für den falschen Weg, um dieses Ziel zu erreichen. Gerecht seien nur Verteidigungskriege. Bertrand Russell opponierte unermüdlich gegen die britische Kriegsbeteiligung und gehörte im November 1914 zu den Gründungsmitgliedern der Union of Democratic Control (UDC). Die UDC gewann über angeschlossene Organisationen mehr als 650 000 Mitglieder und war eng mit der im Jahr 1900 gegründeten Labour Party verbunden. Die pazifistische Vereinigung wandte sich nicht nur gegen den Krieg, sondern auch gegen die für Kriegszeiten typische Illiberalität im Inneren und gegen die Wehrpflicht. Deren Einführung im Januar 1916 konnten die Aktivisten nicht verhindern. Dennoch war die UDC ungleich einflussreicher als ihr deutsches Pendant, der Bund Neues Vaterland, der ebenfalls im November 1914 ins Leben gerufen wurde. Er gewann nur wenige Hundert Mitglieder, darunter Albert

Einstein, Kurt Eisner, Friedrich Wilhelm Foerster, Hellmut von Gerlach, Ludwig Quidde und Stefan Zweig.

Anders als die meisten Briten kannte Bertrand Russell den Feind in diesem Krieg aus eigener Anschauung. 1895 war er mit seiner ersten Frau Alys Pearsall Smith mehrere Wochen durch Deutschland gereist, um die deutsche Arbeiterbewegung zu studieren. Anschließend schilderte er in Vorlesungen an der London School of Economics seine Erfahrungen und veröffentlichte im Jahr darauf den Bericht *German Social Democracy*, seine erste Buchveröffentlichung überhaupt. Es war nicht nur eine kluge und kenntnisreiche Darstellung der deutschen Sozialdemokratie, der mächtigsten Arbeiterpartei in Europa, sondern zugleich auch eine Analyse des wilhelminischen Obrigkeitsstaates. Russell kritisierte den deutschen Militarismus scharf, weigerte sich aber entschieden, ihn mit der Gesamtheit der Deutschen gleichzusetzen. Russells Hoffnung war, dass einerseits die SPD ihre prinzipielle Opposition gegen den Staat aufgeben würde und andererseits politische Führer an die Macht kämen, die zu wirklichen Reformen bereit waren. Dann könne auch in Deutschland eine moderne Demokratie wie die britische entstehen. Andernfalls seien »Krieg und Auslöschung der nationalen Existenz das fast unvermeidliche Schicksal des deutschen Kaiserreiches«.[495] Dieser Krieg brach schließlich aus, und tatsächlich stand an seinem Ende der Untergang der preußisch-deutschen Monarchie. Zu einem Ende der nationalen Existenz Deutschlands kam es indes nicht, obgleich seine territoriale Integrität durch den – von der UDC entschieden abgelehnten – Friedensvertrag von Versailles beeinträchtigt wurde.

1917 trat eine politische Konstellation ein, die Russells Hoffnungen auf ein Ende des Krieges Nahrung gab. Nach dem Thronwechsel in Wien, dem Friedensangebot der Mittelmächte vom Dezember 1916, der russischen Februarrevolution 1917, der Osterbotschaft Wilhelms II. und der Friedensresolution des Reichstags vom Juli 1917 schienen die Voraussetzungen für einen

Verständigungsfrieden günstig wie nie. Russell war inzwischen der Überzeugung, dass das Deutsche Reich die Hauptschuld am Ausbruch des Krieges trug, doch machte er vor allem die expansionistischen Ambitionen der britischen Regierung dafür verantwortlich, dass es jetzt nicht zu Friedensverhandlungen kam.[496] Tatsächlich hatte Lloyd George die Parole ausgegeben, der Krieg solle bis zur vollständigen Niederlage Deutschlands weitergeführt werden. Als man 1916 einen Lehrer, der sowohl den inzwischen obligatorischen Kriegsdienst als auch den alternativ möglichen Dienst ohne Waffe verweigerte, mit zwei Jahren Zwangsarbeit bestrafte, protestierte Bertrand Russell so heftig gegen dieses Urteil, dass er zu einer Geldstrafe von 100 Pfund verurteilt wurde.[497] Wenig später lud ihn die amerikanische Harvard University zu Vorlesungen ein, aber das Foreign Office verweigerte ihm den erforderlichen Reisepass. Einen so prominenten Kriegsgegner wollten die Briten nicht in den noch immer neutralen Vereinigten Staaten zur Wirkung kommen lassen. Im Mai 1918 wurde er wegen eines Zeitungsartikels, in dem er behauptet hatte, amerikanische Soldaten würden in Großbritannien als Streikbrecher eingesetzt, sogar zu sechs Monaten Gefängnis verurteilt.[498]

Je entschiedener Russells kriegskritisches Engagement wurde, desto mehr gingen auch diejenigen, die ihm grundsätzlich mit Sympathie gegenüberstanden, auf Distanz. Vollständig isoliert war er aber nie. Die Geldstrafe von 100 Pfund bezahlten wohlhabende Freunde,[499] und Außenminister Arthur Balfour sorgte dafür, dass sich Russells sechsmonatige Haftstrafe vergleichsweise komfortabel gestaltete. Er konnte lesen, so viel er wollte, und nutzte die Zeit, um ein neues Buch zu schreiben.[500] Ganz anderer Natur waren dagegen die Verhältnisse im deutschen Kaiserreich. Als Karl Liebknecht am 1. Mai 1916 auf einer Antikriegsdemonstration in Berlin sprach, wurde er wegen Hochverrats zu zweieinhalb Jahren Zuchthaus verurteilt, die Berufungsinstanz erhöhte die Strafe auf vier Jahre und einen Monat. Die Haftbedingungen waren drakonisch, wie die Briefe an seine Frau bezeugen.[501] Die Familie durfte ihm nur einmal im Vierteljahr einen Brief schreiben und ihn ebenso selten besuchen.[502]

Im Deutschen Reich war für die Auslandspropaganda die Zentralstelle für Auslandsdienst unter Leitung des Reichstagsabgeordneten Matthias Erzberger zuständig, die Anfang Oktober 1914 gegründet worden war und dem Auswärtigen Amt unterstand. Der Zentrumspolitiker Erzberger war der Haushaltsexperte seiner Partei. Er hatte sich schon 1911 im Reichstag erfolgreich dafür eingesetzt, dass im Etat des Auswärtigen Amtes ein Fonds »zur Verbreitung deutscher Nachrichten im Ausland« geschaffen wurde.[503] Jetzt bemühte er sich mit einigem Erfolg, den Wildwuchs von nicht weniger als 27 verschiedenen Behörden, die sich mit der Auslandspropaganda befassten, zu beenden und die verschiedenen Initiativen zu koordinieren.

In der Zivilgesellschaft verankert war der Bund deutscher Gelehrter und Künstler, der eine Vielzahl von Veranstaltungen organisierte und auch eigene Publikationen herausbrachte. Dem Bund gehörten über neunhundert Persönlichkeiten an. Er kooperierte eng mit den Behörden, wobei die staatliche Kriegspropaganda von älteren Militärs und Beamten geprägt war, die nur wenig Verständnis für die Erfordernisse moderner Propaganda mitbrachten. Ihnen ging es weniger um die Mobilisierung der eigenen Bevölkerung als um die Beeinflussung der Meinungsbildung im Ausland. Auch der Bund konzentrierte sich in der ersten Kriegsphase auf die Auslandsarbeit. Angesichts der scheinbar allgemeinen Kriegsbegeisterung und des Burgfriedens sah man zunächst nicht die Notwendigkeit, die eigene Bevölkerung vom Sinn des Krieges und der Berechtigung der deutschen Kriegsziele zu überzeugen. Auch die Werbung für die Kriegsanleihen, die für die Führung des Krieges absolut essentiell waren, wurde erst 1917, bei der Kampagne für die Zeichnung der sechsten Anleihe, auf moderne Plakatwerbung umgestellt. Im Januar 1917 wurde auch das Bild- und Filmamt (BUFA) gegründet, ein wichtiges Propagandainstrument. Die Initiative dafür ging auf Ludendorff zurück, der im Sommer 1916 in die Oberste Heeresleitung (OHL) berufen worden war und dafür sorgte, dass zunehmend jüngere, den modernen Medien gegenüber aufgeschlossene Nachrichtenoffiziere im Militärapparat eine Karrierechance bekamen. Wenn es nach Ludendorff gegangen wäre, hätte die Reichsregierung sogar ein eigenes Propagandaministerium geschaffen, vergleichbar dem britischen Ministry of Information.[504] Immerhin hatte Ludendorff schon 1915 die Schaffung einer Auslandsabteilung in der OHL durchgesetzt. Dort arbeiteten so unterschiedliche Schriftsteller wie Waldemar Bonsels, Herbert Eulenburg, Hans Grimm, Friedrich Gundolf, Arthur Moeller van den Bruck und Börries von Münchhausen. Einige von ihnen waren nach dem Krieg in den Reihen der Konservativen Revolution zu finden. Außerdem gab es das Nachrichtenbureau des Reichsmarineamtes, die fraglos modernste Abteilung des deutschen Propagandaapparats. Es bereitete als Reaktion auf die internationalen Proteste gegen die deutschen Kriegsverbrechen in Belgien den Aufruf »An die Kulturwelt!« vor, von dem noch zu sprechen sein wird.

Es war nicht leicht, aus der »Klassengesellschaft im Krieg«[505] eine nationale Kampfgemeinschaft zu formen. Die mitreißende Euphorie des Beginns hielt nicht vor. Andererseits hatten die wenigen, die schon zu Beginn anderen Sinnes gewesen waren, in der deutschen Gesellschaft keine Chance auf irgendeine Massenwirkung, das harte Vorgehen der Behörden gegen pazifistische Dissidenten stieß kaum auf Kritik. Als etwa dem Bund Neues Vaterland im Februar 1916 jede weitere Tätigkeit untersagt und die Geschäftsführerin Lilli Jannasch wenig später in Schutzhaft genommen wurde, war das öffentliche Echo gering, und auch Rosa Luxemburg und Karl Liebknecht verbrachten den größten Teil der Kriegszeit im Gefängnis. Ebenso schwand die Toleranz der Zensurbehörden zusehends, nachdem der erhoffte schnelle

Sieg ausgeblieben war. Manche Zeitungsredaktionen emigrierten deshalb in die neutrale Schweiz, andere wie die Zeitschrift *Das Forum*, die der pazifistische Schriftsteller Wilhelm Herzog herausgab, mussten ihr Erscheinen ganz einstellen. Das bayerische Kriegsministerium war von der schädlichen, an Landesverrat grenzenden Wirkung des *Forum* überzeugt und verfügte am 11. September 1915: »Da demnach die Interessen der Landesverteidigung durch die Zeitschrift ›Das Forum‹ bedroht und geschädigt werden, da ferner nach der bisherigen Haltung des Herausgebers nicht zu erwarten ist, daß der Inhalt dieser Zeitschrift den *zwingenden militärischen* und allgemein *vaterländischen* Erfordernissen entsprechend gestaltet wird, ordnet das Kriegsministerium auf Grund Artikel 4 Ziffer 2 des bayerischen Kriegszustandsgesetzes und § 8 der Vollzugsvorschriften hierzu, zur *Erhaltung der öffentlichen Sicherheit die Einstellung des Erscheinens dieser Zeitschrift während der Dauer dieses Krieges* an.«[506] Tatsächlich konnte *Das Forum* erst nach Kriegsende wieder erscheinen.

Für die Kontrolle der Tagespresse waren in ihren Bezirken die Militärbefehlshaber zuständig. Der Pressedienst der OHL informierte die Journalisten täglich darüber, was sich ereignet hatte und wie darüber berichtet werden durfte. Die Reichsregierung erließ zu Beginn des Krieges auch allgemeine Zensurrichtlinien, ebenso die Kriegsministerien der Länder. Von einer einheitlichen Handhabung konnte keine Rede sein, die Presseorgane sahen sich einem Wirrwarr unterschiedlicher Richtlinien und Kompetenzen gegenüber. In Frankreich dagegen war die Pressepolitik, ähnlich wie in Großbritannien, bei einer zivilen Behörde zentralisiert.[507] Vergleichbar der britischen Zeitschrift *The War of the Nations* gab es in Frankreich *La Guerre des Nations*, ein trotz des gleichen Titels ganz eigenständiges, zweimonatlich erscheinendes Magazin, an dem viele belgische Schriftsteller und Künstler mitwirkten und das deshalb einige Seiten stets belgischen Themen widmete.

Im Propagandakrieg machten sich die partiellen Modernisierungsdefizite des 1871 gegründeten Deutschen Reiches bemerkbar. Es fehlte nicht nur an einer zentralen und schlagkräftigen Propagandabehörde, auch in anderen Bereichen war Deutschland gegenüber Großbritannien und Frankreich, die durch eine starke Tradition der Zentralstaatlichkeit geprägt waren, im Nachteil. Selbst die deutsche Staatsangehörigkeit war nicht Gegenstand von Regelungen auf Reichsebene, sondern ergab sich dadurch, dass man Bürger eines Bundesstaates war. Erst 1913 wurde daneben die Möglichkeit der unmittelbaren Reichszugehörigkeit gesetzlich verankert. Die einzelnen Staaten, zumal die vereinigungsunwilligen Bayern, hatten außerdem zahlreiche Souveränitätsrechte. Gemeinsam verfügten Sachsen, Bayern und Württemberg über genügend Stimmen, um im Bundesrat gegenüber dem dominierenden Preußen ein Vetorecht auszuüben. Das Deutsche Reich hatte auch keine nationale Armee, sondern Sachsen, Württemberg, Preußen und Bayern bildeten selbständige Kontingente des Reichsheeres, weswegen die Reichsregierung auch nicht über ein eigenes Kriegsministerium verfügte. Es gab lediglich ein Reichsmarineamt, weil nach der Reichsverfassung von 1871 die Bundesstaaten für die Landstreitkräfte und das Reich für die Marine zuständig waren.

Im Bereich von Werbung und Propaganda herrschten altertümliche Verhältnisse. Das preußische Plakatierungsgesetz von 1849, das bis 1918 in Geltung blieb, erlaubte neben Geschäftsplakaten nur die Ankündigung von politischen Versammlungen und allgemeine Wahlaufrufe. Politische Werbung im eigentlichen Sinne war nicht erwünscht, hier wirkte die Angst vor den Gefahren der modernen Massengesellschaft. Das politische Ideal des Obrigkeitsstaates war der zum Befehlsempfang bereite Untertan, nicht der mündige Staatsbürger, der zur Mitwirkung motiviert werden musste. Die britische Monarchie reagierte auf die Herausforderungen der Demokratisierung mit einer konsensorientierten Legitimationsstrategie, die es ihr erlaubte, sich die gesellschaftliche Dynamik zunutze zu machen. Die Arbeiterbewegung konnte integriert und ihre Radikalisierung gehemmt, zugleich die Monarchie gestärkt werden. In Deutschland suchte das Kaiserhaus sein Heil eher in einer charismatischen Herrschaftslegitimation, was zu einer Verhärtung der Fronten und zu Reformblockaden führte. Ein Erwählter sucht nicht den Konsens, er will nicht überzeugen, sondern herrschen.[508]

Diese Haltung prägte auch die Kriegspropaganda und führte zu einer Unterschätzung der politischen Arbeit im Ausland. Bismarck war ein bedeutender Diplomat gewesen, der in geschickter Weise gute Beziehungen zu den unterschiedlichsten Staatsoberhäuptern und Regierungen gepflegt hatte, aber es lag ihm völlig fern, sich Gedanken über die öffentliche Meinung in diesen Staaten zu machen. Das galt umso mehr im Kriegsfall, über den Bismarck gesagt hatte: »Man schießt nicht mit öffentlicher Meinung auf den Feind, sondern mit Pulver und Blei.«[509] Einem ehrbewussten Kämpfer, der es gewohnt war, in offener Feldschlacht den Sieg davonzutragen, standen die Mittel der propagandistischen Beeinflussung und der Demagogie nicht zu Gebote, er war aus Gründen der Würde gegen jede »händlerische Kriegsführung«, wie sie der Soziologe und Nationalökonom Werner Sombart in seinem Pamphlet *Händler und Helden* beschrieb:

Das gemeinste, aus niedrigstem Händlerinstinkte entsprungene Mittel der Kriegsführung, dessen sich, wie man weiß, England in so meisterhafter Weise während dieses Krieges bedient hat, ist das, was man die »journalistische Einkreisung« Deutschlands genannt hat. Mit seinem Gelde hat es alle Kabel der Welt gelegt oder gekauft, die es nun zur Verbreitung seiner Lügennachrichten rücksichtslos ausnützt; mit seinem Gelde hat es die Depeschenbureaus, die Zeitungen und Zeitschriften, die Illustratoren und Preßagenten im neutralen Auslande und in den verbündete Staaten bestochen, um im englischen Interesse zu wirken.[510]

Obwohl Sombart dies im ersten Kriegsjahr schrieb, als der Glaube an den Sieg noch Gemeingut war, klingt hier bereits ein Argumentationsmuster der Dolchstoßlegende an, die dann nach 1918 zu einer zentralen Exkulpationsstrategie werden sollte: Wenn Deutschland, das über die beste Armee der Welt verfügt und bis zum bitteren Ende »im Felde unbesiegt« bleibt, eine Niederlage erleidet, dann kann nur Heimtücke im Spiel sein. Der Feind war nicht etwa militärisch überlegen gewesen oder hatte gar heldenhafter gekämpft, vielmehr hatte er sich kriegsfremder und unehrenhafter Mittel bedient.

Aber mit heldischer Gesinnung allein war der Krieg nicht zu gewinnen. Dafür brauchte man, wie Bismarck treffend bemerkt hatte, Pulver und Blei, und das kostete eine Menge Geld. Beginnend im September 1914 wurden im halbjährlichen Rhythmus Kriegsanleihen aufgelegt, die insgesamt gut 100 Milliarden Mark einbrachten, ein gewaltiger Betrag, der zur Finanzierung des Krieges – nicht anders als in den anderen kriegführenden Staaten – einen entscheidenden Beitrag leistete. (Zum Vergleich: Das Durchschnittseinkommen eines abhängig Beschäftigten bewegte sich damals in einem Bereich von 1000 bis 3000 Mark im Jahr.) Die erste Kriegsanleihe erbrachte 4,5 Milliarden, die zweite im März 1915 bereits 9,1 Milliarden und die dritte im September 1915 dann 12,1 Milliarden. Bei der vierten Anleihe im März 1916 war der Ertrag mit 10,8 Milliarden Mark erstmals rückläufig.[511] Die beginnende Kriegsmüdigkeit führte dazu, dass das Ergebnis hinter den Erwartungen des Reichsschatzamtes zurückblieb. Neue Propagandamethoden schienen geboten. Hatte man sich bisher auf Zeitungsinserate und Anschläge in Banken und Postämtern beschränkt, machte das Amt für die fünfte Anleihe im September 1916 erstmals richtige Werbung, die bis dahin der gewerblichen Wirtschaft vorbehalten gewesen war. Der Grafiker Lucian Bernhard wurde dafür von der Front beurlaubt und nach Berlin beordert. Bernhard war damals künstlerischer Leiter der Deutschen Werkstätten in Hellerau. Er hatte die Zeitschrift *Das Plakat* gegründet und wurde 1920 von der Berliner Akademie der Künste auf die erste Professur für Plakatkunst überhaupt berufen. Seine der Neuen Sachlichkeit verpflichteten Werbekampagnen für Manoli-Zigaretten, Bosch-Zündkerzen und zahlreiche andere Produkte machten ihn weltberühmt. Vom Reichsschatzamt erhielt er 1916 den Auftrag, reine Schriftplakate für die Kriegsanleihenwerbung zu entwickeln. An Bildmotive, wie sie in der kommerziellen Werbung üblich waren, wagte man sich noch nicht heran. Bernhard bewältigte die nicht einfache Aufgabe sehr überzeugend. Er entwickelte einen neuen, modern anmutenden Schriftschnitt der altdeutschen Schrift und kombinierte ihn mit markanten Slogans wie zum Beispiel »Die Kriegsanleihe ist die Waffe der Daheimgebliebenen!«.[512]

Ihren Widerstand gegen die Verwendung von Bildmotiven gaben die Behörden dann bei der sechsten Anleihe im März 1917 auf. Nachdem ein Wettbewerb zwei Monate zuvor kein überzeugendes Ergebnis erbracht hatte, entschied das Reichsschatzamt sich für ein Motiv des Münchner Malers Fritz Erler, der sich an dem Wettbewerb gar nicht beteiligt hatte. Sein Plakat »Helft uns siegen! zeichnet Kriegsanleihe« wurde zum Leitmotiv einer Kampagne für die neue Obligation, die mit 13,6 Milliarden Mark einen Rekordumfang erreichte. Das Plakat zeigte das Gesicht des modernen Krieges, einen ernst blickenden Soldaten mit dem im Vorjahr erstmals produzierten Stahlhelm auf dem Kopf, der die altertümliche und ineffektive Pickelhaube ablöste. Um den Hals trug er eine Gasmaske, er lehnte sich gegen einen hölzernen Pfahl, von dem Stacheldraht abstand. Der Soldat sah den Betrachter nicht an, sein Blick schweifte in die Ferne. Er hatte, wie wir vermuten dürfen, den Feind fest im Visier. Von diesem Plakat wurden in drei verschiedenen Formaten mehr als 1,4 Millionen Exemplare hergestellt. Außerdem gab es elf Millionen Postkarten, zwölf Millionen Flugblätter und drei Werbefilme mit dem Motiv, auch ein Marschlied »Helft uns siegen« wurde eigens für die Kampagne komponiert.[513]

In Erlers Plakat, das zur Ikone der Kriegsanleihenwerbung wurde, war der symbolische Repräsentant des kämpfenden Deutschland nicht länger ein mittelalterlicher Ritter, eine gerüstete Germania oder Sankt Georg, der den Drachen tötet. Das Plakat zeigte einen anonymen Soldaten, das war das Gesicht des modernen, industrialisierten Krieges. Er stand für das unübersehbare Heer der Namenlosen, einsetzbar an jeder Front, und die Front war überall. Die Schlachtenmalerei, wie sie zuletzt noch in Deutschland mit großem repräsentativem Aufwand von Anton von Werner gepflegt worden war, hatte die Möglichkeit einer Gesamtschau suggeriert. Man denke etwa an Albrecht Altdorfers berühmte »Alexanderschlacht«, die uns in äußerster Verdichtung zeigt, wie Alexander der Große und der Perserkönig Darius als Anführer ihrer Heere aufeinandertreffen. Davon konnte im industrialisierten Krieg keine Rede mehr sein. Die Heerführer kämpften nicht mehr selbst in vorderster Reihe, und an die Stelle von Rittern in schimmernder Rüstung waren unübersehbare Heere grauer Infanteristen getreten.

Paradigmatisch sind die Namenlosen, die der österreichische Maler Albin Egger-Lienz immer wieder porträtiert hat. Tief geduckt schreiten diese Soldaten in langen Reihen über das Erdreich und blicken zu Boden, so dass ihre Gesichter durch die Stahlhelme nahezu verdeckt sind. Die Fassung von 1916 trägt den Namen »Den Namenlosen 1914 (Aus den Kämpfen in Galizien. Sturm bei Uhnow)«,[514] während die Version vom Jahr darauf »Nordfrankreich« heißt. Dasselbe Motiv wird diesmal nicht mit der Ost-, sondern mit der Westfront verbunden, was die Uniformität des modernen anonymisierten Krieges deutlich macht. Auf dem Gemälde »Leichenfeld II« (1917/18) sieht man die gleichen Soldaten sämtlich erschlagen auf dem Feld liegen, während im »Finale« (1918) die halb entkleideten Toten mit bizarr verrenkten Gliedern, aufgerissenen Mündern und fahlen Gesichtern wirr übereinanderliegen. Das Bild erinnert an die 1945 in den gerade befreiten deutschen Vernichtungslagern gemachten Aufnahmen der Leichenberge. Egger-Lienz war als Kriegsmaler Mitglied im k. u. k. Kriegspressequartier gewesen und hatte unter anderem an der Front in Südtirol gearbeitet. Im Mai 1916 war er in sein heimisches Atelier zurückgekehrt. Dort entstanden die hier besprochenen Bilder.

Die Namenlosen haben ihre Identität verloren, sie kämpfen und sterben überall. Der Tod kann sie immer ereilen. Das Medium, das dem Leben und Sterben der »Vernichtungsarbeiter«, wie Henri Barbusse die Soldaten nannte, am nächsten kam, war die Fotografie, die im Ersten Weltkrieg ihren Durchbruch erlebte. Der Kriegsfotografie fehlt das Heroische der Schlachtenmalerei, sie versucht auch nicht retrospektive Gesamtdeutungen, denen eine – den Akteuren oftmals unbekannte – Sinngebung eingeschrieben ist. Dagegen bietet die Fotografie Momentaufnahmen, spontane Impressionen, die von der »unsichtbaren Struktur der modernen Destruktionslandschaft«[515] geprägt waren. Für die bildliche Fixierung großer Schlachten war die Fotografie aber schon deshalb ungeeignet, weil die Technik noch nicht weit genug entwickelt war, um Menschen in schneller Bewegung aufzunehmen. Aufnahmen von Soldaten in Aktion sind deshalb in der Regel gestellt. Aber die Hunderttausende von Fotos, Schnappschüsse von Alltagssituationen zumeist, auf denen unzählige Soldaten festgehalten sind, machten es andererseits möglich, die individuellen Biographien der Kämpfer mit dem weltgeschichtlichen Ereignis ikonographisch zu verknüpfen.[516]

Die Fotografie ist bis heute das Medium des industrialisierten Krieges, dessen Akteure, indem sie sowohl agieren als auch dokumentieren, zugleich Subjekte wie Objekte der Erinnerung sind. Im Ersten Weltkrieg gab es neben den offiziellen Kriegs- und den kommerziellen Pressefotografen erstmals zahllose Amateurfotografen unter den Soldaten, die an der Bildproduktion eifrig teilnahmen. Der Verkauf von handlichen und preiswerten Kameras stieg nach Kriegsausbruch sprunghaft an.[517] 1888 war in den USA die erste industriell gefertigte Rollfilmkamera herausgekommen, die Kodak Nr. 1, die noch vergleichsweise teuer war. Um 1900 begann die deutsche Actien-Gesellschaft für Anilin-Fabrikation (AGFA) mit der Produktion von Rollfilmen. In dieser Zeit entwickelte sich auch die Luftaufklärung, zunächst mit Ballons, zuweilen auch mit Brieftauben, später mit Flugzeugen. Die Luftaufklärung, die einen weiten Blick über die gegnerische Front hinweg erlaubte, spielte nicht nur militärisch, sondern auch für die Propaganda zunehmend eine Rolle. Vor allem in der zweiten Hälfte des Krieges, als der Enthusiasmus des Beginns weitreichender Desillusionierung und Erschöpfung Platz gemacht hatte, wurden Bilder vom Geschehen, die Taten und Erfolge dokumentierten, ein wichtiges Bindemittel zwischen Front und Heimat, so dass die Kriegsfotografie 1917 eine systematische Ausweitung erfuhr. Militär- und Pressefotografen konnten den enormen Hunger nach Bildern nicht mehr befriedigen, woraufhin das österreichische Heer willigen Amateurfotografen sogar anbot, ihnen die Materialkosten zu ersetzen.[518] Trotz der zunehmenden Bedeutung der Fotografie beschäftigten die militärischen Stellen der kriegführenden Staaten neben den Kriegsfotografen weiterhin auch Kriegsmaler. Das sollte selbst im Zweiten Weltkrieg noch so bleiben, obwohl den Gemälden und Grafiken keine große Bedeutung mehr zukam.

Fotografien haben anders als gemalte Bilder immer die Aura des Dokumentarisch-Authentischen. Diese Wirkung war den Verantwortlichen wohl bewusst. Längst war die Pressefotografie ein etabliertes Medium, 1914 erschienen in Deutschland bereits zwanzig Illustrierte und zwölf illustrierte Beilagen von Tageszeitungen, die zusammen eine wöchentliche Auflage von mehr als drei Millionen Exemplaren aufwiesen.[519] Diese beachtliche Reichweite ließ den Verantwortlichen eine genaue Kontrolle angezeigt erscheinen. Für keinen Bereich waren die Zensurvorschriften detaillierter als für die Bildberichterstattung. Bereits am 31. Juli 1914 veröffentlichte die Reichskanzlei eine Liste von 26 verschie denen Bereichen, über die nur mit ausdrücklicher Genehmigung der Militärbehörden berichtet werden durfte.[520] Die Liste reichte von Truppenaufstellungen über die Namen militärischer Führer bis hin zu Feldpostbriefen, und sie galt für Fotografen und Journalisten gleichermaßen. Man fürchtete den Verrat militärischer Geheimnisse und prüfte alles kritisch, von Bildern politischen Charakters über solche von »militärischen Angelegenheiten« bis hin zu »sämtlichen Aufnahmen von Kriegsgefangenen bei der Arbeit«.[521]

Zensur und Propaganda sind die beiden Grundpfeiler der psychologischen Kriegsführung. Mit ihrer Hilfe versuchten die Kriegführenden, das Bild des Geschehens so weit wie notwendig von der Realität zu lösen und so weit wie möglich der erwünschten Wahrnehmung anzunähern. Diese Arbeit war unter den Bedingungen der industriellen Massengesellschaft offenkundig notwendig. Wer für Kriegsanleihen werben wollte, musste Siegeszuversicht verbreiten und den Zeichnern das Gefühl geben, dass ihr Beitrag wichtig war. Im März 1918 lautete die Parole »Der letzte Hieb ist die 8. Kriegsanleihe«. Tatsächlich war das Zeichnungsergebnis mit 15 Milliarden Mark das höchste des ganzen Krieges. Die Siege über Russland und Rumänien hatten die Überzeugung gestärkt, Deutschland könne mit einer letzten großen Anstrengung den Krieg doch noch gewinnen. Für ein Land wie Großbritannien, wo es vor 1916 keine Wehrpflicht gegeben hatte, war es essentiell, Freiwillige zu werben und dazu die Botschaft zu vermitteln, dass der Krieg, den das Land führte, gerecht und ein Sieg so unabdingbar wie möglich sei.

Ein vielzitiertes Sprichwort sagt, dass die Wahrheit das erste Opfer des Krieges ist. Jeder kriegführende Staat hat aus militärischer Notwendigkeit ein Zensurregime, doch ist die proaktive Seite der Meinungsformung, die Propaganda, noch wichtiger. Hier waren die Staaten der Entente, namentlich Großbritannien und später die USA, den Mittelmächten deutlich überlegen. Sie hatten einen moderneren und weiter entwickelten Medienmarkt sowie innovativere Werbemethoden vorzuweisen; die Verbindung zwischen der Staatsführung und den wichtigen Intellektuellen war enger. Profilierte »Intellektuelle in Uniform«[522] wie der britische Historiker Arnold Toynbee oder sein italienischer Kollege Gioacchino Volpe, die ganz offiziell als Propagandisten in den Dienst ihrer Regierung traten, gab es bei den Mittelmächten in dieser Form nicht. Dies alles trug dazu bei, dass das Deutsche Reich bis zum bitteren Ende nicht mehr aus der psychologischen Defensivposition herausfand, in die die Ereignisse in Belgien und ihre publizistischen Folgen es bald nach Kriegsbeginn gebracht hatten.

Akademische Schützengräben

Wenn man sich von außen bedroht sieht, rückt man im Inneren zusammen. In allen kriegführenden Staaten gab es Bemühungen, eine nationale Einheitsfront herzustellen, in Deutschland prägten die Zeitgenossen dafür den vom Mittelalter inspirierten Begriff des Burgfriedens. Während im Innern der Burg ein – möglicherweise höchst prekärer – Friede herrschte, wurden alle Zugbrücken, die sonst Zugang zur Burg boten, hochgezogen, die Wege friedlicher internationaler Kommunikation gekappt. Auch in der Kultur gehörte die Besinnung auf das Eigene zur Wehrhaftmachung; Kosmopolitismus und Weltläufigkeit waren nun verpönt und galten als Indizien für Landesverrat. Die »Sprache des Feindes« sollte in der Schule keinen Platz mehr haben, doch war es damit nicht getan: Selbst gegen Fremdwörter zogen nationalistische Sprachreiniger zu Felde. »Der Deutsche grüsst ›Auf Wiedersehen!‹ Fort mit dem französischen Adieu!«, hieß es auf Propagandamarken.[523] Unpatriotische Straßennamen mussten weichen. So wurde aus der Englischen Straße in Berlin die Deutsche Straße. Auch der Schriftsteller Ludwig Fulda zog gegen die »Ausländerei« zu Felde. Fulda, der selbst einiges aus dem Französischen übersetzt hatte, forderte die Absetzung aller französischen Theaterstücke von den deutschen Bühnen.[524] Gleichzeitig wollte er den Engländern verbieten, weiterhin Shakespeare aufzuführen, und hatte dafür eine bemerkenswerte kulturchauvinistische Begründung parat: »Er wird während eines Jahres in Deutschland häufiger gespielt als während eines Jahrzehnts in seinem Vaterland. Ja, was noch wichtiger ist, er wird unvergleichlich viel besser gespielt als dort, unvergleichlich viel besser verstanden als dort. Unser Shakespeare! So dürfen wir ihn nennen, mit dem guten Rechte der geistigen Eroberung. Und falls es uns glückt, England niederzuzwingen, dann meine ich, wir sollten in den Friedensvertrag eine Klausel setzen, wonach William Shakespeare auch formell an Deutschland abzutreten ist.«[525]

Die Staaten der Entente blieben von nationalistischen Gemütswallungen nicht verschont. Das Eau de Cologne sollte nicht länger an den Makel seiner deutschen Herkunft erinnern und mutierte kurzerhand zum »Eau de Pologne«. Ausgerechnet der Mediziner Georg Friedrich Nicolai, der es als Pazifist in Deutschland schwer genug hatte, wäre beinahe als angeblicher Spion gelyncht worden, als er sich bei Kriegsausbruch auf einem Kongress in Lyon aufhielt.[526] In Großbritannien musste Ludwig van Beethoven Edward Elgar weichen, dem Komponisten der populären Hymne »Land of Hope and Glory«.[527] Als sich allerdings herausstellte, dass bei konsequenter Verbannung deutscher Musik auch Händels »Messiah« nicht mehr zu hören sein würde, wurde der Komponist kurzerhand zum Engländer erklärt, was angesichts der Tatsache, dass er jahrzehntelang in London gelebt hatte, nicht ganz unberechtigt war.[528] Aus der russischen Stadt St. Petersburg wurde am 18. August 1914 Petrograd. Diesen Namen trug sie zehn Jahre lang, dann wurde sie zu Ehren des verstorbenen Revolutionsführers in Leningrad umbenannt. Ihren ursprünglichen Namen erhielt die Stadt erst im September 1991 nach einer Volksabstimmung zurück.

Auch das englische Königshaus änderte im Lauf des Krieges seinen Namen. George Frederick Ernest Albert of Saxe-Coburg and Gotha saß seit 1910 als George V. auf dem Thron des Vereinigten Königreichs von Großbritannien und Irland und trug den Titel eines Kaisers von Indien. Seine Großmutter Victoria war mit Albert von Sachsen-Coburg und Gotha verheiratet gewesen. Ihre neun Kinder und vierzig Enkel hatten in die verschiedensten Dynastien des europäischen Hochadels eingeheiratet, so dass Victoria manchmal »Großmutter Europas« genannt

wurde. George V. war sowohl ein Cousin des deutschen Kaisers
Wilhelm II. als auch des russischen Zaren Nikolaus II. Man sagte
ihm nach, er sei seit sehr langer Zeit der erste britische Monarch,
der Englisch ohne deutschen Akzent spreche. Derlei Anekdoten
hatten keinen Einfluss auf den erheblichen öffentlichen Druck,
dem sich das Königshaus im Krieg ausgesetzt sah. Die deutschen
Fahnen mussten aus St. George's Chapel entfernt werden. Diese
Kapelle war neben Westminster Abbey die wichtigste Grablege
der englischen Könige. Es lagen dort mehrere gebürtige Deutsche wie zum Beispiel Sophie Charlotte, die als Herzogin von
Mecklenburg 1761 König George III. geheiratet hatte, der selbst
aus dem Haus Hannover stammte. Als die Kritik an der ausländischen Prägung der Monarchie anhielt, tat George V. am 17. Juli
1917 den entscheidenden Schritt und entschloss sich zum Na-
menswechsel. Seitdem heißt das britische Königshaus nicht mehr
Sachsen-Coburg und Gotha, sondern Windsor. Wilhelm II.
machte daraufhin den spöttischen Vorschlag, doch im Gegenzug
»Die lustigen Weiber von Windsor« in »Die lustigen Weiber
von Sachsen-Coburg-Gotha« umzubenennen, was insofern be-
ziehungsreich war, als diese Oper des deutschen Komponisten
Otto Nicolai auf eine Komödie von William Shakespeare zurückging, den Ludwig Fulda für die Deutschen erobern wollte.

Das alles waren Facetten eines kulturellen Propagandakriegs, in
dem das Deutsche Reich keinen leichten Stand hatte. Schon bald
nach der Beschießung der Kathedrale von Reims und dem katastrophalen internationalen Echo, das diese Aktion ausgelöst hatte,
machte sich das Nachrichtenbureau des Reichsmarineamts daran,
durch einen propagandistischen Gegenangriff den Ruf der deutschen Kulturnation wiederherzustellen und so aus der publizistischen Defensive herauszukommen, in die Deutschland unversehens geraten war. Zwischen dem 1. und dem 4. Oktober 1914
erschien in verschiedenen in- und ausländischen Zeitungen ein
von 93 führenden deutschen Wissenschaftlern, Schriftstellern

und Künstlern unterzeichneter Aufruf »An die Kulturwelt!«. Zu den Unterzeichnern gehörten der Maler Max Liebermann, der Architekt Peter Behrens, der Schriftsteller Gerhart Hauptmann, der Theaterintendant Max Reinhardt, der Komponist Engelbert Humperdinck, der Völkerrechtler Franz von Liszt, der Philologe Ulrich von Wilamowitz-Moellendorff, der Nationalökonom Gustav von Schmoller, außerdem zahlreiche Nobelpreisträger wie der Physiker Wilhelm Röntgen, der Mediziner Paul Ehrlich, der Philosoph Rudolf Eucken und der Chemiker Richard Willstätter, ein breites Spektrum führender Vertreter des deutschen Kultur- und Geisteslebens, darunter auch viele liberale Geister. Das große Ansehen dieser Persönlichkeiten sollte dem Aufruf zu einer starken Wirkung verhelfen. Die hatte er dann auch, allerdings nicht so, wie die Initiatoren sich das vorgestellt hatten. Der Aufruf wirkte absolut kontraproduktiv, er galt als »Symbol deutscher Überheblichkeit«.[529] Der Historiker Fritz Stern bemerkt dazu: »Einige unter den 93 hegten wahrscheinlich die Hoffnung auf Respektierung auch über die Schützengräben hinweg – und unterzeichneten ein Dokument, das genau das Gegenteil bewirkte. Es war nicht das letzte Mal, daß Deutsche gerade solche Meinungen bestätigten, die sie widerlegen wollten.«[530]

Der Aufruf war »ein unerhörtes Beispiel autistischer Arroganz«.[531] In der Manier der Thesen von Martin Luther wurde gegen die »Lügen und Verleumdungen« der Feinde Deutschlands Protest erhoben. Sechs Absätze sollten diese Lügen benennen, jeder begann mit den gleichen Worten:

Es ist nicht wahr, daß Deutschland diesen Krieg verschuldet hat.
[...]
Es ist nicht wahr, daß wir freventlich die Neutralität Belgiens verletzt haben.
[...]

Es ist nicht wahr, daß eines einzigen belgischen Bürgers
Leben und Eigentum von unseren Soldaten angetastet
worden ist, ohne daß die bitterste Notwehr es gebot.
[…]
Es ist nicht wahr, daß unsere Truppen brutal gegen Löwen
gewütet haben.
[…]
Es ist nicht wahr, daß unsere Kriegführung die Gesetze des
Völkerrechts mißachtet.
[…]
Es ist nicht wahr, daß der Kampf gegen unseren sogenannten
Militarismus kein Kampf gegen unsere Kultur ist, wie
unsere Feinde heuchlerisch vorgeben.[532]

Aus dieser empörten Zurückweisung jeglicher Kritik am deutschen Vorgehen der deutschen Truppen in Belgien sprach eine
hanebüchene Selbstgerechtigkeit. Der letzte der sechs Empö-
rungsrufe enthielt auch ein trotziges Bekenntnis zum Militarismus: »Ohne den deutschen Militarismus wäre die deutsche Kultur längst vom Erdboden vertilgt.« Der Militarismus spielte im
Feindbild, das die Alliierten von den Deutschen hatten, eine
nicht unerhebliche Rolle. Doch gerade da ließ der »Geist von
1914« keine Trennung zu. »Deutsches Heer und deutsches Volk
sind eins. Dieses Bewußtsein verbrüdert heute 70 Millionen
Deutsche ohne Unterschied der Bildung, des Standes und der
Partei.«[533] Der Aufruf ließ es sich nicht nehmen, seinerseits Anschuldigungen gegen die Kriegsgegner zu erheben. So seien Großbritannien und Frankreich zu Verletzung der belgischen Neutralität entschlossen gewesen, weshalb es »Selbstvernichtung«
bedeutet hätte, ihnen nicht zuvorzukommen. Die belgische
Bevölkerung habe die deutschen Soldaten aus dem Hinterhalt
beschossen und deutsche Ärzte »bei der Ausübung ihres Samari-
terwerks ermordet«. Als man schweren Herzens in Löwen Ver-

geltung üben musste, sei doch der größte Teil der Stadt erhalten geblieben. Diese Behauptung stand in auffälligem Gegensatz zu dem anfänglichen Triumphgeheul über die gelungene Zerstörung. Nun wurde gar behauptet, deutsche Soldaten hätten »mit Selbstaufopferung« das berühmte Rathaus vor den Flammen bewahrt. Schließlich wurde in dem Aufruf entschieden rassistisch argumentiert. Dass man Engländern und Franzosen zum Vorwurf machte, sich mit dem reaktionären Zarenreich verbündet zu haben, war nicht neu. Doch ebenso viel Empörung löste der Einsatz von Soldaten aus den britischen und französischen Kolonien aus: »Sich als Verteidiger der europäischen Zivilisation zu gebärden, haben die am wenigsten das Recht, die sich mit Russen und Serben verbünden und der Welt das schmachvolle Schauspiel bieten, Mongolen und Neger auf die weiße Rasse zu hetzen.«[534] Tatsächlich leisteten Truppen aus allen Kontinenten einen hohen Blutzoll für ihre Kolonialherren, für die Franzosen vor allem Afrikaner, für die Briten Soldaten aus dem gesamten Commonwealth: Kanadier, Afrikaner, Inder und Australier. Sie zeichneten sich häufig durch große Tapferkeit aus. So hatte die 1. Südafrikanische Brigade den Auftrag, den Wald von Delville nordöstlich von Longueval zu verteidigen. Die Schlacht dauerte vom 14. Juli bis zum 3. September 1916, und von den 3155 Angehörigen der Brigade überlebten nur 619, was einer Verlustrate von mehr als 80 Prozent entsprach.[535] Normalerweise nahm man Einheiten aus der Frontlinie, wenn die Verluste dreißig Prozent der Mannschaftsstärke überstiegen. Die Südafrikaner hatten aber den Befehl, den Wald um jeden Preis zu verteidigen, was ihnen auch gelang. Die Schlacht endete mit einem taktischen Sieg der britischen Seite, der allerdings mit dem Tod von Tausenden von Soldaten teuer erkauft war.

Die Stigmatisierung schwarzer Soldaten hatte im öffentlichen Diskurs in Deutschland eine lange Tradition. Sie galten als Menschen einer inferioren Entwicklungsstufe. Kolonialsoldaten wurden als illegitime Kämpfer angesehen, denen der Schutz der

Haager Landkriegsordnung im Grunde genommen nicht zustand. Nach dem Krieg herrschte große Wut darüber, dass sich unter den französischen Besatzungssoldaten, die nach dem Versailler Friedensvertrag die linksrheinischen Gebiete besetzten, Schwarzafrikaner befanden. Hitlers außenpolitischer Vordenker Alfred Rosenberg sprach in diesem Zusammenhang davon, dass Frankreich sich im Dienst der »schwarzen Rassenpest« gegen Europa gestellt habe.[536] Auf derselben Linie argumentierte auch der populäre Welterklärer Ernst Haeckel, der 1915 seine *Weltkriegsgedanken* herausbrachte. Der Todfeind England habe zur Vernichtung des ihm eigentlich nahestehenden deutschen Brudervolkes »die niederen farbigen Menschenrassen aus allen Erdteilen« mobilisiert. Dies sei ein »niederträchtiger Verrat an der weißen Rasse«.[537] Der Aufruf »An die Kulturwelt!« vom Oktober 1914 schloss mit den Worten: »Glaubt uns! Glaubt, daß wir diesen Kampf zu Ende kämpfen werden als ein Kulturvolk, dem das Vermächtnis eines Goethe, eines Beethoven, eines Kant ebenso heilig ist wie sein Herd und seine Scholle. Dafür stehen wir Euch ein mit unserem Namen und mit unserer Ehre!«[538] Mit Goethe gegen die Neger – so sei, dachten sich manche, der Kampf der Kultur gegen die Zivilisation zu führen.

Konzipiert worden war dieses Manifest, das ein Befreiungsschlag im Kampf um die Sympathien der internationalen Öffentlichkeit hätte sein sollen, im Reichsmarineamt. Dort hatten die Schriftsteller Ludwig Fulda und Hermann Sudermann bei einer Besprechung am 13. September 1914 zunächst vorgeschlagen, es sollten in deutschen Krankenhäusern Nachforschungen angestellt werden, um Beweise zu finden für die feindlichen Gräueltaten, von denen die deutsche Propaganda immer sprach. Doch der Chef des Nachrichtenbüros, Kapitän zur See Heinrich Löhlein, lehnte diesen Vorschlag mit der sybillinischen Begründung ab, es sei zweifelhaft, ob sich diese Anschuldigungen »bestätigen und erhärten« ließen.[539] Das erklärt, warum die Vorwürfe gegen die Kriegsgegner in dem Aufruf allesamt sehr allgemein gehalten sind. Die damals kursierende Behauptung, Soldaten der Entente hätten Deutschen die Augen ausgestochen, findet sich in der Endfassung nicht mehr, weil sich dafür offenbar keinerlei Beweise fanden.

In den Tagen nach der Besprechung im Reichsmarineamt machten sich Fulda und Sudermann daran, einen Text für das Manifest zu entwerfen. Sie wurden dabei von Georg Reicke unterstützt, dem liberalen Bürgermeister von Berlin. Ludwig Fulda war einer der meistgespielten Bühnenautoren seiner Zeit und zugleich ein Vorkämpfer für die Freiheit von Kunst und Literatur. 1890 hatte er die Leitung des Theatervereins Freie Bühne übernommen und war auch im Goethe-Bund aktiv gewesen, einer Vereinigung, die im Jahr 1900 zur Abwehr von Zensurbestrebungen, insbesondere der sogenannten Lex Heinze, gegründet worden war. Dieses Gesetz sah die Zensur »unsittlicher« Inhalte vor, konnte aber wegen des heftigen öffentlichen Widerstandes erst nach jahrelangen Auseinandersetzungen und in stark abgeschwächter Form vom Reichstag verabschiedet werden. Nach dem Krieg gehörte Fulda 1926 zu den Gründungsmitgliedern der Preußischen Akademie der Künste, aus der er dann 1933 wegen seiner jüdischen Abstammung ausgeschlossen wurde. 1939 wollte Fulda seinem Sohn ins Exil in die USA folgen, erhielt aber von den amerikanischen Behörden keine Einreiseerlaubnis und nahm sich aus Verzweiflung das Leben. Ludwig Fulda war nur einer von vielen deutschen Juden, die ihr patriotisches Engagement im Ersten Weltkrieg nicht vor späterer Verfolgung durch die Nationalsozialisten schützte.

Hermann Sudermann, der mit seinen 57 Jahren noch einmal fünf Jahre älter als Fulda war, hatte als Erzähler wie als Bühnenautor gleichermaßen Erfolg. Er war ebenfalls an der Gründung des Goethe-Bundes beteiligt gewesen, dem auch Georg Reicke angehörte. Durch den Bund verfügten die drei Initiatoren über ein effizientes Netzwerk, das es ihnen sehr erleichterte, rasch viele Unterschriften für ihren Aufruf zu gewinnen. Die Angesprochenen erhielten ein kurzes Telegramm, in dem sie aufgefordert wurden, sich einem Protest gegen die Verleumdung Deutschlands anzuschließen. Unterzeichnet war das Telegramm von Ludwig Fulda und sechs weiteren Persönlichkeiten. Dass das Reichsmarineamt und das Auswärtige Amt hinter der Aktion steckten, wurde verschwiegen.[540] Dieses Vorgehen hat sicher dazu beigetragen, dass auch viele liberal gesinnte Persönlichkeiten unterschrieben, denen ein engstirniger Nationalismus selbst in Kriegszeiten eher fernlag. Immerhin zehn der 93 Unterzeichner des Aufrufs haben ihre Unterschrift später wieder zurückgezogen, als sie sahen, was sie da unterschrieben hatten und welche Wirkung es entfaltete, so zum Beispiel der Nationalökonom Lujo Brentano und der Physiker Max Planck.

Der Aufruf »An die Kulturwelt!« wurde in zehn Sprachen publiziert. Das Reichsmarineamt sorgte dafür, dass er innerhalb kürzester Zeit überall Verbreitung fand. Die Reaktionen waren durchweg negativ, in Frankreich schlug die Empörung höhere Wellen als in Großbritannien. Besonders groß aber war die Enttäuschung unter den Künstlern und Wissenschaftlern. Es gab in der internationalen Gelehrtenwelt viele persönliche Verbindungen über die Ländergrenzen hinweg, ebenso in der Welt der Literatur und der Kunst. Man kannte sich, traf auf internationalen Tagungen zusammen, berief sich gegenseitig in wissenschaftliche Akademien. Die deutsche Wissenschaft stand international in höchstem Ansehen, das deutsche Universitätssystem galt damals als führend in der Welt, und von 49 bis zum Jahr 1914 verliehenen Nobelpreisen in den Kategorien Medizin, Chemie und Physik waren 14 an Deutsche gegangen. Auch den Literaturnobelpreis hatten mit Theodor Mommsen, Rudolf Eucken, Paul Heyse und Gerhart Hauptmann vier Deutsche bekommen, während die Vertreter aller anderen Länder zusammen zehn Mal zum Zug gekommen waren. Unter ihnen war Rudyard Kipling, der jetzt, ähnlich wie auf der anderen Seite Rudolf Eucken und

Gerhart Hauptmann, für sein Land im Propagandakrieg an vorderster Front stand.

Gerade die international vernetzten deutschen Hochschullehrer legten besonderen Eifer bei der Verteidigung des Vaterlandes an den Tag.[541] Zwei Wochen nach dem Aufruf »An die Kulturwelt!« erschien die »Erklärung der Hochschullehrer des Deutschen Reiches«, die nicht weniger als viertausend Hochschullehrer, also etwa 80 Prozent des gesamten Lehrkörpers, unterschrieben hatten: »Wir Lehrer an Deutschlands Universitäten und Hochschulen dienen der Wissenschaft und treiben ein Werk des Friedens. Aber es erfüllt uns mit Entrüstung, dass die Feinde Deutschlands, England an der Spitze, angeblich zu unsern Gunsten einen Gegensatz machen wollen zwischen dem Geiste der deutschen Wissenschaft und dem, was sie den preußischen Militarismus nennen.«[542] Heer und Volk seien eins, auch das Heer pflege die Wissenschaft. Das Heil der ganzen Kultur Europas hänge vom Sieg des von den Gegnern so genannten deutschen Militarismus ab. Dieser Aufruf ist symptomatisch für den hohen Mobilisierungsgrad deutscher Akademiker, der sich auch in vielen Hundert Kriegsschriften, vaterländischen Kundgebungen, Ringvorlesungen, »Deutschen Reden in schwerer Zeit«[543] oder Grußbotschaften an die Studenten im Felde äußerte.[544] Die deutsche Gelehrsamkeit versammelte sich hinter der schwarz-weiß-roten Fahne, um das bedrohte Vaterland intellektuell gegen die englische Händlergesellschaft, die französische Demokratie und die russische Barbarei zu verteidigen.

Dass das nationalistische Fieber gerade bei Wissenschaftlern so viel kriegerische Rhetorik hervorbrachte, liegt zum einen daran, dass Gelehrte darin geübt sind, mit Sprache umzugehen, und auch den Ehrgeiz haben, ihrer Meinung Gehör zu verschaffen. Wenn aber gerade in diesem Krieg erstmals die Stellungnahmen von Wissenschaftlern, neben denen von Schriftstellern und Künstlern, eine so große Rolle spielten, so hängt das auch mit den heftigen intellektuellen Auseinandersetzungen in den letzten Vorkriegsjahrzehnten zusammen. In Frankreich spielte der Fall Dreyfus eine entscheidende Rolle, der das Land in zwei sich heftig befehdende Lager gespalten hatte. Diese beiden Lager fanden im Krieg zu einer weitgehenden Einheit, aber auf der Linken wie auf der Rechten gab es viele Leute, die im Meinungskampf erfahren waren und in dem Moment, in dem es darum ging, gegen einen ausländischen Gegner zu Felde zu ziehen, erst recht keinen Anlass für Zurückhaltung sahen. In Deutschland hatte der Kampf gegen die Lex Heinze eine ähnlich mobilisierende Wirkung gehabt. Die Initiatoren des Aufrufs »An die Kulturwelt!« kamen aus dem Kreis derjenigen, die sich damals besonders engagiert hatten.

Die Solidaritätserklärung der Professoren mit dem »Aufruf an die Kulturwelt!« war nicht die erste Wortmeldung deutscher Akademiker gewesen. Schon vom 1. September 1914 datiert der »Aufruf Bonner Historiker«, der die große Enttäuschung über den Kriegseintritt Englands zum Ausdruck brachte: »Das gemeinsame Ziel, Deutschland von der Höhe seiner durch einen großen Krieg und dann durch vierzigjährige Friedensarbeit errungenen Machtstellung herabzustürzen, ja den Bau des deutschen Staatswesens zu zertrümmern, hat in der unterirdischen Arbeit eines Vierteljahrhunderts zuerst Frankreich und Russland zusammengeführt, endlich den Beitritt Englands bewirkt und damit erst dem Bündnisse die Kraft kriegerischer Aktion verliehen. England hat alle Feindschaften gegen Deutschland unter seiner Führung geeint.«[545] Dieser Aufruf, der mit der Bitte schloss, ihm den gleichen Respekt wie den wissenschaftlichen Arbeiten der Unterzeichner zuteilwerden zu lassen, verdreht die Tatsachen in grotesker Art und Weise. Das Versagen der deutschen Diplomatie in der Ära nach Bismarck wird hier in eine internationale antideutsche Verschwörung umgedeutet.

Am 18. September 1914 wurde eine Erklärung von 53 britischen Schriftstellern publiziert, am 4. Oktober der Aufruf »An die Kulturwelt!«, sekundiert von der bereits erwähnten »Erklärung der Hochschullehrer des Deutschen Reiches« am 16. Oktober, denen am 21. Oktober in der *Times* der »Reply to German Professors«, unterzeichnet von mehr als tausend britischen Gelehrten,[546] antwortete, was wiederum eine Gegenerklärung des Kulturbundes deutscher Gelehrter und Künstler nach sich zog. Diese Gegenerklärung begann mit der Feststellung, dass »auch geistig hochstehende, wahrheitsliebende und des Wortes mächtige Männer, wenn sie feindlichen Parteien angehören, nicht mehr die Möglichkeit finden, sich miteinander zu verständigen«.[547] Dieselben Menschen, die es zuvor für selbstverständlich gehalten hatten, freundschaftlich-kollegial miteinander umzugehen, und sich auf zahlreichen internationalen Zusammenkünften persönlich begegnet waren, verwendeten nun ihre Energie darauf, rhetorische Geschütze gegeneinander in Stellung zu bringen. Sie redeten nicht mehr miteinander, sondern übereinander.

Die Zunft der Historiker fühlte sich angesichts des geschichtsmächtigen Ereignisses, das der Erste Weltkrieg ganz offensichtlich war, noch viel mehr als die Kollegen aus anderen Fächern berufen, das Geschehen zu erklären. Und das hieß, insbesondere in der ersten Phase des Krieges, vor allem das Handeln der eigenen Nation zu rechtfertigen und den Gegner zu verurteilen. Eine Gruppe von Historikern der Universität Oxford brachte bereits im September 1914 eine Publikation unter dem Titel *Why we are at War. Great Britain's Case* heraus. Das Buch erläuterte die Geschichte der belgischen Neutralität, schilderte die staatlichen Allianzen in Europa und die Vorgeschichte der Julikrise. Im Anhang war eine Reihe von Dokumenten abgedruckt, die die Darstellung belegen sollten. Die Gewinne aus dem Verkauf des Buches sollten nach Belgien gehen und insbesondere für die Wiederherstellung der Bibliothek von Löwen verwendet werden. Gegen diese Schrift wandte sich mit einer »Erklärung gegen die Oxforder Hochschulen«[548] eine Gruppe von deutschen Historikern und Völkerrechtlern, unter ihnen Erich Marcks, Friedrich Meinecke, Hermann Oncken und Friedrich von Liszt. Ihre Erklärung erschöpfte sich im Wesentlichen in Empörung über die Zweifel an der Friedensliebe des deutschen Kaisers, den Egoismus der britischen Politik und anderes mehr, sie schließt mit der jeden Selbstzweifel mundtot machenden Feststellung: »Wir verwahren uns gegen die Vergiftung der geistigen Waffen im Kampfe der Nationen.«[549]

Es ist charakteristisch für solche Auseinandersetzungen, dass man dem anderen genau das vorwirft, was man selbst gerade tut. Erklärungen wie diese waren jedenfalls kaum dazu angetan, der Vergiftung der geistigen Waffen entgegenzuwirken. Die Voraussetzungen dafür waren gerade in Deutschland ohnehin denkbar schlecht. Nach den ersten militärischen Erfolgen hatte eine Kriegszieldiskussion eingesetzt, an der sich neben Politikern und Publizisten auch zahlreiche Wissenschaftler beteiligten. Der mächtigen Versuchung, das Fell des Bären zu verteilen, bevor er erlegt war, gaben allzu viele nach. Nüchterne Beobachter wie Theodor Wolff warnten vergeblich vor der »Schädlichkeit des jäh erwachten intellektuellen Betätigungsdranges«.[550] Selbst Ernst Haeckel, inzwischen achtzig Jahre alt, der noch wenige Jahre zuvor an einem »Aufruf zur Begründung eines Verbandes für internationale Verständigung« mitgewirkt und bis 1914 in dem von ihm gegründeten Deutschen Monistenbund pazifistische Positionen vertreten hatte, begab sich nun noch einmal ins Schlachtgetümmel, wenn auch nur mit der Schreibfeder. Wolff stellte kopfschüttelnd fest: »Der hochbetagte Ernst Haeckel hat im ›Monistischen Jahrhundert‹ einen ganzen Teilungsplan entworfen, London erobert, Belgien halb an Holland gegeben und halb dem Deutschen Reiche angefügt, den Kongostaat, einen grossen Teil der englischen Kolonien, den Nordosten Frankreichs, Polen und die russischen Ostseeprovinzen annektiert, und einige andere deutsche Professoren haben, wie es scheint, in der gleichen Zeitschrift durch die Darlegung ihrer politischen Ideen manche Bürger der kleineren Staaten in Unruhe versetzt.«[551] Damit ein zutreffendes Bild entsteht, muss erwähnt werden, dass Theodor Wolff auch ähnlich unkluge Äußerungen aus Ententestaaten zitierte, aber Sorgen machte ihm vor allem die »intellektuelle Kriegsneurose« im eigenen Lande. Und wer die damaligen Erklärungen und Gegenerklärungen aus der Distanz liest, wird nicht umhinkommen festzustellen, dass die Manifeste der britischen Gelehrten – anders als die der Franzosen – in der Regel um Höflichkeit und Differenziertheit bemüht waren und auch nicht einen Grundton vorwurfsvoller Selbstgerechtigkeit anschlugen, wie es die deutschen Äußerungen oftmals taten.

Widerspruch gegen die entschiedene Parteinahme deutscher Hochschullehrer gab es kaum. Als der Mediziner Georg Friedrich Nicolai im Dezember 1914 versuchte, mit einem »Aufruf an die Europäer« der Idee der Völkerverständigung wieder Gehör zu verschaffen, scheiterte er, weil nur Albert Einstein und die Philosophen Otto Buek und Friedrich Wilhelm Foerster bereit waren, mit zu unterzeichnen. In dem Aufruf standen unbestreitbar richtige Dinge, etwa dass der Krieg kaum Sieger, sondern nur Besiegte hinterlassen werde. Er plädierte für faire Friedensbedingungen, die sich nicht zur Quelle künftiger Konflikte entwickeln würden, und für eine »organische Einheit« in Europa, eine weitsichtige Forderung, die hundert Jahre später immerhin in Teilen verwirklicht ist. Veröffentlichen konnte Nicolai seinen Aufruf erst drei Jahre später in seiner *Biologie des Krieges,* die nicht in Deutschland, sondern in der neutralen Schweiz erschien. Differenzen innerhalb der Professorenschaft machten sich erst ab 1916 etwas deutlicher bemerkbar, als die Gegensätze zwischen den Annexionisten und den Anhängern eines Verständigungsfriedens aufbrachen, wobei die Dominanz der Ersteren bis zum Ende des Krieges nie in Frage stand. Und Pazifisten wie Friedrich Wilhelm Foerster blieben bis zuletzt isoliert.[552]

Foerster lehrte in München Pädagogik und Philosophie. In seinen Lehrveranstaltungen kritisierte er nicht nur immer wieder den deutschen Militarismus, sondern äußerte sogar Kritik an der Politik Bismarcks, was in Kriegszeiten von den Nationalisten als unerträgliche Provokation empfunden wurde. Foerster wurde von der Universität beurlaubt und ging für ein Jahr in die Schweiz. Dort studierte er intensiv die Vorgeschichte des Krieges und kam zu der Überzeugung, dass das Deutsche Reich einen Erfolg der Haager Friedenskonferenz 1907 bewusst unterlaufen habe, indem es mit seinem einsamen Veto die Errichtung einer internationalen Schiedsgerichtsbarkeit verhindert und so selbst zu seiner Isolierung beigetragen habe. Im Oktober 1917 kehrte er nach München zurück und veröffentlichte 1920 ein Buch über seinen Kampf gegen den deutschen Militarismus.[553] Daraufhin wurde er von Rechtsradikalen mit dem Tod bedroht, legte sein Lehramt nieder und flüchtete erneut in die Schweiz.

Paradigmatisch für die Intoleranz deutscher Professoren und die Unduldsamkeit der Militärbehörden war der Fall Georg Simmel. 1914 war er Professor in Straßburg geworden, nachdem sechs Jahre zuvor seine Berufung nach Heidelberg an einem negativen Gutachten des Historikers Dietrich Schäfer gescheitert war. Der Alldeutsche Schäfer, ein Schüler Heinrich von Treitschkes und wie dieser ein leidenschaftlicher Antisemit, führte in seiner Stellungnahme alles auf, was er gegen Simmel auf dem Herzen hatte. Dieser sei zwar zum Christentum konvertiert, aber ein »Israelit durch und durch«; seine Lehrveranstaltungen hätten einen enormen Zulauf, was nur deren mangelndes wissenschaftliches Niveau beweise, zumal sie in überdurchschnittlichem Maße von »Damen« und von Studenten aus der »orientalischen Welt«, also von jüdischen Hörern besucht würden. Simmels Anschauungen höben sich »von unserer deutschen christlich-klassischen Bildung ja deutlich genug ab«. Schließlich wolle Simmel die Gesellschaft an Stelle von Staat und Kirche setzen und verdanke seinen Ruf wesentlich seiner »›soziologischen‹ Betätigung«, die Soziologie aber sei keine Wissenschaft.[554] Schäfer breitete in seinem Gutachten mit bewundernswerter Vollständigkeit das ganze Arsenal an judenfeindlichen Vorurteilen aus und demonstrierte, zu welcher Borniertheit deutsche Gelehrsamkeit fähig war. Da half es auch nichts, dass sich Max Weber und andere lebhaft für Simmel einsetzten. Dietrich Schäfer war aktives Mitglied zahlreicher Vereine und Verbände, Vorstandsmitglied des Alldeutschen Verbandes, Mitbegründer des Flottenvereins und des Deutschen Wehrvereins, außerdem Vorsitzender der Nationalliberalen Partei in Heidelberg und Mitglied des badischen Landtags. Wegen seines vehementen Engagements für die deutsche Rüstung zur See nannten seine Gegner ihn den »Flottenschäfer«. 1903 erhielt er trotz seines Rufes als »politischer Historiker«, der zunächst auch Widerstand provozierte, einen Lehrstuhl in Berlin, wo er sich im Ersten Weltkrieg unter anderem als Propagandist für den unbeschränkten U-Boot-Krieg hervortat. 1917 schloss er sich der Deutschen Vaterlandspartei an.

Im November 1914 hielt Georg Simmel an der Kaiser-Wilhelm-Universität in Straßburg einen Vortrag über Deutschlands innere Wandlung.[555] Blinde Vaterlandsliebe war ihm stets fremd gewesen, aber seine Interpretation des Krieges als »geistiges Erlebnis« war nun doch nicht frei von nationalistischen Untertönen. Simmel sah vor allem die produktive, den Wandel fördernde Seite des Krieges, dass »Deutschland von neuem in den Schmelztiegel geworfen ist«.[556] Der Krieg habe »dem Leben eine ungeheure Intensitätssteigerung gebracht«.[557] Hinter diesem soziologischen Vitalismus[558] stand womöglich die Hoffnung, dass diese neue »Form der Vergesellschaftung«[559] auch für ihn neue Möglichkeiten gleichberechtigter Teilhabe an Staat und Gesellschaft eröffnen würde. Dabei blieb er in seinem Essay »Die Idee Europa« bei seiner Überzeugung, dass der Krieg »ohne die Verblendung und die verbrecherische Frivolität ganz weniger Menschen in Europa nicht entzündet worden wäre«.[560] Er plädierte dafür, dass am Ende des Krieges wieder Raum für Versöhnung sein müsse. Damit machte er sich keine Freunde. Der stellvertretende Gouverneur von Straßburg, Generalleutnant Heinrich von

Vietinghoff-Scheel, forderte in einem Schreiben an den Kaiserlichen Statthalter die Einleitung eines Verfahrens wegen »undeutschen Verhaltens«. Doch der in der Reichsregierung für das Reichsland Elsass-Lothringen zuständige Staatssekretär, Siegfried Graf von Roedern, lehnte ein Disziplinarverfahren mit dem Ziel der Entfernung aus dem Amt ab, weil Simmel keine »deutschfeindliche Gesinnung« nachweisbar sei. Weiterer vergleichbarer Äußerungen müsse er sich aber enthalten.[561] Simmel überlegte, sich in die Schweiz zurückzuziehen, blieb aber in Straßburg und veröffentlichte 1917 sein Buch *Der Krieg und die geistigen Entscheidungen*, das aber keinerlei amtliche Reaktion hervorrief. Im März 1917 wurde er von der Universitätsverwaltung aufgefordert, sich für den Fall eines Vorrückens der Franzosen auf die Evakuierung der Universität einzustellen. Doch dazu kam es nicht mehr. Am 26. September 1918 starb Simmel in Straßburg. Nach langen Irr- und Umwegen gilt er heute als der bedeutendste unter den Gründervätern der Soziologie in Deutschland.

Das Bild, das der publizistische Abschnitt der deutschen Front im Ersten Weltkrieg ergab, war nicht zuletzt dadurch geprägt, dass die literarische Produktivität des rechten Lagers, der Alldeutschen und der anderen Nationalisten, außerordentlich groß war.[562] Eine prominente Rolle spielte Heinrich Claß, seit 1908 Vorsitzender des 1891 gegründeten Alldeutschen Verbandes. Claß, der von Beruf Rechtsanwalt war, hatte bereits 1912 unter dem Pseudonym Daniel Frymann sein politisches Programm in dem Buch *Wenn ich der Kaiser wär'* niedergelegt, in dem er für ein autoritär geführtes Deutsches Reich auf rassistischer Grundlage plädierte.[563] Das Buch wurde ein Bestseller und erreichte binnen zwei Jahren fünf Auflagen. Claß wollte Pläne zu einer »allgemeinen Reichsreform« fördern, die auf einen Staatsstreich von oben hinausgelaufen wären, und suchte die Zusammenarbeit mit anderen »zur Verteidigung des Vaterlandes« entschlossenen Kräften.[564] Claß sah sich als Anführer einer nationalen Opposition und formierte im Vorfeld des Kriegsausbruchs eine völkische Phalanx; gleichzeitig machte er aus den Alldeutschen den lautstärksten und einflussreichsten Verband innerhalb des rechtsextremen Lagers. Der Wahlerfolg der Sozialdemokraten bei den Reichstagswahlen 1912 bestärkte ihn in seiner Ablehnung der Demokratie. Im Krieg profilierte sich Claß durch die Formulierung maßloser Kriegsziele und politische Scharfmacherei. Er wollte die jüdischen Deutschen unter Fremdenrecht stellen, war überzeugt davon, dass Deutschland zusätzliche Kolonien in Afrika brauchte, und agierte als einer der Frontleute der Kanzlersturzbewegung, die auf die Beseitigung des angeblich viel zu liberalen und kompromissbereiten Bethmann Hollweg hinarbeitete. Der Alldeutsche Verband erreichte in den beiden ersten Kriegsjahren den Höhepunkt seiner öffentlichen Wirksamkeit. 1914 hatte er 18 000 Mitglieder, diese Zahl verdoppelte sich im Lauf des Krieges. Seit der Marokkokrise 1911 hatten die Alldeutschen gezielt darauf hingearbeitet, die Deutschen auf den nunmehr für unvermeidlich gehaltenen Krieg einzustimmen. Am 3. August 1914 lautete die Parole »Nun ist sie da, die heilige Stunde«.[565] Wenn die deutsche Regierung nach den anfänglichen militärischen Erfolgen 1914 oder 1915 entschlossen nach einem vorteilhaften Verständigungsfrieden gestrebt hätte, wären die Alldeutschen das größte innenpolitische Hindernis auf dem Weg dorthin gewesen. Sie waren die treibende Kraft einer Kriegszielbewegung, die jede Verhandlungslösung unmöglich machte. Ob eine gesprächsbereite deutsche Regierung auf der Gegenseite einen gleichgesinnten Partner gefunden hätte, ist eine andere Frage.

Der wichtigste alldeutsche Publizist neben Heinrich Claß war Ernst Graf zu Reventlow. Er schrieb für verschiedene rechtsstehende Zeitungen wie zum Beispiel die antidemokratische und antisemitische *Kreuzzeitung*. Als ehemaliger Seeoffizier galt er als Fachmann für Marinefragen, er war ein vehementer Befürworter der Flottenrüstung und ein nicht minder vehementer Gegner Englands, des großen Rivalen zur See. Seit 1908 war Reventlow Chefredakteur der *Alldeutschen Blätter*, außerdem war er der Politische Vertreter der Hauptabteilung des Alldeutschen Verbandes in Berlin. Nach dem Krieg schloss er sich dann erst der Deutschvölkischen Freiheitspartei und später der NSDAP an. Reventlows wichtigster Beitrag zum publizistischen Krieg war *Der Vampir des Festlands*. Das englandfeindliche Buch erschien 1915 und war 1916 bereits in der achten Auflage.

Wortführer des nationalistischen Lagers im Bereich der akademischen Philosophie war Bruno Bauch, der aus Schlesien stammte und bei dem Neukantianer Heinrich Rickert an der Universität Freiburg studiert hatte. Bauch hatte seit 1911 eine Professur in Jena und war Herausgeber der *Kant-Studien*, damals die angesehenste und auflagenstärkste philosophische Zeitschrift in Deutschland. Bruno Bauch wurde von dem Gründer und Vorsitzenden der Kant-Gesellschaft Hans Vaihinger gefördert. Doch während Vaihinger aufgeschlossen auf Anregungen durch den französischen Positivismus und den amerikanischen Pragmatismus reagierte und so zur Überwindung der Dominanz des Neukantianismus in der deutschen Philosophie beitrug, strebte Bauch nach einer konservativen Erneuerung desselben, weil er andernfalls eine Überfremdung der deutschen Philosophie fürchtete, eine Sorge, die sich im Krieg verstärkte.

Nach Bauchs Überzeugung hatte die deutsche Tüchtigkeit den Neid der europäischen Nachbarn erregt. Darin sah er einen Grund für den gegenwärtigen Krieg. Im Anschluss an Fichte sah er die Deutschen als das eine wahrhafte Volk, das nunmehr einen wahrhaften Krieg führen müsse. Er polemisierte gegen den »englischen Krämergeist«, der von der Welt Besitz ergriffen habe. Gegen den englischen Utilitarismus, der im Feindbild der deutschen Intellektuellen eine zentrale Rolle spielte, rekurrierte er auf Fichtes berühmtes Diktum, deutsch sein bedeute, eine Sache um ihrer selbst willen zu tun. 1916 hielt Bruno Bauch einen Vortrag zum Begriff der Nation, der zunächst in Auszügen in der alldeutschen Zeitschrift *Der Panther* erschien, deren Name auf den Panthersprung nach Agadir beziehungsweise die zweite Marokkokrise anspielte, und dann auch in den *Kant-Studien* abgedruckt wurde.[566] Bauch sah Staat und Nation als untrennbar miteinander verbunden; die Nation als »Gemeinschaft der ›Mitgeborenen‹ ist natürliche Abstammungsgemeinschaft als Grundlage der völkischen Einheit«.[567] Es war eine Nation auf rassischer Grundlage:

> Die Gemeinschaft des Blutes ist das einigende Band im natürlichen Bestande der Nation, und diese ist zunächst selbst ein natürlicher Gemeinschaftsverband, eine Naturgegebenheit. In der Hautfarbe, dem Gesichtsschnitt, dem Körperbau jedes Einzelnen prägt sie sich als sichtbarer Typus aus.[568]

Einen »Völkermischmasch« lehnte Bauch entschieden ab und berief sich dabei auf Fichte, der vor Zeiten ebenfalls in Jena gelehrt hatte. Er bezog Stellung gegen einen »jüdischen Neukantianismus«, namentlich gegen Hermann Cohen.[569] Der Aufsatz löste einen Skandal aus.[570] Vor allem jüdische Mitglieder der Kant-Gesellschaft waren empört, einige verließen die Vereinigung. Vaihinger verfasste eine Entgegnung, deren Abdruck in den *Kant-Studien* der Herausgeber Bauch aber mit der Begründung ablehnte, dass die Entgegnung ein politischer und kein philosophischer Text sei. Es kam zum Bruch, und Bauch musste aus der Schriftleitung ausscheiden. Er engagierte sich stattdessen in der 1916 gegründeten »Fichte-Gesellschaft von 1914«, die nun ihrerseits weniger eine philosophische als eine politische Vereinigung war. Sie wandte sich an »jeden, der deutsches Blut in den Adern hat«:

> Unser Bund kämpft für den Sieg alles Wahrhaften, Guten und Schönen in der Welt. Niedertracht, Lug und allem Schlechten haben wir den Krieg erklärt. [...]

Feinde ringsum!

Unsere äußeren Feinde sind unter den Hieben des deutschen
Schwertes schwach und kleinmütig geworden. Wir haben das
Vertrauen, daß unsere Waffen siegreich vollenden, was so sieg-
reich und heldenhaft begonnen.

Aber nicht minder schlimm sind die inneren Feinde.[571]

1917 initiierte Bauch dann die Gründung der Deutschen Philosophischen Gesellschaft, die zu einem Sammelbecken konservativer Philosophen wurde und im »Dritten Reich« eine wichtige
Rolle spielen sollte. Bruno Bauch war ein Philosoph, dem es nicht
in erster Linie um die Wahrheitssuche ging, sondern um die
Wehrhaftmachung. Das deutsche Volk sollte wehrhaft sein gegen äußere und innere Feinde, gegen die Gefahren der »Angli-
sierung«, aber auch gegen die »fremdvölkische Belastung« durch
die in Deutschland lebenden Juden. Bauch ist ein gutes Beispiel
dafür, dass die reale wie die imaginierte Bedrohung durch den
Krieg nicht nur die internationalen Verbindungen kappte, sondern auch die Illiberalität im Innern förderte. Der Antisemitismus, der in der deutschen Geschichte eine so verhängnisvolle
Rolle spielte, erfuhr im Ersten Weltkrieg einen Schub, der in seiner Bedeutung kaum überschätzt werden kann.

Die Berufung auf Johann Gottlieb Fichte, den Philosophen
der Befreiungskriege, war ein geläufiger Topos im Ersten Weltkrieg. Ob diese Renaissance, die dazu neigte, den freiheitslieben-
den Weltbürger zu unterschlagen und Fichte auf die *Reden an
die Deutsche Nation* zu reduzieren, dem Denker wirklich gerecht
wurde, kann hier dahingestellt bleiben. Unbestreitbar ist jedoch,
dass seine Schriften denjenigen, die einen antisemitisch aufgeladenen Nationalismus propagierten, genügend Anknüpfungsmög-
lichkeiten boten, wenn er zum Beispiel in seiner 1793 erschienenen Schrift über die Französische Revolution schrieb: »Fast

durch alle Länder von Europa verbreitet sich ein mächtiger, feindselig gesinnter Staat, der mit allen übrigen im beständigen Kriege steht, und der in manchen fürchterlich schwer auf die Bürger drückt; es ist das Judenthum.«[572]

Der wichtigste Repräsentant der aus dem Neufichteanismus sich ableitenden »Weltkriegsphilosophie« war Rudolf Eucken, Literaturnobelpreisträger des Jahres 1908 und Professor an der Universität Jena. Er war davon überzeugt, dass ein gerechter Krieg eine »Quelle sittlicher Stärkung« sei und die Nation in ihrer inneren Ordnung festige.[573] Euckens Idealismus richtete sich ganz auf das Eigene, seiner Ansicht nach bildeten die Deutschen die Seele der Menschheit, die Vernichtung der deutschen Art würde die Weltgeschichte ihres tiefsten Sinnes berauben. Am deutschen Wesen sollte einst die Welt genesen. Eine solche Position war weder konsens- noch kompromissfähig.

Der prominenteste Schüler von Rudolf Eucken war Max Scheler. Scheler kam aus München, war jüdischer Abstammung, aber zum Katholizismus konvertiert. Er gehörte insofern nicht zu der preußisch-protestantischen Phalanx, die sich im Krieg der Geister gebildet hatte, und doch war gerade seine Wirkungsmacht als Kriegspublizist beträchtlich. Sein wichtigstes Werk *Der Genius des Krieges und der Deutsche Krieg*, gewidmet »Meinen Freunden im Felde«, schrieb er in der Euphorie der ersten Wochen nach Kriegsausbruch. Obwohl das Buch mehr als vierhundert Seiten hat, erschien es bereits Anfang 1915. Der Phänomenologe Scheler versuchte, einen Beitrag zur Erkenntnis des Wesens des Krieges zu leisten. Die Deutschen erschienen ihm, anders als die Engländer, als auserwähltes Volk, da sie die metaphysische Qualität des Krieges besser verstanden hätten. Sein »Gesinnungsmilitarismus«[574] war, wie Hermann Lübbe es einmal formulierte, eine Mischung aus Fichte und Krupp,[575] wobei, um im Bild zu bleiben, Fichte schwerer wog als Krupp. Entscheidend war der metaphysische Charakter des Krieges: »Ist Gott ein Gott der Liebe, so wird er auch dem Volke den Sieg geben, in dem die Liebe die reichste, die tiefste, die hochgeartetste ist!«[576] Der Genius des Krieges wird hier zum »Führer zu Gott«[577] und der »deutsche Krieg« zur politischen Religion. Der Philosoph Max Scheler lieferte gewissermaßen die Oberstimme zum deutschen Kriegsgesang. Das ist insofern bemerkenswert, als Deutschland den deutschen Denkern als Heimat der »wahren« Philosophie galt, während sie französische und britische Kollegen nicht wirklich gelten ließen und als kursorisch und unsystematisch abtaten. Und gerade diese deutschen Philosophen stellten sich mit besonderer Leidenschaft in den Dienst der Kriegsanstrengung.

Der prononcierteste Englandhasser unter den deutschen Gelehrten war der Soziologe und Nationalökonom Werner Sombart. Von den 36 Professoren für Nationalökonomie beteiligten sich 21 an der Produktion von Kriegspublizistik. Werner Sombart war der wirkungsmächtigste unter ihnen. Er leistete einen wichtigen Beitrag zur deutschen Kriegspropaganda, übernahm das England-Feindbild seines Freundes Max Scheler und steigerte es noch. Sombart war ein Außenseiter unter den akademischen Kriegspropagandisten, aber sein Pamphlet *Händler und Helden* hatte eine enorme Wirkung. Sombart hatte nicht die Skrupel, die viele Professoren plagten, wenn es darum ging, gewachsene internationale Verbindungen in Frage zu stellen. Ganz im Gegenteil: »Die internationalen Wissenschaftskongresse werden hoffentlich für absehbare Zeit verschwinden; auch wenn alle internationalen Zeitschriften eingingen, wenn der Gelehrtenaustausch ein paar Jahrzehnte mal in Wegfall käme: es wäre für uns kein Schade. Beim ›Austausch‹ sind wir fast immer die Gebenden.«[578] Sombart versuchte nicht, zwischen dem englischen Volk und seiner Regierung zu differenzieren, wie es umgekehrt James Bryce in Bezug auf die Deutschen getan hatte. Er glaubte im Gegenteil, dass sich mit England und Deutschland zwei einander zutiefst feindliche Volksseelen gegenüberstünden.

Die deutschen Gelehrten sahen sich durch Großbritannien

und seine Kultur herausgefordert. Gegen die pragmatische Philosophie, die liberale Sozialethik, das sozialpolitische Reformideal und den an der Idee der Balance of Power orientierten Freihandelsimperialismus suchten sie sich wehrhaft zu machen, indem sie in einer emotional stark aufgeladenen Sprache von Händlergesinnung, Krämerseele, hochmütigem Puritanismus, Kaufmannsphilosophie und Manchestertum sprachen. Für Sombart waren die Engländer Händler: »Häufig denkt man wirklich: ein Warenhaus kämpfe gegen uns.«[579] In den heldischen Deutschen sah er das »auserwählte Volk«, das »Gottesvolk«,[580] das allein noch fähig sei, sich diesen Engländern in den Weg zu stellen. Der englischen Kultur fehle jegliches Ideal, die beiden einzigen Hervorbringungen der »englischen Händlerkultur« seien Komfort und Sport.[581] Sombart, der 1913 dem Luxus als Geburtshelfer des Kapitalismus eine Monographie gewidmet hatte,[582] sah im Komfort ein schädliches Gift, das alle idealistischen Regungen zerstörte: »Es hat mir weh getan, als ich in dem Berichte eines deutschen Kriegers aus dem Felde in einer Berliner Zeitung las: wie der Schreiber mit einer gewissen Ehrfurcht von den Rasierapparaten sprach, die man ganz allgemein bei den englischen Soldaten selbst in den Schützengräben fände. Das ist traurig: inmitten so großer Ereignisse Andacht haben für die Entfernung der Bartstoppeln aus dem holden Angesicht. Ein hässliches Wahrzeichen der hohlen, englischen Krämerkultur scheint mir vielmehr jeder Rasierapparat in den Schützengräben zu sein.«[583]

Der Zwillingsbruder des Komforts war nach Sombart der Sport. Der Sport sei eine »den gesunden Organismus verzehrende Krankheit«, weil er »kriegerische Übung« ebenso verdränge wie »geistige Beschäftigung«.[584] Dagegen feierte Sombart den deutschen Militarismus:

Militarismus ist der zum kriegerischen Geist hinaufgestiegerte heldische Geist. Er ist Potsdam und Weimar in höchster Vereinigung. Er ist »Faust« und »Zarathustra« und Beethoven-

Partitur in den Schützengräben. Denn auch die Eroica und die Egmont-Ouvertüre sind doch wohl echtester Militarismus.[585]

Der Soldat, der keinen Rasierapparat, aber Goethe und Nietzsche im Schützengraben bei sich hatte, führe den »wahrhaften Krieg« (Fichte), den »deutschen Krieg« (Scheler), den »heldischen Krieg«, den Sombart propagierte. Das letzte Kapitel von *Händler und Helden* heißt »Die andern und wir«. Die Lektüre macht schnell deutlich, dass die anderen den Autor nicht interessieren, es geht nur um Deutschland: »Die einzige Beziehung, die wir jetzt zu den Hauptvölkern Europas unterhalten, ist der Krieg, und die einzig wichtige Sache ist einstweilen diese, daß wir siegen, gründlich, entscheidend siegen.«[586]

Ein krasses Beispiel kompromissloser Parteinahme, in diesem Fall gegen das eigene Geburtsland, war der antisemitische Kulturtheoretiker Houston Stewart Chamberlain. 1855 in Portsmouth geboren, hatte er sein Heimatland bald verlassen. Bereits seit 1908 lebte er in Bayreuth und war mit Richard Wagners Tochter Eva verheiratet. Im August 1916 nahm er demonstrativ die deutsche Staatsbürgerschaft an, hatte sich aber schon zuvor in zahlreichen Aufsätzen, die in hohen Auflagen auch als Bücher verkauft wurden, für die deutsche Sache stark gemacht, wofür ihm sein Korrespondenzpartner Wilhelm II. im April 1915 das Eiserne Kreuz verlieh. Am 15. Januar 1917 schrieb Wilhelm an Chamberlain:

Was ich so oft schon während dieses Krieges jedem, der es hören wollte, zumal wenn er nach Frieden fragte, antwortete: »Der Krieg ist der Kampf zwischen zwei Weltanschauungen; der germanischen-deutschen für Sitte, Recht, Treu und Glauben, wahre Humanität, Wahrheit und echte Freiheit, gegen [...] Mammonsdienst, Geldmacht, Genuß, Landgier, Lüge, Verrat, Trug und nicht zuletzt Meuchelmord!« Diese beiden Weltanschauungen können sich nicht »versöhnen« oder »vertragen«, eine muß siegen, die andre muß untergehen! Solange »muß gefochten werden«![587]

Der Adressat dankte dem Kaiser, dessen Schreiben ihm »Glück und Stärkung« gebracht habe, und zeigte sich in seinem Antwortschreiben als geradezu maßloser Verehrer Wilhelms II.[588] Er sprach davon, und glaubte sich dabei eines Sinnes mit dem Kaiser, dass Deutschland und England gemeinsam die »hohe Mission des Germanentums« übernehmen sollten. Doch das blieb ein Traum, denn:

England ist ganz und gar in die Hände der Juden und Amerikaner geraten. Deswegen versteht keiner diesen Krieg, wenn er nicht die deutliche Vorstellung besitzt, daß es im tiefsten Grund der Krieg des Judentums und des ihm naheverwandten Amerikanertums um die Beherrschung der Welt ist – der Krieg gegen Christentum, gegen Geistesbildung, gegen sittliche Kraft, gegen unverkäufliche Kunst, gegen jegliche ideale Lebensauffassung, zugunsten einer Welt, die nur noch Finanz, Fabrik und Handel sein soll – kurz einer schrankenlosen Plutokratie. [...]
Es ist der Krieg der modernen mechanischen »Zivilisation« gegen die uralte ewig in Neugeburt befindliche »Kultur« auserlesener Menschenrassen.[589]

Hier sehen wir beispielhaft das argumentative Arsenal eines völkisch grundierten Bellizismus, der sich vorrangig gegen England richtete. Es klingt Chamberlains Theorie der Rassenseele an, mit der er die Weltgeschichte zu erklären suchte und die aus Jesus trotz seiner jüdischen Abstammung einen arisch beseelten Propheten machen wollte. Chamberlain war eine der wichtigsten Inspirationsquellen des nationalsozialistischen Rassenantisemitismus. Als der Krieg ein Jahr später verloren war, konnte er sich das nur als das Ergebnis einer jüdischen Verschwörung erklären.

Aber Chamberlain glaubte an Deutschlands Wiederauferstehung und war überzeugt davon, dass die Vorsehung Adolf Hitler, den Messias militans des 20. Jahrhunderts, zum Erlöser der Deutschen bestimmt habe.[590]

Houston Stewart Chamberlain hatte sich früh seiner englischen Heimat entfremdet. Schon als Jugendlicher verbrachte er mehr Zeit auf dem Kontinent als auf den britischen Inseln, wo er bald in eine Außenseiterrolle geriet, und nach dem Tod seines Vaters zog ihn überhaupt nichts mehr dorthin zurück. Umgekehrt waren nur wenige Briten imstande, lange bestehende biographische Verbindungen zum Festland einfach zu kappen. Manche der britischen Gelehrten hatten in Deutschland studiert und fanden jetzt die Namen ihrer akademischen Lehrer unter dem Aufruf »An die Kulturwelt!« wieder. Andere wie der Historiker und Präsident der Royal Historical Society, George Walter Prothero, hatten eine deutsche Ehefrau. Prothero empfand, wie er im März 1915 an W. H. Dawson schrieb, der sogar zweimal eine Deutsche geheiratet hatte, den Ersten Weltkrieg als eine Art Bürgerkrieg.[591] Dabei plagten ihn keinerlei Zweifel, auf welcher Seite sein Platz war. Er trug als Berater des Foreign Office das Seine zum Sieg bei und vertrat Großbritannien 1919 auf der Pariser Friedenskonferenz.

Eine mögliche Bewältigungsstrategie in der aktuellen Konfliktsituation bestand für manche darin, zwischen mehreren Deutschlands zu unterscheiden. So schrieb der Schriftsteller Arthur Conan Doyle im September 1914: »Wir kämpfen für das starke, tiefe Deutschland der Vergangenheit, das Deutschland der Musik und der Philosophie, gegen das jetzige monströse Deutschland von Blut und Eisen. Für die Deutschen, die nicht der regierenden Klasse angehören, wird unser Sieg dauernde Erlösung bringen.«[592] Der wichtigste Repräsentant der Überzeugung, dass es »zwei Deutschlands« gebe, war der Historiker James Bryce, der 1915 dem Bryce Report über die deutschen Übergriffe in Belgien den Namen gab.

Bryce hatte in Heidelberg studiert, wo er »tief aus der Quelle deutscher Literatur und Wissenschaft getrunken« und die Überzeugung gewonnen hatte, dass der deutsche Beitrag zur europäischen Kultur überragend sei. Auch die kritische Einstellung gegenüber Frankreich, insbesondere gegen Napoleon III., hatte Bryce geprägt.[593] Umso größer war seine Erschütterung, als die Deutschen in Belgien einmarschierten. Die Invasion ließ ihn wie viele liberale Intellektuelle in Großbritannien an Deutschland verzweifeln, und doch versuchte er, zwischen einem »guten« und einem »schlechten« Deutschland zu unterscheiden. 1916 schrieb er: »Ich mache das deutsche Volk nicht verantwortlich für Überzeugungen, von denen ich nicht weiß, inwieweit sie außerhalb des Militärs und der Marine, die leider die Kontrolle über die deutsche Politik gewonnen haben, geteilt werden. Und ich kann nicht glauben, dass das deutsche Volk, so wie ich es kenne, seit ich vor über 50 Jahren in Deutschland studiert habe, die Handlungen seiner Regierung billigen würde, wenn die Regierung es zulassen würde, dass das Volk die Tatsachen hinsichtlich des Ursprungs und der Führung des Krieges kennenlernt, die dem Rest der Welt bekannt sind.« Bryce wollte sich nicht von dem positiven Deutschlandbild verabschieden, das er jahrzehntelang im Herzen getragen hatte.

John Henry Muirhead, Dekan der philosophischen Fakultät an der Universität Birmingham, zog in seinem Buch über die deutsche Philosophie eine andere Scheidelinie. Er artikulierte großen Respekt für die deutschen Philosophen bis hin zu Hegel, war aber ein entschiedener Gegner von Nietzsche. Muirhead sah die notorischen deutschen Lobgesänge auf den Krieg durch Nietzsche und seinen Vitalismus geprägt: »Keines der uralten Klischees fehlt: Der Krieg segnet den Staat, der Krieg reinigt ihn, der Krieg ist das Heilmittel für die Krankheiten der Nation, der Krieg wirkt barbarisierend, zugleich aber auch einhegend. Der Krieg ist der Schlaf der Zivilisation, der Mensch geht gestärkt aus ihm hervor.«[594]

Diesem Bestreben, zwischen einem Deutschland des Geistes und einem Deutschland des Militarismus zu differenzieren, begegnete man in Großbritannien immer wieder, in Frankreich nach Kriegsausbruch hingegen so gut wie nie.[595] Zwischen den Engländern und den Franzosen gab es auch gewisse Unterschiede, wenn es um die Bildung einer Ahnenreihe des deutschen Bellizismus ging. Aus französischer Sicht waren die Kronzeugen für die kriegerische Gesinnung der Deutschen Hegel, Treitschke, Bismarck und Bernhardi, für die Engländer dagegen Treitschke, Nietzsche und Bernhardi.[596] Nietzsche stand dabei im Zentrum des englischen Feindbilds. Der Historiker John William Allen zitierte in seinem Buch *Germany and Europe*, das auf Vorlesungen am Bedford College zurückging, Nietzsche als Beweis dafür, dass Deutschland sich von der europäischen Zivilisation und Moral abgewandt hatte. Ein englischer Verleger sprach vom »Euro-Nietzschean War«,[597] eine Formulierung, die auch im Buchhandel aufgegriffen wurde.[598] Nietzsche galt damals als der Bösewicht schlechthin. Es war das erste Mal in der europäischen Geschichte, dass ein Philosoph für einen Krieg verantwortlich gemacht wurde.[599] Eine Bestätigung für diese Sicht der Dinge lieferte die Schwester des Philosophen Elisabeth Förster-Nietzsche in einem Essay über Nietzsche und den Krieg. Angeblich einen ungenannten Franzosen zitierend, schrieb sie: »Bismarck ist Nietzsche in Kürassierstiefeln und Nietzsche mit seiner Lehre vom Willen zur Macht als Grundprinzip des Lebens ist Bismarck im Professorenrock.«[600] Bisweilen nahm die Polemik gegen Nietzsche groteske Züge an. Der amerikanische Schriftsteller und Journalist Henry Louis Mencken, der sich seit langem für Nietzsches Werk in den Vereinigten Staaten engagiert hatte, wurde 1915 verhaftet und beschuldigt, ein Agent des »deutschen Monsters Nietzky« zu sein.[601] Dass Nietzsche bereits im Jahr 1900 verstorben war, hatten die amerikanischen Behörden offenbar nicht registriert.

Die 1914 mit Macht sich entwickelnde Kriegskultur artikulierte sich in vielfältigen Formen. Jede Kriegspartei verschanzte sich in ihren Bastionen. Anders als Bismarck einst geglaubt hatte, wurde aber nicht nur mit Pulver und Blei auf den Feind geschossen, sondern auch mit öffentlicher Meinung. Die Propaganda spielte eine wichtige Rolle, wobei die rhetorische Aufrüstung auf beiden Seiten geeignet war, die aufgerissenen Gräben weiter zu vertiefen. Die Deutschen waren, so wollten sie glauben machen, gegen Frankreich in den Krieg gezogen, um die Kultur gegen die Zivilisation zu verteidigen. Alles hätten sie in die Schanze geworfen, um die heiligsten Güter der abendländischen Kultur zu schützen. Der französische Philosoph Henri Bergson, Präsident der Académie des sciences morales et politiques, hielt dagegen. In einem flammenden Appell erklärte er am 8. August 1914:

> Der begonnene Kampf gegen Deutschland ist der eigentliche Kampf der Zivilisation gegen die Barbarei. Jedermann fühlt das, aber unsere Akademie verfügt über eine besondere Autorität, es zu sagen. Da sie sich zum großen Teil der Untersuchung psychologischer, moralischer und sozialer Fragen widmet, erfüllt sie eine einfache wissenschaftliche Pflicht, wenn sie in der Brutalität und dem Zynismus Deutschlands, in seiner Verachtung jeder Gerechtigkeit und jeder Wahrheit eine Rückkehr zum Zustand der Wilden aufzeigt.[602]

In der Académie des sciences morales et politiques, einem Kind der Französischen Revolution, versammelte sich die französische Gelehrtenrepublik, ihre Stimme hatte großes Gewicht. Ihr neuer Präsident Henri Bergson, der auch Mitglied der Académie Française und Offizier der Ehrenlegion war, stand damals im Zenit seines Ansehens. Bergson war der bedeutendste Vertreter der Lebensphilosophie in Frankreich, 1907 hatte er in seinem Buch *L'Evolution créatrice* (deutsch: *Schöpferische Entwicklung*, 1912) den Begriff des »élan vital« geprägt. 1927 sollte er den Nobelpreis für Literatur bekommen, doch stand zunächst anderes auf dem Programm. Bergson warf sein ganzes Prestige in die Waagschale, um die französische Nation in ihrer militärischen Anstrengung moralisch zu unterstützen. Im September 1914 hielt er eine Rede, die im Jahr darauf unter dem Titel *La Signification de la Guerre* publiziert wurde. In dieser Rede erklärte Bergson, Ziel des Philosophen sei es, zu verstehen, nicht sich zu empören, aber angesichts der deutschen Untaten beim Einmarsch in Belgien ziehe er es vor, sich zu empören, statt zu verstehen. Als Repräsentant einer Nation, deren Juristen hervorragende Beiträge zur Entwicklung des Völkerrechts geleistet hätten, fühle er sich berufen, im Namen Frankreichs die deutschen Kriegsverbrechen anzuprangern. Eine beliebte Methode, eigenes Tun zu legitimieren, ist es stets, dem Gegner finstere Absichten zu unterstellen, deren Verwirklichung es um jeden Preis zu verhindern gelte. So behauptete Bergson, Deutschlands Angriff habe das Ziel, Europa zu beherrschen. Umgekehrt vertrat Haeckel in seinen zuvor zitierten *Weltkriegsgedanken* die These, Großbritannien sei deshalb in den Krieg eingetreten, weil es so der angestrebten Herrschaft über die Weltmeere näherkomme.[603]

Bergsons massive Unterstützung der kriegführenden französischen Nation war nicht nur angesichts seines eminenten Prestiges von großer Bedeutung. Die Idee des élan vital gab den Franzosen die Zuversicht, auch einen Gegner wie die Deutschen, der ihnen wenige Jahrzehnte zuvor militärisch überlegen gewesen war, besiegen und anschließend den Wiederaufstieg der geschlagenen Nation mit der Rückgewinnung Elsass-Lothringens und der dauerhaften Sicherung der Rheingrenze krönen zu können.[604] Nachdem die USA am 6. April 1917 an der Seite der Entente in den Krieg eingetreten waren, reiste Bergson gemeinsam mit René Viviani, dem französischen Justizminister und ehemaligen Premierminister, und Joseph Joffre, bis Dezember 1916 Oberbefehlshaber der französischen Armee und nun im Rang eines Marschalls von Frankreich mit militärdiplomatischen Aufgaben betraut, zu einer Vortragsreise nach Amerika, um dort für die Unterstützung Frankreichs zu werben. Auch andere Wissenschaftler verließen den akademischen Elfenbeinturm und engagierten sich im »Krieg der Geister«,[605] etwa der Soziologe Émile Durkheim[606] und der Mediävist Joseph Bédier, dessen Broschüre über die deutschen Kriegsverbrechen die Franzosen sogar in mehreren Sprachen herausbrachten.[607]

Henri Bergson konnte durch seine Position und sein großes Ansehen dem Ideologem vom Kampf der Zivilisation gegen die Barbarei moralische Autorität und Plausibilität verleihen. Er leistete seinen Beitrag, damit Frankreich mit einem positiven Narrativ in einen Krieg zog, der auf französischem Boden tobte und somit leicht als Verteidigungskrieg zu rechtfertigen war; das Land kämpfte für Werte, die zu verteidigen sich lohnte. Die französische Nation sah sich in diesem »guerre civilisatrice« als Fackelträgerin der Zivilisation, ihre Soldaten waren die Kreuzritter des Rechts.[608] Deutschland dagegen galt als der Hort des Materialismus,[609] die gegnerischen Soldaten nannte die Wochenzeitung *L'Illustration* 1917 sogar »abscheuliche und böse Untermenschen«,[610] was zeigt, dass rassistische Sprachbilder kein Privileg der Deutschen waren, sondern bei allen Kriegsparteien vorkamen.

Unterschiede gab es im Grad der Radikalität, mit der akademische Verbindungen gekappt wurden. Sie war in Deutschland besonders gegenüber Großbritannien sehr ausgeprägt. Gerhart Hauptmann dachte ernsthaft darüber nach, den ihm 1905 von der Universität Oxford verliehenen Ehrendoktortitel zurückzugeben, weil nach dem Kriegsausbruch der Verdacht in ihm aufkeimte, man habe ihn mit dieser Würdigung bestechen und zum Landesverrat verleiten wollen.[611] 31 Hochschullehrer, unter ihnen Paul Ehrlich, Rudolf Eucken und Wilhelm Wundt, gaben mit einer am 7. September 1914 veröffentlichten Erklärung »in deutschem Nationalgefühl« die akademischen Auszeichnungen, die sie von englischen Universitäten, Akademien oder gelehrten Gesellschaften erhalten hatten, zurück.[612]

Als der Aufruf »An die Kulturwelt!« in Frankreich bekannt wurde, beschleunigte sich der Ausschluss der deutschen Mitglieder aus den französischen akademischen Vereinigungen. Die 1777 von Beaumarchais gegründete Société des Auteurs et Compositeurs Dramatiques entfernte Gerhart Hauptmann, Engelbert Humperdinck, Hermann Sudermann und Siegfried Wagner wegen der Unterzeichnung des Aufrufs aus ihren Reihen. Gleiches widerfuhr Ulrich von Wilamowitz-Moellendorff durch die noch ruhmreichere Académie des Inscriptions et Belles-Lettres. Und die Académie française verurteilte am 31. Oktober 1914 im Namen der Zivilisation »die Verletzer der belgischen Neutralität, die Mörder von Frauen und Kindern, die wilden Zerstörer historischer Kulturdenkmäler und die Brandstifter der Universität Löwen und der Kathedrale von Reims«. Umgekehrt verließen französische Mitglieder von sich aus die Berliner Akademie.[613] Am 4. November protestierte die Académie des sciences gegen die Erklärung der deutschen Hochschullehrer, in der es geheißen hatte, dass die deutsche Kultur nicht vom Militarismus zu trennen sei. Und vier Tage später wandten sich französische Hochschullehrer gegen die Erklärung in einem offenen, an das neutrale Ausland gerichteten Brief.[614] Aufgerissen waren die Gräben rasch; sie später wieder zuzuschütten war sehr viel schwieriger. In manchen akademischen Disziplinen dauerte es bis 1928, ehe die früheren Arbeitsbeziehungen wiederhergestellt waren.

In Großbritannien war die Situation etwas komplizierter. Ohne zu zögern hatte man die deutschen Überseekabel gekappt, mit akademischen Verbindungen war man nicht so schnell. Sowohl die Royal Society als auch die British Academy, Letztere unter dem Vorsitz von James Bryce, lehnten solche Maßnahmen ab.[615] Allerdings verloren Hochschullehrer mit deutscher Staatsangehörigkeit ihr Lehramt, und am 21. Oktober 1914 veröffentlichten 120 britische Hochschullehrer in der *New York Times* einen

»Reply to the German Professors«, in dem sie höflich, aber bestimmt die deutsche Position zurückwiesen: »Wir sehen mit Bedauern die Namen von vielen deutschen Professoren, denen wir mit Respekt begegnen und mit denen uns in manchen Fällen persönliche Freundschaften verbinden, im Zusammenhang mit einer absolut grundlosen Denunziation Großbritanniens. Wir können kaum glauben, dass dies ihre spontane oder wohlüberlegte Meinung ist.«[616] Nach der Versenkung der »Lusitania« im Frühjahr 1915 gab es dann eine regelrechte Pogromstimmung in Großbritannien. Die Scheiben von deutschen Geschäften wurden eingeschlagen. Von den etwa 60 000 Deutschen wurden 10 000 des Landes verwiesen, die verbliebenen Männer im wehrfähigen Alter wurden interniert.[617] Doch eine wie immer geartete Erbfeindschaft mit Deutschland existierte in Großbritannien nicht, ja nicht einmal eine Zwangsläufigkeit der gegenwärtigen Kriegsgegnerschaft. Die Deutschen waren »those who are now our enemies«,[618] und es waren sie, die durch die Verletzung der belgischen Neutralität den Kriegszustand verschuldet hatten.

In den Vereinigten Staaten, dem wichtigsten Land, das 1914 neutral blieb, hatte die deutsche Kriegspublizistik ein erhebliches Echo. Die 93 Unterzeichner des Aufrufs »An die Kulturwelt!« gaben sich redliche Mühe, ihren Aufruf auch jenseits des Atlantiks zu verbreiten. Samuel Harden Church, der Präsident des Carnegie Institute in Pittsburgh, antwortete ihnen mit einer Broschüre, die im Frühjahr 1915 in zahlreichen Sprachen erschien und nur 15 Cent kostete, um eine weite Verbreitung zu fördern.[619] Er wählte die Form eines Briefs an einen der Unterzeichner, den Berliner Bildhauer Fritz Schaper, mit dem er befreundet war. Im Vorwort plädierte Church dafür, dass die neutralen Länder sich zu einem mächtigen Friedensbund zusammenfinden sollten, um die Kriegsparteien zu einer Einigung zu zwingen. Der Brief ist von ausgesuchter Höflichkeit. Church schreibt, dass er die Ehre habe, einige der Unterzeichner des Aufrufs persönlich zu kennen,

Gelehrte, »die ihre Arbeit mit einem solchen universalen Anspruch gemacht haben, dass man sie nicht nur als Deutsche ansehen kann. Sie gehören der ganzen Welt und die ganze Welt schätzt und verehrt sie für den großartigen Dienst, den sie der Menschheit geleistet haben.«[620] Es folgen rühmende Würdigungen der großen Leistungen einzelner Unterzeichner. Church betont, dass die Vereinigten Staaten, ein kosmopolitischer Staat, der unter anderem acht Millionen Bürger deutschen Ursprungs und 13 Millionen Menschen aus Großbritannien aufgenommen habe, in diesem Krieg neutral seien. Er fügt aber hinzu, dass er es sehr bedaure, sehen zu müssen, mit welcher Aufdringlichkeit die Deutschen die öffentliche Meinung in den USA für sich einzunehmen versuchten. Church setzt sich ausführlich und unter Heranziehung amtlicher Dokumente mit dem Kriegsausbruch auseinander, zurückhaltend im Ton, aber klar in der Sache. Schließlich schreibt er: »Sie beschließen Ihren Aufruf mit einer Verteidigung des deutschen Militarismus. Das führt uns zurück zu der Frage, wie der Krieg begann. Kein aufrichtiger Mensch kann bezweifeln, dass die Verantwortung für den Kriegsausbruch ganz bei Deutschland liegt, weil es Österreich ermutigt hat, Serbien anzugreifen, wohl wissend, dass daraus ein europäischer Konflikt resultieren würde.«[621]

Der Brief widmet sich ausführlich dem Thema Militarismus, ein Thema, das den sonst so zurückhaltenden und höflichen Church offensichtlich stark bewegt:

Ihre Erwähnung des deutschen Militarismus erinnert mich an meine Überzeugung, dass dieser Krieg auch vor 25 Jahren schon hätte beginnen können, als Kaiser Wilhelm II. den Thron bestieg, sich zum obersten Kriegsherrn ausrief und begann, sein Volk auf den Krieg vorzubereiten. Seine eigenen Kinder wurden, seit sie Babys waren, dazu erzogen, sich als Soldaten zu betrachten, deren Schicksal das Schlagen von Schlachten war. In Amerika kennen wir selbst die Tochter nur von einem Foto, auf dem sie die Uniform eines Obersten trägt. Und so wie die Kinder des Kaisers wurden alle jungen Leute erzogen. Die Wehrpflicht machte jeden Mann zu einem Soldaten.[622]

Church hatte Deutschland besucht, und womöglich standen ihm Erlebnisse in Berlin vor Augen, wo preußische Offiziere zum Straßenbild gehörten und wilhelminische Wehrhaftigkeit die Atmosphäre prägte. Dennoch ist die Heftigkeit überraschend, mit der der liebenswürdige Gelehrte sich hier das Feindbild des deutschen Militarismus zu eigen macht, dessen Popularität die Deutschen allerdings selbst erheblich gefördert hatten. Am Ende seines offenen Briefes wird Church wieder ganz versöhnlich, versichert Schaper seiner fortdauernden Freundschaft und verleiht der Hoffnung auf baldigen Frieden Ausdruck. Der Text von Church zeigte, dass es nicht leicht sein würde, die amerikanische Öffentlichkeit im Sinne der Mittelmächte zu beeinflussen. Dennoch machte sich Ernest Ludwig, österreichisch-ungarischer Konsul in Cleveland, die Mühe, Church zu antworten.[623] Seine Broschüre wurde vom German-American Literary Defense Committee in New York herausgebracht und verbreitet. Ludwig beschränkte sich aber darauf, Churchs Darstellung der Rolle Österreichs bei der Anfachung des Krieges zu widersprechen. Diese Debatten verliefen in einer relativ entspannten Atmosphäre. Bis zum Kriegseintritt der USA sollte es noch zwei Jahre dauern, und die Vertreter der deutschen Interessen konnten sich der Hoffnung hingeben, der Ausgang des Kampfes um die öffentliche Meinung sei weiterhin offen.

Tiefgreifende Auswirkungen hatte der Krieg auf das kulturelle und wissenschaftliche Leben in Russland. Im 19. Jahrhundert waren die russische Musik, Literatur und Kunst vom intensiven Austausch mit Deutschland vielfach geprägt. In der Spielzeit 1913/14, der letzten vor dem Krieg, waren nicht weniger als acht Neuinszenierungen von Opern Richard Wagners auf russische

Bühnen gekommen. Jetzt war deutsche Musik verboten und Wagners pompöse Dramatik als musikalischer Ausdruck des deutschen Imperialismus verschrien.[624] Die Hochschullehrer gehörten zu den Ersten im Lande, die dem bellikosen Chauvinismus anheimfielen. Bereits am 1. September 1914 diskutierte in Petrograd der Rat der Universität über den Ausschluss deutscher Wissenschaftler. Am 31. Oktober verabschiedete der Ministerrat eine Verordnung »Über den Ausschluss von Staatsangehörigen mit Russland im Krieg stehender Mächte aus Verbänden, Gesellschaften und anderen ähnlichen privaten, gesellschaftlichen und staatlichen Organisationen und Institutionen«, die am 19. November vom Zaren bestätigt wurde. Bald ging man daran, die den Kriegsgegnern zugerechneten Ehrenmitglieder aus den Universitäten auszuschließen. Das betraf allein an der Universität Moskau siebzig Personen, an der Akademie der Wissenschaften etwa sechzig.[625] Im nächsten Schritt wurden nach denselben Kriterien Professoren entlassen, später auch der Gebrauch der deutschen Sprache an den Universitäten verboten. In etlichen Fällen hatte diese Politik der nationalen Abgrenzung in der Wissenschaft einschneidende Folgen für die Betroffenen. Besonders tragisch war der Fall des Sprachwissenschaftlers Friedrich Knauer, der seit 1886 Professor an der Universität Kiew war.[626] Als der Krieg ausbrach, war Knauer mit seiner Familie gerade in Jena, wo die beiden älteren seiner vier Kinder studierten. Während seiner Abwesenheit nahm die russische Polizei seine Familienangehörigen als feindliche Ausländer fest. Knauer selbst gelang es, nach Kiew zurückzukehren. Dort setzte eine Hetzkampagne gegen den Fünfundsechzigjährigen ein, dessen Kinder angeblich gegen Russland kämpften. Am Weihnachtsabend des Jahres 1914 wurde er verhaftet und nach Sibirien deportiert. Die Behörden zogen Knauers Vermögen ein, so dass er in der Verbannung auf Zuwendungen angewiesen war. Das raue Klima setzte ihm sehr zu, er bekam eine Nierenentzündung und erblindete zudem. Vergeblich stellte er mehrfach Anträge, ihm doch einen weiter im Süden gelegenen Verbannungsort zuzuweisen. Obwohl sich immer wieder russische Kollegen für den Sanskritforscher Knauer einsetzten, verstarb er noch vor Ende des Krieges im sibirischen Tomsk, ohne dass er seine Familie jemals wiedergesehen hatte.

Das Zerreißen der Netzwerke

Gerade unter Schriftstellern und Künstlern hatte es vor dem Krieg viele internationale Kontakte gegeben. Fremdsprachenkenntnisse waren verbreitet, viele Autoren waren zugleich Übersetzer und förderten so den internationalen literarischen Austausch. Der Dramatiker Ludwig Fulda zum Beispiel hatte Bühnenstücke unter anderem von Molière und Henrik Ibsen übersetzt. In den Frontstädten der Moderne – vor allem in Paris, Berlin, München und Wien, aber auch in London, Zürich, Mailand und Warschau – traf sich eine internationale Avantgarde. Die wichtigste Metropole der Moderne war Paris. Hier wirkten Auguste Rodin, Henri Matisse, Pablo Picasso und Marc Chagall, aber auch die Ballets Russes, Igor Strawinsky und Sergei Diaghilev. Filippo Tommaso Marinetti hatte am 20. Februar 1909 sein futuristisches Manifest auf der Titelseite der Pariser Tageszeitung *Le Figaro* veröffentlicht. Als 1913 im Théâtre des Champs-Élysées Strawinskys »Le Sacre du Printemps« seine sagenumwobene Uraufführung hatte, trafen dort unter anderem Harry Graf Kessler, André Gide, Gabriele D'Annunzio, Claude Debussy, Coco Chanel und Marcel Duchamp aufeinander.

Die europäische Avantgarde bestand im alten Europa aus einer überschaubaren Schar von Persönlichkeiten, die fast alle auf die eine oder andere Weise miteinander zu tun hatten. Es gab Erscheinungen wie den Kunstsammler, Mäzen, Schriftsteller und Diplomaten Harry Graf Kessler, der in mehreren Ländern aufgewachsen war und sich als Angehöriger einer europäischen Gesellschaft empfand, deren Mitgliedern er auf seinen zahllosen Reisen begegnete und die er in das Netzwerk der Avantgarde einzubinden half. Kessler unterstützte Edvard Munch, Aristide Maillol und Henry van de Velde, er verkehrte mit Gerhart Hauptmann, Jean Cocteau und George Bernard Shaw und arbeitete mit Diaghilev, Hofmannsthal und Richard Strauss, dessen Oper »Der Rosenkavalier« 1911 in Dresden ihre Uraufführung hatte. Kessler hielt sich in all den Jahren mehr im Ausland als in Deutschland auf, doch am 1. August 1914 wurde aus dem europäischen Kosmopoliten von einem Tag auf den anderen ein deutscher Soldat, der bis zum bitteren Ende nicht an der Gerechtigkeit der deutschen Sache zweifelte. Die Julikrise hatte Kessler noch in London erlebt. Am 22. Juli war er zum Frühstück beim britischen Premierminister Asquith eingeladen. Zwei Tage später fuhr er mit Auguste Rodin nach Paris. Am 28. Juli begleitete er seine Mutter und seine Schwester nach Le Havre, damit sie sich nach England einschifften, um dem auf dem Kontinent drohenden Krieg zu entgehen. Am Tag darauf nahm Kessler sich Zeit für einen Besuch der Sonderbundausstellung für Gegenwartsmalerei in Köln, bevor er sich dann am 31. Juli in der Kaserne seines Regiments einfand. Kessler war Hauptmann der Reserve und wurde nun Kommandeur der II. Artillerie-Munitionskolonne, die zuerst in Belgien und danach in Polen stationiert war. Später diente er als Ordonnanzoffizier an der Karpatenfront und als Verbindungsoffizier bei einer österreichischen Division.[627]

Als der Krieg ausbrach und in Europa die Lichter ausgingen, waren die Protagonisten der europäischen Avantgarde, die die Fackel der Kultur durch die ausbrechende Finsternis hätten tragen können, zumeist nicht hellsichtiger als ihre vom Kriegstaumel ergriffenen Landsleute. Der österreichische Schriftsteller Robert Musil schrieb in seinem Essay »Europäertum, Krieg, Deutschtum«: »Es galt stillschweigend für unmöglich, daß die durch eine europäische Kultur sich immer enger verbindenden großen Völker heute noch zu einem Krieg gegeneinander sich hinreißen lassen könnten. Das dem widersprechende Spiel des Allianzsystems erschien bloß wie eine diplomatisch sportliche

Veranstaltung.«[628] Musil sah sich und seinesgleichen als die »auf lange hinaus letzten Europäer«, denn jetzt gelte es etwas anderes: »Treue, Mut, Unterordnung, Pflichterfüllung, Schlichtheit, – Tugenden dieses Umkreises sind es, die uns heute stark, weil auf den ersten Anruf bereit machen zu kämpfen.« Und er schreibt weiter: »Wir wollen nicht leugnen, daß diese Tugenden einen Begriff von Heldenhaftigkeit umschreiben, der in unsrer Kunst und unsren Wünschen eine geringe Rolle gespielt hat. Teils ohne unsre Schuld, denn wir haben nicht gewußt, wie schön und brüderlich der Krieg ist, teils mit unsrer Absicht, denn es schwebte uns ein Ideal des europäischen Menschen vor, das über Staat und Volk hinausging ...«[629]

Musil sah sich als Teil einer Avantgarde, die international rascher zur Wirkung kam als im eigenen Lande, da »die wertvollsten Geister jeder Nation meist schon in die Sprache anderer Völker übersetzt wurden, bevor sie in ihrem eigenen eine breite Wirkung erlangten«.[630] Dies alles war nun grundlegend in Frage gestellt, da »die Welt klaffte in Deutsch und Widerdeutsch« und eine »betäubende Zugehörigkeit uns das Herz aus den Händen [riß]«. Musil verkannte nicht, dass es den Angehörigen anderer Staaten, mit denen er sich bis eben im Ringen um eine moderne europäische Kultur vereint sah, nicht anders ergehen mochte, »wahrscheinlich sind die, welche drüben unsre Freunde waren, genau so in ihr Volk hineingerissen«.[631]

Robert Musil war nicht nur das Herz aus den Händen gerissen, er selbst war in diesem Moment ein Zerrissener, der Orientierung suchte. Auf der einen Seite referierte er in seinem Essay das Bedrohungsszenario der Stunde, von den Rändern des Kontinents sei die Ausrottung des Volkes im Herzen Europas beschlossen worden; dagegen gelte es zusammenzustehen. Der Krieg wird bei ihm zum religiös überhöhten Gemeinschaftserlebnis, das eine neue Intensität des Lebens und Erlebens möglich macht. Der Tod verliert seinen Schrecken, denn »die, welche sterben müssen oder ihren Besitz opfern, haben das Leben und sind reich«.[632] Auf den ersten Blick reiht sich dieser Text ein in das Heer der zeittypischen euphorischen Exklamationen, aber eine genaue Lektüre offenbart seine skeptische Gebrochenheit. Musil hatte den Krieg nicht herbeigesehnt, eher war er von ihm überwältigt worden. Er konnte dieses elementare Ereignis nicht wirklich in seine Lebensordnung einfügen, der Essay blieb ein Solitär in seinem schriftstellerischen Werk. Gleich zu Beginn des Krieges wurde Robert Musil als Reserveoffizier der österreichischen Armee eingezogen und an verschiedenen Abschnitten der italienischen Front eingesetzt. Ab Juli 1916 arbeitete er im Bereich der Militärpresse, zunächst als Herausgeber der *Tiroler Soldaten-Zeitung*, ab März 1918 betreute er die *Heimat* in Wien. Für beide Blätter schrieb er anonym zahlreiche Artikel, während der literarische Ertrag jener Jahre gering blieb. Im Nachhinein erschienen ihm die Kriegsjahre als »fünfjährige Sklaverei«. Er begann aber damals seinen Roman *Der Mann ohne Eigenschaften* zu konzipieren, jenes monumentale Werk, das dann ab 1930 in drei Bänden erschien. Es war Musils literarisches Denkmal für Kakanien, diesen »untergegangenen, unverstandenen Staat, der in so vielem ohne Anerkennung vorbildlich gewesen ist«.[633]

In Frankreich stand das literarische Schaffen im Zeichen des Krieges, der Erste Weltkrieg war die Geburtsstunde des »écrivain combattant«.[634] Allein in den fünf Kriegsmonaten des Jahres 1914 blieben 140 dieser kämpfenden Schriftsteller auf den Schlachtfeldern, während des gesamten Krieges fielen viermal so viele.[635] Die Überlebenden gründeten 1919 die Association des Écrivains Combattants (AEC), eine Vereinigung, die noch heute das Andenken an das Zeitalter der Weltkriege pflegt. 1927 enthüllte Staatspräsident Gaston Doumergue im Panthéon eine Tafel mit den Namen von 560 gefallenen Schriftstellern, 1949 kam eine zweite Tafel hinzu, die an 197 im Zweiten Weltkrieg getötete Autoren erinnert. Der Prix Goncourt, der wichtigste französische Literaturpreis, ging während des Krieges ausschließlich an Kriegsteilnehmer, mit den anderen Literaturpreisen verhielt es sich ähnlich.[636] Dabei waren die ausgezeichneten Werke weniger Beiträge zur literarischen Wehrertüchtigung als Texte, die sich an der Wirklichkeit des Krieges messen ließen. Am erfolgreichsten war *Le feu* von Henri Barbusse, der 1916 den Prix Goncourt erhielt. Es gab Diskussionen darüber, ob dieser Kriegsbericht wirklich ein Roman sei, denn der Preis war ausschließlich für fiktionale Werke bestimmt. Doch eine genaue Textanalyse zeigt, dass es sich um einen sorgfältig komponierten literarischen Text handelt, dessen geschickt evozierte Aura der Authentizität Bestandteil des literarischen Konzepts ist.

Barbusse war Sozialist und Antimilitarist. Im August 1914 war er als Freiwilliger in den Krieg gezogen, um für die Sache des Rechts zu kämpfen und seinen Beitrag zum Sieg über Imperialismus und Militarismus zu leisten. An seine Frau schrieb er am 18. April 1915: »Ich glaube an die Notwendigkeit des Opfers in einem Krieg, der, wie der von 1792, ein Krieg der sozialen Befreiung ist.«[637] Was er in diesem monströsen Krieg erlebte, veränderte seine Haltung. In ihm wuchs die Überzeugung, dass die Frontlinie nicht zwischen den deutschen und den französischen Soldaten verlief, sondern dass die beiden Armeen ein einziges uniformiertes, zur Selbstzerstörung verdammtes Proletariat bildeten. Henri Barbusses Mitgefühl galt den Leidenden, er wollte nicht den Gegner vernichten, sondern den Krieg. Bei den Sozialisten sah er »die einzige mögliche Hilfe gegen zukünftige Kriege«.[638] Und es war ein deutscher Sozialist, dem er in seinem Roman *Das Feuer* ein Denkmal setzte: »Einer hat dennoch sein Antlitz über den Krieg erhoben, und es wird einst leuchten in der Schönheit und der Bedeutung seines Mutes. [...] Ich horchte, auf einen Stock gestützt und über ihn gebeugt, auf seine Worte; ich vernahm im Schweigen des Abends die Stimme jenes Mundes, der sich selten nur auftat. Und er sagte mit hellem Klange: – Liebknecht!«[639]

Sein Buch, die Schilderung des Lebens einer militärischen

Einheit in den Schützengräben, hatte Barbusse seinen gefallenen Kameraden gewidmet. In seiner Kriegsgegnerschaft wurde er zunehmend radikaler. Barbusse schloss sich nicht der AEC an, sondern war 1917 an der Gründung der sozialistisch orientierten Association Républicaine des Anciens Combattants beteiligt. Nach dem Krieg wurde er Mitglied der Kommunistischen Partei Frankreichs. *Le feu* machte Barbusse weltberühmt, das Buch kam in mehr als sechzig Sprachen heraus und konnte nach dem Krieg auch in Deutschland erscheinen, wurde aber 1933 von den Nationalsozialisten verboten und landete auf den Scheiterhaufen der Bücherverbrennungen.

1918 bekam George Duhamel den Prix Goncourt für seinen Roman *Civilisation*. Es war eine knappe Entscheidung, sechs Juroren hatten für Duhamel gestimmt, vier für Pierre Benoits Roman *Kœnigsmark*, der an der Ostfront spielt. Duhamel war Mediziner und hatte während der Kriegsjahre in Frontnähe gearbeitet und das Leben und Leiden der Soldaten tagtäglich wahrgenommen. Auch sein im Jahr zuvor erschienener Erzählungsband *Vie des martyrs* lebt von diesen Erfahrungen. Es sind Texte, die der Erfahrungswelt einfacher Frontsoldaten eine Bühne geben wollen. Sie kommen völlig ohne den Kitsch und das Pathos eines Walter Flex aus.

Es gab auch in Frankreich literarische Bellizisten wie Maurice Barrès, der sich schon früh bei den revanchegierigen Boulangisten engagiert und sie sogar eine Zeitlang in der Nationalversammlung vertreten hatte. Zwischen 1897 und 1901 war seine Romantrilogie *Le Roman de l'énergie nationale* erschienen, die Geschichte einiger junger Lothringer, die für die Rückgewinnung ihrer von den Deutschen okkupierten Heimat kämpfen. Kurz vor Kriegsausbruch hatte er eine zweite Trilogie abgeschlossen, die ganz auf der bekannten nationalistisch-deutschfeindlichen Linie lag. 1914 wurde Barrès Vorsitzender der antideutschen, antisemitischen und antidemokratischen Ligue des patriotes und kämpfte fortan an vorderster publizistischer Front. Er legte dabei einen solchen Eifer an den Tag, dass die Buchausgabe seiner Zeitungsartikel nicht weniger als zwölf Bände umfasst.[640] Der Legitimist Albert de Mun war eine andere Stimme des bellizistischen Lagers, er verstarb allerdings wenige Monate nach Kriegsausbruch. Auch René Benjamin, der 1915 den ersten im Krieg verliehenen Prix Goncourt für seinen Roman *Gaspard* erhielt, war ein chauvinistischer Autor. Er war gleich im September 1914 bei Verdun schwer verwundet worden und musste mehrere Monate in einem Krankenhaus in Tours verbringen, wo er seinen Roman schrieb. Insgesamt bildeten diese Stimmen einen lautstarken, aber relativ kleinen Teil der literarischen Öffentlichkeit.

Die Bellizisten waren ebenso in der Minderheit wie die Pazifisten. Repräsentativ waren eher Autoren wie André Maurois, der als Dolmetscher und Verbindungsoffizier zu den Briten tätig war, oder George Duhamel, die einen kritischen Realismus vertraten, der die Augen vor den Härten des Krieges nicht verschloss, aber die Notwendigkeit, sich gegen die deutsche Aggression zu verteidigen, nicht in Frage stellte. Letzteres galt sogar für viele Pazifisten, die den Krieg als politisches Mittel grundsätzlich ablehnten, in der gegenwärtigen Situation aber nicht der Kriegsdienstverweigerung das Wort redeten. Es war eine Stärke Frankreichs, dass, von der prominenten Dissidenz Romain Rollands einmal abgesehen, sehr weitreichende Einigkeit im Zusammenstehen zur Verteidigung des Landes bestand. Dem entsprach eine relativ liberale Handhabung der Zensur, die keine Angst vor realistischen Darstellungen hatte. Ihren Höhepunkt erreichte die Produktivität der »écrivains combattants« im Jahr 1917. Die acht Schriftsteller, die in diesem Jahr für den Prix Goncourt nominiert waren, hatten allesamt an der Front gedient.[641] Diese Autoren, die als Schreibende das geistige Frankreich repräsentierten und es zugleich mit der Waffe in der Hand verteidigten, verkörperten in idealer Weise den Citoyen der Französischen Revolution. Sie genossen hohes Ansehen, und ihre Werke verdrängten die Kriegsromane ziviler Autoren aus der Gunst des Publikums.[642]

Und obwohl Frankreich sich in der Rolle des Angegriffenen sah, stand nicht das Feindbild Deutschland im Vordergrund, sondern der Rekurs auf die nationale Identität und die positiven Werte, die ihr zugrunde lagen.

Michael Jeismann hat in seinem Buch *Das Vaterland der Feinde* die These vertreten, sowohl in Frankreich als auch in Deutschland hätten die drei deutsch-französischen Kriege zwischen 1792 und 1918 für die Konstitution der nationalen Identität eine entscheidende Rolle gespielt.[643] Kriege wirken oftmals als Katalysatoren für die Ausbildung eines Nationalgefühls; ob man daraus ableiten kann, dass die Nation sich durch ihre Feinde konstituiert, ist eine andere Frage. Die äußere Bedrohung fördert zweifellos die innere Einheit und die Tendenz zusammenzurücken, aber die französische Literatur des Ersten Weltkriegs zeigt, dass das primär identitätsstiftende Moment nicht so sehr die Frage war, gegen wen man kämpfte, sondern wofür.[644] Die Besinnung auf das Eigene reichte aus, um in der Stunde der Gefahr aus den »zwei Frankreichs« eine Union sacrée zu formen.

Wenn man zum Vergleich den Kleist-Preis heranzieht, der damals der angesehenste deutsche Literaturpreis war, ergibt sich ein etwas anderes Bild. Während angesichts des Kriegsausbruchs die Verleihung des Prix Goncourt ausgesetzt wurde (der Preis für 1914 wurde erst 1916 nachträglich verliehen), fiel der Kleist-Preis 1914 auf zwei Werke, die ganz in der Tradition preußisch-deutscher Soldatenherrlichkeit standen: *Des Kaisers Soldaten* von Hermann Essig und *Louis Ferdinand Prinz von Preußen* von Fritz von Unruh. Beide Bücher waren schon im Vorjahr erschienen, passten aber perfekt zur Hochstimmung des sogenannten Augusterlebnisses von 1914. Im zweiten Kriegsjahr wurde der Preis geteilt zwischen dem österreichischen Schriftsteller Robert Michel, der im k. u. k. Kriegspressequartier arbeitete, und Arnold Zweig, der als einfacher Soldat diente und ab 1917 zur Besatzungsverwaltung des Oberbefehlshabers Ost gehörte. Auch 1916 wurde der Preis geteilt, diesmal zwischen dem katholischen Arbeiterdichter Heinrich Lersch, der 1915 verschüttet worden und seitdem dienstuntauglich war, und der ostpreußischen Balladendichterin Agnes Miegel. Lersch hatte 1914 das Gedicht »Soldatenabschied« geschrieben, dessen Zeile »Deutschland muss leben, und wenn wir sterben müssen!« später zur vielzitierten Parole wurde. Beide Autoren wurden später stramme Nationalsozialisten.

Im Jahr 1917 erhielt mit Walter Hasenclever ein Schriftsteller den Kleist-Preis, der sich, getragen von der Woge der Begeisterung, zunächst freiwillig zum Kriegsdienst gemeldet hatte, dann aber den Krieg entschieden ablehnte. Er simulierte ein psychisches Leiden und wurde schließlich 1917 für dienstuntauglich erklärt. Den Preis bekam er für seine Adaption von Sophokles' Tragödie *Antigone*. Eine Besonderheit des Kleist-Preises war, dass er von einem einzigen Juror vergeben wurde. 1918 war das Heinrich Mann, der den Preis zwischen Leonhard Frank und Paul Zech teilte. Frank, der aus Würzburg stammte und seit 1910 in Berlin lebte, hatte 1914 mit seinem ersten Roman *Die Räuberbande* einen großen Erfolg gefeiert. Er war Sozialist, aber anders als viele Sozialdemokraten ein Kriegsgegner der ersten Stunde. Am 7. Mai 1915 hielt er sich im Café des Westens, dem berühmten Künstlerlokal am Kurfürstendamm auf, als die 1200 Menschenleben fordernde Versenkung der »Lusitania« bekannt wurde. Der ebenfalls anwesende Felix Stössinger pries dies als »die größte Heldentat der Menschheitsgeschichte«. Stössinger war kurz zuvor aus Wien zugezogen, hatte sich der SPD angeschlossen und arbeitete als Journalist für die Parteipresse. Leonhard Frank war über Stössingers Äußerung so empört, dass er ihn wortlos ohrfeigte. Anschließend emigrierte er Hals über Kopf in die Schweiz. Als am nächsten Morgen zwei Zivilpolizisten mit einem Haftbefehl vor seiner Wohnung erschienen, hatte er das Land bereits verlassen.[645] Es ist eine Ironie der Geschichte, dass Stössinger sich später der USPD anschloss, in der Revolution 1918/19 im Vollzugsrat der Arbeiter- und Soldatenräte Großberlins aktiv war und Frank ihm 1919 im Bund für proletarische Kultur wiederbegegnete. Im Schweizer Exil hatte Leonhard Frank mehrere gegen den Krieg gerichtete Novellen geschrieben, die 1918 in Zürich unter dem Titel *Der Mensch ist gut* im Verlag der Zeitschrift *Die weißen Blätter* erschienen. Frank war ein Menschenfreund, beseelt von dem Glauben, dass Bösartigkeit, Hass und die Verführbarkeit zum Kriege durch das Erlebnis der Schrecken auf den Schlachtfeldern und die Erfahrung menschlicher Gemeinschaftlichkeit überwunden werden könnten. In Deutschland wurde das Buch wegen seiner pazifistischen Tendenz sofort verboten.

Der zweite Preisträger Paul Zech stammte aus Westpreußen und erhielt die Auszeichnung für sein lyrisches Schaffen. Nach Beginn des Krieges war er zunächst ein Vertreter des Mainstreams, verfasste patriotische Gedichte und meldete sich freiwillig zum Militär. Doch auch bei ihm wich die Begeisterung mehr und mehr der Skepsis. 1916 erschien seine kriegskritische Gedichtsammlung *Vor Cressy an der Marne* als Privatdruck unter dem Pseudonym Michel Michael.[646] Wie Frank engagierte sich auch Zech nach Kriegsende politisch im Sinne der Revolution. Der Briefwechsel mit seinem Freund Stefan Zweig zeigt, dass beide Autoren bei aller Bereitschaft zur Loyalität gegenüber dem kriegführenden Vaterland mit dem um sie her aufbrandenden Nationalismus von Anfang an nichts im Sinn hatten. So schrieb Zweig an Zech am 5. Oktober 1914: »Ich bin so ganz weit von mir weg, mein ganzes Sinnen hängt an den Freunden im Feld und an Deutschlands Geschick, vielleicht wäre mir leichter, ich hätte schon den Ruf unter die Fahnen! Manchmal glaube ich, zu klein zu sein für diese Zeit, die stählerne Menschen will, Menschen von einer Fähigkeit des Hassens, die die meine weit überschreitet.«[647] Eine Woche darauf antwortete Zech: »Schmerzlich berührt mich der unselige Chauvinismus, der jetzt erschreckend einsetzt.«[648] Die Freunde wollten für ihr Land kämpfen, aber ohne die Menschen in anderen Ländern deswegen zu hassen.

In Heinrich Mann, Paul Zech und Stefan Zweig trafen sich Verwandte im Geiste. Sie gehörten zu den Menschen, die auch angesichts des Krieges nicht alle Errungenschaften moderner Zivilität über Bord werfen wollten, die versuchten, internationale Verbindungen und Beziehungen weiterhin zu pflegen, und die sich die Fähigkeit bewahrten, auch das Handeln der eigenen Regierung kritisch zu reflektieren. Es gab sie in allen kriegführenden Staaten. Prominente Beispiele auf der Seite der Entente sind Bertrand Russell, George Bernard, Henri Barbusse und Romain Rolland. Aber es waren immer nur wenige. Einer der wenigen war Hermann Hesse. Hesse hat einen kosmopolitischen Hintergrund. Der Vater, ein Baltendeutscher, war als Missionar in Indien tätig gewesen, die Mutter war schwäbisch-schweizerischer Herkunft. Geboren wurde Hesse im württembergischen Calw, als Kind verbrachte er fünf Jahre in Basel, wo der Vater an der Missionsschule unterrichtete. 1912 zog Hesse nach Bern. Als der Krieg ausbrach, meldete er sich alsbald freiwillig bei der deutschen Gesandtschaft, weil er die Einberufung fürchtete. Er wurde aber wegen seiner starken Kurzsichtigkeit für untauglich befunden und übernahm eine Tätigkeit bei der Deutschen Kriegsgefangenen-Fürsorge in Bern. Hermann Hesse war zuständig für die »Bücherei für deutsche Kriegsgefangene«, außerdem Redakteur der *Deutschen Interniertenzeitung*, die 1916/17 von der Kriegsgefangenen-Fürsorge herausgegeben wurde. Sie erschien mit der deutschen und der Schweizer Fahne im Titel und war ein dezidiert unpolitisches Blatt, ein »Gruß aus der Heimat und zugleich aus der neutralen Schweiz, welche Eurer wie aller, die durch diesen Krieg zu leiden haben, in warmer Menschenliebe gedenkt«.[649] Von der gleichen Gesinnung war ein Aufsatz getragen, der am 3. November 1914 in der *Neuen Zürcher Zeitung* erschien. Ein Zitat von Beethoven aufgreifend, war er mit »O Freunde, nicht diese Töne!« überschrieben. Hermann Hesse versucht seine Stimme zu erheben gegen die sich überall ausbreitende Wagenburgmentalität: »Ich bin Deutscher und meine Sympathien und

Wünsche gehören Deutschland, aber was ich sagen möchte, bezieht sich nicht auf Krieg und Politik, sondern auf die Stellung und Aufgaben der Neutralen. Damit meine ich nicht die politisch neutralen Völker, sondern alle diejenigen, die als Forscher, Lehrer, Künstler, Literaten am Werk des Friedens und der Menschheit arbeiten.«[650] Hier wird Hesses Überzeugung deutlich, dass man gleichzeitig dem eigenen Land den Sieg wünschen kann und dennoch versuchen sollte, weiterhin die Ideale eines friedlichen Miteinanders hochzuhalten. Er zitiert in seinem Aufsatz dann »betrübende Zeichen einer unheilvollen Verwirrung des Denkens«: Aufhebung deutscher Patente in Russland, Boykott deutscher Musik in Frankreich und umgekehrt ein »Boykott gegen geistige Werke feindlicher Völker in Deutschland«. Hesse lässt es bei der Klage über diese Zustände nicht bewenden. Er wendet sich gegen den unglückseligen deutschen »Aufruf an die Kulturwelt!«, ohne ihn namentlich zu erwähnen, und schließt mit den Worten: »Dass Liebe höher sei als Hass, Verständnis höher als Zorn, Friede edler als Krieg, das muss ja eben dieser unselige Weltkrieg uns tiefer einbrennen, als wir es je gefühlt. Wo wäre sonst sein Nutzen?«[651]

Dieser Aufsatz, so klug, wohlmeinend und abwägend er sich ausnahm, war nicht dazu angetan, dem Autor in der gegenwärtigen Situation neue Freunde zu verschaffen. Die Vorstellung, dass man als Wissenschaftler, Künstler oder Schriftsteller ein Neutraler sei, der zu vermitteln habe, überforderte die allermeisten. In der deutschen Presse wurde Hesse, der auch weiterhin für den Frieden eintrat, als Verräter, Gesinnungslump, Drückeberger und vaterlandsloser Geselle beschimpft.[652] Die einzige von Sympathie getragene Äußerung, die ihn in jener Zeit erreichte, kam von dem französischen Schriftsteller und Pazifisten Romain Rolland, der für seine kriegskritische Haltung ebenfalls heftig angefeindet wurde.

Auch der Philosoph und Anarchosozialist Gustav Landauer gehörte zu denjenigen, die der spontanen Kriegsbegeisterung im

August 1914 nicht anheimfielen. Landauer war durch seine große Bildung und seinen weitgespannten Horizont der Idealfall eines Mittlers zwischen den Welten, er bewegte sich in den unterschiedlichsten kulturellen, sozialen und geographischen Räumen. Er setzte sich mit so verschiedenen Denkern wie Pjotr Kropotkin, Pierre-Joseph Proudhon, die er beide ins Deutsche übersetzte, und Friedrich Nietzsche auseinander. 1916/17 hielt er Vorträge über Shakespeare, die bis heute zu den bedeutendsten Interpretationen des Dramatikers zählen; er übersetzte Autoren wie Oscar Wilde und Walt Whitman und verfügte über ein ungewöhnlich dichtes Netzwerk an Beziehungen zu Intellektuellen und Politikern. 1908 hatte Landauer gemeinsam mit Erich Mühsam, Martin Buber und anderen den Sozialistischen Bund gegründet, der libertäre mit lebensreformerischen Ideen verbinden wollte. Ab 1909 gab der Bund die Zeitschrift *Der Sozialist* heraus. Dort veröffentlichte Landauer am 10. August 1914 seinen Beitrag »Der europäische Krieg«, in dem er warnend seine Stimme erhob. Landauer war ein radikaler Antimilitarist. Der Krieg hatte nach seiner Überzeugung seine Ursache in den Macht- und Eroberungsinteressen der Staaten und war gegen die Interessen der arbeitenden Menschen und der Völker gerichtet: »Plündern ist Sache des Ausbeuters, der nicht arbeiten will«,[653] hatte er schon 1911 geschrieben. Landauer war schockiert von der Euphorie, die in allen am Krieg beteiligten Nationen um sich griff und auch vor erlauchten Geistern, ja selbst vor dem eigenen Bekanntenkreis nicht haltmachte: »Ja, sie sind fast alle umgefallen, die Dichter und Denker! Dehmel fast am schlimmsten von allen.«[654] Dass er gerade Richard Dehmel namentlich erwähnte, mag damit zusammenhängen, dass der Schriftsteller die große Jugendliebe von Landauers Frau Hedwig Lachmann gewesen war. In einem Artikel vom 1. Dezember 1914 sprach er von kleinen Geistern, die »den schrecklichsten aller Kriege durch ein absonderliches Bardengebrüll verstärken wollen«.[655] Die Zeitschrift *Der Sozialist*, eine schwache Stimme gegen das Gebrüll, konnte nur existieren, weil der Verleger und Drucker Max Malte Müller keine Rechnungen stellte. Als Müller 1915 eingezogen wurde, musste die Zeitschrift ihr Erscheinen einstellen. Müller war religiöser Sozialist und mit Landauer eng befreundet. Nach dessen brutaler Ermordung in München war er für den Schocken Verlag tätig, wo er als Typograph Herausragendes leistete.

Mit seiner unbedingten Kriegsgegnerschaft war Gustav Landauer ziemlich isoliert. Selbst in der internationalen Gemeinschaft der Anarchisten kam es zu Friktionen. Der russische Anarchist Pjotr Kropotkin, mit dem Landauer bis dahin eng zusammengearbeitet hatte und dessen Ideen er in Deutschland mit bekannt gemacht hatte, setzte sich für eine Unterstützung der Entente gegen das Deutsche Reich ein. Kropotkin, der damals in London im Exil lebte, konzipierte gemeinsam mit dem französischen Anarchisten Jean Grave das sogenannte »Manifest der Sechzehn«, das allerdings nur 15 Unterschriften trug. (Bei dem 16. Namen handelte es sich in Wirklichkeit um den Wohnort eines der 15 Unterzeichner.) Das Manifest trug das Datum des 28. Februar 1916 und wurde erstmals am 14. März in der von Grave mitherausgegebenen Zeitschrift *La Bataille Syndicaliste* veröffentlicht, anschließend in der Londoner Zeitschrift *Freedom* und in *Libre Fédération* in Lausanne. Das Manifest hob ab auf den grundsätzlichen Pazifismus der anarchistischen Bewegung, betonte aber, dass der deutsche Angriff eine grundsätzliche Bedrohung der Menschheit darstelle, weswegen auch leidenschaftliche Kämpfer für den Frieden Widerstand leisten müssten. Etwa hundert weitere Anarchisten schlossen sich der Erklärung an, unter ihnen viele Italiener. Sie provozierte allerdings auch viel Widerspruch, unter anderem die Gegenerklärung einer Londoner Gruppe und eine Antwort von Errico Malatesta, dem bedeutendsten italienischen Anarchisten.[656] Man kann davon ausgehen, dass die große Mehrheit der europäischen Anarchisten bei ihrer prinzipiell pazifistischen Haltung blieb. Sie sahen den Ersten Weltkrieg als eine Auseinandersetzung zwischen verschiedenen kapitalistischen und imperialistischen Staaten an, nicht als einen Kampf zwischen dem deutschem Imperialismus und der internationalen Arbeiterklasse. Aber die Vorgänge zeigen, dass die in extremen Konfliktsituationen auftauchende Frage nach Loyalität und Engagement selbst eine so staatsferne politische Strömung wie den Anarchismus auf eine harte Probe stellte.

Je mehr aus dem Krieg zwischen Staaten ein Krieg der Völker wurde, desto weniger gelang es den Neutralen, wie Hermann Hesse die Wissenschaftler, Schriftsteller und Künstler genannt hatte, neutral zu bleiben. Einer wie Romain Rolland, der sich dem Drang zur bedingungslosen Parteinahme entziehen wollte, hatte einen schweren Stand. Rolland, 1866 geboren, kam kurz nach der großen Niederlage von 1871 in die Schule und wuchs in einer von Revanchegedanken geprägten Atmosphäre auf, die gerade auch in seinem nationalistisch-konservativen Elternhaus herrschte. Dennoch entwickelte er sich zu einem weltläufigen, philanthropisch gesinnten Schriftsteller. Sein Hauptwerk war der mehrbändige Roman *Jean-Christophe*, der zwischen 1904 und 1912 erschien, die Geschichte eines imaginären deutschen Komponisten flämischer Abstammung, der nach Frankreich emigriert und dort einen Freund fürs Leben findet, der jedoch bei Unruhen am 1. Mai umkommt. Jean-Christophe erschlägt einen Polizisten und muss in die Schweiz fliehen, wo er seinen Lebensabend als berühmter Komponist verbringt. Der Protagonist, Alter Ego des Autors, ist ein europäischer Weltbürger, der gegen alle Widrigkeiten des Schicksals für seine humanistischen Ideale kämpft. Der Roman *Jean-Christophe*, im Kern die Geschichte einer deutsch-französischen Freundschaft, war der Hauptgrund dafür, dass Rolland der erste Literaturnobelpreis nach Kriegsausbruch verliehen wurde.

Romain Rolland, der sich intensiv mit Nietzsche und Wagner auseinandergesetzt hatte, war überzeugt, dass es enge geistige Verbindungen zwischen Frankreich und Deutschland gab; er selbst war das beste Beispiel dafür. In der Person seines Romanhelden Jean-Christophe mischten sich Züge von Beethoven und Wagner mit autobiographischen Elementen. 1914 überraschte der Kriegsausbruch Rolland in der Schweiz, wo er dann blieb. Im Sommer 1914 plante er, von dort einen großen Protest gegen die deutsche Kriegspolitik, namentlich in Belgien, zu organisieren, weigerte sich aber zu glauben, dass dieses ihm verbrecherisch erscheinende Vorgehen seine Ursache im Wesen der Deutschen habe.[657] Er war entsetzt über den Chauvinismus auf beiden Seiten und wandte sich gegen die kriegerische Rhetorik eines Henri Bergson genauso wie gegen den deutschen Aufruf »An die Kulturwelt!«. Er engagierte sich beim Roten Kreuz und veröffentlichte im *Journal de Genève* eine Serie von Artikeln, in denen er für einen Verständigungsfrieden warb.[658] Obwohl in Frankreich kritisiert, konnte Rolland seine Artikelserie 1915 in Paris als Buch publizieren. Sie wurde in mehrere Sprachen übersetzt, in Deutschland erschien sie allerdings nicht. Die Publikation trug dazu bei, dass Romain Rolland 1916 nachträglich der Literaturnobelpreis für 1915 zugesprochen wurde. Das Preisgeld stiftete er dem Roten Kreuz.

Die sinnlose Zerstörung der Stadt Löwen durch deutsche Soldaten war für Rolland Anlass, einen offenen Brief an den fünf Jahre älteren Gerhart Hauptmann zu schreiben. Dieser hatte 1912 den Literaturnobelpreis erhalten und galt als bedeutendster Vertreter des Naturalismus, war wegen seiner sozialkritischen Stoffe bei Hof allerdings nicht geschätzt. Einmal sah er sich sogar veranlasst, gerichtlich gegen die Behauptung vorzugehen, sein Drama *Die Weber* sei ein sozialistisches Tendenzstück.[659] 1913 wurde sein im Auftrag des Breslauer Magistrats verfasstes *Festspiel in deutschen Reimen* auf Betreiben des Kronprinzen Wilhelm abgesetzt, weil es zur Feier des hundertsten Jahrestages der Befreiungskriege nicht hurrapatriotisch genug ausgefallen war – was durchaus den Intentionen des Autors entsprach. Nichtsdestoweniger war Hauptmann nach Kriegsausbruch im Lager der Bellizisten zu finden und dichtete manches, an das er sich selbst später nur noch ungern erinnerte. Auch zu den Unterzeichnern des Aufrufs »An die Kulturwelt!« gehörte er.

Der kurze Briefwechsel zwischen Rolland und Hauptmann zeigt, wie zwei Große versuchen, respektvoll miteinander umzugehen, dass aber der Graben zwischen den Nationen einfach zu tief ist. Verständigungsmöglichkeiten gibt es nicht, obwohl Rolland sich um eine ausgleichende Position bemüht:

> Der Krieg ist die Frucht der Schwäche und der Dummheit der Völker; man kann sie deshalb nur beklagen, nicht aber ihnen zürnen. Ich werfe Ihnen auch nicht unsere Gefallenen vor; die Trauer ist bei Ihnen nicht geringer. Wenn Frankreich zugrunde geht, so wird auch Deutschland zugrunde gehen. Ich habe meine Stimme selbst dann nicht erhoben, als ich Ihre Armeen die Neutralität des edlen belgischen Volkes verletzen sah. [...] Was aber zuviel ist, das ist die Wut, womit Ihr diese hochherzige Nation behandelt, deren einziges Verbrechen darin besteht, bis zur Verzweiflung ihre Unabhängigkeit zu verteidigen und das Recht so wie Ihr, Deutsche, es selbst gehalten habt im Jahre 1813.[660]

Gerhart Hauptmanns Antwort war eindeutig: »Sie haben an der Versöhnung beider Völker mit Eifer gearbeitet. Trotzdem sehen Sie jetzt, wo der blutige Riß auch Ihr schönes Friedenskonzept, wie so vieles andere, vernichtet hat, unser Land und Volk mit französischen Augen an, und jede Mühe wird ganz gewiß vergeblich sein, Sie deutsch- und klarblickend zu machen. Natürlich ist alles schief, alles grundfalsch, was Sie zu unserer Regierung, unserem Heer, unserem Volke sagen.«[661] Die Selbstgerechtigkeit, die aus diesen Zeilen spricht, ist nicht geringer als die, die den Aufruf »An die Kulturwelt!« auszeichnet. Sie verbindet sich mit einer larmoyanten Verteidigungshaltung. Obwohl sein *Jean-Christophe* in Deutschland viel gelesen worden sei, so Hauptmann, sei Rollands Urteil dennoch getrübt. Damit erscheint auch Rolland als einer von denen, die sich in die Phalanx der Feinde einreihten und den Vorwurf der Barbarei übernahmen. Einmal mehr sah sich eine Stimme des Deutschen Reiches alleingelassen inmitten einer Welt von Feinden.

Die eher liberale *Frankfurter Zeitung* reagierte auf Rollands Brief an Hauptmann mit dem Vorwurf der Undankbarkeit: »In Deutschland wurde der Weltruhm des nämlichen Romain Rolland gepflanzt, der nun unsere Gesittung in Zweifel zieht. Deutschland hat sich der Bedrängten, der in der Heimat Verkannten angenommen und sein Beifall hat sie in den Weltruhm erhoben: Romain Rolland, Émile Verhaeren und nicht zuletzt jener Bernard Shaw. Wir haben – auf Kosten deutschen Schrifttums – ihre Werke gelesen.«[662] Auch dieser Kommentar zeugt von Selbstgerechtigkeit und Larmoyanz, ganz davon abgesehen, dass keiner der genannten Schriftsteller in seinem Land zu den Verkannten gehörte. Der Belgier Émile Verhaeren, der in Löwen studiert hatte, war ein bedeutender Erneuerer der belgischen Literatur, der mit vielen wichtigen Vertretern der Moderne in Verbindung stand und mit Vorträgen quer durch Europa reiste. In Deutschland stand er 1914 auf der Höhe seines Ansehens. Viele Autoren hatten seine Gedichte übersetzt, unter anderem Stefan George, Stefan Zweig und Paul Zech. In Frankreich und Deutschland bewunderte man ihn gleichermaßen. Nach dem Kriegsausbruch vertrat er eine pazifistische Position und versuchte in Gedichtsammlungen wie *La Belgique sanglante* (1915) oder *Les ailes rouges de la Guerre* (1916) den Wahnsinn des Krieges in Worte zu fassen. Doch er protestierte auch gegen den »germanischen Sadismus«,[663] womit er seinen Freund Stefan Zweig gegen sich aufbrachte, der die Berichte über die deutschen Kriegsgräuel in Belgien für reine Propaganda hielt, was leider durchaus nicht immer der Fall war. Am 11. November 1914 schrieb Zweig an Rolland:

Wenn Sie Verhaeren schreiben, so sagen Sie ihm, daß gestern Ernst Stadler [...] gefallen ist, den er sehr mochte, ein vortrefflicher Dichter und Übersetzer Péguys und Jammes'. Ich weiß nicht, ob man in seinem Tornister abgeschnittene Kinderfüße fand – hoffentlich glaubt es Verhaeren nicht auch von ihm, sondern billigt dem Armen einen guten rechtlichen Tod zu. Ich hatte noch eine Karte aus dem Feld von ihm, sie galt einer Verlaine-Übersetzung, die er mir für eine Gesammtausgabe versprochen! Ist es nicht seltsam, daß manche von uns, die ins Feld zogen, noch gleichzeitig daran dachten, die Cultur des Feindes Deutschland zu übermitteln?[664]

Der Tod des Elsässers Ernst Stadler, der eigentlich eine Gastprofessur in Toronto hatte antreten wollen, nachdem er die letzten Jahre vor dem Kriegsausbruch an der Universität Brüssel unterrichtet hatte, ist ein besonders tragisches Beispiel für das Abreißen kultureller Verbindungen über die Landesgrenzen hinweg.

Émile Verhaeren wollte die Bindung zwischen seiner belgischen Heimat und den Schutzmächten England und Frankreich stärken, absolvierte Vortragsreisen in Belgien und Frankreich und schrieb auch für antideutsche Propagandablätter. Nach einem Vortrag in Rouen starb er im November 1916 durch einen Unfall. Bei dem Versuch, einen abfahrenden Zug zu besteigen, hatte er den Halt verloren und war überrollt worden. Das Ehrengrab, das ihm die französische Regierung im Panthéon errichten wollte, lehnte Verhaerens Familie ab und ließ ihn stattdessen auf einem belgischen Soldatenfriedhof bestatten. Der große belgische Dichter, der in Brabant aufgewachsen war, aber Französisch schrieb, dessen Interesse der modernen Literatur und den sozialen Fragen seiner Zeit galt, er war zuletzt – im siebten Lebensjahrzehnt – ganz gegen seine ursprünglichen Intentionen zu einem Kämpfer geworden und wurde als solcher beerdigt, wobei er angesichts nahender deutscher Truppen bald umgebettet werden musste. 1927 fanden seine sterblichen Überreste dann eine endgültige Ruhestatt in seinem Heimatdorf Sint-Amands.

Hermann Hesse hatte in seinem Aufsatz »O Freunde, nicht diese Töne!« unter anderem den Boykott deutscher Musik in Frankreich beklagt. Natürlich machte der Versuch, Fremdländisches von den eigenen Grenzen fernzuhalten, auch vor der Musik nicht halt. Ein besonders umkämpfter Komponist war Richard Wagner, der eben nicht nur einer der bedeutendsten Erneuerer der europäischen Musik im 19. Jahrhundert war, sondern auch ein herausragender Proponent des 1871 aus dem Sieg über Frankreich erstandenen deutschen Nationalstaats.[665] Durch seinen wilden Antisemitismus und seine Reaktualisierung der germanischen Mythologie eignete sich Wagner vorzüglich als Projektionsfläche für die völkische Sehnsucht nach nationaler Größe; er befriedigte das bildungsbürgerliche Bedürfnis, sich angesichts aktueller zivilisatorischer Bedrohungen einer hehren altdeutschen Vergangenheit zu versichern. Die nationale Einheit war das Gesamtkunstwerk, zu dem Wagner in Bayreuth die passende Pilgerstätte beigesteuert hatte, einschließlich des Bühnenweihefestspiels »Parsifal«, das die nationale Bewusstwerdung mystisch erlebbar machte.

Richard Wagner, der sich selbst als den »germanischsten aller Germanen« bezeichnete, hatte die Franzosen 1871 mit Hohn und Spott übergossen und ein »Lustspiel in antiker Manier« mit dem Titel »Eine Kapitulation« verfasst, das er freilich nie vertont hat. In seinem Gedicht »An das deutsche Heer vor Paris« besang er die Kaiserkrönung im Spiegelsaal von Versailles.[666] 1871 entschied sich Wagner für Bayreuth als den Ort, wo sein Festspielhaus errichtet werden sollte. Das Haus auf dem Grünen Hügel wurde zum Tempel der Verehrung teutonischen Herrenmenschentums, es war, in den Worten des Indologen Leopold von Schroeder, der Ort der »Vollendung des arischen Mysteriums«.[667] Gleichwohl war der Kreis der Wagnerianer nicht auf Deutschland beschränkt. Das Gästebuch des Jahres 1909 verzeichnete unter den Besuchern der Festspiele mehr als fünfhundert Amerikaner, Briten und Franzosen.[668] Insbesondere in

Frankreich war der »Wagnerismus« verbreitet. Dennoch wurden die Inszenierungen in Bayreuth mit den Jahren immer chauvinistischer. Die »Meistersinger« wurden zum Monument »deutscher Tiefe«, und Hans Sachs erschien als der ideale Germane, der alle positiven Charaktereigenschaften des Volksstamms in sich vereinte.[669] Doch auch in Bayreuth bedeutete der Erste Weltkrieg eine Zäsur, 1914 konnten von den geplanten 20 Aufführungen nur noch acht stattfinden. Erst zehn Jahre später ging es weiter. Die Premiere der »Meistersinger« 1924 wurde zu einer nationalistischen Demonstration. Unter den Gästen waren Erich Ludendorff und der Alldeutsche Heinrich Claß, im Anschluss an die Vorstellung sangen die Besucher stehend das Deutschlandlied.

Bald nach der deutschen Kriegserklärung griff der Komponist Camille Saint-Saëns in einer Reihe von Aufsätzen in der nationalistischen Tageszeitung *L'Écho de Paris* Richard Wagner als Repräsentanten eines modernen aggressiven Deutschtums heftig an. Wagner war zwar schon seit mehr als drei Jahrzehnten tot, aber er wurde wie kaum ein anderer Künstler mit dem im Spiegelsaal von Versailles proklamierten Nationalstaat identifiziert. Angesichts der deutschen Kriegsgräuel sollten seine Werke in Frankreich deshalb boykottiert werden.[670] Es gab auch Komponisten, Maurice Ravel zum Beispiel, die dieser Forderung widersprachen, weil sie eine Verarmung des musikalischen Lebens befürchteten. Alles in allem war die Stimmung aber sehr stark gegen alles Deutsche, vom Germanistikstudium bis hin zu deutschen Dienstmädchen, und gerade Wagner fügte sich besonders gut in dieses Feindbild. Der nationalistische Schriftsteller Léon Daudet, der zu den Gründungsmitgliedern der faschistischen Action française gehörte, sah in Wagner einen integralen Bestandteil des deutschen Imperialismus: »Er hat den Armeen den Weg gebahnt.«[671] Der Komponist bedrohe den Kernbestand der nationalen Kultur: »Wagner, gleich Kant, Hegel oder Schopenhauer, beraubt die Franzosen ihres Nationalgefühls. Wie diese Philosophen hat er unsere Jugend mit Deutschtum vergiftet. Um uns hiervon zu befreien, bedurfte es des Krieges von 1914.«[672] Léon Daudet, übrigens ein Sohn des monarchistischen und antisemitischen Schriftstellers Alphonse Daudet, verlässt hier die Argumentationslinie, dass der Krieg nur zur Verteidigung der durch deutsche Aggression in Gefahr geratenen französischen Zivilisation geführt werde. Er spricht dem Krieg eine genuine Notwendigkeit zu, es bedurfte seiner, um die Jugend des Landes vom Gift des Deutschtums zu befreien, das schon vor 1914 seinen Weg über die Landesgrenzen gefunden hatte.

Die Reinigung und Befreiung, von der auch ein Schriftsteller wie Thomas Mann im August 1914 gesprochen hatte, mündeten nur allzu oft in Selbstbegrenzung und Intoleranz. Ein eindrucksvolles Beispiel dafür ist der Fall des Schweizer Malers Ferdinand Hodler. Nach bescheidenen Anfängen hatte ihm 1897 die Ausschmückung der Waffenhalle des Schweizerischen Landesmuseums in Zürich den Durchbruch gebracht. Die Entwürfe zu seinem Gemälde »Der Rückzug der Schweizer aus der Schlacht von Marignano im Jahr 1515« löste zunächst einen heftigen Kunststreit aus, aber eine aus Bern angereiste Delegation des Bundesrats gab dem Werk ihren Segen. Das förderte Hodlers Ansehen als Maler insbesondere von historischen Ereignissen. Er war jetzt einer der führenden Künstler in Europa und wurde Mitglied der Wiener, der Berliner und wenig später auch der Münchner Secession. Im Frühsommer 1907 erreichte Hodler der Auftrag der Gesellschaft der Kunstfreunde in Jena und Weimar, den »Auszug der Jenenser Studenten in den Freiheitskrieg von 1813« zu malen, den die Gesellschaft der Universität zum Geschenk machte.[673] Die Universität Jena, an der Hegel, Schelling, Schleiermacher, Schiller und Fichte gelehrt hatten und die als Gründungsort der ersten deutschen Burschenschaft gilt, war mit den demokratischen Ideen und dem nationalen Aufbruch der Befreiungskriege besonders eng verbunden gewesen.

Das Bild, das Hodler schuf, ist ein 3,58 Meter hohes und 5,46 Meter breites Ölgemälde und nahm die Wand am Ende eines breiten Korridors im neuen Hauptgebäude der Universität in voller Höhe ein. Das Werk zeigt die Studenten in der schwarzen Uniform des Lützowschen Freikorps, eines Freiwilligenverbands der preußischen Armee in den Befreiungskriegen. Man sieht sie beim Ankleiden, Aufschnallen des Tornisters, Besteigen der Pferde, dem Moment des Abmarschs mit emporgestrecktem linkem Arm und gezücktem Säbel und, in der oberen Hälfte des Bildes, als geschlossene Marschkolonne. Das gewaltige Ölgemälde wirkte modern, war von großer Klarheit und schuf, ohne ins Pathetische zu geraten, die den Befreiungskriegen gemäße heroische Aura. Hier hatte Ferdinand Hodler, dabei den Gesetzen des von ihm entwickelten »Parallelismus« folgend, seinen Monumentalstil zur Vollendung geführt.[674] Das Gemälde war, bevor es an seinen Bestimmungsort gelangte, im Januar 1909 in Zürich und im Juli desselben Jahres in der Berliner Secession zu sehen. Überall fand es große Anerkennung.

Doch im Krieg gelten andere Maßstäbe. Am 19. September 1914 bombardierten die Deutschen die Kathedrale von Reims. Am 22. September protestierte die italienische Akademie der Künste gegen die Zerstörung des über sechshundert Jahre alten Gotteshauses, und am 27. September folgte der sogenannte Genfer Protest, den auch Ferdinand Hodler unterschrieb. Daraufhin brach ein ungeheurer Sturm der Empörung über ihn herein. Er wurde aus sämtlichen deutschen Künstlervereinigungen ausgeschlossen. Das Kölner Wallraf-Richartz-Museum besaß ein Gemälde Hodlers, »Kopfstudie einer Italienerin«, das sofort abgehängt wurde. Künstler und Schriftsteller schrieben offene Briefe gegen Hodler. Manche betonten, sie hätten es von Anfang an für falsch gehalten, einen Ausländer mit der Umsetzung eines so deutschen Themas zu betrauen. Am 16. Oktober schließlich meldete sich Ernst Haeckel, emeritierter Professor für Zoologie an der Universität Jena, zu Wort. In einem offenen Brief an »Monsieur Ferdinand Hodler. Historienmaler in Genf« plädierte er dafür, Hodlers Gemälde aus der Universität umgehend zu entfernen, es zu verkaufen und den Erlös dem Deutschen Roten Kreuz zu spenden.[675] Am folgenden Tag sekundierte ihm der Maler Friedrich Kallmorgen, Professor an der Berliner Kunstakademie, in einem offenen Brief und prophezeite Haeckels Vorschlag »brausenden Jubel« in der deutschen Künstlerschaft. Um die Empörung noch zu steigern, erklärte Kallmorgen den in Bern geborenen Hodler zum »französischen Schweizer« und stellte fest: »Fremdländische Künstler haben seit Jahren den deutschen Markt mit Staffeleibildern in unerhörter Weise überschwemmen dürfen. [...] Die Franzosen haben dazu gelacht. Der Einfluß einiger Händler, ihrer Berater und Helfer hat das fertig gebracht; von Berlin aus wurde ganz Deutschland durchseucht.«[676]

In Kallmorgens Invektive findet sich das ganze Arsenal von Argumenten, das schon 1911 im von dem Maler Carl Vinnen angeführten Protest gegen die angebliche Bevorzugung französischer Malerei zum Einsatz gekommen war: die »französische Überschwemmung«, durch die der vaterländischen Kunst Millionenwerte verlorengingen; die – notabene jüdischen – Händler, die geschickt den Markt manipulierten; der mangelnde Widerstand in Deutschland.[677] Die *Deutsche Tageszeitung* entblödete sich nicht, diese Argumentation aufs Gröbste zu radikalisieren und gegen »Mosjö 'odlär« zu Felde zu ziehen, der zum deutschen Künstler »emporgeschwindelt« worden sei:

Jeder, der es wissen wollte, wußte jedenfalls längst, daß Hodler zwar den deutschen Geldbeutel mit Inbrunst verehrt, Deutschland und deutsche Kunst aber keines Pfifferlings wert hält. Mosjö 'odlär soll es also unverwehrt bleiben, sich für die Augen ausstechenden, Ohren und Nasen abschneidenden Senegalesen und Franktireurs mit der einem Kulturvolke gebührenden Glut zu begeistern und den Fluch der zivilisierten Menschheit auf uns Barbaren herabzuflehen, die den traurigen

Mut besaßen, dem von den erleuchteten Franzosen längst gründlich verstümmelten Reimser Dom nicht das Leben unserer Krieger zu opfern.[678]

Hodlers telegraphische Antwort auf Haeckels offenen Brief erschien in derselben Ausgabe der Zeitung: »Wenn ich den Genfer Protest unterzeichnet habe, war es meine Absicht, nicht gegen Deutschland, sondern einzig und allein gegen die Zerstörung eines Kunstwerkes zu protestieren. Ich würde dasselbe tun, wenn eine andere Macht in Deutschland ein Werk zerstören würde. Bitte meine Unterschrift nicht anders auszulegen. Sie kennen meine lebhafte Sympathie für Deutschland.«[679] Doch er blieb verfemt, was seinen Verleger Reinhard Piper hart ankam. Der hatte zuvor einen Generalvertrag mit dem Künstler geschlossen und bereits eine Mappe mit vierzig Heliogravüren herausgebracht, doch die Unterschrift unter dem Genfer Protest besiegelte das Ende dieses Unternehmens: »Die Hodler-Mappe wurde dadurch von heute auf morgen unverkäuflich. In einigen Zeitungen erschienen auch Artikel, die Dostojewski als angeblichen Beschimpfer Deutschlands ›entlarvten‹. Damit war auch unsere Dostojewski-Ausgabe schwer getroffen.«[680]

Die »Friedensware« tat sich insgesamt schwer nach Kriegsausbruch, ganz besonders galt dies für ausländische Autoren aus Feindstaaten, auch wenn Dostojewski ähnlich wie Wagner schon über vierzig Jahre tot war. Wenn aber ein Ausländer wie Hodler es gar wagte, sich kritisch über die deutsche Kriegsführung zu äußern, ging gar nichts mehr. Dem Verleger blieb nur die Möglichkeit, die Hodler-Rechte an das Verlagshaus Rascher in der Schweiz abzugeben. An der Universität Jena immerhin ließ sich ein Kompromiss erreichen. Einige Besonnene hatten sich für den Verbleib des Gemäldes eingesetzt, so zum Beispiel Theodor Heuss, der damals Redakteur des *März* war und sich dort in bewusstem Widerspruch zum Herausgeber Ludwig Thoma dagegen aussprach, »gegen neue Kunst im eigenen Land zu wüten«:

»Der Antrag von Ernst Haeckel, das Bild von 1813 in der Jenenser Universität meistbietend zu versteigern, das Bild, das uns nie innerlich so nahe stand wie jetzt, er ist gewiß nicht ›barbarisch‹, aber er ist subaltern. Wir schämen uns für die Form, in der er gemacht wurde.«[681]

Das große Gemälde, das die Universität zum Einzug in das neue Vorlesungsgebäude von den Kunstfreunden der Stadt geschenkt bekommen hatte, wurde nicht versteigert. Es blieb an seinem Platz, verschwand aber diskret hinter einer eigens errichteten Bretterwand, um die Gemüter leicht erregbarer Patrioten nicht länger in Wallung zu bringen. Nach Kriegsende wurden die Bretter dann ohne großes Aufheben wieder entfernt. Ferdinand Hodler, der heute als der bedeutendste Schweizer Maler des 19. Jahrhunderts gilt, erlebte das leider nicht mehr; er verstarb am 18. Mai 1918.

Der Philosoph Theodor Lessing fand ein prägnantes Bild für das, was sich während des Ersten Weltkriegs vollzog: »Im August 1789 beschlossen die Menschen, Weltbürger zu werden. Im August 1914 beschlossen sie das Gegenteil.«[682] Das politische Ideal der Zeit sei der Nationalismus, schrieb Walther Rathenau schon 1912, was auf den ersten Blick befremdlich sei, denn »niemals waren die Völker einander so nahe, niemals haben sie der Wechselwirkung so sehr bedurft, einander so viel besucht und so gut gekannt«.[683] Und doch setzten sich nationale Egoismen nur zwei Jahre später radikal über diese gewachsenen Verbindungen hinweg. Die über viele Jahre aufgebauten Netzwerke hielten dem nationalistischen Furor nicht stand. Harry Graf Kessler hatte in seinem persönlichen Adressbuch 12 000 Menschen aus nahezu allen Ländern Europas verzeichnet, aber auch er konnte nach dem Kriegsausbruch nur noch auf dem von den Mittelmächten kontrollierten Territorium und in die neutralen Ländern reisen. Und er hatte nun keine Bedenken, wenn unschuldige belgische Bürger brutalen deutschen Vergeltungsaktionen zum Opfer fielen.

Besonders einschneidend war der Erste Weltkrieg für die Künste. Wie viele Zeugnisse zeigen, empfanden schon die Zeitgenossen das Jahr 1914 als Wendepunkt, und die kulturhistorische Bewertung ist keine andere. Der Literaturwissenschaftler Milton Cohen beschreibt die Wirkung des Krieges so: »Er rollte wie eine Dampfwalze durch das Leben der Künstler, ob sie nun eine Uniform trugen oder nicht, er beendete ihre Projekte oder veränderte sie radikal, brachte das Aus für zahllose Kunstzeitschriften und vernichtete Ausstellungsprojekte. Florierende Künstlergruppen lösten sich auf und der internationale Geist, der die Moderne vor dem Krieg so sehr ausgezeichnet hatte, wurde zerstört.«[684] Das letzte Jahrzehnt vor dem Ersten Weltkrieg war entscheidend für die Entwicklung der modernen Kunst in Europa gewesen. Im Pariser Herbstsalon traten 1905 die Fauves um Henri Matisse erstmals an die Öffentlichkeit, im gleichen Jahr gründeten Ernst Ludwig Kirchner, Erich Heckel und Karl Schmidt-Rottluff in Dresden die Künstlergemeinschaft »Brücke«. Georges Braque und Pablo Picasso setzten sich mit dem Kubismus auseinander. Giorgio de Chirico, der Begründer der Pittura Metafisica, studierte 1906/07 in München, die Stadt war damals der wichtigste Ort der Avantgarde in Deutschland. Der einzige Münchner, der dabei eine Rolle spielte, war allerdings Franz Marc. Wassily Kandinsky, Alexej von Jawlensky und Marianne von Werefkin waren 1896 aus Russland nach München gekommen, Paul Klee 1898 aus der Schweiz und Alfred Kubin aus dem böhmischen Leitmeritz, die gebürtige Berlinerin Gabriele Münter 1901 aus Bonn. Im Januar 1909 setzte sich diese Gruppe von der allzu konservativen Münchner Secession ab, die über Impressionismus und Jugendstil keinesfalls hinausgehen wollte, und gründete die Neue Künstlervereinigung München, aus der dann 1911 die Gruppe »Der Blaue Reiter« hervorging. Unter diesem Namen erschien auch ein Almanach, der als eine der bedeutendsten künstlerischen Programmschriften des 20. Jahrhunderts gilt. Der Blaue Reiter war ein offenes Netzwerk verschiedener Künstler, er setzte nicht auf eine Elite wie der George-Kreis, auch nicht auf eine einheitliche Stilbildung wie die »Brücke«. Sein Ziel war die künstlerische Synthese, die offene Kommunikation innerhalb der künstlerischen Avantgarde. Zugleich markierte die Gründung der Gruppe die Geburtsstunde der Abstraktion.

So groß die Bedeutung des Blauen Reiters für die Entwicklung der modernen Kunst war, so rasch zerfiel die Gruppe nach Kriegsausbruch. Kandinsky, Jawlensky und Werefkin wurden über Nacht zu »feindlichen Ausländern«, mussten Deutschland innerhalb von 48 Stunden verlassen und flohen in die Schweiz. Gabriele Münter folgte ihrem Lebensgefährten Kandinsky dorthin, doch der kehrte wenig später in seine russische Heimat zurück, während Münter 1915 nach Stockholm ging. Nach der Russischen Revolution übernahm Kandinsky eine Funktion im Kommissariat für Volksaufklärung, lebte aber ab 1921 wieder in Deutschland und übernahm im Jahr darauf eine Lehrtätigkeit am Bauhaus. August Macke meldete sich freiwillig und fiel siebenundzwanzigjährig am 26. September 1914 in einem Gefecht südlich von Perthes-lès-Hurlus (Champagne). Franz Marc schrieb, als er davon hörte: »Ich verwinde August's Tod nicht. Wie viel ist uns allen verloren; es ist wie ein Mord; ich komme gar nicht zu dem mir sonst ganz geläufigen Soldatenbegriff des Todes vor dem Feind u. für die Gesamtheit. Ich leide schrecklich darunter.«[685] Und in einem Nachruf auf den Freund schrieb er: »Im Kriege sind wir alle gleich. Aber unter tausend Braven trifft eine Kugel einen Unersetzlichen. Mit seinem Tode wird der Kultur eines Volkes eine Hand abgeschlagen, ein Auge blind gemacht.«[686]

Auch Franz Marc hatte sich freiwillig gemeldet und war an der Westfront zum Einsatz gekommen. Marc hatte 1899/1900 seinen Militärdienst abgeleistet und wurde nun als Leutnant der Reserve eingesetzt. Am 24. Oktober 1914 schrieb er an Kandinsky: »ich hab das traurige Gefühl, daß dieser Krieg wie eine große

Flut zwischen uns beiden strömt, die uns trennt; der eine sieht den andern kaum am fernen Ufer. Alles Rufen ist vergeblich, – vielleicht auch das Schreiben. In solcher Zeit wird jeder, er mag wollen oder nicht, in seine Nation zurückgerissen. Ich kämpfe in mir sehr dagegen an; das gute Europäertum liegt in meinem Herzen näher als das Deutschtum; was Sie jetzt fühlen, weiß ich nicht.«[687] Kandinsky antwortete: »Ich dachte, daß für den Bau der Zukunft der Platz auf eine andere Art gesäubert wird. Der Preis dieser Art Säuberung ist entsetzlich.«[688] Diese Version der damals von Intellektuellen und Künstlern erwarteten und für unvermeidlich gehaltenen Katharsis des Krieges ist eine höchst eigenwillige. Marc antwortete darauf noch einmal: »Mein Herz ist dem Krieg nicht böse, sondern aus tiefem Herzen dankbar, es gab keinen anderen Durchgang zur Zeit des Geistes, der Stall des Augias, das alte Europa konnte nur so gereinigt werden, oder gibt es einen einzigen Menschen, der diesen Krieg ungeschehen wünscht?«[689]

In seinem Essay »Das geheime Europa«, der ebenfalls vom November 1914 stammt, spricht Marc davon, dass der gegenwärtige Krieg nicht ein Krieg zwischen Staaten sei, sondern ein »europäischer Bürgerkrieg, ein Krieg gegen den inneren, unsichtbaren Feind des europäischen Geistes«.[690] Dies alles muss dem heutigen Leser merkwürdig anmuten. Marc lehnte einerseits den aufflammenden Nationalismus ab, sah andererseits aber die entsetzlichen Blutopfer des Krieges als notwendig für die Läuterung und Erneuerung des europäischen Geistes an. Franz Marc versuchte, dem Geschehen einen in die Zukunft weisenden Sinn abzugewinnen in der Hoffnung, die furchtbaren Opfer seien nicht vergeblich. Doch die Briefe an seine Frau zeigen, dass er schon bald am Krieg verzweifelte. Am 4. März 1916 schrieb Marc nach Hause: »Sorg Dich nicht, ich komm schon durch, auch gesundheitlich. Ich fühl mich gut u. geb sehr acht auf mich.«[691] Wenige Stunden später war er tot; auf einer Erkundungsmission hatten ihn zwei Granatsplitter getroffen.

Am Tag darauf erfuhr Paul Klee vom Tod des Freundes. Der Zufall wollte es, dass Klee am selben Tag seinen Einberufungsbefehl erhielt. Er war zwar in der Nähe von Bern als Sohn einer schweizerischen Mutter zur Welt gekommen, aber der Vater war Deutscher und hatte sich nie um die Einbürgerung seines Sohnes gekümmert. So unterlag Klee der deutschen Wehrpflicht, wurde als Landsturmmann eingezogen und begann am 11. März seine viermonatige Grundausbildung im Rekrutendepot Landshut.[692] Er war aber der erste Maler, der von einer informellen Verfügung des bayerischen Königshauses profitierte, dass nach dem Tod Marcs und des im Mai 1915 gefallenen Albert Weisgerber keine weiteren Münchner Maler im Frontdienst eingesetzt werden sollten. Im August 1916 kam Klee zur Werftkompanie der Fliegerersatzabteilung in Schleißheim, im Januar 1917 an die gerade gegründete Fliegerschule in Gersthofen bei Augsburg. Seine Tätigkeit bestand im Bespannen und Anstreichen von Flugzeugteilen und dem Aufbringen der Flugzeugnummern mit Hilfe von Schablonen. Außerdem begleitete er den Transport der fertigen Flugzeuge zur Front, was er nutzte, um unterwegs Kontakt zu wichtigen Galeristen zu halten. Schließlich hatte er die Aufgabe, die in der Fliegerschule nicht seltenen Abstürze fotographisch zu dokumentieren. In seiner Freizeit konnte Klee seine künstlerische Arbeit fortsetzen und in etlichen Fällen Leinwand von havarierten Flugzeugen für seine Bilder verwenden. In Gersthofen hatte er auch die Möglichkeit, privat ein Zimmer zu mieten.[693] Der heiter-ironische Grundton der Arbeiten jener Jahre zeigt, dass Klee mit seiner Situation als Militärperson gut zurechtkam.[694] Tatsächlich war dies für seine Entwicklung als Maler eine wichtige Zeit. 1917 erlebte er seinen Durchbruch auf dem Kunstmarkt, eine Ausstellung in der Galerie des »Sturm« in Berlin brachte einen enormen Erfolg. Die Einnahmen aus Verkäufen stiegen auf das Dreieinhalbfache des Vorjahres.[695] Viele Maler, die an der Front im Einsatz waren, konnten keine neuen Werke anbieten, und auch die Arbeiten der Künstler des feindlichen Auslandes fielen weg. Andererseits war, nicht zuletzt durch die steuerlich kaum belasteten Kriegsgewinne vieler Unternehmen, eine Menge Geld vorhanden, so dass die Nachfrage nach neuen Kunstwerken das Angebot bei weitem überstieg.[696] 1917 startete der Kunsthändler Paul Westheim mit dem *Kunstblatt* sogar eine eigene Zeitschrift, um das neue Sammlerpublikum anzusprechen.

Nach dem Krieg ging Paul Klee als Lehrer an das Bauhaus in Weimar. In Erinnerung an den Blauen Reiter bildete er mit Kandinsky, Jawlensky und Lionel Feininger die Gruppe der »Blauen Vier«. Aber mit den ursprünglichen Intentionen der Künstlergruppe hatte das nichts mehr zu tun. Es war eine Reminiszenz an eine Zeit, die unwiderruflich vorbei war. August Macke und Franz Marc waren tot. Gabriele Münter kehrte erst 1931 nach Murnau ins »Russenhaus« zurück, das heute ein Museum ist. Marianne von Werefkin war in der Schweiz geblieben und starb 1938 in Ascona. Die »Blauen Vier« galten nach 1933 als »entartet«. Feininger ging in die USA, Kandinsky nach Paris, Klee kehrte als Emigrant in seine Schweizer Heimat zurück. Jawlensky, der mit fortschreitenden Lähmungserscheinungen zu kämpfen hatte, war zu krank, um zu emigrieren. Er starb 1941 in Wiesbaden. Am 16. März 1916 hatte Paul Klee in seinem Tagebuch notiert: »Manchmal fällt mir das Wort Marc ein, ich bin betroffen und sehe etwas einstürzen.«[697]

Im Krieg ist der Tod allgegenwärtig. Aber kein Krieg hat eine so breite Blutspur in der Kulturlandschaft hinterlassen wie der Erste Weltkrieg. Dieser Krieg, dessen Totalität zu Beginn kaum jemandem bewusst war, schonte nichts und niemanden. Zugleich wurde der Krieg als gemeinsam zu bewältigende Anstrengung wahrgenommen. Zahllose Schriftsteller und Verleger, Maler und Komponisten, Wissenschaftler und Unternehmer meldeten sich freiwillig. Die geistige Mobilmachung, die Mobilisierung des Kampfwillens machte auch vor der eigenen Person nicht halt. Nie verloren so viele bedeutende Künstler und Schriftsteller ihr

Leben an der Front wie im Ersten Weltkrieg, denn kaum einer kam auf die Idee, das eigene Leben schonen zu wollen. Im Zweiten Weltkrieg war das ganz anders. Inzwischen hatte sich das Erlebnis des Krieges als tödliches Geschäft tief ins Bewusstsein eingegraben, und wer die Möglichkeit dazu sah, setzte alles in Bewegung, um seine Freistellung vom Kriegsdienst zu erreichen. Auf der deutschen Liste der »Gottbegnadeten« standen im Zweiten Weltkrieg allein aus den bildenden Künsten 73 Maler, 34 Bildhauer, 50 Architekten und 23 Gebrauchsgrafiker.[698] Auch viele, die dort nicht verzeichnet waren, verstanden es, dem Dienst an der Front zu entgehen.

Im Ersten Weltkrieg dagegen sah sich die große Mehrheit der Künstler als Teil einer nationalen Kampfgemeinschaft, zog mit fliegenden Fahnen ins Feld und erlitt gerade zu Beginn enorme Verluste. Gleich in den ersten Kriegswochen starben auf deutscher Seite unter anderem die Maler Götz von Seckendorff und August Macke, die expressionistischen Schriftsteller Alfred Lichtenstein, Ernst Stadler und Georg Trakl, der Heidedichter Hermann Löns und der Schriftsteller, Verleger und Mäzen Alfred Walter Heymel, der sich, obwohl er schwerkrank war, als Leutnant der Reserve zu den Oldenburger Dragonern gemeldet hatte und nach wenigen Wochen seinem Leiden erlag. Die Franzosen verloren 1914 die Schriftsteller Alain-Fournier, René Dupuy, Charles Péguy und Ernest Psichari. In den folgenden Jahren fielen neben vielen anderen die Deutschen August Stramm, Franz Marc, Walter Flex und Otto Braun. Der Schriftsteller Gorch Fock starb 1916 in der Seeschlacht am Skagerrak. Die italienischen Futuristen Umberto Boccioni, Carlo Erba, Antonio Sant'Elia und Ugo Tommei kamen im Krieg um, ebenso die englischen Schriftsteller Rupert Brooke, Thomas Ernest Hulme, Wilfred Owen, Isaac Rosenberg und Edward Thomas. Der französische Schriftsteller Guillaume Apollinaire wurde 1916 schwer verwundet und starb im November 1918 an der Spanischen Grippe, der auch die Maler Gustav Klimt, Bohumil Kubišta,

Morton Schamberg und Egon Schiele zum Opfer fielen. Der Bildhauer Wilhelm Lehmbruck kam mit schweren Depressionen aus dem Krieg zurück und nahm sich 1919 das Leben, der Schriftsteller Richard Dehmel erlag im Jahr darauf seinen Verletzungen. Insgesamt zählt Milton Cohen in seiner Übersicht 71 Todesopfer auf, ein entsetzlicher Aderlass für das kulturelle Leben in Europa, wobei allein 33 Todesfälle auf Deutschland entfielen. An zweiter Stelle stand Frankreich mit 14 Todesfällen, gefolgt von England und Italien mit sieben beziehungsweise sechs gefallenen Künstlern.[699]

Durch den Tod zerreißt das Netzwerk des Lebens unwiderruflich. Aber auch für diejenigen, die den Krieg überlebten, waren viele Verbindungen dauerhaft zerstört. Künstler und Schriftsteller, die unversehens zu feindlichen Ausländern geworden waren, hatten ihre Gastländer verlassen müssen. Der Komponist Ferruccio Busoni, Sohn eines italienischen Klarinettisten und einer deutschen Pianistin, der schon zwanzig Jahre lang in Berlin gelebt hatte, musste ins Schweizer Exil flüchten. Auch viele Kriegsgegner wie Annette Kolb, Hugo Ball, Frans Masereel und Ernst Bloch waren in die neutrale Schweiz geflohen, andere im eigenen Land im Gefängnis gelandet. Zahlose Künstler und Schriftsteller erlitten angesichts des Grauens einen Nervenzusammenbruch, unter anderem die Maler Max Beckmann, Erich Heckel, Ernst Ludwig Kirchner, Oskar Kokoschka und Karl Schmidt-Rottluff, die Komponisten Alban Berg, Ivor Gurney und Arnold Schönberg sowie die Schriftsteller Oskar Maria Graf, David Jones und Georg Trakl. Erich Maria Remarque schrieb 1928 in der Widmung seines Romans *Im Westen nichts Neues*, er wolle von einer Generation berichten, »die vom Kriege zerstört wurde – auch wenn sie seinen Granaten entkam«.[700]

Wilfred Owen war der bedeutendste Kriegsdichter englischer Sprache. Am 21. Oktober 1915 trat er in die britische Armee ein und erhielt eine siebenmonatige Ausbildung. Danach kam er als

Zugführer nach Frankreich. Im Januar 1917 wurde er während einer Schlacht in einem Granattrichter verschüttet und erst nach drei Tagen befreit. Zur Behandlung des erlittenen Kriegstraumas kam er in ein Lazarett in Edinburgh. Dort lernte er den Dichter Siegfried Sassoon kennen, der sich bereits in den ersten Augusttagen des Jahres 1914 freiwillig zum Kriegsdienst gemeldet hatte.[701] Sassoon hatte bald eine sehr kritische Einstellung zum Krieg gewonnen. Dies äußerte sich paradoxerweise in einer geradezu suizidalen Tapferkeit, mit der er gegen die Absurdität des Kriegsgeschehens protestieren wollte und die ihm große Anerkennung bei seinen Mitsoldaten einbrachte. Im Juli 1916 wurde ihm das Military Cross, eine der höchsten Auszeichnungen der britischen Armee, verliehen. Sassoon wurde mehrfach schwer verwundet und kam zur Behandlung zurück nach England. Als er wieder kriegsverwendungsfähig war, verweigerte er die Rückkehr zur Front und schleuderte mit einem öffentlichen Bekenntnis gegen den Krieg sein Military Cross in den Fluss Mersey. Ermutigt von pazifistischen Freunden wie Bertrand Russell sandte er seinen Protest »A Soldier's Declaration« an seinen Vorgesetzten, ein mit Sassoon sympathisierender Abgeordneter verlas den Text im Parlament. Der mit ihm befreundete Schriftsteller Robert Graves trug dafür Sorge, dass Sassoon dem eigentlich fälligen Kriegsgericht entging und stattdessen in ein Krankenhaus für traumatisierte Offiziere eingewiesen wurde. Dort traf er auf Wilfred Owen, der Sassoons Kriegslyrik bewunderte. Die beiden wurden enge Freunde, später erwarb sich Sassoon um die Förderung und Pflege von Owens Werk große Verdienste.

Wilfred Owens Dichtung hatte nichts von der affirmativen Kriegslyrik eines Rupert Brooke. Sie zeichnete sich durch schonungslosen Realismus aus. Das gilt beispielhaft für sein berühmtestes Gedicht »Dulce et Decorum est«, das die Schrecken des Gaskrieges schildert:

Dulce et Decorum est
Gekrümmt wie alte Bettler unter ihrer Säcke Last,
Mit aufgeschundnen Knien, wie Hexen hustend, unter
    Fluchen,
Weg von den Leuchtraketen, die uns jagten, durch den
    Morast,
Begannen wir, nach unserm fernen Ruheplatz zu suchen.
Männer schliefen marschierend, vielen blieben die Stiefel
    stecken
Doch hinkten weiter, blutwund, blind und wie in Stücken,
Betrunken vor Erschöpfung, taub, vom Pfeifen nicht zu
    wecken
Zu kurz geschossner Fünfpunkt-Neuner in ihrem Rücken.

Gas! Gas! Schnell Jungs! – Die Raserei von Fingern,
Die plumpen Masken grad noch aufzuschnallen;
Nur einer schrie noch laut im Schlingern,
Wie einer, der in Feuer oder Kalk brennt, im Fallen.
Verschwommen durchs beschlagne Glas, Licht so grün und
    dick
Wie unter einem grünen Meer, so sah ich ihn ertrinkend.

In allen Träumen, vor meinem hilflosen Blick,
Wirft er sich nach mir, gurgelnd, erstickend, ertrinkend.

Wenn du nur einmal in würgendem Traum
Hinter dem Karren gingst, auf den wir ihn geworfen,
Die weißverdrehten Augen sähst, auf dem Gesicht den
    Schaum,
Sein hängendes Gesicht wie eines Teufels krank von Sünden-
    schorfen,
Und hörtest du, wie ihm das Blut bei jedem Stoß
Gurgelnd aus schaumverstopften Lungen quillt,
Obszön wie Krebs und bitter wie ein fetter Kloß

Aus Rotz, wie Schwären auf reinen Zungen, die nichts mehr
   stillt:
Danach wär, meine Freundin, der Krieg auch für dich kein
   Fest:
Du würdest Kindern, die auf Abenteuer brennen, die alte
   Story,
Die Lüge nicht mehr erzählen: Dulce et decorum est
   Pro patria mori.[702]

Gesundheitlich kaum wiederhergestellt, kehrte Owen im Juli
1918 an die Front zurück, obwohl er bis auf weiteres im Heimat-
dienst hätte bleiben können. Owen wollte unbedingt zurück in
den Kampf, um den Platz des nach einem Kopfschuss dienstun-
tauglichen Sassoon einzunehmen und an dessen Stelle von den
Schrecken des Krieges Zeugnis abzulegen. Für seine große Tapferkeit erhielt er wie sein Freund das Military Cross. Am 4. November 1918 fiel Owen bei der Überquerung des Sambre-Oise-
Kanals. Als seine Mutter das Telegramm mit der Todesnachricht
am 11. November in Empfang nahm, läuteten zur Feier des Waf-
fenstillstands gerade die Kirchenglocken.

Exkurs: Das Kriegspressequartier

Ein Netzwerk gab es, das in der Zeit des Ersten Weltkrieges nicht zerriss, sondern überhaupt erst geknüpft und immer dichter und tragfähiger wurde. Es war das kaiserliche und königliche Kriegspressequartier (KPQ) in Wien, das das k. u. k. Armeeoberkommando am 28. Juli 1914 einrichtete und zuerst Generalmajor Maximilian Ritter von Hoen unterstellte, ab März 1917 dann Oberst Wilhelm Eisner-Buba. Hoen sah die Aufgabe des KPQ darin, »an dem großen Werke der Niederringung des Feindes mit allen Kräften der Völker und Staaten der Monarchie« durch »wahrheitsgetreue Berichte« mitzuwirken.[703] Wichtigstes Material waren die Meldungen des Armeeoberkommandos, von den Autoren des KPQ mit Reiseführern und Landkarten zu lebhaften und dramatischen Schilderungen ausgeschmückt. Nach der Überzeugung des österreichischen Ministerpräsidenten Karl Graf Stürgkh ging es darum, »die Phantasie des Volkes zu befriedigen und so die gute Stimmung zu erhalten«.[704] Trotz der angenehmen Arbeitsbedingungen war das keine einfache Aufgabe. Der Kriegsberichterstatter Richard Bermann, der damals im galizischen Bicse stationiert war, beschrieb, wie er sich nach »ausgezeichneten Mahlzeiten mit gutem Wein« seiner Arbeit zuwandte:

Mittags, wenn wir den schwarzen Kaffee ausgetrunken hatten, wurde uns mitgeteilt, welche Nachrichten aus dem Hauptquartier von Teschen heute zu uns herübertelephoniert worden waren. Fast immer war es nur eine Umschreibung des offiziellen Heeresberichts, der um diese Stunden den Wiener Redaktionen schon bekannt war. Danach mußte der Kriegsberichterstatter jetzt rasch eine eigene Depesche aufsetzen, um seinem Blatt und dessen Lesern zu beweisen, wie wohlinformiert »unser ins k. u. k. Kriegspressequartier entsandter Sonderberichterstatter« war. Wo, um Gottes willen, die Nachrichten hernehmen und wie sie zubereiten, daß sie einerseits den Eindruck erweckten, der Kriegsberichterstatter wisse etwas und sei bei den Ereignissen anwesend? In unserem Messelokal in Bicse etablierte sich jeden Mittag eine Nachrichtenbörse.[705]

Dieses Zitat dokumentiert eindrucksvoll, dass der Beitrag des KPQ zur publizistischen Niederringung des Kriegsgegners in Wahrheit eher bescheiden war. De facto bestand der Hauptzweck dieser neuen Behörde darin, Schriftsteller und Künstler vor dem Fronteinsatz zu schützen. Im KPQ waren etwa zweihundert Journalisten und Schriftsteller tätig, daneben etwa 350 Kriegsmaler. Hinzu kam Hilfspersonal, so dass die Zahl der Mitarbeiter im Herbst 1914 bereits auf 880 Personen angewachsen war.[706] Karl Kraus hat die Tätigkeit der Kriegsberichterstatter in der *Fackel* mit dem ihm eigenen scharfen Sprachwitz beschrieben: »Sie machen sich, wenn sie auch nicht direkt im Schützengraben sind, sondern nur gelegentlich ihn inspizieren, auf ihre Weise, die zufällig die einträglichste ist, der Allgemeinheit nützlich, und es ist ein Glück, daß noch keiner dieser stillen Helden des Worts, die bis zur letzten Romanfortsetzung auf ihrem Posten ausharren, in den Papierkorb gefallen ist. So leben wir. Aber am gemütlichsten ist es aber freilich halt doch im Pressequartier.«[707]

Ein zweiter Ort, an den sich Schriftsteller vor dem Frontdienst retten konnten, war das altehrwürdige Kriegsarchiv. Mit dem Kriegsausbruch 1914 trat dessen wissenschaftlich-archivierende Tätigkeit bald in den Hintergrund, die neue Hauptaufgabe bestand in der Produktion populärer und propagandistischer Publikationen. Zu diesem Zweck wurde eine »Literarische Gruppe« geschaffen, deren Leitung der Oberstleutnant und Militärschriftsteller Alois Veltzé übernahm. Zu dieser Literarischen Gruppe gehörten unter anderem Franz Csokor, Egon Erwin Kisch, Alfred Polgar, Rainer Maria Rilke, Felix Salten und Stefan Zweig. Die »Dichteroffiziere« Rudolf Hans Bartsch und Karl Ginzkey, die als Erste berufen worden waren, um die Gruppe aufzubauen, betrieben dabei einen »literarischen Nepotismus«, indem sie prominente Kollegen vor dem Militärdienst bewahrten.[708] Dies blieb auch den Zeitgenossen nicht verborgen, und Generalmajor Hoen bemerkte, die Literaten seien wohl deshalb so fleißig, um sich »im Hinterland noch schwerer zu verankern«.[709] Diese Strategie war sehr erfolgreich. Während nahezu alle anderen kriegführenden Staaten den Tod von bedeutenden Schriftstellern, Künstlern und Musikern auf dem Schlachtfeld zu beklagen hatten, war der einzige österreichische Schriftsteller von Rang, der im Ersten Weltkrieg umkam, Georg Trakl, und der starb nicht von Feindeshand. Das schlug sich auch in der Statistik der Kriegstoten nieder. In Österreich-Ungarn lag der Prozentsatz der Todesfälle in der Gruppe der Berufsoffiziere bei 12 Prozent, unter den Metzgern waren es immerhin 6 Prozent, bei Schriftstellern und Journalisten dagegen nur 0,4 Prozent.[710]

Rainer Maria Rilke war einer von denen, die in den Genuss des Asyls im Kriegsarchiv kamen, wobei seine sensible Natur dort keine Geborgenheit fand. In Prag geboren und aufgewachsen, hatte er seit 1902 mit kurzen Unterbrechungen in Paris gelebt, hielt sich aber zum Zeitpunkt des Kriegsausbruchs in Deutschland auf. Nach Paris konnte er als nunmehr feindlicher Ausländer nicht mehr zurückkehren, seine Wohnung wurde geräumt und sein Besitz zur Tilgung der Mietschulden versteigert. Als Stefan Zweig davon erfuhr, informierte er Romain Rolland, der wiederum Jacques Copeau und André Gide in Paris mobilisierte, die immerhin noch eine Reihe von Manuskripten und Briefen retten konnten, die bei der Versteigerung keinen Käufer gefunden hatten.[711] Obwohl er kurz vor der Vollendung des 40. Lebensjahres stand, wurde Rilke im November 1915 bei einer erneuten Musterung für »tauglich zum Landsturmdienst mit der Waffe« befunden und musste im Januar 1916 in die Infanteriekaserne von Hütteldorf bei Wien einrücken. Nach massiver Fürsprache einflussreicher Gönnerinnen wurde er schon Ende Januar ins Kriegsarchiv abkommandiert, verweigerte sich aber den dortigen Aufgaben. Seinem Verleger Anton Kippenberg schrieb er, das »Heldenfrisieren« sei ein »schiefe[r] und unverantwortliche[r] Missbrauch schriftlicher Betätigung«. Da er für den vorgesehenen Dienst nicht zu gebrauchen war, musste er »Gagenbogen rastrieren«, das heißt auf Soldlisten stundenlang vertikale und horizontale Linien ziehen.[712] Im Juni 1916 wurde der empfindsame Dichter dann auf Grund verschiedener Interventionen ganz aus dem Militärdienst entlassen und ging wieder nach München.[713] Kippenberg beschäftigte ihn als Lektor, um seine Unabkömmlichkeit zu begründen und einer erneuten Einberufung zum Militärdienst vorzubeugen. In dieser Zeit las Rilke Henri Barbusse' Roman *Le feu*. Bei einem Erholungsaufenthalt am Chiemsee traf er Sophie Liebknecht, deren Mann Karl im Gefängnis saß. Durch seine radikale Kriegsgegnerschaft erwarb Rilke sich ihre Anerkennung. Im letzten Kriegsjahr suchte er Anschluss an den Pazifisten Kurt Eisner, der im Januar 1918 verhaftet wurde. Nach Kriegsende wurde Eisner der erste bayerische Ministerpräsident, doch fiel er am 21. Februar 1919 einem nationalistischen Attentäter zum Opfer. Es folgte die Münchner Räterepublik und die Wochen des Weißen Terrors, in denen auch Rilke nicht unbehelligt blieb. Er wurde als Bolschewist verdächtigt, musste Hausdurchsuchungen über sich ergehen lassen, verließ München, die »längst ganz und gar verleidete Stadt«,[714] für immer und fand den ersehnten Frieden in der Schweiz.

Das KPQ hatte für die Schriftsteller und Künstler der Habsburgermonarchie einen Schutzraum in Zeiten des Krieges geboten, der den einen mehr, den anderen weniger behagte. Immerhin überlebten sie auf diese Weise alle, aber das Ende des Krieges entließ sie nicht in eine friedliche Welt.

Schönheit gibt es nur noch im Kampf

Das »lange 19. Jahrhundert«, das 1789 mit der Französischen Revolution so verheißungsvoll begonnen hatte, ging im Sommer 1914 unwiderruflich zu Ende. Die letzten Jahre vor dem Kriegsausbruch waren eine Zeit des Aufbruchs, aber auch des Umbruchs gewesen. Sie waren gekennzeichnet durch politische Krisen, begrenzte militärische Konflikte in den verschiedensten Regionen der Welt, eine massive koloniale Expansion der europäischen Großmächte. Es gab aber auch eine Vielzahl von Erfindungen, neue wissenschaftliche Theorien und Entdeckungen, den Durchbruch der Moderne in Kunst und Literatur und politische Reformbewegungen wie zum Beispiel die Frauenrechtsbewegung. Philipp Blom vertritt sogar die These, dass »alles, was im 20. Jahrhundert wichtig werden sollte, zwischen 1900 und 1914 erstmals seine Massenwirkung entfaltete oder sogar erfunden wurde«.[715] Deutschland schickte sich an, ein industrieller Gigant zu werden, der sogar den britischen Rivalen hinter sich ließ. 1903 erreichte eine Elektrolokomotive der Firma AEG eine Geschwindigkeit von 210 Kilometern in der Stunde. Schneller war noch nie eine von Menschen gebaute Maschine gewesen. Der Wunsch nach der Überwindung von Raum und Zeit gebar neue Helden: Rallyefahrer, Fahrradchampions und Piloten waren die Heroen der Zeit. Dem achtzehnjährigen Jacques-Henri Lartigue gelang 1912 beim Grand Prix de l'Automobile Club de France eine Fotografie des Rennwagens Nr. 6, der so schnell war, dass nur das Heck des Wagens auf dem Foto zu sehen ist, die Hinterreifen elliptisch verformt. Der junge Mann hielt die Aufnahme für misslungen, doch sollte sie ihn Jahrzehnte später berühmt machen. Heute ist sie eine Ikone der Fotografiegeschichte, die als Metapher für die Geschwindigkeit im technischen Zeitalter steht.

Von der Mobilität ist der Weg zur Mobilmachung nicht weit.[716] Im August 1903 führte der deutsche Flugpionier Karl Jatho den ersten motorisierten Flug durch, vier Monate vor den Gebrüdern Wright, deren herausragende Leistung darin bestand, das erste Flugzeug für einen längeren und gesteuerten Motorflug gebaut zu haben. Schon 1899 hatte der pensionierte Kavalleriegeneral Ferdinand Graf von Zeppelin mit dem Bau des ersten lenkbaren Starrluftschiffs begonnen. Die deutsche militärische Führung setzte große Hoffnungen auf die nach ihrem Konstrukteur benannten Zeppeline, die als spezifisch deutscher Beitrag zur Luftfahrt galten[717] und im Ersten Weltkrieg als Angriffswaffe und Aufklärungsmittel tatsächlich eine gewisse Rolle spielten. Im Italienisch-Türkischen Krieg 1911/12 griff erstmals ein Flugzeug in die Kampfhandlungen ein und warf mehrere Bomben auf eine Oase in der Nähe von Tripolis ab, was Filippo Tommaso Marinetti, der als Korrespondent der Pariser Zeitschrift *Gil Blas* in Libyen unterwegs war, zu seinem Lautgedicht »Zang tumb tumb«[718] inspirierte.[719] Der amerikanische Kongress bewilligte 1911 eine Summe von 125 000 Dollar für den Ankauf von zehn Militärflugzeugen, nachdem die US-Armee bereits 1908 das von den Brüdern Wright erworbene »Airplane No. 1« in Dienst gestellt hatte. Während die Friedensnobelpreisträgerin Bertha von Suttner gegen die »Barbarisierung der Luft« protestierte,[720] warben andere wie der populäre Schriftsteller Peter Rosegger für den Ausbau der österreichisch-ungarischen Luftflotte, die ihnen mit »kaum 20 Flugmaschinen« entschieden zu klein erschien, um das militärische Gleichgewicht der Kräfte zu wahren.[721]

Der Futurismus, die bedeutendste Avantgardebewegung Italiens, begeisterte sich in besonderem Maße für die technische Dimension der Moderne. 1909 veröffentlichte Marinetti sein erstes futuristisches Manifest, dessen neunte These lautete: »Wir wollen den Krieg verherrlichen – diese einzige Hygiene der Welt – den Militarismus, den Patriotismus, die Vernichtungstat der Anarchisten, die schönen Ideen, für die man stirbt, und die Verachtung des Weibes.«[722] Die Gründungsurkunde des Futurismus geht in ihrer Radikalität weit über die kathartischen Beschwörungen deutscher Expressionisten hinaus. In den elf Thesen werden die Liebe zur Gefahr besungen, die angriffslustige Bewegung, die Schönheit der Geschwindigkeit, die lenkende Hand des Mannes, die Zerstörung von Bibliotheken, Museen und Akademien. Die siebte These lautete: »Schönheit gibt es nur noch im Kampf. Ein Werk ohne aggressiven Charakter kann kein Meisterwerk sein.«[723] Das Manifest wandte sich insbesondere gegen den »Passatismus«, das Festhalten am Vergangenen. Es war eine Feier des Agonalen, einer Mobilität, die ihre Erfüllung in der Mobilmachung fand. Die Ästhetik des Futurismus implizierte Jugendlichkeit und Aggressivität, Geschwindigkeit und Gewalt. Marinetti war beeinflusst von der anarchistischen »Propaganda der Tat«, einer Lehre, die seit 1878 zu einer nicht abebbenden Welle von Attentaten geführt hatte; aber auch von Nietzsche, D'Annunzio, Sorel, Bergson und seinem »élan vital«. Seit 1905 lebte Marinetti nach langen Jahren in Paris wieder in Italien und entfaltete einen beachtlichen Aktionismus, der ihn bald zum führenden Kopf des Futurismus werden ließ. Er scharte gleichgesinnte Schriftsteller, Künstler und Musiker um sich, veranstaltete futuristische Abende in Theatersälen und organisierte eine Serie von Ausstellungen, die in vielen europäischen Städten gezeigt wurden.

Am Krieg in Libyen nahm Marinetti als Kriegsberichterstatter teil. Er zog tanzend und singend in den Krieg, wie es in seiner Reportage »La battaglia di Tripoli« heißt.[724] Die Prosatexte, die in dieser Zeit entstanden, sind Beispiele des von ihm propagierten »telegraphischen Lyrismus«. In der Beschreibung der Schlacht wird zu jedem Begriff eine Metapher assoziiert:

Vorhut: 20 meter bataillone-ameisen reiterei-spinnen straßen-furten general-inselchen meldereiter-heuschrecken sand-revolution haubitzen-volksredner wolken-gitter gewehre-märtyrer schrapnells-heiligenscheine.[725]

Der Krieg war die Verlängerung der revolutionären Gewalt, die Schlacht die sakralisierte Destruktion. Doch während die Gewehre zu Märtyrern werden, haben die Bajonette im anschließenden Nahkampf eine eher profane Funktion:

herzen-leckerbissen bajonette-gabeln beißen zerschneiden stinken tanzen springen wut jagdhunde-explosion haubitzen-turner getöse-trapeze explosion rose freude leiber-gießkannen köpfe-fußball verstreuung.[726]

Diese Wortreihungen waren formal innovativ, aber sie wirken letztendlich konstruiert und erreichen nicht ansatzweise die atmosphärische Intensität der Gedichte eines August Stramm. So verwundert es nicht weiter, dass Marinetti heute mehr als Programmatiker, Agitator und Politiker denn als Schriftsteller in Erinnerung ist.

Nach dem Libyenkrieg wurden auch die folgenden Kriege, so zum Beispiel die beiden Balkankriege 1912 und 1913, von den Nationalisten und den Futuristen begrüßt, mit Texten wie Enrico Cardiles »Ode an die Gewalt«, in der die Gewalt aufgefordert wird, das ganze Leben in eine Schlacht zu verwandeln.[727] Der Erste Weltkrieg löste dann eine wahre Flut von »Interventionsliteratur« aus.[728] Die namenlosen Schrecken und der millionenfache Tod, der auch 13 Futuristen nicht verschonte, taten der Begeisterung keinen Abbruch, ganz im Gegenteil: Faschisten und Futuristen einte die Überzeugung, dass der Kampf nach dem unvollständigen Sieg von 1918 weitergehen müsse. Als Italien 1935 einen Krieg gegen das damalige Kaiserreich Abessinien begann und dabei mit unglaublicher Grausamkeit gegen die Zivilbevölkerung vorging,[729] war Marinetti wieder zur Stelle und besang erneut die Ästhetik des Krieges:

> Der Krieg ist schön, weil er dank der Gasmasken, der schreckenerregenden Megaphone, der Flammenwerfer und der kleinen Tanks die Herrschaft des Menschen über die unterjochte Maschine begründet. Der Krieg ist schön, weil er die erträumte Metallisierung des menschlichen Körpers inauguriert. Der Krieg ist schön, weil er eine blühende Wiese um die feurigen Orchideen der Mitrailleusen bereichert. Der Krieg ist schön, weil er das Gewehrfeuer, die Kanonaden, die Feuerpausen, die Parfums und Verwesungsgerüche zu einer Symphonie vereinigt. Der Krieg ist schön, weil er neue Architekturen, wie die der großen Tanks, der geometrischen Fliegergeschwader, der Rauchspiralen aus brennenden Dörfern und vieles andere schafft.[730]

Marinetti forderte die Dichter und Künstler des Futurismus auf, sich einer Ästhetik des Krieges zu erinnern, damit ihr Schaffen von ihr erleuchtet würde. Es ist eine Ästhetik, die mit der des Faschismus kompatibel ist; die Feier des Lebens ist zugleich die Feier des Todes. Marinetti hatte sich 1924 vorübergehend von seinem Freund Mussolini distanziert, aber schon bald seinen Frieden mit dem faschistischen Regime gemacht und ihm als kultureller Repräsentant gedient. Im Jahre 1929 wurde er Mitglied der Akademie der Künste, die er zwanzig Jahre zuvor noch hatte abschaffen wollen. 1934 gehörte er dem Ehrenkomitee der Berliner Ausstellung »Aeropittura« an und wurde in der deutschen Reichshauptstadt mit allen Ehren als »Führer der Futuristen« (Gottfried Benn) empfangen. Der Futurismus wurde, anders als der Expressionismus in Deutschland, zur wichtigsten Kunstrichtung des Faschismus und repräsentierte ein dynamisches, modernes Italien, in dem der Kampf die Substanz des Lebens war. 1942, zwei Jahre vor seinem Tod, sah man Marinetti trotz seiner 67 Jahre in Uniform an der russischen Ostfront. Er begleitete ein italienisches Expeditionskorps und rühmte anschließend die für ihre Grausamkeit berüchtigte Einheit, die auf die Bekämpfung von Partisanen spezialisiert war.[731] Am Ende seines Lebens schrieb er rückblickend, er sei der »einzige auf moderne Kriege spezialisierte Poet«.[732]

Kriege wirken in aller Regel als Katalysatoren für den Nationalismus und stärken damit faschistische Bewegungen, die immer auch Träger nationalistischer Ideologeme sind. In keinem Land ist der Aufstieg des Faschismus so eng mit dem Ersten Weltkrieg verbunden wie in Italien. Die Nationalisten, die sich 1910 in der Associazione Nazionalista Italiana organisiert hatten, und die revolutionären Syndikalisten waren die beiden wichtigsten Strömungen, die ab 1914 in der faschistischen Bewegung zusammenfanden. Dabei hatten sie ganz unterschiedliche politische Ausgangspositionen und trafen sich anfangs allein in der Ablehnung des liberalen Systems der Ära Giolitti. Der Syndikalist Angelo Olivetti betonte, Nationalismus und Syndikalismus seien beide Ideologien der Energie und des Willens, antidemokratisch, antipazifistisch und antibürgerlich.[733] Zum Teil gab es direkte Verbindungen zwischen beiden Lagern. So gründete der revolutionäre Syndikalist Paolo Orano 1910 die Zeitschrift *La Lupa*, die allen offenstand, die den Brückenschlag zwischen dem revolutionären Syndikalismus und dem radikalen Nationalismus fördern wollten. Orano selbst wechselte später wie eine Reihe weiterer Syndikalisten zu den Faschisten über und nahm 1922 am Marsch auf Rom teil.

Giovanni Giolitti, der zwischen 1892 und 1921 insgesamt fünf Mal als Ministerpräsident und Innenminister amtierte, hatte sich mit einigem Erfolg um die Industrialisierung des Landes bemüht, aber die Strukturprobleme des um seine territoriale Integrität und seine Stellung im Kreis der europäischen Mächte ringenden Landes nicht lösen können: »In Wirklichkeit war das neu entstehende Italien nur eine Art spanische Wand vor dem alten Italien, vor dem Italien der Bauern und des einfachen Volkes.«[734] Nach wie vor wanderten Jahr für Jahr Hunderttausende von Menschen aus, weil die wirtschaftlichen Verhältnisse ihnen ein Überleben unmöglich machten. Im Jahr 1908 zerstörte ein schweres Erdbeben im ohnehin dramatisch unterentwickelten Süden die Städte Reggio di Calabria und Messina. Im selben Jahr entbrannte ein außerordentlich harter Arbeitskampf der Landarbeiter, bei dem die revolutionären Syndikalisten sich erstmals profilierten, so dass sie auch innerhalb der Sozialistischen Partei Italiens immer mehr an Gewicht gewannen. Gleichzeitig annektierte das Habsburgerreich auch formell Bosnien und Herzegowina, was dazu führte, dass Italien zunehmend auf Distanz zu dem 1882 mit dem Deutschen Reich und Österreich-Ungarn geschlossenen Dreibund ging.

Als Italien dem Osmanischen Reich am 29. September 1911 den Krieg erklärte und dessen Besitzungen in Nordafrika angriff, hatten die Italiener zuvor bei der Entente statt bei den Mittelmächten Rückendeckung für ihre Expansionspläne gesucht. Der Krieg endete am 18. Oktober 1912 mit einem italienischen Sieg und dem Zugewinn von Tripolitanien, der Cyrenaika und des Dodekanes. Das gab dem Irredentismus erheblichen Auftrieb und belastete die Beziehung zum Habsburgerreich, zu dessen Ländern noch immer »terre irredente«, unerlöste Gebiete mit einer italienischsprachigen Bevölkerung wie das Trentino, Dalmatien und Istrien, gehörten. Revolutionäre Syndikalisten wie Arturo Labriola und Angelo Olivetti hatten den Italienisch-Türkischen Krieg begrüßt, denn sie glaubten, eine italienische Kolonie in Lybien würde dem wirtschaftlich unterentwickelten Süden Italiens helfen. Außerdem sahen sie im Krieg eine Erziehung des Proletariats zum revolutionären Kampf. Dies war jedoch eine Minderheitenposition. Die Mehrheit der Syndikalisten lehnte den Krieg ebenso ab wie der Reformflügel innerhalb der Sozialistischen Partei. Auch der wichtigste Vordenker des Syndikalismus, der französische Sozialphilosoph Georges Sorel, war der Überzeugung, dass Antimilitarismus und Antipatriotismus die wichtigsten Waffen der Arbeiterschaft im Kampf gegen den autoritären Staat seien. Die pazifistische Grundeinstellung war bis 1914 innerhalb der Sozialistischen Partei Italiens dominierend.

Als im Sommer 1914 der große Krieg begann, stand Italien zunächst abseits. Nach den Parlamentswahlen im Februar 1914, die den Nationalisten und den Sozialisten Stimmengewinne gebracht hatten, war der liberale Ministerpräsident Giovanni Giolitti zurückgetreten. König Viktor Emanuel III. ernannte den Konservativen Antonio Salandra zum neuen Regierungschef, aber Giolitti kontrollierte nach wie vor die Mehrheit der Abgeordneten im Parlament und vertrat einen neutralistischen Kurs. Deutsche und Österreicher hatten auf den Kriegseintritt Italiens gehofft und wähnten sich mit dem Land noch immer verbündet. Aber formal war die italienische Neutralität kein Verstoß gegen die Intentionen des Dreibunds, denn der war ein Defensivbündnis zur Abwehr eines russischen Angriffs, während die Kriegserklärung gegen Serbien von Österreich-Ungarn ausgegangen war. Giolitti war der Überzeugung, dass Italien und seine Armee den Herausforderungen eines Krieges nicht gewachsen waren. Diese nüchterne, rationale Haltung hatte in einer Situation, in der das Für und Wider einer italienischen Kriegsbeteiligung mit großer Leidenschaft diskutiert wurde, keine Chance, Gehör zu finden. Der Schriftsteller Gabriele D'Annunzio, der Massenversammlungen organisierte, auf denen er vehement für den Kriegseintritt Italiens auf Seiten der Entente agitierte, ließ sich sogar zu Mordaufrufen gegen Giolitti hinreißen.

Der Dreibund mochte formal noch bestehen, aber ein Kriegseintritt Italiens auf der Seite der Mittelmächte war keine ernsthafte Option. Dafür waren die Interessengegensätze, insbesondere zwischen Italien und Österreich, zu groß. Salandra war kein dezidierter Freund der Entente, aber ihm war von Anfang an klar, dass es nur darum gehen konnte, neutral zu bleiben oder als Gegner der Mittelmächte in den Krieg einzutreten. Sein Außenminister Sidney Sonnino hatte seit November 1914 mit Österreich über den Preis für Italiens Neutralität verhandelt, zugleich aber auch in London die Möglichkeit eines Kriegseintritts auf Seiten der Entente sondiert. Die deutsche Regierung hatte versucht, die Österreicher zu einer Abtretung des Trentino und weiterer Gebiete zu bewegen, um zumindest die Neutralität Italiens zu gewährleisten. Aber die Österreicher hielten die Italiener für »militärisch schwach und feige« und wollten ihnen keine substantiellen Zugeständnisse machen.[735] Am 26. April 1915 schloss Sonnino mit den Westalliierten den geheim gehaltenen Londoner Vertrag, der weitreichende territoriale Zugeständnisse enthielt. Zum Schein verhandelte er weiterhin auch mit den Österreichern. Am 4. Mai 1915 kündigte Italien offiziell den Dreibund. Daraufhin wurden den Italienern immer umfangreichere Angebote unterbreitet: die Abtretung des Trentino, das Isonzogebiet, freie Hand in Albanien und anderes mehr. Aber da war es schon zu spät. Am 23. Mai erklärte die italienische Regierung Österreich-Ungarn den Krieg, nachdem sie sich zuvor der vollen Zustimmung des Königs versichert hatte.

Das Parlament hatte noch kurz zuvor den Neutralitätskurs Giolittis unterstützt, aber die politische Willensbildung fand inzwischen nicht mehr dort, sondern in der Öffentlichkeit statt. Auch der königliche Hof, die Regierung und die italienischen Botschaften in Wien, Berlin und London waren Machtzentren, die Einfluss auf die politische Willensbildung nahmen.[736] Das alles blieb nicht ohne Auswirkungen auf das Verhalten des Staatsapparates. Als am 31. März in Mailand große Demonstrationszüge von Neutralisten und Interventionisten aufeinanderstießen, hatte die Polizei eindeutige Weisungen erhalten und verhaftete mehr als zweihundert Sozialisten, die gegen den Krieg demonstrierten, während Mussolini und seine Gefolgsleute als Sieger auf dem Platz zurückblieben. Vorausgegangen war ein Verbot politischer Versammlungen durch die Regierung, das offensichtlich einseitig angewandt wurde.[737] Als dann am 20. Mai die Bewilligung von Kriegskrediten im Parlament zur Abstimmung stand, stimmten nur noch die Sozialisten mit Nein, während nicht nur die Nationalisten, sondern auch die Katholiken und die Liberalen für die Kredite stimmten.

Auch Giolitti selbst stimmte am Ende den Krediten zu, zog sich aber anschließend aus dem politischen Geschehen zurück. Man kann seine Rolle in mancher Hinsicht mit der von Bethmann Hollweg vergleichen, der das Unheil auch kommen sah, aber nicht die Kraft fand, sich ihm entgegenzustemmen. Als Salandra am 13. Mai zurücktrat, wollte König Viktor Emanuel III. Giolitti noch einmal zum Ministerpräsidenten ernennen, doch der Dreiundsiebzigjährige lehnte ab, nachdem er von der Unterzeichnung des Vertrags von London erfuhr, über den er bis dahin genauso wenig informiert gewesen war wie Marschall Graf Luigi Cadorna, der Chef des italienischen Generalstabs. Giolitti, der Cadorna kannte, war von der Unfähigkeit der italienischen Militärführung überzeugt. Er ahnte auch, welche Opfer dieser Krieg kosten würde. Noch dazu ging es um territoriale Forderungen, die zum großen Teil über kurz oder lang auch ohne Krieg erfüllt worden wären. Als Giolitti erkannte, dass Salandra und Sonnino entgegen ihren Beteuerungen auf einen Krieg zusteuerten, war es zu spät. Er hatte der absehbaren Entwicklung nichts entgegenzusetzen, zumal er auch nicht wirklich neutral war und keinerlei Sympathien für die Habsburgermonarchie hegte. 1920/21 wurde er nach dem gewonnen-verlorenen Krieg dann noch einmal Ministerpräsident, vermochte den Vormarsch der Faschisten aber nicht aufzuhalten.

Die Mehrheit der Abgeordneten stimmte im Mai 1915 nicht aus Überzeugung für die Kriegskredite. Sie folgten vielmehr dem Druck einer öffentlichen Meinung, die sich militant und lautstark artikulierte, obgleich es auch in der Bevölkerung keine Mehrheit für den Kriegseintritt gab. Die Anhänger der Neutralität wurden als Verräter gebrandmarkt, weshalb viele Parlamentarier ihre Vaterlandsliebe unter Beweis zu stellen suchten, indem sie, entgegen ihrer eigentlichen Überzeugung, der Finanzierung eines Krieges zustimmten. Der Abstimmungserfolg der Interventionisten war »der Sieg einer tatbereiten Minderheit über eine konturlose Wähler- und Parlamentsmehrheit«.[738]

Der öffentliche Diskurs war in Italien komplexer als in anderen Ländern. Das zentrale Argument, die Nation müsse in Einigkeit zusammenstehen, um das Land gegen einen Aggressor zu verteidigen, war nicht zur Hand, denn Italien war von niemandem angegriffen worden. Den meisten Italienern war auch das Schicksal von Orten wie Trient oder Triest eher gleichgültig, keinesfalls hätten sie für ein vergrößertes Vaterland einen Krieg riskieren wollen. Zu keiner Zeit gab es in Italien einen Burgfrieden oder eine Union sacrée, das Land war im Gegenteil tief zerrissen. Eine innere nationale Einheit gab es so wenig wie einen sozialen Ausgleich. Die Dominanz der Piemonteser gegenüber dem verarmten Süden war der Italianisierung Italiens nicht förderlich gewesen. Viele Bürger empfanden die aus dem Florentinischen hervorgegangene italienische Einheitssprache nicht als ihre Muttersprache. Die Demokratie war derart schwach verwurzelt, dass sie 1922 vor gerade einmal 30 000 faschistischen Marschierern kapitulierte, aus denen erst in späteren Erzählungen Hunderttausende wurden. Es drohte 1914 auch kein Angriff, vielmehr umwarben beide Kriegsparteien das Land und versprachen dem potentiellen Bundesgenossen territoriale Zugewinne.

Noch vor Beginn der großen diplomatischen Krise, die in den Weltkrieg mündete, erschütterten im Juni 1914 soziale Unruhen Italien. Die »rote Woche« vom 7. bis zum 14. Juni war eine Protestaktion, die sich gegen Giolittis Reformen richtete, aber auch gegen Militarismus und Krieg. Sie war von Ancona ausgegangen und hatte sich in den Marken, der Romagna und der Toskana ausgebreitet. Es war eine Protestbewegung, die von einem heterogenen Bündnis getragen war. Unter ihren Anführern befanden sich der Sozialist Benito Mussolini, der seine Partei wenig später wegen ihres Antikriegskurses verließ, der Republikaner Pietro Nenni, der gemeinsam mit Mussolini gegen den Libyenkrieg protestiert hatte und später Sozialist wurde, und der Anarchist Errico Malatesta, der nach zwei Jahrzehnten im Londoner Exil nach Italien zurückgekehrt war, um sich in die revolutionäre Bewegung des Jahres 1914 einzureihen.

Salandra ließ 100 000 Soldaten anrücken, um dem Aufstand in Ancona ein Ende zu machen. Es kam zu einer Schießerei mit mehreren Toten, was die Stimmung weiter anheizte. In dieser Situation traf am 28. Juni die Nachricht vom Attentat in Sarajewo ein. In der nun mit Macht einsetzenden Interventionsdebatte gab es mit den Anhängern Giolittis, den Katholiken und den Sozialisten drei neutralistische Strömungen, denen in der Öffentlichkeit die lautstarke Minderheit der Kriegsbefürworter gegenübertrat. Letztere verstanden sich noch wirksamer Gehör zu verschaffen, als sich ihnen schon bald führende Köpfe aus allen Lagern anschlossen, so zum Beispiel der sozialistische Politiker, Historiker und Publizist Gaetano Salvemini, der 1911 gegen den Lybienkrieg opponiert hatte. Salvemini, der als Antifaschist später in die USA emigrierte, war nun für den Kriegseintritt. Er hatte sich immer gegen den nationalistischen Irredentismus gewandt, war aber auch ein entschiedener Gegner des Dreibundes und glaubte, dass durch den Krieg die reaktionären und militaristischen Monarchien in Deutschland und Österreich überwunden werden könnten.[739]

Schon in den letzten Jahrzehnten des 19. Jahrhunderts hatte der Schriftsteller Gabriele D'Annunzio bei vielen Gelegenheiten für einen italienischen Imperialismus plädiert, den Kriegseintritt propagierte er als Vollendung des Risorgimento, wobei er auf Massenversammlungen das Schwert des Freiheitskämpfers Nino Bixio, eines Waffengefährten Garibaldis, emporreckte. Eine weitere bedeutende interventionistische Stimme war die des Sozialisten Cesare Battisti aus Trient, der, weil das Trentino zu den

»unerlösten Gebieten« gehörte, österreichischer Staatsbürger war. Im Gegensatz zu den späteren Faschisten Ettore Tolomei und D'Annunzio war Battisti aber ein demokratischer Irredentist, er forderte auch nicht den Brennerpass als nördliche Landesgrenze Italiens, sondern orientierte sich an der Sprachgrenze an der Salurner Klause,[740] was der heutigen Teilung der italienischen Region Trentino-Alto Adige in zwei Provinzen, eine mehrheitlich deutschsprachige im Norden und eine mehrheitlich italienischsprachige im Süden, entspricht. Als sozialistischer Politiker hatte Battisti sich besonders für die Arbeiter im Trentino eingesetzt und außerdem für einen Autonomiestatus seiner Heimat gekämpft. 1911 wurde er als Abgeordneter in das österreichische Abgeordnetenhaus gewählt, was ihn aber nicht daran hinderte, nun für einen italienischen Kriegseintritt an der Seite der Entente zu werben. Im Mai 1915 meldete er sich als Freiwilliger zum italienischen Heer und diente zunächst bei den Alpini. Am 11. Juli 1916 wurde er von österreichischen Truppen gefangen genommen und am Tag darauf hingerichtet. Battisti erhielt postum den höchsten italienischen Militärorden und gilt heute, wie einige andere von den Österreichern hingerichtete Irredentisten, als Nationalheld. In zahlreichen Städten sind Straßen, Plätze und Schulen nach ihm benannt, er ist eine wichtige Figur in der italienischen Memorialkultur. Vor allem im Trentino wird er bis heute verehrt.[741]

Ein besonders lautstarker Interventionist war der sozialistische Publizist Benito Mussolini. 1911 war er noch Wortführer der sozialistischen Opposition gegen den Libyenkrieg gewesen, hatte zum Generalstreik aufgerufen und Barrikadenkämpfe organisiert, was ihn vorübergehend ins Gefängnis brachte. 1912 wurde er Chefredakteur der Parteizeitung *Avanti*, die wie die Sozialistische Partei Italiens einen neutralistischen Kurs vertrat. Doch Mussolini kam durch die deutsche Niederlage in der Marneschlacht zu der Überzeugung, dass die Mittelmächte den Krieg verlieren würden. Demnach machte sich ein neutrales Italien aus seiner Sicht zum Komplizen der Mittelmächte, weil es nicht mithalf, deren Niederlage herbeizuführen. Als er dies im Oktober 1914 im *Avanti* schrieb und sich weigerte, seinen Standpunkt zu revidieren, wurde er als Chefredakteur abberufen, im November dann auch aus der Sozialistischen Partei ausgeschlossen. Mussolini gründete daraufhin – mit finanzieller Unterstützung aus Frankreich – seine eigene Zeitung, die er *Il Popolo d'Italia* nannte. Im Untertitel wurde sie als sozialistische Tageszeitung bezeichnet, was dokumentieren sollte, dass Mussolini sich auch nach dem Parteiausschluss als Sozialist empfand.[742] Im *Popolo d'Italia* plädierte er leidenschaftlich für die Intervention. Im Dezember 1914 gründete Mussolini gemeinsam mit den Syndikalisten Filippo Corridoni und Alceste de Ambris den Fascio d'Azione Rivoluzionaria, den Bund für revolutionäre Aktion. Das Wort »fascio«, das sowohl Bund als auch Bündel bedeuten kann, kommt vom lateinischen »fasces«, den Rutenbündeln der Liktoren, die den hohen Beamten des alten Rom als Ehren- und Leibgarde voranschritten. 1919 gründete Mussolini dann die Fasci di combattimento, die Kampfbünde, aus deren Namen sich der Begriff Faschismus, im Deutschen zunächst »Fascismus« geschrieben, ableitete.

So realistisch Mussolinis Überzeugung war, dass es Deutschland nicht gelingen würde, Frankreich nach dem Scheitern des Schlieffen-Plans doch noch niederzuringen, so illusionär war der in Italien verbreitete, auch von ihm geteilte Glaube, der Krieg würde nur von kurzer Dauer sein. Viele von denen, die für die Bewilligung der Kriegskredite gestimmt hatten, hofften zudem, Italiens Kriegsteilnahme würde die Stabilisierung im Innern fördern. Diesem kurzsichtigen Sozialimperialismus war kein Erfolg beschieden. Stattdessen trug die Enttäuschung über den Ausgang des Krieges maßgeblich zum Scheitern der – im jungen italienischen Nationalstaat nach wie vor fragilen – Demokratie bei. Ähnlich wie in Deutschland zerfiel die italienische Gesellschaft nach Kriegsende in tödlich verfeindete Lager. Obwohl Italien bei

1   Friedrich August von Kaulbach, *Germania*, 1914

2   Ludwig Meidner, *Apokalyptische Landschaft*, 1913

3   Albin Egger-Lienz, *Den Namenlosen*, 1914

4   Ferdinand Hodler, *Auszug der Jenenser Studenten in den Freiheitskrieg gegen Napoleon 1813*, 1909

5   Kriegsnummern des *Simplicissimus*, 1916, Umschlag-Illustration von Thomas Theodor Heine

6   Franz Reinhardt,
Der Engländer, 1915

7   Franz Reinhardt,
Der Franzose, 1915

Dr. Ludwig Frank, M.d.R.
hervorragender Führer der sozialdemokr. Partei,
* 23. V. 1874 zu Nonnenweiler in Baden,
† fürs Vaterland am 3. September 1914
in der Schlacht bei Lunéville.

8   Gedenkblatt für den sozialdemokratischen Reichstagsabgeordneten
Ludwig Frank, 1914

9　Ernst Ludwig
Kirchner,
*Selbstbildnis als
Soldat*, 1915

10　Louis Raemaekers,
Belgium, 1914, veröffentlicht
in Raemaekers Cartoon
»History of the War«,
London 1919

11 H. R. Hopps,
amerikanisches Plakat für die
Werbung von Kriegsfreiwilligen,
1917

12 Plakat der britischen
Anti-German Union, 1914

13 Britisches Plakat zur Werbung von Freiwilligen, 1914

14 Paul Iribe, Titelblatt-Illustration der Zeitschrift *La Baïonnette*, 1916

15　Käthe Kollwitz, *Trauerndes Elternpaar*, Skulpturen auf dem deutschen Soldatenfriedhof in Vladslo, Belgien, 1914–1932

16　Wilhelm Lehmbruck, *Der Gestürzte*, 1915/16

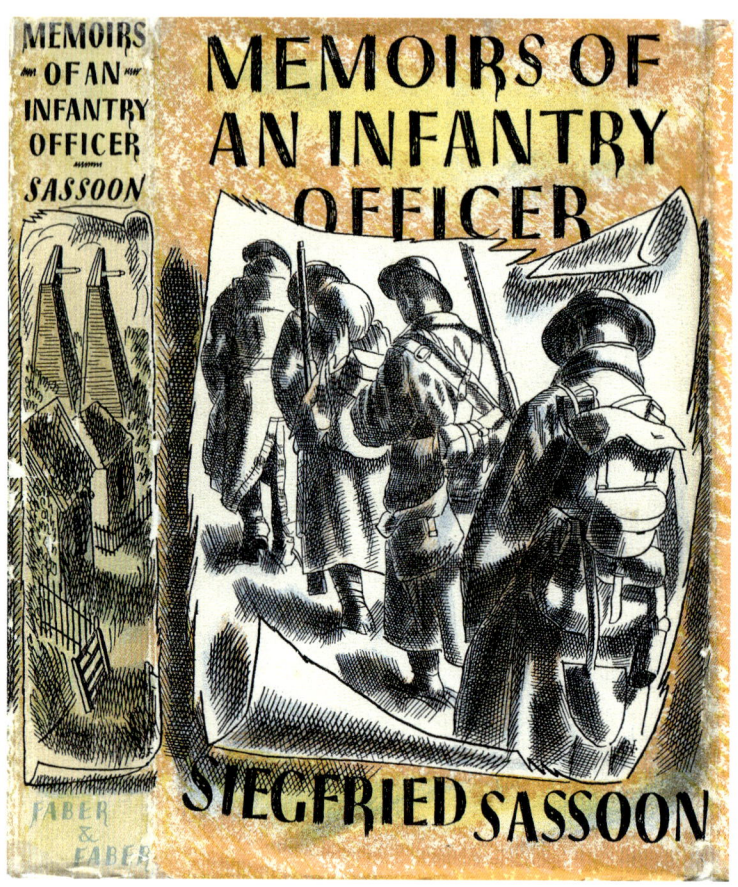

17   Siegfried Sassoon, *Memoirs of an Infantry Officer*, Buchillustration von
Barnett Freedman, 1930

18   Luigi Russolo, *Dynamismus des Automobils*, 1912/13

IL VESTITO ANTINEUTRALE

Manifesto futurista

Glorifichiamo la guerra,
sola igiene del mondo.
MARINETTI.
(1° Manifesto del Futurismo - 20 Febbraio 1909)

Viva Asinari di Bernezzo!
MARINETTI.
(1° Serata futurista - Teatro Lirico, Milano, Febbraio 1910)

L'umanità si vestì sempre di **quiete**, di **paura**, di **cautela** o d'**indecisione**, portò sempre il lutto, o il piviale, o il mantello. Il corpo dell'uomo fu sempre diminuito da sfumature e da tinte **neutre**, avvilito dal nero, soffocato da cinture, imprigionato da panneggiamenti.

Fino ad oggi gli uomini usarono abiti di colori e forme statiche, cioè drappeggiati, solenni, gravi, incomodi e sacerdotali. Erano espressioni di timidezza, di malinconia e di **schiavitù**, negazione della vita muscolare, che soffocava in un passatismo anti-igienico di stoffe troppo pesanti e di mezzi tinte tediose, effeminate o decadenti. Tonalità e ritmi di **pace desolante**, funeraria e deprimente.

OGGI vogliamo abolire:

1. — Tutte le tinte **neutre**, « carine », sbiadite, *fantasia*, semioscure e umilianti.

2. — Tutte le tinte e le foggie pedanti, professorali e teutoniche. I disegni a righe, a quadretti, a **puntini diplomatici**.

3. — I vestiti da lutto, nemmeno adatti per i becchini. Le morti eroiche non devono essere compiante, ma ricordate con vestiti rossi.

4. — L'equilibrio **mediocrista**, il cosidetto buon gusto e la cosidetta armonia di tinte e di forme, che frenano gli entusiasmi e rallentano il passo.

5. — La simmetria nel taglio, le linee **statiche**, che stancano, deprimono, contristano, legano i muscoli; l'uniformità di goffi risvolti e tutte le cincischiature. I bottoni inutili. I colletti e i polsini inamidati.

Noi futuristi vogliamo liberare la nostra razza da ogni **neutralità**, dall'indecisione paurosa e quietista, dal pessimismo negatore e dall'inerzia

Vestito bianco - rosso - verde
del parolibero futurista Marinetti. (*Mattino*)

19   Giacomo Balla, *Der antineutrale Anzug*, 1914

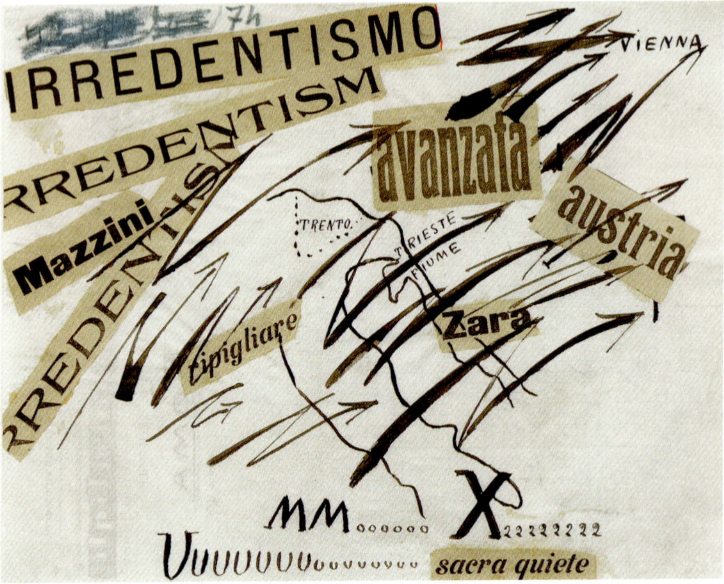

20   Filippo Marinetti, *Irredentismo*, 1914

21   Hinrichtung von
Cesare Battisti am
12. Juli 1916 in Trient

22 Félix Vallotton, *Verdun*, 1917

23 Paul Nash, *We are Making a New World*, 1918

24 Fritz Erler, *Helft uns siegen!*, Werbeplakat für die sechste Kriegsanleihe, März 1917

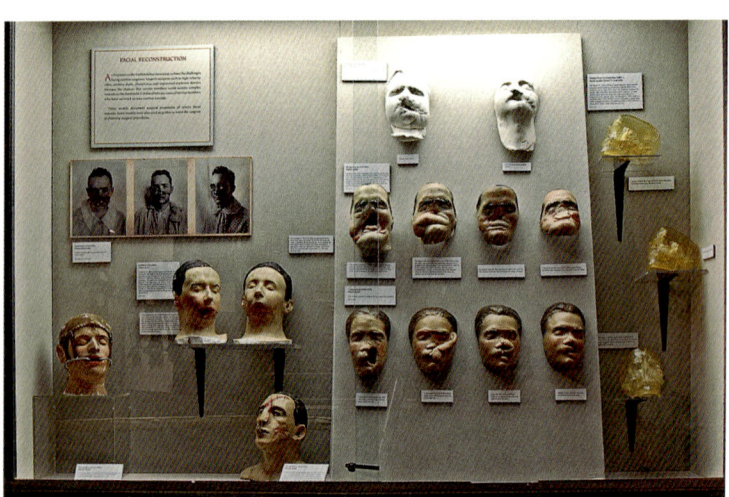

25 Vitrine mit Modellen schwerer Gesichtsverletzungen, die für die Medizinerausbildung angefertigt wurden.

26 Ernst Friedrich,
Krieg dem Kriege, 1924

27 Ernst Jünger,
In Stahlgewittern, Buchcover
der Erstausgabe, 1920

28   *An alle Künstler!*,
Umschlagillustration von
Max Pechstein, Berlin 1919

29   Paul Klee, *Angelus
Novus*, 1920

den Friedensverhandlungen auf der Gewinnerseite stand, gab es keinen Nachkriegsdiskurs vom Sieg, der geeignet gewesen wäre, die verschiedenen Gruppen einander näher zu bringen. Der Riss ging sowohl durch die Gesellschaft im Ganzen wie auch durch die Sozialistische Partei, die schon 1914 ihre Geschlossenheit eingebüßt hatte. Benito Mussolini und Palmiro Togliatti hatten als engagierte Sozialisten 1911 das militärische Engagement ihres Landes in Libyen bekämpft, 1915 zogen sie beide – wenn auch politisch nicht mehr Seite an Seite – in den Krieg gegen Österreich, doch 1918 trennten sich ihre Wege endgültig. Mussolini wurde zum Führer der faschistischen Bewegung, während Togliatti 1921 zu den Gründungsmitgliedern der Kommunistischen Partei Italiens gehörte und jahrzehntelang eines ihrer profiliertesten Mitglieder war; nach der faschistischen Machtübernahme ging er nach Moskau ins Exil. Auch der bedeutende liberale Intellektuelle Giorgio Amendola hatte zu den Interventionisten gehört, im Mai 1915 wurde er Artillerieoffizier und erhielt später für seine Tapferkeit einen Orden. Anders als viele andere Liberale stellte er sich Mussolini konsequent entgegen und fiel 1926 einem faschistischen Attentat zum Opfer.

Eine besonders publikumswirksame Gruppe im Lager der Kriegsbefürworter bildeten die Futuristen. Sie hatten mit ihren schrillen Manifesten und Inszenierungen diesen Krieg geradezu herbeiimaginiert. Er galt ihnen als das schönste futuristische Gedicht, wie Filippo Tommaso Marinetti 1914 schrieb,[743] und sein Wort, Krieg sei die einzige Hygiene der Welt, war jetzt allgegenwärtig. Im Politischen Programm des Futurismus, das Marinetti gemeinsam mit den Künstlern Umberto Boccioni, Carlo Carrà und Luigi Russolo für die im Oktober 1913 anstehenden Wahlen verfasst hatte, waren die futuristischen Wähler aufgefordert worden, unter anderem folgende Programmpunkte mit ihrer Stimme zu unterstützen:

Ein völlig souveränes Italien. – Das Wort Italien muss über das Wort Freiheit dominieren.

Alles ist erlaubt, nur nicht Feigling, Pazifist und Antiitaliener zu sein. [...]

Irredentismus. – Panitalianismus. – Vorrangstellung Italiens.[744]

Diese Maximen waren eingerahmt vom Programm des futuristischen Manifests. Giacomo Balla entwarf ein »vestito antineutrale«, einen antineutralen Anzug in den italienischen Nationalfarben Weiß, Rot und Grün,[745] den der futuristische Künstler Francesco Cangiullo am 1. und 2. Dezember 1914 bei Demonstrationen gegen deutschfreundliche und neutralistische Professoren der Universität Rom trug. Carlo Carrà schrieb im März 1915: »Italien wurde mit zu wenig Blut gemacht. Der Moment ist gekommen, davon reichlich zu vergießen.«[746] Tatsächlich kamen 13 Futuristen im Ersten Weltkrieg ums Leben, mehr als vierzig wurden verwundet. Carrà selbst war einer der frenetischsten Propagandisten der italienischen Kriegsbeteiligung, doch war seine eigene Beteiligung eher marginaler Natur. Er wurde erst 1917 eingezogen, empfand den Militärdienst als erniedrigend und versank rasch in Verzweiflung. An seinen Freund Apollinaire schrieb er von der »irdischen Verirrung einer unverdienten Strafe und der unerwarteten Pracht«.[747] Bald darauf musste Carrà eine Nervenheilanstalt in Ferrara aufsuchen. Er entfremdete sich in dieser Zeit dem Futurismus zunehmend und wandte sich der Pittura Metafisica zu. Ähnlich wie bei Giorgio de Chirico, dem wichtigsten Vertreter dieser Kunstrichtung, finden sich auch im Werk von Carrà immer wieder »manichini«, gesichtslose hölzerne Puppen, die man als Symbol für den entfremdeten, orientierungslosen Menschen der Kriegs- und Nachkriegsjahre ansehen kann.[748]

Das wichtigste publizistische Organ des futuristischen Interventionismus war die Zeitschrift *Lacerba*, die seit Januar 1913 in

Florenz erschien und auch ausländischen Autoren wie dem französischen Dichter Guillaume Apollinaire offenstand, mit dem Marinetti sich in seiner Pariser Zeit angefreundet hatte. *Lacerba* publizierte am 15. Oktober 1913 das politische Programm des Futurismus und nach dem 1. August 1914 dann wilde interventionistische Artikel, die nicht selten der Zensur zum Opfer fielen, so dass die Zeitschrift mit zahlreichen schwarzen Balken erschien. Vor allem die letzten Ausgaben enthielten massive Drohungen, dass für Italien nur die Alternativen Krieg gegen die Mittelmächte oder Bürgerkrieg bestünden. Die letzte Ausgabe von *Lacerba* erschien am 22. Mai 1915, sie trug die Schlagzeile »Wir haben gesiegt«. Am Tag darauf erklärte die italienische Regierung Österreich-Ungarn den Krieg. Die anderen Kriegserklärungen kamen wesentlich später, am 20. August 1915 an das Osmanische Reich, am 19. Oktober 1915 an Bulgarien und am 28. August 1916 an das Deutsche Reich. Apollinaire begrüßte den italienischen Kriegseintritt mit dem langen Gedicht »An Italien«, das er dem Maler Ardengo Soffici widmete, einem der Gründer von *Lacerba*. Apollinaires Gedicht wurde augenscheinlich nie ins Deutsche übersetzt. Es ist eine Apotheose des kämpferischen Italien. Eine Strophe lautet:

Ich grüße die Andenken an die Sirenen und Skyllen dahingegangen im Erdbeben von Messina
Ich grüße das Reiterstandbild des Colleoni in Venedig
Ich grüße die Rothemden
Meine Freundschaft sende ich dir Italien und deinen heldenhaften Rekruten meinen Applaus
Nicht weil ich dächte es gebe von nun an auf der Welt kein größeres Glück oder Ungemach
Vielmehr liebe ich es wie du selbst zu denken und die Boches wollen mich daran hindern
Vielmehr ist es das dir wie mir angeborene Streben nach Vollkommenheit

das sie könnten ersetzen mit ich weiß nicht welch lächerlichen Annehmlichkeiten[749]

Soffici wird das mit Zustimmung gelesen haben, denn in *Lacerba* vertrat er die Überzeugung, dass die »germanische Kultur« eine Bedrohung für die ganze Menschheit darstelle.

Von allen Gruppen der europäischen Avantgarde waren die Futuristen die einzige, die geschlossen in den Krieg zog. Allerdings war es das eine, lautstarke Pro-Krieg-Demonstrationen zu veranstalten, etwas anderes aber, an einem realen Krieg persönlich teilzunehmen. Die Futuristen schlossen sich einer im April 1915 gebildeten Einheit an, dem Battaglione Lombardo volontari Ciclisti ed Automobilisti, dem lombardischen Freiwilligenbataillon der Fahrrad- und Autofahrer.[750] Einige wenige hielten sich allerdings fern, Carrà zum Beispiel oder Gino Severini, der in Paris blieb und dort eindrucksvolle kubistisch-lettristische Kriegsbilder malte. Am 1. Dezember 1915 wurde das Bataillon, das über fünfhundert Fahrräder, zwanzig Autos und vier Lastwagen verfügte, aufgelöst und das Personal den Alpini, also den Gebirgsjägern zugeschlagen, doch bei manchen war bereits Ernüchterung eingekehrt und ihr Bedürfnis, Krieg zu spielen, erschöpft. Marinetti, der sich ein Fahrrad der berühmten Marke Bianchi gekauft hatte, um auch als Soldat eine gute Figur zu machen, kehrte nach Mailand zurück, um sich wieder seiner künstlerischen Arbeit zu widmen. Umberto Boccioni starb, nachdem er bei einer militärischen Übung vom Pferd gefallen war. Bei Mario Carli hingegen, der wegen starker Kurzsichtigkeit keinen Kriegsdienst leisten musste, war der Drang nach dem Kriegserlebnis so stark, dass er sich 1917 freiwillig meldete und zuerst als Schanzarbeiter Schützengräben aushob, bis er zu den Sturmtruppen der Arditi (wörtlich »die Kühnen«, »die Feurigen«) überwechselte, an deren Aufbau er wesentlichen Anteil hatte.

Diese Eliteeinheit war nach der italienischen Niederlage in der

Schlacht von Caporetto (deutsch Karfreit, slowenisch Kobarid) im Oktober 1917 geschaffen worden. Letztere war zugleich die zwölfte und letzte der Schlachten um das Isonzotal, wo sich die italienischen und österreichischen Armeen ineinander verkeilt hatten. Am Ende litten beide Kriegsparteien an Erschöpfung, der kräftezehrende Stellungskrieg hatte ihnen alles abverlangt, wobei im Gebirge, mehr noch als an der Westfront, der Verteidiger gegenüber dem Angreifer im Vorteil war. In den ersten elf Schlachten hatten die beharrlich angreifenden Italiener dennoch immer wieder Erfolge erzielt. Die Österreicher kamen deshalb zu der Überzeugung, dass sie eine weitere Offensive nicht überstehen würden und selbst angreifen müssten, um dem zuvorzukommen. Dieser Entlastungsangriff erwies sich als erfolgreicher als geplant, so dass große Teile des Isonzotales in die Hände der Österreicher fielen und die Italiener angesichts der Gefahr eines weiteren österreichischen Vorstoßes sogar Überlegungen anstellten, die Regierung aus Rom nach Neapel zu evakuieren. Doch die Österreicher waren zu ermattet, um ihren überraschenden Erfolg wirklich ausnutzen zu können. In den bis zum Kriegsende verbleibenden zwölf Monaten ging deshalb der größte Teil der eroberten Gebiete wieder verloren.

Mit den Arditi sollte eine militärische wie ideologische Elitekampftruppe geschaffen werden. Das war dringend notwendig, denn der Alltag der kriegführenden Nation stellte sich weit weniger glamourös dar, als zuvor von den Interventionisten erwartet. Spektakuläre Erfolge blieben aus, der anfängliche Enthusiasmus war schnell verraucht. Die militärische Situation der Mittelmächte hatte sich ohnehin bereits stabilisiert, als Italien in den Krieg eintrat. Die besten Truppen der Habsburgermonarchie waren zwar nun an der italienischen Front gebunden, was Österreich-Ungarn empfindlich schwächte, aber erreicht hatte Italien durch die Intervention herzlich wenig.[751] Im Jahr 1917 erschütterten Massenstreiks und Unruhen die norditalienischen Industriestädte. Erstmals kam es zur gerichtlichen Verfolgung von Kriegsgegnern. Die Friedensnote von Papst Benedikt XV. zum dritten Jahrestag des Kriegsbeginns fand ein breites Echo in der italienischen Öffentlichkeit. Das Bürgertum und die Funktionseliten waren tief verunsichert und von Revolutionsfurcht erfüllt, zumal in Russland eine erfolgreiche Revolution stattfand, von der man noch nicht wusste, wie sehr das Geschehen auf andere Länder ausstrahlen würde. Nach der Schlacht von Caporetto stand Italien militärisch am Rande der Niederlage, doch gerade aus dieser Situation schöpfte das Land auch neue Kraft. Plötzlich gab es eine reale Bedrohung, welche die Konzentration aller Kräfte der Nation zur Verteidigung des Landes erforderte. Die Abwehr einer feindlichen Invasion avancierte zum propagandistischen Leitmotiv.[752] Auch jetzt stand D'Annunzio wieder an vorderster Propagandafront und schuf zahlreiche der Symbole und Rituale der martialisch auftretenden Arditi.[753]

Dass Italien am Ende zu den Siegern des Ersten Weltkriegs gehörte, hatte seinen Grund aber nicht in eigenen militärischen Erfolgen, die etwa die Arditi erzielt hätten, sondern lag nur daran, dass Deutschland und Österreich-Ungarn den Krieg insgesamt verloren hatten. Die Italiener konnten deshalb auch nicht alle territorialen Forderungen durchsetzen, deren Erfüllung ihnen im Vertrag von London zugesagt worden war. Die Vereinigten Staaten fühlten sich an diesen Vertrag ohnehin nicht gebunden, da sie an seiner Aushandlung als damals noch neutrale Macht nicht beteiligt gewesen waren. Die Erweiterung des Landes um die »unerlösten« Gebiete Istrien und Dalmatien stieß bei Präsident Woodrow Wilson auf Widerspruch und wurde zum Gegenstand langwieriger Verhandlungen. Das von Wilson vertretene Konzept vom Selbstbestimmungsrecht der Völker wirkte antiannexionistisch, und die irredentistischen italienischen Diplomaten hatten das nicht unberechtigte Gefühl, dass ihre amerikanischen, britischen und französischen Kollegen sie bei den Friedensverhandlungen nicht als gleichberechtigte Partner ansahen. So entstand rasch die Legende von der »vittoria mutilata«, dem verstümmelten Sieg, die wieder dieselben Gruppen in die Propagandaschlacht trugen, welche 1915 für die Intervention gekämpft hatten, allen voran Gabriele D'Annunzio. Der exzentrische Aristokrat hatte sich nicht nur als Freiwilliger gemeldet, sondern sich auch durch spektakuläre Aktionen hervorgetan. So drang er am 9. August 1918 in einer Gruppe von elf italienischen Flugzeugen weit in den österreichischen Luftraum ein und warf zweisprachige Flugblätter über Wien ab, in denen er an die Bewohner der Stadt appellierte:

Wiener!
Man sagt von euch, dass ihr intelligent seid, jedoch seitdem
  ihr die preussische Uniform angezogen habt seid ihr auf das
  Niveau eines Berliner-Grobians herabgesunken und die ganze
  Welt hat sich gegen euch gewandt.
Wollt ihr den Krieg fortführen? Tut es, wenn ihr Selbstmord
  begehen wollt! Was hofft ihr? Den Entscheidungssieg, den
  euch die preussischen Generale versprochen haben? Ihr Entscheidungssieg ist wie das Brot aus der Ukraina: Man erwartet
  es und stirbt bevor es ankommt.[754]

Im November 1918 flog D'Annunzio zum dritten Mal über Wien. Diesmal hatte er ein Flugblatt im Gepäck mit der Überschrift »Unser Sieg darf nicht verstümmelt werden«.[755] Die Verhandlungen über den Friedensvertrag warfen schon ihre Schatten voraus. Das Klima im Land war geprägt von Erbitterung und Enttäuschung. Italien blieb die schwächste unter den Großmächten Europas. 680 000 Soldaten waren gefallen und schätzungsweise 700 000 Zivilisten im Krieg umgekommen,[756] ein Blutzoll, der in krassem Missverhältnis zum Erreichten stand. Mehr als eine Million Soldaten hatten schwere Verletzungen erlitten, 675 000 Kombattanten blieben dauerhaft behindert.[757] Es gab soziale Unruhen, Landarbeiter erhoben sich gegen Grundbesitzer,

Industriearbeiter gegen Industrielle. Unter der Führung der Sozialistischen Partei versuchte eine revolutionäre Bewegung, die ihr Zentrum in Turin hatte, die Ideen der Russischen Revolution nach Italien zu tragen. Nach anfänglichen Erfolgen scheiterte die Streikbewegung, daraufhin spalteten sich die radikaleren Kommunisten von den kompromissbereiteren Sozialisten ab.

Die Demobilisierung der Frontheimkehrer ging nur schleppend voran. Ende 1919 stand noch immer eine halbe Million Soldaten unter Waffen.[758] Wie auch in Deutschland trat in Italien an die Stelle der äußeren sehr schnell eine innere Front, trat an die Stelle des Krieges der Bürgerkrieg, und Bürgerkriege zielen nicht auf den Sieg über den Gegner, sondern auf seine Vernichtung. Die politische Auseinandersetzung radikalisierte sich in kürzester Zeit, ostentative Gewaltanwendung gegen den politischen Gegner wurde für die faschistischen Kampfbünde zu einem geradezu konstitutiven Akt. Den auf Konfrontation setzenden Faschisten gelang es als einziger politischer Kraft, das Ergebnis des Krieges für ihre Zwecke zu instrumentalisieren. Bei den Siegesfeiern in Mailand hatte Mussolini gelobt, dass er gemeinsam mit den Arditi das Italien der Soldaten verteidigen werde. Am 23. März 1919 verkündete er in Mailand auf der Piazza San Sepolcro die Gründung der Fasci italiani di combattimento, der italienischen Kampfverbände. An dieser Kundgebung beteiligten sich auch Vertreter der Arditi und der kurzlebigen Futuristischen Politischen Partei. Mussolini hatte bereits im Sommer 1918 mit Marinetti Kontakt aufgenommen, um die Futuristen in die faschistische Bewegung zu integrieren. Die beiden einten weniger gemeinsame ideologische Überzeugungen als die Affinität zum Aktionismus und die Gegnerschaft zu den etablierten politischen Kräften. Am 11. Januar 1919 besetzten Futuristen und Faschisten die Mailänder Scala, den Tempel der traditionellen italienischen Hochkultur, am 15. April verwüsteten sie die Redaktionsräume der sozialistischen Parteizeitung *Avanti*, die Mussolini früher einmal geleitet hatte, und am 16. November 1919 kandidierten Mussolini und Marinetti gemeinsam für das Parlament, zusammen mit dem Dirigenten Arturo Toscanini, der im Krieg an der Isonzofront zur Stärkung der Truppenmoral Konzerte gegeben hatte.

Besonders umstritten auf der Pariser Friedenskonferenz war das Schicksal der Stadt Fiume (kroatisch Rijeka). Fiume war nicht Gegenstand des Vertrags von London, stand aber nichtsdestoweniger auf der Liste der »unerlösten« Gebiete. Während die Verhandlungen noch im Gange waren, besetzten irreguläre italienische Einheiten am 12. September 1919 die Stadt. Gabriele D'Annunzio hielt an der Spitze einer langen Kolonne Einzug in Fiume, ihm folgten gestohlene Last- und Panzerwagen sowie etwa 2500 desertierte Arditi und Infanteristen. Vier Tage später kam auch Marinetti, während die Alliierten ihre Truppenkontingente aus der Stadt abzogen. Die italienische Regierung verhielt sich gegenüber der Aktion zurückhaltend, während die Faschisten sie begrüßten. Am 7. Oktober kam Mussolini nach Fiume, um seine Unterstützung zum Ausdruck zu bringen. D'Annunzio wollte durch seine Aktion vollendete Tatsachen schaffen, was ihm aber nur in Grenzen gelang. Am 12. November 1920 unterzeichneten das Königreich Italien und das neugeschaffene Königreich der Serben, Kroaten und Slowenen den Grenzvertrag von Rapallo, in dem beide Parteien die Anerkennung eines freien und unabhängigen Freistaates Fiume vereinbarten. Ein Freistaat ohne Landbrücke zu Italien war das Äußerste, das Woodrow Wilson zugestehen wollte. Das neue Gebilde wurde von den USA, Großbritannien und Frankreich umgehend anerkannt, während der selbsternannte Stadtkommandant D'Annunzio den Vertrag ablehnte. Seine Freischärlerarmee musste im Dezember 1920 von regulären italienischen Truppen aus der Stadt vertrieben werden. Ein Kanonenschuss des italienischen Kriegsschiffes »Andrea Doria« traf seine Residenz, so dass er schließlich weichen musste.

Nach der, wie die Nationalisten befanden, »Schmach von

Saint-Germain« und der erzwungenen Räumung von Gebieten, die die Italiener an der türkischen Südküste besetzt hatten, war der italienische Angriff auf Fiume der letzte Akt zur Vollendung des Bildes vom verstümmelten Sieg. D'Annunzio, der eigentlich ein Schriftsteller des Fin de Siècle war, verband die Hoffnung auf die Realisierung seiner schwärmerischen nationalistischen Ideen von da an mit dem Schicksal Mussolinis und hielt sich selbst weitgehend aus der Politik heraus. Er zog sich in seine pompöse Villa am Gardasee zurück, die noch heute eine faschistische Pilgerstätte ist. Das Abentcuer von Fiume erwies sich als Probelauf für die »Ästhetik« des Faschismus, der in den vom Krieg verheerten Ländern die Massen in seinen Bann zog. Nur wenige erkannten schon damals, dass der aktionistische Nihilismus des Faschismus, der sich als Feier des Lebens gerierte, aber in Wahrheit dem Tod verfallen war, den europäischen Kontinent schon bald in ungeahnte Abgründe führen würde.

Die Lage des Judentums inmitten der Völker

Am 1. August 1914 erklärte Deutschland Russland den Krieg. Es war der erste Krieg, den das Deutsche Reich führte, und zugleich der erste, an dem die jüdischen Deutschen als gleichberechtigte Staatsbürger teilnehmen konnten. Viele von ihnen setzten alles daran, sich der endlich erreichten staatsbürgerlichen Gleichberechtigung würdig zu erweisen und das Vaterland in »schicksalsernster Stunde« in jeder Weise zu unterstützen. Der Verband der Deutschen Juden und der Central-Verein deutscher Staatsbürger jüdischen Glaubens, die die große Mehrheit der assimilationswilligen Juden vertraten, plakatierten noch am 1. August einen Aufruf »An die deutschen Juden!«: »Glaubensgenossen! Wir rufen Euch auf, über das Maß der Pflicht hinaus Eure Kräfte dem Vaterlande zu widmen. Eilet freiwillig zu den Fahnen! Ihr alle – Männer und Frauen – stellet Euch durch persönliche Hilfeleistung jeder Art und durch Hergabe von Geld und Gut in den Dienst des Vaterlandes!«[759]

In die gleiche Richtung ging der Aufruf der Zionistischen Vereinigung für Deutschland und des assimilatorischen Reichsvereins der deutschen Juden, wenn aus ihm auch ein anderes Selbstbewusstsein spricht: »In dieser Stunde gilt es für uns aufs neue zu zeigen, daß wir stammesstolzen Juden zu den besten Söhnen des Vaterlandes gehören.«[760] Trotz oder auch gerade wegen der antisemitischen Anfeindungen, beruflichen Einschränkungen und gesellschaftlichen Zurücksetzungen, die es nach wie vor gab, wollten die Angehörigen der jüdischen Minderheit als deutsche Bürger ihre unbedingte Loyalität zu dem in Bedrängnis geratenen Vaterland unter Beweis stellen. Das galt für Assimilationswillige wie Zionisten, für Orthodoxe wie Liberale gleichermaßen.

Die der formalen staatsbürgerlichen Gleichstellung folgende Integration in Staat und Gesellschaft war von Anfang an umstritten gewesen, wie nicht zuletzt der Berliner Antisemitismusstreit von 1879 bis 1881 belegt. Es gab mächtige Interessengruppen, die antisemitisch geprägt waren und die Emanzipation der Juden für einen verhängnisvollen Irrweg hielten, so dass mit der formalen Gleichberechtigung der verschiedenen religiösen Bekenntnisse kein entsprechender gesellschaftlicher Konsens einherging. Die großen Sozialisationsagenturen Schule, Universität und Armee machten den jüdischen Deutschen, insbesondere jenen, die am jüdischen Glauben festhielten, immer wieder deutlich, dass sie bestenfalls Bürger zweiter Klasse waren, denn bestimmte Karrierewege standen ihnen unabhängig von ihrer fachlichen Eignung nicht offen. So gingen aus den Reihen der jüdischen Minderheit, die knapp ein Prozent der Bevölkerung ausmachte, zwar zahlreiche bedeutende Ärzte, Rechtsanwälte und Journalisten hervor, ungleich seltener aber Lehrer und Professoren und kaum jemals Richter oder Offiziere. 1907 gab es im Deutschen Reich etwa 33 000 Offiziere und Beamte im Offiziersrang, von denen ganze 16 Juden waren, darunter kein einziger Angehöriger der preußischen Armee. Sie gehörten wohl fast alle der Armee des liberaleren Bayern an.[761] Nach wie vor spielte die Frage der Religion eine große Rolle. Die Vorstellung, dass ein jüdischer Offizier einem christlichen Soldaten Befehle erteilt, erschien vielen Nationalisten unerträglich. Von den etwa 25 000 bis 30 000 jüdischen Einjährig-Freiwilligen, die zwischen 1880 und 1914 in der preußischen Armee dienten, wurde nicht ein einziger zum Reserveoffizier befördert, von den 1200 bis 1500 zum Christentum konvertierten Juden waren es dagegen etwa dreihundert.[762] Im verbündeten Österreich-Ungarn gab es dagegen weit über zweitausend jüdische Offiziere, in Frankreich 720 und selbst in Italien, einem Land mit einer sehr kleinen jüdischen

Minderheit, etwa fünfhundert.[763] In diesen Ländern war die Integration der Juden weiter vorangeschritten als im preußisch-protestantisch geprägten Deutschen Reich.

Dem 1912 gewählten Deutschen Reichstag gehörten 14 Juden an, das waren 0,3 Prozent aller Abgeordneten. Zwölf von ihnen waren Sozialdemokraten und zwei Liberale, sie standen also sämtlich in den Reihen der Opposition.[764] Dennoch richteten sich im August 1914 große Hoffnungen auf den Burgfrieden. Als der Kaiser seinen berühmten Satz sprach »Ich kenne keine Parteien mehr, ich kenne nur Deutsche«, richtete er sich an die Oppositionsparteien, nicht an die jüdische Minderheit, dennoch traf er dort auf »begeisterten Jubel«[765] und löste große Erwartungen aus, die auch nicht von vornherein unberechtigt waren. Zugleich ist das »Augusterlebnis« bei den jüdischen Deutschen ähnlich differenziert zu sehen wie bei den nichtjüdischen. Neben lautstarkem Hurrapatriotismus gab es verhaltene Skepsis und auch grundsätzliche Kriegsgegnerschaft.[766] Besonders ausgeprägt war die Kriegsbegeisterung bei den jungen Leuten. Im schon zitierten Aufruf der Zionistischen Vereinigung hieß es: »Wir erwarten, daß unsere Jugend freudigen Herzens freiwillig zu den Fahnen eilt.«[767] Das tat sie in solchem Maße, dass der Jüdische Verlag seine Buchproduktion nach Kriegsausbruch einstellen musste. Seine Kundschaft bestand in ihrer Mehrheit aus Studenten, die sich fast alle zum Kriegsdienst gemeldet hatten und deshalb als Buchkäufer ausfielen.[768] Nachdem 1914 noch neun neue Bücher herausgekommen waren, erschien 1915 nur ein einziges, die *Kriegsbriefe deutscher und österreichischer Juden*.[769]

Prägend war im August 1914, unabhängig von der inneren Einstellung des Einzelnen zum beginnenden Krieg, ein Identifikationsschub mit dem deutschen Vaterland. Die jüdischen Organisationen warben für die Teilnahme an einem Krieg, von dessen Berechtigung sie überzeugt waren, denn sie hatten keinen Zweifel an der Darstellung der deutschen Regierung, dass es sich um einen Verteidigungskrieg handele. Der in der Stunde der

Gefahr entflammte deutsch-jüdische Patriotismus führte zu einer starken Binnensolidarität, gewissermaßen zu einem innerjüdischen Burgfrieden. Der liberale Feldrabbiner Georg Salzberger aus Frankfurt am Main schrieb in seinem Kriegstagebuch: »Es gibt hier keine Parteien mehr. Liberale, Orthodoxe, Zionisten, ›Assimilanten‹, sie mögen ihr Judentum noch so verschieden denken, sie fühlen sich als Juden einig.«[770] Zugleich wurde die entschlossene Mitwirkung der Juden am Krieg zu einem Schutzschild gegen den Antisemitismus.[771] Salzberger formulierte es so: »Was auch die Zukunft bringen mag, das Geschlecht, das diesen Krieg erlebt hat, kann in die alten Vorurteile gegen die Juden nicht zurückfallen.«[772] Diese Hoffnung sollte sich später als schrecklicher Irrtum erweisen. Doch vorläufig mussten sich selbst so notorische Antisemiten wie Theodor Fritsch Zurückhaltung auferlegen. Sein *Handbuch der Judenfrage*, das sich in Neonazikreisen bis heute großer Beliebtheit erfreut, war bei Kriegsausbruch bereits in der 27. Auflage, aber die 28. Auflage erschien erst 1919, also nach Kriegsende.[773] Auch der »Verband gegen die Überhebung des Judentums« musste das Erscheinen seiner Zeitschrift *Auf Vorposten* einstellen.

Juden waren unversehens nicht mehr nur Objekte der Politik, sie gehörten nun auch zu den Akteuren. Männer wie der Großindustrielle Walther Rathenau, der Reeder Albert Ballin, der Bankier Max Warburg und der Nationalökonom Julius Hirsch hatten großen Anteil an der Organisation der Kriegswirtschaft, der Chemiker Fritz Haber schuf mit der Ammoniaksynthese, die für die Sprengstoffherstellung unentbehrlich war, und technischen Verfahren zur Giftgasherstellung wesentliche Voraussetzungen für die moderne industrialisierte Kriegsführung. Bemerkenswert ist der Fall von Ludwig Frank. Der Sozialdemokrat gehörte zunächst dem Badischen Landtag und seit 1907 auch dem Deutschen Reichstag an. Er stammte aus einem sehr bewusst jüdischen Elternhaus, unter seinen Vorfahren gab es mehrere Rabbiner. Gegen den Willen der Familie entschied er sich zum Eintritt in die SPD, wo er sich dem revisionistischen Flügel anschloss und gegen die offizielle Parteilinie eine Zusammenarbeit mit den Liberalen befürwortete. Bis zur letzten Minute kämpfte er gegen den Kriegsausbruch und sprach noch am 29. Juli 1914 auf der letzten Friedenskundgebung der Mannheimer Arbeiterbewegung: »Der Krieg zwischen Österreich und Serbien hat ja schon begonnen, und es ist zu spät zu fragen, ob es nicht möglich gewesen wäre, den Ausbruch zu verhindern. Wenn wir aber gefragt werden, wer unsere Sympathie in diesem blutigen Ringen besitzt, so sagen wir unerschrocken: weder Österreich noch Serbien, sondern die Opfer des Krieges auf beiden Seiten.«[774] Die Bündnispflicht gebiete es, so fuhr Frank fort, Österreich gegenüber die Wahrheit auszusprechen, dass es durch sein Ultimatum eine erhebliche Mitschuld am Ausbruch des Krieges trage. Einen Krieg mit Russland und in der Konsequenz auch mit Frankreich hielt Frank selbst Ende Juli noch für vermeidbar: »Gelingt es uns jetzt, den Frieden zu erhalten, so ist er auf Jahrzehnte hinaus gesichert, und wir kommen in den nächsten Jahren zu einer Verständigung zwischen Frankreich und Deutschland, nach der ja beide Völker geradezu lechzen.«[775] Bekanntlich kam es anders.

Als loyaler Sozialdemokrat stimmte Frank am 2. August 1914 im Reichstag für die Kriegskredite. Gleich anschließend meldete er sich freiwillig zum Kriegsdienst, obwohl er aufgrund seiner Immunität als Abgeordneter davon befreit gewesen wäre. Da der Krieg nun einmal nicht zu verhindern gewesen war, wollte er als vorbildlicher Patriot dabei sein. Er zog in dem Glauben in den Krieg, ein Sieg würde die Voraussetzungen dafür schaffen, das Deutsche Reich grundlegend zu reformieren und eine demokratische Monarchie zu etablieren. Am 31. August 1914 rückte Ludwig Frank, der noch wenige Monate zuvor an deutsch-französischen Friedenskonferenzen in Basel und Bern teilgenommen hatte, aus und fuhr an die Westfront. Seiner Frau hatte er eine Woche zuvor geschrieben: »Ich weiß nicht, ob auch die französischen Kugeln meine parlamentarische Immunität achten.«[776] Als der Brief zu Hause ankam, war Frank schon tot. Er fiel am 3. September bei Nossoncourt während des ersten Gefechts, an dem er teilnahm. Ludwig Frank war der einzige Abgeordnete des Deutschen Reichstags, der im Ersten Weltkrieg fiel. Mit Ludwig Haas kämpfte ein weiterer jüdischer Reichstagsabgeordneter im Krieg. Er war Abgeordneter der Deutschen Fortschrittlichen Volkspartei und Unteroffizier des badischen Landsturms, machte die schweren Kämpfe um Ypern mit, erhielt das Eiserne Kreuz Erster Klasse, überlebte und wurde 1918 Innenminister des Landes Baden.

Von den 550000 Juden, die 1914 im Deutschen Reich lebten, wurden 96000 eingezogen. Das waren 17,5 Prozent. Bei der nichtjüdischen Bevölkerung lag der Anteil mit 19,6 Prozent etwas höher, was an der unterschiedlichen Alters- und Beschäftigungsstruktur lag. 77 Prozent der jüdischen Soldaten kämpften an der Front, 29874 wurden ausgezeichnet, darunter 12000 mit dem Eisernen Kreuz Erster oder Zweiter Klasse, und 19545 wurden befördert, davon 2022 zum Reserveoffizier. 11500 jüdische Soldaten fielen im Kampf.[777] Zu ihnen zählten so unterschiedliche Soldaten wie der dreizehnjährige Josef Zippes, der jüngste Kriegsfreiwillige, der für Deutschland kämpfte, und Wilhelm Frankl, mit 19 Luftsiegen einer der erfolgreichsten Jagdflieger des Ersten Weltkriegs und der erste Angehörige der deutschen Fliegertruppen, der mit dem Orden Pour le Mérite ausgezeichnet wurde. Was viele von ihnen motivierte, war die Hoffnung, durch ihren Kriegseinsatz endlich die verdiente Anerkennung im eigenen Lande zu finden. In den *Kriegsbriefen deutscher und österreichischer Juden* wird ein Soldat zitiert, der an der Ostfront kämpfte und am 8. Dezember 1914 nach Hause schrieb: »So wird uns Juden endlich Gerechtigkeit widerfahren, und wir sollten nichts scheuen, keine Strapaze und kein Opfer, um dieses Ziel in würdiger Weise zu erreichen. Ich bin unendlich stolz, mitkämpfen zu dürfen für das geliebte, bewunderungswürdige Vaterland, und weiß zu jeder Stunde, daß eine besondere Verantwortung auf jedem Juden ruht, immer und immer wieder zu zeigen, daß man bereit ist, sein Leben für die deutsche Sache hinzugeben, um dadurch die Gleichwertigkeit des Juden in seiner Liebe für das Vaterland zu beweisen.«[778]

Ein starkes Symbol für die gleichberechtigte jüdische Teilhabe am Kampf um den deutschen Sieg waren die Feldrabbiner. Im Krieg von 1870/71 hatte es erstmals einige wenige Feldrabbiner gegeben, die sich freiwillig für diesen Dienst gemeldet hatten. Auch im Ersten Weltkrieg basierte ihr Einsatz auf dem Prinzip der Freiwilligkeit, hatte aber eine andere Dimension. Obwohl der Verband der deutschen Juden alle Kosten übernahm, traten nach intensiven Verhandlungen am 6. September 1914 erst einmal nur sechs Feldrabbiner ihren Dienst an, ihre Zahl stieg aber im Lauf der Zeit auf etwa dreißig, und ab August 1915 bezahlte das preußische Kriegsministerium ihnen auch eine Aufwandsentschädigung. Die wichtigste Aufgabe der Feldrabbiner bestand natürlich in der Abhaltung von Gottesdiensten, wobei sie dafür nicht selten christliche Kirchen oder leerstehende Häuser nutzen mussten, denn Synagogen standen bei weitem nicht überall zur Verfügung. Daneben betreuten sie Kriegsgefangene, besuchten Lazarette, führten Beerdigungen durch, verteilten Liebesgaben und kümmerten sich um die Versorgung der Soldaten mit religiöser Lektüre oder auch um koscheres Essen. Auch die Durchführung von Unterhaltungsabenden und Vortragsveranstaltungen konnte zu ihren Aufgaben gehören. An der Ostfront kam noch die Hilfe für die ortsansässige jüdische Zivilbevölkerung hinzu.

Unter den Feldrabbinern gab es profilierte Persönlichkeiten wie Leo Baerwald (München), Bruno Italiener (Darmstadt), Georg Salzberger (Frankfurt/Main) und Aron Tänzer (Göppingen). Der weitaus bedeutendste aber war Leo Baeck, der wichtigste Vertreter des deutschen Judentums im 20. Jahrhundert. Baeck, der aus Posen stammte, hatte an der liberalen Hochschule für die

Wissenschaft des Judentums in Berlin studiert und war dort seit 1912 Gemeinderabbiner. Er gehörte 1914 zu den ersten sechs Feldrabbinern und leitete seit März 1915 auch die Feldrabbinerkonferenzen. Das Engagement für das bedrängte Vaterland wie das für die jüdische Glaubensgemeinschaft waren ihm beide gleichermaßen wichtig. Dabei lag ihm auch die religiöse Betreuung der Kriegsgefangenen am Herzen. Leo Baeck gab ein Feldgebetbuch heraus, das in einer Auflage von 17 000 Exemplaren an die jüdischen Soldaten verteilt wurde.[779] Er wirkte in Frankreich, wo er mehr als siebzig Lazarette betreute, und in Litauen, wo er wie viele seiner Glaubensbrüder von der Lebendigkeit des Ostjudentums beeindruckt war.

Über den politischen Antisemitismus, den er nicht als repräsentativ für die nichtjüdische Mehrheitsgesellschaft ansehen mochte, äußerte Leo Baeck sich nur mit großer Zurückhaltung, umso entschiedener wandte er sich gegen den christlichen Antijudaismus. Es war ihm um eine moderne Erneuerung der jüdischen Frömmigkeit angesichts des durch die Assimilation drohenden Identitätsverlustes zu tun, er war ein moderner Rabbiner, Gelehrter und Seelsorger zugleich.[780] Mit dem populären evangelischen Theologen Adolf von Harnack hatte er sich eine scharfe Auseinandersetzung geliefert und auf dessen Vorlesungsreihe über das Wesen des Christentums[781] mit der Schrift *Das Wesen des Judentums* geantwortet.[782] Adolf von Harnack, seit 1888 Professor für Kirchengeschichte an der Friedrich-Wilhelms-Universität in Berlin, war in politischen Fragen eher liberal. 1914 schloss er sich der Freien Vaterländischen Vereinigung an, die die Politik Bethmann Hollwegs unterstützte, unterzeichnete aber auch den Aufruf »An die Kulturwelt!«. In theologischen Fragen war von dieser Liberalität wenig zu spüren. Harnack war vom Kulturprotestantismus seines akademischen Lehrers Albrecht Ritschl geprägt. Er war ein typischer Vertreter des staatsnahen Protestantismus, und als langjähriger Präsident der Kaiser-Wilhelm-Gesellschaft, der heute die Max-Planck-Gesellschaft entspricht, und Generaldirektor der Königlichen Bibliothek, der heutigen Staatsbibliothek, hatte er erheblichen Einfluss im öffentlichen Leben. Als Theologe wollte er neu an Luthers Reformation anknüpfen, das Christentum von allem Jüdischen reinigen und gegen das Kultische, wie die römisch-katholische Kirche es vertrat, zurück zu einem revolutionären Christentum. Im Wintersemester 1899/1900, als Harnack seine Vorlesungen über das Wesen des Christentums hielt, zu denen regelmäßig etwa sechshundert Hörer kamen, war er 49 Jahre alt und stand im Zenit seines Ansehens.

Der Rabbiner Leo Baeck dagegen war damals erst 27 Jahre alt und hatte noch kaum etwas publiziert. 1905 erschien dann seine schmale Schrift über das Wesen des Judentums, die erstmals die religiösen Anschauungen, die das liberale Judentum im 19. Jahrhundert entwickelt hatte, systematisierte und ihn berühmt machen sollte. Baeck ging es um die Bewahrung des unvergänglichen Kerns der jüdischen Religion, das religiöse Geheimnis, das seinen tiefsten Ausdruck im Prophetismus gefunden hatte, zugleich aber auch um zeitgemäße Formen der Religiosität. Für Baeck war das Judentum die »klassische Religion«, eine Religion der Tat. Er wollte ein loyaler Bürger des Deutschen Reiches sein, kämpfte aber auch leidenschaftlich für die Anerkennung der jüdischen Religiosität, die nach seiner Überzeugung der Assimilation nicht zum Opfer fallen durfte.

Wie kritisch Leo Baeck dem deutschen Protestantismus gegenüberstand, verdeutlicht die Rede »Heimgegangene des Krieges«, die er 1919 an der Berliner Hochschule für die Wissenschaft des Judentums hielt. Baeck sprach in dieser Rede, deren Ausgangspunkt die Würdigung im Krieg gefallener Studenten war, vom Luthertum und der Aufklärung als den beiden Kräften, die im preußischen Staat wirksam geworden seien. Luther habe protestierend begonnen, ausgehend von dem jüdischen Grundgedanken des Priestertums aller Gläubigen, und ganz unprotestantisch geendet. Die Ablehnung des katholischen Universalismus führte zu einer Staatsnähe mit fatalen Folgen: »Der alles bevormundende Polizeistaat ist in gerader Linie aus dem Luthertum hervorgegangen.«[783] Diese »preußische Religion« sei dem englischen Calvinismus im Ersten Weltkrieg, einem Kampf der Weltanschauungen, unterlegen: »Was den angelsächsischen Staaten, die in ihrer inneren Entwicklung durch den Calvinismus bestimmt worden sind, ihre Stärke gegenüber der lutherischen Staatsauffassung gegeben hat, ist dieser messianische Zug, diese Lehre von der Arbeit für die Zukunft der Menschheit, diese Beziehung zur jüdischen Idee [...].«[784] Auf die lutherische Staatsauffassung war womöglich ein Satz gemünzt, der sich 1922 in der stark erweiterten Neuausgabe von Baecks Werk *Das Wesen des Judentums* findet: »Das Streben nach der bloßen Macht ist am letzten Ende Selbstvernichtung.«[785] So weitblickende Aussagen über das Wesen des Krieges waren damals nicht gerade an der Tagesordnung.

Leo Baeck war ein Seelsorger im wahrsten Sinne des Wortes, er kümmerte sich um Juden wie Nichtjuden und genoss hohes Ansehen bei den Soldaten. Er war ein absolut loyaler deutscher Staatsbürger, verteidigte aber auch mit großer Entschlossenheit die religiösen Grundlagen der jüdischen Glaubensgemeinschaft. Dieses Selbstbewusstsein war nicht dazu angetan, die Zurückhaltung, die sich die antisemitischen Agitatoren und Verbände zunächst im Sinne des Burgfriedens auferlegt hatten, zu fördern. Mit dieser Zurückhaltung war es ohnehin bald wieder vorbei, nachdem sich der zu Beginn erwartete schnelle Sieg nicht eingestellt hatte, die Bevölkerung zunehmend unter der britischen Seeblockade litt und andererseits ruchbar wurde, dass sich unter den Direktoren der Kriegsgesellschaften einige Juden befanden. Insgesamt hatten sie etwa zehn Prozent der Direktorenposten inne, was gegenüber dem jüdischen Bevölkerungsanteil eine deutliche Überrepräsentation war, von einer irgendwie beherrschenden Stellung konnte andererseits in keiner Weise die Rede sein.

Schon Ende August 1914 gab es erste Stimmen, man müsse das Verhalten der jüdischen Deutschen im Krieg genau beobachten. Diese Stimmen nahmen im Lauf der Zeit an Lautstärke zu, im Dezember 1914 erklärten die Alldeutschen, die Vertreibung der Juden gehöre zu den deutschen Kriegszielen. Und selbst noch die Tatsache, dass deutsche Besatzungsbehörden im Interesse der Rüstungswirtschaft jüdische Zwangsarbeiter aus Osteuropa ins Deutsche Reich deportierten, wurde von völkischen Nationalisten dazu missbraucht, vor jüdischer Einwanderung und Überfremdung in schrillen Tönen zu warnen.[786] Amtliche Stellen wurden von den Antisemiten mit anonymen Eingaben bombardiert.[787] Daneben wurden gezielt Gerüchte gestreut, jüdische Soldaten würden sich vor dem Dienst an der Front drücken. Noch 1919 behauptete Theodor Fritsch, dass »der Militärdienst der Juden sich zumeist auf die Garnisonen, Etappen und Bataillons-Schreibstuben beschränkte. Alle Deutschen, die an der Kampffront waren, können bestätigen, daß Juden nur ganz vereinzelt in der Gefechtslinie gesehen wurden.«[788] Tatsächlich betrug der Anteil der jüdischen Soldaten, die Frontdienst leisteten, mehr als 77 Prozent.[789] Fritsch hätte das auch wissen können, wenn er es denn gewollt hätte. Der preußische Kriegsminister Adolf Wild von Hohenborn hatte am 11. Oktober 1916 einen Erlass in Umlauf gesetzt, der unter dem Schlagwort »Judenzählung« in die Geschichte eingegangen ist:

Fortgesetzt laufen beim Kriegsministerium aus der Bevölkerung Klagen darüber ein, daß eine unverhältnismäßig große Zahl wehrpflichtiger Angehöriger des israelitischen Glaubens vom Heeresdienst befreit sei oder sich vor diesem unter allen nur möglichen Vorwänden drücke. Auch soll es nach diesen Mitteilungen eine große Zahl im Heeresdienst stehender Juden verstanden haben, eine Verwendung außerhalb der vordersten Front, also in dem Etappen- und Heimatgebiet und in Beamten- und Schreiberstellen zu finden.

Um diese Klagen nachzuprüfen und ihnen gegebenenfalls ent-
gegentreten zu können, ersucht das Kriegsministerium erge-
benst um gefällige Aufstellung einer Nachweisung nach dem
anliegenden Muster 1 und 2.[790]

Ein preußischer Kriegsminister, der nichts Besseres zu tun hatte,
als böswillige antisemitische Gerüchte zur Grundlage einer amtlichen Anordnung zu machen, ist bemerkenswert genug. Fast
gravierender war noch, dass aus der Formulierung des Erlasses
erkennbar wird, dass der Minister die Anschuldigungen für substantiell hielt. Dabei muss ihm klar gewesen sein, dass er mit
»antisemitischem Sprengstoff« hantierte.[791] Nach Bekanntgabe
des Erlasses gab es eine intensive Diskussion in der Öffentlichkeit und auch im Reichstag. Die SPD, aber auch die liberale Fortschrittliche Volkspartei werteten den Vorstoß des Ministeriums
als Bruch des Burgfriedens. Nachdem auch der Central-Verein
deutscher Staatsbürger jüdischen Glaubens und andere jüdische
Organisationen energisch protestiert hatten, sah sich das Ministerium zu der Feststellung veranlasst, dass das Verhalten der jüdischen Soldaten keinen Anlass zur Anordnung der Erhebung
gegeben habe, doch das machte auf die antisemitischen Agitatoren keinen Eindruck und konnte den angerichteten Schaden
nicht wiedergutmachen.

Der Erlass zur »Judenzählung« war eine ganz entscheidende
Landmarke auf dem Weg zur deutsch-jüdischen Dissimilation.
Viele jüdische Kriegsteilnehmer berichten in ihren Erinnerungen, der Erlass sei für sie wie ein Schlag ins Gesicht gewesen.
Aber auch an der Heimatfront löste diese von höchster Stelle
kommende Misstrauenserklärung große Betroffenheit aus, wie
zum Beispiel das Gedicht »Judenzählung« der sozialdemokratischen Feministin Henriette Fürth zeigt, deren Söhne beide im
Fronteinsatz waren.[792] Aber die Brüchigkeit des Burgfriedens in
Hinblick auf die jüdische Minderheit, namentlich die Soldaten,
erwies sich schon viel früher. Der Feldwebel Julius Marx notierte

bereits am 5. Oktober 1914 in seinem Tagebuch: »Seit einiger Zeit kann ich es ja mit Händen greifen, dass man mich als Juden scheel ansieht. Bei Kriegsbeginn schien jedes Vorurteil verschwunden, es gab nur noch Deutsche. Nun hört man wieder die alten, verhassten Redensarten.«[793] Am 24. September 1916 schrieb er dann: »Der Durchschnittsdeutsche mag eben den Juden nicht. Ich möchte hier nichts sein, als ein deutscher Soldat, – aber man sorgt nachgerade dafür, dass ich's anders weiss!«[794] Häufig ist in den Kriegserinnerungen auch zu lesen, dass am Tag der »Judenzählung« die jüdischen Soldaten in die Etappe geschickt wurden, um sie nicht mitzählen zu müssen und so das Ergebnis zu ihren Ungunsten zu verfälschen. Dennoch war das Ergebnis völlig unspektakulär und erbrachte, dass der Fronteinsatz der jüdischen wie der nichtjüdischen Soldaten sich in den gleichen prozentualen Dimensionen bewegte. Daraufhin geschah etwas, was die Sache noch viel schlimmer machte. Das Kriegsministerium entschloss sich, die Zahlen nicht zu veröffentlichen, angeblich mit Rücksicht auf die Juden, weil sie so »verheerend« seien.[795] Diese Nichtveröffentlichung gab dem antisemitischen Geschrei natürlich erst Recht Auftrieb und schuf Raum für Judenhasser wie den preußischen Generalmajor Ernst von Wrisberg, der bei Kriegsende verfälschte Ergebnisse in der Öffentlichkeit lancierte. Schließlich nahmen die Betroffenen die Sache selbst in die Hand. Zwölf jüdische Verbände schufen einen Ausschuss für Kriegsstatistik, der verlässliche Zahlen über die jüdischen Soldaten herausbrachte, doch das Buch, herausgegeben von dem Statistiker und Sozialpolitiker Jacob Segall, erschien erst 1922[796] und hatte nur eine sehr begrenzte Wirkung.

1917 erschien eine schmale Schrift des sozialdemokratischen Politikers Eduard Bernstein mit dem Titel *Von den Aufgaben der Juden im Weltkriege*. Bernstein war der wichtigste Theoretiker des Revisionismus. Auf den Parteitagen gewann er keine Mehrheiten für seine Positionen, aber seine langfristige Wirkung war dennoch groß. Bernstein war zugleich auch ein entschiedener Kriegsgegner, 1913 stimmt er mit dem linken Flügel der SPD-Fraktion gegen die Rüstungsvorlage der Regierung. 1915 wandte er sich öffentlich gegen die Linie seiner Partei, die mehrheitlich weiterhin für eine Bewilligung der Kriegskredite eintrat, und 1917 gehörte Bernstein zu den Gründern der USPD. Sein Aufsatz über die Aufgaben der Juden im Krieg, der im selben Jahr erschien, hatte seinen Ursprung in einer Einladung zur Mitarbeit an der marxistisch-zionistischen Zeitschrift *Der jüdische Kämpfer* in New York. Bernstein betonte in der Einleitung, er selbst sei kein Zionist. Der Zionismus biete zwar eine positive Vision für die im russischen Ansiedlungsrayon lebenden Juden, aber für die in Westeuropa bedeute er eine »Entwicklung nach rückwärts«.[797] Tatsächlich lässt Bernstein aber Sympathien für den Zionismus erkennen, er engagierte sich auch nach 1918 angesichts des wachsenden Antisemitismus immer wieder für das Palästina-Projekt. Bernstein appellierte an die Zionisten, nicht mit den Wölfen des Nationalismus um die Wette zu heulen, sondern sich der besonderen Aufgabe der Juden als loyale Staatsbürger, Weltbürger und Mittler zwischen den Nationen bewusst zu sein: »In diesem Sinne kann der zionistische Jude so gut wie der deutsche, der englische, der französische Jude weltbürgerlich denken und handeln, und sollte es auch tun. Auf die nationalen Kämpfe unserer Zeit angewendet, heißt es, daß der Jude, welcher staatlich organisierten Nation er auch angehört, mit der Erfüllung der Pflichten gegen diese Nation stets auch die Aufgabe verbinden sollte, ein Mittler der Nationen zu sein. Ihm kommt es zu, der Völkerverhetzung jeglicher Art, allen Auswüchsen des Nationalismus nach besten Kräften entgegenzuwirken.«[798]

So wie im Krieg französische und deutsche Arbeiter aufeinander schossen, konnten auch französische und deutsche Juden aufeinander schießen, ohne dass ihre Zugehörigkeit zur gleichen sozialen Schicht beziehungsweise zur gleichen religiösen Gemeinschaft deshalb in Frage stand. Nationalisten stellten die Loyalität im einen wie im anderen Fall in Frage. Dennoch war das Misstrauen gegenüber der Arbeiterschaft, bei der es nur um eine soziale Differenz ging, nicht so massiv und elementar wie gegenüber dem Judentum, dem der Antisemitismus neben der religiösen immer auch eine ethnische Differenz mitsamt einer damit einhergehenden Illoyalität unterstellte.

Der Zionismus dagegen war ein transnationaler Nationalismus, der sich als Reaktion auf den Antisemitismus herausbildete, auf einen Antisemitismus, der den Juden das Existenzrecht in der Diaspora bestritt. Gerade in Kriegszeiten, in denen die unbedingte nationale Einheit als wichtigstes Unterpfand des Sieges galt, führte dies zu einem komplexen Spannungsverhältnis. Die äußere Bedrohung hatte eine Intensivierung des Nationalismus zur Folge. Der Nationalismus war für den modernen Antisemitismus konstitutiv. Umgekehrt war der Antisemitismus oftmals ein konstitutives Element des Nationalismus.[799] Die Alldeutschen sind dafür ein gutes Beispiel. Als nationalistische Vereinigung gegründet, wurden sie in ihrer Programmatik immer antisemitischer und erhoben mitten im Krieg die Forderung, dass die Juden aus Deutschland entfernt werden müssten. Aus der Sicht von Leuten, die in ihren Kriegszielprogrammen auch forderten, eroberte Gebiete seien ohne die einheimische Bevölkerung an Deutschland abzutreten, war das vermutlich konsequent.

Während der Antisemit dem jüdischen Mitbürger, den er als solchen nicht anerkannte, die Möglichkeit absprechen wollte, ein loyaler Bürger des Staates zu sein, in dem er lebte, und deshalb seine Entfernung verlangte, sah sich der Jude, der sein Herkommen nicht verleugnen wollte, einer doppelten Herausforderung gegenüber. Eduard Bernstein sprach davon, dass zwei Arten des jüdischen Patriotismus zu unterscheiden seien, der »Landespatriotismus« des Staatsbürgers und der »Stammespatriotismus« des Juden.[800] In einen Konflikt würden diese beiden Patriotismen nur in ihrer übersteigerten Form geraten. »Aber«, das gestand Bernstein zu, »auch in ihrer einfachen Form können die beiden

Empfindungen ihren Träger in Gewissenskonflikte bringen.«[801] Er dachte dabei allerdings nicht an die deutschen Juden, sondern eher an die in Großbritannien und Amerika, deren Heimatländer sich mit Russland, der reaktionärsten Großmacht Europas, verbündet hatten. Das Zusammengehen mit einem Land, in dem die Lage der Juden so viel schlechter war als zum Beispiel in Deutschland, musste für die britischen und amerikanischen Juden einen Konflikt zwischen Landespatriotismus und Stammespatriotismus bedeuten. Sehr viel schwieriger noch war die Situation für einen russischen Juden. Konnte er ernsthaft den militärischen Erfolg des Zarenreiches wünschen, das als einziger Staat in Europa die Emanzipation der Juden ablehnte? Auf diese Frage wird noch zurückzukommen sein.

Der Zionismus hatte seine Massenbasis in Osteuropa, während er in Deutschland und Österreich nur über eine kleine Anhängerschaft verfügte, und doch war dort bis zum Krieg das politische Zentrum der Bewegung. Die Wirkungsstätte von Theodor Herzl, der 1897 den ersten Zionistischen Weltkongress in Basel organisiert hatte und 1904 verstarb, war Wien gewesen. Seine beiden Nachfolger als Präsidenten der Zionistischen Weltorganisation (WZO), David Wolffsohn (1907 bis 1911) und Otto Warburg (1911 bis 1920), lebten in Deutschland. Doch die Zionisten wollten ihr Schicksal im Krieg nicht unabänderlich mit dem der Mittelmächte verbinden. Die WZO, die ihren Sitz in Berlin hatte, errichtete deshalb im Februar 1915 ein Exekutivbüro im neutralen Kopenhagen. Die Leitung übernahm zunächst Leo Motzkin, 1916 dann Victor Jacobson, der wie Motzkin aus dem ukrainischen Teil des Zarenreiches stammte und 1913 nach Berlin gekommen war. Jacobson war auch der Initiator des am 25. Oktober 1918 veröffentlichten »Kopenhagener Manifests«, das forderte, in einem Friedensvertrag müsse Palästina als nationale Heimstätte des jüdischen Volkes festgeschrieben werden. Zugleich verlangte das Manifest »die volle und tatsächliche Gleichberechtigung der Juden in allen Ländern«, also die Vollendung des Emanzipationsprozesses.[802]

Entscheidend war das Jahr 1917. Es wurde immer deutlicher, dass die Mittelmächte den Krieg nicht gewinnen würden, so dass Großbritannien und Frankreich für die Zionisten die interessantesten Bündnispartner waren. Im Oktober 1917 eröffnete die WZO ein Büro in London. Nur wenig später, am 2. November 1917, veröffentlichte das Foreign Office in London eine Entschließung, die die britische Regierung wenige Tage zuvor verabschiedet hatte. Lord Balfour, der britische Außenminister, schrieb an Lord Rothschild:

> Zu meiner großen Genugtuung übermittle ich Ihnen namens S.M. Regierung die folgende Sympathie-Erklärung mit den jüdisch-zionistischen Bestrebungen, die vom Kabinett geprüft und gebilligt worden ist:

> Seiner Majestät Regierung betrachtet die Schaffung einer nationalen Heimstätte in Palästina für das jüdische Volk mit Wohlwollen und wird die größten Anstrengungen machen, um die Erreichung dieses Zieles zu erleichtern, wobei klar verstanden werde, daß nichts getan werden soll, was die bürgerlichen und religiösen Rechte bestehender nichtjüdischer Gemeinschaften in Palästina oder die Rechte und die politische Stellung der Juden in irgendeinem anderen Lande beeinträchtigen könnte.[803]

Der Empfänger des Schreibens Lionel Walter Rothschild gehörte der englischen Linie des berühmten Bankhauses Rothschild an, dessen Ursprünge in Frankfurt am Main liegen. Er war das wichtigste Mitglied der von Balfour eingesetzten Kommission zur Ausarbeitung der Entschließung gewesen, nun sollte er das Ergebnis der Beratungen der Zionistischen Weltorganisation bekannt machen, in der er selbst keine Funktion ausübte.

Die Deklaration war ein entscheidender diplomatischer Durchbruch für die Zionisten. Sie wurde in Millionen von Exemplaren weltweit in den jüdischen Gemeinden verbreitet und sogar über deutschen und österreichischen Städten mit Flugzeugen abgeworfen.[804] Vor der Verabschiedung der Balfour Declaration hatte es im britischen Kriegskabinett ein monatelanges Tauziehen gegeben. Hauptgegner einer Entschließung, die den jüdischen Anspruch auf Palästina unterstützte, war ausgerechnet Edwin Montagu, der einzige Jude, der damals der Regierung angehörte. Er war ein entschiedener Befürworter der jüdischen Assimilation und scharfer Gegner des Zionismus. Montagu wollte kein britischer Jude, sondern ein jüdischer Brite sein. Im August 1917 legte er ein Memorandum vor, in dem er schrieb: »Der Zionismus ist eine schädliche politische Überzeugung, sie ist nicht akzeptabel für einen patriotischen Bürger Großbritanniens.«[805] Die Sehnsucht, sich die britische Erde von den Schuhen zu schütteln und wieder Ackerbau in Palästina zu betreiben, sei mit der britischen Staatsbürgerschaft unvereinbar.

Montagu war der Überzeugung, dass es so etwas wie eine jüdische Nation nicht gab. Für ihn war das Judentum ausschließlich eine Sache der Religion. Palästina sei außerdem als Lebensraum für die Juden nicht geeignet. Schließlich befürchtete Montagu, ein Bekenntnis zum Zionismus werde die durch die Assimilation erreichte Stellung der Juden gefährden. Sobald es einen jüdischen Staat in Palästina gäbe, würden die verschiedenen europäischen Regierungen die Juden des Landes verweisen: »Palästina wird zum Getto der Welt.« Am Ende seines Memorandums spielt Montagu die chauvinistische Karte: »Ich habe das Gefühl, dass die Regierung instrumentalisiert werden soll zu Gunsten einer zionistischen Bewegung, die von Männern geführt wird, die aus feindlichen Staaten stammen.«[806] Das richtete sich vor allem gegen Chaim Weizmann und Nachum Sokolow, die wichtigsten Zionisten in Großbritannien, die beide im zaristischen Russland geboren, später aber nach Deutschland gegangen waren.

Weizmann, 1874 in der Nähe von Pinsk (heute Weißrussland) geboren, hatte als junger Mann in Deutschland Chemie studiert. Danach verbrachte er einige Jahre in der Schweiz, bevor er 1904 Professor in Manchester wurde. Er nahm die britische Staatsbürgerschaft an und wurde 1916 Direktor des Munitionslabors der britischen Admiralität. Weizmann entwickelte eine neue, biotechnologische Methode zur Herstellung von Aceton. Das war von großer Bedeutung, denn bis dahin waren die Deutschen in der Herstellung von Aceton führend gewesen, das für die Produktion von Sprengstoff gebraucht wurde. Weizmann erwarb sich durch seine Arbeit als Chemiker große Verdienste um Englands militärische Erfolge im Ersten Weltkrieg. Er hatte aber auch eine klare Vorstellung von Großbritanniens geopolitischen Interessen im Nahen Osten und sah die Möglichkeit, zugleich etwas für den Zionismus zu erreichen. 1915 trug er dem britischen Schatzkanzler David Lloyd George erstmals seine Idee von einem Judenstaat in Palästina vor. Für Großbritannien hätte, so Weizmann, ein solcher Staat die Funktion eines Schutzwalls zwischen dem Sueskanal und dem Schwarzen Meer, und die Juden hätten zugleich ein Land, das ihnen zur Besiedlung zur Verfügung stand. Im Dezember 1916 wurde Lloyd George Premierminister und Arthur Balfour Außenminister. Diese neue Regierung war grundsätzlich aufgeschlossen gegenüber den Anliegen der Zionisten.

Die zionistische Bewegung, die zunächst nur eine relativ kleine Minderheit der Juden vertrat und zudem noch in verschiedene Gruppen zersplittert war, agierte damals in sehr bescheidenen Verhältnissen. Ihr Hauptquartier war Weizmanns Privatwohnung im Londoner Stadtteil Kensington. Weizmann war eine »Ein-Mann-Regierung, zuständig für Propaganda, Außenpolitik und strategische Planung«, die sich selbst ermächtigt hatte.[807] Seine Autorität erwuchs aus der Anerkennung, die er von britischer Seite erfuhr. Im Juli 1917 wurde ein Politisches Komitee etabliert, mit Weizmann und Sokolow als gleichberechtigten

Vorsitzenden. In dieser Zeit legten die Zionisten auch einen ersten Resolutionsentwurf vor, der jedoch auch denjenigen Regierungsmitgliedern, die mit ihren Bestrebungen sympathisierten, zu ausführlich und zu verpflichtend für Großbritannien war.

Das Kriegskabinett beschäftigte sich im folgenden Vierteljahr immer wieder mit dem Thema. Parallel versuchte man die Zustimmung des amerikanischen Präsidenten Woodrow Wilson zu einer prozionistischen Entschließung einzuholen, der sich jedoch zunächst zögerlich verhielt, dann endlich seine Zustimmung signalisierte, aber im Hintergrund bleiben wollte. Auch aus Frankreich und Italien kamen zustimmende, wenn auch sehr allgemein gehaltene Erklärungen. Die Zionisten versprachen, weltweit für die Alliierten, die gegen Deutschland und die Türkei kämpften, Propaganda zu machen.[808] Die Befürworter der Balfour Declaration im britischen Kabinett verwiesen darauf, dass die Gewinnung der Sympathien der russischen und vor allem der amerikanischen Juden hilfreich sei, denn die USA waren in der letzten Phase des Krieges Großbritanniens wichtigster Verbündeter. Die Gegenseite betonte dagegen die negative Wirkung einer solchen Entschließung bei der moslemischen Bevölkerung in den britischen Kolonien, namentlich in Indien. Einigkeit herrschte, wie auch Balfour betonte, darüber, dass die Deklaration vor allem britischen Interessen dienen sollte. De facto folgte die Balfour Declaration, als sie schließlich zustande kam, dem britischen Kalkül, stärkte aber zugleich die damals noch ziemlich junge zionistische Bewegung nachhaltig, vor allem auch Weizmann und seine Gefolgsleute, die alle Überlegungen in Hinblick auf Uganda und andere territoriale Lösungen entschieden ablehnten und auf einen jüdischen Staat in Palästina hinarbeiteten. Weizmann, der 1952 starb, erlebte den Erfolg seiner Anstrengungen noch, er wurde 1949 Israels erster Staatspräsident.

Dass Palästina die historische Heimat der Juden war, unterlag keinem Zweifel. Doch als 1914, zehn Jahre nach Herzls Tod, der

Erste Weltkrieg ausbrach, lebten dort nur etwa 55 000 Juden neben 600 000 Arabern. Insofern kam den verschiedenen in der Balfour Declaration enthaltenen Einschränkungen erhebliche Bedeutung zu. So sollten die Rechte der nichtjüdischen, sprich: der arabischen Gemeinschaft im Lande respektiert werden. Den Juden wurde auch kein Staat in Aussicht gestellt, sondern lediglich eine »nationale Heimstätte«. Dieser Begriff war im Völkerrecht bis dahin unbekannt,[809] und die Worte »in Palästina« definierten auch kein Territorium. Gleichwohl bedeutete das Dokument für die zionistische Bewegung einen gewaltigen Prestigegewinn. Bedeutsam ist die Balfour Declaration aber auch noch aus einem anderen Grund. Großbritannien verfügte hier über ein Territorium, das es gar nicht besaß, denn Palästina war Teil des Osmanischen Reiches. Doch das türkische Imperium war stark geschwächt, nachdem es 1912/13 erhebliche Territorien auf dem Balkan und in Nordafrika durch kriegerische Konflikte verloren hatte, ein Prozess, der sich nach Kriegsbeginn fortsetzte. Am 18. Dezember 1914 hatte Großbritannien Ägypten zum britischen Protektorat erklärt, im November 1915 nahmen Großbritannien und Frankreich Verhandlungen auf, um ihre Interessensphären im Nahen Osten abzustecken. Die beiden Unterhändler, die Diplomaten Mark Sykes und François Georges-Picot handelten ein Abkommen darüber aus, wem welche Territorien beziehungsweise Einflusszonen nach der Zerschlagung des Osmanischen Reiches im Nahen Osten zufallen sollten. Sykes war der Chefsekretär des britischen Kriegskabinetts, er spielte auch bei den Verhandlungen über die Balfour Declaration eine wichtige Rolle. Am 16. Mai 1916 wurde das geheime Sykes-Picot-Abkommen unterzeichnet. Es versprach den Arabern einen Staat in einem Gebiet, das, nach der heutigen politischen Geographie, das östliche Syrien, den nördlichen Irak und Jordanien umfassen sollte. Der nördliche Teil dieses Staates sollte französisches Einflussgebiet sein, der südliche britisches. Palästina sollte internationalisiert werden, mit Ausnahme von Haifa und Akko, die Großbritannien zufallen sollten. Darüber hinaus sollten der Libanon, das westliche Syrien und Teile Südostanatoliens unter direkter französischer Herrschaft stehen, Mesopotamien unter britischer. Diese Grenzziehungen wirken bis heute nach und sind Teil der Ursachen für die aktuellen Konflikte.

Der Geheimagent Thomas Edward Lawrence, der seit Dezember 1914 für den britischen Secret Intelligence Service in Kairo tätig war und als »Lawrence von Arabien« in die Geschichte eingegangen ist, stachelte die Araber zu Aufständen gegen die Osmanenherrschaft an. Tatsächlich gelangen den Freischärlern unter maßgeblicher Beteiligung von Lawrence beträchtliche militärische Erfolge. Er brachte den in offener Feldschlacht hoffnungslos unterlegenen Beduinen die Taktik des Guerillakriegs bei. Am 1. Oktober 1918, kurz vor Kriegsende, fiel sogar die syrische Hauptstadt Damaskus, aber mit den arabischen Rebellen zogen auch die britischen Truppen in die Stadt ein. Die Briten hatten den Zionisten mit der Balfour Declaration dasselbe Territorium in Aussicht gestellt, das sie zuvor schon den Arabern versprochen hatten, dachten aber im einen wie im anderen Fall vor allem an ihre eigenen Interessen. Sie brachten das Kunststück fertig, ein Gebiet, das ihnen damals nicht einmal gehörte, nacheinander zwei verfeindeten Volksgruppen zu versprechen und es dann am Ende selbst zu behalten. Im April 1920 teilten sich Großbritannien und Frankreich auf der Konferenz von San Remo ihre Kriegsbeute. Die Briten unterstellten Palästina und den Irak ihrer Herrschaft, die Franzosen Syrien und den Libanon der ihren. Der nach dem Krieg gegründete Völkerbund billigte dieses Vorgehen nachträglich und erteilte den Besatzern im Juli 1922 ein entsprechendes Mandat.

Zeev Jabotinsky und Joseph Trumpeldor hatten schon 1914 eine Einheit aus jüdischen Freiwilligen aufgestellt, das Zion Mule Corps, das im Rahmen der britischen Armee für die Befreiung des Heiligen Landes von osmanischer Herrschaft kämpfte. In der Jüdischen Legion kämpften vor allem Juden aus Großbritannien,

Russland, den USA und Kanada, darunter der aus dem zaristischen Teil Polens stammende und spätere erste Premierminister Israels, David Ben-Gurion. Die Jüdische Legion war auch beteiligt, als am 9. Dezember 1917 die Briten in Jerusalem einfielen.[810]

Die deutschen Juden stellte die Balfour Declaration naturgemäß vor nicht unerhebliche Interpretationsprobleme. Ihr wichtigstes Organ, die *Allgemeine Zeitung des Judentums (AZJ)*, berichtete darüber erst vier Wochen später in einer Meldung auf der zweiten Seite: »Die englische Erklärung, einen Zionistenstaat in Palästina, wo die Engländer große Fortschritte machen sollen, herstellen zu wollen, hat in der Türkei große Bedenken erregt, bei den deutschen Zionisten einiges Bedenken hervorgerufen, da es sich bei dieser Erklärung um einen antideutschen Versuch handelt, bei den Zionisten der neutralen und der mit England verbündeten Länder hellste Begeisterung entfacht.«[811] Kritisch wurde angemerkt, dass die Briten hier Zusagen bezüglich eines Territoriums machten, das sich gar nicht unter ihrer Kontrolle befand. Dabei berief sich die Zeitung auf einen türkischen Bericht, der die britischen militärischen Erfolge in Palästina rundheraus abstritt. Weiter schrieb die *AZJ*: »Für uns bleibt die Frage eines Judenstaats gänzlich undiskutierbar; wir können daran nicht glauben und wollen davon nichts wissen.«[812] Das war eine an Deutlichkeit nicht zu übertreffende Absage an die Bestrebungen des Zionismus. Die *AZJ* vertrat die Position des assimilatorischen Central-Vereins deutscher Staatsbürger jüdischen Glaubens, der in dieser Situation wohl keine andere Möglichkeit sah, als durch heftige antizionistische Bekenntnisse den Verdacht eines Mangels an Patriotismus offensiv zu konterkarieren.

Die *Jüdische Rundschau*, das Organ der Zionistischen Vereinigung für Deutschland, die damals 10 000 Mitglieder hatte, nahm schon zwei Wochen vor der *AZJ* zur Balfour Declaration Stellung, prominent auf der ersten Seite und mit einer Stellungnahme, die sich nicht hinter türkischen Heeresberichten versteckte. Balfours

337

Brief an Lord Rothschild wurde zu Beginn in voller Länge abgedruckt. Es folgte der unterschiedlich interpretierbare, jedenfalls aber zutreffende Satz: »Diese Erklärung der englischen Regierung ist ein Ereignis von außerordentlicher Tragweite.« Selbst wenn Großbritannien die Absicht habe, in Palästina ein Protektorat zu errichten, und somit eigene Interessen verfolge, sei die ausgesprochene Anerkennung des jüdischen Strebens nach einer nationalen Heimstatt von größtem Wert. Für die deutschen Zionisten war die neue Lage nicht einfach, sie hatten nach dem Kriegseintritt des Osmanischen Reiches in der Palästinafrage ganz auf die türkische Karte gesetzt. Auch jetzt hielten sie als Zionisten an ihrem transnationalen Nationalismus fest:

> Es liegen Gründe zu der Annahme vor, daß die Regierungen der Vereinigten Staaten, Frankreichs und Italiens sich dem Standpunkt der englischen Regierung in der Frage des Zionismus anschließen werden. Es ist zu wünschen und zu hoffen, daß auch die Mittelmächte und insbesondere die Türkei den gleichen Standpunkt vertreten werden. Denn der Zionismus hat nur dieses eine Ziel: Mit Zustimmung der gesamten Kulturwelt, ungehindert und in Sicherheit, in Palästina ein Werk friedlicher Kulturarbeit zu vollbringen, dem Judentum und der ganzen Menschheit zum Nutzen.[813]

Die Frage war nur, wie dieses Ziel zu erreichen war. Die deutschen Zionisten konnten mitten im Krieg schwerlich mit den Regierungen der Entente-Staaten Verbindung aufnehmen, aber es stand ihnen frei zu versuchen, etwaigen negativen Wirkungen der Balfour Declaration bei den Regierungen der Mittelmächte vorzubeugen. Im Dezember 1917 wurde der zionistische Journalist Julius Becker, der auf dem Weg nach Palästina war, in Konstantinopel von Großwesir Talât Pascha empfangen, der als Innenminister die Hauptverantwortung für die Ermordung der Armenier trug. Pascha war von orientalischer Liebenswürdigkeit und versicherte Becker, die türkische Regierung sei von den besten Gefühlen für ihre jüdischen Mitbürger beseelt, um dann eine bemerkenswerte Feststellung folgen zu lassen: »Die Türkei ist ja das einzige Land, das nie eine antisemitische Bewegung gekannt hat, wie Sie sie in allen anderen Ländern finden.« Was Palästina betraf, fügte er allerdings hinzu, »daß jede Einwanderung sich in den natürlichen Grenzen der derzeitigen Aufnahmefähigkeit des Landes halten muß.« Hunderttausende könnten keinesfalls einwandern, da sie nicht ernährt werden könnten. Außerdem sei Bedingung, dass die Einwanderer die russische Staatsbürgerschaft zugunsten der osmanischen aufgäben. Abschließend fügte Pascha hinzu, »daß es uns unmöglich ist, den Juden irgendwelche Vorrechte zu geben. Sie können nur dieselben Rechte genießen wie unsere anderen Staatsbürger.«[814] Diese recht unverbindliche Erklärung begrüßte wenige Tage später namens der deutschen Regierung der Unterstaatssekretär im Auswärtigen Amt Hilmar von dem Bussche-Haddenhausen. Er erklärte: »Wir würdigen die auf Entwicklung ihrer Kultur und Eigenart gerichteten Wünsche der jüdischen Minderheit in den Ländern, in denen sie ein stark entwickeltes Eigenleben haben, bringen ihnen volles Verständnis entgegen und sind zu einer wohlwollenden Unterstützung ihrer diesbezüglichen Bestrebungen bereit.«[815] Die deutsche Regierung begrüßte, dass die osmanische Regierung den Juden freie Einwanderung nach Palästina in Aussicht gestellt hatte. Die Zionisten sahen darin eine Erfüllung ihrer Hauptforderung nach einer nationalen Heimstätte. Der deutschen Regierung ging es in Wahrheit wohl eher darum, die Millionen russischer Juden, die in der Tat ein »stark entwickeltes Eigenleben« hatten, von den deutschen Grenzen fernzuhalten.

Im April 1916 war die erste Ausgabe einer neuen Zeitschrift erschienen. Ihr Name *Der Jude* war Bekenntnis und Programm. Martin Buber, einer der Begründer und ihr Herausgeber, begann sein Editorial mit der Feststellung: »Der Krieg hat die Lage des

Judentums inmitten der Völker in ihrer tragischen Problematik gesteigert und furchtbar verdeutlicht.«[816] Hunderttausende von Juden kämpften gegeneinander, und doch war Buber davon überzeugt, dass »diese Zeit der schwersten Prüfung für das Judentum eine tiefe Selbstbesinnung und damit den Beginn einer wahrhaften Sammlung und Einigung bedeutet«.[817] Die Juden nahmen am Krieg teil, aber nicht das Judentum: »Die Juden sind Mittel, hüben und drüben, aber das Judentum ist unverbrüchlicher Selbstzweck, dienstbar nur dem Durchbruch des Menschentums.«[818] Buber selbst hatte in seinen Studienjahren dazu geneigt, die Bezeichnung »Jude« als Schimpfwort zu gebrauchen, obwohl ihm bewusst war, dass er damit die pejorative Sicht der nichtjüdischen Mehrheitsgesellschaft übernahm.[819] Doch der Krieg hatte den kategorialen Begriff rehabilitiert: »Aus allen Briefen vom Felde empfing ich den gleichen Eindruck – den einer Stärkung des Verhältnisses zum Judentum durch Klärung des Blicks und Festigung des Willens.«[820] Die »richtungslosen Juden des Westens« ließen die Luftwurzeln ihrer Assimilation hinter sich und vereinten sich mit den »gefesselten Juden des Ostens« zu einem selbstbewussten Judentum, dessen Bestimmung nicht in der Völkertrennung, sondern in der Völkerverbindung lag.[821] Hier traf sich der Kulturzionist Martin Buber mit dem Sozialisten Eduard Bernstein. Bei allen sonstigen Unterschieden waren sich der Religionsphilosoph und der sozialdemokratische Politiker darin einig, dass das Judentum, indem es für sich Freiheit und Gleichberechtigung forderte, in einer Zeit des überbordenden Nationalismus, der alles zu verschlingen drohte, auch der Völkerverbindung diente.

Nur wenige Jahre nach dem ersten zionistischen Kongress hatte sich innerhalb der zionistischen Bewegung eine »Demokratische Fraktion« gebildet, für die nicht die Gründung eines jüdischen Staates im Vordergrund stand, sondern der kulturelle Zionismus; ihr Sprecher war Martin Buber. Inspiriert von dieser Strömung beschloss der fünfte Zionistenkongress 1901 die Gründung eines Jüdischen Verlages, die im Jahr darauf Martin Buber, Chaim Weizmann, der Grafiker Ephraim Moses Lilien und die Schriftsteller Berthold Feiwel und Davis Trietsch in Berlin realisierten. Hier sollte auch die Zeitschrift *Der Jude* erscheinen, um für die Ideen der Demokratischen Fraktion ein Forum zu schaffen, aber die wirschaftlichen Schwierigkeiten waren zu groß.[822] Die Zeitschrift erschien erstmals 1916 im Wiener Löwit-Verlag und wurde erst nach dem Krieg vom Jüdischen Verlag übernommen. *Der Jude* kam monatlich heraus und wurde sehr schnell zu einer wichtigen Stimme. Die bedeutendsten Vertreter des deutschen Judentums aller Richtungen schrieben dort, von Leo Baeck über Franz Rosenzweig und Gustav Landauer bis Hermann Cohen, aber auch prominente nichtjüdische Autoren kamen gelegentlich zu Wort. Und es gab auch literarische Beiträge. So erschien hier 1917 erstmals Franz Kafkas Erzählung »Ein Bericht für eine Akademie«.[823] Ein ehemaliger Affe berichtet darin über seine Menschwerdung. Die Schilderung der Verwandlung kann man als satirischen Bericht über eine erzwungene Assimilation lesen, auch wenn Kafka selbst kein Kulturzionist war. Der Text passte gut zu den Intentionen der Zeitschrift, die nicht für eine Auswanderung nach Palästina warb, aber in der kritischen Bewertung der Assimilation mit den Zionisten einig ging.

So wie die antisemitisch intendierte »Judenzählung« eine entscheidende Landmarke des Dissimilationsprozesses war, so markierte die Zeitschrift *Der Jude* ganz deutlich das Entstehen eines neuen postassimilatorischen jüdischen Selbstverständnisses und Selbstbewusstseins. Bezeichnenderweise ging Buber nur mit einer Glosse auf das Thema »Judenzählung« ein: »Man sagt mir, ›wir‹ müssten protestieren. Das ist meine Meinung nicht. An den aufrechten Deutschen ist es zu protestieren: an allen, die sich ihr Deutschland nicht durch den Ungeist, der sich mit diesen Anträgen und Prozeduren ankündigt, verschandeln lassen wollen.«[824] Solche Aufrechten gab es, aber ihre Zahl war gering.

Buber gehörte zu denen, die der Krieg zu Beginn fasziniert

hatte, das Rauschhafte der Gewalt, die Erneuerung zu tätigem Sein: »Auch wer den Krieg verdammt, darf sein Ohr dem Brausen der Kinesis nicht schließen. [...] Die Menschen werden tiefer aufgerüttelt als sie selber merken, und was sie in diesem Krieg wiedergewinnen, die Rückhaltlosigkeit des tuenden Wesens, werden sie in ganz anderen Kriegen zu bewähren haben.«[825] Für Buber war der Krieg ein großer Erzieher, die »Gewalt des Gleichzeitigen«[826] sollte den Einzelnen zurück in die Gemeinschaft führen, ihm sein Judentum neu bewusst machen. Am 19. Dezember 1914 hielt Buber eine vielbeachtete Rede in der Berliner Zionistischen Vereinigung. Anlass war das Channukafest, bei dem die neuerliche Weihe des Tempels nach seiner Rückeroberung und Wiederherstellung durch Judas Makkabäus 164 v. Chr. gefeiert wird. Bei den Zionisten hieß das Channukafest Makkabäerfeier, sie bezogen sich auf die jüdischen Freiheitskämpfer, die sich erfolgreich gegen die syrische Fremdherrschaft erhoben hatten. Auch Buber sah in der Tapferkeit der Makkabäer das eigentliche Erbe der jüdischen Geschichte. Im gegenwärtigen Kriege kämpften Juden zwar gegeneinander, aber auch »mitsammen um ihr Judentum«.[827] Als den Juden in den kriegführenden Staaten die Bedingungen ihrer Existenz in der Diaspora schmerzhafter denn je bewusst waren, sprach Buber von der Zuversicht, dass Gott »die Verstoßenen Israels und die Verstreuten Judas einsammeln [wird] von den vier Enden der Erde«.[828] Der Bewährung im Kampf würde die Überwindung der Zerrissenheit folgen, das war Bubers zentrale Botschaft.

Auch der Sozialist und Anarchist Gustav Landauer sah das schöpferische Potential des Krieges, das in seiner Selbstüberwindung lag. Er sprach davon, dass der gegenwärtige Krieg ein »Krieg gegen den Krieg, der letzte Krieg, Krieg um die Erneuerung der Völker und Herstellung des Bundes, Krieg um die Menschheit« sei.[829] So schrieb er im vierten Kriegsjahr in der verzweifelten Hoffnung, dass das gewaltige Gemetzel irgendeinen Sinn hätte. Aber als Pazifist war er vom ersten Moment an bedingungslos gegen den Krieg gewesen und sah in ihm, anders als Buber, auch keinen Sinn. Zehn Tage nach Kriegsausbruch erschien sein Essay »Der europäische Krieg«, in dem er jeglichem Nationalismus eine entschiedene Absage erteilte: »Unseren Freunden und denen, die nicht unsere Freunde sein wollen, sagen wir, dass wir keinen Hass, gegen keinen, im Herzen tragen. Es gilt für die Einzelnen, gleichviel welche Stellung sie bekleiden, wie für die Nationen: Keiner ist schuldig, alle sind schuldig. Alle – auch wir sind schuldig.«[830]

Landauer war schockiert von der bellizistischen Hochstimmung der Dichter und Denker: »Nichts (nicht einmal die Feldpost) hat in diesem Krieg so kläglich versagt, wie der deutsche Geist.«[831] Landauers mystischer Messianismus,[832] sein freiheitlicher Sozialismus, der von einem freien Zusammenleben gleichberechtigter Individuen träumte, ließ sich mit keinem wie auch immer gearteten Nationalismus vereinbaren. Selbst gegenüber seinem Freund Buber entstand eine Distanz: »Bei ihm ist es mir eigentlich rührend, wie ich früher ihm entgegen das Deutschtum vertreten mußte, das er als etwas im Juden gar nicht Wesentliches betrachtete, und wie jetzt das Deutschtum gegen seinen Willen so empfindlich in ihm sich regt, daß er jede Unterscheidung zwischen den Taten und Sünden der einzelnen Regierungen verpönen möchte.«[833] Er drohte dem »Kriegsbuber« sogar, seine Mitarbeit an der Zeitschrift *Der Jude* einzustellen,[834] doch die Freunde fanden bald wieder zueinander.

Gustav Landauer engagierte sich unermüdlich für den Frieden. Gemeinsam mit dem Pazifisten Ludwig Quidde rief er im Sommer 1916 zur Gründung einer »Zentralstelle Völkerrecht« auf.[835] Basierend auf ähnlichen Überlegungen schlug er dem amerikanischen Präsidenten Woodrow Wilson zu Weihnachten 1916 in einem offenen Brief die Gründung eines Völkerbundes vor, der den Frieden auf Dauer sichern sollte.[836] Nach Kriegsende stellte Landauer sich dann dem bayerischen Ministerpräsidenten Kurt Eisner (USPD) zur Verfügung und hoffte, mit seiner Mitarbeit etwas zum Wiederaufbau beitragen zu können. Nach dessen Ermordung gehörte Landauer sowohl der ersten als auch der zweiten Räteregierung in München an. Nach deren Niederschlagung wurde er am 1. Mai 1919 verhaftet und einen Tag später im Gefängnis von Soldaten zu Tode getrampelt.

In Russland, dem Kriegsgegner der Mittelmächte im Osten, war die Lage der Juden ungleich problematischer als in Deutschland oder Österreich. Anders als im Westen geriet die Front hier immer wieder in Bewegung. Große Teile Osteuropas wurden 1914 zum Schlachtfeld. Schwierig war die Situation nicht zuletzt für die Nationalitäten, die nicht über einen eigenen Staat verfügten. Polen, Tschechen oder Ukrainer mussten für Reiche in den Krieg ziehen, denen sie nur gezwungenermaßen angehörten. Die Juden wiederum gerieten in diesem Krieg im wahrsten Sinne des Wortes zwischen die Fronten. Juden lebten in Europa in der Diaspora. Auch wenn sie dort schon seit vielen Jahrhunderten ansässig waren, hatten sie keine Perspektive auf einen eigenen Staat, sie waren ein »Volk ohne Land«. Die Alternativen waren entweder zu bleiben und den Kampf um staatsbürgerliche Gleichberechtigung unter Wahrung der eigenen Religion und Kultur aufzunehmen oder auszuwandern, sei es in einen bereits bestehenden Staat oder in eine noch zu gründende jüdische Heimstätte. Von den schätzungsweise zwölf Millionen Juden, die bei Kriegsausbruch in Europa ansässig waren, lebten etwa 80 Prozent in Osteuropa, in jenem Territorium, für das Timothy Snyder den Begriff »Bloodlands« geprägt hat.[837]

Im Zarenreich gab es vor dem Krieg etwas mehr als fünf Millionen Juden, die damals die größte jüdische Gemeinde der Welt bildeten. Zugleich war der russische Staat der einzige in Europa, in dem keine Judenemanzipation stattgefunden hatte. Die Angehörigen der jüdischen Minderheit waren gezwungen, sich im sogenannten Ansiedlungsrayon niederzulassen, der auf einen Erlass von Katharina II. aus dem Jahr 1786 zurückging und in etwa die Gebiete von Litauen, Weißrussland, Kongresspolen, der Ukraine, Wolhynien, Podolien und Bessarabien umfasste.[838] Dort lebten die Juden in größeren Gruppen, meist in den Städten, wo sie sich in geschlossenen Wohnbezirken, den Schtetlech, zusammenfanden, die von beachtlicher Größe sein konnten und mancherorts sogar den größeren Teil der Städte ausmachten. So hatte zum Beispiel die weißrussische Hauptstadt Minsk vor dem Krieg 102 000 Einwohner, von denen 53 000 Juden waren. Dieser Konzentrationsprozess intensivierte sich noch, als nach der Ermordung von Zar Alexander II. sein Nachfolger Alexander III. 1882 die sogenannten Maigesetze erließ, die eine Reihe von antijüdischen Maßnahmen vorsahen und den Aufenthalt der Juden auf die Städte innerhalb des Ansiedlungsrayons beschränkten, was den russischen Händlern auf dem Lande, die Konkurrenz fürchteten, sehr entgegenkam.

Die jüdische Bevölkerung in Osteuropa verfügte nicht über ein geschlossenes Territorium, sonst aber wies sie alle Merkmale einer Nationalität auf, insbesondere verfügte sie über eine reiche kulturelle Tradition und eine genuine, lebendige Religiosität, wobei der Chassidismus in Polen und Litauen sein Zentrum hatte, während der Rabbinismus, der den im 18. Jahrhundert aufgekommenen Chassisismus ablehnte, in Litauen und Weißrussland dominierte. Die jüdische Bevölkerung verfügte auch über eine eigene Sprache, auch wenn diese nicht Eingang in die amtlichen Statistiken fand, weil die staatlichen Autoritäten das Jiddische als eigene Sprache nicht anerkannten. Es gab damals etwa elf Millionen Sprecher des Jiddischen auf der Welt, mehr als 80 Prozent lebten in Europa.[839] Das Jiddische war eng mit dem Deutschen verwandt und wurde von manchen, auch jüdischen Autoren, als »Jüdischdeutsch« bezeichnet. Es gab eine bedeutende jiddische Literatur, Verlage und Theater, kulturelle und wissenschaftliche Einrichtungen. Wilna, das »litauische Jerusalem«, wie es wegen seiner zahllosen Synagogen genannt wurde, war seit dem 17. Jahrhundert eines der Zentren jüdischer Gelehrsamkeit. Unter anderem gab es hier fünf jüdische Bibliotheken, die zu den größten der Welt gehörten. Wilna war auch ein Zentrum der Haskala, jener Aufklärungsbewegung, die eine Erneuerung des Judentums durch eine Verbindung seiner Grundlagen mit der jeweiligen nationalen Umgebung erreichen wollte.

Die Ermordung von Zar Alexander II. hatte nicht nur eine antijüdische Gesetzgebung, sondern auch Pogrome in zahlreichen Städten zur Folge gehabt, bei denen Zehntausende von Juden zu Schaden kamen. Obwohl die Attentäter keinerlei Verbindung zu jüdischen Kreisen gehabt hatten, diente ihre Tat als Vorwand, die bedrängte jüdische Minderheit erneut schrecklicher Verfolgung auszusetzen, wobei umstritten ist, ob die Pogrome autonom entstanden oder durch Agenten des Zarenregimes provoziert wurden. Bei der zweiten Welle der Pogrome, die 1903 begann, ist die wichtige Rolle, die von den Behörden unterstützte Vigilanten spielten, dagegen ziemlich eindeutig. Seit 1894 regierte Zar Nikolaus II., in dessen Herrschaftszeit nicht nur die Fabrikation der berüchtigten »Protokolle der Weisen von Zion« fiel, sondern der Antisemitismus insgesamt epidemische Ausmaße annahm.[840] Ganz besonderes Aufsehen erregte das Pogrom in der moldawischen Stadt Kischinew im April 1903, bei dem zahlreiche Menschen getötet und sogar Babys in Stücke gerissen wurden. Der amerikanische Präsident Theodore Roosevelt zitierte diesen schrecklichen Vorfall 1904 in seinem »Roosevelt-Corollary« als Beispiel für eine nicht zu tolerierende Menschenrechtsverletzung, die eine Intervention der USA rechtfertigen würde, wobei er die Situation in Lateinamerika und nicht die in Russland im Auge hatte. Die revolutionären Unruhen, die dem Russisch-Japanischen Krieg von 1905 folgten, brachten erneut Judenverfolgungen mit sich. Es kursierten Gerüchte, die Februarrevolution sei vor allem eine jüdische Revolution. Dies alles führte zu einer gewaltigen Auswanderungsbewegung. Zwischen 1881 und 1914 verließen 2,4 Millionen Juden den Ansiedlungsrayon, von denen etwas mehr als zwei Millionen in die Vereinigten Staaten auswanderten, knapp 200 000 nach Lateinamerika, Südafrika und Australien und 65 000 nach Palästina.[841] Für die Siedler in Palästina, die mit der ersten und zweiten Alija ins Land gekommen waren und vor allem aus Russland, aber auch aus Rumänien kamen, war die Situation alles andere als einfach. Sie waren arm, die Überlebensbedingungen in dem kargen Land waren sehr hart, und sie befanden sich erneut in einer Minderheitsposition gegenüber den 600 000 Arabern, die damals in Palästina lebten. Der Kriegsausbruch stellte sie vor eine weitere Herausforderung, denn unversehens mussten sie sich entscheiden, ob sie die Nähe zum Osmanischen Reich oder zu Großbritannien suchen wollten. Mit der zweiten Alija waren unter anderem David Ben-Gurion und Joseph Trumpeldor ins Land gekommen, die schon bald in der Jüdischen Brigade an der Seite der britischen Armee kämpften.

Für die deutschen Juden war klar, auf welcher Seite sie standen. Das Zarenreich, dem der Deutsche Kaiser den Krieg erklärt hatte, war der verhasste Erzfeind aller Juden. Diese Kriegsgegnerschaft machte es den deutschen Juden leicht, die Einladung zum Burgfrieden anzunehmen und sich hinter der deutschen Fahne zu versammeln. Es gab nur ganz wenige wie Hugo Haase, Rosa Luxemburg, Gustav Landauer oder Albert Einstein, die an ihrer prinzipiellen Ablehnung des Krieges festhielten. Am 14. August 1914 erschien die zionistische *Jüdische Rundschau* mit einem großen Aufmacher »Der Zar und seine Juden«.[842] Der Zar hatte sich auf Russisch und auf Jiddisch an »seine lieben Juden« mit einer Proklamation gewandt, in der er sie an all die Wohltaten erinnerte, die ihnen von Seiten des Hauses Romanow zuteilgeworden seien. Er forderte sie auf, sich jetzt freiwillig zum Kriegsdienst zu melden, und stellte ihnen dafür eine Erweiterung des Ansiedlungsrayons nach einer siegreichen Beendigung des Krieges in Aussicht. Die Möglichkeit einer staatsrechtlichen Gleichstellung erwähnte er dagegen mit keiner Silbe. Der Aufruf des Zaren war ein Dokument des blanken Zynismus. Der Kommentar der *Jüdischen Rundschau* war denn auch eindeutig:

Die unerträgliche Knechtschaft, in der die russischen Juden schmachten, wird in diesem Zarenmanifest noch einmal, hoffentlich zum letztenmal, der ganzen Kulturwelt zum Bewußtsein gebracht. [...] Hilfeflehend wendet sich der Zar an die Nationen, die verfolgt und gemartert worden sind, so lange das Haus Romanow auf dem russischen Throne sitzt. In all diesen Nationen ist unter den Schlägen der russischen Knute eine immer größere Sehnsucht nach nationaler Freiheit erwacht. [...] Wir Juden sind unter den vielen Völkern, die die russische Regierung verknechtet hat, das Volk, das am schwersten von allen zu leiden gehabt hat.[843]

Das zionistische Blatt zog daraus eine klare Schlussfolgerung: »Die Heraufbeschwörung dieser Erinnerung wird jeden Juden in Rußland erst recht bestimmen, mit aller Inbrunst den Sieg der deutschen Waffen herbeizuflehen.«[844] Das Argument, dass ausschließlich ein Sieg des Deutschen Reiches die Situation der Juden in Osteuropa verbessern könne, bestimmte die Grundmelodie der Diskussion über die »Judenfrage« in den kommenden vier Jahren.

Beide Seiten, der Zar und seine nichtrussischen Untertanen, standen 1914 vor einem Dilemma. Das Russische Reich verfügte mit 40 Millionen wehrfähigen Männern theoretisch über eine Streitmacht, die größer war als die aller Mittelmächte zusammengenommen. Tatsächlich wurden aber nur 39 Prozent der potentiellen russischen Soldaten mobilisiert, während in Deutschland der Mobilisierungsgrad bei 81 Prozent lag. Das Zarenreich war von schweren äußeren und inneren Krisen erschüttert. Der Schock über die Niederlage gegen Japan saß tief, es folgte eine Zeit politischer Konflikte und sozialer Kämpfe. Auch während der militärischen Auseinandersetzungen auf dem Balkan hatten die Russen wenig glücklich agiert und ihre Interessen weder gegen die Mittelmächte noch gegen die Briten durchsetzen können. Eine große Militärreform wurde im Juni 1914 vom russischen

Parlament verabschiedet, konnte aber bis zum Kriegsausbruch naturgemäß keine Wirkung mehr entfalten.

Auch in Russland hatte es zunächst so etwas wie einen Burgfrieden gegeben. Nachdem das Deutsche Reich Russland den Krieg erklärt hatte, fanden sich nahezu alle politischen Parteien und auch die Vertreter der nationalen Minderheiten zur Unterstützung der Regierung bereit. Naftali Markowitsch Fridman, einer der drei jüdischen Dumaabgeordneten, erklärte:»Trotz der Ausnahmegesetze, die unsere Verhältnisse regeln, haben wir Juden uns immer als Bürger Russlands gefühlt, und wir sind treue Söhne des Vaterlandes. In dem großen Enthusiasmus, der die Nation und die Menschen ergriffen hat, ziehen die Juden Schulter an Schulter mit allen Menschen Russlands aufs Schlachtfeld.«[845] Lediglich die bolschewistischen Abgeordneten lehnten auf Weisung ihres im Schweizer Exil lebenden Parteiführers Wladimir Iljitsch Lenin den Kriegskurs der Regierung kompromisslos ab, wofür sie zu lebenslanger Verbannung verurteilt wurden. Die Bolschewiki, die sich 1903 von der Sozialdemokratischen Arbeiterpartei Russlands abgespalten hatten, waren neben der serbischen die einzige sozialistische Partei in Europa, die sich von Anfang an konsequent gegen den Krieg stellte, aber die Organisation war klein und ihr Einfluss gering. Ernste Probleme erwuchsen dem Zarenreich vielmehr aus der ethnischen Komplexität. Von den 164 Millionen Einwohnern, die Russland bei Kriegsausbruch hatte, war nur knapp die Hälfte Großrussen, und gerade in den Territorien an der Westfront, in Kongresspolen und den baltischen Ländern stellten sie nur eine Minderheit dar. Das führte zu erheblichen Spannungen. In Feldpostbriefen lesen wir immer wieder, dass russische Befehlshaber polnische und jüdische Soldaten in die vordersten Linien schickten, wo die Gefahr am größten war.[846] Die jüdische Bevölkerung im Zarenreich litt unter zahllosen Willkürmaßnahmen. Deportationen, Entrechtung und Zwangsarbeit waren an der Tagesordnung. Die Juden, deren Sprache dem Deutschen ähnelte und nach Meinung vieler sogar nur ein deutscher Dialekt war, standen unter dem Generalverdacht, mit den Mittelmächten zu sympathisieren und auch Spionagedienste zu leisten. Entsprechende Gerüchte erhielten insbesondere nach militärischen Rückschlägen Auftrieb.[847]

Das Russische Reich führte Krieg gegen Deutschland und Österreich, aber auch gegen die eigene Bevölkerung, soweit sie nicht aus Russen bestand. Dies wurde schon zu Beginn deutlich, als die russischen Armeen Erfolge erzielten. Als sie Galizien eroberten, ließ der zuständige Gouverneur Georgi Bobrinski Ukrainer und Deutsche deportieren und verkündete die Enteignung des jüdischen Grundbesitzes. Stattdessen sollte das Gebiet mit russischen Bauern besiedelt werden.[848] Die Juden wurden nicht deportiert, nicht einmal einen Aufenthalt in den unwirtlichen Weiten der sibirischen Steppe wollte man ihnen zugestehen. General Nikolai Nikolajewitsch gab einen anderen Befehl: »Da wir in Rußland ohnehin zuviele Juden haben, so kann ein weiterer Zustrom derselben, dazu noch aus Galizien, nicht zugelassen werden. Infolgedessen hat der Hochkommandierende zu befehlen geruht, daß, wenn neue Ortschaften von unseren Truppen besetzt werden, sämtliche Juden versammelt und den Feinden nachgetrieben werden sollen.«[849] Die Deutschen waren generell aus der russischen Kriegsgemeinschaft ausgeschlossen, auch die im eigenen Reich. Sie wurden nicht zum Kriegsdienst herangezogen. Aus frontnahen Regionen wie Wolhynien wurden sie deportiert, doch auch alle anderen standen unter dem Verdacht der Illoyalität. Immer wieder sah sich die Armeeführung zu Befehlen veranlasst, dass Offiziere nicht wegen ihrer deutschen Namen verdächtigt werden sollten.[850] Der prominenteste von ihnen war der deutschbaltische General Paul von Rennenkampf, der bei der Invasion in Ostpreußen noch die 1. Russische Armee geführt hatte, aber Ende 1914 angesichts fortwährender Angriffe und Verdächtigungen resigniert seinen Abschied nahm.

Unter Zar Alexander III. hatte sich nicht nur die antijüdische Politik in Russland verschärft, sondern auch die antideutsche.

Diese innenpolitische Illiberalität hatte sich unter seinem Nachfolger Nikolaus II. fortgesetzt. Im August 1914 war die deutsche Botschaft in St. Petersburg gestürmt und verwüstet worden, wobei die Polizei tatenlos zugesehen hatte, und auch deutsche Geschäfte wurden geplündert.[851] Im September, eine Woche nach der Schlacht bei Tannenberg, deportierten die Truppen des Zaren russlanddeutsche Siedler aus dem frontnahen Gouvernement Suwalki, um jedermann zu signalisieren, wer für die russische Niederlage verantwortlich war, bei der General Rennenkampf letztmals das Kommando geführt hatte. Die 2. Russische Armee, die ebenfalls bei Tannenberg kämpfte, stand unter dem Kommando von General Alexander Samsonow, der mit Rennenkampf zutiefst verfeindet war, was die Koordination der beiden Armeen nicht eben förderte. Als die Niederlage der Russen feststand, erschoss sich Samsonow am 30. August 1914. Zu schweren antideutschen Ausschreitungen kam es erneut im Juni 1915 in Moskau. Die Verdächtigungen machten diesmal noch vor dem Herrscherpaar halt, was aber keine Garantie für die Zukunft war, denn Nikolaus II. war mit Alix von Hessen-Darmstadt verheiratet, die nach der Eheschließung 1895 allerdings zum russisch-orthodoxen Glauben übergetreten war und den Vornamen Alexandra Fjodorowna angenommen hatte. Deutschstämmigen Russen wurde nicht nur Illoyalität unterstellt, man warf ihnen auch unverhältnismäßig großen Einfluss auf das Wirtschaftsleben in Russland vor.[852] Die antideutschen Ressentiments und Aktionen glichen in vielem den antisemitischen Feindbildern und Verhaltensmustern. Unter den etwa sechs Millionen russischen Staatsbürgern, die in den Jahren 1914 bis 1917 der »Entvölkerung sensibel erachteter Zonen in Kriegszeiten« zum Opfer fielen, das heißt vertrieben wurden, waren Deutschstämmige und Juden die beiden Hauptgruppen.[853] Daneben betrafen die Zwangsumsiedlungen aber auch Muslime, Roma, Balten, Polen und Ukrainer. Die Deportation der Juden wurde zunehmend schwieriger, weil sie nur innerhalb des Ansiedlungsrayons umgesiedelt werden konnten, der durch die militärischen Erfolge der Deutschen zunehmend kleiner und schließlich gänzlich zum Kriegsgebiet erklärt wurde. Die groteske Folge war, dass dieselben Menschen, die dort gegen ihren Willen leben mussten und zum Teil von einem Gebiet des Rayons in ein anderes gejagt worden waren, nun gewaltsam aus ihrem Zwangsasyl vertrieben wurden. Nicht selten scheiterte die geplante Vertreibung allerdings daran, dass der deutsche Vormarsch zu schnell war und die Auszusiedelnden von den Ereignissen gewissermaßen überrollt wurden.

Wenn die deutsche Regierung auf der anderen Seite sich demonstrativ Sorgen um das Schicksal der russischen Juden machte, war das Motiv dafür aber nicht menschliche Anteilnahme. Man wollte damit vielmehr die Öffentlichkeit in den neutralen Staaten, namentlich den USA, erreichen, wo es eine große jüdische Gemeinde gab, die nicht die geringsten Sympathien für das Zarenreich hegte, denn viele amerikanische Juden waren nur wenige Jahrzehnte zuvor aus gutem Grund von dort ausgewandert. Die preußisch-deutsche Bevölkerungspolitik hatte sich in der Vergangenheit nicht unbedingt durch größere Humanität als die russische ausgezeichnet, allerdings waren die ethnische Homogenität im Deutschen Reich viel größer und die Probleme entsprechend weniger drängend. Die Maßnahmen von Bismarcks »Abwehrpolitik« richteten sich vor allem gegen Polen und Juden ohne deutsche Staatsbürgerschaft, deren Zuwanderung man verhindern wollte. In den Jahren 1885/87 wurden mehrere Zehntausend von ihnen in brutaler Manier über die Grenze nach Osten abgeschoben.[854] Unter ihnen waren viele, die auf dem Weg in die USA in Deutschland hängengeblieben waren. Die im April 1918 vom Deutschen Reich unter dem Vorwand der Seuchenprävention verhängte Grenzsperre, die zur Abschiebung zahlreicher Juden, unter denen auch Zwangsarbeiter waren, nach Osten führte, weckte ungute Erinnerungen an diese Zeit. Die Verantwortlichen bedienten sich antisemitischer Stereotype, die den russischen in nichts nachstanden. So hieß es in dem Erlass des preußischen Innenministers vom 23. 4. 1918:

> Die ungelernten jüdisch-polnischen Arbeiter, welche die weit überwiegende Mehrzahl aller Angeworbenen bilden, haben sich im allgemeinen als arbeitsunwillig, unsauber, moralisch unzuverlässig, ihre Arbeitsleistung als unzureichend erwiesen. Sie betrachteten zum großen Teil die Anwerbung nur als Gelegenheit, nach Deutschland einzuwandern. [...] Eine besondere Gefahr erwächst infolge ihrer nicht auszurottenden Unsauberkeit der Gesamtbevölkerung in gesundheitlicher Beziehung. Zum großen Teil verlaust, sind die jüdisch-polnischen Arbeiter besonders geeignete Träger und Verbreiter von Fleckfieber und anderen ansteckenden Krankheiten.[855]

Diesem Erlass war eine völkische, insbesondere alldeutsche Agitation vorausgegangen, die schon relativ bald nach Kriegsbeginn eingesetzt hatte und sich ganz in den Bahnen bewegte, die der Historiker Heinrich von Treitschke seinerzeit mit seinem Schlachtruf »Die Juden sind unser Unglück« vorgezeichnet hatte.[856] Mit der Grenzsperre war nach der Judenzählung eine weitere Landmarke des deutsch-jüdischen Dissimilationsprozesses markiert. Die Dolchstoßlegende, mit deren Hilfe man versuchte, den Juden die Schuld für die Kriegsniederlage in die Schuhe zu schieben, war dann nach Kriegsende eine weitere, ganz entscheidende Etappe in diesem sich immer mehr beschleunigenden Prozess. Sie trug ganz erheblich dazu bei, dass die ersten Jahre der Weimarer Republik von einem extremen Antisemitismus gekennzeichnet waren, der auch zu einer Vielzahl von Gewalttaten führte. In diesem Klima wurde auch die Politik der Abschiebung von Juden ohne deutsche Staatsangehörigkeit bruchlos fortgeführt. Dies galt insbesondere für Bayern, wo die Stimmung nach der Niederschlagung der Räterepublik und dem darauf folgenden weißen Terror, dem Hunderte von Menschen zum Opfer fielen, besonders aufgeheizt war. Am 25. Januar 1920 lehnte der Regierungspräsident von Oberbayern Gustav von Kahr den Zuzugsantrag eines Juden aus Galizien mit der Begründung ab, dass sich in der Bevölkerung immer mehr eine antisemitische Stimmung breitmache: »Da es aber gerade die Ostjuden sind, welche diejenigen Rasseeigenschaften am sinnfälligsten betätigen, die so vielen Deutschen unerträglich sind und da es vielfach Ostjuden waren, welche in der Zeit der Räterepublik sich am meisten in der Aufstachelung der Massen hervorgetan haben, so richtet sich der vielfach bis zum Haß gesteigerte Unwille der Bevölkerung naturgemäß gegen diesen Teil der jüdischen Rasse.«[857] Die Münchner Polizei mit ihrem nationalsozialistischen Präsidenten Ernst Pöhner ließ ihrerseits nichts unversucht, den etwa dreitausend in der Stadt lebenden polnischen Juden, das entsprach knapp 0,5 Prozent der Bevölkerung, deutlich zu machen, dass sie in München nicht erwünscht waren.

Der Antisemitismus war in Österreich-Ungarn ebenso virulent wie im Deutschen Reich, er hatte auch spektakuläre Erfolge, wie die Wahl Karl Luegers zum Bürgermeister von Wien zeigt, aber er beeinflusste die Regierungspolitik weniger. Kaiser Franz Josef versäumte keine Gelegenheit, seine Missbilligung der Judenfeindschaft zu zeigen, und eine dem Berliner Hofprediger Adolf Stoecker vergleichbare Figur gab es in Wien nicht. Das Toleranzpatent von 1782 hatte den österreichischen Juden bereits eine weitgehende Gleichberechtigung gebracht, die dann durch den österreichisch-ungarischen Ausgleich von 1867 vollendet wurde. Seit 1788 unterlagen Juden der Wehrpflicht und waren in die Armee so gut integriert, dass sie bei Ausbruch des Ersten Weltkriegs fast zwanzig Prozent der Reserveoffiziere stellten,[858] was in Deutschland undenkbar gewesen wäre, von Russland ganz zu schweigen.

Eine Debatte über die Abschiebung polnischer Juden wurde in Österreich-Ungarn nicht geführt. Als Folge der polnischen Teilungen gab es allein im Kronland von Galizien und Lodomerien etwa 900 000 Juden, die aber keine Ausländer waren, sondern treue Untertanen des Kaisers. An ihrer Loyalität zu zweifeln, gab es keinen Anlass. Die galizischen Juden wussten genau, dass es ihnen besser ging als ihren Glaubensbrüdern jenseits der Grenze im Zarenreich. Im Gegensatz zu den Polen und Ukrainern gab es für sie auch nicht die Perspektive einer eigenen Staatlichkeit, jedenfalls nicht in Europa. Ihre Hoffnungen verbanden sich mit dem Schicksal des Kaiserhauses. Nachdem Galizien im Frühjahr 1915 zurückerobert war, schrieb die *Jüdische Volksstimme*: »Wo auch immer im Habsburgerreiche Juden wohnen mögen, welcher Sprache sie sich bedienen, zu welchem politischen und ökonomischen Glaubensbekenntnisse sie sich bekennen, sie gravitieren nach Wien, der einen Hauptstadt des einigen Reiches, ihre Devise lautet hier reichstreu allezeit.«[859] In einem Beitrag über die Zukunftsarbeit betonte die gleiche Zeitung, dass Galizien nach dem Krieg »in höherem Maße als früher ein streng österreichisches Gepräge erhalten muß«.[860]

Obwohl den Juden in Kriegszeiten auch in Österreich-Ungarn Misstrauen entgegenschlug und sie unter dem Krieg gegen die Zivilbevölkerung, den es auch dort gab, zu leiden hatten, verliefen die eigentlichen Konfliktlinien dort anders als in Russland und Deutschland. Die Habsburgermonarchie war ein Vielvölkerstaat, im Alltag wurden viele verschiedene Sprachen gesprochen, von Deutsch über Ungarisch, Polnisch und Tschechisch bis zu Italienisch. Eine zahlenmäßig übermächtige Ethnie gab es nicht. Die Deutschsprechenden stellten die größte Gruppe, aber auch sie machten kaum ein Viertel der Bevölkerung aus, und da waren die Juden schon mitgezählt, denn sie optierten bei Volkszählungen zumeist für das Deutsche, weil Jiddisch als eigene Sprache nicht anerkannt wurde. Trotz dieser minoritären Position gab es so etwas wie eine deutsche Leitkultur. Die Deutsch-Österreicher dominierten die Parlamente, da sie beim Zuschnitt der Wahlkreise massiv bevorzugt wurden. Sie beherrschten den Kaiserhof, und auch die Funktionseliten in Verwaltung und Wirtschaft waren deutsch geprägt. In der k. u. k. Armee ergab sich dasselbe Bild. Von tausend einfachen Soldaten waren 248 Deutsche, 233 Ungarn, 126 Tschechen, 92 Kroaten und Serben, 79 Polen, 78 Ukrainer, 70 Rumänen, 36 Slowaken, 25 Slowenen und 13 Italiener, aber bei den Offizieren lag der Anteil der Deutsch-Österreicher bei 76 Prozent.[861] Österreich-Ungarn mobilisierte im Ersten Weltkrieg neun Millionen Soldaten, die drittgrößte Armee nach der russischen und der deutschen. Auf dem Papier war das eine große Streitmacht, aber nach den ersten Niederlagen in Serbien und Galizien war sie schon so stark geschwächt, dass die Strategen in Berlin im Frühjahr 1915 darüber nachdachten, ob sie ohne diesen Bundesgenossen nicht besser dran wären. Doch man entschied sich, Österreich-Ungarn, dessen Armee alleine nicht mehr kriegsfähig war, mit starken Verbänden zu unterstützen, was die Auflösungserscheinungen aber nicht unterbinden konnte. Die durch den Ausgleich von 1867 privilegierten Ungarn waren treue Bundesgenossen der Deutsch-Österreicher, doch den Angehörigen der meisten anderen Ethnien erschien es wenig verlockend, das eigene Leben für die Kriegsziele des österreichischen Kaisers aufs Spiel zu setzen. Im Frühjahr 1915 kam es bereits zu Massendesertionen tschechischer Soldaten. Und auch in polnischen Kreisen begannen bald Diskussionen darüber, ob es besser sei, auf den deutschen Kaiser oder auf den russischen Zaren zu setzen, um das Ziel der Restitution eines polnischen Nationalstaats zu erreichen.

Die frühen österreichisch-ungarischen Niederlagen, vor allem der Verlust großer Teile Galiziens, lösten einen gewaltigen Flüchtlingsstrom nach Westen aus. Für die galizischen Juden war Wien ein bevorzugtes Ziel. Die Gemeinde war nach der Judenemanzipation durch Zuzug gewaltig gewachsen. Hatte es zunächst nur wenige Tausend und 1870 noch etwa 40 000 Juden in Wien gegeben, hatte sich ihre Zahl danach in vierzig Jahren mehr als vervierfacht. Die jüdische Gemeinde der Stadt, die etwa 175 000 Personen umfasste, bei einer Gesamtbevölkerung von zwei Millionen, wuchs 1914 in kurzer Zeit um 50 000 Menschen, was eine gewaltige Herausforderung darstellte und bei denen, die schon etwas länger in der Stadt waren und es zu etwas gebracht hatten, durchaus nicht immer Begeisterung auslöste. Für viele war es zugleich die Konfrontation mit der ihnen bis dahin unbekannten Welt der Ostjuden. So schrieb der Bibliothekar der Gemeinde, der Philosoph Bernhard Münz: »So bin ich durch den Krieg erst in die Lage gekommen, den Wesenswert der galizischen Juden, der Kaftanjuden zu entdecken und sie zu bewundern.«[862] Diese Juden kamen aus Galizien, dem Armenhaus des habsburgischen Reiches, zudem waren sie am Ende ihrer Flucht in den allermeisten Fällen völlig mittellos. Und die wirtschaftliche Situation in der Hauptstadt war kriegsbedingt schwierig, die Arbeitslosigkeit sehr hoch. Aber die jüdische Gemeinde in Wien hatte eine lange Tradition tätiger Hilfe, sie hatte in den Jahrzehnten vor dem Krieg mehr als hundert karitative und humanitäre Hilfsorganisationen unterstützt.[863]

Das Thema der Armut in Galizien war nicht neu. Schon 1910 hatte sich in Wien der »Verband der östlichen Juden« konstituiert, dessen Ziel es war, hier Hilfe zu leisten: »In Galizien und Bukowina wohnen 900 000 Juden, von denen mindestens 80 Prozent ›Luftmenschen‹ sind, ohne Beruf, ohne Erwerb, ohne Existenz, die vor Hunger zugrunde gehen und die nicht einmal auswandern können, weil sie hiezu keine Mittel haben.«[864] Dem Vorstand des Vereins gehörten Beamte, Juristen, Ärzte und Kaufleute an. Es war der arrivierte Mittelstand der Stadt. Sie wollten den Neuankömmlingen eine Heimstatt schaffen und sie in die Gemeinde integrieren, zugleich aber auch die Situation in Galizien verbessern.[865]

Auch im Deutschen Reich war das »Ostjudentum« ein wichtiges Thema, dazu wurde es aber erst durch die militärischen Erfolge der Deutschen, die im Sommer und Herbst 1915 große territoriale Gewinne erzielten und Kongresspolen, Lettland, Litauen und den westlichen Teil Weißrusslands eroberten. Bereits im August 1914 war das Deutsche Komitee zur Befreiung der russischen Juden gegründet worden. Vorsitzender war der Soziologe Franz Oppenheimer, sein Stellvertreter der Jurist Max Bodenheimer. Das Komitee engagierte sich für die Emanzipation der Juden im Russischen Reich, ein Anliegen, das 1915 unversehens eine neue Perspektive bekam. Die deutschen Eroberungen entsprachen ungefähr dem nordwestlichen Drittel des Ansiedlungsrayons, und die deutschen Kriegszieldiskussionen liefen darauf hinaus, dass ein großer Teil dieser Gebiete nach Kriegsende in der einen oder anderen Weise unter deutscher Kontrolle verbleiben sollte, wobei die Frage, was mit der einheimischen Bevölkerung geschehen sollte, äußerst umstritten war.[866]

Oppenheimer und Bodenheimer waren zentrale Repräsentanten der ersten Generation deutscher Zionisten. Ihnen ging es noch mehr um die Verbesserung der Bedingungen in Europa als um das Siedlungsprojekt in Palästina, das nach 1918 zunehmend in den Vordergrund trat.[867] Doch die Nähe des Deutschen Komitees zur Befreiung der russischen Juden zu den Zionisten war zu groß, als dass es breite Akzeptanz hätte finden können. Im November 1914 trat an seine Stelle das Komitee für den Osten (KfdO), dem Vertreter vieler jüdischer Organisationen angehörten. Im September 1915 schließlich wurde die »Deutsche Vereinigung für die Interessen der osteuropäischen Juden« gegründet, die auf noch breiterer Grundlage agierte und so anerkannte Persönlichkeiten wie den Unternehmer und Kunstmäzen James Simon, den Reeder Albert Ballin, den Bankier Max Warburg oder den liberalen Sozialpolitiker Paul Nathan in ihren Reihen hatte.[868] Ab Oktober 1916 erschienen außerdem die *Neuen Jüdischen Monatshefte*, die so etwas wie ein inoffizielles Organ der Vereinigung waren. Das Schwerpunktthema der Zeitschrift war die künftige Gestaltung jüdischen Lebens in Osteuropa. Zu ihren Herausgebern gehörten die Zionisten Adolf Friedmann und Franz Oppenheimer, aber auch Hermann Cohen und Alexander Eliasberg.

Die deutschen Behörden verfolgten diese Aktivitäten mit einer gewissen Sympathie, weil sie kompatibel schienen mit dem deutschen Drang nach Osten. Sie vermieden sorgfältig jede Festlegung für die Zeit nach dem erhofften Sieg, richteten aber 1915 bei der Militärregierung im besetzten Polen ein Jüdisches Referat ein, dessen Leitung der liberale Reichstagsabgeordnete Ludwig Haas übernahm.[869] Auch in dem sich nordöstlich anschließenden Gebiet, das dem Oberbefehlshaber Ost (Ober-Ost) unterstand, wurde in der Politischen Abteilung ein Jüdisches Referat geschaffen. Im Oktober 1917 wurde die Stelle mit Hermann Struck besetzt, was der antisemitische Reichstagsabgeordnete Ferdinand Werner zum Anlass für eine Anfrage an die Regierung nahm, die ihn kühl beschied, ein solches Referat sei erforderlich, »weil die Eigenart der Ostjuden besondere Kenntnisse erfordert«.[870]

Der Lebenslauf von Hermann Struck soll hier etwas ausführlicher vorgestellt werden, weil er exemplarisch die Möglichkeiten und Schwierigkeiten deutsch-jüdischer Existenz in der damaligen Zeit illustriert. Struck wurde 1876 in Berlin geboren, erhielt seine künstlerische Ausbildung an der Berliner Akademie, durfte dort als Jude aber nicht lehren. 1904 wurde er sowohl Mitglied der Berliner Secession als auch der religiösen zionistischen Vereinigung Misrachi, die er mitbegründete und deren Vorsitzender er 1911 wurde. Struck verfügte über vielfältige Verbindungen, war ein gefragter Künstler und porträtierte unter anderem Theodor Herzl, Albert Einstein, Gerhart Hauptmann und August Bebel. 1914 meldete er sich unmittelbar nach Kriegsausbruch als Freiwilliger, engagierte sich im Komitee für den Osten sowie im Jüdischen Hilfskomitee für Polen und Litauen und bereiste 1915/16 den deutsch besetzten Teil Osteuropas, worüber er mehrere Bücher publizierte.[871] Ab März 1916 war Struck für die Besatzungsverwaltung Ober-Ost als Kriegsmaler, Übersetzer aus dem Jiddischen und für die Pressestelle als Zensor tätig, unter anderem zusammen mit Sammy Gronemann und Richard Dehmel, bevor im November 1916 sein Fronteinsatz begann. Auch an der Front hielt er strikt an den religiösen Vorschriften fest und weigerte sich beispielsweise mit Verweis auf die Schabbatruhe, Erich Ludendorff an einem Samstag zu porträtieren. Dennoch stand er bei seinen Kameraden in höchstem Ansehen, sie ließen sogar eine Bronzestatue von ihm anfertigen, die sie ihm zum »Hindenburg-Jubiläum« schenkten.[872] Von Juli 1917 bis Januar 1919 war er dann Referent für Jüdische Angelegenheiten bei Ober-Ost. In der Besatzungsverwaltung arbeiteten zahlreiche Intellektuelle, Ludendorff berief eine ganze »Akademie«, um der Administration Renommee zu verschaffen, wobei es in dieser Gruppe natürlich auch Nichtjuden wie zum Beispiel den Schriftsteller Herbert Eulenburg gab.[873] Die Feldrabbiner, die in besonderem Maße auf Akzeptanz bei der jüdischen Bevölkerung in den Besatzungsgebieten rechnen konnten, spielten bei der Umsetzung der deutschen Besatzungspolitik ebenfalls eine wichtige Rolle.[874]

Wie so viele deutsche Juden kam Hermann Struck in dieser Zeit erstmals mit dem lebendigen, der Tradition noch viel näheren Judentum in Osteuropa in Kontakt, was einen tiefen Eindruck auf ihn machte. Das galt auch für den Schriftsteller Arnold Zweig, der ab 1917 ebenfalls für die Pressestelle von Ober-Ost tätig war. Der säkulare Jude Zweig war von der tiefen Religiosität der osteuropäischen Juden nicht weniger beeindruckt als der religiöse Zionist Struck. Ähnlich wie Alfred Döblin und andere sah er die Ostjuden als die Verkörperung des wahren Judentums, als Schutzwall gegen die Entfremdung vom Judentum im Westen. Als 1920 der neugegründete polnische Staat das Gebiet um Wilna annektierte und über die Juden, die dort fast die Hälfte der Bevölkerung ausmachten, ein furchtbarer Terror hereinbrach, widmeten Struck und Zweig den Gepeinigten ihr Buch *Das ostjüdische Antlitz* als eine Geste anklagenden Mitleidens, die den deutschen Lesern bewusstmachen sollte, dass diese Welt des ursprünglichen Judentums bedroht war.

Hermann Struck behielt auch nach Kriegsende eine aktive

Rolle. 1919 nahm er an den Friedensverhandlungen in Versailles als Berater der deutschen Regierung für jüdische Angelegenheiten teil. Über die Zukunft des Judentums in Europa machte er sich angesichts des immer brutaleren Antisemitismus allerdings keine Illusionen. 1903 war er erstmals in Palästina gewesen, 1913 hatte er dort ein Grundstück erworben. Im Dezember 1922 übersiedelte er nach Palästina und wirkte als Lehrer an der Akademie für Kunst und Design Bezalel in Jerusalem und spielte auch eine wichtige Rolle beim Aufbau des Tel Aviv Museums. Bis zur nationalsozialistischen »Machtergreifung« verbrachte er noch regelmäßig die Sommermonate in Berlin. Endgültig kehrte die Familie im Pogromjahr 1938 Deutschland den Rücken.

Der Umgang mit den Juden während des Krieges zeigt sehr deutlich, wie unterschiedlich die Positionen in Gesellschaft und Staat waren, die die jüdischen Gemeinden in den Ländern Europas erreicht hatten, etwa wenn man Deutschlands wichtigste Kriegsgegner Frankreich und Russland betrachtet. Frankreich war im letzten Jahrzehnt des 19. Jahrhunderts von der Dreyfus-Affäre erschüttert worden, die aber nach jahrelangen Auseinandersetzungen 1906 damit endete, dass Alfred Dreyfus rehabilitiert und zum Ritter der Ehrenlegion ernannt wurde. Die Affäre hatte die französische Gesellschaft heftig aufgewühlt und tief gespalten, letztendlich aber die Integration der jüdischen Minderheit ebenso gestärkt wie später ihre Bereitschaft zur Kriegsteilnahme. In Russland war genau das Gegenteil der Fall. Hatte die französische Nationalversammlung schon 1791 die Gleichberechtigung aller französischen Juden verkündet, so stand ein solcher Akt in Russland bei Kriegsbeginn 1914 noch immer aus. Er erfolgte erst am 20. März 1917 durch die provisorische Regierung von Alexander Kerenskij und hatte keine praktischen Konsequenzen mehr außer der, dass Nationalisten Gerüchte streuten, Kerenskij habe jüdische Vorfahren. Die Juden waren während des Krieges Opfer von Verdächtigungen, Verfolgungen und Vertreibungen gewesen. In der Umbruchs- und Bürgerkriegszeit, die auf die Russische Revolution folgte, verschlechterte sich ihre Situation vielerorts noch weiter, und sie fielen Pogromen zum Opfer.

Das Deutsche Reich nahm geographisch wie in der Sache eine Mittelposition ein. Der Antisemitismus war als »kultureller Code«[875] tief implementiert, die jüdische Minderheit war gesellschaftlich partiell ausgegrenzt, aber das hatte in aller Regel keine gewalttätigen Folgen. Gleichwohl war die Basis der Akzeptanz und Integration fragil. Das ist sicher einer der Gründe dafür, dass die jüdischen Gemeinden in Deutschland auf die Zuwanderung von Juden aus Osteuropa zurückhaltend reagierten. Diese Zuwanderung verstärkte sich in Kriegszeiten und strapazierte die assimilatorischen Kräfte in den Gemeinden. Sie trug bei zur Dynamik der Dissimilation,[876] die sich mit schwindendem Kriegsglück noch beschleunigte. Vor diesem Hintergrund muss man die lebhafte Debatte über die Zukunft des europäischen Judentums sehen, die in den Kriegsjahren im deutschsprachigen Raum geführt wurde. So brachte eine Denkschrift der Deutschen Vereinigung für die Interessen der osteuropäischen Juden, die für das Auswärtige Amt bestimmt war, schon 1915 die Schließung der Ostgrenze ins Spiel, um die Einwanderung aus Polen zu beschränken.[877] Tatsächlich gewann das Thema durch den Vormarsch der Deutschen eine völlig neue Dimension. Von den 9,2 Millionen Menschen, die in Kongresspolen lebten, waren 1,3 Millionen Juden, und was mit ihnen geschehen sollte, war völlig unklar. Zunächst teilten Deutschland und Österreich-Ungarn das kongresspolnische Gebiet in zwei Generalgouvernements unter sich auf, bevor dann am 5. November 1916 unter der Aufsicht der Mittelmächte das Regentschaftskönigreich Polen konstituiert wurde. Es bestand bis zur Wiederherstellung des polnischen Staates im November 1918, zu der es nach einem Sieg der Mittelmächte in dieser Form sicher nicht gekommen wäre.

Einigkeit bestand bei den Mittelmächten in ihrem Interesse an der wirtschaftlichen Ausbeutung des Landes. Das Deutsche

Reich sollte nach dem Krieg eine dominierende Stellung in Mitteleuropa einnehmen. Die Moderateren unter den Kriegszieldiskutanten gingen dabei eher von wirtschaftspolitischen als von territorialen Vorstellungen aus. So sah auch das Septemberprogramm 1914 die Gründung einer mitteleuropäischen Zollunion unter deutscher Führung vor. In eine ähnliche Richtung ging Friedrich Naumanns Buch *Mitteleuropa*, das 1915 erschien und ein großes publizistisches Echo fand. Andere waren der Auffassung, das Deutsche Reich müsse, um in Zukunft sicher vor feindlichen Attacken aus dem Osten zu sein, einen »polnischen Grenzstreifen« annektieren, der allerdings bei manchen imperialen Planern recht großzügig bemessen war und den Polen von ihrem Territorium nicht viel übrig gelassen hätte. Ganz Radikale wie der Alldeutsche Heinrich Claß waren der Überzeugung, die abzutretenden Territorien müssten den Deutschen ohne ihre einheimische Bevölkerung überlassen werden. Es gab aber, etwa in der Reichskanzlei, auch Überlegungen, den Russen ihren Teil Polens zurückzugeben, wenn auf diesem Wege ein Separatfrieden mit dem Zarenreich erreichbar wäre.[878]

Eine der frühesten jüdischen Stellungnahmen ist die von Felix Perles. Seine Schrift *Der Krieg und die polnischen Juden in ihrem Verhältnis zu Deutschland* erschien schon 1914, der Reinertrag war für das Rote Kreuz bestimmt. Perles war Zionist, ein bedeutender Gelehrter und seit 1899 Rabbiner in Königsberg. In einem emphatischen, predigthaften Ton gab Perles seiner Hoffnung Ausdruck, dass die Niederringung Russlands schon bald vollendet sein würde: »Dann wird die Welt an der Erlösung der 5 Millionen aus der russischen Hölle erkennen, daß der Sieg Deutschlands immer zugleich ein Sieg der Humanität ist, wird Deutschland einen beträchtlichen Zuwachs an treu ergebenen und seiner Geistesart nachstrebenden Söhnen erhalten, die durch ihre Leistungen auf allen Gebieten menschlicher Arbeit ihre Freiheit zeigen werden [...].«[879]

Perles betonte, dass »die Herzen aller polnischen Juden dem

Kaiser entgegenschlagen«,[880] eine Vorstellung, die einen Mann wie Georg Fritz wahrscheinlich mit Schrecken erfüllte. Der Kaiserliche Geheime Regierungsrat Fritz, der seinem Land viele Jahre in den Kolonien gedient hatte, war davon überzeugt, dass Deutschlands Zukunft nicht in Afrika, sondern nur im europäischen Osten liegen könne, das deutsche Volk andererseits vor den dort lebenden Menschen geschützt werden müsse: »Die unser Land überflutenden Hunderttausende, Millionen auffallender Fremdlinge würden sehr bald zur Erkenntnis der Gefahr führen und unser Gesamtvolk in der Abwehr, schließlich auch in dem Entschlusse gründlichster Ausjätung ebenso einig finden, wie die unser völkisches Dasein bedrohenden äußeren Feinde es – vielen unerwartet – einig und entschlossen gefunden haben.«[881] Fritz hatte sich 1914 dem Alldeutschen Verband angeschlossen und wurde bald zum wichtigsten Mitarbeiter von Heinrich Claß. Sein Weltbild antizipierte die nationalsozialistische Ideologie in einer Deutlichkeit, wie sie bei völkischen Autoren nicht oft anzutreffen war: »Die Völker der Erde stehen sich heute gegenüber im wesentlichen als Arier und Nichtarier.«[882] Er sagte ganz klar, dass die im Kampf um ihre Existenz vereinte Nation einig nur sein konnte unter Ausschluss der im Lande lebenden Juden, die als erste Maßnahme unter Fremdenrecht gestellt werden sollten. Wie die ethnische Flurbereinigung, die »Ausjätung«, die auch vor dem eigenen Land nicht haltmachen durfte, zu bewerkstelligen war, konnte später entschieden werden. Fritz lehnte nicht nur jede Zuwanderung ab. Für ihn war die geforderte Grenzsperre nur der erste Schritt auf dem Weg zum völkischen Purifizierungswerk.

Mit diesen beiden Stimmen ist die gewaltige Breite des Meinungsspektrums markiert. Auf der einen Seite der hohe Ton des gelehrten Gottesmannes, auf der anderen die nüchtern Vertreibung und Mord ins Kalkül ziehende Überzeugung des Volkstumsplaners. Der aus Jalta stammende Nationalökonom Wladimir-Wolf Kaplun-Kogan, der für das KfdO in Berlin tätig war,

vertrat eine Position, die der von Perles nahekam. Er war der
Überzeugung, dass Deutschland im Krieg siegen und die darauf
folgende engere Verbindung mit den Ostjuden das Land nachhaltig stärken würde.[883] Die Überlegungen von Felix Theilhaber
gingen in eine ähnliche Richtung.[884] Er stellte außerdem den
bedeutenden Anteil der deutschen Juden am Erfolg ihres Landes heraus. Auch Max Simon betonte, dass die Juden trotz des
in Deutschland vorhandenen Antisemitismus weiterhin auf
den Sieg des Deutschen Reiches setzen sollten, da England und
Frankreich sich mit Russland verbündet hätten.[885] Der Wiener
Kulturzionist Nathan Birnbaum, der den Begriff »Ostjuden« geprägt hatte, war sich wie Kaplun-Kogan sicher, dass Deutschland
und Österreich-Ungarn den Krieg gewinnen würden, weil ihnen
eine Mittlerfunktion zwischen den europäischen Völkern zukam und die Weltgeschichte sich noch nie ihrer organisierenden
Kräfte beraubt habe. Auch Birnbaum betonte die unbedingte
Loyalität der Juden gegenüber den Mittelmächten und plädierte
mit großem Nachdruck dafür, den Ostjuden ihr nationales Le-
bensrecht zu gewähren.[886] Alle diese Autoren versuchten, jeder
auf seine Weise, die Bande zwischen der jüdischen Minderheit
und der nichtjüdischen Mehrheitsgesellschaft enger zu knüpfen
und die Idee der nationalen Kampfgemeinschaft mit Leben zu
erfüllen. Gegen die nationalistischen Kräfte, die ihnen selbst das
schiere Existenzrecht streitig machen wollten, hatten sie jedoch
auf die Dauer keine Chance. Die Debatte über die Grenzsperre
war ein Symptom für die Virulenz dieses eliminatorischen Antisemitismus, wie ihn am deutlichsten Georg Fritz artikulierte.

Hermann Cohen, 1842 in Coswig geboren, war das Oberhaupt der Marburger Schule des Neukantianismus und der bedeutendste jüdische Philosoph seiner Zeit. Er war ein Gegner
des Zionismus und glaubte an die Erneuerung des Judentums
durch die Religion: »Der Jude ist überall zuerst Jude, und zwar
nicht der jüdischen Nationalität, sondern der jüdischen Religiosität wegen.«[887] Doch in einer Zeit, als mitten im Krieg die infa-

men Angriffe der Alldeutschen immer mehr zunahmen und sich die Erkenntnis breitmachte, dass eine Schließung der Ostgrenze die Antisemiten nicht besänftigen, sondern den Antisemitismus noch fördern würde, suchte Cohen den Schulterschluss mit den Kulturzionisten und veröffentlichte seinen Aufsatz »Der polnische Jude« in der neuen, von Buber herausgegebenen Zeitschrift *Der Jude*. Buber schrieb dazu in einer redaktionellen Nachbemerkung über Cohen, es gebe Differenzen in einer Reihe von Fragen, aber »wir sind mit ihm verbunden in der Anerkennung des ungeheuren Reservoirs geistiger, sittlicher und sozialer Energie, das die Ostjuden darstellen«.[888] Cohen veröffentlichte in den *Neuen Jüdischen Monatsheften* einen zweiten Aufsatz, in dem er betonte, dass er die Grenzsperre aus religiösen Gründen ablehne: »Und dieser mein religiöser Standpunkt ist zuvörderst mein ethischer. Denn die Menschheit ist mir das Ideal jedes Rechtsstaates. Kant sagt einmal: die Erde habe Kugelfläche, dies bedeute, daß ursprünglich niemand an einem Orte der Erde zu sein, mehr Recht hat als der andere.«[889] Eine solche ethische Auffassung war in Kriegszeiten ohne Aussicht auf Gehör. Am 4. April 1918 starb Hermann Cohen. Keine drei Wochen später begründete der preußische Innenminister in seinem Erlass die Notwendigkeit der Grenzsperre mit der »nicht auszurottenden Unsauberkeit« der polnischen Juden.[890]

Die Lage des Judentums inmitten der Völker war schon in Friedenszeiten schwierig genug, aber der Krieg stellte die jüdischen Bevölkerungsgruppen in manchen Ländern vor kaum lösbare Probleme, die nach Kriegsende noch katastrophalere Ausmaße annahmen. Das galt insbesondere für das polnische Territorium, das damals unter Deutschland, Österreich-Ungarn und Russland aufgeteilt war, Staaten, die nun Krieg gegeneinander führten. Manchmal verlief die Front mitten durch die Familien, und nicht selten verzweifelten Soldaten, wenn sie feststellten, dass der feindliche Soldat, den sie soeben getötet hatten, ein Glaubensgenosse war.[891] Die europäischen Juden, ein Volk ohne Nation, versuchten dennoch, wo immer dies möglich war, sich als gute Patrioten zu erweisen. Der Wiener Aron Schwertfinger formulierte es so: »In diesem Kampf aller gegen alle genießen wir Juden den Vorzug, für alle Vaterländer zu sterben.«[892] Schwertfinger überlebte den Ersten Weltkrieg. 1944 wurde er von tüchtigen Deutschen in Auschwitz ermordet.

Schweizer Exil

Seit dem Kriegseintritt Italiens im Mai 1915 war die neutrale Schweiz vollständig von kriegführenden Staaten umgeben. Das kleine Land war das Auge des Wirbelsturms, der über Europa tobte. Seit Jahrhunderten hatten die Schweizer keinen Krieg geführt, ihre Neutralität war »immerwährend«, aber gleichwohl bewaffnet. Neutralität im Kriegsfall bedeutete deshalb Besetzung der Grenzen und Ausbau der Abwehrstellungen, wofür die geographischen Gegebenheiten des Alpenlandes günstige Voraussetzungen boten. Zum General, wie in Kriegszeiten der Oberbefehlshaber der Schweizer Armee heißt, war am 3. August 1914 Ulrich Wille ernannt worden. Wille stand in dem Ruf, Sympathien für das Deutsche Reich zu hegen. Er hatte sich in jungen Jahren für eine Reform der Schweizer Armee eingesetzt, die sich stark am preußischen Vorbild orientierte, und war mit Clara von Bismarck verheiratet, deren Vater Friedrich Wilhelm von Bismarck als württembergischer Generalquartiermeister in der Völkerschlacht bei Leipzig gegen Napoleon gekämpft hatte. Tatsächlich war Wille vor allem ein energisch die Sache seines Landes vertretender Militär, dessen herrisches Auftreten und autoritäre Gesinnung ihm aber nicht nur Freunde einbrachten. Ein Prozess im Januar 1916 gegen zwei Obersten, die den Mittelmächten militärisches Nachrichtenmaterial zugespielt hatten, worin Wille aber nicht involviert gewesen war, vertiefte das Misstrauen der Westschweizer, ob die Regierung tatsächlich vollständig unparteiisch war.[893]

Die polyphone Schweiz war im Ersten Weltkrieg ein gespaltenes Land. Einer Mehrheit von 2,6 Millionen Deutschsprechenden, die auch die Kultur des Landes stark prägten, standen 800 000 Schweizer, die Französisch als Muttersprache hatten, sowie 300 000 italienische Schweizer gegenüber. Der Graben zwischen der Deutschschweiz und der Suisse romande, der schon in Friedenszeiten erstaunlich tief und schwer zu überwinden ist, wurde im Ersten Weltkrieg schmerzhaft fühlbar. Der Schriftsteller Carl Spitteler, der am 14. Dezember 1914 in Zürich eine aufsehenerregende Rede über den »Schweizer Standpunkt« hielt, sah sogar die politische Einheit des Landes in Gefahr und rief seine Deutschschweizer Landsleute zu mehr Zusammenhalt und Respekt vor der Romandie auf. Die Äquidistanz zu den Kriegsparteien war dafür eine wichtige Voraussetzung. Sie einzunehmen war nicht unbedingt leicht: »Das Distanzgewinnen ist für den Deutschschweizer ganz besonders schwierig. Noch enger als der Westschweizer mit Frankreich ist der Deutschschweizer mit Deutschland auf sämtlichen Kulturgebieten verbunden. [...] Unzählige Bande von geschäftlichen Wechselbeziehungen, von geistigem Einverständnis, von Freundschaft haben sich gebildet, ein schönes Eintrachtsverhältnis, das uns während der langen Friedenszeit gänzlich vergessen liess, dass zwischen Deutschland und der deutschen Schweiz etwas wie eine Grenze steht.«[894] Die Westschweizer hatten anfänglich ein unbefangenes Verhältnis zu Deutschland gehabt, doch nach dem deutschen Einmarsch in Belgien, das im Krieg gleichfalls neutral war, und der Zerstörung von Löwen verschlechterte sich die Stimmung sehr deutlich. Auch die traditionell deutschfreundliche Presse in der Ostschweiz berichtete sehr kritisch über die deutschen Kriegsverbrechen in Belgien und transportierte dabei auch die bekannten Gräuelmärchen über den Einsatz menschlicher Schutzschilde, die bestialische Ermordung von Kindern und so weiter. Dieser Stimmungsumschwung wurde vom Schweizer Propagandabüro der belgischen Regierung mit Befriedigung registriert.[895]

In der Hauptstadt Bern hatten die Botschaften der kriegführenden wie der neutralen Länder ihren Sitz, die im Krieg auch die Aufgabe von Propagandazentralen hatten und entsprechend personell aufgerüstet wurden. So waren in der deutschen Gesandtschaft während des Krieges mehr als fünfhundert Personen tätig, von denen nur 154 reguläre Angestellte waren, die anderen wie zum Beispiel Hermann Hesse unterstanden der Militäradministration.[896] Harry Graf Kessler war hier seit 1916 für die Kulturpropaganda zuständig.[897] Anfang 1918 kam auch der Schriftsteller Otto Flake hierher, der zuvor in der deutschen Besatzungsverwaltung in Brüssel gearbeitet hatte. Die deutsche Gesandtschaft in Bern diente auch manchen, die mit dem Kriegskurs ihres Vaterlandes wachsende Schwierigkeiten hatten, als Durchgangsstation ins Exil, denn dort standen sie, jedenfalls pro forma, zwar noch in deutschen Diensten, waren aber doch weit von der Berliner Zentrale entfernt.

Kriege bringen es mit sich, dass Grenzen spürbar werden. Das galt auch für die Schweizer Grenzen. Und für manche Intellektuelle aus den kriegführenden Staaten, die im Dissens mit der im eigenen Land dominierenden Politik lebten, war das ein unbestreitbarer Vorteil. Romain Rolland lebte schon seit Beginn des Krieges in der Schweiz und konnte sich so aus sicherer Distanz an den Debatten in Frankreich beteiligen. Darüber hinaus wurde er zu einer zentralen Persönlichkeit der Kriegsopposition in Europa, auch wenn sich die Briefzensurstellen der kriegführenden Staaten alle Mühe gaben, seine Kontakte zu anderen Kriegsgegnern zu unterbinden.[898] »Er ragt auf aus der Schweiz wie ein Fels«, schrieb Claire Goll.[899] Vor allem aber für Deutsche erwies sich die Schweiz als valides Refugium. Hermann Hesse lebte hier schon seit 1912, nach Kriegsausbruch kamen aus Deutschland zuerst die unversehens zu »feindlichen Ausländern« avancierten Maler Kandinsky, Jawlensky und Werefkin, wenig später der Komponist Ferruccio Busoni. Während die Immigration in die Schweiz in der Zeit des »Dritten Reiches« mancherlei Beschränkungen unterlag, die – mit allzu oft tödlichen Folgen – vor allem Juden betrafen, gab es im Ersten Weltkrieg, als es nur um eine überschaubare Zahl von Schriftstellern und Künstlern ging, kaum Probleme; erst im November 1917 unterwarf der Schweizer Bundesrat die Einwanderung einem erheblich strengeren Reglement. Bis dahin hatte in der Schweiz längst eine bedeutende Emigrantenszene entstehen können, »eine Armee von internationalen Revolutionären, Reformatoren, Dichtern, Malern, Neutönern, Philosophen, Politikern und Friedensaposteln«,[900] unter die sich auch Deserteure, Spione und Geschäftemacher mischten. Fast über Nacht wurde Zürich zur internationalen Metropole, das Café Odeon zur »europäischen Literaturbörse« und die Schweiz zur Bühne für politische und künstlerische Bewegungen, etwa Pazifismus und Dadaismus, für die der enge Konsens kriegführender Gesellschaften keinen Raum bot. So kam auch Alfred Hermann Fried sehr bald nach Kriegsausbruch hierher. Fried war ein österreichischer Pazifist, hatte 1911 den Friedensnobelpreis erhalten und war der wichtigste Mitarbeiter der im Juni 1914 verstorbenen Pazifistin und Friedensnobelpreisträgerin Bertha von Suttner gewesen. 1899 hatte er *Die Friedens-Warte* gegründet, die damals die wichtigste bürgerlich-pazifistische Zeitschrift war und noch heute erscheint. Fried war bei Kriegsausbruch bereits fünfzig Jahre alt und bei schlechter Gesundheit. Eine Einberufung hätte er nicht zu befürchten gehabt, aber die österreichische Zensur behinderte sein Werben für die Völkerverständigung so stark, dass er ins neutrale Ausland flüchtete.

Auch der deutsch-französische Schriftsteller Yvan Goll kam schon 1914 in die Schweiz, er war auf der Flucht vor dem Kriegsdienst. In Saint-Dié (deutsch Sankt Didel) in dem bei Frankreich verbliebenen Teil Lothringens war er zur Welt gekommen, aber nach dem frühen Tod des Vaters war die Mutter nach Metz übergesiedelt. »Durch Schicksal Jude, durch Zufall in Frankreich geboren, durch ein Stempelpapier als Deutscher bezeichnet«, wie er es pointiert ausdrückte, wollte er weder für ein Stempelpapier noch für einen Zufall in den Krieg ziehen. Seine spätere Frau Claire Goll, die aus Bayern stammte, emigrierte 1916 aus Protest gegen den Krieg in die Schweiz. Sie engagierte sich dort in der Friedensbewegung und vertrat zugleich auch feministische Positionen: »Arbeiten wir an der Befreiung von diesem untermenschlichen Zustand, in dem wir Frauen uns noch befinden. [...] Das Heer der Liebe gegen das Heer des Hasses!«[901] Es gab etliche Menschen wie Yvan Goll mit einem deutsch-französischen Hintergrund – häufig stammte ein Elternteil aus dem Elsass –, die sich nicht in einen Krieg zwischen ihren Vaterländern verwickeln lassen wollten und deshalb Zuflucht in der Schweiz suchten. Zu ihnen gehörten zum Beispiel der bildende Künstler Hans Arp, der Schriftsteller René Schickele und der politische Journalist Salomon Grumbach, der für mehrere sozialistische Zeitungen, *L'Humanité* in Paris, den *Vorwärts* in Berlin und die *Freie Presse* in Straßburg arbeitete. Er war in der SPD ebenso engagiert wie in der Section française de l'Internationale ouvrière, in der Arbeiterbildungsbewegung ebenso wie für die deutsch-französische Verständigung. Grumbach verkörperte wie wenige den Internationalismus der Sozialistischen Internationale, die angesichts des aufflammenden Nationalismus im August 1914 sehr schnell die Waffen gestreckt hatte.

Die Schriftstellerin Annette Kolb kam ebenfalls aus einem binationalen Elternhaus. Sie war die Tochter eines deutschen Architekten und einer französischen Pianistin, bei Kriegsausbruch hatte sie sich bereits einen Namen als Autorin gemacht. Kolb war eine engagierte Pazifistin, die sich entschieden der nationalistischen Engführung verweigerte und es ablehnte, für eines ihrer beiden Vaterländer Partei zu ergreifen. Am 11. Januar 1915 hielt sie einen Vortrag in Dresden und warb für die europäische Völkerverständigung. Ihre Weigerung, in Kriegszeiten Partei zu ergreifen, war für viele Zuhörer nur schwer zu ertragen; die Veranstaltung endete im Tumult. Der Vortrag ist abgedruckt in ihrem Buch *Briefe einer Deutsch-Französin*,[902] das immerhin in Deutschland erscheinen konnte und ein beachtliches Echo fand. Im Jahr nach Erscheinen war es bereits in der fünften Auflage. Kolb, die sich zu ihrem »Halbgermanentum«[903] bekannte und unverdrossen für die deutsch-französische Verständigung und die Überwindung des Hasses warb, konnte sich damit weder auf der einen noch auf der anderen Seite Sympathien erwerben. Der französische wie der deutsche Nachrichtendienst hielten sie gleichermaßen für eine Spionin und glaubten, sie stehe im Sold der jeweils anderen Seite. Im März 1915 hatte sie Romain Rolland in der Schweiz besucht, war auch mit Hermann Hesse in Kontakt getreten, aber nach Deutschland zurückgekehrt, wo das Leben für sie freilich immer schwieriger wurde. Das bayerische Kriegsministerium verhängte im März 1916 wegen pazifistischer Umtriebe eine Briefsperre über die Autorin, zu der einige Wochen später noch das Verbot von Auslandsreisen kam,[904] doch im Januar 1917 gelang es ihr, mit einer Reiseerlaubnis wieder in die Schweiz zu kommen, wo sie dann bis nach Kriegsende blieb. Im Februar 1919 nahm Annette Kolb am Internationalen Sozialistenkongress in Bern teil, im September kehrte sie nach Deutschland zurück. 1933 emigrierte die Unbeugsame erneut, diesmal nach Paris, wurde drei Jahre später französische Staatsbürgerin, floh 1941, da war sie schon über siebzig Jahre alt, vor den Nazis in die Vereinigten Staaten und kehrte nach dem Zweiten Weltkrieg erneut zurück.

Ein anderer prominenter Emigrant war Hugo Ball. »Bei Kriegsausbruch hatte er sich mehrmals als Freiwilliger gestellt, stürmisch auf seine Einreihung drängend«,[905] wie seine Frau sich später erinnerte, doch schon bald lichtete sich die Reihe der Freunde, und ihn befielen wachsende Zweifel, während Emmy Hennings selbst von Anfang an gegen den Krieg gewesen war. Am 12. Februar 1915 veranstaltete Hugo Ball gemeinsam mit Richard Huelsenbeck in Berlin eine Gedächtnisfeier für gefallene Dichter. Es wurden Reden gehalten zur Erinnerung an die deutschen Dichter Walter Heymann, Hans Leybold, Ernst Wilhelm Lotz und Ernst Stadler, aber eine Rede sollte auch an den französischen

Schriftsteller Charles Péguy erinnern.[906] Daraus erwuchsen Folgen für die Ankündigung der Veranstaltung: »Man wollte die Notiz nicht bringen, weil auch eines Franzosen darin gedacht war. Vier der Redner ließen verlauten, daß die Gefeierten nicht einen Tod der Begeisterung gestorben seien. Sie starben im vollen Bewußtsein, das Leben sei sinnlos geworden; Péguy vielleicht ausgenommen.«[907] Ball und Huelsenbeck veranstalteten noch einen »Politischen Abend« und einen »Expressionismusabend«,[908] doch dann entschlossen sich Hugo Ball und seine spätere Frau Emmy Hennings, das Land trotz erster Erfolge, die sich gerade einstellten, zu verlassen. Im Mai 1915 trafen sie in Zürich ein.[909] Die ersten Monate waren durch völlige Mittellosigkeit, Hunger und physische Erschöpfung gekennzeichnet, und einmal musste Ball sogar vorübergehend nach Genf fliehen, weil die Zürcher Behörden seine Tarnung als Kunstmaler John Höxter aus Hannover durchschaut hatten, was ihm nach seiner Rückkehr an die Limmat sogar zwei Wochen Haft einbrachte.[910] Dennoch zögerte er nicht, als der Einberufungsbefehl aus Berlin ihn erreichte, und versenkte das Schreiben im Zürichsee. Damit wurde er unwiderruflich zum Emigranten, eine Rückkehr nach Deutschland war nun nicht mehr möglich.

Der Einladung zur Gedenkfeier für die Gefallenen in Berlin, die Ball und Huelsenbeck veranstalteten, war ein literarisches Manifest beigegeben, das mit der Feststellung begann: »Es soll der Presse und dem Publikum durch unser Auftreten gezeigt werden, daß es Persönlichkeiten gibt, die die Sache der ›jüngsten‹ Literatur auch im Kriege weiterführen.«[911] Der Text erinnert in manchem an die Manifeste der Futuristen, ist aber eher als ein frühes Dokument des Dadaismus anzusehen, auch wenn dieser Begriff erst im Jahr darauf geprägt wurde, wenn es dort heißt: »Wir wollen: Aufreizen, umwerfen, bluffen, triezen, zu Tode kitzeln, wirr, ohne Zusammenhang, Draufgänger und Negationisten sein.«[912] Ball und Huelsenbeck waren vom Futurismus beeinflusst und hatten noch wenige Wochen vor dem Kriegseintritt Italiens in Berlin eine Lesung zu Ehren Marinettis veranstaltet. Doch während der Futurismus mit seiner radikalen Apotheose des Modernen etwas Nihilistisch-Destruktives hatte und seine Protagonisten in ihrer großen Mehrheit begeistert in den Krieg zogen, war der Dadaismus eine Reaktion auf den Krieg, ein »antikriegerisches Narrenspiel«.[913] In der satirischen Zeitschrift *Der Revoluzzer* erschien im Januar 1916 Hugo Balls Gedicht »Totentanz 1916«, das später auch als Postkarte in der »Künstlerkneipe Voltaire« Verbreitung fand:

> So sterben wir, so sterben wir
> Und sterben alle Tage
> Weil es so gemütlich sich sterben lässt.
> Morgens noch in Schlaf und Traum
> Mittags schon dahin
> Abends schon zuunterst im Grabe drin.
>
> Die Schlacht ist unser Freudenhaus
> Von Blut ist unsre Sonne
> Tod ist unser Zeichen und Losungswort.
> [...]
>
> So morden wir, so morden wir
> Und morden alle Tage
> Unsere Kameraden im Totentanz.
> [...]
>
> Wir danken Dir, wir danken Dir
> Herr Kaiser für die Gnade,
> Dass Du uns zum Sterben erkoren hast.
> [...][914]

Das war eine radikale Absage an den Krieg und zugleich auch an das politische System, das ihn hervorgebracht hatte.

Nach den sehr schwierigen Anfängen, die sie fast zur Verzweiflung getrieben hatten, konnten Hugo Ball und Emmy Hennings im Februar 1916 mit dem Cabaret Voltaire eine Künstlerkneipe mit eigener Bühne eröffnen.[915] Jeder, der wollte, durfte hier etwas vortragen. Es kamen Richard Huelsenbeck, Hans Arp und Sophie Taeuber, Marcel Janco und Tristan Tzara, der österreichische Maler Max Oppenheimer, der seit 1915 in der Schweiz lebte, Tänzerinnen aus der Schule von Rudolf von Laban, ein Balalaika-Orchester und viele andere. Die Bühne des Cabaret Voltaire war der Geburtsort des Dadaismus, einer Kunstrichtung, die für patriotische Kundgebungen jedweder Art gänzlich ungeeignet war und deshalb in den kriegführenden Ländern erst nach Kriegsende in Erscheinung treten konnte. Nach 1918 war der Dadaismus für kurze Zeit eine internationale Bewegung, die bis nach Russland und Japan, Nord- und Südamerika ausstrahlte. 1920 fand in Berlin die Erste Internationale Dada-Messe statt. Der Dadaismus war eine Antikunst, die sich dazu bekannte, Nonsens zu zelebrieren. Sie war das radikalste vorstellbare Gegenprogramm zum hohlen Pathos der patriotischen Kriegsgesänge. Vom Futurismus übernahm sie manche Techniken, etwa die Fotocollage, die »parole in libertà« oder den simultanen Vortrag. Aber der Dadaismus war zugleich subversiver und humaner als die italienische Kunstbewegung, was von den Zeitgenossen oftmals nicht verstanden wurde. In der Berliner Dada-Messe war ein »Preußischer Erzengel« ausgestellt: An der Decke hing eine Figur in einer preußischen Militäruniform mit einem Schweinekopf, an der ein Schild befestigt war: »Um dieses Kunstwerk vollkommen zu begreifen, exerziere man täglich zwölf Stunden mit vollgepacktem Affen und feldmarschmäßig ausgerüstet auf dem Tempelhofer Feld.«

Diese Kritik am preußischen Militarismus löste, ähnlich wie die gesellschaftskritischen Grafiken von George Grosz, großes Unverständnis und heftige Empörung aus. So kurz nach dem Ende des vierjährigen Mordens war die Bereitschaft gering, sich über die Gründe für Kriegsausbruch und Niederlage Gedanken zu machen.

Doch nicht nur in Zürich fanden Gegner des Krieges eine neue Heimat. Ein anderer Ort der Gegenkultur zum grassierenden Bellizismus jener Tage war die Siedlung Monte Verità nahe Ascona, ein Ort, der seit der Jahrhundertwende eine starke Anziehungskraft auf Anarchisten, Utopisten und Lebensreformer ausgeübt hatte.[916] Hier trafen so unterschiedliche Geister wie Wladimir Iljitsch Lenin und Leo Trotzki, Erich Mühsam und Pjotr Kropotkin, Rudolf Steiner und Martin Buber, Hermann Hesse und Stefan George, Mary Wigman und Rudolf von Laban, Ernst Bloch und andere aufeinander. Im Krieg wurde die Siedlung zu einem Sammelplatz für Pazifisten, Kriegsdienstverweigerer und Flüchtlinge. 1915 kam der deutsch-österreichische Künstler Gusto Gräser hierher, der wie sein Bruder Karl zu den Gründern gehört hatte. Gräser war in der deutschen Jugendbewegung auf dem eher politisch orientierten, radikal reformerischen Flügel engagiert gewesen und hatte mit seinen extremen Ideen immer wieder Anfeindungen provoziert. 1915 wurde er nach Österreich abgeschoben und als Kriegsdienstverweigerer zum Tode verurteilt, aber nicht hingerichtet, sondern in eine Irrenanstalt eingewiesen. Nach seiner Entlassung kehrte er mit Frau und Kindern im selbstgebauten Wohnwagen auf den Monte Verità zurück und wurde, vor allem in lebensreformerischen Kreisen, zu einem Vorbild für Kriegsgegner.

Der Schriftsteller Klabund, der zunächst einer der hochtönenden Vaterlandsbesinger gewesen war und sich sogar mehrfach freiwillig zum Kriegsdienst gemeldet hatte, wandelte sich wie manch anderer im Lauf der Zeit zum Kriegsgegner und sagte sich später mit einer pompösen »Bußpredigt«[917] von seiner ursprünglichen Kriegsbegeisterung los. Als er aufgrund seiner Tuberkulose für dauerhaft dienstuntauglich erklärt wurde, war er damit sehr einverstanden. Seine angegriffene Gesundheit führte ihn zunächst zur Kur nach Davos. Danach hielt er sich im Tessin auf und fand dort Anschluss an einen Kreis pazifistisch gesinnter Emigranten, der mit dem Monte Verità in Verbindung stand. Aufsehen erregte Klabund, als er sich am 3. Juni 1917 in einem offenen Brief an Kaiser Wilhelm II. wandte und ihn aufforderte, das deutsche Kaiserreich in eine konstitutionelle Monarchie umzuwandeln und mit der neuen russischen Regierung unter Kerenskij sowie dem amerikanischen Präsidenten Wilson, den beiden »friedensfreundlichsten Ihrer Feinde«,[918] Friedensverhandlungen aufzunehmen. Die wichtigste Vorrausetzung für einen Erfolg seien dabei entschlossene Reformen: »Die innerpolitische Frage in Deutschland – erkennen Sie das, Majestät! – ist die wichtigste, um zu einem nahen Frieden zu gelangen.«[919] Mit seiner Osterbotschaft vom 7. April 1917 hatte Kaiser Wilhelm II. versucht, noch einmal den Geist des Burgfriedens zu beschwören: »Nationaler und sozialer Geist verstanden und vereinigten sich und verliehen uns ausdauernde Stärke.«[920] Er stellte eine Reform des preußischen Dreiklassenwahlrechts nach dem Krieg in Aussicht, doch angesichts der innenpolitischen Verwerfungen wirkten die halbherzigen und vagen Versprechungen des Kaisers seltsam aus der Zeit gefallen. Keine deutsche Zeitung wagte es, Klabunds offenen Brief abzudrucken, er erschien stattdessen in der *Neuen Zürcher Zeitung*, fand aber nur wenig Zuspruch, weil viele Pazifisten dem Verfasser seine frühere Kriegsbegeisterung verübelten.[921] Am 23. Oktober 1918 veröffentlichte Klabund auch einen »Appell an Wilson«,[922] der aber in den Wirren des Kriegsendes kaum wahrgenommen wurde.

Auch der zweiundzwanzigjährige Student Richard Huelsenbeck war zunächst an die Front geeilt, doch die Ernüchterung kam schnell. Sie war in seinem Fall so gründlich, dass er wegen einer Nervenentzündung vorübergehend vom Kriegsdienst befreit werden musste.[923] Dennoch folgte er seinem Freund Hugo Ball erst im Februar 1916 nach Zürich, kehrte aber 1917 schon wieder nach Berlin zurück. Der expressionistische Schriftsteller

Ferdinand Hardekopf schwankte nach dem Kriegsausbruch zwischen Verzweiflung und aktiver Ablehnung des Krieges. Im September 1915 wurde er vorläufig ausgemustert, musste sich aber einer psychotherapeutischen Behandlung unterziehen, bevor er 1916 nach Zürich reisen konnte.[924] Dort wurde er nach mehreren Untersuchungen auf dem deutschen Generalkonsulat in Zürich dauerhaft vom Militärdienst befreit, da auch er an Tuberkulose litt. Hardekopf fand sich auch nach dem Krieg in Deutschland nicht mehr zurecht und übersiedelte dauerhaft nach Frankreich, wo er als Übersetzer ein bedeutender Mittler der französischen Literatur nach Deutschland wurde. 1940 internierten ihn die Deutschen nach der Besetzung Frankreichs, André Gide setzte sich aber erfolgreich für seine Freilassung ein, und Hardekopf konnte seine letzten Lebensjahre wieder in Zürich verbringen.[925]

Auch Friedrich Wilhelm Foerster genoss die liberale Atmosphäre auf der »nicht eng überwachten Tribüne« in Zürich, wie Theodor Wolff es formulierte.[926] Er hatte in München eine Professur für Pädagogik und Philosophie, war aber wegen kritischer Äußerungen über die Politik Bismarcks, die einen gewaltigen Aufruhr verursacht hatten, von der Universität für ein Jahr beurlaubt worden. Der Berliner Galerist und Verleger Paul Cassirer hatte sich zunächst trotz fortgeschrittenen Alters freiwillig an die Front gemeldet, war aber 1916 so gründlich desillusioniert, dass er den Krieg nicht einmal mehr publizistisch begleiten wollte und auch den als Nachfolger der *Kriegszeit* begonnenen *Bildermann* wieder einstellte. 1917 ging er mit Hilfe von Harry Graf Kessler, der ihm einen Auftrag des Auswärtigen Amtes verschaffen konnte, zunächst nach Bern, dann nach Zürich. Dort gründete er gemeinsam mit dem Verleger Max Rascher die Max Rascher Verlags AG, die sich auf pazifistische Schriften von deutschen und französischen Autoren wie zum Beispiel Andreas Latzko und Henri Barbusse spezialisierte.[927]

Andreas Latzko stammte aus Budapest, er hatte als Leutnant der k. u. k. Armee an der Isonzofront gekämpft und 1915 einen

Nervenzusammenbruch erlitten. Im Jahr darauf wurde er als »Kriegszitterer«, wie man traumatisierte Soldaten damals häufig nannte, aus dem Militärdienst entlassen und kam im Sommer 1916 zur Kur nach Davos. Dort schrieb er den Novellenband *Menschen im Krieg*, der seine Erlebnisse reflektierte.[928] Das Buch erschien unter einem Pseudonym und wurde in Deutschland und Österreich-Ungarn, aber auch in Frankreich, Großbritannien und den USA sofort verboten. Es hatte dennoch einen enormen Erfolg und war im Jahr nach Erscheinen schon im 33. Tausend, außerdem wurde es in zahlreiche Sprachen übersetzt. Nachdem man Latzko als Autor des pazifistischen Buches enttarnt hatte, wurde er von der Armee degradiert, konnte aber der sogar in der Schweiz drohenden Verhaftung entgehen. Im Dezember 1917 erhielt er einen Einberufungsbefehl nach Nordungarn, dem er sich aber entzog. Er blieb in Zürich und veröffentlichte im März 1918, mit einer Widmung an Romain Rolland, seine Broschüre *Frauen im Krieg* zur internationalen Frauenkonferenz, die 1915 in Bern stattgefunden hatte. *Menschen im Krieg* war der erste Band in der Reihe »Europäische Bücher«, die Rascher und Cassirer gestartet hatten. Im Rascher Verlag erschien auch Leonhard Franks Novellenband *Der Mensch ist gut*,[929] eines der Hauptwerke der kriegsgegnerischen Literatur aus dem Ersten Weltkrieg, das in Deutschland ebenfalls sofort nach Erscheinen verboten wurde.[930] Französische Propagandaeinheiten verteilten Franks Buch zusammen mit Latzkos Broschüre *Frauen im Krieg*, allerdings ohne die Widmung an Romain Rolland, in Kriegsgefangenenlagern,[931] wohl in der Hoffnung, die deutschen Kriegsgefangenen würden sich von der pazifistischen Gesinnung ihrer Landsleute beeindrucken lassen.

Der Berliner Heinrich Eduard Jacob, in späteren Jahren ein berühmter Sachbuchautor, hatte zunächst ein ambivalentes Verhältnis zum Krieg. Einerseits begeisterte ihn das Ekstatisch-Rauschhafte des Krieges, andererseits schreckte das reale Geschehen ihn auch ab. Sein Bruder Robert war am 7. September

1914 in der Marne-Schlacht schwer verwundet worden und zudem in Gefangenschaft geraten. Er selbst lehnte den Kriegsdienst ab und reiste stattdessen gemeinsam mit Walter Hasenclever, ohne dass sie einen rechten Auftrag hatten, als Kriegsberichterstatter durch Belgien, um sich selbst ein Bild vom deutschen Einmarsch und seinen Erfolgen zu machen, 1915 erschien sein Bericht *Reise durch den belgischen Krieg*.[932] Das Buch reflektierte die Ambivalenz seines Verfassers, der erfüllt war »von glühender Liebe zum Deutschtum und vom Mitleid mit den Besiegten, vom Vaterland und vom Weltbürgersinn«;[933] besonders erschütterte ihn das zerstörte Löwen. Jacob selbst nannte sein Buch ein »Prisma des Widerspruchs«.[934] Im Juni 1916 emigrierte er in die Schweiz. Der Einberufung entging er, weil er wie so viele damals an Lungentuberkulose litt und sich in Davos auskurieren sollte. In seinem Fall war die Krankheit eher leichter Natur, anders als etwa bei Klabund, der zehn Jahre nach Kriegsende in Davos starb. Jacob blieb etwa drei Jahre in der Schweiz und genoss das »Erlebnis der Neutralität«: »Die Schweiz ist die mystische Mitte Europas. Sie ist das gesunde Herz kranker Glieder. [...] Sie ist ein Licht, ein Altar, eine Heilung, umflogen vom Schreien der Wut. Wer das Glück hat sie anzufassen, der wird gesund. Sie ist eine reinste Wahrsagung der Zukunft, ein guter Spiegel kommender Dinge; sie gibt uns das süßeste Versprechen gleichwie dem Bräutigam eine Braut: daß, wie sie heute Europa ist, einmal Europa Schweiz werden wird.«[935]

Bald musste Jacob feststellen, dass auch in der Schweiz die Verhältnisse nicht ganz so elysisch waren, wie er zunächst dachte. Das Land war klein und der Krieg nicht fern. Bei einer seiner Wanderungen lief er einem französischen Grenzposten in die Arme, weil der Berg, den er besteigen wollte, nicht mehr auf Schweizer Territorium lag.[936] Jacob schrieb in jener Zeit vor allem für das *Berliner Tageblatt*. Den Anschluss an die einschlägigen Emigrantenkreise suchte er nicht und hielt sich vom politischen Betrieb im Lande fern. Er führte eher die Existenz eines

Mannes, der seinem Heimatland nach wie vor in allem verbunden war, dort auch sein Geld verdiente, aber mit dem Krieg, den es führte, nichts zu tun haben wollte, weshalb er auch nach dessen Ende bald nach Berlin zurückkehrte. Zum Emigranten machten Jacob erst die Nationalsozialisten, die 1933 seine Bücher verbrannten und ihn wegen seiner jüdischen Abstammung verfolgten.

Ein besonders großer Schock war der Krieg für den Bildhauer Wilhelm Lehmbruck, der damals bereits internationale Anerkennung gefunden hatte. Seine Werke waren 1913 in der International Exhibition of Modern Art im »Armory«, einem ehemaligen Waffenarsenal in New York, gezeigt worden. Die Schau war eine Landmarke der Moderne und, wie wir inzwischen wissen, eine der wichtigsten Kunstausstellungen des 20. Jahrhunderts. 1914 hatte Lehmbruck seine erste große Einzelausstellung in Paris gehabt. Nun sollte er gegen Frankreich in den Krieg ziehen, jenes Land, in dem er seit 1910 mit seiner Familie lebte und in dem sein zweiter Sohn zur Welt gekommen war. Notgedrungen kehrte Lehmbruck nach Deutschland zurück. Er hatte Glück und musste nicht an die Front, sondern kam als Sanitäter in einem Berliner Lazarett zum Einsatz. Die Begegnung mit dem Leid der Verwundeten erschütterte ihn zutiefst. Was er sah, beeinflusste das weitere Wirken dieses sensiblen Künstlers nachhaltig. Im Mittelpunkt seines Werks stand der menschlichen Körper, seine Skulpturen gaben Leid und Elend ein Gesicht. Wilhelm Lehmbruck war ein arrivierter Künstler, seine Auftragslage auch im Krieg gut, 1916 wurde er in der Kunsthalle Mannheim mit einer großen Einzelausstellung geehrt. Sein Leben galt der Kunst. Wenn er im selben Jahr in die Schweiz ging, so war das kein Akt politischer Dissidenz, sondern eine Flucht vor dem Grauen des Krieges, das ihn in schwere Depressionen gestürzt hatte.

Wilhelm Lehmbruck brachte in jenen Jahren Werke hervor, die zu den Höhepunkten seines Schaffens zählen. Seine erste

Auseinandersetzung mit dem Kriegsgeschehen war die Zeichnung »Die jungen Regimenter – der letzte Schrei«, die Dietrich Schubert wohl zu Recht als Reflex auf die Schlacht bei Langemark deutet.[937] Danach schuf er die Kleinplastiken »Getroffener« und »Gefallener«, ein Krieger, der sich aufbäumt, bevor er zusammenbricht, und einer, der bereits verstorben ist. Es folgte »Der Gestürzte«, Lehmbrucks bekanntestes Werk bis heute.[938] Ausgangspunkt war ein Wettbewerb, den Duisburg, die Heimatstadt des Künstlers, für ein Kriegerdenkmal ausschrieb.[939] Die Ratsherren wünschten sich einen stehenden Siegfried, wie der Akademieprofessor Hubert Netzer ihn dann auch schuf. Schon Lehmbrucks erste Skizzen zeigten in eine fundamental andere Richtung. In einer Zeit, in der Tausende von mehr oder weniger konventionellen Kriegerdenkmälern entstanden, entwarf Lehmbruck eine gänzlich unheroische Figur, die das Leid der Menschheit dramatisch verkörperte. Sie ist stark entindividualisiert, ihre überlangen Gliedmaßen lassen keinen Raum für Athletik. Und während Netzers Siegfried gerade das Schwert aus der Scheide zieht, hat dieser Gestürzte nur noch einen abgebrochenen Schwertstumpf in der rechten Hand. Er ist auf die Erde gestürzt, hält sich auf allen vieren, den Kopf zu Boden gesenkt. Es ist eine starke Geste des Scheiterns. Der nackte Krieger ist eine universale Figur, die sich jeder nationalistischen Vereinnahmung entzieht.

Nach Kriegsende kehrte Wilhelm Lehmbruck nach Berlin zurück. Gemeinsam mit Ernst Barlach, Käthe Kollwitz und anderen wurde er zum Mitglied der Preußischen Akademie der Künste ernannt, hat von dieser Ehrung aber möglicherweise nicht mehr erfahren, denn am 25. März 1919 schied der an der Welt Verzweifelte in seinem Berliner Atelier aus dem Leben.

Nach einer ausgedehnten Konzerttournee durch die Vereinigten Staaten kam der Pianist, Komponist und Dirigent Ferruccio Busoni im Oktober 1915 nach Zürich, wo Volkmar Andreae, der Leiter des Tonhallen-Orchesters, ihn willkommen hieß. Als Andreae, der Oberst bei der Schweizer Artillerie war, Militärdienst leisten musste, übernahm Busoni sogar seine Vertretung. Busoni galt als der größte Pianist seiner Zeit, und als er sich 1894 in Berlin niederließ, war er bereits weltberühmt, aber er war kein Deutscher und musste seine Wahlheimat nach dem Kriegseintritt Italiens im Mai 1915 verlassen. Aber auch in Italien wollte man den Künstler mit den zwei Vaterländern nicht aufnehmen. Nachdem er sich dagegen entschieden hatte, in den Vereinigten Staaten zu bleiben, entschloss er sich, in der Schweiz um Aufnahme zu bitten. Seine Mutter war eine deutsch-italienische Pianistin gewesen, die aus dem damals österreichischen Triest stammte, sein Vater ein italienischer Klarinettist. Busoni hatte eine Schwedin geheiratet, mit dem Krieg wollte er nichts zu tun haben. In Ländern, die an ihm beteiligt waren, trat er nicht auf. Obwohl Busoni wirtschaftlich gutgestellt war, in Zürich über gute Arbeitsmöglichkeiten verfügte und als Dirigent wie als Komponist sehr produktiv war, traf ihn das abrupte Ende seines gewohnten Lebens sehr schwer, woran auch der neue Kreis von Freunden und Schülern nichts änderte, den er sich im Exil aufbauen konnte. Busoni war kein junger mittelloser Künstler, der es gewohnt war, sich immer wieder neu zu orientieren, um voranzukommen. 1915 war er bereits 49 Jahre alt, seine Lehr- und Wanderjahre lagen längst hinter ihm, er hatte in Moskau genauso unterrichtet wie in Boston, sich dann in Berlin dauerhaft etabliert und musste nun plötzlich feststellen, dass er keine Heimat mehr hatte und von allem abgeschnitten war. Sobald es möglich war, kehrte er 1919 in seine Villa in Berlin zurück und übernahm eine Meisterklasse an der Preußischen Akademie der Künste. Doch die Zeitumstände standen in krassem Widerspruch zu seinem großbürgerlichen Lebensstil. Die Inflation ließ ihn völlig verarmen, und seine Familie musste nach seinem Tod 1924 sogar seine berühmte Bibliothek von mehr als fünftausend Bänden versteigern.[940]

1916 erschien – »Dem Musiker in Worten Rainer Maria Rilke verehrungsvoll und freundschaftlich dargeboten« – die überarbeitete Neuausgabe von Busonis Schrift »Entwurf einer neuen Ästhetik der Tonkunst«.[941] Busoni war davon überzeugt, dass die Musik sich weiterentwickeln müsse, und sah sich als Reformator: »Der Reformator ist – im Vergleich zur Natur – undiplomatisch, und es ist ganz folgerichtig, daß seine Änderungen erst dann Gültigkeit erlangen, wenn die Zeit den eigenmächtig vollführten Sprung wieder auf ihre feine unmerkliche Weise eingeholt hat.« Im konkreten Fall war er der Überzeugung, dass er als Reformator mit der Zeit gehe, die anderen aber zurückgeblieben seien und es darauf ankomme, die Zurückgebliebenen mit sich zu reißen: »Ich glaube, daß die Dur- und Moll-Tonart und ihr Transpositionsverhältnis, daß das ›Zwölfhalbtonsystem‹ einen solchen Fall von Zurückgebliebenheit darstellt.«[942] Die Harmonielehre empfand Busoni als gewaltsam beschränktes System, das die gesamte Musik auf die Tonarten Dur und Moll reduzierte. Er wollte neue Tonskalen ermöglichen, das Zwölfhalbtonsystem aufgeben und eine Dritteltonskala einführen. Da auf einem Großteil der geläufigen Instrumente das so entstehende Sechsteltonsystem nicht spielbar war, dachte Busoni an elektronische Geräte, die die gewünschten Frequenzen erzeugen könnten. In seiner eigenen Praxis als Komponist und Interpret fanden diese Überlegungen allerdings kaum Niederschlag.

Die schmale Schrift löste lebhafte Kontroversen aus, besonders scharfer Widerspruch kam von Hans Pfitzner, der »Futuristengefahr«[943] witterte. Er lehnte Busonis Idee vom Fortschritt in der Musik ab und versuchte außerdem, den berühmten Kollegen zum Undeutschen zu stempeln: »Kunst ist ihm mehr Sache des Intellekts als des Herzens, wie denn überhaupt die Musik des Nordens wärmer ist als die des Südens.«[944] Der Romantiker Pfitzner hatte 1910 die Leitung des Opernhauses in Straßburg übernommen, nach Kriegsausbruch hatte er sich freiwillig gemeldet, war allerdings nicht eingezogen worden. Immerhin konnte er seinen Patriotismus durch die Komposition von »Zwei Deutschen Gesängen« (op. 25, 1915/16) unter Beweis stellen, die Großadmiral Tirpitz gewidmet waren. In *Futuristengefahr* deutete sich bereits Pfitzners Entwicklung zum »antidemokratischen Nationalisten« (Thomas Mann)[945] und Antisemiten an, die dann in seiner Schrift *Neue Ästhetik der musikalischen Impotenz*[946] 1920 vollends zum Durchbruch kam. Mit dem Titel spielte er noch einmal auf Busonis Schrift an, während im Text selbst der Hauptfeind der Musikkritiker der *Frankfurter Zeitung* Paul Bekker war, von dem Pfitzner behauptete, dass er die »international-jüdische Bewegung in der Kunst«[947] leite. Der Komponist entwickelte in dieser Hetzschrift ein weitausgreifendes Feindbild, das sich perfekt in die nationalsozialistische Ideologie einpasste. Er polemisierte gegen Atonalität, Internationalismus, Amerikanismus und musikalischen Bolschewismus. Die Kriegsniederlage, die zur Folge hatte, dass Pfitzner seinen Posten räumen musste, weil Straßburg nun wieder zu Frankreich gehörte, inspirierte ihn zu wilden Hasstiraden gegen das Neue, das in Friedenszeiten nun wieder ungehindert ins Land kam. So behauptete er zum Beispiel, die »Jazz-Foxtrott-Flut« verkörpere »die amerikanischen Tanks der Geisterschlacht gegen europäische Kultur«.[948] Hans Pfitzner ist ein gutes Beispiel dafür, dass die Frontlinien, die die politischen Auseinandersetzungen in der Weimarer Republik bestimmen sollten, bereits im Ersten Weltkrieg entstanden.

Auch den damals noch relativ jungen und unbekannten Philosophen Ernst Bloch zog es während des Krieges in die Schweiz, obwohl er wegen hochgradiger Kurzsichtigkeit vom Kriegsdienst befreit wurde. In Deutschland, wo er nach der Promotion keine Arbeit hatte, hielt ihn wenig, und seine Frau, die baltische Bildhauerin Else von Stritzky, die 1921 verstarb, war damals bereits schwerkrank und erhoffte sich Hilfe von den berühmten Schweizer Sanatorien. So übersiedelte das Paar im Frühjahr 1917 nach Interlaken und blieb dort für zwei Jahre. Bloch war nach anfänglicher Begeisterung ein radikaler Gegner des Krieges geworden, im Exil entwickelte er eine rege publizistische Tätigkeit und versuchte, die Politik der Mittelmächte zu bekämpfen. Er schrieb manchmal für Frieds pazifistische *Friedens-Warte*, meistens aber für *Die Freie Zeitung*, die seit April 1917 zweimal pro Woche in Bern erschien. Die Zeitung führte den Untertitel »Unabhängiges Organ für demokratische Politik« und wollte gemäß ihrer Selbstdarstellung »zum internationalen Verständnis und zur politischen Emanzipation« beitragen. Gegründet hatte die Zeitung der ehemalige deutsche Diplomat Hans Schlieben, der zum Kriegsgegner geworden war, sich deshalb pensionieren ließ und nun in der Schweiz lebte. Verlagsleiter war Hugo Ball, der sich inzwischen aus dem Cabaret Voltaire zurückgezogen hatte. Die deutschen Behörden sahen das Blatt als Teil eines »einheitlich gehaltenen und mit reichen Geldmitteln ausgestatteten Propagandafeldzug[s] der Entente«[949] und untersagten die Einfuhr nach Deutschland. Der Sachverhalt lässt sich nicht mehr genau eruieren, da das Archiv der Zeitung verloren ist, aber völlig aus der Luft gegriffen war der deutsche Vorwurf der Finanzierung aus dem Ausland wohl nicht.[950] Das Pendant im Propagandakrieg war die von August 1917 bis November 1918 in Zürich erscheinende Wochenzeitung *Das Freie Wort*. Sie erschien mit amtlicher deutscher Unterstützung, erreichte aber mit nur 10 000 Exemplaren bei weitem nicht die Auflage und die Wirkung der *Freien Zeitung*. Die Freie Zeitung, die bis zum März 1920 erschien, lag auf der Linie der Regierung Clemenceau, aber auch die sozialdemokratischen Kriegsgegner, die sich seit April 1917 in der USPD sammelten, hatten hier ein Forum. Die Zeitung vertrat gewissermaßen die Ideen von 1789 gegen die von 1914. Zu Wort kamen Emigranten wie Yvan Goll, Pazifisten, die in Deutschland geblieben waren, wie der Sozialdemokrat Kurt Eisner, liberale Politiker wie Hellmut von Gerlach, auch Schweizer Publizisten und eben Ernst Bloch, von dem – unter den verschiedensten Namen – etwa hundert Beiträge erschienen.

Die Freie Zeitung war überzeugt von Deutschlands Alleinschuld am Krieg, sie verurteilte den unbeschränkten U-Boot-Krieg, begrüßte die Februarrevolution in Russland und propagierte den Sturz der preußisch-deutschen Monarchie, weil man nur so dem Übel an die Wurzel gehen könne. Insofern war es nur konsequent, einen Sieg Frankreichs als die Voraussetzung für eine grundsätzliche Erneuerung Deutschlands anzusehen, denn, so formulierte es Bloch, es gehe darum, »aus der militärischen Niederlage die Auferstehung des preußisch vernichteten, alten, kulturvollen Deutschlands zu betreiben«.[951] Das gegenwärtige Deutschland habe keine Zukunft: »Die Luft ist so dick und so gründlich von den Waffen und der üblen Meinung der Welt zusammengepresst, dass in ihr das mit Junkern einzigartig verzierte Kapitalistenunkraut der Weltbeherrschung, des in alle Länder exportierten preußischen Gendarms nicht mehr wohl gedeihen will.«[952] Anders als die um die eher bürgerliche *Friedens-Warte* versammelten »defätistischen« Pazifisten vertraten Hugo Ball und Ernst Bloch einen kämpferischen Pazifismus.[953] Bloch schrieb über *Die Freie Zeitung:* »Sie steht im Kampf, aber sie führt nicht Krieg gegen die Welt; sie führt Kampf gegen den Krieg, sie steht auf den Barrikaden gegen das System des Krieges, sie ist sich gründlich, grundhaft wehrender Pazifismus und, mit voller Paradoxie des Wortes, kämpfende Christenheit, ecclesia militans.«[954] Gleichzeitig empfand Bloch das erzwungene Beiseitestehen im großen Konflikt als schmerzhaft, in einem Brief an Johann Wilhelm Muehlon warf er sich vor, nicht als Freiwilliger in das französische Heer eingetreten zu sein. Bloch war damals zeitweise völlig mittellos gewesen und besaß nicht einmal Geld, um Heizmaterial oder Lebensmittel zu kaufen, von der Bezahlung der fälligen Miete nicht zu reden, und Muehlon, der seit Herbst 1916 ebenfalls in der Schweiz lebte, hatte ihn in gewissem Umfang finanziell unterstützt. Muehlon war Direktor der Abteilung für Kriegsmaterial bei der Friedrich Krupp AG gewesen. 1915 trat er in den Dienst des Auswärtigen Amtes und wurde im

Jahr darauf informeller Mitarbeiter der Gesandtschaft in Bern, doch nach der Ankündigung des unbeschränkten U-Boot-Krieges stellte er jegliche Tätigkeit für deutsche Stellen ein. 1917 wurden durch Muehlon Dokumente in der Öffentlichkeit bekannt, aus denen hervorging, dass die deutsche Reichsregierung schon vor dem österreichischen Ultimatum an Serbien zum Krieg entschlossen gewesen war, was im Ausland als Beweis der deutschen Kriegsschuld angesehen wurde, woraufhin Muehlon sich in Deutschland massiven Diffamierungen ausgesetzt sah. Er wehrte sich, indem er seine Aufzeichnungen aus dieser Zeit publizierte, was ihm im Ausland Anerkennung als erster deutscher Europäer einbrachte, in Deutschland dagegen kaum registriert wurde.[955] Muehlon war der Mittelpunkt eines großen Kreises von Pazifisten, dem sowohl Alfred Fried und Friedrich Wilhelm Foerster als auch Radikaldemokraten wie Hugo Ball und Ernst Bloch angehörten.

Je länger der Krieg dauerte und je mehr Kampfkraft und Enthusiasmus schwanden, desto unduldsamer wurde die Zensur, nicht nur in Preußen, sondern auch in Bayern. Das führte dazu, dass neben einzelnen Autoren auch ganze Redaktionen in die Schweiz emigrieren mussten, wenn sie nicht gleich von sich aus ihre Publikationen einstellten wie etwa Erich Mühsam sein anarchistisches Periodikum *Kain. Zeitschrift für Menschlichkeit*. Schon im zweiten Kriegsjahr mussten *Die Weißen Blätter*, die der Schriftsteller und Mäzen Erik Ernst Schwabach unter Mitwirkung des Verlegers Kurt Wolff 1913 in Leipzig gegründet hatte, das Land verlassen. Ab 1916 kamen *Die Weißen Blätter*, die rasch zu einer der wichtigsten expressionistischen Zeitschriften wurden, im Rascher Verlag in Zürich heraus, 1918 dann in Bern, bevor sie 1919 wieder nach Deutschland zurückkehrten und von Paul Cassirer in Berlin übernommen wurden. Der Herausgeber der Zeitschrift war der elsässische Schriftsteller René Schickele, der schon bald sah, dass in Deutschland keines Bleibens war. Er schrieb: »Schon im Sommer 1915 nahm das Interesse der Kriminalpolizei für die Weißen Blätter quälende Formen an. Ich beschloß mit ihnen in die Schweiz zu übersiedeln.«[956] Die Umsetzung dieses Entschlusses war von einigen Schwierigkeiten begleitet, zumal Schickele durch seine Kritik an der Versenkung der »Lusitania« bereits als Oppositioneller bekannt war, doch der liberale Politiker Friedrich Naumann ebnete ihm den Weg ins Exil. Auch Schickele, den der Krieg regelrecht krank gemacht hatte, suchte in der neuen Heimat zunächst ein Sanatorium auf, wo er sich mehrere Monate aufhielt. Er erreichte in dieser Zeit auch seine endgültige Befreiung vom Kriegsdienst, kehrte noch einmal nach Deutschland zurück, bevor er im März 1916 endgültig in Zürich Quartier nahm.

In den *Weißen Blättern* schrieb eine große Zahl bedeutender Schriftsteller wie Henri Barbusse, Hermann Hesse, Franz Kafka, Else Lasker-Schüler, Heinrich Mann, Robert Musil und Robert Walser, aber auch andere Vertreter des Kultur- und Geisteslebens wie Eduard Bernstein, Martin Buber, Friedrich Wilhelm Foerster und Wilhelm Hausenstein. Die Zeitschrift wurde unter Schickeles Leitung rasch eine führende Stimme der Kriegskritik. Die deutsche Gesandtschaft in Bern meldete nach Berlin, die *Weißen Blätter* seien »die führende Zeitschrift auf literarischem Gebiet für die jüngere Generation [...] in Deutschland«.[957] Aber ihre Wirkung ging über Deutschland weit hinaus, zumal auch russische Emigranten mitarbeiteten wie zum Beispiel Nikolai Alexandrowitsch Rubakin, der 1907 aus Russland emigriert war und in Lausanne eine Bibliothek aufbaute, die viele russische Revolutionäre anzog.[958]

Anders als *Die Weißen Blätter* wurde die Zeitschrift *Zeit-Echo* erst nach Kriegsausbruch gegründet. Das erste Heft erschien am 15. Oktober 1914 in München. Herausgeber und Verleger war der Modeschöpfer und Professor an der Berliner Kunsthochschule Otto Haas-Heye, für die literarischen Beiträge zeichnete der Schriftsteller Friedrich Markus Huebner verantwortlich, für die künstlerischen der deutschböhmische Maler Otto Th. W. Stein, der auch Mitbegründer der Münchner Secession war. Die Zeitschrift führte den Untertitel »Ein Kriegs-Tagebuch der Künstler«, sie wollte nicht über den Krieg publizieren, sondern das literarische und künstlerische Schaffen in jener Zeit dokumentieren. Tatsächlich versammelten die schmalen Hefte lediglich Grafiken und einige literarische Beiträge, Autoren des ersten Heftes waren Eduard Graf von Keyserling, Rainer Maria Rilke und Annette Kolb. Redaktionelle Beiträge gab es nicht. Die Zeitschrift stand Befürwortern wie Gegnern des Krieges gleichermaßen offen. Im ersten Jahrgang erschienen 65 Beiträge, die den Krieg befürworteten, 56 ablehnende, zehn ambivalente Beiträge und fünf, die keinen thematischen Bezug zum Krieg hatten.[959] Diese thematische Offenheit fand nicht den Beifall der Behörden, und es kam sehr bald zu ersten Auseinandersetzungen mit der Zensur.[960] Im zweiten Jahrgang übernahm der junge Schriftsteller Hans Siemsen die Schriftleitung, die nunmehr ihren Sitz in Berlin hatte. Der Untertitel »Ein Kriegs-Tagebuch der Künstler« entfiel, und die Zeitschrift bekam eine eindeutige Ausrichtung; den Krieg befürwortende Texte erschienen jetzt nicht mehr. 44 Beiträge lehnten den Krieg ab, zwei waren ambivalent und 29 hatten keinen Bezug zum Krieg.[961] Nach einem Jahr wurde Hans Siemsen zum Kriegsdienst an der Westfront einberufen, und es kam zu einem erneuten Wechsel in der Leitung.

Der dritte und letzte Jahrgang des *Zeit-Echo* erschien ab April 1917 im Benteli Verlag in Bern. Herausgeber der Zeitschrift war nunmehr der deutsche Schriftsteller Ludwig Rubiner, der aus einer ostjüdischen Familie stammte, aber in Berlin geboren war. Rubiner engagierte sich für den deutsch-französischen Literaturaustausch, er hatte mehrere Jahre in Paris gelebt und unter anderem eine Erzählung von Paul Verlaine übersetzt. Sein Interesse galt nicht nur der französischen, sondern auch der russischen Literatur, so übersetzte er Werke von Michail Kusmin und Nikolai Gogol. Nach Kriegsausbruch musste Rubiner Frankreich verlassen und emigrierte, nach einer Zwischenstation in Berlin, zusammen mit seiner Frau Frida Ichak in die Schweiz. Dort nahm er Kontakt auf zu französischen und russischen Kriegsgegnern wie Romain Rolland, Henri Guilbeaux, dem Herausgeber der pazifistischen Zeitschrift *Demain* in Genf, und dem russischen Revolutionär Anatoli Lunatscharski, den Lenin nach der Oktoberevolution zum Volksbildungskommissar ernannte. Ludwig Rubiner schrieb zunächst für die *Weißen Blätter* und für die *Aktion*. Das *Zeit-Echo* positionierte er nach der Übernahme als Herausgeber neu als eindeutig pazifistisches und politisch links orientiertes Blatt. Im Editorial hieß es: »Die Zeitschrift ist keine bibliophile, sondern eine moralische Angelegenheit. [...] Zur Veröffentlichung zugelassen sind nur fordernde Formulierungen von europäischer Gesinnung.«[962] Einen erheblichen Teil der Beiträge schrieb Rubiner selbst, so dass die Zahl der Mitarbeiter stark zurückging. Im September 1917 stellte das *Zeit-Echo* sein Erscheinen überraschend ein. Ein Grund dafür könnte sein, dass die Zeitschrift zuletzt vor allem von der Gesandtschaft der Bolschewiki in Bern finanziert worden war und deren Petrograder Putsch im Juli 1917 durch das Eingreifen des Militärs scheiterte.[963]

Lenin, der sich zum Zeitpunkt der deutschen Kriegserklärung an Russland in Galizien aufgehalten hatte, wo er vorübergehend auch verhaftet worden war, reiste Anfang September 1914 über Krakau und Wien in die Schweiz ein. Im Februar 1916 konnte er in Zürich Quartier nehmen, was ihm sehr entgegenkam, weil er für die Arbeit an seiner Schrift *Der Imperialismus als höchstes Stadium des Kapitalismus* die dortige Zentralbibliothek nutzen wollte. Lenin war auch im Schweizer Exil politisch aktiv. Anfang September 1915 nahm er gemeinsam mit Trotzki an einer geheimen internationalen Konferenz in Zimmerwald im Kanton Bern teil. Der Initiator der Konferenz war der Schweizer Sozialdemokrat Robert Grimm, der nach anfänglicher Zustimmung die Burgfriedenspolitik ablehnte und versuchte, die versprengten

Kräfte der Sozialistischen Internationale wieder zu sammeln. Aus einem Dutzend Ländern nahmen Delegierte an dieser Konferenz teil.[964] Sie verabschiedeten ein von Trotzki entworfenes »Zimmerwalder Manifest«,[965] das den gegenwärtigen imperialistischen Krieg und die herrschenden Gewalten der kapitalistischen Gesellschaft geißelte und zum Kampf für Völkerverbrüderung und Sozialismus aufrief. Lenin hatte als Wortführer des linksradikalen Flügels für noch weiter gehende Forderungen plädiert, musste sich aber vorhalten lassen, dass er durch seinen Radikalismus andere in Gefahr brachte. Der deutsche Sozialdemokrat Georg Ledebour rief ihm zu: »Es ist allzu bequem, revolutionäre Aufrufe an die Massen zu richten, nachdem man ins Ausland geflüchtet ist.« Verschiedene Delegierte sagten, ihnen drohe die Todesstrafe, wenn sie Lenins Resolution unterstützen und dann nach Hause zurückkehren würden. Lenin, der gegen die Zulassung Trotzkis als Delegierter gestimmt hatte, wollte den imperialistischen Krieg in einen europäischen Bürgerkrieg transformieren, konnte sich mit dieser Position aber nicht durchsetzen. Vom 24. bis 30. April 1916 fand eine Nachfolgekonferenz in Kiental, einem Bergdorf im Berner Oberland, statt, auf der der revolutionäre Flügel um Lenin gestärkt auftrat, sich aber dennoch nicht durchsetzen konnte.[966] Nach der Russischen Revolution löste sich die Vereinigung, die sich in Zimmerwald gebildet hatte, wieder auf, und der revolutionäre Flügel schloss sich der im März 1919 in Moskau gegründeten Kommunistischen Internationale an. Lenin hatte am 9. April 1917 gemeinsam mit 32 Emigranten und mit Unterstützung der deutschen Obersten Heeresleitung die Schweiz wieder verlassen und kehrte über Deutschland, Schweden und Finnland nach Russland zurück. Nach dem Scheitern des Petrograder Aufstandsversuchs wurde Lenin steckbrieflich gesucht, weswegen er erst in den Untergrund und dann erneut nach Finnland ging, von wo er am 20. Oktober zurückkehrte, um den bewaffneten Aufstand vorzubereiten.

Als der Erste Weltkrieg vorbei war, kehrten die meisten Emigranten in ihre Heimatländer zurück, wo sie oft genug nicht willkommen waren. Alfred Hermann Fried ging, nachdem er aus Deutschland ausgewiesen worden war, wieder nach Wien, wo er von Karl Renner, dem soeben ins Amt gekommenen sozialdemokratischen Staatskanzler, empfangen wurde, der ihm gleichwohl keine Hoffnung auf eine Anstellung machen konnte, denn »dagegen waren die Koalitionsgenossen der Antisemiten und Alldeutschen«.[967] Zuletzt versuchte Fried, seinen Friedensnobelpreis zu verkaufen. 1921 starb er angefeindet und verarmt. Mancher Remigrant musste feststellen, dass sein im Krieg beschlagnahmtes Vermögen verloren war, andere konnten nicht in ihre berufliche Laufbahn zurückkehren, wieder andere fanden sich in der Heimat nicht mehr zurecht und litten große Not, wie Hugo Ball, der 1924 wieder in die Schweiz zurückkehrte und drei Jahre später mit nur 41 Jahren starb.

In der Schweiz waren sie Fremde gewesen, die man aber, solange sie sich mit öffentlichen Äußerungen zurückhielten, unbehelligt ließ. So konnte sich hier ein neues Netzwerk der Geflohenen, Vertriebenen und Gestrandeten bilden. Ein Mann wie Romain Rolland, dessen Stimme in Europa gehört wurde, war hier sicher vor den Nachstellungen der französischen Nationalisten. Und in der Zürcher Emigrantenszene entstand 1916 der Dadaismus, eine Kunstbewegung, die bis nach New York ausstrahlte und die Entwicklung der modernen Kunst erheblich beeinflusste. Die Sorgen des heimischen Alltags waren fern. Als der Schriftsteller René Schickele Deutschland glücklich hinter sich gelassen hatte und der in der Schweiz herrschenden Freizügigkeit gewahr wurde, notierte er: »Wenn einmal Europa die Bilanz dieses Krieges aufstellt, wird die Schweiz auf der Gewinnseite der Menschlichkeit an erster Stelle stehen und zeigen, welche menschlichen Großtaten schöpferischer Art sie dem Völkermord entgegenstellte, wie sie nicht nur Wunden pflegte und Gutes tat in jeder Weise, sondern, fast allein in Europa, ein kleines umdrohtes

Land, die Menschlichkeit wahrte und die Zukunft Europas bereiten half.«[968] Man muss den Enthusiasmus dieser Aussage nicht
teilen, um anzuerkennen, dass sie die Vorzüge des neutralen Landes in der Zeit des Ersten Weltkriegs grundsätzlich richtig beschreibt. Während des Zweiten Weltkriegs spielte die Schweiz
allerdings eine weniger rühmliche Rolle.

Die Ideen von 1917

Im sicheren Exil, in der Zürcher Verlagsdruckerei Union, erschien im zweiten Kriegsjahr eine Broschüre, die mit den Worten begann: »Die Szene hat gründlich gewechselt. Der Marsch in sechs Wochen nach Paris hat sich zu einem Weltdrama ausgewachsen; die Massenschlächterei ist zum ermüdend eintönigen Tagesgeschäft geworden, ohne die Lösung vorwärts oder rückwärts zu bringen. Die bürgerliche Staatskunst sitzt in der Klemme, im eigenen Eisen gefangen; die Geister, die man rief, kann man nicht mehr bannen.«[969]

Das Werk trug den Titel *Die Krise der Sozialdemokratie*. Der Verfasser nannte sich »Junius«, hinter diesem Pseudonym verbarg sich die aus dem russischen Teil Polens stammende Sozialdemokratin Rosa Luxemburg, eine konsequente Kriegsgegnerin der ersten Stunde. Da sie bei einer Kundgebung in Frankfurt am Main öffentlich zur Kriegsdienstverweigerung aufgerufen hatte, war sie im Februar 1914 wegen »Aufforderung zum Ungehorsam gegen Gesetze und gegen Anordnungen der Obrigkeit« zu einer Gefängnisstrafe von einem Jahr verurteilt worden, die sie im Jahr darauf im Königlich-Preußischen Weiber-Gefängnis in Berlin-Königstadt (heute Friedrichshain) antreten musste. Am 18. Februar 1916 wurde Luxemburg entlassen, aber schon im Juli desselben Jahres in Sicherungsverwahrung genommen, die sie zuerst auf der Festung Wronke in der Provinz Posen, später in Breslau über sich ergehen lassen musste. So hoffte man ihr politisches Wirken so weit wie möglich zu unterbinden. In Freiheit kam sie erst wieder am 9. November 1918.

In den ersten Haftmonaten hatte Luxemburg die »Junius-Broschüre« verfasst. Der Szenenwechsel, den sie beschreibt, hatte schon Frühjahr 1915 stattgefunden, ein halbes Jahr nach Kriegsausbruch. Die frohgemut zur Westfront aufgebrochenen Soldaten hatten weder die Pariser Boulevards gesehen noch waren sie an Weihnachten wieder nach Hause gekommen. Die Kriegsgedichte waren geschrieben, die Gesänge verrauscht. Die Professoren hatten kaum noch Zeit für vaterländische Vorträge, sie gingen wieder ihrer wissenschaftlichen Arbeit nach. Der angebliche Verbündete Italien war an der Seite der Entente in den Krieg eingetreten. An der Ostfront hatte es große Geländegewinne, aber keine Entscheidungsschlacht gegeben. In der Hoffnung, die verhärteten Fronten im Westen wieder in Bewegung zu bringen, setzten die Deutschen in der Ypern-Offensive, die am 22. April 1915 begann, erstmals große Mengen von Chlorgas ein. Das war ein klarer Verstoß gegen das geltende Kriegs- und Völkerrecht und zugleich »die Geburtsstunde von modernen Massenvernichtungswaffen, die Krieg und Frieden im 20. Jahrhundert entscheidend geprägt haben«.[970] Die Ypern-Offensive brachte den Deutschen vorübergehend gewisse Geländegewinne, einen Durchbruch erzielen konnten sie nicht.

Im Jahr 1916 suchten Frankreich und Deutschland erneut die Entscheidung. Im Februar begann mit einem deutschen Angriff die Schlacht um Verdun, die etwa ein halbes Jahr dauerte und mehr als 700 000 Soldaten das Leben kostete. Verdun hat bis heute in der Memorialkultur einen überragenden Stellenwert. Die Stadt liegt im Département Meuse, das nach 1871 zum französischen Teil Lothringens gehörte. Im Vorfeld des Ersten Weltkriegs war die Grenzstadt mit einem Ring von 39 Befestigungsanlagen umgeben worden, die durch ein dichtes Netz von Infanteriebunkern und Artilleriestellungen miteinander verbunden waren. Marschall Philippe Pétain, der »Held von Verdun«, führte ein rollierendes System ein, das angesichts der extrem fordernden Kampfbedingungen in der »Hölle von Verdun« einen regelmäßigen Austausch der Truppen vorsah, so dass im Lauf der

Zeit mehr als die Hälfte aller französischen Soldaten dort zum Einsatz kam. Verdun wurde zum Symbol des nationalen Widerstands. Der französische Mythos von Verdun war der einer äußersten gemeinsamen Anstrengung gegen einen beinahe übermächtigen Gegner mit dem Ergebnis der Rückeroberung der vier Jahrzehnte zuvor verlorenen Gebiete von Elsass und Lothringen. Für die Deutschen dagegen wurde die »Blutmühle« von Verdun zu einem Inbegriff des industrialisierten Krieges. Hier realisierte sich Wilhelm Lamszus' negative Vision vom »Menschenschlachthaus«. Zur Vorbereitung des Angriffs wurde in einem noch nie dagewesenen Umfang schweres Gerät herbeigeschafft, um die Voraussetzungen für intensives Trommelfeuer auf die französischen Stellungen zu schaffen, das den Gegner zermürben sollte, bevor er angegriffen wurde. 60 Millionen Granaten wurden in der Schlacht insgesamt verschossen. Nirgends war die Zerstörung der Landschaft größer als hier, bis heute ist sie davon gezeichnet. Auch wenn die Deutschen in der Summe leichte Geländegewinne erzielten, erreichten sie ihre wesentlichen Ziele in dieser Schlacht nicht. Es gelang kein Durchbruch, und der Abnutzungskrieg, das von Generalstabschef Falkenhayn propagierte »Weißbluten des Feindes«, dezimierte auch die eigenen Truppen in einem so ungeheuren Maß, dass diese Strategie schließlich aufgegeben werden musste.

Im Juli 1916 begann die Schlacht an der Somme, die sich bis November hinzog und mit über einer Million Toten einen noch höheren Blutzoll forderte. Die Hauptlast beim Kampf gegen die Deutschen lag hier nicht bei den Franzosen, sondern bei den britischen Verbänden. Auch diese Schlacht verschob die Frontlinie am Ende nur um wenige Kilometer nach Osten, schwächte aber dennoch die Deutschen in ihrer Kampfkraft deutlich. Gleichzeitig mussten die Mittelmächte sich mit dem Vormarsch der Italiener an der Isonzofront auseinandersetzen, der nahezu die Hälfte aller österreichisch-ungarischen Truppen band, und mit der in drei Wellen vorgetragenen Brussilow-Offensive. General Alexej

Brussilow gelang es im Juni 1916, zwei österreichisch-ungarische Armeen zu vernichten, das Habsburgerreich verlor in drei Tagen mehr als 200 000 Soldaten. Das war einer der größten russischen Siege während des Ersten Weltkriegs. Unter dem Eindruck dieses Erfolgs trat Rumänien, das mit beiden Kriegsparteien verhandelt hatte, im August 1916 an der Seite Russlands in den Krieg ein. Brussilow erzielte beachtliche Geländegewinne, aber eine Entscheidungsschlacht konnte auch er nicht erzwingen. Vielmehr stellten sich im Lauf der Zeit die bekannten Probleme ein: Die Versorgungslinien wurden länger, der Nachschub stockte, die Truppen ermüdeten, die Reserven kamen zu spät. Der Gesamtverlust der Kämpfe an der Ostfront im zweiten Halbjahr 1916, die Summe der Toten, Verwundeten, Gefangenen und Desertierten, belief sich am Ende auf die gewaltige Zahl von etwa 2,9 Millionen Soldaten. 1916 war, wenn man so will, das kriegerischste Jahr des Ersten Weltkriegs.

1916 war ein Jahr des Aufbäumens gewesen, 1917 waren die Kämpfer, soweit sie noch am Leben waren, am Ende ihrer Kräfte. Es war das Jahr mit den wenigsten Kriegstoten und gekennzeichnet von Erschöpfung, Hunger, Desillusionierung und Resignation. 1917 war nicht das Jahr der Schlachtenlenker, sondern der Mediziner. Kriegstraumata wurden als psychische Leiden anerkannt. Sigmund Freud, C. G. Jung und Sándor Ferenczi gewannen durch die Auseinandersetzung mit ihnen entscheidende Erkenntnisse für die Psychoanalyse. Hunderttausende, die in den Schützengräben hatten ausharren müssen, waren nach wochenlangen Beschießungen traumatisiert, vielen konnten die Allgegenwart der Toten nicht mehr ertragen. Die Schlachtfelder waren »Mondlandschaften des Todes, deren Licht auf allen Gesichtern liegt«, wie der Schriftsteller Alfred Döblin es formulierte.[971] Von »shell shock« sprachen die Engländer, von »obusite« die Franzosen, von »Kriegszitterern« die Deutschen. Es gab Soldaten, die schon beim Anblick von Uniformen in Panik verfielen.

Die Mediziner diagnostizierten Kampfmüdigkeit, Kriegsneurose, Schützengrabenschock. Manche Soldaten verloren ob des Grauens, das sie umgab, den Verstand. Die deutsche Kriegsbeschädigten- und Kriegshinterbliebenenstatistik von 1926 zählte 5410 Fälle von Geisteskrankheit.[972]

Der Erste Weltkrieg war der erste Krieg, in dem die Verluste durch Kampfhandlungen die Verluste durch Seuchen übertrafen. Das lag zum einen an den Erfolgen bei der Bekämpfung von Fleckfieber, Typhus, Cholera und anderen Epidemien, zum anderen aber auch daran, dass das Risiko, getötet zu werden, in diesem Krieg sehr hoch war. Aber auch die Zahl der Verletzten war gewaltig. Von den 13,2 Millionen deutschen Soldaten, die im Lauf des Krieges zum Einsatz kamen, wurden zwei Millionen getötet und weitere zwei Millionen verletzt, von denen mehr als drei Viertel dauerhafte Schäden davontrugen. 300 000 Soldaten erlitten Kopfverletzungen, von denen die Hälfte überlebte, während bei Bauchschüssen die Überlebenschance nahe null lag. Doch selbst sehr schwere Verletzungen, mit denen ein hoher Blutverlust einherging, führten nicht mehr automatisch zum Tod. In den Vereinigten Staaten war 1915 ein Verfahren entwickelt worden, Natriumcitrat als Gerinnungshemmer einzusetzen, so dass Blut nicht mehr direkt vom Spender zum Empfänger übertragen werden musste. Im Ersten Weltkrieg fanden erstmals Blutkonserven Verwendung, die Blut länger haltbar und transportfähig machten, was vielen Verwundeten das Leben rettete.

Drei Viertel der Verletzungen stammten von Granatsplittern. Die Betroffenen hatten oftmals grauenhafte Gesichtsverletzungen und waren schwer entstellt.[973] Aber nicht nur der Granatbeschuss, auch die modernen Stahlmantelgeschosse erzielten eine durchschlagende Wirkung. Kriegsmediziner unternahmen Schussversuche an Leichen, die zeigten, dass ein Geschoss aus tausend Metern Entfernung zu einer »groben Splitterung des Unterkiefers mit deutlicher Anordnung« führte, während dasselbe Geschoss aus 200 Metern Entfernung den Kiefer »völlig breiartig zertrümmert«.[974] Die Chirurgie machte damals enorme Fortschritte, es gelang, selbst Soldaten, denen große Teile des Kopfes fehlten, zum Beispiel Nase, Ober- und Unterkiefer, am Leben zu erhalten. Oberst Yves Picot, der an der Marne, vor Verdun und an der Somme gekämpft hatte, prägte für diese Menschen den Begriff »gueules cassées«, was man grob mit »kaputte Mäuler« übersetzen kann. Der Sozialdemokrat Erich Kuttner, der vor Verdun selbst schwer verwundet worden war und 1917 den Bund der Kriegsteilnehmer und Kriegsbeschädigten gründete, sprach von den »Kriegszermalmten«.[975] Die zerstörten Gesichter sind ein zentraler Teil der Ikonographie des Ersten Weltkriegs. Zunächst brachte man diese Patienten in Hospitälern unter, aus denen die Spiegel entfernt worden waren. Die Mediziner versuchten, die Gesichter mit Hilfe von Prothetik annähernd wiederherzustellen. Auch für die Zehntausenden, die Gliedmaßen eingebüßt hatten,[976] wurden die erstaunlichsten Prothesen entwickelt, um die Verkrüppelten und Verstümmelten wieder in die Arbeitswelt eingliedern zu können. Anders als die Kriegshysteriker, die sich allen Nützlichkeitserwägungen entzogen, wurden die Arm- und Beinamputierten zum Objekt »tayloristischer Optimierungsphantasien«. Auch das Kunstschaffen wandelte sich 1917. Die Dekonstruktion der Körper wurde ein Bildthema, vor allem für Futuristen und Kubisten.[977]

In den Vereinigten Staaten herrschte im dritten Kriegsjahr noch immer Frieden. Das Land war aber indirekt in Europa engagiert, denn die Staaten der Entente waren bei den USA im Frühjahr 1917 mit 2,3 Milliarden Dollar verschuldet, ein Betrag, der sich bis Kriegsende noch verfünffachen sollte.[978] Neutralität war die beste Voraussetzung für gute Geschäfte, aber wenn überhaupt, kam ein Kriegseintritt für die Amerikaner nur auf der Seite der Westalliierten in Frage. Der Demokrat Woodrow Wilson, der 1912 die Präsidentschaftswahlen dank der Spaltung der Republikanischen Partei gewonnen hatte, führte 1916 den Wahlkampf zu seiner Wiederwahl unter dem Slogan »He Kept Us Out of War«. Das entsprach seiner eigenen zutiefst pazifistischen Grundüberzeugung, traf aber auch die isolationistische Stimmung im Lande, so dass Wilson in der Wahl am 7. November 1916 knapp vorne lag, obwohl die traditionell dominierenden Republikaner diesmal wieder mit einem gemeinsamen Kandidaten angetreten waren.

Am 12. Dezember 1916 publizierten die vier Mittelmächte auf österreichische Initiative hin eine Friedensnote, die mit der zutreffenden Feststellung begann: »Der furchtbarste Krieg, den die Geschichte je gesehen hat, wütet seit bald zwei und einem halben Jahr in einem großen Teil der Welt.«[979] Das Deutsche Reich, Österreich-Ungarn, das Osmanische Reich und Bulgarien sahen sich auf der Siegerstraße, schlugen aber Friedensverhandlungen vor, um weiteres Blutvergießen zu vermeiden. Die halbherzig vorgetragene Friedensnote war letztlich ein diplomatisches Manöver, konkrete Vorschläge enthielt sie nicht. Woodrow Wilson wandte sich dennoch mit der Bitte um Stellungnahme an die kriegführenden Mächte.[980] Die Antwort der Entente-Staaten vom 10. Januar 1917 enthielt eine Vielzahl sehr konkreter Forderungen: die Wiederherstellung der territorialen Integrität von Belgien, Serbien und Montenegro einschließlich einer finanziellen Kompensation für die entstandenen Schäden; die Räumung der besetzten Teile von Frankreich, Russland und Rumänien sowie die Zahlung von Reparationen an diese Staaten; die Neuordnung Europas nach dem Prinzip der nationalen Selbstbestimmung einschließlich der »emancipation of Poland«.[981] Das waren weitreichende Forderungen, die deutlich machten, dass die andere Seite sich ebenfalls in einer starken Verhandlungsposition sah. Der Antwort war eine Mantelnote beigegeben, die dem amerikanischen Präsidenten, der sich noch immer in erster Linie als unparteiischer Moderator sah, deutlich machen sollte, dass die Staaten der Entente nicht an einem bloßen Waffenstillstand ohne Sicherheiten, sondern an einer stabilen Situation in Europa interessiert waren. Sie verlangten, dass der Imperialismus der Mittelmächte gebrochen werden müsse. Am Horizont stand damals bereits die Vision eines Europa, das vom Deutschen Reich nicht mehr bedroht werden konnte, die dann zwei Jahre später in den radikalen Entmilitarisierungsregelungen des Versailler Friedensvertrages konkrete Gestalt gewann.

Am 8. Januar 1917 hielt Präsident Wilson vor beiden Häusern des amerikanischen Kongresses seine berühmte 14-Punkte-Rede, in der er Grundzüge einer Nachkriegsordnung für Europa entwarf.[982] Dies war der Moment, in dem die Vereinigten Staaten zum Akteur auf der Bühne der Weltpolitik wurden. Einige von Wilsons Forderungen waren auf die gegenwärtige Kriegssituation bezogen, so zum Beispiel auf die Wiederherstellung der Souveränität Belgiens, die Räumung der besetzten russischen Gebiete, die Rückgabe von Elsass-Lothringen an Frankreich, die Räumung von Rumänien, Serbien und Montenegro, die Errichtung eines unabhängigen polnischen Staates. Andere Vorschläge wie die vielzitierte Abschaffung der Geheimdiplomatie, die Freiheit der Weltmeere oder Rüstungsbeschränkungen waren eher allgemeiner Natur. Vage blieben auch Wilsons Vorschläge in Hinblick auf das Habsburgerreich und das Osmanische Reich. Die Grenzen Italiens sollten unter dem Gesichtspunkt der Volkszugehörigkeit neu gezogen werden, den Völkern Österreich-Ungarns »die freieste Gelegenheit zu autonomer Entwicklung zugestanden werden«. Für die türkischen Teile des Osmanischen Reiches sollte »unbedingte Selbstständigkeit gewährleistet werden«, für die übrigen Nationalitäten dagegen »eine zuverlässige Sicherheit des Lebens und eine völlig ungestörte Gelegenheit zur selbständigen Entwicklung«.[983] Die Vereinigten Staaten von Amerika waren aus britischen Kolonien hervorgegangen. Es ist nicht überraschend, dass gerade dort der Gedanke des Selbstbestimmungsrechts der Völker eine Heimat hatte. Dieses völkerrechtliche Prinzip war eng verwandt mit dem Ideal der Volkssouveränität, das sich mit der Französischen Revolution und dem amerikanischen Unabhängigkeitskrieg gegen das überkommene dynastische Prinzip durchgesetzt hatte.

Woodrow Wilson versuchte, das Selbstbestimmungsrecht der Völker zur Grundlage der Friedensverhandlungen nach Kriegsende zu machen, was aber nur sehr partiell gelang, weil die realpolitischen Interessen der europäischen Siegermächte dem in vielem entgegenstanden. Dem Deutschen Reich und Deutsch-Österreich wurde die Vereinigung im Versailler Friedensvertrag ausdrücklich untersagt, außerdem mussten beide Staaten eine Reihe von nahezu ausschließlich deutschsprachigen Gebieten abtreten wie zum Beispiel Danzig, Südtirol oder das Sudetenland. Die vielen nationalen Minderheiten, die durch die radikal veränderte politische Landkarte entstanden, waren in den Friedensverhandlungen ein drängendes Problem. Um sie zu schützen, wurde ein Regelwerk geschaffen, das die Errichtung moderner Nationalstaaten mit der völkerrechtlichen Sicherung der Minderheitenrechte verbinden wollte. Dabei ging es ausdrücklich nicht nur um individuelle, sondern auch um kollektive Rechte, also das Recht auf die eigene kulturelle Tradition, Sprache und Religion. Durchgesetzt hat sich im 20. Jahrhundert aber nicht das Konzept von Versailles, sondern der Geist des Vertrags von Lausanne, der nach dem Griechisch-Türkischen Krieg von 1922 zu einem weitreichenden Bevölkerungsaustausch führte und zur Blaupause für unzählige weitere Versuche der ethnischen Entmischung wurde, die für Millionen von Menschen entsetzliches Leid mit sich brachten.

Am 22. Januar 1917 hielt der amerikanische Präsident vor dem Senat eine weitere Rede, in der er für einen »Frieden ohne Sieg« eintrat. Was er nicht wissen konnte: Am 9. Januar hatte Kaiser Wilhelm II. angeordnet, ab dem 1. Februar den uneingeschränkten U-Boot-Krieg wiederaufzunehmen. Am 3. Februar wurde erstmals ein amerikanischer Dampfer versenkt, woraufhin die USA die diplomatischen Beziehungen zu Deutschland abbrachen. Der U-Boot-Krieg nahm bald einen erheblichen Umfang an, allein im April wurden von den Deutschen 458 Schiffe versenkt.[984] Gleichzeitig wurde das Zimmermann-Telegramm bekannt. Der Staatssekretär des Auswärtigen Amts Arthur Zimmermann hatte am 16. Januar 1917 ausgerechnet an den deutschen Botschafter in Washington ein Telegramm zur Weitergabe an den deutschen Gesandten in Mexiko geschickt, in dem der mexikanischen Regierung für den Fall, dass die Vereinigten Staaten von Amerika ihre Neutralität aufgeben sollten, Unterstützung für die Rückgewinnung der 1848 an die USA verlorenen Gebiete angeboten wurde. Der Nachrichtendienst der britischen Admiralität fing das Telegramm ab und entschlüsselte es. Der britische Außenminister Balfour überreichte es dem amerikanischen Botschafter in London, der es nach Washington weiterleitete. Am 1. März wurde es von der amerikanischen Presse veröffentlicht, was die ohnehin schon sehr angespannten Beziehungen zwischen Deutschland und Amerika nochmals erheblich belastete.

Am 2. April 1917 trat Wilson erneut vor den Kongress und bat in einer umjubelten Rede um die Zustimmung zur Kriegserklärung an das Deutsche Reich. Er schloss mit den Worten:

Es ist schrecklich, diese friedliche Nation in einen Krieg zu führen, in den furchtbarsten und verheerendsten aller Kriege, bei dem die menschliche Zivilisation selbst auf dem Spiel steht. Aber das Recht ist uns mehr wert als der Frieden, und wir kämpfen für die Dinge, die uns immer am wichtigsten waren: die Demokratie, [...] für die Rechte und die Freiheit der kleineren Staaten, für die universelle Geltung des Rechts in einer Gemeinschaft freier Völker, die allen Staaten Frieden und Sicherheit bringen und die Welt am Ende befreien kann. Dieser Aufgabe widmen wir unser Leben und unser Schicksal, alles was wir sind und was wir haben, in dem stolzen Bewusstsein, dass Amerika das Privileg hat, sein Blut und seine Macht einzusetzen für die Prinzipien, die das Land hervorgebracht und ihm Glück und den Frieden gegeben haben, den es bis heute bewahrt hat.[985]

Das war die wichtigste Rede, die Wilson jemals hielt. Vier Tage später erfolgte die förmliche Kriegserklärung an das Deutsche Reich. Die Vereinigten Staaten verfügten damals nur über eine kleine Berufsarmee von 200000 Mann, aber bei einer Bevölkerung von fast 100 Millionen Menschen über ein fast unerschöpfliches Reservoir an Rekruten. Bis Kriegsende standen vier Millionen Soldaten unter Waffen, von denen im letzten Kriegsjahr zwei Millionen in Frankreich kämpften. Die amerikanischen Soldaten waren in der Regel jung und unerfahren und hatten nur eine kurze Ausbildung genossen. Aber ihr Enthusiasmus war unverbraucht, und die hinter ihnen stehenden Reserven waren fast unerschöpflich. So leisteten sie einen wichtigen Beitrag zum Sieg über Deutschland. Fast wichtiger noch war der Strom der amerikanischen Kredite, der entscheidend dazu beitrug, die schwer unter Druck geratene Volkswirtschaft Großbritanniens und Frankreichs vor dem Kollaps zu bewahren, so dass beide Staaten in der Lage waren, den Krieg gegen Deutschland fortzusetzen. Der Pazifist Alfred Hermann Fried vermerkte damals in seinem Kriegstagebuch, den Kriegseintritt der USA »verdanken wir dem vom Militarismus und der Rüstungsindustrie beschützten Treiben unsrer Alldeutschen, unsrer Flotten- und Rüstungshetzer, den Weltfressern und Weltherrschaftsnarren, die Deutschland in der Welt gefürchtet und verhasst machten und wahnwitzig das Spiel mit dem Krieg trieben«.[986]

Die Empörung über die Kriegspolitik des Deutschen Reiches gab dem Willen zum Krieg in den Vereinigten Staaten reichlich Nahrung, doch war er nicht von absoluter Einmütigkeit. Fünfzig Mitglieder des Repräsentantenhauses und sechs Senatoren stimmten am 2. April 1917 gegen die Kriegserklärung. Die Socialist Party of America, die relativ klein war, aber immerhin zwei Kongressmitglieder stellte, verabschiedete am 11. April eine Resolution, in der sie den Kriegseintritt als ein »Verbrechen gegen das amerikanische Volk und gegen die Völker der Welt« brandmarkte.[987] Dem widersprach wiederum eine Minderheit innerhalb der Partei, die ganz im Sinne Wilsons den Krieg als notwendig zur Erreichung eines demokratischen Friedens ansah. Ein prominenter Angehöriger dieser Minderheit war der sozialkritische Schriftsteller Upton Sinclair, der Pazifist und Sozialist war, aber nun aus Protest gegen die Resolution aus der Sozialistischen Partei austrat.

Für das Deutsche Reich war das Kriegsjahr 1917 ein Krisenjahr. Strategisch befand es sich trotz der Erfolge an der Ostfront in der Defensive. Die Situation an der Heimatfront wurde immer schwieriger, insbesondere die Ernährungslage.[988] Das Deutsche Reich war vor dem Krieg der weltweit größte Importeur von Agrarprodukten gewesen. Ein Drittel der im Lande verbrauchten Lebensmittel wurde eingeführt; Russland lieferte vor dem Krieg jährlich mehr als vier Millionen Tonnen Kraftfutter, was nahezu den gesamten Bedarf der deutschen Viehwirtschaft deckte. Diese Importabhängigkeit war kein Geheimnis gewesen, sie hatte die Briten zu ihrer Seeblockade motiviert. Zudem hatte die Illusion vom kurzen Krieg jede Vorratswirtschaft überflüssig erscheinen lassen, so dass das Deutsche Reich ohne Nahrungsmittelreserven in den Krieg zog. Schon 1915 gab es Engpässe und Hungerdemonstrationen, aber nach dem »Steckrübenwinter« 1916/17 war die Situation besonders dramatisch. Nach ersten Protestaktionen zu Beginn des Jahres gab es im April 1917 in vielen Großstädten Demonstrationen gegen die schlechte Lebensmittelversorgung. Lange Schlangen vor Geschäften, in denen es kaum etwas zu kaufen gab, waren in jener Zeit ein alltäglicher Anblick. Im direkten Sinne des Wortes verhungert sind damals wohl nur wenige Menschen. Insgesamt sind aber, so schätzt man, in Deutschland während es Ersten Weltkriegs etwa 700 000 Menschen an den Folgen der Mangelernährung gestorben. Auch eine an Reichskanzler Bethmann Hollweg gerichtete Denkschrift der SPD-Vorstände thematisierte die dramatische Situation:

> Die Ernährungsverhältnisse haben sich dauernd verschlechtert. Die Nahrungsmittel, die der Bevölkerung in den größeren Städten und in den Industriegebieten gegeben werden, sind längst nicht mehr hinreichend, die Menschen zu sättigen und ihre Kräfte zu erhalten. Viele Millionen leiden am quälenden Gefühle des Hungers. Zahlreiche Menschen sind stark abgemagert, die Gesichter sind welk und hohl geworden. Trotz der Bemühungen, die Schwerarbeiter reichlicher zu versorgen, ist deren Leistungskraft durch die dauernde Unterernährung selbst in der Rüstungsindustrie so geschwächt, daß sie vielfach zu versagen droht.[989]

Die Denkschrift stellte zutreffend fest: »Die Stimmung der Bevölkerung ist durch die anhaltenden Entbehrungen aufs tiefste herabgedrückt.« Die Sozialdemokraten sprachen aber auch noch ein anderes Thema an: »Ein weiteres, die Stimmung verderbendes Moment liegt in dem Ausbleiben einer Neuordnung mehrerer innerpolitischer Verhältnisse auf der Grundlage gleichen Rechts für alle.«[990] Die Burgfriedensrhetorik des Jahres 1914 hatte die Konfliktlinien zwischen den gegenläufigen Narrativen von nationaler Führung und sozialem Ausgleich überdeckt. Je mehr der Krieg sich in die Länge zog und je mehr Opfer er forderte, desto mehr wurden diese Konfliktlinien wieder spürbar. Dass an der Front Kriegsmüdigkeit herrschte, war nicht zu leugnen. Aber darüber, wie damit umzugehen war, herrschten tiefgreifende Meinungsunterschiede. Die Alldeutschen, die massiv den unbeschränkten U-Boot-Krieg propagiert hatten, vertraten die Überzeugung, dass die Soldaten an der Front nur durch ein radikales Kriegszielprogramm zu höchsten Anstrengungen motiviert werden könnten, weil sich dann Mühsal und Entbehrungen wirklich gelohnt haben würden. Die Sozialdemokraten dagegen sahen gerade darin die Gefahr, dass »das Auftreten und die skrupellose Politik der Alldeutschen vollends zur schwersten Gefährdung für unser Land werden. Die Agitation dieser Kreise, die mit großen, nicht zuletzt aus Kriegsgewinnen stammenden Mitteln betrieben wird, erzeugt bei der Bevölkerung die Meinung, daß der Krieg um Eroberungen willen fortgesetzt wird, und daß die Schuld an dem Nichtzustandekommen von Friedensverhandlungen auch auf deutscher Seite liegt.«[991]

Die deutsche Sozialdemokratie hatte es durch ihre Zustimmung zu den Kriegskrediten möglich gemacht, dass am 1. August 1914 eine geeinte Nation in den Krieg zog. Sie hatte in der Überzeugung gehandelt, dass das Deutsche Reich einen Verteidigungskrieg führe, und die Erwartung damit verbunden, die deutsche Regierung strebe einen Verständigungsfrieden an, sobald die Voraussetzungen dafür gegeben wären. Außerdem sollte der millionenfache Fronteinsatz der Arbeiter in Form von sozialer Anerkennung und politischer Gleichberechtigung seinen verdienten Lohn erhalten. Die vagen Versprechungen Wilhelms II. in der Osterbotschaft von 1917 zur Reform des preußischen Dreiklassenwahlrechts erfüllten diese Erwartungen in keiner Weise. Sie entfalteten schon deshalb keine positive Wirkung, weil Reformen erst für die Zeit nach dem Krieg in Aussicht gestellt wurden, und auch dann sollte es nur um unmittelbare und geheime, nicht aber um gleiche Wahlen gehen. Die Forderung nach Gleichheit bei den Wahlen war am Widerstand der Konservativen in der Reichsregierung und der Obersten Heeresleitung gescheitert, vom Wahlrecht für Frauen war schon gar keine Rede.

Der sozialdemokratische Glaube an die offizielle Behauptung, Deutschland führe lediglich einen Verteidigungskrieg, war durch die schon im September 1914 ausufernde Kriegszieldiskussion auf eine harte Probe gestellt worden, die Zahl der Dissidenten in der SPD-Fraktion wuchs bei jeder Abstimmung über die Kriegskredite weiter an. Im März 1915 gab es bereits 32 Abweichler von der Parteilinie. Am 19. Juni 1915 publizierten dann drei prominente Sozialdemokraten einen Aufruf, der ein Schlüsseldokument für die Geschichte der Spaltung der Partei ist. Autoren dieses Mahnrufs »Das Gebot der Stunde« waren Eduard Bernstein, Hugo Haase und Karl Kautsky, alle drei kehrten ihrer Partei zwei Jahre später den Rücken. Der Aufruf begann mit den Worten: »Die Stunde der Entscheidung ist gekommen. Die deutsche Sozialdemokratie ist vor eine Frage gestellt, die für die Geschicke des deutschen Volkes, für die Zukunft der Kulturwelt von der größten Tragweite ist.«[992] Die Autoren kritisierten, dass Programme kursierten, die »dem gegenwärtigen Krieg den Stempel eines Eroberungskrieges aufdrücken«. Sie zitierten verschiedene Stimmen, vom Präsidenten des preußischen Herrenhauses bis hin zum bayerischen König, die alle der Meinung waren, der vermeintlich gewonnene Krieg müsse dem Land eine Dividende in Form territorialer Zuwächse erbringen. Diese Positionen stünden aber in schroffem Widerspruch zu der Erklärung der sozialdemokratischen Reichstagsfraktion vom 4. August 1914, die jeglichen Eroberungskrieg verurteilt hatte. Die Partei müsse sich daher fragen, ob sie die Fortführung des Krieges weiter mittragen, sprich: weiteren Krediten zustimmen könne. Die drei Autoren bemerkten zu Recht: »Man erlaubt der deutschen Sozialdemokratie, die Kriegsmittel zu bewilligen, man geht aber kühl über sie hinweg bei den für die Zukunft unseres Volkes folgenschwersten Beschlüssen.«[993] Tatsächlich war man in der deutschen Regierung stolz darauf, die Einbindung der Arbeiterbewegung und der SPD in den Burgfrieden ohne Zugeständnisse in der Sache erreicht zu haben. Bernstein, Haase und Kautsky, die bei den programmatischen Debatten der Vergangenheit ganz unterschiedliche Positionen vertreten hatten, forderten nun gemeinsam, die SPD möge sich als Partei des Friedens zur Sprecherin der Friedenssehnsucht der Völker in den kriegführenden Staaten machen und sich der Fortsetzung des Krieges mit Macht entgegenstellen. Der Aufruf erschien in der *Leipziger Volkszeitung*, dem wichtigsten Sprachrohr des linken Flügels der

Partei, die daraufhin für zehn Tage verboten wurde. Den Zeitungen, die den Text nachdruckten, erging es nicht besser.

Der Parteivorstand der SPD verurteilte die Aktion der drei prominenten Genossen, von denen einer, Hugo Haase, sogar Partei- und Fraktionsvorsitzender war. Die Mehrheit, angeführt von Friedrich Ebert, hielt auch weiterhin an dem Kurs fest, die Regierung zu unterstützen. Am 23. Juni veröffentlichte der Parteivorstand ein Manifest, in dem er die deutsche Regierung aufforderte, ihren Friedenswillen zu erklären, wohl wissend, dass seine Initiative keine Folgen haben würde. Das Manifest offenbarte einmal mehr die Schwierigkeit, den Spagat zwischen der internationalen Solidarität der sozialistischen Parteien auf der einen und der Loyalität dem eigenen Land gegenüber auf der anderen Seite aufrechtzuerhalten. So sei man immer bereit gewesen, »alle Maßnahmen zur Förderung des Friedensgedankens zu unterstützen, die von den sozialistischen Parteien der kriegführenden Länder ergriffen werden«.[994] Andererseits wollte man natürlich keine Schuld daran tragen, dass nichts dabei herausgekommen war: »Mit schmerzlichem Bedauern muß demgegenüber konstatiert werden, daß bisher alle Versuche internationaler Verständigung gescheitert sind vornehmlich an dem Verhalten der sozialistischen Partei Frankreichs, die an ihrer mit dem Zaren verbündeten Regierung durch mehrere hervorragende Mitglieder beteiligt ist.«[995] Den französischen Sozialisten geriet zum Vorwurf, dass ihnen ihre Mitwirkung an der Union sacrée einen politischen Erfolg in Form einer Regierungsbeteiligung eingebracht hatte, während für die deutschen Sozialdemokraten jede Form der Machtteilhabe nach wie vor in weiter Ferne lag. Am Ende wurde das Manifest noch deutlicher: »Gern stellen wir fest, daß es sowohl in England wie in Frankreich sozialistische Gruppen gibt, die ebenso wie die deutsche sozialdemokratische Gesamtpartei und ihre Leitung für den Friedensgedanken wirken. Das kann uns aber nicht über die betrübende Tatsache hinwegtäuschen, daß die große Masse der dem Internationalen

Sozialistischen Bureau angeschlossenen Sozialisten Englands und Frankreichs, ihre Organisationen und Leitungen, mit ihren Regierungen den Krieg fortführen wollen bis zur völligen Niederwerfung Deutschlands.«[996] Diese Erklärung lag ganz auf der offiziellen Linie der deutschen Politik, die davon sprach, der »Friedenskaiser« Wilhelm II. habe sich bis zuletzt darum bemüht, den Ausbruch des Krieges zu verhindern, aber die anderen Großmächte seien nun einmal zum Angriffskrieg entschlossen gewesen.

Schon die ersten Abstimmungen über die Kriegskredite waren eine Zerreißprobe für die Fraktion der SPD gewesen, und die inneren Spannungen wuchsen mit jeder neuen Vorlage.[997] Vor der Reichstagssitzung vom 21. Dezember 1915 hatten bei der internen Abstimmung in der Fraktion nur 66 Abgeordnete für neue Kriegskredite gestimmt, 44 waren dagegen. Im Reichstag stimmten dann 64 Sozialdemokraten mit Ja, 20 mit Nein, und 22 verließen den Saal. Friedrich Geyer begründete die Ablehnung damit, dass »die Militärdiktatur, die rücksichtslos alle Friedensbestrebungen unterdrückt und die freie Meinungsäußerung zu ersticken sucht, es uns unmöglich [macht], außerhalb dieses Hauses unsere Stellung zu der Kreditvorlage zu begründen«.[998] Vertreter des rechten Flügels wie Eduard David und Gustav Bauer verlangten anschließend energische Maßnahmen gegen die Abweichler, doch der Fraktionsvorstand konnte ihren Ausschluss gerade noch einmal verhindern. Zum endgültigen Bruch kam es ein Vierteljahr später, bei den Etatberatungen am 24. März 1916. Die Fraktion hatte zuvor mit 44 gegen 36 Stimmen beschlossen, dem Notetat zuzustimmen. Während der Reichstagssitzung ergriff dann ohne Vorankündigung Hugo Haase das Wort, um die Position der – inzwischen beträchtlich angewachsenen – Minderheit vorzutragen. Es kam zum Tumult, mehrere Fraktionskollegen versuchten, Haase am Reden zu hindern, bevor ihm der Reichstagspräsident das Wort entzog. In der anschließenden Fraktionssitzung wurden die parlamentarischen Mitwirkungsrechte der Minderheit suspendiert, Haase musste tags darauf als Parteivorsitzender zurücktreten. Anschließend verließen 18 der Dissidenten die SPD-Fraktion und konstituierten sich als Sozialdemokratische Arbeitsgemeinschaft (SAG).

Haase und seine Mitstreiter waren gegen den Krieg, aber in anderen politischen Fragen nahmen sie unterschiedliche Standpunkte ein und standen insgesamt nicht für radikale Positionen. Die radikale Linke um Liebknecht und Rühle blieb denn auch auf Distanz zur SAG. Diese Sozialdemokraten, die nach ihren Publikationen entweder »Gruppe Internationale« oder »Spartakusgruppe« genannt wurden, waren von Beginn an kompromisslose Kriegsgegner gewesen, hatten sich aber dafür entschieden, innerhalb der Partei zu verbleiben, weil sie mit einem Scheitern der Burgfriedenspolitik und einem nachfolgenden Verbot der SPD gerechnet hatten. Die Gründung der Gruppe Internationale ging auf die Initiative Rosa Luxemburgs zurück, die unmittelbar nach dem 4. August 1914 oppositionelle Geister wie Leo Jogiches, Karl Liebknecht, Franz Mehring, Ernst Meyer, Wilhelm Pieck und Clara Zetkin zu einem ersten Treffen eingeladen hatte, aus dem sich bald bei wachsender Teilnehmerzahl ein fester Gesprächskreis entwickelte. Die Gruppe sah die Zustimmung zu den Kriegskrediten als Verrat an den Idealen der Sozialistischen Internationale an, zu denen der proletarische Internationalismus und die Opposition gegen jede Form von Militarismus gehörten.

Am 1. Januar 1916 fand in der Wohnung von Karl Liebknecht die erste »Reichskonferenz« der Gruppe Internationale statt, an der ein gutes Dutzend Personen teilnahm. Auf dieser Konferenz wurden die von Rosa Luxemburg im Gefängnis ausgearbeiteten »Leitsätze über die Aufgaben der internationalen Sozialdemokratie«[999] angenommen. Die Leitsätze bestanden aus zwölf Thesen und sechs Schlussfolgerungen. Die erste These begann mit der Feststellung: »Der Weltkrieg hat die Resultate der 40jährigen Arbeit des europäischen Sozialismus zunichte gemacht [...].«[1000] Der Weltkrieg diene nicht den Volksmassen, sondern sei eine Ausgeburt imperialistischer Rivalitäten. Die sogenannten nationalen Interessen seien lediglich ein Täuschungsmittel, »um die arbeitenden Volksmassen ihrem Todfeind, dem Imperialismus, dienstbar zu machen«.[1001] Im Konflikt zwischen der nationalen Volkszugehörigkeit der Arbeiterschaft und dem sozialistischen Internationalismus entschied Luxemburg sich ganz klar für den Internationalismus. Ihre letzte These lautete: »Angesichts des Verrats der offiziellen Vertretungen der sozialistischen Parteien der führenden Länder an den Zielen und Interessen der Arbeiterklasse, angesichts ihrer Abschwenkung vom Boden der proletarischen Internationale auf den Boden der bürgerlich-imperialistischen Politik, ist es eine Lebensnotwendigkeit für den Sozialismus, eine neue Arbeiter-Internationale zu schaffen, welche die Leitung und Zusammenfassung des revolutionären Klassenkampfes gegen den Imperialismus in allen Ländern übernimmt.«[1002]

Luxemburg verbüßte zur Zeit der Konferenz noch ihre einjährige Haftstrafe, wurde im Februar 1916 dann entlassen, im Juli aber erneut verhaftet. Karl Liebknecht wurde auf der Demonstration zum 1. Mai 1916 ebenfalls festgenommen und zu einer längeren Freiheitsstrafe verurteilt. Beide kamen erst durch die Novemberrevolution 1918 wieder frei. Auch Franz Mehring und Ernst Meyer wurden im August 1916 in Schutzhaft genommen. Unter den Bedingungen des Krieges war an den Aufbau einer neuen Organisation nicht zu denken: »Alle anderen bekannteren Mitglieder der Spartakusgruppe saßen im Gefängnis oder im Schützengraben.«[1003] Deshalb fiel Leo Jogiches, dem es gelang, in Berlin unterzutauchen, die Aufgabe zu, die *Spartakusbriefe* als Organ der Gruppe Internationale aufzubauen, was ihm trotz aller Schwierigkeiten erstaunlich gut gelang. Während die Zeitschrift *Die Internationale* im April 1915 nur ein einziges Mal erschienen war, kamen die *Spartakusbriefe* ab September 1916 regelmäßig heraus, so dass sie auch bald der Gruppe den Namen gaben, die nun »Spartakusgruppe« hieß. Leo Jogiches stammte aus Wilna, war 1890 ins Exil in die Schweiz gegangen und hatte im Jahr darauf Rosa Luxemburg kennengelernt. Beide gehörten sie 1893 zu den Mitbegründern der sich in Warschau illegal formierenden Sozialdemokratischen Arbeiterpartei des Königreichs Polen und Litauen, die sich der Zweiten Internationale anschloss und 1917 die Revolution in Russland unterstützte. Ab 1916 war Jogiches das einzige führende Mitglied der Spartakusgruppe, das sich noch in Freiheit befand, weswegen er die kommissarische Leitung übernahm und 1917 auch ihren Übertritt in die USPD organisierte. Im Januar 1918 war Jogiches führend an den Massenstreiks für einen Verständigungsfrieden beteiligt, ebenso an dem Munitionsarbeiterstreik in Berlin am 23. März, bei dem er verhaftet und anschließend wegen Landesverrats angeklagt wurde. Am 9. November 1918 befreite ein Kommando der Arbeiter- und Soldatenwehr Jogiches aus dem Untersuchungsgefängnis. Zwei Tage später wurde die Spartakusgruppe unter dem Namen »Spartakusbund« als nationale Organisation mit dem Ziel einer gesamtdeutschen Räterepublik neu konstituiert. Am 1. Januar 1919 ging aus ihr dann die KPD hervor, deren Präsidium Jogiches bis zu seiner Ermordung am 10. März 1919 ebenfalls angehörte.

Die in der SAG zusammengeschlossenen Sozialdemokraten hatten zwar die Reichstagsfraktion der SPD verlassen müssen, waren aber nach wie vor Mitglieder der Partei. Friedrich Ebert, der seit August Bebels Tod im Jahr 1913 neben Hugo Haase als zweiter Parteivorsitzender amtierte, war aber davon überzeugt, dass die Gruppe die Abspaltung von der Partei betrieb, und setzte seinerseits am 18. Januar 1917 den Ausschluss der SAG-Mitglieder aus der SPD durch. Die Ausgeschlossenen beriefen daraufhin für den 6. April eine »Oppositionskonferenz« nach Gotha ein, wo sie die Unabhängige Sozialdemokratische Partei Deutschlands (USPD) gründeten. Von den 357 Wahlkreisorganisationen der SPD gingen 57 zur USPD über. Bei Kriegsende stellte die neue Partei 24 Reichstagsabgeordnete und hatte etwa

120 000 Mitglieder. In der USPD versammelten sich Politiker, die die unbedingte Ablehnung des Krieges einte, ansonsten vertraten sie die unterschiedlichsten Positionen: Da waren die Revisionisten Bernstein und Eisner, der Pazifist Haase, der Vertreter des Marxistischen Zentrums Kautsky, die Linken Georg Ledebour und Wilhelm Dittmann sowie die Radikalen Liebknecht und Luxemburg, denn auch die Spartakusgruppe verließ jetzt die SPD und schloss sich der USPD an. In Gotha wurden »Grundlinien der USPD« verabschiedet, in denen es unmissverständlich hieß: »Die Opposition der sozialdemokratischen Parteien Deutschlands will im Interesse der Arbeiterklasse eine unabhängige und selbständige Politik betreiben, geleitet von den Grundsätzen und Forderungen des Parteiprogramms, der Parteitagsbeschlüsse und der Beschlüsse der internationalen Kongresse. Sie steht in grundsätzlicher Opposition zum herrschenden Regierungssystem, zur Kriegspolitik der Reichsregierung und zu der vom Parteivorstand im Regierungsfahrwasser geführten Politik der nominellen Partei.«[1004]

Das war bei aller Schlichtheit ein Dokument von sehr weittragender Bedeutung. Hier konstituierte sich mitten im Krieg eine Partei, die die Politik der eigenen Regierung expressis verbis ablehnte. Im Namen der »im Heeresdienst stehenden Genossen«[1005] erinnerte sie an die Grundsätze, für die die sozialistische Arbeiterbewegung einmal angetreten war. Zugleich wurde damit der Grundstein für die Spaltung dieser Arbeiterbewegung gelegt, eine Spaltung, die – mutatis mutandis – bis heute fortbesteht, was damals wohl kaum einer der Beteiligten für möglich gehalten hätte. Der USPD kam dabei letztlich die Funktion eines Katalysators zu. Sie löste sich nach wenigen Jahren wieder auf, und die meisten ihrer Funktionäre kehrten wieder in den Schoß der SPD zurück, aber Millionen von Anhängern der Partei waren nachhaltig enttäuscht und wanderten weiter zur KPD. Bei der Reichstagswahl von 1924 erreichte die KPD immerhin fast 3,7 Millionen Stimmen, gegenüber sechs Millionen Stimmen, die auf die

SPD entfielen. Das zeigt deutlich, wie substantiell der Aderlass gewesen war. Seit der blutigen Niederschlagung des Spartakusaufstandes im Januar 1919 standen sich mit SPD und KPD zwei tödlich verfeindete Parteien gegenüber, die beide einen bedeutenden Teil der Arbeiterbewegung repräsentierten. Dass es zwischen den beiden Parteien keine Verständigungsmöglichkeiten gab, war ein prägendes Element der Weimarer Republik und belastete sie von Beginn an.

Die SPD, die sich zur Unterscheidung von der abgespaltenen Minderheit der Unabhängigen nun Mehrheitssozialdemokratische Partei Deutschlands (MSPD) nannte, rief im Mai 1917 ihre Mitglieder dazu auf, der Spaltung der Partei entgegenzuwirken. Sie bekräftigte ihre Überzeugung, in der Kriegsfrage den richtigen Weg gewählt zu haben, forderte aber auch mit Nachdruck, einen Verständigungsfrieden anzustreben und die seit langem versprochenen innenpolitischen Reformen endlich zu verwirklichen: »Wir rufen den leitenden Männern zu: Fort mit der Zauderpolitik!«[1006] Der SPD war die große Verbitterung, die im Lande angesichts eines nicht enden wollenden Krieges und der katastrophalen Verhältnisse an der Heimatfront herrschte, nicht verborgen geblieben. Im Juli 1917 erklärte Friedrich Ebert im Hauptausschuss des Reichstages: »Schöne Reden, Erklärungen und kaiserliche Botschaften über die Neuorientierung im Innern genügen nicht. [...] Wozu die großen Opfer, wenn die Regierung nicht gewillt ist, uns das Notwendigste, Unentbehrlichste, Selbstverständlichste: die politische Gleichberechtigung zu gewähren.«[1007] Aus Sicht der bürgerlichen Parteien drohte die Gefahr, dass auch die Mehrheitssozialdemokraten weiteren Kriegskrediten ihre Zustimmung versagen könnten, und deshalb entstand jetzt, nach langen Jahren des Attentismus, Bewegung im bürgerlichen Lager. Das Zentrum, das sich bisher strikt gegen alle Reformen gewandt hatte, öffnete sich vorsichtig für die Forderungen der Sozialdemokraten.

1912 hatte die SPD bei den Wahlen zum Deutschen Reichstag 111 Sitze erreicht, die linksliberale Fortschrittliche Volkspartei 44, so dass der linke Flügel des Parlaments über 155 von insgesamt 407 Sitzen verfügte. Konservative, Antisemiten und Sonstige auf der rechten Seite kamen zusammen auf 83 Sitze, die Vertreter der nationalen Minderheiten wie Polen, Dänen und Elsässer stellten 33 Abgeordnete. Zwischen den Flügeln bewegten sich das Zentrum mit 90 und die Nationalliberalen mit 46 Sitzen. Entscheidend für das Erreichen von Mehrheiten war das Zentrum, das nach der SPD die zweitgrößte Fraktion stellte. Der rechte Flügel des Zentrums neigte zum Annexionismus. Setzte er sich durch, ergab sich, wenn auch die Nationalliberalen mitstimmten, eine »Kriegszielmehrheit«. Wenn der linke Flügel die Oberhand hatte, der zur Zusammenarbeit mit SPD und Fortschrittlicher Volkspartei tendierte, so ergab sich eine »Reformmehrheit«. Matthias Erzberger kam in dieser Situation eine Schlüsselstellung zu. Ursprünglich war er ein entschiedener Annexionist gewesen, hatte sich mit weitreichenden Vorschlägen an den Kriegszieldebatten beteiligt und auch den unbeschränkten U-Boot-Krieg befürwortet.

Die russische Februarrevolution hatte den Hoffnungen auf einen Siegfrieden noch einmal Auftrieb gegeben. Aber schwerer wogen der Stillstand an der Front, die miserable Ernährungslage, die wachsende Unzufriedenheit der Bevölkerung und die zunehmende Streikbereitschaft selbst in der Rüstungsindustrie. In dieser diffusen Gemengelage aus Zweifel und Zuversicht, Siegeswillen und Friedenssehnsucht, militärischer Anspannung und innenpolitischem Reformdruck verschoben sich die Gewichte zwischen den politischen Machtzentren. Seit August 1916 amtierte die dritte Oberste Heeresleitung unter Hindenburg und Ludendorff. Die OHL war kein Verfassungsorgan, dennoch entwickelten die beiden Kriegsherren eine Machtfülle, die in manchem Züge einer Militärdiktatur aufwies.[1008] Wilhelm II., der formal oberster Kriegsherr war, trat demgegenüber mehr und mehr in den Hintergrund, zumal er nicht den Verdacht erregte, über besonderen militärischen Sachverstand zu verfügen. Reichskanzler Bethmann Hollweg stand seit langem unter enormem Druck, des Vertrauens des Kaisers konnte er sich nicht uneingeschränkt sicher sein. Den Alldeutschen galt er als »Flaumacher« und »Reichsverderber« (Claß), der durch seine mangelnde Härte den Sieg gefährde. Sie waren die Speerspitze der Kanzlersturzbewegung, die sich gegen Bethmann Hollweg formiert hatte. In dieser Situation wuchs dem Reichstag eine gesteigerte Bedeutung zu. Das Parlament wurde zur Projektionsfläche der Reformbestrebungen. Die Sozialdemokraten waren nach wie vor nicht direkt an der Regierung beteiligt, aber in einer Zeit, in der Millionen von Arbeitern in den Schützengräben für den Sieg des Deutschen Reiches kämpften, gewann auch ihr parlamentarischer Arm eine größere Bedeutung. Die ehedem als Reichsfeinde Stigmatisierten gingen jetzt bei den Regierungsbehörden ein und aus, galten bei den anderen Parteien als akzeptierte Gesprächspartner und hatten Zugang zu öffentlichen Ämtern und kommunalen Deputationen.

Ein entscheidendes Ereignis war die Rede des führenden Zentrums-Politikers Matthias Erzberger im Juli 1917 vor dem Hauptausschuss des Reichstags. In scharfen Worten analysierte er das Scheitern des U-Boot-Krieges, präsentierte eine harte Abrechnung mit allen Fehlspekulationen der Reichsleitung, zum Beispiel zur Ernährungslage und zur Kriegsdauer, erinnerte an des Kaisers Wort vom 4. August 1914 »Uns treibt nicht Eroberungssucht« und forderte einen »Frieden des Ausgleichs«. Als Reaktion auf Erzbergers Auftritt, der im In- und Ausland stark beachtet wurde, bildeten das Zentrum, die Mehrheitssozialdemokraten und die Fortschrittliche Volkspartei einen Interfraktionellen Ausschuss und erarbeiteten eine Friedensresolution, die der Reichstag dann am 19. Juli mit 214 gegen 116 Stimmen bei 17 Enthaltungen verabschiedete. Der Interfraktionelle Ausschuss blieb als informelles Spitzengremium bis zum Ende des Kaiserreichs bestehen. Er war von seiner politischen Zusammensetzung her eine Vorwegnahme der Weimarer Koalition von 1919. Hier fanden sich die Kräfte zusammen, die den Weg hin zu einer parlamentarischen Demokratie gehen wollten.

Das erste Ergebnis der neuen parlamentarischen Verhältnisse war der Sturz des Reichskanzlers am 13. Juli 1917. Die neue Mehrheit aus gemäßigten Sozialdemokraten, Linksliberalen und Zentrum warf Bethmann Hollweg mangelnde Friedens- und Reformbereitschaft vor und entzog ihm ihr Vertrauen. Sie trauten ihm nicht zu, sich gegen die OHL durchzusetzen. Die Konservativen, die Nationalisten und auch die Oberste Heeresleitung wiederum misstrauten ihm ohnehin und sahen in ihm nicht den Mann, der einen Siegfrieden mit großzügigen Annexionen durchsetzen konnte, so dass er am Ende ohne jeden Rückhalt dastand. An seiner Stelle wurde der weithin unbekannte, politisch unerfahrene Verwaltungsbeamte Georg Michaelis berufen, der zuvor Unterstaatssekretär im Kriegsernährungsamt gewesen war. Michaelis konnte sich nur dreieinhalb Monate im Amt halten, dann trat der Zentrumspolitiker Georg von Hertling an seine Stelle. Bis 1912 war er im Deutschen Reichstag Vorsitzender der Zentrumsfraktion gewesen, dann hatte er dem bayerischen Staatsministerium vorgestanden. Dass der bayerische König einen Vertreter der Mehrheitsfraktion im Landtag mit dem Amt des Regierungschefs betraute, deutete auf eine beginnende Parlamentarisierung auch in Bayern hin. Als Reichskanzler stimmte Hertling sein Regierungsprogramm mit den Mehrheitsparteien des Reichstages ab. Der Linksliberale Friedrich von Payer wurde Vizekanzler und der Nationalliberale Robert Friedberg sein Stellvertreter als preußischer Ministerpräsident. Beide waren altgediente Parlamentarier, die weiterhin Verbindung zu ihren Parteien hielten und somit für die zunehmende Einbeziehung des Parlaments in die politischen Entscheidungen standen.

Die Friedensresolution vom 19. Juli hatte international nur eine bescheidene Wirkung, die innenpolitische war dafür umso größer. Die Mitte-Links-Mehrheit, über die der Reichstag seit 1912 verfügte, war hier erstmals politisch wirksam geworden. Sie versuchte mit der Resolution an den Status quo ante anzuknüpfen. Zu Beginn wurde einmal mehr das Kaiserwort »Uns treibt nicht Eroberungssucht« beschworen. Dann hieß es: »Der Reichstag erstrebt einen Frieden der Verständigung und der dauernden Versöhnung der Völker. Mit einem solchen Frieden sind erzwungene Gebietserwerbungen und politische, wirtschaftliche und finanzielle Vergewaltigungen unvereinbar. Der Reichstag weist auch alle Pläne ab, die auf eine wirtschaftliche Absperrung und Verfeindung der Völker nach dem Kriege ausgehen. Die Freiheit der Meere muß sichergestellt werden. Nur der Wirtschaftsfriede wird einem freundschaftlichen Zusammenleben der Völker den Boden bereiten.«[1009]

Die Resolution folgte einem Kalkül, das dem der Alldeutschen genau entgegengesetzt war. Man wollte den Kampfeswillen nicht durch ein maximalistisches Kriegszielprogramm stärken, wie es die Alldeutschen propagierten, sondern deutlich machen, dass dieser Krieg ein Verteidigungskrieg war und das Deutsche Reich keine Bedingungen stellen würde, an denen eine möglichst rasche Beendigung des Krieges scheitern könnte. Die Kernaussage war, dass der Reichstag einen Frieden der Verständigung und der Versöhnung erstrebte und Annexionen deshalb ablehnte. Sehr konkret wurde der Text dabei nicht. Der Streitfall Belgien blieb unerwähnt. Die Resolution hatte letztendlich vor allem deklamatorischen Charakter, sie war ein Kompromiss. Immerhin hatten sich drei Parteien zusammengefunden, die bis dahin noch nicht zusammengearbeitet hatten und sich hier mit deutlicher Mehrheit gegen Nationalliberale und Konservative durchsetzten.

Dies alles bedeutete natürlich noch lange nicht, dass die Ideen der sich erstmals artikulierenden Reichstagsmehrheit Eingang in die reale Politik fanden. Michaelis stand der Friedensresolution sehr reserviert gegenüber, und die OHL wollte davon ohnehin nichts wissen. So scheiterte diese Initiative schon bei ihrer ersten Bewährungsprobe, als Papst Benedikt XV. als Höhepunkt seiner beharrlichen Friedensbemühungen am 1. August 1917 zum dritten Jahrestag des Kriegsbeginns ein Apostolisches Schreiben mit einem Friedensappell versandte. Darin forderte er die »gegenseitige Rückgabe aller besetzten Gebiete, insbesondere vollständige Räumung Belgiens unter Sicherung seiner vollen politischen, militärischen und wirtschaftlichen Unabhängigkeit gegenüber jeder Macht sowie Rückgabe der deutschen Kolonien«.[1010] Diese päpstliche Friedensinitiative mißglückte bereits dadurch, dass die deutsche Seite sich nicht auf eine Stellungnahme zur Zukunft Belgiens verständigen konnte.

Die historische Bedeutung der Friedensresolution liegt auch darin, dass sie einen Scheideweg markierte. Sie war einerseits das Gründungsdokument einer liberalen und linken Mehrheit, von Erzberger bis Ebert, die gewillt war, den notwendigen Parlamentarisierungsprozess in die Wege zu leiten. Andererseits provozierte sie die wütende Gegenwehr der reaktionären Kräfte, die unbeirrt ihre Augen vor der Realität verschlossen. Im Oktober 1917 erschien ein Aufruf in der deutschen Presse, der mit den Worten begann: »Weite Kreise des Deutschen Volkes stimmen mit der Stellungnahme der gegenwärtigen Reichstagsmehrheit zu den wichtigsten Lebensfragen unseres Volkes nicht überein.« Im Weiteren war von »nervenschwachen Friedenskundgebungen« die Rede.[1011] Es war der Gründungsaufruf der Deutschen Vaterlandspartei, die »ostpreußische Männer, treu den Überlieferungen ihrer Vorväter« am 2. September 1917 in Königsberg gegründet hatten. Zum Vorsitzenden der neuen Partei wurde Großadmiral Alfred von Tirpitz gewählt, der im Vorjahr nach Meinungsverschiedenheiten mit dem Kaiser über den Einsatz der Flotte aus dem militärischen Dienst hatte ausscheiden müssen. Stellvertretender Vorsitzender wurde der Generallandschaftsdirektor von Königsberg Wolfgang Kapp, den Ehrenvorsitz übernahm Herzog Johann Albrecht von Mecklenburg. Unter den weiteren Mitgliedern waren Universitätsprofessoren, Kaufleute und Offiziere und auch ein Mitglied des preußischen Herrenhauses.

Die DVLP gewann, nicht zuletzt im Wege korporativer Beitritte, in kurzer Zeit mehr als 1,2 Millionen Mitglieder.[1012] Der Aufbau des Parteiapparats lag in den Händen des Alldeutschen Heinrich Claß und des Deutschkonservativen Conrad von Wangenheim. Die Partei wollte »das deutsche Volk einigen im Willen zum Siege« und sich nach einem Siegfrieden wieder auflösen. Die wichtigste Frage des Krieges war nach Überzeugung der Vaterlandspartei die belgische. Niemand wolle Belgien annektieren, aber man könne keinesfalls auf das Land verzichten. Politisch, wirtschaftlich und militärisch müsse man es in der Hand behalten. Die belgische Kohle sei ebenso unverzichtbar wie das Erzbecken von Briey-Longwy. Ähnliches galt für die afrikanischen Kolonien. Ein weiteres wichtiges Kriegsziel waren ausreichende Reparationszahlungen.[1013] Der Anspruch, das deutsche Volk zu einen, schloss nicht jeden ein. Matthias Erzberger, der Architekt der Friedensresolution, war das Ziel von Angriffen, die jedes Maß vermissen ließen. Die Vaterlandspartei erhob den alten Vorwurf des Ultramontanismus und warf dem Zentrumspolitiker vor, er sei bereit, »Deutschlands Schicksal zu verschachern, seine Zukunft zu verschandeln, wenn nur Rom damit ein Gefallen erwiesen wird«. Erzberger sei ein »skrupelloser Emporkömmling«. Es fehlte auch nicht an Handlungsaufforderung: »Dieser Schädling [muss] unschädlich gemacht werden, bevor es zu spät ist.«[1014] Das war ein Aufruf zur Lynchjustiz im Nazijargon. Tatsächlich wurde er dann am 26. August 1921 von zwei ehemaligen Offizieren, die der Brigade Ehrhardt angehörten, erschossen.

Die DVLP war eine Erscheinung des Spätwilhelminismus. Sie war stark protestantisch geprägt, zu ihr gehörten viele Grundbesitzer, Bildungsbürger, aber auch rheinische Schwerindustrielle. Ihre Gründung war ein letztes verzweifeltes Aufbäumen der alten Eliten des Kaiserreichs, die sich gegen die anstehende Par-

lamentarisierung sperrten und von einer plebiszitären Militärdiktatur unter der Führung von Ludendorff und Hindenburg
träumten. Sie war eine Sammelbewegung aller völkischen, antisemitischen und antidemokratischen Kräfte, die ihre reaktionäre
Agenda mit nationalen Parolen verbrämten. Die Partei trug aber
auch Züge einer protofaschistischen Massenbewegung. Der Historiker Friedrich Meinecke nannte die Vaterlandspartei »ein
genaues Vorspiel für den Aufstieg Adolf Hitlers«.[1015] Die DVLP
löste sich am 10. Dezember 1918 auf, ihre Führer schlossen sich
der kurz zuvor gegründeten Deutschnationalen Volkspartei
(DNVP) an, deren prägende Persönlichkeit bald der nationalistische Pressezar Alfred Hugenberg wurde, der dann nach Hitlers
»Machtergreifung« für kurze Zeit zum Reichsminister aufstieg.

Am 4. Dezember 1917 wurde der Volksbund für Freiheit und
Vaterland gegründet. Er wollte ein bürgerlich-liberales Gegenge-
wicht zur DVLP bilden, zu den Gründungsmitgliedern gehörten
der Zentrumspolitiker Johannes Giesbert, der Sozialdemokrat
Gustav Bauer, Carl Legien für die freien und Adam Stegerwald
für die christlichen Gewerkschaften, außerdem Hugo Kükelhaus
für den Reichsdeutschen Mittelstandsverband. Durch den Umstand, dass die freien Gewerkschaften korporativ beitraten, hatte
die Vereinigung über vier Millionen Mitglieder, aber Einzelmitglieder gab es nur etwa tausend. Der Vereinigung schlossen sich
zwar etliche bedeutende Gelehrte wie Friedrich Meinecke, Hermann Oncken, Lujo Brentano, Hans Delbrück, Hugo Preuß,
Alfred und Max Weber, Theodor Heuss und Friedrich Naumann
an, die zu der relativ kleinen Gruppe der Liberaleren unter den
deutschen Professoren gehörten.[1016] Aber der Volksbund gewann
keine Breitenwirkung und blieb ohne nennenswerten Einfluss.

Mit großer Entschiedenheit wandte sich der Soziologe Max
Weber gegen die DVLP, er sprach sogar von einer »sogenannten« Vaterlandspartei.[1017] Weber hatte im Lauf der Zeit eine inter-
essante Entwicklung durchgemacht. Ursprünglich war er ein
Imperialist gewesen, der auch vor rassistischen Formulierungen

nicht zurückschreckte. So hatte er 1894 zur Polenfrage erklärt: »Deutschtum und Kultur sind identisch« und vor einer »slawischen Überflutung« gewarnt. Die Polen waren nach Webers Überzeugung eine tieferstehende Rasse, die Deutschen hätten sie erst aus Tieren zu Menschen gemacht.[1018] Weber war damals auch im Alldeutschen Verband aktiv, dem er aber 1899 wieder den Rücken kehrte. Den Kriegsausbruch hatte er zunächst begrüßt und im August 1914 geschrieben: »Denn einerlei wie der Erfolg ist – dieser Krieg ist groß und wunderbar.«[1019] Doch schon bald gewann der nüchterne Verstand des Wissenschaftlers wieder die Oberhand. Weber erkannte, in welch schwierige Situation das Deutsche Reich sich ohne Not gebracht hatte. Er zweifelte sehr daran, dass das Land einem Zweifrontenkrieg gewachsen sein würde. Vor allem aber riet er ab, sowohl im Westen wie im Osten Gebiete zu annektieren und sich so an beiden Fronten dauerhaft Feinde zu machen. Weber warnte vehement vor dem unbeschränkten U-Boot-Krieg und machte sich keine Illusionen darüber, was der dadurch ausgelöste Kriegseintritt der USA für die deutschen Siegeschancen bedeutete.[1020]

Während die Deutsche Vaterlandspartei antrat, den Ideen von 1914 zu neuem Glanz zu verhelfen, blickte Max Weber nach vorn. Er war davon überzeugt, dass das preußische Dreiklassenwahlrecht überwunden werden müsse zugunsten eines wirklich demokratischen Wahlrechts, damit »bei den sofort nach dem Krieg erfolgenden Wahlen nicht die Kriegsgewinnmacher allein die Herrschaft in Händen haben und die Krieger im führenden Staate Deutschlands unvertreten bleiben«.[1021] Am 1. August 1916 machte Weber sich in einem weitausgreifenden Vortrag, den er in Nürnberg hielt, Gedanken darüber, worauf es im dritten Kriegsjahr ankommen würde:

>Geistreiche< Personen haben sich zusammengetan und die >Ideen von 1914< erfunden, aber niemand weiß, welches der Inhalt dieser >Ideen< war. Großartig waren sie, großartiger als

jene von 1870, die nur wie ein Rausch waren gegen die majestätische Erhebung des deutschen Volkes zum jetzigen Kampf um seine ganze Existenz. Sich im Kriege zusammenzuschließen und zu organisieren, ist nichts Besonderes; dazu braucht man keine neuen Ideen. Was würden unsere Leute im Felde antworten, wenn man ihnen sagen würde: Ihr laßt euch draußen totschießen, und die daheim erfinden die Ideen? Entscheidend werden die Ideen von 1917 sein, wenn der Friede kommt.[1022]

Diese Rede war noch getragen von der Hoffnung, das kritische Kriegsjahr 1916/17 würde substantielle Fortschritte bringen, sowohl auf dem internationalen diplomatischen Parkett wie auch innenpolitisch in Fragen der Reichsverfassung. Diese Hoffnung artikulierte Max Weber noch einmal auf der Lauensteiner Kulturtagung, die der Verleger Eugen Diederichs zu Pfingsten 1917 organisiert hatte. Weber plädierte für eine wirkliche Parlamentarisierung der Monarchie, für das Verhältniswahlrecht und die Einführung des Frauenstimmrechts: »Wir wollen weiter Weltpolitik treiben und zu diesem Ende gerade brauchen wir die Demokratisierung unseres Staatslebens. Nur ein reifes Volk hat das Recht, Weltpolitik zu treiben, nur Herrenvölker. Darunter verstehen wir nicht die Fratze, die die Alldeutschen aus diesem Begriff gemacht haben, sondern Völker, die die Kontrolle über ihre eigene Regierungsgewalt errungen haben, die mehr sind als bloße Objekte der Gesetzgebung.«[1023]

Der Institutionenpluralismus des modernen, auf Gewaltenteilung beruhenden Staates war Webers Ziel. Er vertiefte diesen Gedanken noch einmal, als er am 7. November 1917 in München auf Einladung des Freistudentischen Bundes über »Wissenschaft als Beruf« sprach.[1024] Nur die Naturwissenschaften könnten die Frage nach dem Sinn des Lebens beantworten. In einer Zeit des jugendbewegten Eskapismus und einer zuweilen kryptoreligiöse Züge annehmenden Lebensreform, die Weltabgewandtheit, Naturverehrung und Politikverachtung mit leichter Hand zu verbinden wusste, plädierte Weber für das Parlament als den eigentlichen Kampfplatz. Nach dem Krieg hielt er am 28. Januar 1919 einen zweiten Vortrag über »Politik als Beruf«.[1025] Beide Vorträge sind entstanden als Reaktion auf die in Lauenstein zelebrierte Kulturkritik. »Politik als Beruf« ist Webers Vermächtnis für die deutsche Politik im 20. Jahrhundert. Heute wird der Vortrag gerne zitiert, aber bis seine Gedanken Gemeingut wurden, bedurfte es eines weiteren, noch verheerenderen Krieges.

Drei Kulturtagungen veranstaltete der bildungsbürgerlich-völkische Verleger Eugen Diederichs insgesamt auf der Burg Lauenstein im Thüringer Wald.[1026] Die Tagung an Pfingsten 1917 war die erste, sie stand unter dem Motto »Sinn und Aufgabe unserer Zeit«. Es nahmen wichtige Persönlichkeiten aus Kultur, Wissenschaft und Politik daran teil, die ein breites Meinungsspektrum repräsentierten. Die Spanne reichte von Richard Dehmel bis Ernst Toller, von Werner Sombart bis Theodor Heuss, von Edgar Jaffé bis Paul Lensch. Es kamen Vertreter der Jugendbewegung, aber auch völkische Pädagogen wie der Volksschullehrer Ernst Krieck, den die Nationalsozialisten 1933 zum Rektor der Universität Frankfurt machten. Insgesamt waren es etwa sechzig Personen. Den Eröffnungsvortrag hielt der freireligiöse Prediger Max Maurenbrecher, der ursprünglich von Naumanns Nationalsozialen kam, sich 1903 der SPD angeschlossen und sie 1916 wieder verlassen hatte, 1917 der Deutschen Vaterlandspartei beitrat und nach dem Krieg Landtagsabgeordneter der DNVP werden sollte. Seinem Vortrag über den Krieg als Ausgangspunkt einer deutschen Kultur,[1027] der auf viel Zustimmung stieß, widersprach vor allem Max Weber entschieden. Er wandte sich auch hier gegen eine ideologische Überhöhung des Krieges. Weber sah den Krieg vielmehr als Folge einer verfehlten Politik, plädierte für das allgemeine Wahlrecht und die Parlamentarisierung des Deutschen Reiches und gegen die gerade in Deutschland so beliebte Politikverachtung: »Nicht die Politik verdirbt den Charakter, sondern gewisse Charaktere verderben die Politik.«[1028] Die Konfrontation zwischen dem chauvinistischen Prediger Maurenbrecher und dem zum Demokraten gereiften Wissenschaftler Weber war paradigmatisch für die gegenläufigen Narrative eines »ins Gewand religiöser Sanftmut gehüllten, aggressiven Wiederverzauberungswillens«[1029] einerseits und eines Plädoyers für die Rationalisierung und Demokratisierung säkularisierter Formen politischer Herrschaft andererseits. Eugen Diederichs suchte nach einem dritten Weg, einem »idealistischen Realismus«, und hoffte auf einen »organischen Volksstaat«, der aus dem Krieg hervorgehen sollte.

An der Tagung auf der Burg Lauenstein nahmen die unterschiedlichsten Geister teil, Alte und Junge, Linke und Rechte, Chauvinisten und Anarchisten. Aber es gab keine Verständigung mehr, weder über den Sinn noch, was schwerer wog, über das Ziel des Krieges. Während die einen von der Restituierung althergebrachter Untertanenherrlichkeit träumten, glaubten andere, die im August 1914 entstandene Volksgemeinschaft müsse in ein Nachkriegsdeutschland gleichberechtigter Staatsbürger münden. Manche träumten von einem Paradies völkischer Ursprünglichkeit, wieder andere redeten der revolutionären Umgestaltung der Verhältnisse das Wort. Der Krieg der Geister hatte seine außenpolitische Geschlossenheit verloren und richtete sich mit zunehmender Aggressivität gegen den Gegner im eigenen Lande. Die Frontstellungen der Nachkriegszeit, die oft genug von tödlichem Hass geprägt waren, zeichneten sich bereits ab. Der Burgfrieden von 1914 war dahin. Noch kam man zusammen, noch redete man miteinander, aber zu sagen hatte man sich nichts mehr.

Der Krieg in den Menschen

Das Jahr 1917 hatte Entwicklungen mit weitreichenden Folgen gebracht, aber keine Entscheidung. Die Vereinigten Staaten waren in den Krieg eingetreten. Die Bolschewiki hatten die Macht übernommen und Russland war aus dem Krieg ausgeschieden. Auch Rumänien hatte am 9. Dezember 1917 kapituliert. Der Kriegseintritt des Landes im Jahr zuvor war für die Russen eher eine zusätzliche Belastung als eine Hilfe gewesen, denn die rumänischen Verbände wurden rasch aufgerieben, und die russische Armee musste Truppen abstellen, um diesen neuen Frontabschnitt zu stabilisieren. Der Friedensvertrag, den die Mittelmächte mit Sowjetrussland am 3. März 1918 unterzeichneten, verschaffte ihnen eine Entlastung an der Ostfront. Aber die Tatsache, dass die massiven territorialen Veränderungen ein klarer Verstoß gegen die von Woodrow Wilson in seinem 14-Punkte-Programm propagierten Prinzipien waren, sollte sich rasch als schwere Hypothek für Deutschland erweisen. Russland verlor durch den Vertrag ein Drittel seiner Bevölkerung sowie einen großen Teil seiner Rohstoffe und seines Industriepotentials. Finnland und die Ukraine wurden souveräne Staaten, aber das Baltikum, Weißrussland und Polen standen nach dem Vertrag unter dem Protektorat der Mittelmächte. Die expansive Politik band Truppen, die eigentlich im Westen dringend benötigt worden wären, und lieferte eine Begründung dafür, auch Deutschland nach Ende des Krieges territoriale Verluste zuzumuten. Ohnehin wurde der Frieden von Brest-Litowsk durch den Waffenstillstand von Compiègne am 11. November 1918 annulliert.

Russland und Rumänien waren besiegt, die italienische Isonzo-

Front zusammengebrochen, die französischen und englischen Truppen kriegsmüde. Das alles trug dazu bei, dass bei den Mittelmächten im letzten Kriegsjahr noch einmal Siegeszuversicht aufkam, auch wenn das Osmanische Reich inzwischen in Auflösung begriffen war. Aber es fehlte die Kraft für einen Entscheidungsschlag, während die Materialüberlegenheit der Alliierten insbesondere nach dem Kriegseintritt der USA langfristig gegen die Mittelmächte wirken musste. Der Sieg war keineswegs »zum Greifen nahe«, wie die Verfechter der Dolchstoßlegende später behaupteten. An der Westfront hatte jahrelang ein Blutvergießen stattgefunden, das ohne Beispiel in der Geschichte war. Die Deutschen standen vier Jahre nach Kriegsbeginn noch immer im Feindesland, aber wirklich vorangekommen waren sie nicht. Mit dem Verlust der Marneschlacht war die deutsche Kriegsplanung gescheitert. Die von Schlieffen geplante Eroberung von Paris gelang so wenig wie im Sommer 1941 die Einnahme von Moskau.

Je schlechter sich die Aussichten entwickelten, desto vehementer wurden jegliche rationalen Einwände als »Flaumacherei« verdammt. Als der Staatssekretär im Auswärtigen Amt Richard von Kühlmann am 24. Juni 1918 im Deutschen Reichstag darlegte, dass »bei der ungeheuren Größe dieses Koalitionskrieges und bei der Zahl der in ihm begriffenen auch überseeischen Mächte durch rein militärische Entscheidungen allein ohne alle diplomatischen Verhandlungen ein absolutes Ende [des Krieges] kaum zu erreichen« sei,[1030] wurde er von einem Sturm der Entrüstung hinweggefegt. Ludendorff erzwang namens der Obersten Heeresleitung Kühlmanns Rücktritt, und der kluge, aber linientreue Admiral Paul von Hintze übernahm die Leitung des Auswärtigen Amtes. Die Informationspolitik gegenüber der deutschen Öffentlichkeit beschränkte sich auch weiterhin auf die bekannten Durchhalteparolen. Informationen über die tatsächliche militärische Lage, die die offizielle Siegeszuversicht hätten trüben können, wurden bis zuletzt konsequent unterdrückt.

Am 21. März 1918 begann die letzte deutsche Frühjahrsoffensive, die sogenannte Michael-Offensive, an der Westfront, die zunächst auch beachtliche Erfolge verbuchen konnten.[1031] Es gelangen Vorstöße von bis zu 60 Kilometern, aber damit war die Strecke bis Paris kaum zur Hälfte bewältigt, und der Preis dafür war hoch. Die Deutschen verloren in den ersten zwei Wochen der Offensive 230 000 Mann. Die Verluste der Alliierten waren nicht viel geringer, aber sie konnten durch frische amerikanische Truppen ausgeglichen werden, während die Deutschen bereits zu stark geschwächt waren, um ihre taktischen Erfolge in einen dauerhaften Vorteil ummünzen zu können. Weder gelang es, die vorgeschobenen Linien zu stabilisieren, noch, den Vormarsch weiter voranzutreiben. Zwischen März und Juli 1918 verlor das deutsche Westheer insgesamt eine Million Mann. Die verbleibenden Truppenverbände bestanden aus erschöpften, ausgehungerten und demoralisierten Soldaten, denen ausgeruhte und kampfesmutige Amerikaner gegenüberstanden, deren Zahl täglich wuchs und die mit dem Panzer über eine neue Waffe verfügten, der die Deutschen wenig entgegenzusetzen hatten. Der Erste Weltkrieg war am Ende auch ein »contest of endurance«.[1032] Anders als die Alldeutschen unterstellten, spielte die Aussicht auf den dauerhaften Besitz der belgischen Kohlegruben für das Durchhaltevermögen der deutschen Soldaten keine erkennbare Rolle, wohl aber das wochenlange Trommelfeuer, das die Frontsoldaten einem Stress aussetzte, wie er in früheren Kriegen unbekannt gewesen war. Hinzu kamen die stark eingeschränkte Mobilität in den engen, fast immer nassen Schützengräben, die unmittelbare Nachbarschaft von Toten und Schwerverwundeten, die Allgegenwart des Ungeziefers und mehr als alles andere der Mangel an einer realistischen Perspektive, dieser Situation in absehbarer Zeit lebend zu entkommen. Ein Ende der Misere war nicht in Sicht, auch wenn im März 1918 »Der letzte Hieb ist die 8. Kriegsanleihe« plakatiert wurde. Tatsächlich war es dann auch gar nicht die letzte; im September 1918 wurde mit mäßigem Erfolg noch eine neunte Kriegsanleihe aufgelegt. Wie Paul von Hindenburg schon 1916 festgestellt hatte, war der Krieg auch ein Krieg der Nerven, und die waren nicht unbegrenzt strapazierfähig.[1033] In der deutschen Armee wurden im Lauf des Ersten Weltkrieges mehr als 600 000 Soldaten wegen »Krankheiten des Nervengebiets« behandelt.[1034] Selbst von Ludendorff wurde nach Kriegsende kolportiert, er habe im Juli 1918 einen Nervenzusammenbruch erlitten, was sich aber nicht wirklich belegen lässt.[1035] Unbestreitbar ist, dass nach dem Scheitern der Frühjahrsoffensive sein Stern zu sinken begann.

Am 18. Juli begann die alliierte Gegenoffensive mit mehr als vierhundert Tanks, die von 13 französischen und drei amerikanischen Divisionen flankiert waren. Die zweite Angriffswelle wurde vor allem von englischen Truppen getragen. Am 8. August 1918 brachte eine französisch-britische Offensive den Deutschen bei Amiens schwere Verluste bei, Ludendorff sprach von einem »schwarzen Tag des deutschen Heeres«.[1036] In seinen Memoiren behauptete er, von da an habe er auf eine Beendigung des Krieges gedrängt.[1037] Damals war davon allerdings nichts zu bemerken.[1038] Tatsächlich wurde am 11. August bei einer Besprechung, an der auch Wilhelm II. als oberster Kriegsherr teilnahm, beschlossen, den Kampf an vorderster Front fortzusetzen. In der deutschen Armee machten sich damals bereits deutliche Auflösungserscheinungen bemerkbar. Zur Front marschierende Verbände wurden von den unkoordiniert zurückflutenden Soldaten als »Streikbrecher« und »Kriegsverlängerer« beschimpft.[1039] Der Kampfwille war gebrochen, 70 Prozent der deutschen Verluste machten nunmehr die Gefangenen aus. Die Zahl der Fahnenflüchtigen stieg rapide an. In den letzten Kriegsmonaten waren zwischen 750 000 und einer Million Soldaten in den vorderen Kampflinien »abwesend«.[1040] Am 27. September durchbrachen britische Truppen die »Siegfried-Linie«,[1041] die die Deutschen im Frühjahr 1917 östlich der Somme als auf Dauer angelegte Verteidigungsstellung errichtet hatten. Die Siegfried-Stellung war durch eine Begradigung der Front entstanden und stark befestigt worden. Die

geräumte Bogenstellung zwischen Arras und Soissons, das sogenannte »Alberich-Gebiet«, ein etwa 15 Kilometer breiter Gelän-
destreifen, war nach dem Prinzip der verbrannten Erde systematisch zerstört worden. Alle Verteidigungsanlagen sowie Straßen,
Eisenbahnlinien, Brücken und Brunnen waren gesprengt und
etwa zweihundert Ortschaften dem Erdboden gleichgemacht,
weit mehr als 100000 Bewohner deportiert worden. Insgesamt
wurden 37 173 Eisenbahnwagons zur Entleerung des Gebiets eingesetzt.[1042] Die Strategie der verbrannten Erde hatte eine lange
Tradition und war von allen Großmächten insbesondere in Kolonialkriegen angewendet worden.[1043] Aber die Brutalität, mit der
hier eine europäische Kulturlandschaft in eine Wüste verwandelt
werden sollte, brachte dem Deutschen Reich einmal mehr im
Ausland ein verheerendes Presseecho ein und galt als weiterer
Beweis für die barbarische deutsche Kriegsführung. Dabei gingen die Deutschen mit großer Präzision vor. Die zur Räumung
vorgesehene Zone wurde in »Zerstörungsbezirke« eingeteilt, für
die jeweils ein »Zerstörungsoffizier« verantwortlich war.[1044] Vor
den deutschen Stellungen entstand, wie der Kriegsberichterstatter Karl Rosner vom *Berliner Tageblatt* es formulierte, ein »Reich
des Todes«.[1045]

Der Rückzug auf die Siegfried-Stellung im März 1917 war ein
großer operativer Erfolg für die Deutschen. Für anderthalb Jahre
hatten sie hier eine stabile Stellung, die auch als Ausgangsbasis
für Angriffe diente. Jetzt war die Siegfried-Linie durchbrochen,
es gab kein Halten mehr. Am 29. September 1918 forderte die
Oberste Heeresleitung die Regierung auf, in Waffenstillstandsverhandlungen einzutreten. Ludendorff plädierte dafür, sofort
mit Präsident Wilson Kontakt aufzunehmen, von dem man sich
die mildesten Waffenstillstandsbedingungen erhoffte. Zugleich
schlug er eine Parlamentarisierung des Deutschen Reiches vor,
also eine Einbeziehung der im Interfraktionellen Ausschuss ver-
bundenen Parteien in die Regierungsarbeit. Das war sicher ein

taktischer Vorschlag, denn Ludendorff hatte keine Lust, persönlich an den bevorstehenden Kapitulationsverhandlungen mitzuwirken. Eine derart undankbare Aufgabe wollte er lieber den Politikern der ungeliebten demokratischen Parteien überlassen. Tatsächlich entwickelten sich die Dinge bald in diese Richtung, allerdings anders, als Ludendorff sich das vorgestellt hatte. Am 3. Oktober 1918 wurde Prinz Max von Baden neuer Regierungschef. Er war ein Vertreter der alten gesellschaftlichen Elite, kein Demokrat, aber vom süddeutschen Liberalismus geprägt. Prinz Max war seit langem für einen Frieden ohne Annexionen eingetreten und hatte die Wiederaufnahme des U-Boot-Kriegs 1917 abgelehnt. Am Krieg hatte er wegen seiner schwachen Gesundheit nicht aktiv teilgenommen und sich stattdessen als Ehrenpräsident des badischen Roten Kreuzes in der Kriegsgefangenenfürsorge engagiert, wobei ihm seine verwandtschaftlichen Verbindungen zu verschiedenen europäischen Herrscherhäusern zustattenkamen. 1916 war er außerdem Ehrenpräsident der deutsch-amerikanischen Kriegsgefangenenhilfe des Christlichen Vereins Junger Männer geworden.

Ernannt wurde Prinz Max auf Vorschlag des Vizekanzlers Friedrich von Payer, der der linksliberalen Fortschrittlichen Volkspartei angehörte und der Vertrauensmann des Interfraktionellen Ausschusses in der Regierung war. Der neue Kanzler ernannte die Sozialdemokraten Philipp Scheidemann und Gustav Bauer zu Staatssekretären, so dass nun erstmals auch die SPD in der Regierung vertreten war. Er tat dies, weil er es für unvermeidlich hielt, die Sozialdemokratie einzubinden, und weil er außerdem Erzberger als den gefährlicheren Gegner ansah. Nach seiner Überzeugung war Erzberger die treibende Kraft hinter dem Bemühen, der Regierung »Majoritätsfesseln« anzulegen. Prinz Max wollte die Reichstagsmehrheit »wieder in ihre wohlverdiente Ohnmacht zurücktreiben«[1046] und das Deutsche Reich vor einem »Erzberger-Scheidemann-Frieden« retten. Er war davon überzeugt, dass er dazu eher in der Lage war als sein Vorgänger Georg von Hertling.[1047] Ob gewollt oder nicht, die Zugeständnisse in Richtung einer Parlamentarisierung entwickelten ihre eigene Dynamik. Als der soeben gekürte Reichskanzler am 5. Oktober seine erste Rede im Reichstag hielt, bekannte er sich zur parlamentarischen Demokratie und zur Friedensresolution von 1917, auch begrüßte er Wilsons 14-Punkte-Programm. Das alles tat er gegen seine innere Überzeugung. Eigentlich hatte er eine ganz andere Rede halten wollen, aber Vizekanzler Payer und der Staatssekretär des Auswärtigen Wilhelm Solf, der wie Payer der Fortschrittlichen Volkspartei angehörte, hatten ihn genötigt, in seiner Rede den Eindruck zu erwecken, die neue Regierung habe die Zeichen der Zeit verstanden. Prinz Max war auch nicht in Uniform vor den Reichstag getreten, was ebenfalls ein Zugeständnis an die Zeitstimmung war. Dabei hatte er die Hoffnung, der Krieg könnte womöglich doch noch so lange fortgesetzt werden, bis man den Alliierten erträgliche Friedensbedingungen abringen könnte, und als seine vornehmste Aufgabe sah er es an, die Kaiserkrone zu retten.[1048] Aber in der Öffentlichkeit traute man ihm zu, notwendige Reformen anzupacken und die erforderlichen Schritte einzuleiten, um das Land aus der schweren Krise, in die es geraten war, herauszuführen. Doch diese Schritte waren zu zögerlich und sie kamen zu spät, um noch viel zu bewirken.[1049]

Hätte das alte Regime sich durch eine energische Änderung seiner Politik retten wollen, dann wäre der 8. August 1918 der späteste Zeitpunkt dafür gewesen. Nach dem militärischen Desaster bei Amiens hätte Wilhelm II. Ludendorff unverzüglich entlassen müssen, die Regierung auf eine parlamentarische Grundlage stellen, den U-Boot-Krieg abbrechen, die absurden Annexionen im Osten aufgeben und den Völkern dort zu einer wirklichen nationalen Selbstbestimmung verhelfen müssen. Nach einer neuerlichen Verständigung mit dem sowjetischen Russland, das ganz mit seiner inneren Stabilisierung beschäftigt war, hätte er alle noch verfügbaren Truppen an der Westfront konzentrieren, Elsass-Lothringen ein Autonomiestatut gewähren und sämtliche Truppen an die deutsch-französische Grenze zurückführen müssen, die zu verteidigen Deutschland durchaus auf lange Zeit noch in der Lage gewesen wäre. Der französische Marschall Ferdinand Foch war überzeugt davon, dass Deutschland »im November 1918 hinter dem Rhein hätte standhalten können«.[1050] Auch Winston Churchill ging davon aus, dass die Alliierten sechs Monate gebraucht hätten, um mit ausreichend starken Kräften die Reichsgrenze zu erreichen. In dieser Zeit hätten die Deutschen so starke Verteidigungsstellungen aufbauen können, dass ein Einmarsch nur mit einem Verlust von geschätzten zwei Millionen Soldaten möglich gewesen wäre.[1051] Ein solcher Rückzug auf das eigene Territorium wäre aber auf Dauer nur respektiert worden, wenn er mit einem entsprechenden Friedensangebot verbunden gewesen wäre. Aber für die Verständigung über einen Verzichtsfrieden fehlte die Basis. Der Burgfrieden hatte sich noch nicht zu einem Bürgerkrieg gewandelt, aber der gesellschaftliche Konsens war im Krisenjahr 1917 zerbrochen. Deshalb musste Deutschland im November 1918 kapitulieren. Noch nie zuvor hatte eine Nation die Waffen gestreckt, deren Armeen so tief in Feindesland standen. Aber Deutschland war eben, allen späteren Legendenbildungen zum Trotz, im Feld keineswegs unbesiegt. Es hätte den Krieg noch in die Länge ziehen, aber nicht mehr gewinnen können. Doch um einen Ausweg aus dem autoritären Attentismus der letzten Monate des Kaiserreiches zu finden, hätte es entschlossener politischer Führung bedurft.

Auch für Frankreich und Großbritannien war 1917 ein Krisenjahr gewesen, auch die französischen und englischen Truppen waren nach drei Jahren Stellungskrieg erschöpft, die Wirtschaft des Landes lag am Boden, die Bevölkerung war kriegsmüde. Aber in beiden Ländern gelang es, einen Weg aus der Krise zu finden. Im Großbritannien hatte bereits im Dezember 1916 der Liberale David Lloyd George, der ursprünglich Pazifist gewesen war, das Amt des Premierministers übernommen und mit den Konservativen eine Koalitionsregierung auf breiter Grundlage gebildet. Er prägte in den letzten Kriegsjahren in fast diktatorischer Weise die britische Politik. Durch soziale Zugeständnisse gelang es ihm, auch die Arbeiterschaft in die nationale Anstrengung zu integrieren und Großbritannien vor dem wirtschaftlichen Kollaps zu bewahren. Er versuchte, dem Deutschen Reich eine vollständige Niederlage beizubringen, indem er die verfügbaren Kräfte gegen dessen schwächere Verbündete konzentrierte. Lloyd George erklärte die Etablierung demokratischer Regierungen in den Feindstaaten zum Kriegsziel Großbritanniens und schuf im August 1917 das National War Aims Committee, das eine rege Propagandatätigkeit in diesem Sinne entfaltete. Auch Georges Clemenceau, der im November 1917 erneut an die Spitze der französischen Regierung trat, war ein Liberaler. Er hatte für die Rehabilitierung von Dreyfus gekämpft und gehörte dem linksbürgerlichen Parti radical an. Angesichts großer Unzufriedenheit, die sich in Meutereien im Heer und Streiks unter den Arbeitern äußerte, musste Clemenceau einen Weg finden, die Nation zu einer finalen Kraftanstrengung zusammenzuführen, was ihm mit harter Hand gelang.

Eine vergleichbare Führungspersönlichkeit war in Deutschland weit und breit nicht zu sehen. Der letzte Politiker, der ein ähnliches Ansehen hätte in die Waagschale werfen können, war Bismarck gewesen. Jetzt wurde das Land von einem verbal kraftmeiernden Kaiser regiert, der aber, obwohl formal oberster Kriegsherr, die wesentlichen Entscheidungen der Obersten Heeresleitung überließ. Reichskanzler war mit Georg von Hertling ein Mann aus dem katholischen Bayern, der ursprünglich Priester hatte werden wollen und das ihm früher schon einmal angetragene Amt lediglich aus Pflichtgefühl übernommen hatte. Als Kaiser Wilhelm im September 1918 zaghafte parlamentarische Reformen ankündigte, machte Hertling sich aus dem Staub und übergab sein Amt an Prinz Max von Baden, einen Mann aus dem

Hochadel, der persönlich untadelig war, aber kaum politisches Gewicht hatte und in keiner Weise die Voraussetzungen mitbrachte, eine nationale Führungsfigur zu werden. Nachdem er einige Wochen lang nach bestem Wissen die Geschäfte geführt hatte, übergab er seine Stellung am 9. November eigenmächtig an den Sozialdemokraten Friedrich Ebert, der ein rechtschaffener Mann und ein führender Repräsentant der größten Reichstagsfraktion war, aber es in keiner Weise vermochte, Autorität gegenüber dem Militär zu gewinnen oder die alten Eliten und die Arbeiterschaft zu einem neuen Burgfrieden, der zu einem wirklichen Frieden mit den Kriegsgegnern geführt hätte, zu vereinen. Es war ein kalter Systemwechsel, der keinen Aufbruch zu Neuem, sondern vor allem eine Abdankung des Alten bedeutete.

Ein entschlossenes deutsches Friedensangebot im August 1918 hätte die Anerkenntnis der Niederlage und das Angebot von Kompensationszahlungen enthalten müssen. Letzteres hatte Bethmann Hollweg für Belgien schon im August 1914 bei seiner Rechtfertigung des Einmarschs in das neutrale Land in Aussicht gestellt. Eine bedingungslose Kapitulation mit erheblichen Gebietsabtretungen, der Anerkennung der alleinigen Kriegsschuld, einer fast vollständigen Entmilitarisierung und erdrückend hohen Reparationszahlungen, wie sie dann im Friedensvertrag von Versailles niedergelegt wurden, hätte so mit hoher Wahrscheinlichkeit vermieden werden können. Doch am Mut zum entschlossenen Handeln fehlte es bei den Verantwortlichen. Stattdessen verkündete Hindenburg noch Anfang September 1918: »Der Feind weiß, daß Deutschland und seine Verbündeten mit den Waffen allein nicht zu besiegen sind. Der Feind weiß, daß der Geist, der unseren Truppen innewohnt, uns unbesiegbar macht.«[1052]

Als Prinz Max von Baden am 3. Oktober 1918 dann ein Waffenstillstandsersuchen an Woodrow Wilson sandte, war das »window of opportunity« schon geschlossen. Die Berufung auf das 14-Punkte-Programm machte jetzt keinen Eindruck mehr.

Als Wilson in einer Note, deren Inhalt der Reichsleitung am 24. Oktober bekannt wurde, die Waffenstillstandsbedingungen präzisierte und unter anderem die Abdankung des Kaisers forderte, wollten Hindenburg und Ludendorff die Kampfhandlungen wieder aufnehmen, fanden mit dieser realitätsblinden Idee aber kein Gehör.[1053] In Ludendorffs Erlass hieß es: »Die Antwort Wilsons fordert die militärische Kapitulation. Sie ist deshalb für uns Soldaten unannehmbar. Sie ist der Beweis, dass der Vernichtungswille unserer Feinde, der 1914 den Krieg entfesselte, unvermindert fortbesteht.«[1054] Einem Offizier des Generalstabes gelang es, die Verbreitung des Erlasses zu verhindern. Durch ein Versehen gelangte aber ein Exemplar an einen Nachrichtensoldaten, der der USPD angehörte und das Papier ungesäumt an die Parteizentrale in Berlin weitergab, die für eine Veröffentlichung in der Presse sorgte. Der Erlass entfachte große Empörung im Reichstag und beeinträchtigte Ludendorffs Ansehen massiv. Auch sein Widerstand gegen die Einstellung des U-Boot-Krieges war nicht von Erfolg gekrönt, stattdessen wurde er zu seiner Überraschung am 26. Oktober auf Wunsch des Reichskanzlers von Kaiser Wilhelm II. entlassen. Noch mehr überrascht war Ludendorff, dass Hindenburg nicht ebenfalls gehen musste, denn dem Feldmarschall war es im entscheidenden Moment gelungen, sich aus der Schusslinie zu nehmen und Ludendorff als den mehr oder weniger allein Schuldigen an der gegenwärtigen Lage des Reiches erscheinen zu lassen. Das Tischtuch zwischen den beiden Feldherren, die die Welt während des gesamten Krieges als unzertrennliches Dioskurenpaar wahrgenommen hatte, war damit für immer zerschnitten.[1055]

Falls es in den letzten Kriegsjahren so etwas wie eine Militärdiktatur gegeben hatte, war sie jetzt jedenfalls an ihr Ende gekommen. Der Primat der Politik war wiederhergestellt, aber die Ereignisse waren so weit fortgeschritten, dass dieser Wechsel nicht mehr viel bedeutete. Der Handlungsspielraum der Regierung war ins Nichts geschrumpft. Kaiser Wilhelm II. folgte dem

Rat seiner Umgebung und begab sich am 29. Oktober in seine militärische Kommandozentrale, das Große Hauptquartier im belgischen Spa, wobei es seinen Ratgebern darum zu tun war, den ratlosen Monarchen von der politischen Bühne verschwinden zu lassen. Nachdem König Ludwig III. von Bayern am 8. November seinen Thronverzicht erklärt hatte, gab Prinz Max von Baden am Tag darauf ohne entsprechende Weisung den Rücktritt von Kaiser Wilhelm II. bekannt, der zuletzt erwogen hatte, als Deutscher Kaiser zurückzutreten, nicht aber als König von Preußen, um der preußischen Armee weiterhin als oberster Kriegsherr zur Verfügung zu stehen.[1056] Am Abend des 9. November überschritt Wilhelm II. bei Eijsden die Grenze zu den Niederlanden, wo er, einer Empfehlung Hindenburgs folgend, um politisches Asyl nachsuchte. Prinz Max legte auch selbst sein Amt nieder und übergab die Reichskanzlei an Friedrich Ebert. Der Sozialdemokrat Philipp Scheidemann proklamierte vom Reichstag aus die deutsche Republik, Karl Liebknecht dagegen rief vor dem königlichen Schloss die Räterepublik aus. Hier manifestierte sich symbolkräftig die im Vorjahr vollzogene Spaltung der Arbeiterbewegung. Als am 11. November Marschall Foch und der Zentrumsabgeordnete Erzberger im Wald von Compiègne den Waffenstillstandsvertrag unterzeichneten, war das Deutsche Reich bereits eine Republik. Am selben Tag versammelten sich die Berliner Arbeiter- und Soldatenräte und konstituierten sich als Vollzugsrat, der die Revolutionsregierung kontrollieren sollte.

Ludendorff suchte nach Kriegsende das Weite. Er fühlte sich im revolutionären Berlin, wo es von entlassenen Soldaten, Aufständischen und Bewaffneten wimmelte, nicht sicher. Außerdem fürchtete er nicht ohne Grund, er könnte in einem möglichen Kriegsverbrecherprozess zu den Angeklagten gehören. Tatsächlich figurierte Ludendorff als Nummer 238 auf einer französischen Liste von 800 Kriegsverbrechern, die ausgeliefert werden sollten,[1057] wozu es dann allerdings nicht kam. Nachdem das Auswärtige Amt ihn am 15. November 1918 mit einem finnischen Diplomatenpass auf den Namen Ernst Lindström ausgestattet hatte, floh Ludendorff über Dänemark nach Schweden, wo er sich daranmachte, das Bild des Krieges zu entwerfen, das nach seiner Meinung der Nachwelt überliefert werden sollte.[1058] Hindenburg hatte auf der Liste der deutschen Kriegsverbrecher die Nummer 237, blieb aber im Lande. Noch am 8. November hatte er erklärt: »Ich lebe und sterbe mit meinem König.« Ob Hindenburg wirklich solche seelischen Qualen durchlitt, wie sein Biograph sie so ausführlich beschreibt,[1059] kann hier dahingestellt bleiben. Andere jedenfalls starben tatsächlich. Der Hamburger Reeder Albert Ballin hatte die HAPAG zur größten Schifffahrtslinie der Welt gemacht. Trotz seiner jüdischen Abkunft war er bei Hof ein gerngesehener Gast gewesen und galt als der »Reeder des Kaisers«. Gemeinsam mit dem aus Köln stammenden britischen Geschäftsmann Ernest Cassel hatte Ballin versucht, gegen das deutsch-englische Wettrüsten zu wirken. 1917 bemühte er sich erfolglos, den Kaiser von der Wiederaufnahme des U-Boot-Krieges abzuhalten. Ballin war ein leidenschaftlicher Patriot, der sah, dass die Welt, für die er gelebt hatte, in Trümmern versank. Als am 9. November die Abdankung des Kaisers bekannt wurde, setzte er seinem Leben ein Ende.

Paul von Hindenburg, bei Kriegsende bereits 71 Jahre alt, war nach dem Abtreten der Hohenzollern-Dynastie als Chef der OHL oberster Dienstherr des Feldheeres. Somit kam ihm in dieser Zeit des Systemwechsels eine wichtige Brückenfunktion zu. Nach dem Abgang des Kaisers war er nicht nur in Militärkreisen der anerkannteste Repräsentant der deutschen Nation und genoss als »Sieger von Tannenberg« allseits ein überragendes Prestige, so dass es ihm leichtfiel, sich vom unrühmlichen Ende des Krieges zu dissoziieren. Hindenburg arbeitete mit den neuen Machthabern zusammen und trug so dazu bei, dass die Rückführung der Armee sich in halbwegs geordneter Art und Weise vollzog. Aber er nutzte sein großes Ansehen zu egoistischen Zwecken und trug ganz maßgeblich dazu bei, die Mär von dem »im Felde unbesiegten« deutschen Heer zu popularisieren. So wurde Hindenburg zum wichtigsten Proponenten der Dolchstoßlegende und gehörte damit zu den desintegrierend wirkenden Kräften in der Weimarer Republik. Am 25. Juni 1919 trat Hindenburg von seinem Posten als Generalstabschef zurück, blieb aber politisch präsent. 1925 wurde er gegen den Kandidaten der Weimarer Koalition, den Zentrumspolitiker Wilhelm Marx, im zweiten Wahlgang mit knapper Mehrheit zum Reichspräsidenten gewählt, wodurch er über eine enorme Machtfülle verfügte. Am 30. Januar 1933 versetzt er der Weimarer Republik den Todesstoß, indem er einen anderen Teilnehmer des Ersten Weltkriegs, den Gefreiten Adolf Hitler, zum Reichskanzler ernannte.

Am 8. November 1918 fuhr eine vierköpfige Kommission unter Leitung von Matthias Erzberger, der inzwischen Staatssekretär geworden war, nach Compiègne nördlich von Paris, wo im Wald in einem Eisenbahnwaggon die Waffenstillstandsverhandlungen begannen. Weitere Delegationsmitglieder waren der Gesandte des Auswärtigen Amtes Graf Alfred von Oberndorff, für das Reichsheer General Detlof von Winterfeld und für die Kaiserliche Marine Kapitän zur See Ernst Vanselow. Das waren nicht die Herren, die für den Krieg der vergangenen vier Jahre verantwortlich zu machen waren. Diese standen nicht mehr zur Verfügung und überließen die unangenehme Arbeit, den angerichteten Scherbenhaufen zusammenzukehren, lieber anderen. Der deutschen Delegation trat Marschall Ferdinand Foch gegenüber. Er war der Vertreter Frankreichs in dem 1917 gebildeten Alliierten Obersten Kriegsrat gewesen und im März 1918 zum Oberbefehlshaber der alliierten Streitkräfte an der Westfront ernannt worden. Nun hatte er die Ehre, die deutschen Unterschriften unter den Waffenstillstandsvertrag entgegenzunehmen. Die vorausgehenden Gespräche delegierte er allerdings an rangniedere Offiziere, um deutlich zu machen, dass die Deutschen keine ebenbürtigen Gesprächspartner waren. Foch führte ein straffes Regiment, begrenzte den Zeitrahmen für die Gespräche auf 72 Stunden und machte deutlich, dass die von den Siegern formulierten Bedingungen nicht zur Disposition standen. Erzberger, der die Bestimmungen der Waffenstillstandsvereinbarung außerordentlich hart fand, hielt Rücksprache mit Reichskanzler Ebert in Berlin, der ihm die Weisung erteilte, zu jedweden Bedingungen zu unterschreiben. Zentrale Punkte in dem Papier waren neben der Einstellung der Feindseligkeiten: sofortige Räumung aller besetzten Gebiete einschließlich Elsass-Lothringens; Rückführung aller deportierten Einwohner in ihre Ursprungsländer; Überlassung von umfangreichem Kriegsmaterial, insbesondere von Flugzeugen; Räumung der deutschen linksrheinischen Gebiete; Rückführung der Truppen, die noch in den mit dem Deutschen Reich verbündeten Staaten standen, hinter die eigenen Grenzen; Verzicht auf Ansprüche aus den Friedensverträgen mit Rumänien und Russland; Auslieferung aller U-Boote; Abrüstung aller Kriegsschiffe. Diese Bedingungen machten schon die Grundintention der Sieger deutlich, die dann auch den Versailler Friedensvertrag bestimmen sollte: Deutschland, das ruhelose Reich in der Mitte Europas, sollte in Zukunft nicht mehr angriffsfähig sein. Am 11. November 1918 unterzeichnete Matthias Erzberger namens des Deutschen Reiches den Waffenstillstandsvertrag.

Die Verhandlungen über den eigentlichen Friedensvertrag begannen am 18. Januar 1919, auf den Tag genau 48 Jahre nach der Proklamation des deutschen Kaiserreiches im Spiegelsaal von Versailles an ebendiesem Ort. 32 Nationen nahmen an den Beratungen teil, von Belgien bis Uruguay, nur die besiegten Mittelmächte waren nicht zugelassen. Die deutsche Delegation, geleitet von Außenminister Ulrich Graf Brockdorff-Rantzau, durfte erst im April anreisen. Sie residierte, abgeschirmt von den anderen Delegationen, in einem separaten Hotel. Am 7. Mai wurde den Deutschen der ausgearbeitete Vertragstext überreicht, Änderungsvorschläge sollten sie schriftlich vorbringen. Der Friedensvertrag war ein umfangreiches Dokument mit 440 Artikeln. Die Bedingungen waren sehr hart. Deutschland sollte nicht nur alle eroberten Gebiete zurückgeben, sondern auch ein Siebtel des eigenen Territoriums verlieren, künftig auf schwere Waffen und eine Luftwaffe völlig verzichten und gigantische Reparationszahlungen leisten, wobei deren genaue Höhe von einer eigenen Kommission ermittelt werden sollte. Entscheidender Stein des Anstoßes aber war aus deutscher Sicht der Artikel 231, der am Beginn des Abschnitts über Wiedergutmachungen platziert war und den Reparationsforderungen eine juristische Basis geben sollte: »Die alliierten und assoziierten Regierungen erklären und Deutschland erkennt an, daß Deutschland und seine Verbündeten als Urheber aller Verluste und aller Schäden verantwortlich sind, welche die alliierten und assoziierten Regierungen und ihre Angehörigen infolge des ihnen durch den Angriff Deutschlands und seiner Verbündeten aufgezwungenen Krieges erlitten haben.«[1060]

Keine andere Bestimmung des Versailler Vertrages hat so leidenschaftliche Emotionen hervorgerufen: »Der Vorwurf, den Ersten Weltkrieg verbrecherisch verursacht zu haben, war für einen Deutschen im Jahr 1919 unerträglich.«[1061] Und keine Bestimmung des Vertragswerks wird bis heute so intensiv und kontrovers diskutiert wie der Artikel 231. Unter Historikern ist heute weithin unumstritten, dass in Bezug auf den Ersten Weltkrieg, ganz anders als beim Zweiten Weltkrieg, nicht von einer deutschen Alleinschuld die Rede sein kann. Christopher Clark, von dem der jüngste Beitrag zu diesem unerschöpflichen Thema stammt, plädiert gegen ein »schuldorientiertes Untersuchungsmodell«: »In dieser Geschichte gibt es keine Tatwaffe als unwiderlegbaren Beweis, oder genauer: Es gibt sie in der Hand jedes einzelnen wichtigen Akteurs. So gesehen war der Kriegsausbruch eine Tragödie, kein Verbrechen.«[1062] Das heißt noch nicht, dass in einem Krieg keine Verbrechen passieren, und natürlich stehen nach dem Ende eines Krieges die von den Verlierern begangenen Kriegsverbrechen in einem grelleren Scheinwerferlicht als die Untaten der Sieger.

Doch war – und das ist lange Zeit verkannt worden – der Artikel 231 nicht so sehr der Versuch, historiographische Erkenntnisse zu präformieren. Er diente vielmehr dem Zweck, die für das Deutsche Reich sehr einschneidenden Friedensbedingungen juristisch und moralisch zu legitimieren. In Deutschland reagierte die Öffentlichkeit auf die Kriegsschuldthese mit großer Empörung. Auch die diesem Artikel vorangehenden Strafbestimmungen in den Artikeln 227 bis 230 stießen auf vehemente Ablehnung. In Artikel 227 hieß es: »Die alliierten und assoziierten Mächte stellen Wilhelm II. von Hohenzollern, ehemaligen deutschen Kaiser, unter öffentliche Anklage wegen schwerster Verletzung der internationalen Moral und der Heiligkeit der Verträge.«[1063] Bei diesen Strafbestimmungen erklärte die deutsche Delegation schon in Versailles, sie werde sich nicht vertragsfreundlich verhalten. Tatsächlich wurden sie auch nicht umgesetzt. Die Niederlande lehnten im Januar 1920 das alliierte Ersuchen ab, Wilhelm II. auszuliefern, denn sie waren keine Versailler Vertragspartei und nach wie vor neutral. Das zweite Auslieferungsersuchen im Monat darauf war nicht erfolgreicher. Und der von den Siegermächten vorgesehene internationale Gerichtshof wurde nie konstituiert. Die Alliierten, die zunächst eine Liste von neunhundert Kriegsverbrechern vorgelegt hatten, verzichteten 1922 auf deren Auslieferung, nachdem die Deutschen sich verpflichtet hatten, die Prozesse vor dem Reichsgericht in Leipzig selbst durchzuführen. Die Leipziger Prozesse waren kein Ruhmesblatt der Justizgeschichte. Reichsanwaltschaft und -gericht zeigten wenig Neigung, die Beschuldigten in Bedrängnis zu bringen. Es gab Hunderte von Ermittlungsverfahren, aber nur 17 Prozesse endeten mit einem Urteil; in zehn Fällen gab es Freisprüche, sieben Mal milde Freiheitsstrafen.[1064]

Der »Kriegsschuldparagraph« belastete mehr als alles andere

auf viele Jahre hinaus die zwischenstaatlichen Beziehungen. Vor allem aber war er eine schwere Hypothek für die innere Befriedung der deutschen Nachkriegsgesellschaft. Politiker, die bei aller Ablehnung mancher oder auch vieler Bestimmungen des Versailler Friedensvertrages realistischerweise nur die Möglichkeit sahen, mit den Siegermächten zu kooperieren, wurden als »Erfüllungspolitiker« diffamiert. Der Kampf gegen »Versailles« wurde zum Ausweis von Patriotismus, die Forderung nach Revision des Vertragswerks nahm einen zentralen Platz auf der Agenda aller nationalistischen Organisationen ein, allen voran der NSDAP, die unablässig gegen den »Schandfrieden« zu Felde zog. Noch 1918 gründete das Auswärtige Amt das »Spezialbüro Bülow«, aus dem wenig später das Kriegsschuldreferat hervorging, das die Öffentlichkeitsarbeit koordinieren sollte, um der Schmach des Artikels 231 entgegenzuwirken. Die Presse im In- und Ausland wurde mit Material beliefert, das die deutsche Vorkriegspolitik und die Verständigungsbereitschaft der Reichsregierung in einem günstigen Licht erscheinen ließ. Das Kriegsschuldreferat bemühte sich auch mit Erfolg, den 1919 noch von der Nationalversammlung eingesetzten und bis 1932 tätigen Untersuchungsausschuss für die Schuldfrage von der Veröffentlichung belastender Dokumente abzuhalten. Das Referat finanzierte auch scheinbar unabhängige Organisationen wie die Zentralstelle für Erforschung der Kriegsursachen, die ab 1923 die Zeitschrift *Die Kriegsschuldfrage* herausgab.

Die Bedingungen des Versailler Friedensvertrages wurden als so hart empfunden, dass Philipp Scheidemann, seit Februar 1919 Reichskanzler, die Unterzeichnung ablehnte und sein Kabinett geschlossen zurücktrat. Am 23. Juni 1919 billigte die Weimarer Nationalversammlung das geringfügig modifizierte Vertragswerk dennoch, so dass es am 28. Juni vom neuen Außenminister, dem Sozialdemokraten Hermann Müller, und von Reichsverkehrsminister Johannes Bell, der dem Zentrum angehörte, unterschrieben werden konnte. Die Berliner *Tägliche Rundschau* meldete am 29. Juni: »Der Vernichtungsfriede unterzeichnet.«[1065] Vor Beginn der Unterzeichnungszeremonie waren in der Mitte des Spiegelsaals fünf »gueules cassées« platziert worden, französische Soldaten mit schwersten Gesichtsverletzungen, denen Münder und Augen fehlten. Der französische Ministerpräsident Georges Clemenceau begrüßte jeden einzelnen von ihnen mit Handschlag, wobei ihm die Tränen über die Wangen liefen. Wie die Mitglieder der deutschen Delegation auf dieses schockierende Szenario reagierten, ist nicht überliefert.[1066]

Die Verhandlungen in Versailles hatten unter der permanenten Drohung einer Wiederaufnahme der Kampfhandlungen gestanden, die womöglich zur Besetzung von Berlin und zur Zerschlagung der staatlichen Einheit Deutschlands geführt hätte, einer Einheit, die noch nicht einmal ein halbes Jahrhundert alt war. Frankreich war die aggressivste unter den Siegermächten, aber das Land hatte auch mit Abstand am meisten gelitten. Es hatte mehr Soldaten als Großbritannien und die Vereinigten Staaten zusammen verloren. Frankreich hatte im eigenen Land Krieg führen müssen, und die Verheerungen, die er angerichtet hatte, waren gewaltig. Frankreich hatte außerdem eine lange gemeinsame Grenze mit Deutschland und daher ein ganz anderes Sicherheitsbedürfnis als seine angelsächsischen Partner. Insgesamt waren die Kriegsziele der europäischen Mächte Ausdruck eines obsessiven Sicherheitsstrebens, das sich noch an tradierten Grenzbefestigungen orientierte und sich zum Beispiel der Möglichkeiten des Luftkriegs nicht bewusst war. Lediglich die Vereinigten Staaten hatten ein wirkliches Interesse an einer globalen Friedensordnung und propagierten – als ehemalige Kolonie – das Selbstbestimmungsrecht der Völker.

Die Bilanz des Ersten Weltkriegs sprengte alle Dimensionen, die bis dahin vorstellbar gewesen waren. Von den 250 Millionen wehrfähigen Männern der beteiligten Staaten waren 73 Millionen mobilisiert worden. Es gab fast neun Millionen militärische

Todesfälle und noch einmal fast sechs Millionen zivile Tote, darunter als größte Opfergruppe die in der Türkei ermordeten Armenier.[1067] Mehr als zwanzig Millionen Soldaten wurden verwundet, neun Millionen wurden gefangen genommen, sieben Millionen von ihnen an der außerordentlich langen und mobilen Ostfront.[1068] Die politische Landkarte war vollkommen umgestaltet worden. Es entstand eine ganze Reihe von Nationalstaaten, solche, die wiederhergestellt wurden wie zum Beispiel Polen, und solche, die sich wie die Ukraine erstmals konstituierten. Der Zerfall der Vielvölkerreiche führte dazu, dass ein enger Zusammenhang zwischen Nationalität und Ethnizität entstand, dessen unvermeidliches konzeptionelles Nebenprodukt die ethnische Minderheit war. In Süd-, Mittel- und Osteuropa lebten jetzt 60 Millionen Menschen, bei denen Territorium und Ethnizität zusammenfielen, während 25 Millionen ethnischen Minderheiten angehörten.[1069] Zu Beginn des 19. Jahrhunderts war Europa noch von multiethnischen Imperien dominiert gewesen, von denen drei – Großbritannien, Dänemark und Preußen – eine hochentwickelte Nationalkultur hatten, während die anderen drei – das Habsburgerreich, das Osmanische Reich und das Zarenreich – einen ausgesprochen multikulturellen Charakter aufwiesen. Gegen Ende des 19. Jahrhunderts entstanden in Deutschland und Italien Nationalstaaten, die aber von ethnischer Homogenität noch weit entfernt waren. Den entscheidenden Dammbruch für ethnische Säuberungen brachte dann der Erste Weltkrieg, wobei schon in den Jahren zuvor der immer wieder von Kriegen erschütterte Balkan ein »europäischer Lernort für ethnische Säuberungen«[1070] gewesen war. Schon seit dem frühen 19. Jahrhundert war jeder Versuch einer Nationalstaatsbildung in Südosteuropa mit dem Versuch verbunden gewesen, durch die Vertreibung von Minderheiten ethnische Homogenität herzustellen.

Schon in den Jahrzehnten vor dem Ersten Weltkrieg hatte es in vielen europäischen Ländern Vordenker der ethnischen Säuberung gegeben. Es war die Zeit, als moderne wissenschaftliche

Entwicklungen in der Anthropologie, Bevölkerungswissenschaft, Biologie und Medizin Raum schufen für Züchtungsutopien, über deren inhumane Konsequenzen zunächst kaum jemand nachdachte. Das Geschehen des Ersten Weltkriegs, der Millionenheere in Bewegung setzte, ließ dann die Realisierung vieler Ideen, die zuvor utopisch gewirkt hatten, in greifbare Nähe rücken: »Das Konzept ethnischer Säuberung im intellektuellen Diskurs des Ersten Weltkrieges war [...] kein Alleinbesitz einer Kriegspartei. Zwischen 1914 und 1919 eskalierte es vielmehr auf allen Seiten der Front. Es faszinierte Intellektuelle und Wissenschaftler, die eine Nachkriegszukunft mit ›sauber‹ getrennten Nationen zu organisieren gedachten und damit Frieden, zuweilen sogar Humanität zu gewährleisten hofften.«[1071]

Die Folge war eine Ethnisierung der Diskurse. Die völkisch-nationalistischen Argumentationen, die jetzt Konjunktur hatten, ließen keinen Raum mehr für Konzepte kultureller Pluralität. Die westliche Zivilisation hatte einen kulturellen Nationalismus hervorgebracht, der inklusiv angelegt war und eine hohe Integrations- und Adaptionsfähigkeit aufwies, Modernisierer wie Peter der Große oder Kaiser Joseph II. sind Beispiele dafür. Der rassistische Nationalismus, der im Laufe des 19. Jahrhunderts beherrschend wurde, war exklusiv, und die Praxis der Exklusion führte zur Ausbildung von Selektionsnormen. Die Folge waren Bevölkerungsverschiebungen eines bisher ungekannten Ausmaßes. Aufgrund der Friedensverträge von 1919/20 mussten rund zehn Millionen Zwangsmigranten ihre Heimat verlassen.[1072] Der Mythos der rassischen Homogenität war in letzter Konsequenz eine tödliche Bedrohung für die Angehörigen der ethnischen Minderheiten, die Ermordung der europäischen Juden ist dafür nur das radikalste Beispiel.

Einer von denen, die diese tödliche Bedrohung am eigenen Leib zu spüren bekamen, war Walter Benjamin. 1933 emigrierte er nach Paris und kam nach Kriegsausbruch 1939 in ein Internierungslager. Wieder in Freiheit, gelang es ihm, die Grenze nach Spanien zu überschreiten, aber auch dort fühlte er sich vor dem Naziregime nicht sicher und nahm sich am 26. September 1940 das Leben. Zuletzt hatte Benjamin unter dem Eindruck des Hitler-Stalin-Pakts an seinem aphoristischen Aufsatz »Über den Begriff der Geschichte« gearbeitet. In der IX. These beschreibt er den »Angelus Novus«, ein Aquarell von Paul Klee, als Engel der Geschichte:

Der Engel der Geschichte muß so aussehen. Er hat das Antlitz der Vergangenheit zugewendet. Wo eine Kette von Begebenheiten vor uns erscheint, da sieht er eine einzige Katastrophe, die unablässig Trümmer auf Trümmer häuft und sie ihm vor die Füße schleudert. Er möchte wohl verweilen, die Toten wecken und das Zerschlagene zusammenfügen. Aber ein Sturm weht vom Paradiese her, der sich in seinen Flügeln verfangen hat und so stark ist, daß der Engel sie nicht mehr schließen kann. Dieser Sturm treibt ihn unaufhaltsam in die Zukunft, der er den Rücken kehrt, während der Trümmerhaufen vor ihm zum Himmel wächst. Das, was wir den Fortschritt nennen, ist dieser Sturm.[1073]

Walter Benjamin stammte aus einer assimilierten jüdischen Familie in Berlin. Er war in der Jugendbewegung aktiv gewesen und hatte im Oktober 1913 am Freideutschen Jugendtag auf dem Hohen Meißner teilgenommen. Ein enger Freund war in jenen Tagen der Dichter Christoph Friedrich Heinle, der sich am 8. August 1914 aus Verzweiflung über das kommende Unheil, das er erahnte, gemeinsam mit seiner Freundin Rika Seligson das Leben nahm. Benjamin selbst ging 1915 in die Schweiz, um in Bern zu studieren, und kehrte erst nach Kriegsende wieder nach Berlin zurück. Der Reformpädagoge Gustav Wyneken, der Benjamins Leitstern in der Jugendbewegung gewesen war, appellierte in seinem Vortrag »Der Krieg und die Jugend«, den er am

25. 11. 1914 in München hielt, mit großer Heftigkeit an die deutsche Jugend, das »auserwählte Geschlecht«: Alle sollten sich freiwillig zum Kriegsdienst melden, und nicht einer solle nur mit halbem Herzen kämpfen[1074] – ein Appell, den er freilich nicht für sich selbst gelten ließ.[1075] Als Benjamin den Text zu lesen bekam, sagte er sich von Wyneken in einem pathetischen Brief los, in dem er ihm »fürchterlichen scheußlichen Verrat« vorwarf.[1076] 1921 erwarb Walter Benjamin Klees Aquarell »Angelus Novus«, das im Vorjahr entstanden war, und wollte auch eine Zeitschrift gleichen Namens gründen, was aber nicht gelang. Klees Angelus Novus ist ein jugendlicher Engel mit wildem Haupthaar. Es ist nicht leicht zu entscheiden, ob er Arme oder Flügel hat, und seine Gestalt erinnert in vielem an einen Vogel. Der Angelus Novus steht bei Klee zweifellos im Zusammenhang mit dem großen Thema des Fliegens, wobei die Erfahrungen, die Klee im Ersten Weltkrieg gemacht hatte, erst ab 1920 in seinem Werk sichtbar wurden. Nachdem er in Gersthofen zahlreiche Flugzeugabstürze fotografiert hatte, war das Blatt »Fliegersturz«, das in derselben Zeit wie der Angelus Novus entstand, das erste Werk, das man diesem Thema eindeutig zuordnen kann.[1077] Wie Benjamin war auch Paul Klee ohne Verständnis für die Kriegsbegeisterung seiner Umwelt gewesen. In seinem Tagebuch sprach er vom Übergang in eine andere Welt: »Ich habe diesen Krieg in mir längst gehabt. Daher geht er mich innerlich nichts an. Um mich aus meinen Trümmern herauszuarbeiten, mußte ich fliegen. Und ich flog. In jener zertrümmerten Welt weile ich nur noch in der Erinnerung, wie man zuweilen zurückdenkt.«[1078]

Der Abflug aus der zertrümmerten Welt kann künstlerische Weltabkehr, Selbsttötung oder auch Aufbruch zu neuen Ufern sein. Aus den Trümmern kann eine neue Welt entstehen, die Katastrophe sich als Geburtshelferin des Fortschritts erweisen. Ein charakteristisches Dokument der utopischen Hoffnungen, die viele linke Intellektuelle und Künstler mit der Revolution vom November 1918 verbanden, ist eine schmale Broschüre mit dem

Titel *An alle Künstler.* Der Apokalyptiker Ludwig Meidner steuerte einen Aufruf »An alle Künstler, Dichter, Musiker« bei, der mit den Worten begann: »Damit wir uns nicht mehr vor dem Firmament zu schämen haben, müssen wir uns endlich aufmachen und mithelfen, daß eine gerechte Ordnung in Staat und Gesellschaft eingesetzt werde. Wir Künstler müssen da in erster Reihe mittun. Es darf keine Ausbeuter und Ausgebeuteten mehr geben!«[1079]

Trotz aller Schrecknisse des Krieges waren Emphase und Pathos ganz unverbraucht, und auch der Anspruch, in der ersten Reihe dabei zu sein, war geblieben. Der Umschlag der Broschüre stammte von dem Expressionisten Max Pechstein, der 1918 einer der Gründer des Arbeitsrats für Kunst gewesen war, eines von der Rätebewegung inspirierten Zusammenschlusses von Architekten, Malern, Bildhauern und Kunstschriftstellern. Er zeigt einen Mann, der sein flammendes Herz der Sonne entgegenhält. Die Textbeiträge in dem Heft stammten unter anderem von Johannes R. Becher und Bernhard Kellermann. Der USPD-Politiker Kurt Eisner, der seit kurzem bayerischer Ministerpräsident war, schrieb »Der sozialistische Staat und der Künstler«, der Sozialdemokrat Konrad Haenisch, der jetzt preußischer Kultusminister war, über »Das Kunstprogramm der preußischen Regierung«. Beide Politiker einte der Wunsch, gegen »kapitalistische Auswüchse« im Kulturbetrieb vorzugehen.[1080]

Die geradezu juvenile Euphorie dieser Aufrufe in einer revolutionären Umbruchsituation kurz nach Kriegsende hatte etwas Weltfremdes. Diese Umbruchsituation war von Offenheit, aber mehr noch von Orientierungslosigkeit geprägt, und die Revolution stand auf einer mehr als fragilen Grundlage. Das sozialimperialistische wilhelminische System war zusammengebrochen. Der Versuch, angesichts der Bedrohung von außen durch ein wirkmächtiges Narrativ der nationalen Einheit das System zu stabilisieren und Reformen zu vermeiden, war gescheitert. Stattdessen hatte der Krieg ein enormes Modernisierungspotential freigesetzt. Belege dafür sind die Zunahme der Frauenarbeit, moderne Formen der Propaganda und der Massenkommunikation, die Industrialisierung des Tötens und die Entwicklung von Massenvernichtungswaffen wie zum Beispiel Gas. Zugleich kamen aber auch starke Desintegrationskräfte zur Entfaltung. Die Judenzählung ist ein signifikantes Beispiel dafür, aber auch der Zerfall der SPD, ebenso die Friedensinitiative, die den Frieden nicht näher brachte, sondern vielmehr den Reichstag in zwei feindliche Lager teilte. Weitere Beispiele sind die Gründung der Deutschen Vaterlandspartei und schließlich die Flucht des Kaisers. Während zuvor unermüdlich beschworen worden war, dass das deutsche Volk unbesiegbar sei, solange es einig war, standen sich die verschiedenen Gruppen der Gesellschaft jetzt tödlich verfeindet gegenüber. Deutsche schossen nicht mehr auf Franzosen, sondern auf Deutsche. Frühe prominente Opfer dieses endemischen Hasses waren Rosa Luxemburg und Karl Liebknecht, die am 15. Januar 1919 von Angehörigen der Garde-Kavallerie-Schützen-Division ermordet wurden.

An die Stelle des Burgfriedens trat der Bürgerkrieg. Sehr charakteristisch für diesen Umschwung ist das Schicksal von Kurt Eisner. Der Neukantianer stand dem parteioffiziellen Marxismus reserviert gegenüber, er hatte deshalb in der SPD zum revisionistischen Flügel gehört und 1905 deshalb sogar seine Redakteursstelle bei der Parteizeitung *Vorwärts* verloren. 1914 stimmte er den Kriegskrediten zunächst zu, wandelte sich im Laufe der Zeit aber zu einem scharfen Kritiker der Kriegspolitik und schloss sich 1917 der USPD an. Im Januar 1918 organisierte er den Munitionsarbeiterstreik in München, den er zu einem allgemeinen Kampfstreik zur Beendigung des Krieges ausweiten wollte, doch der bayerischen Regierung gelang es, durch Sonderzulagen für Rüstungsarbeiter einerseits und verschärfte Überwachungsmaßnahmen andererseits die Situation unter Kontrolle zu bringen. Eisner wurde festgenommen, zu einer Haftstrafe verurteilt und erst am 14. Oktober 1918 wieder freigelassen. Am 7. November stürmte eine revolutionär gestimmte Gruppe, die vor allem aus Soldaten bestand, mit Eisner an der Spitze zu den Kasernen, die alle kampflos eingenommen wurden. Eisner rief den »Freistaat Bayern« aus und wurde am Tag darauf von einem provisorischen Nationalrat zum bayerischen Ministerpräsidenten und Außenminister ernannt.

Als am 12. Januar 1919 Landtagswahlen stattfanden, kämpfte Eisner mit dem Rücken zur Wand. Den Linken war er zu bürgerlich, die Sozialdemokraten lehnten ihn als realitätsfernen Schwärmer und Idealisten ab, und für die bürgerlichen Kräfte verkörperte er das Schreckgespenst der Räteherrschaft. Die USPD verfügte außerhalb Münchens kaum über eine Organisation, und ihre vernichtende Wahlniederlage war deshalb nicht überraschend. Eisners Partei erhielt nur drei der 180 Landtagsmandate. Am 21. Februar befand sich Eisner auf dem Weg zur konstituierenden Sitzung des neugewählten Landtags, um dort den Rücktritt seiner Regierung zu erklären, als er von dem jungen Nationalisten Anton Graf Arco hinterrücks erschossen wurde. Josef Hofmiller notierte tags darauf in seinem Tagebuch: »Eisner forderte durch sein ganzes Verhalten zu seiner gewaltsamen Entfernung heraus.«[1081] So dachten gewiss viele Angehörige des Münchner Bürgertums, die der neuen Republik ganz und gar ablehnend gegenüberstanden. Graf Arco wurde angesichts des offensichtlichen Tatbestands notgedrungen zum Tod verurteilt, aber der Richter fügte in seiner Urteilsbegründung hinzu: »Von einer Aberkennung der bürgerlichen Ehrenrechte konnte natürlich keine Rede sein, weil die Handlungsweise des jungen politisch unmündigen Mannes nicht niedriger Gesinnung, sondern der glühendsten Liebe zu seinem Volke und Vaterlande entsprang und ein Ausfluss seines Draufgängertums und der in weiten Volkskreisen herrschenden Empörung gegen Eisner war.«[1082] Dass ein Staatsbeamter sich so über seinen Ministerpräsidenten äußerte, war eigentlich ein ungeheuerlicher Vorgang, in jenen

Tagen aber nicht ungewöhnlich. Das prominenteste Beispiel ist Friedrich Ebert, der am 11. Februar 1919 von der Nationalversammlung zum Reichspräsidenten gewählt wurde und sich als Staatsoberhaupt einer Flut von Anfeindungen ausgesetzt sah. Die Kommunisten beschimpften ihn als »Arbeiterverräter«, darin kam die tiefe Feindschaft zwischen den beiden Flügeln der Arbeiterbewegung zum Ausdruck. Die Nationalisten dagegen warfen Ebert seine Rolle bei Kriegsende vor und diffamierten ihn als »Landesverräter«, ein Vorwurf, der einem schweren Verbrechen gleichkam. Ebert musste sich gegen ihn in zahlreichen Prozessen mit wechselndem Erfolg zur Wehr setzen. Der bayerische Justizminister begnadigte den Eisner-Mörder Graf Arco schon am Tag nach seiner Verurteilung zu lebenslanger Festungshaft, die wenig später auf 15 und schließlich auf vier Jahre reduziert wurde.

Die Weimarer Republik und ihre Verfassung waren getragen von den Parteien der Friedensresolution. Bei den Wahlen zur Nationalversammlung 1919 war die Zustimmung für diese Kräfte sehr groß. SPD und Zentrum hatten selbst ohne die Deutsche Demokratische Partei (DDP), die den Versailler Friedensvertrag mehrheitlich ablehnte, eine komfortable Mehrheit im Parlament. Die USPD erhielt nur 7,6 Prozent, und die noch radikalere KPD trat bei den Wahlen ebenso wenig an wie die Deutsche Arbeiterpartei, die Vorläuferorganisation der NSDAP, am anderen Ende des politischen Spektrums. Doch diese Zustimmung hatte die Stabilität von Treibsand, wie schon die ersten Reichstagswahlen nur ein Jahr später überdeutlich zeigten:

Wahlergebnisse	SPD	Zentrum	DDP
Nationalversammlung 1919	37,9 %	19,7 %	18,6 %
Reichstag 1920	21,6 %	13,6 %	8,4 %

Die SPD verlor fast die Hälfte ihrer Anhänger, von denen viele nun die radikalere USPD wählten. Die DDP verlor sogar mehr als die Hälfte ihrer Wählerschaft, dafür verdoppelten die nationalkonservative und verfassungsfeindliche DNVP und die nationalliberale Deutsche Volkspartei (DVP) ihren Stimmenanteil auf 29,1 Prozent. Dieses Ergebnis war ein Debakel für die junge Demokratie. Keine zwei Jahre nach ihrer Gründung waren die Kräfte, die entschlossen für sie eintraten, bereits in die Defensive geraten. Am dramatischsten war die Entwicklung der DDP. Während sie bei ständig schwindender Stimmenzahl 1928 noch letztmals an einer Regierung beteiligt war, versank sie am Ende in völliger Bedeutungslosigkeit und erreichte im November 1932 noch 0,9 Prozent der Stimmen, was ihr zwei Abgeordnete im Reichstag einbrachte. Die liberale Option war im Zeitalter der Extreme gescheitert.

Der Liberalismus war im Reichstag gespalten gewesen in die regierungsnahen Nationalliberalen und die Linksliberalen, die in wechselnden Formationen auftraten, sich aber für gewöhnlich in der Opposition befanden. Diese Spaltung wiederholte sich in der Weimarer Republik. Nachdem die Verhandlungen über die Gründung einer gemeinsamen Partei gescheitert waren, konstituierten die Nationalliberalen sich unter der Führung von Gustav Stresemann als DVP, während die Linksliberalen sich in der DDP sammelten. Die DDP bot vielen von denen eine Heimat, die im Ersten Weltkrieg versucht hatten, der Vernunft eine Stimme zu verleihen. Zu den Gründungsmitgliedern gehörten die Publizisten Theodor Heuss und Theodor Wolff, die Professoren Max und Alfred Weber, der »Vernunftrepublikaner« Friedrich Meinecke und der bürgerliche Pazifist Ludwig Quidde. Auch der Völkerrechtler Walther Schücking spielte eine wichtige Rolle in der Partei, die er von 1919 bis 1928 auch im Reichstag vertrat. Schücking war Pazifist und hatte sich während des Krieges immer wieder für die Idee eines Völkerbundes eingesetzt.[1083] Aufgrund seines hohen internationalen Ansehens wurde er 1919 auch in die deutsche Delegation für die Verhandlungen über den Versailler Friedensvertrag berufen. Von 1930 bis zu seinem Tod 1935 war Schücking als einziger Deutscher als Richter am Ständigen Internationalen Gerichtshof in Den Haag tätig.

Unter den Gründern der DDP waren auch zahlreiche Juden, neben dem schon genannten Wolff zum Beispiel Julius Bab, Albert Einstein und der Zeitungsverleger Rudolf Mosse. Auch in der Wählerschaft war diese Bindung stark. Man schätzt, dass 1920 etwa 60 Prozent der wahlberechtigten Juden die DDP wählten.[1084] Zwei jüdische Parteimitglieder von herausragender Bedeutung waren Hugo Preuß und Walther Rathenau. Preuß stammte aus einer Berliner Kaufmannsfamilie und hatte sich im Fach Staatsrecht habilitiert, war aber als Jude nicht auf eine Professur berufen worden. Er hatte sich schon im Krisenjahr 1917 intensiv an Diskussionen über die Notwendigkeit einer Verfassungsreform beteiligt, aber auch nach dem Sturz des wilhelminischen Systems im *Berliner Tageblatt* den Revolutionären zugerufen, dass ein Bürgerkrieg nur vermieden werden könne durch das Prinzip »einer auf der Gleichberechtigung aller Volksgenossen ruhenden politisch-demokratischen Organisation«. Ebert nahm den Zeitungsbeitrag zum Anlass, Preuß in die Regierung zu berufen. Seine wichtigste Aufgabe als Innenminister bestand darin, die Verfassung der Weimarer Republik auszuarbeiten. Mit dieser Arbeit erwarb er sich große Verdienste um die junge Demokratie, was antisemitische Diffamierungen durch nationalistische Kräfte allerdings nicht ausschloss. Seine Gegner verunglimpften ihn als »Hugo Preuß aus Jerusalem«. Die jüdische Abstammung diente zur Diskreditierung der neuen Verfassung als undeutsch und »welsches Zeug« und galt Nationalisten und Antisemiten als weiterer Beweis dafür, dass die Demokratie und die Ideen der Französischen Revolution mit dem deutschen Wesen unvereinbar waren.[1085]

Walther Rathenau war ein Großindustrieller. Sein Vater Emil

Rathenau hatte 1883 die AEG gegründet, der Walther seit 1912 als Aufsichtsratsvorsitzender vorstand. Als der Erste Weltkrieg ausbrach, wies Rathenau in einer Denkschrift auf die Notwendigkeit einer organisierten Rohstoffverteilung hin. Er wurde daraufhin zum Leiter der neugeschaffenen Kriegsrohstoffabteilung im preußischen Kriegsministerium berufen und leistete einen überragenden Beitrag zur Organisation der deutschen Kriegswirtschaft, ohne den das Deutsche Reich kaum zu jahrelanger Rüstungsproduktion fähig gewesen wäre. Rathenau, der in der Vergangenheit mehrfach diplomatische Missionen für das Deutsche Reich übernommen hatte, beteiligte sich auch an den Kriegszieldiskussionen und verfasste mehrere Denkschriften für Bethmann Hollweg. Nach Kriegsende wirkte er an der Bildung einer Arbeitgebervereinigung mit, außerdem in der Sozialisierungskommission, und er verhandelte für die deutsche Seite über die Durchführung und womöglich Abmilderung der Reparationsbestimmungen. 1921 machte Reichskanzler Joseph Wirth Rathenau zum Wiederaufbauminister, am 1. Februar 1922 wurde er schließlich Reichsaußenminister. Er war entschlossen, alles dafür zu tun, sein Land wieder aus der Isolation herauszuführen, an die früheren internationalen Verbindungen anzuknüpfen, die harten Bedingungen des Versailler Friedensvertrages durch neue Verhandlungen zu mäßigen und Deutschland auch wirtschaftlich wieder auf die Beine zu helfen. Trotzdem wurde er von Nationalisten und Antisemiten mit infernalischem Hass verfolgt und als »König der in Deutschland lebenden Juden« und »Gerichtsvollzieher der Entente« diffamiert. Auf seine Ernennung zum Außenminister reagierte der antisemitische Deutschvölkische Schutz- und Trutzbund mit der Broschüre *Der Kandidat des Auslands*.[1086] Am 24. Juni 1922 wurde Rathenau in der Nähe seines Hauses in Berlin-Grunewald von Angehörigen der Organisation Consul, die auch schon den Zentrumspolitiker Matthias Erzberger ermordet hatte, erschossen. Inmitten einer Serie von nationalistischen Gewalttaten, Fememorden und blutigen Auseinandersetzungen war diese Mordtat ein herausragendes Ereignis und wirkte wie ein Fanal. Schockartig wurde vielen klar, was um sie herum vor sich ging. Millionen von Menschen versammelten sich in allen Städten des Reiches zu Trauerumzügen und Protestmärschen. Rathenau war wie andere Repräsentanten der Weimarer Republik von Anfang an das Objekt irrwitziger Hetzkampagnen gewesen. Doch nun waren viele erschrocken, dass das, was die Rechte immer gefordert hatte (»Knallt ab den Walther Rathenau, die gottverdammte Judensau«), tatsächlich eingetroffen war. Am Tag darauf fand im Reichstag eine Debatte statt, die Otto Wels von der SPD mit einer kämpferischen Rede eröffnete, in der er Rathenau als wahren deutschen Patrioten würdigte. Höhepunkt der Sitzung aber war die Rede des Reichskanzlers Joseph Wirth (Zentrum), die mit den berühmt gewordenen Worten endete: »Da steht der Feind, der sein Gift in die Wunden eines Volkes träufelt. – Da steht der Feind – und darüber ist kein Zweifel: Dieser Feind steht rechts!« Das Protokoll verzeichnete »Anhaltenden stürmischen Beifall und Händeklatschen auf der Linken und in der Mitte, ebenso auf den Tribünen«.[1087] Eine einheitliche Kundgebung des Reichstags war selbst in einer solchen Ausnahmesituation nicht möglich.

Am folgenden Tag erließ Reichspräsident Friedrich Ebert eine Notverordnung zum Schutz der Republik, der wenig später, am 21. Juli 1922, das gegen staatsfeindliche Organisationen und Handlungen gerichtete Republikschutzgesetz folgte. Das Gesetz wurde oftmals eher gegen die Linke als gegen die Rechte angewandt, was den ursprünglichen Intentionen der Gesetzgeber zuwiderlief und an der reaktionären und zum Teil offen republikfeindlichen Justiz lag. In Bayern wurde das Republikschutzgesetz schon einen Tag nach seiner Verabschiedung durch den Reichstag vom Bayerischen Landtag wieder aufgehoben. An seine Stelle traten eigene Strafvorschriften des Freistaates, deren wichtigste Besonderheit war, dass bayerische Straftäter dem neugebildeten Staatsgerichtshof in Leipzig, der im Verdacht allzu großer Republiktreue stand, entzogen werden und stattdessen weiterhin in Bayern vor Gericht kommen sollten. Die Ersten, die davon profitierten, waren im Jahr darauf Adolf Hitler, Erich Ludendorff und die übrigen Putschisten des 9. November 1923.

Der Hitlerputsch endete 1923 als Farce, aber zehn Jahre später war der Gefreite des Ersten Weltkriegs Reichskanzler. Der Weg dorthin war gepflastert mit Mord und Totschlag, ostentativer Gewaltanwendung gegen alles, was sich den Nationalsozialisten in den Weg stellte, systematischer Missachtung aller Regeln und Gesetze, einem prinzipiellen Kampf gegen die Demokratie und ihre Institutionen sowie einem Antisemitismus, dessen Radikalität alles Bisherige in den Schatten stellte und dessen eliminatorischer Anspruch keine Zweifel zuließ. In *Mein Kampf* schrieb Hitler über den Ersten Weltkrieg: »Hätte man zu Kriegsbeginn und während des Krieges einmal zwölf- oder fünfzehntausend dieser hebräischen Volksverderber so unter Giftgas gehalten, wie Hunderttausende unserer allerbesten deutschen Arbeiter aus allen Schichten und Berufen es im Felde erdulden mussten, dann wäre das Millionenopfer der Front nicht vergeblich gewesen.«[1088]

Die Gewalterfahrung des Ersten Weltkriegs ist ein Schlüssel für das Aufkommen der politischen Gewalt und eine entscheidende mentale Voraussetzung für den Aufstieg des Faschismus und des Nationalsozialismus. Das Zeitalter der Weltkriege war eine Zeit endemischer Gewaltanwendung, die eine europäische Dimension hatte. Die Ablehnung der Ideen von 1789 prägte zu großen Teilen die europäische Kulturlandschaft der Zwischenkriegszeit. Nationalismus, Antisemitismus, antidemokratischer Elitismus und Faschismus faszinierten Intellektuelle nicht nur in Deutschland, sondern auch in Frankreich und Italien und selbst in Großbritannien.[1089] Die nationalsozialistische Volksgemeinschaft war dann die Vergemeinschaftung von Gewalt in ihrer extremsten Form. Aber bis dorthin war es im Jahre 1918 noch ein weiter Weg.

Tote Helden

In Frankreich war die Demokratie das Ergebnis einer Revolution, in Amerika das Resultat eines Unabhängigkeitskrieges. In Deutschland ging sie aus einer Niederlage hervor, das war eine gewaltige Hypothek. Noch schwerer wog die Tatsache, dass es den Deutschen nicht gelang, dieser Niederlage produktive Energie abzugewinnen, aus der Geschichte zu lernen, ein Narrativ mit einer zukunftsorientierten Perspektive zu etablieren. Nichts macht das deutlicher als ein Vergleich mit der französischen Niederlage von 1870/71.[1090] Nach der Schlacht von Sedan war der Krieg für die Franzosen verloren. Die Truppen kapitulierten, und Kaiser Napoleon III. geriet in deutsche Gefangenschaft. Daraufhin riefen der Liberale Jules Favre und der Linke Léon Gambetta die Dritte Republik aus, Favre wurde Außenminister und Gambetta Innen- und Kriegsminister. Gambetta hatte den Krieg abgelehnt, aber für das in Bedrängnis geratene Vaterland wollte er nun alles nur Mögliche tun. In einem Ballon verließ er das belagerte Paris und organisierte von Tours aus die neue republikanische »Regierung der nationalen Verteidigung«. Alle kampffähigen Männer sollten in die Mobilgarde eintreten, eine 1848 gebildete republikanische Schutztruppe. In den deutsch besetzten Gebieten sollten Freischärlerverbände gebildet werden, um im Rücken der Besatzer Sabotageaktivitäten zu entwickeln. Die Franktireurs konnten die Niederlage nicht aufhalten, aber sie blieben den Preußen, Bayern und Sachsen als wendige irreguläre Verbände, gegen die nur schwer Krieg zu führen war, in höchst unangenehmer Erinnerung. Am 28. Januar 1871 kapitulierte Paris, und noch am selben Tag unterzeichneten die Franzosen einen

Waffenstillstand. Gambetta hatte vergeblich für eine Fortsetzung des Krieges plädiert und trat wenige Tage später als Minister zurück. Er ging für einige Monate ins Ausland, übernahm aber schon bald wieder eine aktive Rolle in der französischen Politik und wurde kurz vor seinem Tod 1881 sogar Premierminister. Noch wichtiger ist, dass Gambetta wie kaum ein anderer die Idee der Revanche verkörperte. Von ihm stammt die berühmte Parole »Immer daran denken, nie davon sprechen!«. »La Revanche« wurde sehr rasch zu einem zentralen französischen Erinnerungsort.[1091]

Die nationale Verteidigung war in Frankreich 1871 Ausdruck der sich erneuernden Nation. Nach dem Scheitern der Monarchie nahm das Volk den Kampf selbst in die Hand, ganz im Sinne der revolutionären Levée en masse acht Jahrzehnte zuvor.[1092] Vergleichbares wäre im Deutschland des Jahres 1918 nicht denkbar gewesen. Prinz Max schrieb rückblickend über das Ende des Ersten Weltkriegs: »Wohl würden die Massen aufstehen, aber nicht gegen den Feind, sondern gegen den Krieg und die ›militärischen Beherrscher‹ und ›monarchischen Aristokraten‹, zu deren Schutz er ihrer Meinung nach geführt würde.«[1093] Das war zutreffend beobachtet. Die Menschen wollten sich nicht in einem Krieg opfern, von dem sie den Eindruck haben mussten, dass es nicht um ihre Sache ging. Es rächte sich, dass ein sklerotisches Regime es versäumt hatte, durch ein Reformprogramm, das den Namen verdiente, dem Millionenheer der Arbeiter deutlich zu machen, dass der Staat, für den sie ins Feld zogen, auch ihr Staat war. Die letzten militärischen Aktionen dienten deshalb auch nicht der nationalen Verteidigung, sondern waren gesichtswahrende Aktionen einer militärisch gescheiterten Führung. So sollte, nachdem der U-Boot-Krieg am 25. Oktober 1918 eingestellt worden war, die deutsche Marine, die seit der Schlacht am Skagerrak im Juni 1916 kaum noch zum Einsatz gekommen war, am 30. Oktober 1918 zu einem letzten ehrenvollen Gefecht gegen Verbände der Royal Navy auslaufen, deren Kampfkraft der deutschen Flotte eindeutig überlegen war. Als der geheim gehaltene Angriffsbefehl bekannt wurde, brach am 29./30. Oktober in Kiel ein Matrosenaufstand aus, zunächst eine »spontane Demonstration der Kriegsmüdigkeit«,[1094] denn niemand hatte Lust, sich in letzter Minute zur höheren Ehre der kriegführenden deutschen Nation verheizen zu lassen. Der Aufstand weitete sich rasch aus und ging am 7. November mehr oder weniger direkt in die nationale Revolution über. Doch anders als die Französische Revolution von 1789 vermochte die deutsche Revolution von 1918/19 keinen positiven Gründungsmythos hervorzubringen. Von den alten Eliten wurde sie nicht als Revolution, sondern als Verrat wahrgenommen, und den Nationalisten gelang es, ihre Lesart von den »Novemberverbrechern« im öffentlichen Diskurs zu etablieren.

Männer wie Rathenau, Max Weber oder Prinz Max waren »das letzte realpolitische Aufgebot des Wilhelminismus«[1095] gewesen. Sie hinterließen ein machtpolitisches Vakuum. Einen deutschen Gambetta gab es nicht. Als es dem Ende zuging und es sich nicht länger leugnen ließ, dass der Krieg verloren war, richteten sich die Hoffnungen der Deutschen daher auf keinen der Politiker im eigenen Lande, sondern auf den amerikanischen Präsidenten Wilson und sein 14-Punkte-Programm. Von ihm erhoffte man sich einen Friedensschluss zu erträglichen Bedingungen und eine Perspektive für die Zukunft. Aber die Vereinigten Staaten waren nicht die dominierende Macht in Versailles. Sie waren erst 1917 in den Krieg eingetreten, hatten fern der Heimat gekämpft und dabei mit 117 000 Gefallenen,[1096] das war nicht einmal ein Prozent aller Kriegstoten, nur vergleichsweise leichte Verluste erlitten. Die USA hatten keine territorialen oder finanziellen Forderungen an die Mittelmächte. Sie wollten vor allem völkerrechtlichen Prinzipien wie dem Selbstbestimmungsrecht der Völker zur Geltung verhelfen. Franzosen und Briten hatten ganz andere Rechnungen mit den Deutschen offen. Die Bedingungen des Versailler Friedensvertrages waren sehr hart für das Deutsche Reich und bürdeten der jungen Demokratie große Lasten auf. Man kann darüber streiten, ob die Siegermächte klug beraten waren, Deutschland so harte Bedingungen aufzuerlegen, aber auch die Franzosen hatten 1871 sehr harte Friedensbedingungen akzeptieren müssen. Sie verloren nicht nur das Elsass und Lothringen, sondern sie mussten auch fünf Milliarden Goldfranc an Reparationen bezahlen. Das war eine gewaltige Summe, die 1918 zu einem Gutteil noch im Spandauer Juliusturm lagerte und dann im Rahmen des Versailler Vertrages wieder zurückgegeben werden musste.

Jenseits aller Zahlungsverpflichtungen gab es in Frankreich nach 1871 einen intellektuellen Wettbewerb um die kämpferischste Vertretung des Revanchegedankens. Auch konstituierte sich der Niederlage zum Trotz eine selbstbewusste Republik mit einem unumstrittenen Nationalfeiertag am 14. Juli – das Datum erinnert an den Sturm auf die Bastille –, mit der revolutionären Trikolore als Nationalflagge und der Marseillaise als Nationalhymne. All das fehlte in Deutschland. Es gab keinen Nationalfeiertag. Das Deutschlandlied wurde erst 1922 zur Nationalhymne erklärt, als die in der ersten Strophe besungenen Grenzen schon nicht mehr existierten. Die schwarz-rot-goldene Fahne wurde von der Nationalversammlung schon am 18. Februar 1919 zur Nationalflagge erklärt. Das war ein schüchterner Versuch, an die auch in Deutschland vorhandene revolutionäre Tradition anzuknüpfen, aber die neue Fahne wurde von den Nationalisten als Symbol der verhassten Demokratie vehement abgelehnt und konnte sich gegen die alten kaiserlichen Farben Schwarz-Weiß-Rot nie wirklich durchsetzen, die unter anderem als Handelsflagge auch offiziell weiterhin in Gebrauch waren. In Deutschland gab es keinen der Zukunft zugewandten kämpferischen intellektuellen Wettbewerb, stattdessen einen Wettstreit der wechselseitigen Schuldzuweisungen. Der vermeintliche Patriotismus nationalistischer Kreise äußerste sich vor allem in einer rastlosen Mythenproduktion. Es begann mit dem Einkreisungsmythos: 1914 sei Deutschland von einer Welt von Feinden umgeben gewesen. Der Krieg sei ein Verteidigungskrieg gewesen. Die Verteidigung sei erfolgreich gewesen, noch im November 1918 standen die deutschen Truppen in Feindesland. Die deutsche Armee sei im Felde unbesiegt geblieben. Selbst Reichskanzler Ebert sah sich genötigt, die Heimkehrer von der Front am 10. Dezember 1918 mit dem Satz zu begrüßen: »Kein Feind hat euch überwunden.«[1097] Solange die Nation einig gewesen sei, habe sie dem Feind standgehalten. Als die Heimat dem Heer in den Rücken gefallen sei, habe sie ihm den zum Greifen nahen Sieg in letzter Minute entwunden. Nicht die englischen und französischen Panzer hätten das deutsche Heer besiegt, sondern der von der USPD organisierte Munitionsarbeiterstreik. Nicht weil die militärische Macht zusammenbrach, sei die Stimmung in der Heimat gedrückt gewesen, sondern die militärische Macht sei zusammengebrochen, weil die Heimat nicht mehr hinter ihr gestanden habe. Solcherart waren die Mythen, die Militärführer, Nationalisten und Apologeten der untergegangenen Monarchie in einer Mischung aus Autosuggestion, trotziger Realitätsverweigerung und aggressivem Selbstmitleid in die Welt setzten.

Der totalen Mobilmachung im August 1914 folgte die totale Niederlage im November 1918. Sie wurde zum negativen Gründungsmythos der Weimarer Republik. Dies vor allem auch deshalb, weil die Ablehnung der aus der Revolution hervorgegangenen ersten Demokratie auf deutschem Boden durch Hindenburg, den populärsten Kriegshelden des Landes, unterstützt wurde. Am 18. November 1919 hatte Paul von Hindenburg seinen großen Auftritt vor dem Untersuchungsausschuss der verfassunggebenden Nationalversammlung in Weimar. Er stand dort wie sein eigenes Denkmal und las mit schleppender Stimme einen Text vor, den Karl Helfferich und Erich Ludendorff ihm aufgeschrieben hatten: »Die Parteien haben den Widerstandswillen der Heimat erschüttert. [...] Hinzugekommen ist die heimliche planmäßige Zersetzung von Flotte und Heer und die revolutionäre

Zermürbung der Front. So mußten unsere Operationen mißlingen, es mußte der Zusammenbruch kommen. Die Revolution bildete nur den Schlußstein. Ein englischer General sagte mit Recht: ›Die deutsche Armee ist von hinten erdolcht worden.‹«[1098]

Dieser Auftritt diente natürlich zunächst der Selbstexkulpierung. Aber der »Sieger von Tannenberg« referierte dabei Stereotype der traditionellen deutschen Politikfeindlichkeit. Wenn etwas sich nicht so verhielt, wie es sollte, waren die Parteien schuld. Das war ein Ideologem, das später auch in Hitlers Reden eine zentrale Rolle spielte: Der Parteienhader fördere die innere Zerrissenheit und verhindere dadurch den Wiederaufstieg Deutschlands zu nationaler Größe; das Parlament sei eine Schwatzbude, die notwendige Entscheidungen und entschlossenes Handeln verhindere. So schaffte er es, die Wiederabschaffung der Demokratie zu einer populären Forderung zu machen. Hindenburg sprach vor dem Ausschuss von der Zersetzung von Flotte und Heer. Das hieß, dass die militärische Niederlage ihre Ursache selbstverständlich nicht in Fehlentscheidungen der Obersten Heeresleitung hatte. Der am 9. November vollendete Zusammenbruch war vielmehr eine Folge der inneren Zersetzungsarbeit. Bei anderer Gelegenheit sagte Hindenburg: »Der 9. November krönte das Werk; der Vergiftung war der Dolchstoß gefolgt.«[1099] Paul von Hindenburg, der wohl nicht als charismatischer Herrscher gelten kann,[1100] besaß als Militärführer dennoch ein sehr hohes Ansehen in der Bevölkerung und adelte so die Dolchstoßlegende. Diese Legende, die von nationalistischen Kreisen sehr bald nach Kriegsende aufgebracht worden war und schon bei den Wahlen zur Nationalversammlung im Dezember 1918 eine Rolle gespielt hatte,[1101] verfestigte sich mit Hilfe von Hindenburgs Autorität im Zentrum der deutschen Nachkriegsgesellschaft und entwickelte in der jungen Demokratie ein enormes Destruktionspotential.[1102]

Eine besondere Sprengkraft entfaltete die Legende vom Dolchstoß dadurch, dass sie asymmetrisch auf die Ideen von 1914 re kurrierte. Damals waren die Deutschen einig gewesen gegenüber einer »Welt von Feinden« und würden, wie Wilhelm II. nicht müde wurde zu verkünden, unbesiegbar sein, solange sie einig blieben. Diejenigen, die die Einigkeit aufkündigten, indem sie an der Weisheit der Kriegszielprogramme zweifelten oder an der notorischen Siegeszuversicht, die mitten im Krieg innenpolitische Reformen forderten und für einen Verständigungsfrieden warben – sie waren es, die die Axt an die Wurzel des deutschen Erfolges legten. Deshalb war aus nationalistischer Sicht die Gründung der Deutschen Vaterlandspartei 1917 der letzte große Versuch, die nationale Einigkeit noch einmal herzustellen.

Die Vorstellung eines inneren Feindes war für den Wilhelminismus ein fester Bestandteil des politischen Waffenarsenals gewesen. Als »Reichsfeinde« galten in wechselnder Intensität die Katholiken, die Sozialdemokraten und die Juden. Diesen inneren Feinden wurde ein elementarer Mangel an Patriotismus zugeschrieben. Die Katholiken hatten ihr Oberhaupt in Rom, weshalb man ihnen unterstellte, dass ihnen die Weisungen des Papstes im Zweifel wichtiger seien als die Loyalität zum eigenen Vaterland. Die Sozialdemokraten gehörten der 1889 in Paris gegründeten Sozialistischen Internationale an, die gegen Imperialismus und Aufrüstung und für eine Verbesserung der Lebensverhältnisse der Arbeiterschaft kämpfte. Wie absurd es war, daraus auf einen Mangel an Patriotismus schließen zu wollen, zeigte sich deutlich im Zuge des Kriegsausbruchs. Die loyale Haltung der Sozialdemokraten hinderte viele Konservative aber nicht daran, diese weiterhin als »Vaterlandsverräter« zu diffamieren. Die Juden, die in der antisemitischen Weltsicht ohnehin als dem deutschen Volkskörper wesensfremde Elemente galten, waren demnach Teil des nach der Weltherrschaft strebenden »Weltjudentums«. Ludendorff sprach in diesem Zusammenhang von den »überstaatlichen Mächten«. In seiner Schrift *Wie der Weltkrieg 1914 »gemacht« wurde* beschrieb er, wie die Päpste und die jüdischen Hohepriester miteinander um die Weltherrschaft rangen.[1103]

Ludendorff wusste auch, warum der Erste Weltkrieg 1914 ausgebrochen war. Die Quersumme der Jahreszahl, also 1+9+ 1+4, ergab 15, und die Zahlen 10 und 5 stehen in der Kabbala für Jahweh, den Gott der Juden.[1104] Jüdisch-freimaurerische Kreise hätten den Krieg schon 1889 in Paris beschlossen, als der hundertste Jahrestag der Französischen Revolution gefeiert wurde. Der erste Chef der OHL Helmuth von Moltke stehe unter dem okkulten Einfluss von Rudolf Steiner, Walther Rathenau sei der rote Prophet der Weltrevolution und Bethmann Hollweg ein Freimaurer, der den friedliebenden Wilhelm II. während der Julikrise 1914 auf eine Nordlandreise geschickt habe, damit dieser dem Kriegsausbruch nicht im Wege stünde.[1105] Das alles waren sehr eigenwillige Erklärungsversuche der deutschen Niederlage, was aber ihrer Popularität keinen Abbruch tat. Ludendorffs Schrift befand sich sechs Jahre nach Erscheinen bereits im 135. Tausend.

Nach der Kriegsniederlage war die gedemütigte, ausgezehrte und zu großen Teilen verarmte Bevölkerung in hohem Maße aufnahmebereit für verführerische Erklärungen des eigenen Versagens. Erich Ludendorff hatte während des Krieges im Schatten Hindenburgs gestanden, aber auch sein Ansehen als Militärführer war außerordentlich groß und die Wirkung seiner paranoiden Verschwörungstheorien fatal. Ludendorffs »Unfähigkeit zu trauern«[1106] war ein extremes Beispiel für das Unvermögen, sich zu der militärischen Niederlage zu bekennen. Dazu gehörte auch die Behauptung, man habe sich nur verteidigt, denn einen Krieg, den man verloren hatte, konnte man nicht gewollt haben. »Nie wieder Krieg!« lautete denn auch die Schlagzeile eines frühen nationalsozialistischen Flugblattes, in dem dargelegt wurde, dass der Erste Weltkrieg ausschließlich im Interesse des internationalen Börsen- und Bankkapitals geführt worden sei, welches wiederum von den dreihundert Männern kontrolliert wurde, die nach einem angeblichen Diktum Walther Rathenaus »die Geschicke der Erde regieren«.[1107]

Während es den Alldeutschen, den Anhängern der Ludendorff-

Bewegung, den Antisemiten und anderen vaterländischen Paranoikern leichtfiel, sich vorzustellen, wie Matthias Erzberger in die Schweiz fuhr, um dort durch den Jesuitengeneral Geheimbefehle des Papstes entgegenzunehmen, oder wie die Führer des Weltjudentums sich nachts auf dem jüdischen Friedhof in Prag zu ihren Geheimkonferenzen versammelten, war es schwieriger, sich ähnlich abenteuerliche Szenarien zu den Führern der Arbeiterbewegung auszudenken, die nicht selten aus dem Kleinbürgertum stammten und sich in der Regel durch unspektakuläre Lebensläufe auszeichneten. Ihnen wurde vor allem ihr Internationalismus zum Vorwurf gemacht und ihr revolutionärer Impetus, die bestehende Gesellschaft grundlegend zu verändern. Bezeichnenderweise hieß der – gescheiterte – Gesetzentwurf, mit dem man 1894 versuchte, das Sozialistengesetz wiederzubeleben, »Umsturzvorlage«, weil man den Sozialdemokraten unterstellte, dass sie die bestehende Gesellschaft umstürzen wollten. Bismarck hatte den Kampf gegen die SPD zwölf Jahre lang, von 1878 bis 1890, in den Mittelpunkt seiner politischen Agenda gestellt. Dieser Kampf hatte mit einem grandiosen Misserfolg geendet. Bei den Reichstagswahlen 1912 wurde die SPD stärkste Partei, 1917 war sie die wichtigste politische Kraft, die die Friedensresolution unterstützte, und seit 1918 saßen Sozialdemokraten in der Regierung. Was lag da näher, als in ihnen die Akteure der Zersetzung zu sehen, von denen Hindenburg gesprochen hatte, die »Novemberverbrecher«, die dem deutschen Heer den sicheren Sieg entwunden hatten? Dabei richtete sich der Hass der Nationalisten in besonderem Maße gegen die jüdischen Arbeiterführer wie Karl Liebknecht, Rosa Luxemburg und Kurt Eisner, die allesamt bald nach Kriegsende ermordet wurden. Der moderne Antisemitismus hatte sein programmatisches Repertoire schon vor 1914 entwickelt, aber eine durchschlagende soziale und politische Wirkungsmacht wuchs ihm erst nach 1918 zu, mit mörderischen Folgen für die Betroffenen.

Auch Erich Kuttner war ein jüdischer Sozialdemokrat.[1108] Er hatte sich 1915 freiwillig zum Kriegsdienst gemeldet, kam zuerst in Galizien zum Einsatz, danach an der Westfront und wurde 1916 bei Verdun so schwer verwundet, dass er aus dem aktiven Dienst ausscheiden musste. Acht Monate lag er im Lazarett, umgeben von Schwerverletzten, denen nicht klar war, was sie erwartete. Solange der Krieg währte, standen die Kriegsversehrten in hohem Ansehen, hatten sie doch für das Vaterland ihre Gesundheit geopfert. Sie verkörperten gewissermaßen den heldenhaften Kampf an der Front. Die Schwerverletzten konzentrierten sich auf den Genesungsprozess und machten sich kaum Gedanken über ihre Zukunft. Die Unzulänglichkeiten des Militärversorgungsgesetzes, das ihnen später kaum die nackte Existenz sichern würde, war den wenigsten Versehrten bewusst. Kuttner gehörte zu den ganz wenigen, die das Problem erkannten. Am 23. Mai 1917 gründete er in Berlin den Bund der Kriegsbeschädigten, um eine Interessengemeinschaft für seine Leidensgenossen zu schaffen. Zunächst hatte die Vereinigung nur wenige Mitglieder, aber zu Beginn des Jahres 1918 gab es eine heftige Auseinandersetzung auf einer öffentlichen Versammlung mit der Deutschen Vaterlandspartei, die die Bekanntheit des Bundes sehr steigerte. Die Kriegsbeschädigten protestierten gegen die Agitation der DVLP für die unbedingte Fortsetzung des Krieges bis zum Sieg. Daraufhin wurden sie, obwohl sie auf ihre Verletzungen zeigten, als Deserteure beschimpft und verprügelt. Dieser Vorfall entfachte große Empörung, und Kuttner schlug vor, dass die Mitglieder des Bundes als Zeichen ihres Protestes ihre Kriegsauszeichnungen ablegen und an den Vorsitzenden der Vaterlandspartei, Großadmiral Alfred von Tirpitz, schicken sollten. Diese Konflikte machten den Bund zwar populär, brachten Kuttner aber auch ein politisches Betätigungsverbot ein, so dass er erst nach der Novemberrevolution an die Spitze der Organisation zurückkehren konnte, die sich nun »Reichsbund der Kriegsbeschädigten und ehemaligen Kriegsteilnehmer« nannte und Ende

1919 bereits eine halbe Million Mitglieder hatte. Erich Kuttner wurde 1921 preußischer Landtagsabgeordneter für die SPD und war außerdem ein fleißiger Publizist. Mit mehreren Veröffentlichungen versuchte er, der Dolchstoßlegende entgegenzuwirken.[1109] Nach der nationalsozialistischen »Machtergreifung« emigrierte er in die Niederlande, wurde aber im April 1942 in Amsterdam verhaftet und noch im selben Jahr im Konzentrationslager Mauthausen ermordet.

1,3 Millionen deutsche Soldaten waren im Ersten Weltkrieg an den Gliedmaßen verwundet worden,[1110] viele von ihnen blieben dauerhaft geschädigt. 1926 verzeichnete die Kriegsbeschädigten- und Kriegshinterbliebenenstatistik 66934 Männer, die Gliedmaßen verloren hatten. Die Statistik führte außerdem 2888 Kriegsblinde auf. Diese Invaliden transportierten weithin sichtbar das Kriegsgeschehen, jenseits aller amtlichen oder durch die Militärzensur geduldeten Darstellungen, die es zuvor gegeben hatte, mitten in die Nachkriegsgesellschaft hinein. Die versehrten Körper der »beschädigten Helden«[1111] legten Zeugnis davon ab, wie der Krieg an der Front gewütet hatte. Die »Menschenruinen«, die »lebenden Kriegsdenkmäler«, wie Joseph Roth sie nannte,[1112] verwiesen auf die Schutzlosigkeit der Soldaten, was angesichts der militärischen Niederlage als besonders schmerzhaft empfunden wurde. Inge Baxmann hat gezeigt, dass die Akkulturation der Massen in der Moderne darauf abzielte, das Nationale durch Körperbilder und Körperpraktiken im Tiefenraum der Gesellschaft zu verankern. Die zerstörten Leiber der Kriegsversehrten spiegelten den zerstörten Körper der Nation, in ihnen manifestierten sich die Verletzungen der nationalen Gemeinschaft.[1113] Schon während des Krieges sahen die Versehrten sich deshalb mit der Forderung konfrontiert, sich im öffentlichen Raum unsichtbar zu machen und ihre Verletzungen zu verbergen.[1114] Das war diesen Menschen gegenüber, für die der Krieg niemals endete, weil ihnen der Heldentod versagt geblieben war,[1115] ein Äußerstes an Ungerechtigkeit, dem sie sich auch nicht ohne weiteres fügten. Am 22. Dezember 1918 organisierte der Reichsbund der Kriegsbeschädigten und ehemaligen Kriegsteilnehmer eine Demonstration von etwa zehntausend Invaliden durch das Zentrum von Berlin, die angeführt wurde durch die Kriegsblinden mit ihren Blindenhunden, während ein Karren mit Schwerstversehrten den Abschluss bildete. Dazwischen Männer, denen Arme oder Beine fehlten, oder Männer mit Gesichtsverletzungen. Auf Plakaten verlangten sie: »Wir fordern unser Recht und wollen keine Gnade« oder »Des Vaterlandes Dank ist eine monatliche Rente von 87,70 M«. Diese Demonstration rührte zwar die Menschen am Straßenrand zu Tränen, unmittelbare Folgen für das Los der Demonstranten hatte sie aber nicht. Dazu waren die allgemeine Not und die politische Unübersichtlichkeit in jenen Tagen zu groß.

Der Pazifist Ernst Friedrich versuchte, die Erinnerung an die Schrecken des Krieges wachzuhalten und das Schicksal der so schwer vom Krieg Gezeichneten zu würdigen. Friedrich war 1914 wegen ihrer Zustimmung zu den Kriegskrediten aus der SPD ausgetreten. Als er sich weigerte, dem Einberufungsbefehl Folge zu leisten, landete er in einer Beobachtungsstation für Geisteskranke. Auf eine erneute Einberufung reagierte er 1916 mit einem Sabotageakt in einem Rüstungsbetrieb und wurde zu einer Haftstrafe verurteilt. Friedrichs Motto lautete: »Ich kenne keine ›Feinde‹ – weder jenseits noch diesseits der Grenzpfähle! Ich kenne nur Menschen.«[1116] Friedrich versuchte, eine Gegenwelt gegen das wilhelminische Deutschland, das in vielem auch nach 1918 übermächtig präsent war, zu inszenieren. So veranstaltete er ein antimilitaristisches Jugendtreffen zu Füßen des Leipziger Völkerschlachtdenkmals. 1925 gründete er in Berlin, dem »Herzen von Preußen-Deutschland«, ein Antikriegsmuseum, nur »5 Minuten vom Polizei-Präsidium« entfernt.[1117] 1933 wurde das Museum von den Nationalsozialisten zerstört, die Räume beherbergten zunächst ein Sturmlokal der SA, später einen Folterkeller.

1924 erschien Ernst Friedrichs Hauptwerk, das Buch *Krieg*

dem Kriege.[1118] Es kam zunächst in zwei Bänden heraus, auf dem Umschlag des ersten sah man Soldaten, auf dem des zweiten Bandes einen Soldatenfriedhof. Das Buch enthält etwa zweihundert Fotos, die von der Mobilmachung bis zu den Gräberfeldern alle Aspekte des Kriegsgeschehens zeigen, Kämpfende, Verwundete, Verstümmelte, Tote, Hingerichtete. Besonders schreckenerregend waren die Bilder der Soldaten mit schwersten Gesichtsverletzungen, Menschen, denen ganze Teile des Gesichtes fehlten, Nasen, Wangen oder Kiefer. Diese Fotos hatte Friedrich aus der Berliner Charité bekommen, wo viele dieser Schwerstverletzten operiert wurden, manche bis zu vierzig Mal. Das Buch wollte gegen den Wahnsinn des Krieges protestieren und tat dies auch mit pointierter Kritik. So stand unter dem Foto eines Soldaten, dem eine Granate Wange und Kiefer zerstört hatte, das Hindenburg-Zitat »Der Krieg bekommt mir wie eine Badekur«. Daneben war ein Soldat abgebildet, von dessen Vorderkopf nur noch der Unterkiefer und die Stirnpartie vorhanden waren. Die Bildunterschrift lautete: »Die Badekur des Proleten: Fast das ganze Gesicht weggeschossen.«[1119] Die Publikation war auf internationale Wirkung berechnet und in den Sprachen Deutsch, Französisch, Englisch und Niederländisch verfasst. Es erschienen Übersetzungen in einer ganzen Reihe von Ländern, von den Vereinigten Staaten bis Japan. Friedrich, der noch eine Reihe weiterer Antikriegsbücher schrieb, fand Unterstützung bei sozialistischen und pazifistischen Organisationen und auch bei der internationalen Gewerkschaftsbewegung. *Krieg dem Kriege* erreichte eine weltweite Auflage von vielen Hunderttausend Exemplaren und galt als das erfolgreichste nichtliterarische Antikriegsbuch überhaupt. Bis heute ist es in verschiedenen Sprachen lieferbar. Ernst Friedrich geriet immer wieder in Konflikt mit der Weimarer Justiz, die ihn wegen Missachtung der Reichswehr und ähnlicher Delikte wiederholt zu kürzeren Haftstrafen verurteilte. Nach dem Reichstagsbrand am 28. Februar 1933 wurde er erneut verhaftet, aber es gelang ihm, nach seiner Freilassung Deutschland zu verlassen. 1936 eröffnete er in Brüssel ein neues Antikriegsmuseum, das allerdings die deutschen Truppen nach ihrem Einmarsch 1940 wiederum zerstörten. Friedrich ging nach Frankreich, schloss sich der Résistance an und errichtete nach dem Krieg in Paris ein der Friedensarbeit gewidmetes internationales Jugendzentrum.

Ernst Friedrich bemühte sich zeitlebens, dem Krieg ein Gesicht zu geben, die Krieger als Menschen erkennbar zu machen. Das war die tradierte, am Humanum orientierte Vorstellung vom Soldaten, dem aber im Ersten Weltkrieg ein ganz anderes Menschenbild gegenübertrat. In dem Moment, in dem das Kriegshandwerk zur industriellen Vernichtungsarbeit wurde, setzte auch ein Depersonalisierungsprozess des Kriegers ein. In seinem Roman *Erziehung vor Verdun* beschrieb Arnold Zweig die Soldaten des Ersten Weltkriegs: »Die Infanteristen sahen aus wie die abgetriebenen Herden des Todes, Fabrikarbeiter der Zerstörung; sie hatten alle die Gleichgültigkeit, die Industrie und Maschine dem Menschen aufpressen.«[1120] Ähnliche Bilder finden sich auch bei anderen Autoren,[1121] aber eine zentrale Bedeutung kommt Ernst Jünger zu, der den Epochenbruch am klarsten benannte. 1914 war das bürgerliche Zeitalter an sein Ende gekommen: »Der Ausbruch des Weltkrieges setzt den breiten, roten Schlußstrich unter diese Zeit«,[1122] hieß es 1932 in Jüngers Buch *Der Arbeiter*. Schon zwei Jahre zuvor, in seinem Essay *Die totale Mobilmachung*, hatte er geschrieben, dass »das Bild des Krieges als einer bewaffneten Handlung immer mehr in das weitergespannte Bild eines gigantischen Arbeitsprozesses« einfließe.[1123] Die bürgerlich-rationalistische Dialektik von Leben und Sterben wurde überwunden zugunsten einer »Archaik der unablässigen Todesgefahr«.[1124] Die einen zerbrachen am Krieg, die anderen aber wurden »durch die große Nähe des Todes, des Feuers und des Blutes einer bisher nie empfundenen Gesundheit teilhaftig«.[1125] Der Kämpfer wurde zur »kalten persona«,[1126] die Uniform panzerte ihn gegen den Schmerz; Stahlhelm und Gasmaske nahmen ihm seine Individualität. Der Arbeiter, der neue Mensch des industrialisierten Staates, war ein kaltblütiger Krieger, den apokalyptische Katastrophen nicht zu erschüttern vermochten. Sein ideologischer Panzer schützte ihn vor der Wahrnehmung der Wirklichkeit. Die soziale Organisation des künftigen Staates sollte dem Modell der totalen Mobilmachung folgen. Die Schlachtfelder waren »vulkanische Werkstätten«, der neue Krieg ein »Arbeits-Krieg, der den Lebensraum der kämpfenden Völker lückenlos und pausenlos erfüllt«.[1127]

Der moderne Krieg ist ein aufs Äußerste verdichteter Erfahrungsraum, der bis zum Bersten mit Jetztzeit gefüllt ist. Das entfesselte Destruktionspotential der Moderne hat eine überwältigende Präsenz, die keinen Raum für die Frage nach seinem Sinn lässt. In den Worten von Helmut Lethen: »Es ist eine Raserei auf tödlichem Spielfeld. Und die Akteure wissen nicht wozu.«[1128] Für Ernst Jünger war der Erste Weltkrieg vor allem existentielle Selbsterfahrung, durch den Krieg wuchs er in sein Leben hinein. Im Krieg kamen die Tugenden der industriellen Zivilisation zur Geltung: Unerschütterlichkeit, Präzision, Standhalten, Schmerzresistenz. Der Soldat war gleichzeitig viriler Held und bloßes »Menschenmaterial«, ein Begriff, den Theodor Fontane zuerst benutzt hatte und der jetzt Karriere machte. Jünger, dessen Interesse nie dem Menschen galt, kam er besonders entgegen. Er war kompatibel mit seinem Konzept des heroischen Realismus, der interpretatorischen Überhöhung des Kriegsgeschehens, die nicht nur in den verschiedenen Textstufen von *In Stahlgewittern* zu finden ist, sondern auch in den weiteren Kriegsschriften – *Das Wäldchen 125* (1925), *Feuer und Blut* (1925) und *Kriegsausbruch 1914* (1934) – sowie in der umfangreichen politischen Publizistik, von dem Essay *Die totale Mobilmachung* bis zu *Der Kampf als inneres Erlebnis*. In der rhetorischen Abwehr gegen die Weimarer Helotenrepublik positionierte sich der dem mediokren Gewimmel der Weimarer Demokratie entrückte Jünger, der als Weltkriegsheld, Waldgänger, Anarch und Aristokrat des Geistes sein Leben in der Einsamkeit des Helden führte. Hier erst wurde der Krieg zur »männlichen Tat«, zum »fröhlichen Schützenfest auf blumigen, blutbetauten Wiesen«.[1129] Jetzt erst ist von der Feuertaufe die Rede, die noch viel »heißer und toller« als die ersehnte Liebesnacht ist, nun »entschädigt sich der wahre Mensch in rauschender Orgie für alles versäumte«.[1130] Jüngers heroischer Realismus war ein Produkt der Nachkriegszeit. Der Vergleich der *Stahlgewitter* mit den seit einigen Jahren zugänglichen ursprünglichen Kriegstagebüchern zeigt das sehr deutlich.

Im unmittelbaren Erleben war der Krieg ein Abenteuer. In den sorgfältig inszenierten *Stahlgewittern*, in denen der Himmel blaute, die Lerche tirilierte und der Krieg wuchtete, war er zur Lebensschule geworden, war der Krieg »gesteigertes Leben am Abgrund«.[1131] Dieses Buch, 1920 im Selbstverlag erstmals erschienen und dann jahrzehntelang je nach politischer Großwetterlage stetig überarbeitet, steht am Anfang von Jüngers lebenslangem Bemühen, den vier Jahren des Ersten Weltkriegs, dem millionenfachen Sterben trotz der Niederlage einen Sinn zuzuschreiben. Die *Stahlgewitter* waren ein Deutungsangebot an die Überlebensgemeinschaft von Weimar, doch im Zentrum der Weimarer Republik standen nicht die Lebenden, sondern die Toten. Die zwei Millionen Kriegstoten, die fast alle in französischer Erde lagen, bildeten eine ungeheure Leerstelle im Zentrum der deutschen Nachkriegsgesellschaft. Für die deutschen Gefallenen gab es Soldatenfriedhöfe wie für die französischen und britischen Kriegstoten, aber die Deutschen durften dort keine Helden- oder Ehrenmäler errichten. Außerdem war vorgeschrieben, dass die Kreuze schwarz sein mussten, während die Kreuze für die britischen und französischen Gefallenen weiß waren, was für große Verbitterung sorgte.[1132] Und bis 1926 durften Deutsche die Soldatenfriedhöfe noch nicht einmal besuchen. Gerüchte wollten wissen, dass dies auf den Versailler Friedensvertrag zurückgehe, dort findet sich aber keine solche Regelung.[1133]

Die deutsche Meistererzählung war zu einer Erzählung des Scheiterns geworden. Die Niederlage hatte den Tod der Kriegshelden ihres Sinnes beraubt. Vollends unerträglich wurde sie durch den Kriegsschuldparagraphen, den deutsche Politiker in Versailles hatten unterschreiben müssen: »Der Tod von zwei Millionen deutschen Soldaten wog schon schwer genug. Dass dieser Tod nicht nur umsonst, sondern auch noch die Folge eines Verbrechens gewesen sein sollte, war nicht aushaltbar.«[1134] Die Zahl von zwei Millionen bezeichnete eine völlig neue Dimension des Sterbens. Im Deutsch-Französischen Krieg von 1870/71 hatte die Gesamtzahl der deutschen Verluste bei knapp 45 000 gelegen.[1135] Vor Verdun und an der Somme wurden Verlustzahlen in dieser Größenordnung manchmal an einem einzigen Tag erreicht. Im Ersten Weltkrieg war jede dritte Familie vom Verlust eines nahen Verwandten betroffen, der Tod war allgegenwärtig, und umso dringlicher war es, ihm wenigstens auf der symbolischen Ebene seinen Schrecken zu rauben. Der Gefallenenkult wurde zur sozialdominanten Sinndeutung des Krieges. Die Gefallenen mussten in die Gemeinschaft der Überlebenden integriert werden, ein Gedanke, der schon früh zu wirken begann. 1912 war *Das Menschenschlachthaus* von Wilhelm Lamszus erschienen. Im letzten Kapitel »Wir armen Toten« hieß es gegen Ende: »Wir armen Heldensöhne. So stört nicht länger unsern letzten Schlaf. Wir mußten sterben, damit die andern leben konnten. Wir sind für das bedrängte Vaterland gestorben.«[1136] In Heinrich Lerschs Gedicht »Soldatenabschied« hieß es: »Deutschland muss leben, und wenn wir sterben müssen!«[1137] Diese Gedichtzeile des Arbeiterdichters brachte es zu hoher Popularität, sie stand auf vielen Kriegerdenkmälern, auch auf manchem Soldatenfriedhof war sie zu finden.

Aber die Niederlage stellte diese Sinndeutung in Frage. Die Lebenden mussten zur Kenntnis nehmen, dass die Soldaten, die für Deutschland gestorben waren, das am Boden liegende Land nicht gerettet hatten. In einer »Huldigung auf Heer und Kriegs flotte« hieß es 1920, die Gefallenen »haben noch immer keine Ruhe gefunden. Sie irren umher, [...] wandern durch den unendlichen Raum. Ihre bleichen Totenmasken stehen steif und unbeweglich, wie das Antlitz ihres Lebens stumm und starr war, als sie es für Deutschland hingaben. Die Toten suchen Deutschland.«[1138] In radikaler Weise vereinnahmte die nationalistische Rechte die toten Helden. In einem Sammelwerk der konservativen Revolution wurden sie gegen die Protagonisten der Weimarer Republik in Stellung gebracht: »Wir glauben aber, daß die toten, scheinlebendigen Gestalten eines bedenkenlosen ehemaligen Deutschland eine Ablösung erfahren haben durch die nur dem Scheine nach toten zwei Millionen gefallenen deutschen Soldaten [...].«[1139] Die Kriegstoten waren lebendiger als die Repräsentanten der verhassten Demokratie. Auch im *Mythus des 20. Jahrhunderts*, dem Hauptwerk des nationalsozialistischen Chefideologen Alfred Rosenberg, spielten sie eine zentrale Rolle. Gewidmet war das Werk »Dem Gedenken der zwei Millionen deutscher Helden / die im Weltkrieg fielen für ein deutsches Leben und ein deutsches Reich der Ehre und Freiheit«.[1140] Im Ersten Weltkrieg hatten »die dämonischen Mächte über die göttlichen im Rücken der Heere gesiegt«,[1141] aber Deutschlands Erneuerung sollte ausgehen von den Toten des Krieges, deren Blut in der deutschen Volksseele wieder lebendig wurde. In den toten Helden realisierte sich der Mythus des Blutes: »Das feldgraue deutsche Volksheer war der Beweis für die mythenbildende Opferbereitschaft. Die heutige Erneuerungsbewegung aber ist das Zeichen dafür, daß noch Ungezählte zu verstehen beginnen, was die zwei Millionen toter Helden sind: die Märtyrer eines neuen Lebensmythus, eines neuen Glaubens schlechtweg.«[1142]

Aus der Kampfgemeinschaft des Weltkriegs wollten die Nationalsozialisten eine kämpfende Volksgemeinschaft formen: »Die Front von 1914 ist heute das ganze Volk. Aus Frontsozialismus ist deshalb Nationalsozialismus geworden.«[1143] Dabei sollten die »Gefallenen« der Bewegung, die »Blutzeugen« wie die Toten des

Weltkriegs einen herausgehobenen Platz in der Volksgemeinschaft einnehmen. Am deutlichsten wurde dies in den Jahren des »Dritten Reiches« jeweils am 9. November, wenn die »alten Kämpfer« mit Adolf Hitler an der Spitze vom Bürgerbräukeller ihren Gedenkmarsch zur Feldherrnhalle veranstalteten, der nach der Umbettung der Toten des Hitler-Putschs im Jahr 1935 dann bis zum Königsplatz verlängert wurde. Diese Prozession war »eine zutiefst im germanischen religiösen Empfinden verankerte weihevolle Handlung«, in der die »Vorstellung von der ewigen Erneuerung göttlichen Lebens in der Verbindung zwischen Totenfeier und Verpflichtung jugendlichen Nachwuchses« zum Ausdruck kommen sollte. Das nordische Ideal war der »immer erneuerte Einsatz zum freudigen Kampf für die aus dem göttlichen Quell in uns selbst geschöpften Hochziele«.[1144] Die Toten wurden stets aufs Neue in die Pflicht genommen. Höhepunkt und Abschluss des Umzuges vom 9. November war das »Hier der Wiedererstandenen« auf dem Königsplatz. Nacheinander wurden die Namen der 16 »Blutzeugen« des Jahres 1923 gerufen; auf jeden Namen antwortete ein Chor der Hitlerjugend mit einem lauten »Hier«. Die »Blutzeugen der Bewegung« feierten ihre Auferstehung, indem sie auf den Friedhöfen exhumiert und ihre Särge in den eigens am Rande des Königsplatzes errichteten »Ehrentempeln« unter freiem Himmel aufgestellt wurden.

Die zentrale Feier zum 9. November in München hatte ein Echo im ganzen Land. Jede Ortsgruppe der NSDAP war gehalten, diesen höchsten nationalsozialistischen Feiertag würdig zu begehen, wobei der Toten des Weltkriegs wie der Toten der nationalsozialistischen Bewegung gleichermaßen gedacht wurde. Die Nationalsozialisten sahen den 9. November 1923 und den 9. November 1918 in einem untrennbaren Zusammenhang; die Toten von Putsch und Krieg wurden von Hitler gemeinsam ins Leben der Nation zurückgeholt. In Herbert Böhmes »Feierstunde zum 9. November« hieß es zum Schluss: »Der Führer steht gebeugt am Totenmal [...]. Und keine priesterliche Weihe steigt gewaltiger empor als dieses stumme und Stein gewordene Gebet des Mannes, in dessen Herzen sich ein Volk bewegt [...]. Der Führer tritt vom Mahnmal jetzt zurück: Er grüßt die Fahne. Die Toten leben.«[1145] Der Putsch des Jahres 1923 war kläglich gescheitert, aber zehn Jahre später war den Nationalsozialisten die Macht im Staate zugefallen und sie konnten den Toten des Weltkriegs zurufen: »Und ihr habt doch gesiegt!« Adolf Hitler war angetreten, dem Sterben von zwei Millionen deutschen Soldaten im Ersten Weltkrieg nachträglich einen Sinn zu verleihen, indem er versprach, das geschlagene Deutsche Reich wieder zu nationaler Größe aufzurichten. Das vor allem erklärt die Wirkungsmacht seiner Bewegung.

Ein genaues Pendant zum nationalsozialistischen Kult der toten Helden ist die italienische militärische Gedenkstätte in Redipuglia, nahe der Grenze zu Slowenien. Die zweiundzwanzigstufige Anlage beherbergt die Gräber von etwa hunderttausend Soldaten. Über jeder Grabstelle ist der faschistische Gruß »Presente!« angebracht, was dem nationalsozialistischen »Hier!« entspricht. Die Mittellinie der gigantischen Anlage bildet die »Via eroica«, die Heldenstraße. Am unteren Ende der Heldenstraße steht das Grabmal des Herzogs von Aosta, dem Befehlshaber der 3. Armee. Gekrönt wird die Anlage von drei gewaltigen Kreuzen, die an Golgatha erinnern, den Ort des sinnhaften Todes schlechthin. Erbaut wurde die Gedenkstätte in Redipuglia im Jahr 1938, als Italien bereits in Äthiopien Krieg führte und auch der Zweite Weltkrieg nicht mehr fern war. Die erneute Indienstname der im Ersten Weltkrieg Gefallenen ist das Thema dieser faschistischen Monumentalarchitektur.

Der Heroismus war im »Dritten Reich« ein konstituierendes Element der Gemeinschaft. Helden waren diejenigen, die sich selbst überwanden und mit Todesverachtung gegen einen übermächtigen Feind kämpften und so die Gemeinschaft vor dem Untergang bewahrten. Der Held aber, der allen voranging, war der Weltkriegsgefreite Adolf Hitler, der Messias militans, der gekommen war, die Deutschen von ihrer nationalen Ohnmacht zu erlösen. Diese seine Mission benannte er schon sehr früh: »Wir sind zwar klein, aber einst stand auch ein Mann auf in Galiläa, und heute beherrscht seine Lehre die ganze Welt.«[1146] Mit der geschickt in die Welt gesetzten Legende vom Frontsoldaten Adolf Hitler, der in Wahrheit als Meldegänger nur selten direkte Berührung mit der Front gehabt hatte,[1147] inszenierte sich der Vorsitzende der NSDAP als Stimme des Millionenheeres der Weltkriegssoldaten und der Hinterbliebenen ihrer gefallenen Kameraden. Dies fiel umso leichter, als es in der Weimarer Republik kein Grab des unbekannten Soldaten gab, das als Kristallisationspunkt der Memorialkultur hätte dienen können.

Die Siegerstaaten des Ersten Weltkriegs schufen Grabmäler des unbekannten Soldaten, die zu weit ausstrahlenden, starken und identitätsstiftenden Denkmälern wurden. In London ist das Grab im Eingangsbereich der Westminster Abbey so platziert, dass jeder daran vorbeigehen muss, der die Kirche betritt. Eingeweiht wurde es am 11. November 1920 in Gegenwart von König George V. Am selben Tag wurde auch in Paris ein unbekannter Soldat unter dem Arc de Triomphe bestattet. Vorausgegangen war eine Debatte in der Nationalversammlung, denn zunächst sollte der unbekannte Soldat im Pantheon beerdigt werden, doch die Konservativen plädierten unbedingt für den Arc de Triomphe, ein Ort, der der Linken zu bellizistisch war. Nach einer hitzigen Debatte fand man einen Kompromiss, es gelang gewissermaßen, den Geist der Union sacrée noch einmal wirken zu lassen. Der unbekannte Soldat fand seine Ruhestätte unter dem Arc de Triomphe, während zeitgleich das Herz Léon Gambettas feierlich in das Pantheon überführt wurde. Ein Jahr später, am 24. November 1921, wurde ein unbekannter Soldat von Aquileia im Isonzotal nach Rom überführt, wo er bei dem »Altar des Vaterlandes« am Vittoriano, dem Nationaldenkmal für König Viktor Emanuel II., seinen Platz fand. Während der unbekannte Soldat in London im Schutz der anglikanischen Kirche ruhte und in Paris im Schatten nationaler Größe seinen Platz fand, lag sein Begräbnisort in Rom im Kraftfeld des italienischen Königshauses.

Polen war nicht im engeren Sinn eine Siegermacht des Ersten Weltkriegs, da der Staat erst nach dem Krieg rekonstituiert wurde, aber auch in Warschau errichtete man 1925 ein Grabmal des unbekannten Soldaten. Der Soldat, der dort beerdigt wurde, hatte bei Lemberg gekämpft und war zum Zeitpunkt seines Todes österreichischer Staatsbürger gewesen. Seine Geburtsstadt Lemberg war 1925 polnisch, heute gehört sie allerdings zur Ukraine. Das polnische Grabmal des unbekannten Soldaten wurde von den Deutschen nach dem Warschauer Aufstand 1944 dem Erdboden gleichgemacht, durfte nach dem Krieg unter sowjetischer Herrschaft wiedererrichtet werden, allerdings wurden alle Erinnerungen an den Polnisch-Sowjetischen Krieg von 1920 getilgt, eine Geschichtsklitterung, die, nachdem Polen 1990 seine politische Autonomie zurückgewonnen hatte, korrigiert wurde. Dies ist ein gutes Beispiel für den Kampf um die Erinnerung,[1148] mit dem die Polen sich nach 1918 offensiv auseinandersetzten. In Deutschland dagegen war dieser Kampf von der Timidität der jungen Demokratie und ihrer führenden Repräsentanten gekennzeichnet.

Die Neue Wache, nach den Befreiungskriegen 1818 von Karl Friedrich Schinkel in Berlin Unter den Linden errichtet, stand seit November 1918 leer. Da es keinen Kaiser mehr gab, brauchte man auch keine Wache. Erst 1930 entschied der preußische Ministerpräsident Otto Braun (SPD), dass der Innenraum des Gebäudes zu einer preußischen »Gedächtnisstätte für die Gefallenen des Weltkrieges« umgestaltet werden sollte, was dann im Jahr darauf geschah. Immerhin gab es seit 1928 im Münchner Hofgarten auch ein bayerisches Kriegerdenkmal mit einem unbekannten Soldaten. Es handelte sich nicht um die Grabstätte eines realen Gefallenen, sondern um eine überlebensgroße Skulptur, auf deren Sockel eingraviert war »Bayerns Heer/seinen

Toten«. In Berlin beschränkte man sich auf eine sehr viel abstraktere Totenehrung. Heinrich Tessenow schuf einen mannshohen Kubus, auf dem ein silberner Eichenkranz lag. Der Innenraum der Gedächtnisstätte wurde bewusst schlicht gehalten. Zum »Ehrenmal für die Gefallenen des Weltkrieges« wurde die Neue Wache erst nach der nationalsozialistischen »Machtergreifung« 1933.

Die Weimarer Republik hatte kein Grabmal des unbekannten Soldaten. Dabei wäre ein solcher Ort der Trauer und des Gedenkens als Identifikationsort für das Nationalempfinden des geschlagenen Deutschen Reiches gerade besonders wichtig gewesen. Doch der Okkupation der Erinnerung an den Krieg durch die politische Rechte hatte die unter schwierigen Verhältnissen zustande gekommene Demokratie von Weimar so gut wie nichts entgegen zu setzen. Der unbekannte Soldat der Deutschen war Adolf Hitler, der Mann, der aus Deutschland eine Weltmacht machen wollte und das Land in die größte Katastrophe seiner Geschichte führte, die beinahe ganz Europa in den Untergang gerissen hätte.

Anmerkungen

1 Audoin-Rouzeau/Becker: *14–18*, S. 9.

2 So auch der Titel einer seinerzeit sehr erfolgreichen Dokumentation: *Der Aufstieg der NSDAP in Augenzeugenberichten*, Hrsg. Ernst Deuerlein, Düsseldorf 1968, München 1974, 5. Auflage 1989.

3 Vgl. Traverso: *Im Bann der Gewalt*. Franz Marc schrieb im November 1914 in seinem Essay »Das geheime Europa«, der gegenwärtige Krieg sei ein »europäischer Bürgerkrieg, ein Krieg gegen den inneren unsichtbaren Feind des europäischen Geistes«; Marc, Franz: »Aus der Kriegszeit«, in: ders.: *Schriften*, Hrsg. Klaus Lankheit, Köln 1978, S. 155–213, hier S. 165.

4 Vgl. Piper, Ernst: »Woran wir uns erinnern, wenn wir uns erinnern«, *Gestalttherapie* 2011, H. 1, S. 3–15.

5 Vgl. Schivelbusch: *Die Kultur der Niederlage*.

6 Vgl. Young, James E.: *Nach-Bilder des Holocaust in zeitgenössischer Kunst und Architektur*, Hamburg 2002, S. 18 f.

7 Vgl. Petermann: *Rituale machen Räume*.

8 Um dies auch selbst zu erfahren, habe ich bei der Arbeit an diesem Buch die Fronten des Ersten Weltkriegs bereist, die nördliche und die südliche Westfront, die nördliche und die südliche Ostfront sowie die österreichisch-italienische Front.

9 Vgl. Kosik, Karel: *Die Dialektik des Konkreten. Eine Studie zur Problematik des Menschen und der Welt*, Frankfurt a. M. 1967.

10 Raphael, Lutz: *Geschichtswissenschaft der Extreme. Theorien, Methoden, Tendenzen von 1900 bis zur Gegenwart*, München 2003. S. 228.

11 Geertz, Clifford: *Dichte Beschreibung. Beiträge zum Verstehen kultureller Systeme*, Frankfurt a. M. 1983.

12 Ebd., S. 9.

13 Trakl: *Gedichte*.

14 Ebd., S. 35. Das Gedicht erschien zuerst in *Der Brenner*, H. 3, 1. 11. 1912, S. 110.

15 Winter: *Sites of Memory*, S. 203. Vgl. Lindner-Wirsching: *Französische Schriftsteller und ihre Nation im Ersten Weltkrieg*, S. 251 ff.

16 Weichselbaum: *Georg Trakl*, S. 166.

17 Trakl: *Dichtungen und Briefe*, S. 93.

18 Zit. Weichselbaum, S. 168.

19 Hamann: *Der Erste Weltkrieg*, S. 17.

20 Die örtliche Armeezeitung erschien entsprechend in einer deutschen, einer ungarischen und einer polnischen Ausgabe. Im Nationalmuseum der Region Przemyśl, das der Zeit des Ersten Weltkriegs ein ganzes Stockwerk gewidmet hat, kann man sie alle sehen.

21 *Pester Lloyd* v. 29. 8. 1914.

22 *Pester Lloyd* v. 3. 9. 1914.

23 Zit. Terraine: *White Heat*, S. 120.

24 *Pester Lloyd* v. 13. 9. 1914. Die *Frankfurter Zeitung* berichtete, die Leichen seien in zehn Lagen übereinander geschichtet gewesen; zit. Weichselbaum: *Georg Trakl*, S. 169. Vgl. auch Floericke: *Das Ringen um Galizien*, S. 25.

25 Floericke, S. 25.

26 Bericht von Ludwig von Ficker, nachdem er Trakl in Krakau besucht hat; *Erinnerung an Georg Trakl*, S. 158.

27 Ebd.

28 Zit. Weichselbaum, S. 169.

29 Trakl: *Dichtungen und Briefe*, S. 94.

30 Zit. Weichselbaum, S. 172.

31 Über diesen Besuch gibt Ludwig von Ficker in einem ausführlichen Bericht Auskunft; *Erinnerung an Georg Trakl*, S. 156 ff.

32 Ebd., S. 161.

33 Trakl: *Dichtungen und Briefe*, S. 94.

34 *Erinnerung an Georg Trakl*, S. 166.

35 *Zeit-Echo* 2 (1915), H. 7, S. 92.

36 *Enzyklopädie Erster Weltkrieg*, S. 664 f.

37 Vgl. Kirstin Anne Schäfer: »Die Völkerschlacht«, in: *Deutsche Erinnerungsorte*, Hrsg. Etienne François/Hagen Schulze, München 2001, S. 187–201.

38 Zit. ebd., S. 188.

39 Siemann: *Krieg und Frieden in historischen Gedenkfeiern des Jahres 1913*, S. 302.

40 Ebd., S. 304.

41 *Deutschlands Denkmal der Völkerschlacht, das Ehrenmal seiner Befreiung und nationalen Wiedergeburt. Weiheschrift des Deutschen Patriotenbundes, bearbeitet von dessen erstem Schriftführer Dr. Alfred Spitzner*, S. 6.

42 Ebd., S. 5.

43 Ebd., S. 6.

44 Ebd., S. 5.

45 Diese konkurrierenden nationaldeutschen und preußischen Narrative liegen auch den verschiedenen Fassungen von Anton von Werners Gemälde »Die Proklamation des Deutschen Kaiserreiches« zugrunde, vgl. Piper: *Das kulturelle Leben im Kaiserreich*, S. 80.

46 Mann: *Deutschland und die Deutschen*, S. 33.

47 Vgl. Shevin-Coetzee: »Der ›Deutsche Wehrverein‹«, in: *Handbuch zur »Völkischen Bewegung« 1871–1918*, Hrsg. Uwe Puschner/Walter Schmitz/Justus H. Ulbricht, München u. a. 1996, S. 366–375.

48 Winkler: *Der lange Weg nach Westen*, S. 315.

49 Colmar Freiherr von der Goltz: *Das Volk in Waffen. Ein Buch über Heerwesen und Kriegführung unserer Zeit*, Berlin 1883.

50 Gestrich, Andreas: »›Leicht trennt sich nur die Jugend vom Leben‹. Jugendliche im Ersten Weltkrieg«, in: *Der Tod als Maschinist*, S. 33–45.

51 Ebd., S. 33.

52 Wehler: *Deutsche Gesellschaftsgeschichte*, Bd. 3, S. 1100.

53 Winkler: *Der lange Weg nach Westen*, S. 320. Vgl. Bruns, Claudia: *Politik des Eros. Der Männerbund in Wissenschaft, Politik und Jugendkultur (1880–1934)*, Köln 2008, S. 381 ff.

54 *Freideutsche Jugend. Zur Jahrhundertfeier auf dem Hohen Meißner 1913*, Jena 1913, S. 63.

55 Vgl. Piper: *Alfred Rosenberg*, S. 203.

56 Frecot/Geist/Kerbs: *Fidus 1868–1948*, S. 296.

57 Ebd., S. 165.

58 Hepp, Corona: *Avantgarde. Moderne Kunst, Kulturkritik und Reformbewegungen nach der Jahrhundertwende*, München 1987, S. 76 f. Vgl. auch Linse, Ulrich: »Nordisches in der deutschen Lebensreformbewegung«, in: *Wahlverwandtschaft. Skandinavien und Deutschland 1800–1914*, Hrsg. Bernd Henningson/Janine Klein/Helmut Müssener/Solfried Söderlind, Berlin 1997, S. 397 ff.

59 Frecot/Geist/Kerbs, S. 283.

60 Abb. ebd., S. 199.

61 Vgl. die Bilder »Schwertwache« (1912) und »Spatenwacht« (1930) ebd., S. 465 f.

62 Wette: *Militarismus in Deutschland*, S. 20. Zum neuesten Forschungsstand Förster, Stig: »Ein militarisiertes Land? Zur gesellschaftlichen Stellung des Militärs im Deutschen Kaiserreich«, in: *Das deutsche Kaiserreich 1890–1914*, Hrsg. Bernd Heidenreich / Sönke Neitzel, Paderborn u. a. 2011, S. 157–174.

63 Ebd., S. 21, vgl. Hall, John Whitney: *Das japanische Kaiserreich*, Frankfurt a. M. 1968, S. 319 ff.

64 Landauer, Gustav: »Das glückhafte Schiff«, in: *Sozialist* v. 15. 5. 1912.

65 Gestrich, Andreas: »›Leicht trennt sich nur die Jugend vom Leben‹. Jugendliche im Ersten Weltkrieg«, in: *Der Tod als Maschinist*, S. 33–45, hier S. 34.

66 Zit. Jürgens-Kirchhoff: *Schreckensbilder*, S. 31.

67 Spengler: *Preussentum und Sozialismus*.

68 Ebd., S. 65 f.

69 Quidde, Ludwig: »Der Militarismus im heutigen Deutschen Reich. Eine Anklageschrift«, in: Quidde: *Caligula*, S. 81–130.

70 Ulrich, Bernd: »Kriegsfreiwillige. Motivationen – Erfahrungen – Wirkungen«, in: *August 1914*, S. 232–241, hier S. 237. Am 2. 9. 1914 folgte das bayerische Kriegsministerium mit einem ähnlichen Erlass.

71 Troeltsch hielt die Rede auf einer vaterländischen Versammlung in Mannheim; Troeltsch: *Unser Volksheer*, S. 17.

72 Typisch für diese Wahrnehmung ist eine Dokumentation der Deutschen Liga für Menschenrechte: *Untaten des preußisch-deutschen Militarismus im besetzten Frankreich und Belgien*, Hrsg. Lilli Jannasch, Wiesbaden 1924.

73 Gay: *Kult der Gewalt*, S. 639.

74 Fesser, Gerd: »Der Panthersprung nach Agadir. Mit dem deutschen Marineabenteuer vor Marokkos Küste begann am 1. Juli 1911 der Weg in den Ersten Weltkrieg«, *Die Zeit* v. 30. 6. 2011.

75 Vgl. Neitzel: *Kriegsausbruch*, S. 104 ff.

76 *Verhandlungen des Reichstages. XII. Legislaturperiode, 6. Session*, Berlin 1911, S. 7730.

77 Ebd.

78 Ebd.

79 Fischer: *Griff nach der Weltmacht*, S. 31.

80 Vgl. Neitzel: *Weltmacht oder Untergang.*

81 Lamszus, Wilhelm: *Das Menschenschlachthaus. Bilder vom kommenden Krieg*, Hamburg 1912, S. 10.

82 Ebd., S. 109 f.

83 Barbusse, Henri: »Es ist das Kunstwerk, durch das man nach und nach das Bewusstsein der Massen verändern wird«, in: Lamszus, Wilhelm: *Das Menschenschlachthaus. Bilder vom kommenden Krieg*, ND München 1980, S. 204 ff.

84 Vgl. Andersen Nexø, Martin: »Der Krieg muss im Frieden bekämpft werden«, in: Ebd., S. 199–203.

85 Pehnke, Andreas: »Grauen fällt uns an. Gespenstische Prophezeiung: Wilhelm Lamszus' Bestseller ›Das Menschenschlachthaus‹ nahm bereits 1912 die Schrecken des Ersten Weltkriegs vorweg«, *Die Zeit* v. 2. 8. 2012.

86 Vgl. Gassen, Richard W.: »Der Untergang der Titanic. Chiliasmus und Weltenende im 20. Jahrhundert«, in: *Apokalypse*, S. 224–229.

87 Vgl. »Seekrieg«, in: *Enzyklopädie Erster Weltkrieg*, S. 828 ff.

88 Sie wurde später das zentrale Bauwerk der 1895 von Wilhelm II. in Auftrag gegebenen Siegesallee, vgl. Piper: »Das kulturelle Leben im Kaiserreich«, S. 77 ff.

89 Dazu Bouvier, Beatrix W.: »Die Märzfeiern der sozialdemokratischen Arbeiter: Gedenktage des Proletariats – Gedenktage der Revolution«, in: *Öffentliche Feste. Politische Feste in Deutschland von der Aufklärung bis zum Ersten Weltkrieg*, Hrsg. Dieter Düding / Peter Friedemann / Paul Münch, Reinbek 1988, S. 334–351.

90 Schellack: »Sedan- und Kaisergeburtstagsfeste«, S. 285.

91 Abgebildet bei Frecot/Geist/Kerbs, S. 403, vgl. Wedemeyer-Kolwe, Bernd: »*Der neue Mensch«. Körperkultur im Kaiserreich und in der Weimarer Republik*, Würzburg 2004, S. 211 f.

92 *Deutsche Geschichte in Quellen und Darstellung*, S. 358.

93 Vgl. Verhey: *Der »Geist von 1914« und die Erfindung der Volksgemeinschaft*, S. 227.

94 Bethmann Hollweg: *Sechs Kriegsreden des Reichskanzlers*, S. 6.

95 Ebd., S. 10.

96 Ebd., S. 10 f.

97 Clark, Christopher: *Die Schlafwandler. Wie Europa in den Ersten Weltkrieg zog*, München 2013, S. 631 und S. 689 ff.

98 Artikel 11 der Reichsverfassung von 1871; *Deutsche Verfassungen. Die grundlegenden Dokumente deutscher Demokratie von der Paulskirche bis zum Grundgesetz*, München o. J., S. 60.

99 Das Erfurter Programm von 1891, beschlossen nach der Aufhebung der Sozialistengesetze, ist ein typischer Ausdruck dieser Dichotomie; *Das Erfurter Programm. Sein Werden und seine Kritik*, Offenbach 1947 (= Schriftenreihe Demokratie und Sozialismus, Heft 3). Vgl. Steinbach, Peter: *Sozialdemokratie und Verfassungsordnung*, Opladen 1983, S. 37 ff.

100 Abb. in *August 1914*, S. 116.

101 Ebd.

102 Verhey, S. 96 und S. 100.

103 Ebd., S. 97 ff.; vgl. Baumeister: *Kriegstheater*, S. 36 f.

104 Zit. Haupt: *Der Kongreß fand nicht statt*, S. 192.

105 Zit. ebd., S. 179.

106 Mühlhausen, Walter: »Die Sozialdemokratie am Scheideweg – Burgfrieden, Parteikrise und Spaltung im Ersten Weltkrieg«, in: *Der Erste Weltkrieg. Wirkung, Wahrnehmung, Analyse*, S. 649–671, hier S. 651 und S. 654.

107 *Verhandlungen des Reichstags*, Bd. 306 (= Legislaturperiode 13. Session 2, 1914/1918), Berlin o. J., S. 8 f.

108 Zit. *Innenansichten eines Krieges*, S. 80.

109 Ebd., S. 81.

110 Kautsky, Karl: »Der Krieg«, in: *Die Neue Zeit* v. 21. 8. 1914, 30. Jahrgang, Bd. 2, S. 843–846.

111 Ebd., S. 846.

112 Eine ganz negative, marxistische Interpretation dieser Tatsache gibt Heer, Hannes: *Burgfrieden oder Klassenkampf. Zur Politik der sozialdemokratischen Gewerkschaften 1930–1933*, Neuwied 1971, S. 7 ff.

113 *Streik. Zur Geschichte des Arbeitskampfes in Deutschland während der Industrialisierung*, Hrsg. Klaus Tenfelde / Heinrich Volkmann, München 1981, S. 296.

114 Vgl. SPD *und Gewerkschaften*, Bd. 1: *Zur Geschichte eines Bündnisses*,

Hrsg. Jochem Langkau/Hans Matthöfer/Michael Schneider, Bonn 1994, S.34 ff.

115 Faust: *Sozialer Burgfrieden im Ersten Weltkrieg*, S.81.

116 Die Mitgliederzahl sank von über 2,5 Millionen im Jahr 1913 auf unter eine Million zwei Jahre später; ebd., S.90.

117 Wehler: *Deutsche Gesellschaftsgeschichte*, Bd.4, S.41.

118 Zum Begriff der sozialen Mobilisierung vgl. Chickering, Roger: »Krieg, Frieden und soziale Mobilisierung im deutschen Kaiserreich«, in: ders.: *Krieg, Frieden und Geschichte*, S.133–148.

119 Dazu Machtan: *Die Abdankung.* Eigentlich waren es nur noch 19 Herrscherhäuser, da drei Häuser mangels Erbberechtigter ihre Herrschaft nicht mehr ausüben konnten; ebd., S.17.

120 Wehler: *Das Deutsche Kaiserreich*, S.215.

121 Wehler: *Deutsche Gesellschaftsgeschichte*, Bd.3, S.938 ff. Zur Problematik des Begriffs vgl. Piper: *Alfred Rosenberg*, S.212 ff.

122 George, Stefan: *Werke*, Bd.1, Düsseldorf und München, ³1976, S.415.

123 Breuer: *Ästhetischer Fundamentalismus*, S.208.

124 Ebd., S.212.

125 Beßlich: *Wege in den »Kulturkrieg«*, S.302.

126 Plenge: *Die symbolischen Jahre in der Geschichte des politischen Geistes*, S.15.

127 Ebd., S.9.

128 Plenge: *Die Revolutionierung der Revolutionäre*, S.121. Zum Begriff der Organisation bei Plenge vgl. Beßlich, S.276 f. und S.317 ff.

129 Vgl. Plenge: *Der Krieg und die Volkswirtschaft.*

130 Vgl. Breuer: *Ordnungen der Ungleichheit*, S.210 f.

131 Zum Begriff des Kulturkriegs vgl. Beßlich: *Wege in den »Kulturkrieg«.*

132 Ebd., S.264.

133 Schmitz-Berning: *Vokabular des Nationalsozialismus*, S.418 f.

134 Tyrell, Albrecht: *Vom ›Trommler‹ zum ›Führer‹. Der Wandel von Hitlers Selbstverständnis zwischen 1919 und 1924 und die Entwicklung der NSDAP*, München 1975, S.18 f.; dort weitere Nachweise.

135 Vgl. etwa Noske, Gustav: »Der Krieg und die Sozialdemokratie«, in: *Die Arbeiterschaft im neuen Deutschland*, S.12–20; Winnig, August: »Der Krieg und die Arbeiter-Internationale«, in: ebd., S.32 bis 41, Lensch: *Die deutsche Sozialdemokratie und der Weltkrieg*; sowie die Schriften von Konrad Haenisch.

136 Rürup, Reinhard: »›Der Geist von 1914‹ in Deutschland. Kriegs-begeisterung und Ideologisierung im Ersten Weltkrieg«, in: *Ansichten vom Krieg*, S. 1–30, hier S. 19.

137 Die Arbeit wurde erstmals nach dem Zweiten Weltkrieg veröffent-licht: Schumacher, Kurt: *Der Kampf um den Staatsgedanken in der deutschen Sozialdemokratie*, Hrsg. Friedrich Holtmeier, Stuttgart u. a. 1972.

138 Kjellén: *Die Ideen von 1914*.

139 Ebd., S. 33.

140 Ebd., S. 43 f.

141 Die Rede wurde unter dem Titel »Nach Erklärung der Mobilma-chung« publiziert; Flasch: *Die geistige Mobilmachung*, S. 36.

142 Zit. ebd., S. 38.

143 Vgl. Piper: »Preußische Tugenden im Zeitalter der totalitären Her-ausforderung«, S. 43.

144 Plenge: *Der Krieg und die Volkswirtschaft*, S. 171.

145 Flasch: *Die geistige Mobilmachung*, S. 44.

146 Zit. Leonhard: *Links wo das Herz ist*, S. 217.

147 Llanque: *Demokratisches Denken im Krieg*, S. 36.

148 Leonhard, S. 218.

149 Becker/Krumeich: *Der Große Krieg*, S. 79.

150 Poincaré, Raymond: *Au service de la France*, Bd. 4, Paris 1927, S. 546.

151 Becker, Jean-Jacques: »Frankreich«, in: *Enzyklopädie Erster Welt-krieg*, S. 31–43, hier S. 31.

152 Klepsch: *Romain Rolland im Ersten Weltkrieg*, S. 17.

153 Vgl. Raithel: *Das »Wunder« der inneren Einheit*.

154 Keegan: *Der Erste Weltkrieg*, S. 168 f.; vgl. die Karte in *The World Atlas of Warfare*, S. 134.

155 Vgl. Karten in *The World Atlas of Warfare*, S. 138 und S. 140.

156 Über die wahren Gründe der Rückzugsentscheidung ist viel gerät-selt worden. Die opinio communis geht davon aus, dass die Rolle von Oberstleutnant Richard Hentsch dabei entscheidend war, vgl. Keegan, S. 178 ff.

157 Vgl. Karte in *The World Atlas of Warfare*, S. 142, sowie Karte bei Keegan, S. 170.

158 Mommsen: *Der Erste Weltkrieg*, S. 82.

159 Vgl. Erdmann, Karl Dietrich: »Kurt Riezler – ein politisches Profil

(1882–1955)«, in: Riezler: *Tagebücher, Aufsätze, Dokumente*, S. 19–159, hier S. 55 ff.

160 Zit. Ullrich: *Die nervöse Großmacht 1871–1918*, S. 419.

161 Claß: *Zum deutschen Kriegsziel*, S. 306; das Kriegszielprogramm ebd., S. 322 f.

162 Der Text ist wiedergegeben bei Fischer: *Griff nach der Weltmacht*, S. 93 f.

163 Ebd., S. 93.

164 Ebd.

165 Ebd., S. 94.

166 Denkschrift Riezlers über die belgische Frage vom 15. 2. 1915 in Riezler, S. 679.

167 Müller, Sven-Oliver: *Die Nation als Waffe und Vorstellung. Nationalismus in Deutschland und Großbritannien im Ersten Weltkrieg*, Göttingen 2002, S. 192.

168 Zit. Neitzel: *Weltmacht oder Untergang*, S. 367.

169 Claß: *Wider den Strom*, S. 322.

170 Den Begriff der industriellen Feldschlacht übernehme ich von Friedrich: *Das Gesetz des Krieges*, S. 97 ff.

171 Vgl. Karte in *Enzyklopädie Erster Weltkrieg*, S. 962 f., sowie Karte bei Keegan, S. 182 f.

172 Kramer: *Dynamic of Destruction*, S. 34.

173 Hobsbawm: *Das Zeitalter der Extreme*, S. 41.

174 Ebd., S. 72.

175 Vgl. Horne/Kramer: *Deutsche Kriegsgreuel*, S. 211.

176 Inwieweit die türkischen Massaker an der armenischen Minderheit rassistisch oder eher ökonomisch motiviert waren, ist eine andere Frage, vgl. zuletzt Gerlach, Christian: *Extrem gewalttätige Gesellschaften. Massengewalt im 20. Jahrhundert*, München 2011, S. 124 ff.

177 Nagler: *Nationale Minoritäten im Krieg*.

178 Dazu Weber: *Hitlers erster Krieg*, S. 44 ff.

179 Stadler, Ernst: Tagebucheintragung vom 18./19. 9. 1914, zit. *Endzeit Europa*, S. 70.

180 *Der Tag* v. 12. 11. 1914, Illustrierte Unterhaltungsbeilage.

181 *Wachtfeuer. Künstlerflugblätter zum Krieg 1914/15*, Nr. 19, Berlin o. J.

182 Braun: *Aus den nachgelassenen Schriften eines Frühvollendeten*, S. 15.

183 Zit. Hüppauf: »Schlachtenmythen und die Konstruktion des ›Neuen Menschen‹«, S. 45; vgl. Krumeich: »Langemarck«, S. 299.

184 Meschnig: *Der Wille zur Bewegung*, S. 186, Anm. 63.

185 Vgl. Hüppauf: »Schlachtenmythen und die Konstruktion des ›Neuen Menschen‹«; Ziemann: »›Macht der Maschine‹«.

186 Vgl. die Abbildungen bei http://geschichtspfad.de/index.php/Langemarckhalle_in_Berlin.

187 Krumeich: »Langemarck«, S. 308.

188 Fiedler: *Jugend im Krieg*, S. 43; vgl. Gestrich, S. 40. Gestrich schreibt irrtümlich, die allgemeine Todesrate habe bei 12 Prozent gelegen. Tatsächlich waren es 12 Prozent der wehrfähigen Männer, aber 15 Prozent der Kriegsteilnehmer, die im Ersten Weltkrieg umkamen; *Enzyklopädie Erster Weltkrieg*, S. 664 f.

189 Fiedler: *Jugend im Krieg*, S. 38.

190 Flex, Walter: *Das Volk in Eisen. Kriegsgesänge eines Kriegs-Freiwilligen*, Lissa 1914; vermehrte Neuausgabe: *Das Volk in Eisen. Ein Ehrenmal für meinen für Kaiser und Reich gefallenen lieben Bruder, den Leutnant Otto Flex, Infanterie-Regiment 160*, Lissa 1914.

191 Laß, Werner: »Walter Flex«, in: *Die Unvergessenen*, S. 74–81, hier S. 74.

192 Medicus: *Jugend in Uniform*, S. 104.

193 Flex: *Der Wanderer zwischen beiden Welten*, S. 36.

194 Ebd., S. 4 f.

195 Ebd., S. 45.

196 Ebd., S. 78.

197 Ebd., S. 84.

198 Ebd., S. 93.

199 Laß, S. 81.

200 Wagener, Hans: »Wandervogel und Flammenengel«, in: *Von Richthofen bis Remarque*, S. 17–30, hier S. 17.

201 Flex: *Der Wanderer zwischen beiden Welten*, S. 100.

202 Ebd., S. 85.

203 Sachslehner, Johannes, »Todesmaschine und literarische Heroik. Zur Mobilmachung des Helden im historischen Roman«, in: *Österreich und der Große Krieg*, S. 158–164, hier S. 159.

204 *Georg Heym*, Ausgewählt von Karl Ludwig Schneider und Gunter Martens, München 1971, S. 240 f.

205 Ebd., S. 90 f.

206 Ebd., S. 91.

207 Vgl. Meidner, Ludwig: *Apokalyptische Landschaften.*

208 Zit. ebd., S. 63.

209 Meidner, Ludwig: *Dichter, Maler und Cafés*, Hrsg. Ludwig Kunz, Zürich 1973, S. 34 f.

210 Zit. Anz, Thomas: »Vitalismus und Kriegsdichtung«, in: *Kultur und Krieg*, S. 235–247, hier S. 236.

211 Bäumer: *Der Krieg und die Frau*, S. 30.

212 Huebner, Friedrich Markus: »Krieg und Expressionismus« (1914), in: *Expressionismus*, S. 312 ff., hier S. 312.

213 Scheffler, Karl: »Der Krieg«, in: *Kunst und Künstler*, 13 (1914/15), S. 1–4, hier S. 4.

214 Ebd.

215 Ebd., S. 3.

216 Ebd., S. 2.

217 Scheffler, Karl: *Italien. Tagebuch einer Reise*, Leipzig 1921.

218 Ebd., S. IX.

219 Einen Überblick gibt Probst, »›Ich habe es gesehen‹«.

220 Brühl, Georg: *Die Cassirers. Streiter für den Impressionismus*, Leipzig 1991, S. 196 ff. und S. 473 ff.

221 Piper: *Das kulturelle Leben im Kaiserreich*, S. 79.

222 *Kriegszeit* v. 31. 8. 1914, S. 4.

223 *Krieg und Kunst. Original-Steinzeichnungen der Berliner Sezession*, 1. Folge, Berlin 1914.

224 Beilagezettel zu *Kriegsbilderbogen deutscher Künstler*, Mappe 3, München 1915, Archiv des Verfassers, Fehler im Original.

225 Paret: *Die Berliner Secession*, S. 337.

226 Slevogt: *Ein Kriegstagebuch*, S. 5.

227 März, Roland: »Metropolis – Krawall der Irren. Der apokalyptische Grosz der Kriegsjahre 1914 bis 1918«, in: *George Grosz: Berlin – New York*, Hrsg. Peter-Klaus Schuster, Berlin 1995, S. 123–131, hier S. 128.

228 Werbeblatt des Verlages, wiedergegeben bei Paret: *Die Berliner Secession*, S. 345.

229 *Der Bildermann* v. 5. 4. 1916, S. 1.

230 *Der Bildermann* v. 20. 12. 1916, S. 1.

231 Paret, S. 350.

232 *Kunst und Künstler*, 13 (1914/15), S. 53.

233 Hofmaier: *Max Beckmann*, S. 78.

234 Beckmann-Tube, Minna: »Erinnerungen an Max Beckmann«, in: Max Beckmann: *Frühe Tagebücher 1903/04 und 1912/13*, Hrsg. Doris Schmidt, München 1985, S. 155–186, hier S. 178.

235 Glaser, Curt: »Max Beckmann«, in: Glaser, Curt/Meier-Graefe, Julius/Fraenger, Wilhelm/Hausenstein, Wilhelm: *Max Beckmann*, München 1924, S. 1–26, hier S. 16.

236 Vgl. Güse, Ernst-G.: »Das Kampf-Motiv im Frühwerk Max Beckmanns«, in: *Max Beckmann. Die frühen Bilder*, Bielefeld 1982, S. 189–201.

237 Ebd., S. 193.

238 Belting, Hans: *Max Beckmann. Die Tradition als Problem in der Kunst der Moderne*, München/Berlin 1984, S. 18.

239 Hofmaier, S. 76.

240 Beckmann: *Briefe*, S. 92 f.

241 Ebd.

242 Hofmaier, S. 80.

243 Vgl. Spieler: *Max Beckmann 1884–1950*, S. 29 ff.

244 Hofmaier, S. 81.

245 Hofmaier, S. 82.

246 Hofmaier, S. 83.

247 Beckmann: *Briefe*, S. 115.

248 Ebd., S. 117.

249 Ebd., S. 123.

250 Ebd., S. 140.

251 Ebd., S. 126.

252 Wiese: *Max Beckmanns zeichnerisches Werk*, S. 368.

253 Spieler, S. 28 f.

254 Piper, Reinhard: *Mein Leben als Verleger*, München 1964, S. 320.

255 Zit. ebd.

256 Beckmann, Max: *Die Hölle* (1919), Berlin 1983.

257 Beckmann, Peter: *Max Beckmann. Leben und Werk*, Stuttgart/Zürich 1982, S. 44.

258 *Ernst Ludwig Kirchner 1880–1938*, Berlin 1979, S. 70.

259 Zit. ebd., S. 218.

260 Zit. *ELKirchner. Dokumente*, Hrsg. Karlheinz Gabler, Aschaffenburg 1980, S. 160. Fehler im Original.

261 Beck, Rainer: »Symbolik als Widerspiegel der Zeit. Otto Dix' Gemälde ›Sonnenaufgang‹ aus dem Jahre 1913 – Eine apokalyptische Vorahnung?«, in: *Villa Grisebach, Auktionskatalog 11/2012*, Text zu Nummer 7: Otto Dix, Sonnenaufgang, 1913.

262 Zit. Eberle: *Der Weltkrieg und die Künstler der Weimarer Republik*, S. 31.

263 Abgebildet ebd., S. 39.

264 Zit. Karcher: *Otto Dix 1891–1969*, S. 38.

265 *Der Krieg. 24 Offsetdrucke nach den Originalen aus dem Radierwerk von Otto Dix*, Berlin 1924.

266 Ebd., S. 54.

267 Zit. ebd., S. 43.

268 Schubert, Dieter: *Otto Dix*, Reinbek 1980, S. 24.

269 Eberle, S. 34.

270 Kollwitz: *Die Tagebücher*, S. 152.

271 Grober, Ulrich: »Das kurze Leben des Peter Kollwitz«, *Die Zeit* v. 22. 11. 1996.

272 Kollwitz: *Die Tagebücher*, S. 152.

273 Ebd., S. 153.

274 Ebd., S. 169.

275 Ebd., S. 186.

276 Ebd., S. 334.

277 Dury, Eckart: »Richard Dehmel«, in: *Die Unvergessenen*, S. 41–53, hier S. 46.

278 *Vorwärts* v. 30. 10. 1918.

279 Dazu Krahmer, Catherine: *Käthe Kollwitz*, Reinbek 1981, S. 81 ff.

280 Hiller, Kurt: *Ratioaktiv*, Wiesbaden 1966, S. 13. Hiller hielt die Gedenkrede auf Lotz; ebd., S. 13 ff.

281 Zit. *Endzeit Europa*, S. 45.

282 Ebd., S. 56.

283 Ebd., S. 77.

284 Zit. Löns: *Leben ist Sterben Werden Verderben*, S. 80.

285 Ebd., S. 48.

286 Ebd., S. 23.

287 Zit. Traub, Rainer: »Der Krieg der Geister. Der nationalistische

Wahn von Schriftstellern, Gelehrten und Künstlern«, in: *Der Erste Weltkrieg. Die Ur-Katastrophe des 20. Jahrhunderts*, S. 44–53, hier S. 51.

288 Zit. Dury, Eckart: »Richard Dehmel«, in: *Die Unvergessenen*, S. 41–53., hier S. 46.

289 Zit. ebd., S. 51.

290 *Berliner Tageblatt* v. 16. 2. 1915.

291 Sprengel, Peter: »›Im Kriege erscheint Kultur als ein künstlicher Zustand‹. Gerhart Hauptmann und der Erste Weltkrieg«, in: *»Krieg der Geister«*, S. 39–74, hier S. 45.

292 Zit. Wagner, Karl: »Sinn-Soldaten. Rosegger und der *Heimgarten* im Ersten Weltkrieg«, in: *Österreich und der große Krieg*, S. 121–126, hier S. 124.

293 Vgl. *Der gefährliche Augenblick. Eine Sammlung von Bildern und Berichten. Mit einer Einleitung von Ernst Jünger*, Hrsg. Ferdinand Bucholtz, Berlin 1931.

294 Hüppauf, Bernd: »Kriegsliteratur«, in: *Enzyklopädie Erster Weltkrieg*, S. 177–191, hier S. 178.

295 Zur Bedeutung der Feldpost vgl. Ulrich: *Die Augenzeugen*. Christine Brocks schätzt, dass etwa 20 Prozent der Sendungen Bildpostkarten waren; Brocks, Christine: »Der Krieg auf der Postkarte – Feldpostkarten im Ersten Weltkrieg«, in: *Der Tod als Maschinist*, S. 155–163, hier S. 155.

296 Vgl. *Die deutschen Schützengraben- und Soldatenzeitungen*; Arnold: *Arnolds Kriegsflugblätter der Liller-Kriegszeitung*.

297 Audoin-Rouzeau: *Men at war 1914–1918*, S. 3.

298 Vgl. *Kriegsfahrten deutscher Maler*.

299 Der Aufruf erfolgte im August und dann noch einmal im Oktober, er wurde verschiedentlich publiziert, z. B. in: *Deutscher Reichsanzeiger und Königlich Preußischer Staatsanzeiger Nr. 247 vom 20. Okt. 1914*.

300 Hall, Murray G.: »Das Buch als ›Bombengeschäft‹«, in: *Österreich und der große Krieg*, S. 139–144, hier S. 140.

301 *Geschichte de deutschen Buchhandels im 19. und 20. Jahrhundert*, Bd. 1: *Das Kaiserreich 1871–1918*, Teil 2, Hrsg. Georg Jäger, Frankfurt a. M. 2003, S. 301.

302 Meyer, Andreas: »Der Verleger des ›Simplicissimus‹ und seine

Nachfolger«, in: *Buchhandelsgeschichte* 1988, H. 3, S. B 81–B 106, hier S. B 93.

303 Stach, Rainer: *100 Jahre S. Fischer Verlag*, Frankfurt a.M. 1986, S.70.

304 Abbildung in: *150 Jahre Reclam. Daten, Bilder und Dokumente zur Verlagsgeschichte. 1828–1978*, Stuttgart 1978, S.118.

305 Vgl. Die Bilderwelt im Kinderbuch. *Kinder- und Jugendbücher aus fünf Jahrhunderten*, Köln 1988, S.42 ff.; www.zeitlupe.co.at/kriegs-bilderbücher/hurra.jpg.

306 Weigel/Lukan/Peyfuss: *Jeder Schuss ein Russ, jeder Stoss ein Franzos*, S.113.

307 Adams, Marion: »Metaphern der affirmativen Weltkriegslyrik«, in: *Ansichten vom Krieg*, S.221–228, hier S.221.

308 Ebd., S.221 f.

309 *1914. Der Deutsche Krieg im Deutschen Gedicht, Ausgewählt von Julius Bab*, Heft 1: *Aufbruch und Anfang*, Berlin 1914, S.36 f.

310 Ebd., S.37.

311 Zweig: *Die Welt von gestern*, S.266.

312 Albanis: »Ostracised for Loyality«, S.196.

313 Zweig, S.264 ff.

314 Sieg: *Jüdische Intellektuelle im Ersten Weltkrieg*, S.83.

315 Herzfelde, Wieland: *John Heartfield. Leben und Werk*, Dresden 1962, S.16.

316 Albanis, S.197.

317 Ebd., S.206 f.

318 Segel: *Der Weltkrieg und das Schicksal der Juden*, S.143.

319 Albanis, S.208.

320 Thoma, Ludwig: »Am ersten August«, *MNN* v. 3.8.1914.

321 Peschken-Eilsberger, Monika: *Thomas Theodor Heine. Der Herr der roten Bulldogge. Biographie*, München 2000, S.83.

322 *Kriegsflugblätter des Simplicissimus, Nr. 1 bis 28*, München o.J.

323 Lemp: *Ludwig Thoma*, S.233 f., gibt eine Übersicht über Thomas Beiträge in diesen Publikationen.

324 Vgl. [Hans Erich Blaich]: *Ausgewählte Werke des »Simplicissimus«-Dichters Dr. Owlglass. Mit sämtlichen Briefen an Kurt Tucholsky*. Hrsg. Volker Hoffmann, Kirchheim/Teck 1981, S.313.

325 Thoma, Ludwig: *Sämtliche Beiträge aus dem »Miesbacher Anzeiger« 1920/21*, Hrsg. Wilhelm Volkert, München 1989.

326 Hüppauf, Bernd: »Kriegsliteratur«, in: *Enzyklopädie Erster Welt-krieg*, S. 177–191, hier S. 177.

327 Zit. Fries: *Die große Katharsis*, Bd, 2, S. 109.

328 Hüppauf, S. 181.

329 Adler, Jeremy: Nachwort, in: Stramm: *Die Dichtungen*, S. 327–383, hier S. 359 ff.

330 *Der Sturm*, S. 78.

331 Stramm: Brief vom 6. 10. 1914, ebd.

332 Ebd., S. 88.

333 Ebd., S. 96 f.

334 Ebd., S. 96.

335 Ebd., S. 93.

336 *Die Aktions-Lyrik.*

337 Ebd.

338 Zit. ebd., S. 236.

339 Stramm, S. 102.

340 Dies sind die ersten zwei Strophen des Gedichts »Leichen im Priesterwald«; Toller, Ernst: *Vormorgen*, Postdam 1924, S. 17. Vgl. Dove: *Ernst Toller*, S. 39.

341 Fries: *Die große Katharsis*, Bd. 2, S. 111.

342 Die Karikatur mit dem Titel »Im Café Größenwahn« erschien 1915, wiedergegeben in: Reiter, Michael: »›Deutschlands innere Wand-lung‹. Georg Simmel zum Krieg«, in: *August 1914*, S. 212–219, hier S. 214.

343 Brief von Thomas an Heinrich Mann v. 8. 11. 1913, zit. Philippi: *Volk des Zorns*, S. 44.

344 Mann, Thomas: *Doktor Faustus. Das Leben des deutschen Tonsetzers Adrian Leverkühn erzählt von einem Freunde*, Frankfurt a. M. 1980, S. 402 f. Der Roman ist etwa 30 Jahre später geschrieben, aber wir dürfen diese Beschreibung als autobiographisch ansehen.

345 Mann, Thomas: *Briefe 1889–1936*, S. 112.

346 Breuer, Dieter: *Geschichte der literarischen Zensur in Deutschland*, Heidelberg 1982, S. 210.

347 Ebd., S. 218.

348 Brief an Georg Heinrich Meyer v. 8. 4. 1916; Wolff, Kurt: *Brief-wechsel eines Verlegers 1911–1963*, Frankfurt a. M. 1966, S. 224.

349 Kurzke: *Thomas Mann*, S. 240.

350 Mann, Thomas: »Gute Feldpost«, in: *Zeit-Echo* 1 (1914), H. 2, S. 14 f.

351 Erschienen im November 1914 in der *Neuen Rundschau*, hier zitiert nach Mann, Thomas: *Friedrich und die große Koalition*, S. 7–31.

352 Vgl. z. B. Philippi: *Volk des Zorns*, S. 33 ff.; Fries: *Die große Katharsis*, Bd. 2, S. 83 ff.; Beßlich: *Wege in den Kulturkrieg*, S. 178 ff.

353 Mann, Thomas: *Friedrich und die große Koalition*, S. 11.

354 Ebd., S. 20.

355 Ebd., S. 29 f.

356 Mohler, Armin: *Die Konservative Revolution in Deutschland 1918–1932. Ein Handbuch*, Darmstadt ³1989, S. 127.

357 Mann, Thomas: *Reden und Aufsätze*, Bd. 2, S. 9.

358 Ebd., S. 10.

359 »Protest der Richard-Wagner-Stadt München«, *MNN* v. 16. 4. 1933, abgedruckt in: *München. Ein Lesebuch*, Hrsg. Reinhard Bauer / Ernst Piper, Frankfurt a. M. 1986, S. 260 ff.

360 Mann, Thomas: »Gute Feldpost«, in: *Zeit-Echo* 1 (1914), H. 2, S. 15.

361 Mann, Thomas: *Friedrich und die große Koalition*, S. 55 f.

362 Kurzke: *Thomas Mann*, S. 237.

363 Der Essay erschien in den *Weißen Blättern*, zit. Koopmann, Helmut: *Thomas Mann – Heinrich Mann. Die ungleichen Brüder*, München 2005, S. 281. In der von mir verwendeten Ausgabe der Essays von Heinrich Mann fehlt der zitierte Satz: Mann, Heinrich: *Essays*, S. 154.

364 Zit. Schröter, Klaus: *Thomas Mann im Urteil seiner Zeit*, Frankfurt a. M. 2000, S. 487, Anm. 31.

365 Mann, Thomas: *Betrachtungen eines Unpolitischen*, S. 190.

366 Mann, Heinrich: *Ein Zeitalter wird besichtigt*, Berlin 1947, S. 107.

367 Der Heinrich-Mann-Preisträger Michael Maar hat dies unlängst luzide herausgearbeitet. Maar, Michael: »Die größte Liebe ihres Lebens, der größte Hass«, *Die Zeit* v. 2. 1. 2011.

368 Karte bei Horne/Kramer: *Deutsche Kriegsgreuel 1914*, S. 20.

369 Nes, Harald von: »Die ›Kavallerie-Debatte‹ vor dem Ersten Weltkrieg und das Gefecht von Halen am 12. August 1914«, in: *Militärgeschichtliche Beiträge* 7 (1993), S. 31–36.

370 Horne/Kramer, S. 25.

371 Eine Übersicht ebd., S. 636 ff. Zur Kritik der Auswertung der Quellen durch Horne und Kramer: Rezension von Peter Hoeres in

sehepunkte 4/2004, Nr. 7/8, http://www.sehepunkte.de/2004/07/6108.html.

372 Petri/Schöller: »Zur Bereinigung des Franktireurproblems«, S. 244.

373 Ebd., S. 245.

374 Horne/Kramer, S. 53 ff.

375 Kessler: *Das Tagebuch*, S. 96.

376 Ebd., S. 97.

377 Ebd.

378 Horne/Kramer, S. 63 ff.

379 Zit. Harms, Florian: »Geiseln in den Rücken geschossen«, einestages v. 10. 3. 2008, http://einestages.spiegel.de/static/authoralbumbackground/1249/1/_geiseln_in_den_ruecken_geschossen.html.

380 Horne/Kramer, S. 72 ff.

381 Zum Folgenden v. a. Wieland: *Belgien 1914*, S. 32 ff.; Schivelbusch: *Die Bibliothek von Löwen*, S. 14 ff.; Horne/Kramer, S. 65 ff.; Kramer: *Dynamic of Destruction*, S. 6 ff.

382 Petri/Schöller: »Zur Bereinigung des Franktireurproblems«, S. 240 ff.

383 Ebd., S. 241.

384 Wieland, S. 44.

385 Ebd., S. 39.

386 Zit. Schivelbusch, S. 16 f.

387 Wieland, S. 39 nennt die Zahl 1074, Schivelbusch, S. 17 die Zahl 1081, Horne/Kramer, S. 644 sprechen von 2000 und Kramer, S. 11 von 1120 Gebäuden.

388 Abb. z. B. bei Kramer, S. 10.

389 Zit. Schivelbusch, S. 26.

390 Osborn, Max: »Der Untergang der Stadt Löwen«, *Vossische Zeitung* v. 29. 8. 1914.

391 Wieland, S. 40 f.

392 Wolff: *Tagebücher 1914–1919*, S. 94.

393 Ebd., S. 97.

394 Wolff, Theodor: »Der Brand von Löwen«, *Berliner Tageblatt* v. 2. 9. 1914.

395 *Daily Mail* v. 31. 8. 1914, abgebildet in Kramer, S. 13.

396 Rolland: *Das Gewissen Europas*, Bd. 1, S. 49.

397 Zit. Wieland, S. 45.

398 Horne/Kramer, S. 366.

399 Nagler: *Nationale Minoritäten im Krieg*, S. 126 f.

400 Die brennende Kathedrale ist abgebildet in *The First World War*, S. 43; Kunst/Schenkluhn: *Die Kathedrale in Reims*, S. 70.

401 Kunst/Schenkluhn, S. 5.

402 Ebd., S. 28.

403 Horne/Kramer, S. 654.

404 *Die Beschießung der Kathedrale von Reims*, S. 5.

405 Horne/Kramer, S. 327.

406 *Die Beschießung der Kathedrale von Reims*, S. 7.

407 Ebd., S. 7 f. und Zeugenaussagen im Anhang.

408 Generalmajor z. D. v. Ditfurth: »Schluß mit der Kathedrale von Reims!«, *Der Tag* v. 8. 10. 1914; Lissauer, Ernst: »Deutsche Stätten«, *Der Tag* v. 15. 10. 1914; Professor Dr. Zorn, »Der Krieg von 1914 und das Völkerrecht«, *Der Tag* v. 8. 11. 1914; Ernst, Paul: »Das Kunstwerk im Kriege«, *Der Tag* v. 22. 11. 1914.

409 Ebd.

410 Zit. Panter, Peter [d. i. Kurt Tucholsky]: »Auf dem Nachttisch«, *Die Weltbühne*, 24. Jg. 1928, S. 717–721, hier S. 721.

411 Rodin, Auguste: *Die Kathedralen Frankreichs*, Leipzig 1917, S. 120.

412 Zit. Appenzeller, Gerd: »Kathedrale der Vernunft«, *Der Tagesspiegel* v. 9. 7. 2012.

413 *Bayern und seine Armee*, S. 250 ff.

414 Schivelbusch: *Die Bibliothek von Löwen*, S. 37.

415 Ebd., S. 57.

416 *Der Vertrag von Versailles*, S. 264.

417 Schivelbusch, S. 171 ff.

418 Vgl. *Kriegsgreuel. Die Entgrenzung der Gewalt in kriegerischen Konflikten vom Mittelalter bis ins 20. Jahrhundert*, Paderborn 2008.

419 Liulevicius: *Kriegsland im Osten*.

420 Ebd., S. 25.

421 Piper: *Alfred Rosenberg*, S. 20.

422 Bobyleva, Svetlana: »Wer ist schuld? Die russische Gesellschaft und die ›deutsche Frage‹ während des Ersten Weltkriegs«, in: *Besetzt, interniert, deportiert*, S. 283–309.

423 Kramer, S. 151.

424 Tänzer: *Die Geschichte der Juden in Brest-Litowsk*, S. 5.

425 Ebd., S. 59.

426 Kramer, S. 151.

427 Nelipovi, Sergej: »Die Deportation der deutschen Bevölkerung aus dem Gouvernement Warschau 1914/15«, in: *Besetzt, interniert, deportiert*, S. 231–262.

428 Baberowski, Jörg: »Einführende Bemerkungen«, in: *Die vergessene Front*, S. 147–152, hier S. 150.

429 Holzer: *Das Lächeln der Henker*, S. 158.

430 Ebd., S. 74 ff.; *Deutsche Geschichte im Osten Europas*, S. 159 f.

431 Zit. Holzer, S. 74.

432 Vgl. z. B. *The First World War*, S. 32.

433 Raemaekers, Louis: *The Great War. A Neutral's Indictment*, London 1916.

434 Zit. Besier, Gerhard: *Die protestantischen Europas im Ersten Weltkrieg. Ein Quellen- und Arbeitsbuch*, Göttingen 1984, S. 40–45, hier S. 42. Unterzeichner waren u. a. Pastor Friedrich von Bodelschwingh, Oberhofprediger Ernst von Drysander, Rudolf Eucken und Wilhelm Wundt.

435 Auswärtiges Amt: *Über die Verletzung der Genfer Konvention.*

436 Vgl. Wieland: *Belgien 1914*, S. 17.

437 Jacques: *Die Flüchtlinge*, S. 18.

438 Ebd., S. 20.

439 Horne/Kramer, S. 337 f. Ebd., S. 669 ff. ist eine Übersicht sämtlicher amtlicher Veröffentlichungen der Kriegsparteien zu finden.

440 *Report of the Committee on Alleged German Outrages.*

441 Kramer, Alan: »Kriegsgreuel«, in: *Enzyklopädie Erster Weltkrieg*, S. 647 f., hier S. 648.

442 Lepsius: *Bericht über die Lage des Armenischen Volkes in der Türkei.*

443 Ebd., erste Seite des unpaginierten Vorworts.

444 Mühsam, *Wie wir belogen wurden*, S. 76.

445 Toynbee, Arnold: *Armenian Atrocities. The Murder of a Nation*, New York 1915.

446 Toynbee, Arnold: *The German Terror in Belgium. A Historical Record*, London 1917.

447 Karikaturen mit diesem Motiv bei Avenarius: *Das Bild als Narr*, S. 158 ff.

448 Liebknecht: *Briefe aus dem Felde*, S. 12.

449 Zit. Ritter, Henning: »Die abgeschnittenen Hände«, *FAS* v. 23. 11. 2008.

450 Hochschild, Adam: *Schatten über dem Kongo. Die Geschichte eines der großen, fast vergessenen Menschheitsverbrechen*, Stuttgart 1998, S. 321.

451 Ebd., Abbildungen nach S. 192.

452 Auswärtiges Amt: *Die völkerrechtswidrige Führung des belgischen Volkskrieges*; dazu Horne/Kramer, S. 349 ff.

453 Keil/Kellerhoff: »›Lütticher Greuel‹«, S. 42.

454 Ebd.

455 So enthält z. B. Rosenberg, Alfred: *Pest in Rußland. Der Bolschewismus, seine Häupter, Handlanger und Opfer*, München 1922, S. 124 ff. zahlreiche Fotos von Opfern der Tscheka.

456 Holzer: *Das Lächeln der Henker.*

457 Abgebildet ebd., S. 96.

458 Mayence, Fernand: »Aufruf an alle Deutschen, die guten Willens sind«, *Allgemeine Rundschau XXVI*, 1929, S. 720 f.

459 Schöller, Peter: *Der Fall Löwen und das Weißbuch. Eine kritische Untersuchung der deutschen Dokumentation über die Vorgänge in Löwen vom 25. bis 28. August 1914*, Köln/Graz 1958.

460 Zit. Horne/Kramer, S. 611.

461 *Massenverhetzung und Volkskrieg in Belgien*, S. 15.

462 Auswärtiges Amt, *Die völkerrechtswidrige Führung des belgischen Volkskrieges*, S. 5.

463 Friedländer, Max J.: »Der Kunstbesitz von Löwen«, *Kunst und Künstler* 13 (1915), S. 25–28.

464 Worringer, Wilhelm: »Die Kathedrale von Reims«, *Kunst und Künstler* 13 (1915), S. 85–90.

465 Ebd., S. 89.

466 Ebd., S. 90.

467 Glaser, Curt: »Die Zerstörung von Brüssel im Jahre 1695«, *Kunst und Künstler* 13 (1915), S. 234 ff.

468 Ebd., S. 234.

469 Hirschfeld: *Warum hassen uns die Völker?*

470 Ebd., S. 16.

471 Vos, Luc De/Lierneaux, Pierre: »Der Fall Belgien 1914 bis 1918 und 1940 bis 1944«, in *Erster Weltkrieg – Zweiter Weltkrieg*, S. 527–553, hier S. 537.

472 Ebd., S. 544.

473 Ebd., S. 546 f.

474 Herzog, Martin/Rösseler, Marko: »Der große Zaun. Ein bizarres Kapitel aus der Terrorgeschichte im Ersten Weltkrieg«, *Die Zeit* v. 16. 4. 1998.

475 Benn, Gottfried: »Wie Miss Cavell erschossen wurde«, in: ders., *Autobiographische und vermischte Schriften*, Wiesbaden 1961 (= Gesammelte Werke in vier Bänden, Hrsg. Dieter Wellershoff, Bd. 4), S. 194–201, hier S. 200. Der Text erschien erstmals am 22. 2. 1928 im *8-Uhr-Abendblatt* der *Nationalzeitung*.

476 Ebd., S. 196.

477 Bremm, Klaus-Jürgen: »Krieg der Welten«, *FAZ* v. 17. 8. 2006.

478 Abb. ebd.

479 Abb. ebd.

480 Buitenhuis: *The Great War of Words*, S. 82 ff.

481 Zit. Mommsen: *Der Erste Weltkrieg*, S. 156.

482 Bremm.

483 Klepsch: *Romain Rolland im Ersten Weltkrieg*, S. 23.

484 *The War of the Nations. A History of the Great European Conflict*, vol. I Hrsg. William Le Queux, vol. II-XI Hrsg. Edgar Wallace, London 1914–1918.

485 *The New York Times* v. 18. 10. 1914.

486 Epstein: *German and English Propaganda in World War I*, S. 1.

487 Nagler: *Nationale Minoritäten im Krieg*, S. 69 bzw. S. 81, Anm. 103.

488 Epstein, S. 2.

489 Erzberger: *Erlebnisse im Weltkrieg*, S. 3 f.; Ungern-Sternberg: *Der Aufruf »An die Kulturwelt«*, S. 115.

490 Wells: *The War That Will End War*.

491 Zit. Buitenhuis, S. 9.

492 Klepsch, S. 24 f.

493 Hynes: *A War Imagined*, S. 20 f.

494 Hoeres: *Der Krieg der Philosphen*, S. 182 f.

495 Russell, Bertrand: *Die deutsche Sozialdemokratie*, Hrsg. Achim von Borries, Berlin/Bonn 1978, S. 179.

496 Hoeres, S. 189.

497 Ebd., S. 187.

498 Russell: *Autobiographie II*, S. 38.

499 Ebd., S. 36.

500 Ebd., S. 38.

501 Liebknecht: *Briefe aus dem Felde*, S. 49 ff.

502 Ebd., S. 50.

503 Erzberger: *Erlebnisse im Weltkrieg*, S. 3; Ungern-Sternberg: *Der Aufruf »An die Kulturwelt«*, S. 117.

504 Kruse: *Der Erste Weltkrieg*, S. 87.

505 Kocka: *Klassengesellschaft im Krieg*.

506 Zit. *Expressionismus*, S. 320.

507 Lindner-Wirsching: »Patrioten im Pool«, S. 115 f.

508 Vgl. Kroll, Thomas: »Die Monarchie und das Aufkommen der Massendemokratie. Deutschland und Großbritannien im Vergleich (1871–1914)«, in: *ZfG* 60 (2013), H. 4, S. 311–328.

509 Verhey, Jeffrey: »»Helft uns siegen‹ – Die Bildersprache des Plakates im Ersten Weltkriegs«, in: *Der Tod als Maschinist*, S. 165–175, hier S. 166.

510 Sombart: *Händler und Helden*, S. 46.

511 Lotz, Walther: *Die deutsche Staatsfinanzwirtschaft im Kriege*, Stuttgart 1927, S. 120.

512 Verhey, S. 169.

513 Bruendel, Steffen: »Vor-Bilder des Durchhaltens«, in: *Durchhalten!*, S. 81–108, hier S. 87.

514 Mit diesem Titel wurde es 1918 in der Wiener Secession ausgestellt; *Traum und Wirklichkeit. Wien 1870–1930*, Wien 1985, S. 602.

515 Hüppauf: *Ansichten vom Krieg*, S. 881.

516 Ebd. S. 885.

517 Hüppauf, Bernd: »Fotografie im Ersten Weltkrieg«, in: *Der Tod als Maschinist*, S. 109–123, hier S. 116.

518 Holzer: *Die andere Front*, 37.

519 Oppelt: *Film und Propaganda im Ersten Weltkrieg*, S. 102.

520 Wiedergegeben bei Koszyk: *Deutsche Pressepolitik im Ersten Weltkrieg*, S. 22 f.

521 Riha, Karl: »Den Krieg photographieren«, in: *Kriegserlebnis*, S. 146–161, hier S. 146 f.

522 Traverso: *Im Bann der Gewalt*, S. 137.

523 Vgl. Engel: *Sprich Deutsch*; Engel: *Entwelschung*.

524 Klepsch: *Romain Rolland im Ersten Weltkrieg*, S. 36.

525 Fulda: *Deutsche Kultur und Ausländerei*, S. 13 f.

526 Klepsch, S. 35, Anm. 59.

527 Winter, Jay: »Popular culture in wartime Britain«, in: *European culture in the Great War*, S. 330–348, hier S. 345.

528 Williams: *The Home Fronts*, S. 33.

529 Ungern-Sternberg/Ungern-Sternberg: *Der Aufruf »An die Kulturwelt«*, S. 53.

530 Stern, Fritz: »Einstein und die Deutschen«, *Die Zeit* v. 5. 4. 1985.

531 Stern: *Die Historiker und der Erste Weltkrieg*, S. 52.

532 »An die Kulturwelt!«, in: *Aufrufe und Reden deutscher Professoren im Ersten Weltkrieg*, S. 47 ff. Hier S. 47 f.

533 Ebd., S. 48.

534 Ebd.

535 Uys, Ian: *Rollcall. The Delville Wood Story*, Germiston 1991, S. 194 ff.

536 Piper: *Alfred Rosenberg*, S. 153 f.

537 Haeckel: *Welkriegsgedanken*, S. 85 f.

538 »An die Kulturwelt!«, in: *Aufrufe und Reden deutscher Professoren im Ersten Weltkrieg*, S. 49.

539 Zit. Ungern-Sternberg/Ungern-Sternberg, S. 22.

540 Horne/Kramer: *Deutsche Kriegsgreuel 1914*, S. 414.

541 Bruendel: *Volksgemeinschaft oder Volksstaat*, S. 14.

542 *Erklärung der Hochschullehrer des Deutschen Reiches. Déclaration des professeurs des Universités et des Écoles supérieures de l'Empire allemand*, Berlin 1914, S. 1.

543 *Deutsche Reden in schwerer Zeit*.

544 Z.B. *Deutsche Zukunft*. Dies ist die »Achte Liebesgabe deutscher Hochschüler«, sie besteht aus faksimilierten handschriftlichen Grußbotschaften der Rektoren zahlreicher deutscher Universitäten an die eingezogenen Studenten.

545 *Aufrufe und Reden deutscher Professoren im Ersten Weltkrieg*, S. 50.

546 Bruendel: *Volksgemeinschaft oder Volksstaat*, S. 45.

547 Zit. Ungern-Sternberg/Ungern-Sternberg: *Der Aufruf »An die Kulturwelt«*, S. 96.

548 *Aufrufe und Reden deutscher Professoren im Ersten Weltkrieg*, S. 54 ff.

549 Ebd., S. 56.

550 Wolff: *Vollendete Tatsachen 1914–1917*, S. 17.

551 Ebd., S. 18. Der hier zitierte Artikel erschien ursprünglich im *Berliner Tageblatt* vom 7. 12. 1914.

552 Zu Foerster in der Zeit des Ersten Weltkriegs vgl. Lutz, Heinrich: »Deutscher Krieg und Weltgewissen. Friedrich Wilhelm Foersters politische Publizistik und die Zensurstelle des bayerischen Kriegsministeriums (1915–1918)«, in: *Zeitschrift für Bayerische Landesgeschichte* 25 (1962), S. 470–549.

553 Foerster, Friedrich Wilhelm: *Mein Kampf gegen das militaristische und nationalistische Deutschland*, Stuttgart 1920.

554 Reiter, Michael: »›Deutschlands innere Wandlung‹. Georg Simmel zum Krieg«, in: *August 1914*, S. 212–219, hier S. 216 f.

555 Simmel: *Der Krieg und die geistigen Entscheidungen*, S. 7–29.

556 Ebd., S. 10.

557 Ebd., S. 15.

558 Gephart, *Bilder der Moderne*, S. 97.

559 Simmel, S. 10.

560 Simmel: *Der Krieg und seine geistigen Entscheidungen*, S. 36. Dem Essay waren zwei Veröffentlichungen im *Svenska Dagbladet* und im *Berliner Tageblatt* vorausgegangen: »Kulturarbetet efter Kriget«, *Svenska Dagbladet* v. 16. 5. 1915; »Europa und Amerika«, *Berliner Tageblatt* v. 4. 7. 1915.

561 Simmel: *Der Krieg und seine geistigen Entscheidungen*, S. 429 f.

562 Flasch: *Die geistige Mobilmachung*, S. 231.

563 Weiß, Volker: »Der Jude ist an allem schuld«, *Die Zeit* v. 8. 11. 2012.

564 Peters, Michael: »Der ›Alldeutsche Verband‹«, in: *Handbuch zur »Völkischen Bewegung«*, S. 302–315, hier S. 308.

565 Sondernummer der *Alldeutschen Blätter*, zit. ebd., S. 312.

566 Bauch: »Vom Begriff der Nation«.

567 Ebd., S. 140.

568 Ebd., S. 141.

569 Sieg: *Jüdische Intellektuelle im Ersten Weltkrieg*, S. 192.

570 Sluga, Hans: *Heidegger's Crisis. Philosophy and Politics in Nazi Germany*, Cambridge/Mass. ²1995, S. 84.

571 Fichte-Gesellschaft von 1914: *An jeden Deutschen!*, Flugblatt, Hamburg 1916.

572 Zit. Brumlik, Micha: *Deutscher Geist und Judenhass. Das Verhältnis des philosophischen Idealismus zum Judentum*, München 2000, S. 76 f.

573 Eucken: *Die sittlichen Kräfte des Krieges*, S. 3.

574 Flasch: *Die geistige Mobilmachung*, S. 116.

575 Zit. Luft: *Germany's Metaphysical War*, S. 13.

576 Scheler: *Der Genius des Krieges*, S. 150.

577 Ebd.

578 Sombart: *Händler und Helden*, S. 136.

579 Ebd., S. 46 f.

580 Ebd., S. 143.

581 Ebd., S. 100.

582 Sombart, Werner: *Luxus und Kapitalismus. Studien zur Entwicklungs-geschichte des modernen Kapitalismus*, Bd. 1, München/Leipzig, 1913.

583 Sombart: *Händler und Helden*, S. 101.

584 Ebd., S. 103.

585 Ebd., S. 85.

586 Ebd., S. 129.

587 Zit. Zelinsky, Hartmut: *Richard Wagner – ein deutsches Thema. Eine Dokumentation zur Wirkungsgeschichte Richard Wagners 1876–1976*, Frankfurt a. M. 1976, S. 140.

588 Ebd.

589 Ebd.

590 Piper: *Alfred Rosenberg*, S. 190.

591 Wallace: *War and the Image of Germany*, S. 29.

592 Traub, Rainer: »Der Krieg der Geister«, *Spiegel Special*, Heft 1/2004, S. 26–30, hier S. 27.

593 Bericht von H. A. L. Fisher, Mitglied der Bryce-Kommission, zit. Wallace: *War and the Image of Germany*, S. 174.

594 Muirhead: *German Philosophy in Relation to the War*, S. 75.

595 Ungern-Sternberg/Ungern-Sternberg: *Der Aufruf »An die Kultur-welt«*, S. 101.

596 Llanque: *Demokratisches Denken im Krieg*, S. 26.

597 Aschheim: *Nietzsche und die Deutschen*, S. 130.

598 Wallace: *War and the Image of Germany*, S. 50.

599 Aschheim: *Nietzsche und die Deutschen*, S. 131.

600 Förster-Nietzsche, Elisabeth: »Nietzsche und der Krieg«, *Der Tag* v. 10. 9. 1914. Für den Hinweis auf diesen Text danke ich Andreas Urs Sommer.

601 Aschheim: *Nietzsche und die Deutschen*, S. 133.

602 Rolland: *Das Gewissen Eurpopas*, Bd. 1, 1983, S. 43 f.

603 Haeckel: *Welkriegsgedanken*, S. 113.

604 Vgl. Schivelbusch: *Die Bibliothek von Löwen*, S. 191 ff.

605 Vgl. *Der Krieg der Geister.*

606 Durkheim: »*L'Allemagne au-dessus de tout*«.

607 Bédier: *Les Crimes allemands d'après les témoignages allemands.* Deutsch: Bédier, Joseph: *Deutsche Verbrechen durch deutsche Dokumente bewiesen*, Paris 1915.

608 Lindner-Wirsching: *Französische Schriftsteller und ihre Nation im Ersten Weltkrieg*, S. 209 ff.

609 Ebd.

610 Zit. Kramer: *Dynamic of Destruction*, S. 183.

611 Sprengel, Peter: »»Im Kriege erscheint Kultur als ein künstlicher Zustand‹. Gerhart Hauptmann und der Erste Weltkrieg«, in: »*Krieg der Geister*«, S. 39–74, hier S. 67.

612 *Der Krieg der Geister*, S. 28 f.

613 Ungern-Sternberg/Ungern-Sternberg: *Der Aufruf »An die Kulturwelt«*, S. 97.

614 Horne/Kramer: *Deutsche Kriegsgreuel 1914*, S. 417.

615 Hoeres: *Der Krieg der Philosophen*, S. 125; Horne/Kramer: *Deutsche Kriegsgreuel 1914*, S. 417.

616 *The New York Times Current History*, S. 188 ff., hier S. 188.

617 Hoeres: *Der Krieg der Philosophen*, S. 125.

618 Reimann: *Der große Krieg der Sprachen*, S. 231.

619 Church: *The American Verdict on the War*. Der Brief selbst stammt vom 9. November 1914. Church berichtet im Vorwort, dass er sichere Nachricht habe, dass der Brief den Empfänger erreicht hat. Schaper hat aber nicht geantwortet.

620 Ebd., S. 4.

621 Ebd., S. 19.

622 Ebd., S. 20.

623 Ludwig: *A Reply to Mr. Samuel Harden Church's Pamphlet on »The American Verdict on the War«.*

624 Jahn, Hubertus F.: »Die Germanen. Perzeptionen des Kriegsgegners in Russland zwischen Selbst- und Feindbild«, in: *Die vergessene Front*, S. 165–177, hier S. 172.

625 Čerkaz'janova, Irina: »Das Abreißen der russisch-deutschen Wis-

senschaftskontakte während des Ersten Weltkriegs und ihre Wiederaufnahme zu Beginn der 1920er Jahre«, In: *Besetzt, interniert, deportiert*, S. 351–371, hier S. 357 und S. 361.

626 Ebd., S. 365 ff.

627 Itinerar in Kessler: *Das Tagebuch*, Bd. 5, S. 73 und S. 75.

628 Musil: *Europäertum, Krieg, Deutschtum*, S. 1020.

629 Ebd., S. 1021.

630 Ebd.

631 Ebd., S. 1022.

632 Ebd.

633 Musil, Robert: *Der Mann ohne Eigenschaften*, Hamburg 1952, S. 33.

634 Lindner-Wirsching: *Französische Schriftsteller und ihre Nation im Ersten Weltkrieg*, S. 276.

635 Ebd., S. 286.

636 Beaupré: *Deutsche und Französische Frontschriftsteller des Ersten Weltkrieges*, S. 15.

637 Barbusse: *Briefe von der Front*, S. 84.

638 Brief vom 26. 1. 1916, ebd., S. 168.

639 Barbusse: *Das Feuer*, S. 301.

640 Barrès, Maurice: *L'âme française et la guerre*, 12 Bde., Paris 1915–1920.

641 Beaupré, S. 6.

642 Lindner-Wirsching, S. 329.

643 Jeismann, Michael: *Das Vaterland der Feinde. Studien zum nationalen Feindbegriff und Selbstverständnis in Deutschland und Frankreich 1792–1918*, Stuttgart 1992.

644 Lindner-Wirsching, S. 8.

645 Frank: *Links wo das Herz ist*, S. 64 f.

646 Michael, Michel: *Vor Cressy an der Marne. Balladen u. auch Nachtchoräle e. armen Feldsoldaten. Geschrieben u. gedr. im Felde irgendwo*, o. O. 1916.

647 Zweig/Zech: *Briefe 1910–1942*, S. 64.

648 Ebd., S. 65 f.

649 *Hermann Hesse. 1877–1977*, S. 140 f.

650 *NZZ* v. 3. 11. 1914.

651 Ebd.

652 Zeller: *Hermann Hesse*, S. 72.

653 Landauer: *Die Abschaffung des Krieges durch die Selbstbestimmung des Volkes*, S. 53.

654 Brief an Hugo Warnstedt v. 4. 11. 1914, in: Landauer, Gustav: *Lebensgang in Briefen*, Bd. 2, Hrsg. Martin Buber, Frankfurt a. M. 1929, S. 11.

655 *Der Sozialist* v. 1. 12. 1914.

656 Diese und weitere Dokumente sind von *Le Monde Libertaire* im September 1964 publiziert worden: http://web.archive.org/web/20010121223100/http://www.users.skynet.be/AL/LIBRAIRIE/increva/vol3/1418.htm.

657 Klepsch: *Romain Rolland im Ersten Weltkrieg*, S. 50.

658 Rolland: *Au-dessus de la mêlée*.

659 Alter, Reinhard: »Gerhart Hauptmann, das deutsche Kaiserreich und der Erste Weltkrieg«, in: *Ansichten vom Krieg*, S. 184–204, hier S. 185.

660 Offener Brief im *Journal de Genève*, zit. *Innenansicht eines Krieges*, S. 33.

661 Offener Brief in der *Vossischen Zeitung* v. 29. 8. 1914, zit. ebd., S. 41 f.

662 *Frankfurter Zeitung* v. 18. 10. 1914.

663 Zit. Matuschek: *Stefan Zweig*, S. 133.

664 Zit. *Endzeit Europa*, S. 113.

665 Vgl. Châtellier, Hildegard: »Wagnerismus in der Kaiserzeit«, in: *Handbuch zur »Völkischen Bewegung«*, S. 575–612.

666 Wagner, Richard: *Ausgewählte Schriften und Briefe*, Bd. 2, Hrsg. Alfred Lorenz, Berlin 1938, S. 292 f.

667 Schroeder, Leopold von: *Die Vollendung des arischen Mysteriums in Bayreuth*, München 1911.

668 Spotts, Frederic: *Bayreuth. A History of the Wagner Festival*, New Haven / London 1994, S. 130.

669 Ebd., S. 134.

670 Schmid, Marion: »Moderne und Reaktion im Frankreich des Ersten Weltkrieges. Der Fall Richard Wagner«, in: *Aggression und Katharsis*, S. 319–336, hier S. 320.

671 Zit. ebd., S. 323.

672 Ebd.

673 *Ferdinand Hodler*, S. 140.

674 Vgl. Mühlestein / Schmidt, *Ferdinand Hodler. Sein Leben und sein Werk*, S. 371 ff.

675 Ebd.

676 Kallmorgen, Friedrich: »Der Fall Hodler«, *MNN* v. 18. 10. 1914.

677 Vgl. Piper: *Alfred Rosenberg*, S. 369.

678 »Zum letzten Male Mosjö 'odlär und seine getreuen Deutschen«, *Deutsche Tageszeitung* v. 24. 10. 1914.

679 *Jenaer Volksblatt* v. 17. 10. 1914.

680 Piper, Reinhard: *Mein Leben als Verleger*, München 1964, S. 387.

681 Zit. *Ferdinand Hodler*, S. 159; vgl. Rösch, Gertrud M.: *Ludwig Thoma als Journalist. Ein Beitrag zur Publizistik des Kaiserreichs und der frühen Weimarer Republik*, Frankfurt a. M. u. a. 1989, S. 291 ff.

682 Zit. Marwedel, Rainer: *Theodor Lessing 1872–1933. Eine Biographie*, Darmstadt 1987, S. 146.

683 Rathenau, Walther: *Zur Kritik der Zeit*, Berlin 1912, S. 122.

684 Cohen: *Movement, Manifesto, Melee*, S. 6 f.

685 Brief v. 25. 10. 1914, Marc: *Briefe aus dem Feld*, S. 25.

686 Marc: *Schriften*, S. 156.

687 Kandinsky/Marc: *Briefwechsel*, S. 263.

688 Brief v. 8. 11. 1914, ebd., S. 265.

689 Brief v. 16. 11. 1914, ebd., S. 267.

690 Marc: *Schriften*, S. 165.

691 Marc: *Briefe aus dem Feld*, S. 151.

692 Zu Klees Zeit als Soldat vgl. *Paul Klee in Schleißheim*, S. 32 ff.

693 Das Zimmer zeigt Klee, »Gedenkblatt« (1918), abgebildet ebd., S. 59.

694 Vgl. z. B. Klee, »Als ich Rekrut war« (1916), abgebildet ebd., S. 33.

695 Werckmeister: *Versuche über Paul Klee*, S. 83.

696 Ebd., 83 ff.

697 Klee: *Tagebücher 1898–1918*, S. 338.

698 Piper, Ernst: »Liste der in der Nazizeit ausgestellten und geehrten bildenden Künstler«, in: *»Niemand hat's gewußt«. Die deutsche Öffentlichkeit und die Judenverfolgung 1933–1945*, Hrsg. Jörg Wollenberg, München 1989, S. 251–262, hier S. 251 f.

699 Cohen: *Movement, Manifesto, Melee*, S. 299 ff. Die Zusammenstellung von Cohen ist nicht exhaustiv, er nennt nur Schriftsteller und Künstler von einer gewissen internationalen Bekanntheit.

700 Remarque: *Im Westen nichts Neues*, S. 5.

701 Zu Sassoon vgl. Fussell: *The Great War and Modern Memory*, S. 90 ff.

702 Owen: *Gedichte*, S. 83.

703 Hoen, Generalmajor Max Ritter von: »Das Armeeoberkommando«, in: *Aus der Werkstatt des Krieges*, S. 14–29, hier S. 25.

704 Zit. Sauermann: *Literarische Kriegsfürsorge*, S. 37.

705 Zit. Džambo, Jozo: »Armis et litteris – Kriegsberichterstattung, Kriegspropaganda und Kriegsdokumentation in der k. u. k. Armee 1914–1918«, in: *Musen an die Front!*, S. 9–27, hier S. 16.

706 Broucek, Peter: »Das Kriegspressequartier und die literarischen Gruppen im Kriegsarchiv 1914–1918«, in: *Österreich und der Große Krieg*, S. 132–138, hier S. 136.

707 Kraus, Karl: »Geteilte Ansichten über die Kriegsberichterstattung«, *Die Fackel*, Heft 413–417 v. 10. 12. 1915, S. 32–36, hier S. 33.

708 Džambo, S. 20.

709 Zit. Sauermann: *Literarische Kriegsfürsorge*, S. 32.

710 Ebd.

711 Klepsch: *Romain Rolland im Ersten Weltkrieg*, S. 89 f.

712 Rilke, Rainer Maria/Nádherny von Borutin, Sidonie: *Briefwechsel 1906–1926*, Hrsg. Joachim W. Storck, Göttingen 2007, S. 614.

713 Zit. Džambo, S. 22.

714 Rilke, Rainer Maria: *Das Testament*, Hrsg. Ernst Zinn, Frankfurt a. M. 1975, S. 8.

715 Blom: *Der taumelnde Kontinent*, S. 14.

716 Vgl. Piper, Ernst: »Mobilität«, in: *Vom Menschen. Handbuch Historische Anthropologie*, Hrsg. Christoph Wulf, Weinheim 1997, S. 198–202.

717 Vgl. Fritzsche, Peter: *A Nation of Fliers. German Aviation and the Popular Imagination*, Cambridge/Mass. 1992.

718 Marinetti, F. T.: *Zang tumb tumb. Adrianopoli Ottobre 1912*, Mailand 1914.

719 Gospodinow, Georgi: »Wie der Balkankrieg den Futurismus hervorbrachte«, *NZZ* v. 14. 1. 2013.

720 Suttner, Bertha von: *Die Barbarisierung der Luft*, Zürich 1912.

721 Wagner, Karl: »Sinn-Soldaten. Rosegger und der *Heimgarten* im Ersten Weltkrieg«, in: *Österreich und der große Krieg*, S. 121–126, hier S. 124.

722 Schmidt-Bergmann: *Futurismus*, S. 77 f. Der Text erschien zuerst auf Französisch am 20. Februar 1909 in der Pariser Tageszeitung *Le Figaro*. Vgl. Salaris: *Filippo Tommaso Marinetti*, S. 87 ff.

723 Schmidt-Bergmann: *Futurismus*, S. 77.

724 Isenghi: *Il mito della Grande Guerra*, S. 26.

725 Zit. Günther: »Befreite Worte und Sternensprache. Der italienische und der russische Futurismus«, in: *Literarische Moderne. Europäische Literatur im 19. und 20. Jahrhundert*, Hrsg. Rolf Griminger / Jurij Murašov / Jörn Stückrath, Reinbek bei Hamburg 1995, S. 287–290, hier S. 288.

726 Ebd., S. 289.

727 Cardile, Enrico: »Ode alla Violenza«, http://www.dlib.si/details/URN:NBN:SI:doc-IZWJ822F.

728 Vgl. Isenghi: *Il mito della Grande Guerra*, S. 77.

729 Mattioli, Aram: »Entgrenzte Kriegsgewalt. Der italienische Giftgaseinsatz in Abessinien 1935–1936«, *VfZG* 61 (2003), H. 3, S. 311–338.

730 Zit. Harth/Stölting: »Ästhetische Faszination und Demagogie«, S. 126, dort zitiert nach Walter Benjamin, von dem wohl auch die Übersetzung stammt; Benjamin, Walter: *Das Kunstwerk im Zeitalter seiner technischen Reproduzierbarkeit*, Frankfurt a. M. 1963, S. 43.

731 Vgl. Salaris: *Filippo Tommaso Marinetti*, S. 276 ff.

732 Zit. Ehrlicher: *Die Kunst der Zerstörung*, S. 157.

733 Isenghi: *Il mito della Grande Guerra*, S. 25.

734 Procacci: *Geschichte Italiens und der Italiener*, S. 333.

735 Zit. Rusconi, Gian Enrico: »Das Hasardspiel des Jahres 1915. Warum sich Italien für den Eintritt in den Ersten Weltkrieg entschied«, in: *Der Kriegseintritt Italiens im Mai 1915*, S. 13–52, hier S. 28.

736 Isenghi/Rochat: *La Grande Guerra 1914–1918*, S. 87.

737 Ebd., S. 97.

738 Gibelli, Antonio: »Faschismus in Italien«, in: *Enzyklopädie Erster Weltkrieg*, S. 988–992, hier S. 991.

739 Falabrino, Gian Luigi: »Gaetano Salvemini e l'irredentismo«, http://www.storiain.net/arret/num157/artic4.asp. Vgl. Isenghi/Rochat: *La Grande Guerra 1914–1918*, S. 104 f.

740 Vgl. Cali, Vincenzo: »›Niemandsland‹. Cesare Battisti, das Trentino und die Grenzdiskussion 1914/15«, in: *Der Kriegseintritt Italiens im Mai 1915*, S. 101–116.

741 Isenghi/Rochat: *La Grande Guerra 1914–1918*, S. 120.

742 Kirkpatrick: *Mussolini*, S. 58.

743 Salaris: *Filippo Tommaso Marinetti*, S. 139.

744 Schmidt-Bergmann: *Futurismus*, S. 175. Im Original ist der gesamte Text versal.

745 Abb. bei Salaris: *Filippo Tommaso Marinetti*, S. 147.

746 Zit. *Die letzten Tage der Menschheit*, S. 88.

747 *Carrà*, S. 53.

748 Vgl. ebd., S. 89 das Bild »Solitudine«, 1917.

749 Übersetzung Tanja Ruzicska. Rothemden sind die Anhänger Garibaldis.

750 Vgl. Salaris: *Filippo Tommaso Marinetti*, S. 141 ff.

751 Vgl. Hillgruber, Andreas: »Die Erwägungen der Generalstäbe für den Fall eines Kriegseintritts Italiens 1914/15«, in: ders.: *Deutsche Großmacht- und Weltpolitik im 19. und 20. Jahrhundert*, Düsseldorf ²1979, S. 108–122.

752 Janz, Oliver: »Zwischen Konsens und Dissens. Zur Historiographie des Ersten Weltkriegs in Italien«, in: *Durchhalten!*, S. 195–213, hier S. 205.

753 Ballinger, Pamela: »Blutopfer und Feuertaufe. Der Kriegerritus der Arditi«, in: *Der Dichter als Kommandant*, S. 175–202, hier S. 180 ff.

754 *Der Dichter als Kommandant*, S. 259. Wiedergegeben ist die Originalorthographie der deutschen Version des Flugblatts.

755 »Vittoria nostra, non sarai mutilata«, der Text erschien zuerst im *Corriere della Sera* v. 24. 10. 1918.

756 *Enzyklopädie Erster Weltkrieg*, S. 664 f. In der Übersicht über die Kriegsverluste sind für Italien 460 000 militärische und geschätzte 700 000 zivile Todesfälle aufgeführt.

757 Künzi, Giulia Brogini: »Italienische Militärzeitschriften und das Bild des Krieges«, in: *An der Schwelle zum Totalen Krieg*, S. 37–111, hier S. 44.

758 Ebd., S. 45.

759 Dieser und ähnliche Aufrufe sind wiedergegeben bei Gidal, Nachum T.: *Die Juden in Deutschland von der Römerzeit bis zur Weimarer Republik*, Gütersloh 1988, S. 312.

760 *Jüdische Rundschau* v. 7. 8. 1914.

761 Angress: »Der jüdische Offizier 1813–1918«, S. 70 f.

762 Messerschmidt, Manfred: »Juden im preußisch-deutschen Heer«, in: *Deutsche jüdische Soldaten 1914–1945*, S. 96–127, hier S. 103.

763 Ebd., S. 105.

764 Ich folge hier den in der Literatur geläufigen Zahlen. Der völkische Publizist Philipp Stauff zählt dagegen 21 jüdische Abgeordnete, darunter 13 Sozialdemokraten, was aber kein wesentlich anderes Bild ergibt; *Semi-Kürschner oder Literarisches Lexikon*, Hrsg. Philipp Stauff, Berlin 1913, II. Teil, Sp. 114. Stauff führt in seinem Lexikon Personen »jüdischer Rasse und Versippung« auf, Letzteres ist natürlich ein dehnbarer Begriff.

765 Pulzer, Peter: »Der Erste Weltkrieg«, in: *Deutsch-jüdische Geschichte in der Neuzeit*, Bd. 3, S. 356–380, hier S. 358.

766 Eine eigene Studie zum jüdischen »Augusterlebnis« fehlt bis heute, vgl. aber Sieg: *Jüdische Intellektuelle im Ersten Weltkrieg*, S. 53 ff.

767 *Jüdische Rundschau* v. 7. 8. 1914.

768 Schenker: *Der jüdische Verlag 1902–1938*, S. 165 f.

769 *Kriegsbriefe deutscher und österreichischer Juden*. Da das Aktionskomitee der zionistischen Organisationen politische Bedenken gegen das Erscheinen hatte, stand im Impressum nicht der Jüdische Verlag, sondern »Neuer Verlag«.

770 Salzberger, [Georg]: »Aus meinem Kriegstagebuch. VI. Unsere Feldgottesdienste«, in: *Liberales Judentum* Nr. 9/10, September/Oktober 1915, S. 98–105, hier S. 105.

771 Sieg: »Die Macht gewohnter Deutungsmuster«, S. 353.

772 Salzberger, [Georg]: »Aus meinem Kriegstagebuch. II. Seelsorge im Felde«, *Liberales Judentum* Nr. 12, Dezember 1914, S. 227–231, hier S. 228.

773 Fritsch, Theodor: *Handbuch der Judenfrage. Eine Zusammenstellung des wichtigsten Materials zur Beurteilung des jüdischen Volkes*, Hamburg [28]1919. Die 28. Auflage umfasste das 48. bis 67. Tausend.

774 Zit. Watzinger: *Ludwig Frank*, S. 71.

775 Ebd.

776 Zit. ebd., S. 197.

777 Messerschmidt, Manfred: »Juden im preußisch-deutschen Heer«, in: *Deutsche jüdische Soldaten 1914–1945*, S. 96–127, hier S. 107.

778 *Kriegsbriefe deutscher und österreichischer Juden*, S. 128 f.

779 *Feldgebetbuch für die jüdischen Mannschaften des Heeres*, Hrsg. Leo Baeck, Berlin 1914; Sieg: *Empathie und Pflichterfüllung*, S. 46.

780 Vgl. Brocke, Edna: »Leo Baeck (1878–1956)«, in: *»Meinetwegen ist die Welt erschaffen«*, S. 53–58.

781 Harnack, Adolf von: *Das Wesen des Christentums*, Leipzig 1900.

782 Baeck, Leo: *Das Wesen des Judentums*, Berlin 1905. Diese Erstausgabe hatte 166 Seiten, die zweite Auflage 1922 hatte 320 Seiten, sie wurde unverändert noch mehrfach nachgedruckt und auch in eine Reihe von anderen Sprachen übersetzt.

783 Baeck, Leo: »Heimgegangene des Krieges«, in: ders.: *Wege im Judentum. Aufsätze und Reden*, Hrsg. Werner Licharz, Gütersloh 1997 (= Leo Baeck Werke, Bd. 3), S. 275–296, hier S. 287.

784 Ebd., S. 288.

785 Baeck, Leo: *Das Wesen des Judentums*, Frankfurt a. M., ²1922, S. 262.

786 Wehler: *Deutsche Gesellschaftsgeschichte*, Bd. 4, S. 128.

787 Vgl. den Abschnitt »Völkische Eingaben« bei *Sigilla Veri* (Ph. Stauffs Semi-Kürschner), Berlin ²1929, S. 16–27.

788 Fritsch, Theodor: *Handbuch der Judenfrage. Eine Zusammenstellung des wichtigsten Materials zur Beurteilung des jüdischen Volkes*, Hamburg ²⁸1919, S. 23.

789 Messerschmidt, Manfred: »Juden im preußisch-deutschen Heer«, in: *Deutsche jüdische Soldaten 1914–1945*, S. 96–127, hier S. 107.

790 Zit. Rosenthal: »*Die Ehre des jüdischen Soldaten*«, S. 63.

791 Wehler: *Deutsche Gesellschaftsgeschichte*, Bd. 4, S. 129.

792 Fürth, Henriette: »Judenzählung«, *Liberales Judentum* Heft 1/2, Januar 1917, S. 12 f.

793 Marx: *Kriegstagebuch eines Juden*, S. 32.

794 Ebd., S. 129.

795 Friedländer: *Das Dritte Reich und die Juden*, S. 89.

796 Segall: *Die deutschen Juden als Soldaten im Kriege 1914–1918*.

797 Bernstein: *Von den Aufgaben der Juden im Weltkriege*, S. 8.

798 Ebd., S. 33 f.

799 Vgl. Holz, Klaus: *Nationaler Antisemitismus. Wissenssoziologie einer Weltanschauung*, Hamburg 2001.

800 Bernstein: *Von den Aufgaben der Juden im Weltkriege*, S. 40 f.

801 Ebd., S. 41.

802 *Dokumente zur Geschichte des Deutschen Zionismus 1882–1933*, S. 238, Anm. 3.

803 *Bericht über Palästina. Erstattet durch die Britische Königliche Palästina-Kommission unter dem Vorsitz von Earl Peel und auf Befehl Seiner*

Britischen Majestät vom Staatssekretär für die Kolonien dem Britischen Parlament vorgelegt im Juli 1917, Berlin 1917, S. 25.

804 Ebd., S. 26.

805 *Memorandum of Edwin Montague on the Anti-Semitism of the Present Government* – Submitted to the British Cabinet, August 1917, Great Britain, Public Record Office, Cab. 24/24, Aug. 23, 1917; http://www.zionism-israel.com/hdoc/Montagu_balfour.htm.

806 Ebd.

807 Reinharz: »The Balfour Declaration and Its Maker«, S. 496.

808 Schreiben von Ronald Graham an Arthur Balfour v. 25. 10. 1917, zit. ebd., S. 486 f.

809 Marcus, Ernst: *Palästina – ein werdender Staat* (= Frankfurter Abhandlungen zum modernen Völkerrecht, Heft 16), Leipzig 1929, S. 112 ff.

810 Vgl. Gilbert, Martin: *Jerusalem. Illustrated History Atlas*, Tel Aviv ²1978, S. 61 ff.

811 *Allgemeine Zeitung des Judentums* v. 30. 11. 1917.

812 Ebd.

813 »Eine Erklärung der englischen Regierung für den Zionismus«, *Jüdische Rundschau* v. 16. 11. 1917.

814 »Die Türkei und der Zionismus. Erklärungen des Großwesirs Talaat Pascha«, *Jüdische Rundschau* v. 4. 1. 1918.

815 »Eine Erklärung der deutschen Regierung«, *Jüdische Rundschau* v. 11. 1. 1918.

816 Buber, Martin: »Die Losung«, in: *Der Jude*, 1 (1916/1917), S. 1 ff., hier S. 1.

817 Ebd.

818 Ebd., S. 2.

819 Mendes-Flohr, Paul: »Im Schatten des Weltkrieges«, in: *Deutsch-jüdische Geschichte in der Neuzeit*, Bd. 4: *1918–1945*, Hrsg. Michael A. Meyer, München 1997, S. 15–36, hier S. 26.

820 Buber: »Die Losung«, in: *Der Jude* 1 (1916/1917), S. 1 ff., hier S. 2.

821 Ebd., S. 3.

822 Schenker: *Der jüdische Verlag 1902–1938*, S. 192 ff.

823 Kafka, Franz: »Ein Bericht für eine Akademie«, in: *Der Jude 2* (1917/1918), S. 559–565.

824 Buber, Martin: »Judenzählung«, in: *Der Jude* 1 (1916/1917), S. 564.

825 Buber, Martin: »Berlin, nach der Heimkehr«, in: *Zeit-Echo* 1 (1914), H. 3, S. 38 f., hier S. 39.

826 Buber, Martin: »Gewalt, einbrechende Gewalt des Gleichzeitigen!«, *Zeit-Echo* 2 (1915), H. 7, S. 90 f.

827 Buber, Martin: »Die Tempelweihe«, *Jüdische Rundschau* v. 1. 1. 1915, S. 2 ff., hier S. 2.

828 Ebd., S. 4.

829 Landauer, Gustav: »Strindbergs Historische Miniaturen«. Ein Vortrag, in: *Der Jude* 2 (1917/1918), S. 97–109, hier S. 98.

830 Landauer, Gustav: »Der europäische Krieg«, in: Landauer: *Nation, Krieg und Revolution*, S. 179–182, hier S. 180. Der Artikel erschien zuerst in Landauers Zeitschrift *Der Sozialist* am 10. 8. 1914.

831 Landauer, Gustav: Brief an Fritz Mauthner v. 2. 11. 1914, in: Landauer/Mauthner: *Briefwechsel 1890–1919*, S. 293.

832 Vgl. Weisberger, Adam: »Gustav Landauers mystischer Messianismus«, in: *Aschkenas. Zeitschrift für Geschichte und Kultur der Juden* 4 (1995), S. 425–439.

833 Landauer, Gustav: Brief an Hedwig Lachmann v. 3. 8. 1915, in: Landauer: *Sein Lebensgang in Briefen*, S. 63.

834 Landauer, Gustav: Brief an Martin Buber v. 12. 5. 1916, in: Landauer: *Nation, Krieg und Revolution*, S. 206.

835 Gründungsaufruf »Zentralstelle Völkerrecht«, in: Landauer: *Nation, Krieg und Revolution*, S. 207 f.

836 Landauer, Gustav: *Internationalismus* (= Ausgewählte Schriften, Bd. 1), Hrsg. Siegbert Wolf, Lich 2008, S. 294 ff.

837 Snyder, Timothy: *Bloodlands. Europa zwischen Hitler und Stalin*, München 2011. Vgl. S. 25, die Karte »Die Bloodlands um 1914«.

838 Vgl. die Karte im Nachsatz bei Kaplun-Kogan: *Der Krieg*.

839 Da es keine exakten Zahlen gibt, findet man in der Literatur eine Vielzahl unterschiedlicher Schätzungen. Diese Zahlen sind nach allem, was ich feststellen kann, wohl realitätsnah. Das *Jüdische Lexikon* (1929) nennt zwölf Millionen.

840 Vgl. die Übersicht über die Pogrome im Ansiedlungsrayon, *Universalgeschichte der Juden*, S. 191.

841 Ebd., S. 194 f.

842 Der Titel bezog sich auf ein gleichnamiges Buch, das kurz zuvor erschienen war und aus dem die Zeitung auch Auszüge abdruckte.

Hinter dem Pseudonym des Verfassers Kurt Aram verbarg sich der Schriftsteller und ehemalige Pastor Hans Fischer, der in dem Buch Eindrücke einer Reise durch Russland beschreibt.

843 »Der Zar und seine Juden«, *Jüdische Rundschau* v. 14. 8. 1914.

844 Ebd.

845 Zit. Schuster, Frank M.: »»Was hat der Krieg zwischen Zar und Kaiser mit uns zu tun?«. Osteuropäische Juden während des Ersten Weltkriegs«, in: *Besetzt, interniert, deportiert*, S. 57–86, hier S. 62.

846 Vgl. *Kriegsbriefe deutscher und österreichischer Juden*, S. 92 f.

847 Schwartz: *Ethnische »Säuberungen« in der Moderne*, S. 143. Vgl. Schuster, S. 68 ff.

848 Ebd., S. 56.

849 Zit. ebd., S. 67.

850 Beyrau, Dietrich/Shcherbinin, Pavel P.: »Russland im Krieg 1914–1922«, in: *Durchhalten!*, S. 151–177, hier S. 154.

851 Schwartz: *Ethnische »Säuberungen« in der Moderne*, S. 136.

852 Ebd., S. 136 f.

853 Ebd., S. 127.

854 Ebd., S. 176.

855 Zit. Maurer: »Medizinalpolizei und Antisemitismus«, S. 210.

856 Vgl. Treitschke, Heinrich: »Unsere Aussichten«, in: *Der Berliner Antisemitismusstreit*, Hrsg. Walter Boehlich, Frankfurt a. M. 1965, S. 5–12.

857 Schreiben der Regierung von Oberbayern an das Bayerische Innenministerium v. 25. 1. 1920, zit. Walter, Dirk: *Antisemitische Kriminalität und Gewalt. Judenfeindschaft in der Weimarer Republik*, Bonn 1999, S. 56.

858 Pulzer, Peter: »Rechtliche Gleichstellung und öffentliches Leben«, in: *Deutsch-jüdische Geschichte in der Neuzeit*, Bd. 3, S. 151–192, hier S. 158.

859 »Die Juden und die Monarchie«, *Jüdische Volksstimme* v. 29. 4. 1915. Die Zeitschrift erschien in Brünn, weitere Verlagsorte waren Wien, Budapest, Prag und Lemberg.

860 »Unsere Zukunftsarbeit«, *Jüdische Volksstimme* v. 23. 7. 1915.

861 *Aggression und Katharsis*, S. 233.

862 Münz, Bernhard: »Unter den Flüchtlingen«, in: *Liberales Judentum* Nr. 5/6, Mai/Juni 1915.

863 Rozenblit, Marsha: *Die Juden Wiens 1867–1914. Assimilation und Identität*, Wien 1989, S. 153 f.

864 [Landau, Saul Raphael:] »›Verband der östlichen Juden‹ in Wien. Schluß«, *Neue National-Zeitung* v. 8. 7. 1910. Zum Begriff des Luftmenschen vgl. Berg, Nicolas: *Luftmenschen. Zur Geschichte einer Metapher*, Göttingen 2008.

865 [Landau, Saul Raphael:] »›Verband der östlichen Juden‹ in Wien«, *Neue National-Zeitung* v. 10. 6. 1910.

866 Geiss, Imanuel: *Der polnische Grenzstreifen 1914–1918. Ein Beitrag zur deutschen Kriegszielpolitik im Ersten Weltkrieg*, Hamburg / Lübeck 1960.

867 Vogt, Stefan: »The First World War, German Nationalism, and Transformation of German Zionism«, in: *LBIYB* 57 (2012), S. 267–291, hier S. 267.

868 Zechlin: *Die deutsche Politik und die Juden im Ersten Weltkrieg*, S. 167 ff.

869 Pulzer, Peter: »Der Erste Weltkrieg«, in: *Deutsch-jüdische Geschichte in der Neuzeit*, Bd. 3, S. 356–380, hier S. 364.

870 *Neue jüdische Monatshefte* 1917/18, Heft 2 v. 25. 10. 1917.

871 Struck: *In Russisch Polen*, Struck: *Skizzen aus Litauen, Weissrussland und Kurland*, Struck: *Kriegsgefangene*, Struck: *Skizzen aus Rußland*.

872 Abb. in *Hermann Struck 1876–1944*, Hrsg. Ruthi Ofek / Chana Schütz, Berlin 2007, S. 195.

873 Liulevicius: *Kriegsland im Osten*, S. 145.

874 Dazu Norrell, Tracy Hayes: *Shattered Communities. Soldiers, Rabbis, and the Ostjuden under German Occupation 1915–1918*, Diss. University of Tennessee, Knoxville 2010.

875 Volkov: *Antisemitismus als kultureller Code*, S. 13 ff.

876 Vgl. ebd., S. 166 ff.

877 Sieg: *Jüdische Intellektuelle im Ersten Weltkrieg*, S. 202.

878 Stempin, Arkadiusz: »Deutsche Besatzungsmacht und Zivilbevölkerung in Polen im Ersten Weltkrieg. Polen, Deutsche und Juden im Vergleich«, in: *Besetzt, interniert, deportiert*, S. 153–172, hier S. 153.

879 Perles, Felix: *Der Krieg und die polnischen Juden in ihrem Verhältnis zu Deutschland*, S. 16.

880 Ebd.

881 Fritz, Georg: *Die Ostjudenfrage*, S. 43.

882 Ebd., S. 4.

883 Kaplun-Kogan: *Der Krieg.*

884 Theilhaber: *Die Juden im Weltkriege.*

885 Simon: *Der Weltkrieg und die Judenfrage.*

886 Birnbaum: *Den Ostjuden ihr Recht!.*

887 Cohen, Hermann: »Der polnische Jude«, in: *Der Jude* 1 (1916/17), S. 149–156, hier S. 154.

888 »Nachbemerkung der Redaktion«, ebd., S. 156.

889 Cohen, Hermann: »Streiflichter über jüdische Religion und Wissenschaft. 2. Grenzsperre«, in: *Neue Jüdische Monatshefte* 1916/17, Heft 2 v. 25. 10. 1916, S. 50 ff., hier S. 50.

890 Siehe oben S. 353.

891 Schuster Frank M.: »»Was hat der Krieg zwischen Zar und Kaiser mit uns zu tun?«. Osteuropäische Juden während des Ersten Weltkriegs«, in: *Besetzt, interniert, deportiert*, S. 57–86, hier, S. 60.

892 Schwertfinger, Aron: »Die Judenfrage u. der Weltkrieg«, *Jüdische Volksstimme* v. 14. 5. 1915.

893 *Geschichte der Schweiz*, München 1991, S. 144.

894 Spitteler, Carl: »Unser Schweizer Standpunkt«. Rede gehalten vor der Neuen Helvetischen Gesellschaft, Gruppe Zürich, am 14. Dezember 1914, *Zeit-Fragen* v. 20. 4. 2011, http://www.zeit-fragen.ch/index. php?id=155.

895 Horne/Kramer: *Deutsche Kriegsgreuel 1914*, S. 378 f.

896 Korol, Martin: »Einführung«, in: Bloch: *Kampf, nicht Krieg*, S. 15–71, hier S. 33.

897 Kessler: *Das Tagebuch*, Bd. 6, S. 79.

898 Klepsch: *Romain Rolland im Ersten Weltkrieg*, S. 186.

899 Goll, Claire: »Im Zeichen Romain Rollands« (1917), in: dies.: *Der Gläserne Garten. Prosa von 1917–1939*, Berlin 1989, S. 22 ff., hier S. 22.

900 Arp, Hans: *Unsern täglichen Traum … Erinnerungen, Dichtungen und Betrachtungen aus den Jahren 1914–1954*, Zürich 1955, S. 59.

901 Goll, Claire: »Die Stunde der Frauen«, in: dies.: *Der Gläserne Garten. Prosa von 1917–1939*, Berlin 1989, S. 11 ff., hier S. 12 f.

902 »Die Internationale Rundschau und der Krieg. Ein unpolitischer Vortrag gesprochen zu Dresden am 15. Januar 1915«, in: Kolb: *Briefe*

einer Deutsch-Französin, S. 132–160, zur Vorgeschichte ebd., S. 36 ff. und S. 48 ff. Vgl. Flasch: *Die geistige Mobilmachung*, S. 296 ff.

903 Kolb: *Briefe einer Deutsch-Französin*, S. 149.

904 Arslan: *Das Exil vor dem Exil*, S. 154.

905 So Emmy Ball-Hennings in ihren Erinnerungen, zit. Ball/Hennings: *Damals in Zürich*, S. 9.

906 Vgl. *Hugo Ball*, S. 115 ff.

907 Ball: *Die Flucht aus der Zeit*, S. 28.

908 Arslan: *Das Exil vor dem Exil*, S. 121.

909 Die Angaben dazu sind etwas widersprüchlich, vgl. ebd., S. 48.

910 Ebd., S. 50 f.

911 *Hugo Ball*, S. 116.

912 Ebd.

913 *Dada global*, S. 123.

914 Ball, Hugo: »Totentanz 1916«. Die Interpunktion folgt der Erstveröffentlichung in *Der Revoluzzer*, wiedergegeben in *Hugo Ball*, S. 128, die Postkarte ist wiedergegeben in *Dada global*, S. 124.

915 Arslan: *Das Exil vor dem Exil*, S. 54 ff.

916 Vgl. allgemein *Monte Verità. Berg der Wahrheit. Lokale Anthropologie als Beitrag zur Wiederentdeckung einer neuzeitlichen sakralen Topographie*, München 1980.

917 Klabund: »Bußpredigt«, in: *Expressionismus*, S. 320–323.

918 Klabund: »Offener Brief an Kaiser Wilhelm II.«, in: Klabund: *Werke*, Bd. 8: *Aufsätze und verstreute Prosa*, Hrsg. Joachim Grage/ Christian von Zimmermann, Berlin 2003, S. 199–204, hier S. 202. Der Text erschien zuerst in der *Neuen Zürcher Zeitung* v. 3. 6. 1917.

919 Ebd., S. 203.

920 *Deutsche Geschichte in Quellen und Darstellung*, S. 428.

921 Arslan: *Das Exil vor dem Exil*, S. 140 f. Vgl. in diesem Zusammenhang auch Pöhlmann: »Der Grenzgänger. Der Dichter Klabund als Propagandist und V-Mann im Ersten Weltkrieg«.

922 *NZZ* v. 23. 10. 1918.

923 Arslan: *Das Exil vor dem Exil*, S. 119 f.

924 Ebd., S. 102 f.

925 Raabe, Paul: »Hardekopf, Ferdinand Wilhelm Emil«, in: *Neue Deutsche Biographie* 7 (1966), S. 647. Arslan: *Das Exil vor dem Exil*,

S. 109, behauptet unverständlicherweise, Hardekopf habe durchgehend in der Schweiz gelebt.

926 Wolff: *Vollendete Tatsachen 1914–1917*, S. 192.

927 Es gab zwei Verlage ähnlichen Namens, die nicht miteinander verwechselt werden sollten, den Rascher Verlag, der von 1908 bis 1969 bestand, und die Max Rascher Verlags AG, an der Cassirer beteiligt war und die von 1917 bis 1922 bestand. Beide Verlage wurden von Max Rascher geleitet, die Zusammenarbeit war sehr eng. Bei Andreas Latzko war es z. B. so, dass *Friedensgericht* in der Max Rascher AG, *Menschen im Krieg* dagegen im Max Rascher Verlag erschien.

928 Dazu Barker, Andrew: »»Ein Schrei, vor dem kunstrichterliche Einwendungen gern verstummen««, in: *Von Richthofen bis Remarque*, S. 85–96.

929 Frank: *Der Mensch ist gut.*

930 Fähnders, Walter: »Das leidenschaftlichste Buch gegen den Krieg«, in: *Von Richthofen bis Remarque*, S. 71–84.

931 »Kurzbiographien«, in: Bloch: *Kampf, nicht Krieg*, S. 608.

932 Jacob: *Reise durch den belgischen Krieg.*

933 Ebd., S. 18.

934 Ebd.

935 Jacob, Heinrich Eduard: »Das Erlebnis der Neutralität«, zit. Clarenbach, Anja: *Finis libri. Der Schriftsteller und Journalist Heinrich Eduard Jacob (1889–1967)*, Phil. Diss. Hamburg 2003, S. 32 f.

936 Ebd., S. 33, Anm. 114.

937 Schubert: *Die Kunst Lehmbrucks*, S. 208.

938 Dazu ebd. S. 210 ff.

939 Vgl. ebd., S. 294.

940 Zur Biographie vgl. Stuckenschmidt, Hans Heinz: *Ferruccio Busoni*, Zürich / Freiburg/Br. 1967.

941 Busoni: *Entwurf einer neuen Ästhetik der Tonkunst.*

942 Ebd., S. 40.

943 Pfitzner: *Futuristengefahr.*

944 Ebd., S. 46.

945 Zit. Fischer, Jens Malte: »Hans Pfitzner und die Zeitgeschichte. Ein Künstler zwischen Verbitterung und Antisemitismus«, *NZZ* v. 5. 1. 2002.

946 Pfitzner, Hans: *Neue Ästhetik der musikalischen Impotenz. Ein Verwesungssymptom?*, München 1920.

947 Ebd., S. 123.

948 Zit. Large, David Clay: *Berlin. Biographie einer Stadt*, München 2002, S. 204.

949 Behördenschreiben v. 13. 10. 1918, zit. Bloch: *Kampf, nicht Krieg*, S. 36.

950 Ebd., S. 37 f.

951 Dr. Fritz May, Nürnberg [i. e. Ernst Bloch]: »Was schadet und was nützt Deutschland ein feindlicher Sieg?«, in: Bloch: *Kampf, nicht Krieg*, S. 75–87, hier S. 81.

952 Ebd., S. 75.

953 Vgl. Blochs Antwort auf Fried: »Die Entwertung der Ideen«, in: Bloch: *Kampf, nicht Krieg*, S. 306–310.

954 Bloch, Ernst: »Kampf, nicht Krieg«, in: Bloch: *Kampf, nicht Krieg*, S. 315 ff., hier S. 317.

955 Muehlon, Johann Wilhelm: *Die Verheerung Europas. Aufzeichnungen aus den ersten Kriegsmonaten*, Zürich 1918. Vgl. Benz, Wolfgang: »Muehlon, Johann Wilhelm«, in: *Neue Deutsche Biographie* 18 (1997), S. 293 f.

956 Zit. Arslan: *Das Exil vor dem Exil*, S. 184.

957 Schreiben v. 29. 9. 1916, zit. ebd., S. 187.

958 Senn, Alfred Erich: »Nikolai Rubakin's Library for Revolutionaries«, *Slavic Review* 32 (1973), H. 3, S. 554–559.

959 Grötzinger: *Der Erste Weltkrieg im Widerhall des »Zeit-Echo«*, S. 328 f.

960 Ebd., S. 51 ff.

961 Ebd., S. 330.

962 Editorial auf der vorderen Umschlaginnenseite, *Zeit-Echo* 3 (1917), H. 1/2.

963 Grötzinger: *Der Erste Weltkrieg im Widerhall des »Zeit-Echo«*, S. 50.

964 Zum Folgenden vgl. Wilde, Harry: *Trotzki*, Reinbek [14]2006, S. 79 ff.

965 Text unter http://www.marxists.org/deutsch/archiv/trotzki/1915/09/zimmerwald.htm.

966 *Lenin-Chronik. Daten zu Leben und Werk*, Hrsg. Gerda und Hermann Weber, München 1983, S. 161.

967 Zit. Korol, Martin: »Einführung«, in: Bloch: *Kampf, nicht Krieg*, S. 55.

968 Zit. Arslan: *Das Exil vor dem Exil*, S. 186.

969 Luxemburg: *Die Krise der Sozialdemokratie*, S. 19.

970 Müller, Rolf-Dieter: »Gaskrieg«, in: *Enzyklopädie Erster Weltkrieg*, S. 519–522, hier S. 519.

971 Zit. Hagner: »Verwundete Gesichter, verletzte Gehirne«, S. 78.

972 Kienitz: *Beschädigte Helden*, S. 21.

973 Bilder findet man z. B. in dem berühmten Buch Friedrich: *Krieg dem Kriege*. Vgl. auch Hagner: »Verwundete Gesichter, verletzte Gehirne«, S. 81 ff.

974 Hagner: »Verwundete Gesichter, verletzte Gehirne«, S. 81.

975 Kuttner, Erich: »›Vergessen!‹ Die Kriegszermalmten in Berliner Lazaretten«, *Vorwärts* v. 8. 9. 1920.

976 Die deutsche Kriegsbeschädigten- und Kriegshinterbliebenen-statistik von 1926 nennt 66 934 Fälle, Kienitz: *Beschädigte Helden*, S. 20. Hierbei ist zu berücksichtigen, dass diese Statistik nur solche Amputierte erfasste, die 1926 noch am Leben waren.

977 Anschauungsmaterial dafür bietet der ausgezeichnete Katalog *1917.*

978 Dippel: *Geschichte der* USA, S. 84.

979 *Ursachen und Folgen. Vom deutschen Zusammenbruch 1918 und 1945 bis zur staatlichen Neuordnung Deutschlands in der Gegenwart. Eine Urkunden- und Dokumentensammlung zur Zeitgeschichte*, Hrsg. Herbert Michaelis/Ernst Schraepler, Bd. 2: *Der militärische Zusammenbruch und das Ende des Kaiserreiches*. Berlin 1958/59, S. 68.

980 »Note to the Belligerent Governments« v. 18. 12. 1916, in: *The Public Papers of Woodrow Wilson*, Bd. 3: *War and Peace*, Hrsg. Ray Stannard Baker/William Edward Dodd, New York 1927, S. 402–405.

981 »Entente Reply to President Wilson« v. 10. 7. 1917, in: Scott, James Brown: *Official Statements of War Aims and Peace Proposals. December 1916–November 1918*, Washington 1921, S. 35–38.

982 Zitiert wird die deutsche Übersetzung: http://www.dhm.de/lemo/html/dokumente/14punkte/.

983 Ebd.

984 Rohwer, Jürgen: »U-Boot-Krieg«, in: *Enzyklopädie Erster Weltkrieg*, S. 931–934, hier S. 933.

985 http://en.wikisource.org/wiki/Woodrow_Wilson_Urges_Con-

gress_to_Declare_War_on_Germany. Deutsche Übersetzung vom Autor. Vgl. Ferrell, *Woodrow Wilson and World War I*, S. 1 ff.

986 Fried, Alfred Hermann: »Aus meinem Kriegstagebuch«, Eintrag v. 8. 4. 1917, in: *Friedens-Warte*, Mai 1917, S. 147.

987 Buitenhuis: *The Great War of Words*, S. 74.

988 Zum Folgenden vgl. Neitzel: *Blut und Eisen*, S. 185 ff.; Schmidt-Klingenberg, Michael: »Der Kampf in den Küchen. Wie die Mangelwirtschaft die Deutschen zur Revolution trieb«, in: *Der Erste Weltkrieg. Die Urkatastrophe des 20. Jahrhunderts*, S. 134–146.

989 »Die Lage Ende Juni 1917«. Aus der Denkschrift der SPD-Vorstände für Reichskanzler v. Bethmann Hollweg, in: *Die Zerstörung der deutschen Politik*, S. 207 ff., hier S. 207.

990 Ebd.

991 Ebd., S. 208 f.

992 Bernstein, Eduard/Haase, Hugo/Kautsky, Karl: »Das Gebot der Stunde«, in: *Pazifismus in Deutschland*, S. 113–116, hier S. 113.

993 Ebd., S. 115.

994 »Manifest des Parteivorstands vom 23. Juni 1915«, in: *Die deutsche Sozialdemokratie über Krieg und Frieden*, S. 30–37, hier S. 34.

995 Ebd., S. 35.

996 Ebd., S. 36.

997 Zum Folgenden siehe Mühlhausen, Walter: »Die Sozialdemokratie am Scheideweg«, in: *Der Erste Weltkrieg. Wirkung, Wahrnehmung, Analyse*, S. 649–671.

998 *Deutschland im Ersten Weltkrieg*, S. 155.

999 »Leitsätze über die Aufgaben der internationalen Sozialdemokratie«, in: *Völker hört die Signale. Der deutsche Kommunismus 1916–1966*, Hrsg. Hermann Weber, München 1967, S. 25–28. Die Leitsätze sind auch abgedruckt im Anhang an Luxemburg: *Die Krise der Sozialdemokratie*.

1000 Ebd., S. 25.

1001 Ebd., S. 26.

1002 Ebd., S. 27.

1003 »Vorwort«, in: *Spartakusbriefe*, S. III.

1004 *Deutsche Geschichte in Quellen und Darstellung*, S. 434.

1005 Ebd.

1006 »Aufruf der MSPD«, in: ebd., S. 435–439, hier S. 438.

1007 Zit. Mühlhausen, Walter: »Die Sozialdemokratie am Scheideweg«, in: *Der Erste Weltkrieg. Wirkung, Wahrnehmung, Analyse*, S., 649–671, hier S. 663.

1008 Vgl. Nebelin: *Ludendorff*; Pyta: *Hindenburg.*

1009 *Deutsche Geschichte in Quellen und Darstellung*, S. 451.

1010 Huber, Ernst Rudolf: *Deutsche Verfassungsgeschichte seit 1789, Bd. 5: Weltkrieg, Revolution und Reichserneuerung 1914–1919*, Stuttgart u. a. 1978, S. 339.

1011 »Aufruf der Deutschen Vaterlands-Partei«, *Deutsche Rundschau*, Oktober 1917, S. 1.

1012 Die Zahl der Einzelmitglieder betrug im September 1918 445 345, was auch noch eine ganze Menge war; Verhey: *Der »Geist von 1914« und die Erfindung der Volksgemeinschaft*, S. 300.

1013 »Über unsere Kriegsziele«. Flugschrift der Ortsgruppe München der Deutschen Vaterlandspartei, München o. J.

1014 Landesverein der Deutschen Vaterlands-Partei im Königreiche Sachsen: »Deutschlands Schicksal an Erzbergers Spinnrocken«, Flugblatt, November 1917, http://www.hdg.de/lemo/objekte/pict/d2a05883/index.html.

1015 Zit. Wehler, Hans-Ulrich: »Rechte Trommler. Radikalnationalisten am Ende des Kaiserreichs«, *Die Zeit* v. 12. 6. 1997.

1016 Steffen Bruendel nennt sie die »Volksbundgruppe« im Gegensatz zur »Vaterlandsgruppe«; Bruendel: *Volksgemeinschaft oder Volksstaat*, S. 151 f.

1017 Weber, Max: »Vaterland und Vaterlandspartei«, in: ders.: *Zur Politik im Weltkrieg*, S. 143 ff.

1018 Die Zitate bei Schöllgen, Gregor: »Last einer großen Nation«, *FAZ* v. 12. 10. 1994; vgl. auch Torp, Cornelius: *Max Weber und die preußischen Junker*, Tübingen 1998.

1019 Zit. Mommsen, Wolfgang J.: *Max Weber und die deutsche Politik*, Tübingen 1959, S. 208.

1020 Mommsen, Wolfgang: *Max Weber. Gesellschaft, Politik und Geschichte*, Frankfurt a. M. 1974, S. 36 f.

1021 Weber, Max: »Vaterland und Vaterlandspartei«, in: ders.: *Zur Politik im Weltkrieg*, S. 145.

1022 Weber, Max: »An der Schwelle des dritten Kriegsjahres«, in: ders.: *Zur Politik im Weltkrieg*, S. 332–338, hier S. 332 f.

1023 Bericht der *Münchner Neuesten Nachrichten* über den Vortrag »Was erwartet das deutsche Volk vom Verfassungs-Ausschuß des deutschen Reichstages«, in: Weber: *Zur Politik im Weltkrieg*, S. 345 ff., hier S. 346 f.

1024 Der Vortrag wurde nach dem Krieg veröffentlicht: Weber, Max: *Wissenschaft als Beruf*, München/Leipzig 1919.

1025 Weber, Max, *Politik als Beruf*, München/Leipzig 1919.

1026 Hübinger, Gangolf: »Eugen Diederichs' Bemühungen um die Grundlegung einer neuen Geisteskultur«, in: *Kultur und Krieg*, S. 259–274.

1027 Der Vortrag basierte auf einem kurz zuvor erschienenen Aufsatz: Maurenbrecher, Max: »Der Krieg als Ausgangspunkt einer deutschen Kultur«, in: *Die Tat*, Heft 9, Mai 1917, S. 97–107.

1028 [»Geistesaristokratie und Parlamentarismus«. Entgegnung auf Max Maurenbrecher], in: Weber: *Zur Politik im Weltkrieg*, S. 343 f., hier S. 343.

1029 Medicus: »Jugend in Uniform«, S. 106.

1030 Mommsen: *Der Erste Weltkrieg*, S. 91.

1031 Übersichtskarte in *Enzyklopädie Erster Weltkrieg*, S. 713.

1032 Watson: *Enduring the Great War*, S. 1.

1033 Zit. ebd.

1034 Ebd., S. 239.

1035 Nebelin: *Ludendorff*, S. 441.

1036 Ludendorff: *Meine Kriegserinnerungen 1914–1918*, S. 186.

1037 Ebd., S. 188 f.

1038 Nebelin: *Ludendorff*, S. 445.

1039 Ludendorff: *Meine Kriegserinnerungen 1914–1918*, S. 188.

1040 Becker/Krumeich: *Der Große Krieg*, S. 290.

1041 In der britischen und französischen Literatur wird sie auch als »Hindenburg-Linie« bezeichnet.

1042 Geyer, Michael: »Rückzug und Zerstörung 1917«, in: *Die Deutschen an der Somme 1914–1918*, S. 163–178, hier S. 176.

1043 Geyer, Michael: »Verbrannte Erde«, in: *Enzyklopädie Erster Weltkrieg*, S. 1007 f.

1044 Krumeich, Gerd: »Der Krieg als großer Arbeitsplatz. Frühjahr 1917: Der deutsche Rückzug und die Folgen«, *FAZ* v. 21. 3. 1998.

1045 Zit. ebd.

1046 Zit. Machtan: *Die Abdankung*, S. 169.

1047 Ebd., S. 170.

1048 Ebd., S. 192.

1049 Zur Reformfähigkeit des Kaiserreiches vgl. Wehler: *Deutsche Gesellschaftsgeschichte*, Bd. 4, S. 198 ff.

1050 Zit. Schivelbusch: *Die Kultur der Niederlage*, S. 227.

1051 Ebd.

1052 Zit. Verhey: *Der »Geist von 1914« und die Erfindung der Volksgemeinschaft*, S. 320.

1053 Nebelin: *Ludendorff*, S. 487 ff.

1054 Zit. Keegan: *Der Erste Weltkrieg*, S. 574.

1055 Dazu Pyta: *Hindenburg*, S. 325 ff.; Nebelin: *Ludendorff*, S. 461.

1056 Vgl. Kaiser Wilhelm II.: *Ereignisse und Gestalten*, S. 239 ff.

1057 Hankel: *Die Leipziger Prozesse*, S. 259.

1058 Die Kriegserinnerungen hat Ludendorff laut Vorwort von November 1918 bis Februar 1919 in Hessleholmsgård verfasst.

1059 Pyta: *Hindenburg*, S. 361 ff.

1060 *Der Vertrag von Versailles*, S. 239.

1061 Becker/Krumeich: *Der Große Krieg*, S. 303.

1062 Clark, Christopher: *Die Schlafwandler. Wie Europa in den Ersten Weltkrieg zog*, München 2013, S. 715 f. Ich habe das Werk nicht in die Bibliographie aufgenommen, weil ich es für meine Arbeit nicht mehr in vollem Umfang rezipieren konnte.

1063 *Der Vertrag von Versailles*, S. 236.

1064 Vgl. Hankel: *Die Leipziger Prozesse*.

1065 H. R., »Der Vernichtungsfriede unterzeichnet. Das Ende«, *Tägliche Rundschau* v. 29. 6. 1919.

1066 Krumeich, Gerd: »Leidenschaft für die Tyrannei. Vorgeladen und sitzen geblieben: Die Friedensverhandlungen in Versailles 1919 und die entscheidende Kriegsschuldfrage«, *FAZ* v. 16. 1. 1999.

1067 *Enzyklopädie Erster Weltkrieg*, S. 664 f.

1068 Nachtigal, Richard: »Die Kriegsgefangenen-Verluste an der Ostfront. Eine Übersicht zur Statistik und zu Problemen der Heimatfronten 1914/15«, in: *Die vergessene Front*, S. 201–215, hier S. 201.

1069 Sznaider, Natan: *Gedächtnisraum Europa*, Bielefeld 2008, S. 118.

1070 Schwartz: *Ethnische »Säuberungen« in der Moderne*, S. 20.

1071 Ebd., S. 60.

1072 Ebd., S. 321.

1073 Benjamin, Walter: »Über den Begriff der Geschichte«, in: ders.: *Erzählen. Schriften zur Theorie der Narration und zur literarischen Prosa*, Hrsg. Alexander Honold, Frankfurt a. M. 2007, S. 129–140, hier. S. 133.

1074 Wyneken: *Der Krieg und die Jugend*, S. 12.

1075 Oelkers, Jürgen: *Eros und Herrschaft*, Weinheim 2011, S. 236 f.

1076 Brief an Gustav Wyneken v. 9. 3. 1915, in: Benjamin, Walter: *Gesammelte Briefe*, Bd. 1: *Briefe 1910–1918*, Hrsg. Christoph Gödde / Henri Lonitz, Frankfurt a. M. 1995. S. 263 ff.

1077 Werckmeister: *Versuche über Paul Klee*, S. 102.

1078 Klee: *Tagebücher 1898–1918*, S. 323 ff.

1079 Meidner, Ludwig: »An alle Künstler, Dichter, Musiker«, in: *An alle Künstler!*, S. 7–10, hier S. 7.

1080 Ebd., S. 25–36 und S. 37 f.

1081 Hofmiller, Josef: *Revolutionstagebuch 1918/19*, Leipzig ³1939, S. 153.

1082 *Münchner Post* v. 17. 1. 1920.

1083 Vgl. Schücking: *Der Weltfriedensbund und die Wiedergeburt des Völkerrechts.*

1084 Rogge-Gau: *Die doppelte Wurzel des Daseins*, S. 38.

1085 Lahusen, Benjamin: »Eine Republik für Deutschland«, *Die Zeit* v. 24. 10. 2010.

1086 »›Höre Israel‹«, in: *Walther Rathenau 1867–1922*, Hrsg. Hans Wilderotter, o. O. o. J., S. 320–341, hier S. 338.

1087 Vgl. Sabrow, Martin: »›Dieser Feind steht rechts‹. Die Folgen des Attentats auf Walther Rathenau«, in: ebd., S. 424–437.

1088 Hitler: *Mein Kampf*, S. 772.

1089 Vgl. Traverso: *Im Bann der Gewalt.*

1090 Vgl. zum Folgenden Schivelbusch: *Die Kultur der Niederlage.*

1091 Ebd., S. 154 ff.

1092 Vgl. Kap. I, S. 86.

1093 Zit. Schivelbusch, S. 239.

1094 Kluge: *Soldatenräte und Revolution*, S. 47.

1095 Schivelbusch: *Die Kultur der Niederlage*, S. 238.

1096 Der Ausdruck ist ungenau, weil etwa der Hälfte dieser Soldaten an Krankheiten starb; *Enzyklopädie Erster Weltkrieg*, S. 664 f.

1097 Zit. ebd., S. 242.

1098 Zit. Keil/Kellerhoff: »›Von hinten erdolcht‹?«, S. 33.

1099 Zit. ebd., S. 408.

1100 Pyta vertritt mit Rekurs auf Max Webers Charismakonzept diese Auffassung; ebd., S. 285 ff.

1101 Krumeich, Gerd: »Die Dolchstoß-Legende«, S. 592.

1102 Zu Hindenburgs Auftreten vor dem Untersuchungsausschuss vgl. Pyta: *Hindenburg*, S. 405 ff.

1103 Ludendorff: *Wie der Weltkrieg 1914 »gemacht« wurde*, S. 5. Diese Schrift erschien erst 1934, sie fasst aber Gedanken zusammen, die Ludendorff all die Jahre zuvor, z. B. in seiner Zeitschrift *Am Heiligen Quell deutscher Kraft*, verbreitet hatte.

1104 Ebd., S. 11.

1105 Ebd., S. 20, S. 26 f., S. 36, S. 37.

1106 Ich beziehe mich auf den Terminus, mit dem Alexander und Margarete Mitscherlich die bundesdeutsche Gesellschaft nach dem Zweiten Weltkrieg charakterisiert haben.

1107 Zit. Piper: *Alfred Rosenberg*, S. 41.

1108 Zum Folgenden vgl. Cort: »*Was ich will, soll Tat werden!*«.

1109 Kuttner: *Die erdolchte Front*; ders.: *Der Sieg war zum Greifen nahe*.

1110 Hagner: *Verwundete Gesichter, verletzte Gehirne*, S. 78.

1111 Vgl. Kienitz: *Beschädigte Helden*.

1112 Zit. ebd., S. 22.

1113 Baxmann, Inge: »Der Körper der Nation«, in: *Nation und Emotion. Deutschland und Frankreich im Vergleich*, Hrsg. Etienne François / Hannes Siegrist / Jakob Vogel, Göttingen 1995, S. 353–365, hier S. 354 f.

1114 Kienitz: *Beschädigte Helden*, S. 23.

1115 »Lieber tot als Krüppel« war damals die Parole derjenigen, die das Überleben mehr fürchteten als den Tod; Cohen, Deborah: »Kriegsopfer«, in: *Der Tod als Maschinist*, S. 217–227, hier S. 223.

1116 Spree: *Ich kenne keine »Feinde«*, S. 2.

1117 Ebd., S. 3.

1118 Friedrich: *Krieg dem Kriege*.

1119 Ebd., S. 226 f.

1120 Zit. Oesterle, Kurt: »»Verdun‹. Krieg und Nachkrieg im Spiegel literarischer und anderer Zeugnisse« (2009), S. 13, http://www.kurt-oesterle.de/pdf/verdun_im_spiegel.pdf.

1121 Vgl. Latzel, Klaus: »Die Soldaten des industrialisierten Krieges –

›Fabrikarbeiter der Zerstörung‹? Eine Zeugenbefragung zu Gewalt, Arbeit und Gewöhnung«, in: *Der Tod als Maschinist*, S. 125–141.

1122 Jünger: *Der Arbeiter*, S. 55.

1123 Jünger: »Die totale Mobilmachung«, S. 562.

1124 Hüppauf, Bernd: »›Der Tod ist verschlungen in den Sieg‹. Todesbilder aus dem Ersten Weltkrieg und der Nachkriegszeit«, in: *Ansichten vom Krieg*, S. 55–91, hier S. 89.

1125 Jünger: *Der Arbeiter*, S. 56 f.

1126 Im Sinne Helmut Lethens, vgl. Lethen: *Verhaltenslehren der Kälte*, S. 198 ff.

1127 Jünger: »Die totale Mobilmachung«, S. 562 bzw. S. 245.

1128 »Das Mitleid hinkt nach«, Interview mit Helmut Lethen, *taz* v. 6. 11. 2000.

1129 Jünger: *In Stahlgewittern*, S. 7.

1130 Jünger: *Der Krieg als inneres Erlebnis*, zit. Weisbrod: »Kriegerische Gewalt und männlicher Fundamentalismus«, S. 552 bzw. S. 551.

1131 Jünger: *In Stahlgewittern*, S. 292.

1132 Krumeich, Gerd: »Die deutsche Erinnerung an die Somme«, in: *Die Deutschen an der Somme 1914–1918*, S. 231–245, hier S. 239.

1133 Es handelte sich um eine nationale französische Regelung, deren Ursprung unklar ist. Der Versailler Friedensvertrag enthält in den Artikeln 225 und 226 Regelungen zu den Grabstätten, in denen sich alle Vertragsparteien zur würdigen Instandhaltung der Grabstätten verpflichten, aber nichts über Zutrittsrechte gesagt wird.

1134 Becker/Krumeich: *Der Große Krieg*, S. 303.

1135 Clodfelter, Michael: *Warfare and armed conflicts. A statistical reference to casualty and other figures, 1500–2000*, Jefferson/NC 2002, S. 210.

1136 Lamszus: *Das Menschenschlachthaus*, S. 111.

1137 Lersch: *Herz! Aufglühe dein Blut*, S. 14.

1138 Zit. Mosse, George L.: »Soldatenfriedhöfe und nationale Wiedergeburt«, in: *Kriegserlebnis*, S. 241–261, hier S. 245 f.

1139 Schauwecker, Franz: »Verwandlung der Seele«, in: *Aufstand. Querschnitt durch den revolutionären Nationalismus*, Hrsg. Goetz Otto Stoffregen, S. 23–32, hier S. 27.

1140 Rosenberg, Alfred: *Der Mythus des 20. Jahrhunderts. Eine Wertung der seelisch-geistigen Gestaltenkämpfe unserer Zeit*, München [57]1935, S. V. Im Original ist die Widmung in Versalien.

1141 Ebd., S. 698.

1142 Ebd., S. 701.

1143 Rosenberg, Alfred: »Hakenkreuz und Stahlhelm«, *Völkischer Beobachter* v. 23. 6. 1929.

1144 Dagobert Dürr, zit. Behrenbeck: *Der Kult um die toten Helden*, S. 300.

1145 Zit. ebd., S. 320.

1146 Zit. Auerbach, Hellmuth: »Hitlers Lehrjahre und die Münchner Gesellschaft 1919–1923«, in: *VfZG* 25 (1977), S. 1–45, hier S. 29.

1147 Dazu Weber, *Hitlers erster Krieg.*

1148 Vgl. Piper, Ernst: »Der Kampf um die Erinnerung«, in: *Erinnerungsarbeit und demokratische Kultur*, Hrsg. Hans-Jochen Vogel/Ernst Piper, München 1996, S. 47–59.

Bibliographie

1. Veröffentlichungen bis einschließlich 1918

Die Aktions-Lyrik. 1914–1916. Eine Anthologie, Hrsg. Franz Pfemfert, Berlin 1916

Allen, John William: *Germany and Europe*, London 1914

Alzheimer, Alois: *Der Krieg und die Nerven*, Breslau 1915

Die Arbeiterschaft im neuen Deutschland, Hrsg. Friedrich Thimme, Carl Legien, Leipzig 1915

[Arnold, Karl:] *Arnolds Kriegsflugblätter der Liller-Kriegszeitung*, o. O. o. J.

Aus der Werkstatt des Krieges. Ein Rundblick über die organisatorische und soziale Kriegsarbeit 1914/15 in Österreich-Ungarn, Hrsg. Alois Veltzé, Wien 1915

Auswärtiges Amt: *Über die Verletzung der Genfer Konvention vom 6. Juli 1906 durch französische Truppen und Freischärler*, Berlin 1914

–: *Die völkerrechtswidrige Führung des belgischen Volkskrieges*, Berlin 1915

Avenarius, Ferdinand: *Das Bild als Narr. Die Karikatur in der Völkerverhetzung. Was sie aussagt – und was sie verrät*, München 1918

Baluschek, Hans: *Der Krieg 1914–1916*, Berlin 1915

Barbusse, Henri: *Le feu. Journal d'une escouade*, Paris 1916 (Deutsch: *Das Feuer. Tagebuch einer Korporalschaft*, Zürich 1918)

Bauch, Bruno: »Vom Begriff der Nation. Ein Kapitel zu Geschichtsphilosophie«, in: *Kant-Studien* 21 (1916), S. 139–162

Bauer, Wilhelm: *Der Krieg und die öffentliche Meinung*, Tübingen 1915

Bäumer, Gertrud: *Der Krieg und die Frau. Der deutsche Krieg*, Stuttgart/Berlin 1914

–: *Weit hinter den Schützengräben. Aufsätze aus d. Weltkrieg*, Jena 1916

Beckmann, Max: *Briefe im Kriege*. Gesammelt von Minna Tube, Berlin 1916

Bédier, Joseph: *Les crimes allemands d'après les témoignages allemands*, Paris 1915

–: *Comment l'Allemagne essaie de justifier ses crimes*, Paris 1915

Bergson, Henri: *La signification de la guerre*, Paris 1915

Bernstein, Eduard: *Die Internationale der Arbeiterklasse und der europäische Krieg*, Tübingen 1915

–: *Sozialdemokratische Völkerpolitik: Die Sozialdemokratie u. d. Frage Europa*, Leipzig 1917

–: *Von den Aufgaben der Juden im Weltkriege*, Berlin 1917

Die Beschießung der Kathedrale von Reims, Hrsg. Kriegsministerium, Berlin 1915

Bethmann Hollweg, Theobald von: *Sechs Kriegsreden des Reichskanzlers*, Berlin 1916

Der Bildermann, Hrsg. Paul Cassirer, Nr. 1–18, Berlin 5. 4.–20. 12. 1916

Birnbaum, Nathan: *Den Ostjuden ihr Recht!*, Wien 1915

Borchardt, Rudolf: *Der Krieg und die deutsche Selbsteinkehr*, Heidelberg 1915

Braun, Lily: *Die Frauen und der Krieg*, Leipzig 1915

Buber, Martin: *Völker, Staaten und Zion. Ein Brief an Hermann Cohen und Bemerkungen zu seiner Antwort*, Berlin 1917

–: *Mein Weg zum Chassidismus*, Frankfurt a. M. 1918

–: *Jiskor. Ein Buch des Gedenkens an gefallene Wächter und Arbeiter im Lande Israel*, Berlin 1918

Busoni, Ferruccio: *Entwurf einer neuen Tonkunst*, Leipzig ²[1916]

Chamberlain, Houston Stewart: *Kriegsaufsätze*, München ¹¹1915

–: *Neue Kriegsaufsätze*, München ⁵1915

–: *Hammer oder Ambos*, München 1916

–: *Der Wille zum Sieg und andere Aufsätze*, München 1918

Church, Samuel Harden: *The American Verdict on the War. A Reply to the Appeal to the Civilized World of 93 German Professors*, [Baltimore] 1915

Claß, Heinrich: *Zum deutschen Kriegsziel. Eine Flugschrift*, München 1917

Clausewitz, Karl v.: *Vom Kriege*, Leipzig 1915

Cohen, Hermann: *Deutschtum und Judentum. Mit grundlegenden Betrachtungen über Staat und Internationalismus*, Gießen 1915

Cunow, Heinrich: *Parteizusammenbruch? Ein offenes Wort zum inneren Parteistreit*, Berlin 1915

538

David, Eduard: *Sozialdemokratie und Vaterlandsverteidigung*, Bielefeld 1915
–: *Die Sozialdemokratie im Weltkrieg*, Berlin 1915
–: *Wer trägt die Schuld am Kriege?* Hrsg. Vorstand der SPD, Berlin 1917
Dehmel, Richard: *Volksstimme – Gottesstimme. Kriegsgedichte*, Hamburg 1914
–: *Kriegs-Brevier*, Leipzig 1917
Der Deutsche Krieg. Politische Flugschriften, Hrsg. Ernst Jäckh, Heft 1–97, Berlin/Stuttgart 1914–1917
Deutsche Kriegsgedichte. Eine Auswahl aus den Jahren 1914–1918, für die Maximilians-Gesellschaft besorgt von Walter Heynen, o. O. 1918
Die deutschen Schützengraben- und Soldatenzeitungen (= Kulturdokumente zum Weltkrieg, Bd. 1), Hrsg. Fred B. Hardt, München 1917
Deutsche Reden in schwerer Zeit. Gehalten von den Professoren an der Universität Berlin, Hrsg. von der Volkswohlfahrt und dem Verein für volkstümliche Kurse von Berliner Hochschullehrern, 3 Bde., Berlin 1915
Die deutsche Sozialdemokratie, Süddeutsche Monatshefte, November 1917
Die deutsche Sozialdemokratie über Krieg und Frieden, Hrsg. Vorstand der Sozialdemokratischen Partei Deutschlands, Berlin 1916
Deutsche Zukunft. Grüsse der deutschen Hochschulen an ihre Bürger im Felde auf das Jahr 1917, Berlin 1917
Deutschland im Urteil des Auslandes früher und – jetzt, Hrsg. Heinrich Fraenkel, München 1916
Dohm, Hedwig: *Der Mißbrauch des Todes. Senile Impressionen*, Berlin 1917
Duhamel, George: *Vie des martyrs*, Paris 1917 (Deutsch: *Leben der Märtyrer*, Zürich 1919)
–: *Civilisation*, Paris 1918
Durkheim, Émile: *»L'Allemagne au-dessus de tout«. La mentalité allemande et la guerre*, Paris 1915

Das eiserne Buch. Die führenden Männer und Frauen zum Weltkrieg 1914/15, Hrsg. Georg Gellert, Hamburg 1915
Engel, Eduard: *Sprich Deutsch. Zum Hilfsdienst am Vaterland*, Leipzig 1917
–: *Entwelschung. Verdeutschungswörterbuch für Amt, Schule, Haus, Leben*, Leipzig 1918
Erzberger, Matthias: *Der Völkerbund. Der Weg zum Weltfrieden*, Berlin 1918
Eucken, Rudolf: *Die sittlichen Kräfte des Krieges*, Leipzig 1914
–: *Die weltgeschichtliche Bedeutung des deutschen Geistes*, Stuttgart 1914

Eulenberg, Herbert: *Der Krieg und die Kunst. Betrachtungen über die zukünftigen Aufgaben deutscher Kunst und des deutschen Theaters*, Stuttgart 1915

Everth, Erich: *Von der Seele des Soldaten im Felde. Bemerkungen eines Kriegsteilnehmers* (= Tat-Flugschriften, Bd. 10), Jena 1915

Fendrich, Anton: *Mit dem Auto an die Front. Kriegserlebnisse*, Stuttgart [1915]

–: *An Bord. Kriegserlebnisse bei der schwimmenden und fliegenden Wehrmacht Deutschlands*, Stuttgart 1916

[Fendrich, Anton]: *Ein Wort an die unten und die oben von einem Sozialdemokraten*, Stuttgart o. J.

–: *»Wir«. Ein Hindenburgbuch*, Stuttgart 1917

Flex, Walter: *Der Wanderer zwischen beiden Welten. Ein Kriegserlebnis*, München [1917]

Floericke, Kurt: *Das Ringen um Galizien. Lemberg – Limanowa – Przemysl* (= Gegen die Moskowiter, 2. Halbband), Stuttgart 1916

Frank, Leonhard: *Der Mensch ist gut*, Zürich 1917

Fried, Alfred H.: *Vom Weltkrieg zum Weltfrieden. Zwanzig Kriegsaufsätze*, Zürich 1916

Friedmann, Lazarus: *Die Emanzipation der Ostjuden und ihr Einfluss auf die Westjuden. Ein Wort zur rechten Zeit*, Frankfurt a. M. 1917

Fritz, Georg: *Die Ostjudenfrage. Zionismus & Grenzschluß*, München 1915

Fuchs, Eduard: *Der Weltkrieg in der Karikatur*, Bd. 1: *Bis zum Vorabend des Weltkrieges*, München 1916 (mehr nicht erschienen)

Fulda, Ludwig: *Amerika und Deutschland während des Weltkrieges*, Dresden 1916

–: *Deutsche Kultur und Ausländerei*, Leipzig 1916

Ganghofer, Ludwig: *Eiserne Zither. Kriegslieder 1914. – Neue Kriegslieder*, Stuttgart 1914

–: *Die Front im Osten*, Berlin/Wien 1915

–: *Reise zur deutschen Front*, Berlin/Wien 1915

–: *Der russische Niederbruch. Die Front im Osten. 2. Teil*, Berlin 1915

–: *Die stählerne Mauer. Reise zur deutschen Front 1915, 2. Teil*, Berlin 1915

–: *Bei den Heeresgruppen Hindenburg und Mackensen*, Stuttgart 1916

Geiger, Ludwig: *Die deutschen Juden und der Krieg*, Berlin o. J.

George, Stefan: *Der Krieg*, Berlin [2]1917

Das große Jahr 1914–1915, Berlin 1915

Der große Krieg. Ein Anekdotenbuch, Hrsg. Erwin Rosen, Stuttgart 1915

Haeckel, Ernst: *Ewigkeit. Weltkriegsgedanken über Leben und Tod, Religion und Entwicklungslehre*, Berlin 1915

Haenisch, Konrad: *Krieg und Sozialdemokratie, Drei Aufsätze*, Hamburg 1915

–: *Wo steht der Hauptfeind? Aus Aufsätzen der »Internationalen Korrespondenz«*, Berlin 1915

–: *Der deutsche Arbeiter und sein Vaterland*, Berlin 1915

–: *Die deutsche Sozialdemokratie in und nach dem Weltkriege*, Berlin 1916

–: *Sozialdemokratie und nationale Verteidigung*. Hrsg. Parteivorstand der SPD, Berlin 1916

Hartmann, Fritz: *Ob-Ost. Friedliche Kriegsfahrt eines Zeitungsmannes*, Hannover 1917

Hauff, Walter von: *Das Deutschtum in Belgien*, Weimar 1915

Hauptmann, Carl: *Offener Brief an den Präsidenten der Vereinigten Staaten von Amerika, Woodrow Wilson* (= Eugen Diederichs' Blätter zur neuen Zeit, Nr. 3/4), Jena 1918

Hauser, Otto: *Rasse und Rassefragen in Deutschland*, Weimar 1915

Hedin, Sven: *Ein Volk in Waffen*, Leipzig 1915

–: *With the German Armies in the West*, London 1915

–: *Nach Osten!*, Leipzig 1916

Der heilige Krieg. Gedichte aus dem Beginn des Kampfes, Hrsg. Reinhard Buchwald, Jena 1914

Heine, Thomas Theodor: *Kleine Bilder aus großer Zeit*, München 1917

Heinze, Wolfgang: »Ostjüdische Einwanderung«, in: *Preußische Jahrbücher* 162 (1915), H. 4, S. 98–117

Hirschfeld, Magnus: *Warum hassen uns die Völker? Eine kriegspsychologische Betrachtung* [= Deutsche Kriegsschriften, Heft 1], Bonn 1914

Hurra! Ein Kriegs-Bilderbuch von Herbert Rikli, Stuttgart 1916 (11 Bl.)

Jacob, Heinrich Eduard: *Reise durch den belgischen Krieg. Ein Tagebuch*, Berlin 1915

Jacques, Norbert: *Die Flüchtlinge*, Berlin 1915

–: *London und Paris im Krieg. Erlebnisse auf Reisen durch England und Frankreich in Kriegszeit*, Berlin 1915

Kaplun-Kogan, Wlad[imir] W.: *Der Krieg. Eine Schicksalsstunde des jüdischen Volkes. Mit einer Karte des jüdischen Ansiedlungsrayons in Russland*, Bonn 1915

Kautsky, Karl: »Der Krieg«, in: *Die Neue Zeit* v. 21.8.1914, 30.Jg., Bd.2, S. 843–846

–: *Nationalstaat, imperialistischer Staat und Staatenbund*, Nürnberg 1915

–: *Die Internationalität und der Krieg*, Berlin 1915

–: *Die Vereinigten Staaten Mitteleuropas*, Stuttgart 1916

–: *Die Befreiung der Nationen*, Stuttgart 1917

–: *Kriegsmarxismus*, Wien 1918

Die Kinder und der Krieg, Hrsg. Hanns Floerke, München [5]1915

Kingdom of Belgium. Ministry of Justice and Ministry of Foreign Affairs: *War of 1914–1916, Reply To the German White Book of the 10th May, 1015, »Die völkerrechtswidrige Führung des belgischen Volkskriegs*, London 1918

Kjellén, Rudolf: *Die Ideen von 1914. Eine weltgeschichtliche Perspektive*, Leipzig 1915

Klabund/Seewald, [Richard]: *Kleines Bilderbuch vom Krieg*, München 1914

Klabund: *Das deutsche Soldatenlied, wie es heute gesungen wird*, München 1915

–: *Dumpfe Trommel und berauschtes Gong. Nachdichtungen chinesischer Kriegslyrik*, Leipzig 1915

–: *Der Marketenderwagen. Ein Kriegsbuch*, Berlin (1915) [2]1916

–: *Dragoner und Husaren. Die Soldatenlieder*, München 1916

–: *Moreau. Roman eines Soldaten*, Berlin 1916

Kolb, Annette: *Briefe einer Deutsch-Französin*, Berlin 1916

Kreppel, Jonas: *Der Weltkrieg und die Judenfrage*, Wien 1915

Der Krieg der Geister. Deutsche und ausländische Stimmen zum Weltkriege. Eine Auslese deutscher und ausländischer Stimmen zum Weltkriege 1914, Hrsg. Hermann Kellermann, Weimar [1915]

Der Krieg und die deutsche Arbeiterschaft. Bekenntnisse und Betrachtungen aus der organisierten Arbeitswelt, Jena 1915

Kriegsbilderbogen Münchner Künstler, Mappe 1–3, München 1914/15

Kriegsbriefe deutscher und österreichischer Juden, Hrsg. Eugen Tannenbaum, Berlin 1915

Kriegsbriefe deutscher Studenten, Hrsg. Philipp Witkop, Gotha [2]1916

Kriegsfahrten deutscher Maler. Selbsterlebtes im Weltkrieg 1914–1915, Biele-feld/Leipzig [1915]

Kriegslieder des XV. Korps 1914–1915, Von den Vogesen bis Ypern, Berlin [1915] (mit 13 Illustrationen nach Federzeichnungen des Sanitätsfrei-willigen Max Beckmann)

Das Kriegsliederbuch, Hrsg. Eugen Müller, Leipzig 1914

Kriegsmappe des SDS, Berlin 1916

Kriegsnummern des Simplicissimus, 8 Bde., München August 1914 bis Sep-tember 1918

Kriegszeit. Künstlerflugblätter, Nr. 1–64/65, Berlin 1914–1916

Lammasch, Heinrich: *Das Völkerrecht nach dem Kriege*, Kristiania 1917

Lamszus, Wilhelm: *Das Menschenschlachthaus. Bilder vom kommenden Krieg*, Hamburg 1912

Latzko, Andreas: *Menschen im Krieg*, Zürich 1917

–: *Frauen im Krieg. Geleitwort zur Internationalen Frauenkonferenz für Völ-kerverständigung in Bern*, Zürich 1918

–: *Friedensgericht*, Zürich 1918

Lehmann, Julius Friedrich: *Deutschlands Zukunft bei einem guten und bei einem schlechten Frieden*, München 1917

Lensch, Paul: *Die deutsche Sozialdemokratie und der Weltkrieg. Eine politi-sche Studie*, Berlin 1915

–: *Die Sozialdemokratie, ihr Ende und ihr Glück*, Leipzig 1916

–: *Drei Jahre Weltrevolution*, Berlin 1917

Lepsius, Johannes: *Bericht über die Lage des Armenischen Volkes in der Tür-kei*, Potsdam 1916

Lersch, Heinrich: *Herz! Aufglühe dein Blut. Gedichte im Kriege*, Jena 1916

Lessing, Theodor: *Europa und Asien*, Berlin 1918

Ludwig, Ernest: *A Reply to Mr. Samuel Harden Church's Pamphlet on »The American Verdict on the War«*, New York 1915

Mann, Heinrich: *Die Armen*, München 1917

–: *Der Untertan*, Leipzig 1918

Mann, Thomas: *Friedrich und die große Koalition*, Berlin 1916

–: *Betrachtungen eines Unpolitischen*, Berlin 1918

The Martyrdom of Belgium. Official Report of Massacres of Peaceable Citizens, Women and Children by the German Army, Baltimore o.J.

Massenverhetzung und Volkskrieg in Belgien, Hrsg. Paul Rohrbach, Berlin 1916

Maurenbrecher, Max: *Denkschrift über die Veranstaltung einer freien Kundgebung des deutschen Geistes mitten in der härtesten Kriegsentscheidung.* Im Auftr. der Vaterländischen Gesellschaft 1914 in Thüringen, Weimar 1914

–: *Neue Staatsgesinnung,* Jena 1916

Meinecke, Friedrich: *Probleme des Weltkrieges. Aufsätze*, München 1917

Meyer, Alfred Richard: *Flandrische Etappe*, Darmstadt 1917

Moeller van den Bruck, Arthur: *Der preußische Stil*, München 1916

Mühsam, Kurt: *Wie wir belogen wurden. Die amtliche Irreführung des deutschen Volkes*, München 1918

Muirhead, J. H.: *German Philosophy in Relation to the War*, London 1915

Naumann, Friedrich: *Mitteleuropa*, Berlin 1915

–: *Der Weg zum Volksstaat*, Berlin 1918

1914. Der Deutsche Krieg im Deutschen Gedicht, Ausgewählt von Julius Bab, 1.–12. Heft, Berlin 1914–1919

The New York Times Current History. A Monthly Magazine. The European War. From the Beginning to March, 1915, 6 Bde., New York 1915

Nicolai, Georg Friedrich: *Die Biologie des Krieges. Betrachtungen eines deutschen Naturforschers*, Zürich 1917

Perles, Felix: *Der Krieg und die polnischen Juden in ihrem Verhältnis zu Deutschland*, Königsberg 1914

Pfitzner, Hans: *Futuristengefahr. Bei Gelegenheit von Busoni's Ästhetik*, Leipzig/München 1917

Plenge, Johann: *Der Krieg und die Volkswirtschaft*, Münster 1915

–: *1789 und 1914. Die symbolischen Jahre in der Geschichte des politischen Geistes*, Berlin 1916

–: *Die Revolutionierung der Revolutionäre*, Leipzig 1917

Preuß, Hugo: *Das deutsche Volk*, Jena 1915

–: *Obrigkeitsstaat und großdeutsche Gedanken. Zwei Vorträge*, Jena 1916

–: *Die Wandlungen des deutschen Kriegsgedankens*, Berlin 1917

–: *Nationaler Gegensatz und internationale Gemeinschaft*, Berlin 1918

Rathenau, Walther: *Die Organisation der Rohstoffversorgung*, o. O. 1915

–: *Probleme der Friedenswirtschaft*, Berlin 1917

–: *Die neue Wirtschaft*, Berlin 1918

–: *An Deutschlands Jugend*, Berlin 1918

Report of the Committee on Alleged German Outrages, appointed by His Majesty's government and presided over by the Right Hon. Viscount Bryce, London 1915

Reventlow, Ernst Graf zu: *Der Vampir des Festlandes. Eine Darstellung der englischen Politik nach ihren Triebkräften, Mitteln und Wirkungen*, Berlin 1915

Richthofen, Manfred von: *Der rote Kampfflieger*, Berlin 1917

Rolland, Romain: *Au-dessus de la mêlée*, Paris 1915

–: *Den hingeschlachteten Völkern*, Zürich 1918

Rosegger, Peter: *Steirischer Waffensegen*, Graz 1916

Scheler, Max: *Der Genius des Krieges und der Deutsche Krieg*, Leipzig 1915

–: *Krieg und Aufbau*, Leipzig 1916

–: *Die Ursachen des Deutschenhasses. Eine nationalpädagogische Erörterung*, Leipzig 1917

Schippel, Max: *England und wir. Kriegsbetrachtungen eines Sozialisten*, Berlin 1917

Schröder, Rudolf Alexander: *Heilig Vaterland. Kriegsgedichte*, Leipzig 1914

Schrörs, Heinrich: *Kriegsziele und Moral*, Freiburg i. Br. 1917

Schücking, Walther: *Kultur und Krieg*, Stuttgart 1914

–: *Die deutschen Professoren und der Weltkrieg*, Berlin 1915

–: *Der Weltfriedensbund und die Wiedergeburt des Völkerrechts*, Leipzig 1917

Segel, Binjamin: *Der Weltkrieg und das Schicksal der Juden*, Berlin 1915

Simon, Max: *Der Weltkrieg und die Judenfrage*, Leipzig/Berlin 1916

Slevogt, Max: *Ein Kriegstagebuch*, Berlin 1917

Sombart, Werner: *Händler und Helden. Patriotische Besinnungen*, München/Leipzig 1915

Struck, Hermann: *In Russisch Polen. Ein Kriegstagebuch*, Berlin 1915

[Struck, Hermann]: *Skizzen aus Litauen, Weissrussland und Kurland, 60 Steinzeichnungen mit Text von Hermann Struck und Herbert Eulenberg*. Hergestellt in der Druckerei des Oberbefehlshabers Ost, Berlin 1916

[Struck, Hermann]: *Kriegsgefangene. 100 Steinzeichnungen von Hermann Struck. Begleitworte von Felix von Luschan*, Berlin 1917

Struck, Hermann: *Skizzen aus Rußland. An der Front vor Riga*, o. O. 1917

Tänzer, Aron: *Die Geschichte der Juden in Brest-Litowsk*, Berlin 1918

Theilhaber, Felix A.: *Die Juden im Weltkriege. Mit besonderer Berücksichtigung der Verhältnisse für Deutschland*, Berlin 1916

Thoma, Ludwig: *Der erste August. Christnacht 1914. Zwei Einakter*, München 1915

Trakl, Georg: *Gedichte* [= Der jüngste Tag, Bd. 7/8], Leipzig 1913

Troeltsch, Ernst: *Unser Volksheer. Rede*, Heidelberg 1914

–: *Deutscher Glaube und deutsche Sitte in unserem großen Kriege*, Berlin 1914

–: *Der Kulturkrieg*, Berlin 1915

–: *Deutsche Zukunft*, Berlin 1916

Unsere Helden. Ein Buch der Dankbarkeit und Verehrung deutscher Frauen, Hrsg. Agnes Harder, Berlin 1915

Ury, Else: *Nesthäkchen und der Weltkrieg. Eine Erzählung für Mädchen von 8–12 Jahren*, Berlin o. J.

Viviani René: *La Mission française en Amérique, 24 avril-13 mai 1917*, Vorwort Henri Bergson, Paris 1917

Das Volk in Eisen. Kriegsgedichte der Täglichen Rundschau, Berlin 1914

Wachtfeuer. Künstlerblätter zum Krieg, Herausgegeben vom Wirtschaftlichen Verband bildender Künstler Berlin, Nr. 1–221, Berlin 1914–1918

Wagner, Adolph: *Gegen England! Warum England den französisch-russischen Krieg gegen das Deutsche Reich geschürt hat und ihm beigetreten ist*, Berlin 1914

Walden, Herwarth: *Einblick in Kunst. Expressionismus Futurismus Kubismus*, Berlin 1917

Wasilewski, Leon: *Die Judenfrage in Kongreß-Polen. Ihre Schwierigkeiten und ihre Lösungen*, Wien 1915

Weber, Alfred: *Gedanken zur deutschen Sendung*, Berlin 1915

Wells, H. G.: *The War That Will End War*, London 1914

Why we are at War. Great Britain's Case, Oxford ²1914

Winnig, August: *Der Burgfrieden und die Arbeiterschaft* (= Kriegsprobleme der Arbeiterklasse, Heft 19), Berlin 1915

–: *Zur Neuorientierung der deutschen Sozialdemokratie* (= Kriegsprobleme der Arbeiterklasse, Heft 10), Berlin 1916

Wir »Barbaren«. Anekdoten und Begebenheiten aus dem Weltkrieg. Mit

Beiträgen von Rudolf Eucken und Ernst von Wolzogen, Hrsg. Karl Quenzel, Leipzig 1915

Wohlgemuth, Joseph: *Der Weltkrieg im Lichte des Judentums*, Berlin 1915

Wolff, Theodor: *Vollendete Tatsachen 1914–1917*, Berlin 1918

Wyneken, Gustav: *Der Krieg und die Jugend. Öffentlicher Vortrag gehalten am 25. November 1914 in der Münchner Freien Studentenschaft*, München ²1915

Zeit-Echo. Ein Kriegstagebuch der Künstler. 1914, München 1914

Zeit-Echo. 1915–1916, München/Berlin 1915–1916

Zeit-Echo, 3. Jahrgang, Bümpliz-Bern/Leipzig 1917

2. Veröffentlichungen nach 1918

Acker, Detlev: *Walther Schücking*, Münster 1970

Aggression und Katharsis. Der Erste Weltkrieg im Diskurs der Moderne, Hrsg. Petra Ernst, Sabine A. Haring, Werner Suppanz, Wien 2004

Aksakal, Mustafa: *The Ottoman Road to War in 1914*, Cambridge 2008

Der Aktivismus 1915–1920, Hrsg. Wolfgang Rothe, München 1969

Albanis, Elisabeth: »Ostracised for Loyalty. Ernst Lissauer's Propaganda Writing and its Reception«, in: *LBIYB* 43 (1998), S. 195–224

Altenhöner, Florian: *Kommunikation und Kontrolle. Gerüchte und städtische Öffentlichkeit in Berlin und London 1914/1918*, München 2008

An alle Künstler!, Berlin 1919

An der Schwelle zum Totalen Krieg. Die militärische Debatte über den Krieg der Zukunft 1919–1939, Hrsg. Stig Förster, Paderborn 2002

Angress, Werner T.: »Der jüdische Offizier in der neueren deutschen Geschichte, 1813–1918«, in: *Willensmenschen. Über deutsche Offiziere*, Hrsg. Ursula Breymayer, Bernd Ulrich, Karin Wieland, Frankfurt a. M. 1999, S. 67–78

Ansichten vom Krieg. Vergleichende Studien zum Ersten Weltkrieg in Literatur und Gesellschaft, Hrsg. Bernd Hüppauf, Königstein/T. 1984

Das Antlitz des Weltkrieges. Fronterlebnisse deutscher Soldaten, Hrsg. Ernst Jünger, Berlin 1930

Apokalypse. Ein Prinzip Hoffnung? Ernst Bloch zum 100. Geburtstag, Hrsg. Richard W. Gassen, Bernhard Holeczek, Heidelberg 1985

Arslan, Ahmet: *Das Exil vor dem Exil. Leben und Wirken deutscher Schriftsteller in der Schweiz während des Ersten Weltkrieges*, Marburg 2004

Aschheim, Steven E.: *Nietzsche und die Deutschen. Karriere eines Kults*, Stuttgart 2000

Audoin-Rouzeau, Stéphane: *Men at war 1914–1918. National Sentiment and Trench Journalism in France during the First World War*, Oxford 1992

Audoin-Rouzeau, Stéphane/Becker, Annette: *14–18. Understanding the Great War*, New York 2003

Aufrufe und Reden deutscher Professoren im Ersten Weltkrieg, Hrsg. Klaus Böhme, Stuttgart 1975

August 1914: Ein Volk zieht in den Krieg, Hrsg. Berliner Geschichtswerkstatt, Berlin 1989

Bachmann, Klaus: *»Ein Herd der Feindschaft gegen Rußland«. Galizien als Krisenherd in den Beziehungen der Donaumonarchie mit Rußland 1907–1914*, München 2001

Ball, Hugo: *Die Flucht aus der Zeit*, Zürich 1992

Ball, Hugo/Hennings, Emmy: *Damals in Zürich. Briefe aus den Jahren 1915–1917*, Zürich 1978

Barbusse, Henri: *Briefe von der Front an seine Frau. 1914–1917*, Leipzig 1987

Barkhausen, Hans: *Filmpropaganda für Deutschland im Ersten und Zweiten Weltkrieg*, Hildesheim/Zürich/New York 1982

Barlach, Ernst: *Güstrower Tagebuch*, Hrsg. Elmar Jansen, Berlin 1978

–: *Die Briefe I. 1888–1924*, Hrsg. Friedrich Dross, München 1968

Baumeister, Martin: *Kriegstheater. Großstadt, Front und Massenkultur. 1914–1918*, Essen 2005

Bayern und seine Armee, München 1987

Beaupré, Nicolas: *»Frontliteratur des Ersten Weltkrieges. Entstehung eines literarischen Phänomens im Kontext des Krieges (Deutschland, Frankreich 1914–1920)«*, in: *Literatur und Krieg. Online-Dokumentation des deutsch-französischen Seminars 2003 in Verdun*. Hrsg. Christian Ernst, Christian Francke. Potsdam 2003: www.zeitpfeil.org

–: *Deutsche und Französische Frontschriftsteller des Ersten Weltkrieges (1914–*

1920). Versuch einer Vergleichstudie, Arbeitskreis Militärgeschichte newsletter, Nr. 2/2004, S. 14–17

–: *Écrire en guerre, écrire la guerre. France, Allemagne 1914–1920*, Paris 2006

Becker, Jean-Jacques/Krumeich, Gerd: *Der Große Krieg. Deutschland und Frankreich im Ersten Weltkrieg 1914–1918*, Essen 2010

Beckmann, Max: *Briefe*, Bd. 1: *1899–1925*, Hrsg. Klaus Gallwitz, Uwe M. Schneede, Stephan von Wiese unter Mitarbeit von Barbara Golz, München 1993

Behrenbeck, Sabine: *Der Kult um die toten Helden. Nationalsozialistische Mythen, Riten und Symbole*, Vierow 1996

Benz, Wolfgang: »Der ›Fall Muehlon‹. Bürgerliche Opposition im Obrigkeitsstaat während des Ersten Weltkriegs«, in: *VfZG* 18 (1970), S. 343–365

Berghahn, Volker: *Europa im Zeitalter der Weltkriege. Die Entfesselung und Entgrenzung der Gewalt*, Frankfurt a. M. 2002

Besetzt, interniert, deportiert. Der Erste Weltkrieg und die deutsche, jüdische, polnische und ukrainische Zivilbevölkerung im östlichen Europa, Hrsg. Alfred Eisfeld, Guido Hausmann, Dietmar Neutatz, Essen 2013

Beßlich, Barbara: *Wege in den »Kulturkrieg«. Zivilisationskritik in Deutschland 1890–1914*, Darmstadt 2000

Beyme, Klaus von: *Das Zeitalter der Avantgarden. Kunst und Gesellschaft 1905–1955*, München 2005

Bildpropaganda im Ersten Weltkrieg, Hrsg. Raoul Zühlke, Hamburg 2000

Billeter, Nicole: »*Worte machen gegen die Schändung des Geistes!« Kriegsansichten von Literaten in der Schweizer Emigration 1914/18*, Bern u. a. 2005

Bloch, Ernst: *Kampf, nicht Krieg. Politische Schriften 1917–1919*, Frankfurt a. M. 1985

Brandt, Susanne: *Vom Kriegsschauplatz zum Gedächtnisraum: Die Westfront 1914–1940*, Baden-Baden 2000

Braun, Otto: *Aus den nachgelassenen Schriften eines Frühvollendeten*, Hrsg. Julie Vogelstein, Leipzig 1921

Brenner, Michael, *Geschichte des Zionismus*, München 2002

–: *Kleine jüdische Geschichte*, München 2008

Breuer, Stefan: *Ästhetischer Fundamentalismus. Stefan George und der deutsche Antimodernismus*, Darmstadt 1995

–: *Grundpositionen der deutschen Rechten 1871–1945*, Tübingen 1999

–: *Ordnungen der Ungleichheit – die deutsche Rechte im Widerstreit ihrer Ideen 1871–1945*, Darmstadt 2001

–: *Nationalismus und Faschismus. Frankreich, Italien und Deutschland im Vergleich*, Darmstadt 2005

Bridgewater, Patrick: *The German Poets of the First World War*, London 1985

Brockhaus, Monika: *»Ein Ereignis von weltgeschichtlicher Bedeutung«. Die Balfour-Deklaration in der veröffentlichten Meinung*, Frankfurt a.M. 2011

Brocks, Christine: *Die bunte Welt des Krieges. Bildpostkarten aus dem Ersten Weltkrieg 1914–1918*, Essen 2008

Bruendel, Steffen: *Volksgemeinschaft oder Volksstaat. Die »Ideen von 1914« und die Neuordnung Deutschlands im Ersten Weltkrieg*, Berlin 2003

Brühl, Georg: *Herwarth Walden und »Der Sturm«*, Leipzig 1983

Buber, Martin: *Die Jüdische Bewegung. Gesammelte Aufsätze und Ansprachen 1916–1920*, Berlin 1920

Buitenhuis, Peter: *The Great War of Words. British, American and Canadian Propaganda and Fiction 1914–1933*, Vancouver 1987

Chickering, Roger: *Das Deutsche Reich und der Erste Weltkrieg*, München ²2002

–: *Krieg, Frieden und Geschichte. Gesammelte Aufsätze über patriotischen Aktionismus, Geschichtskultur und totalen Krieg*, Stuttgart 2007

Claß, Heinrich: *Wider den Strom. Vom Werden und Wachsen der nationalen Opposition im alten Reich*, Leipzig 1932

Cohen, Milton A.: *Movement, Manifesto, Melee. The Modernist Group 1910–1914*, Lanham u.a. 2004

Cork, Richard: *A Bitter Truth. Avant-Garde Art and the Great War*, New Haven/London 1994

Cort, Bart de: *»Was ich will, soll Tat werden!«. Erich Kuttner 1887–1942. Ein Leben für Freiheit und Recht*, Berlin 1990

Dada global, Zürich 1994

Daniel, Ute: *Arbeiterfrauen in der Kriegsgesellschaft. Beruf, Familie und Politik im Ersten Weltkrieg*, Göttingen 1997

Deutsche Geschichte im Osten Europas: Galizien, Bukowina, Moldau, Hrsg. Isabel Röskau-Rydel, Berlin 1999

Deutsche Geschichte in Quellen und Darstellung, Bd. 8: *Kaiserreich und Erster Weltkrieg 1871–1918*, Hrsg. Rüdiger vom Bruch, Björn Hofmeister, Stuttgart ²2002

Deutsche Intellektuelle 1910–1933. Aufrufe – Pamphlete – Betrachtungen, Hrsg. Michael Stark, Heidelberg 1984

Deutsche jüdische Soldaten 1914–1945. Wanderausstellung des Militärgeschichtlichen Forschungsamtes, Hrsg. Militärgeschichtliches Forschungsamt, Freiburg 1982

Die Deutschen an der Somme 1914–1918. Krieg, Besatzung, Verbrannte Erde, Hrsg. Gerhard Hirschfeld, Gerd Krumeich, Irina Renz, Essen 2006

Deutsch-jüdische Geschichte in der Neuzeit, Bd. 3: *Umstrittene Integration 1871–1918*, Hrsg. Michael A. Meyer, München 1997

Deutschland im Ersten Weltkrieg. Texte und Dokumente 1914–1918, Hrsg. Ulrich Cartarius, München 1982

Der Dichter als Kommandant. D'Annunzio erobert Fiume, Hrsg. Hans Ulrich Gumbrecht, Friedrich Kittler, Bernhard Siegert, München 1996

Die Dichter und der Krieg. Deutsche Lyrik 1914–1918, Hrsg. Thomas Anz, Joseph Vogl, München 1982

Diederichs, Eugen: *Leben und Werk. Ausgewählte Briefe und Aufzeichnungen*, Hrsg. Lulu von Strauß und Torney-Diederichs, Jena 1936

Dippel, Horst: *Geschichte der USA*, München 1996

Dittmann, Wilhelm: *Die Marine-Justiz-Morde von 1917 und die Admirals-Rebellion von 1918*, Berlin 1926

Dokumente zur Geschichte des deutschen Zionismus 1882–1933, Hrsg. Jehuda Reinharz, Tübingen 1981

Dove, Richard: *Ernst Toller. Ein Leben in Deutschland*, Göttingen 1993

Dowe, Christopher: *Matthias Erzberger. Ein Leben für die Demokratie*, Stuttgart 2011

Dunk, Hermann W. von der: *Kulturgeschichte des 20. Jahrhunderts*, Bd. 1, München 2004

Dunker, Ulrich: *Der Reichsbund jüdischer Frontsoldaten 1919–1938. Geschichte eines jüdischen Abwehrvereins*, Düsseldorf 1977

Durchhalten! Krieg und Gesellschaft im Vergleich 1914–1918, Hrsg. Arnd Bauerkämper, Elise Julien, Göttingen 2010

Eberle, Mathias: *Der Weltkrieg und die Künstler der Weimarer Republik. Dix. Grosz. Beckmann. Schlemmer*, Stuttgart/Zürich 1989

Ehrlicher, Hanno: *Die Kunst der Zerstörung. Gewaltphantasien und Manifestationspraktiken europäischer Avantgarden*, Berlin 2001

Eimannsberger, Ludwig: *Der Kampfwagenkrieg*, München ²1938

Eksteins, Modris: *Tanz über Gräben. Die Geburt der Moderne und der Erste Weltkrieg*, Reinbek 1990

Encke, Julia: *Augenblicke der Gefahr. Der Krieg und die Sinne, 1914–1934*, Paderborn 2006

Endzeit Europa. Ein kollektives Tagebuch deutschsprachiger Schriftsteller, Künstler und Gelehrter im Ersten Weltkrieg, Hrsg. Peter Walther, Göttingen 2008

Enzyklopädie Erster Weltkrieg, Hrsg. Gerhard Hirschfeld, Gerd Krumeich, Irina Renz, Paderborn 2009

Epstein, Jonathan A.: *German and English Propaganda in World War I*, MS 2000, http://bobrowen.com/nymas/propagandapaper.html

Erinnerung an Georg Trakl, Innsbruck 1926

Erster Weltkrieg – Zweiter Weltkrieg. Ein Vergleich. Krieg, Kriegserlebnis, Kriegserfahrung in Deutschland, Hrsg. Bruno Thoß, Hans-Erich Volkmann, Paderborn 2002

Der Erste Weltkrieg in der populären Erinnerungskultur, Hrsg. Barbara Korte, Sylvia Paletschek, Wolfgang Hochbruck, Essen 2008

Der Erste Weltkrieg. Die Ur-Katastrophe des 20. Jahrhunderts, Hrsg. Stephan Burgdorff, Klaus Wiegrefe, München 2008

Der Erste Weltkrieg und die europäische Nachkriegsordnung. Sozialer Wandel und Formveränderung der Politik, Hrsg. Hans Mommsen, Köln/Weimar/Wien 2000

Der Erste Weltkrieg in der internationalen Karikatur, Hannover 1988

Der Erste Weltkrieg. Wirkung, Wahrnehmung, Analyse, Hrsg. Wolfgang Michalka, München 1994

Erzberger, Matthias: *Erlebnisse im Weltkrieg*, Stuttgart/Berlin 1920

European culture in the Great War. The arts, entertainment and propaganda, 1914–1918, Hrsg. Aviel Roshwald, Richard Stites, Cambridge 1999

Expressionismus. Manifeste und Dokumente zur deutschen Literatur 1910–1920, Hrsg. Thomas Anz, Michael Stark, Stuttgart 1982

Faust, Manfred: *Sozialer Burgfrieden im Ersten Weltkrieg. Sozialistische und christliche Arbeiterbewegung im Ersten Weltkrieg in Köln*, Essen 1992

Feldman, Gerald D.: *Armee, Industrie und Arbeiterschaft in Deutschland 1914–1918*, Berlin 1985

–: *Hugo Stinnes. Biographie eines Industriellen 1870–1924*, München 1998

Ferdinand Hodler, Zürich ²1983

Ferrell, Robert H.: *Woodrow Wilson and World War I. 1917–1921*, New York 1985

Fiedler, Gudrun: *Jugend im Krieg. Bürgerliche Jugendbewegung, Erster Weltkrieg und sozialer Wandel 1914–1923*, Köln 1989

The First World War. A photographic history, Hrsg. Laurence Stallings, New York 1933

Fischer, Doris: *Der Münchner Zensurstelle während des Ersten Weltkrieges. Alfons Falkner von Sonnenburg als Pressereferent im Bayerischen Kriegsministerium in den Jahren 1914 bis 1918/19*, München 1973

Fischer, Fritz: *Griff nach der Weltmacht. Die Kriegszielpolitik des kaiserlichen Deutschland 1914/18*, (1961) ND Düsseldorf 2004

Flasch, Kurt: *Die geistige Mobilmachung. Die deutschen Intellektuellen und der Erste Weltkrieg*, Berlin 2000

Flemming, Thomas: *Grüße aus dem Schützengraben. Feldpostkarten aus dem Ersten Weltkrieg. Aus der Sammlung Ulf Heinrich*, Berlin/Brandenburg 2004

Förster, Stig: »Der Krieg der Willensmenschen. Die deutsche Offiziersselite auf dem Weg in den Weltkrieg, 1871–1914«, in: *Willensmenschen. Über deutsche Offiziere*, Hrsg. Ursula Breymayer, Bernd Ulrich, Karin Wieland, Frankfurt a.M. 1999, S.23–36

Frank, Leonhard: *Links wo das Herz ist*, München 1952

Franz Marc und Fritz Winter. Bilder zum Krieg, München 1996

Frecot, Janos/Geist, Johann Friedrich/Kerbs, Diethart: *Fidus 1868–1948. Zur ästhetischen Praxis bürgerlicher Fluchtbewegungen*, München 1972

Friedländer, Saul: *Das Dritte Reich und die Juden*, Bd.1: *Die Jahre der Verfolgung 1933–1939*, München 1998

Friedrich, Ernst: *Krieg dem Kriege. Guerre à la Guerre! War against War! Oorlog aan den Oorlog!*, (1924) Frankfurt a.M. 1980

Friedrich, Jörg: *Das Gesetz des Krieges. Das deutsche Heer in Rußland 1941 bis 1945. Der Prozeß gegen das Oberkommando der Wehrmacht*, München 1993

Fries, Helmut: *Die große Katharsis. Der Erste Weltkrieg aus der Sicht deutscher Dichter und Gelehrter*, Bd.1: *Die Kriegsbegeisterung von 1914: Ursprünge – Denkweisen – Auflösung*, Konstanz 1994

–: *Die große Katharsis. Der Erste Weltkrieg aus der Sicht deutscher Dichter und Gelehrter*, Bd. 2: *Euphorie – Entsetzen – Widerspruch: Die Schriftsteller 1914–1918*, Konstanz 1995

Fritzsche, Peter: *Wie aus Deutschen Nazis wurden*, Zürich 1999

Frontalltag im Ersten Weltkrieg. Ein historisches Lesebuch, Hrsg. Bernd Ulrich, Benjamin Ziemann, Essen 2008

Fussell, Paul: *The Great War and Modern Memory*, New York/London 1975

Futurismo & Futurismi, Mailand 1986

Gass, René: *Otto Braun (1897–1918). Das kurze Leben eines Hochbegabten und die Tragödie der Jugend seiner Zeit*, ms. Ms., Basel 2006

Gay, Peter: *Kult der Gewalt. Aggression im bürgerlichen Zeitalter*, München 1996

Gephart, Werner: *Bilder der Moderne. Studien zu einer Soziologie der Kunst- und Kulturinhalte*, Bonn 2001

Göbel, Wolfram: *Der Kurt Wolff Verlag, 1913–1930. Mit einer Bibliographie des Kurt Wolff Verlages und der ihm angeschlossenen Unternehmen 1910–1930*, München 2000

Grady, Tim: *The German-Jewish Soldiers of the First World War in History and Memory*, Liverpool 2011

Grau, Bernhard: *Kurt Eisner 1867–1919*, München 2001

Grötzinger, Vera: *Der Erste Weltkrieg im Widerhall des »Zeit-Echo« (1914–1917)*, Bern u. a. 1994

Grupp, Peter: *Harry Graf Kessler 1868–1937. Eine Biographie*, München 1995

Günther, Hans: »Befreite Worte und Sternensprache. Der italienische und der russische Futurismus«, in: *Literarische Moderne. Europäische Literatur im 19. und 20. Jahrhundert*, Reinbek 1995, S. 284–313

Hagenlücke, Heinz: *Deutsche Vaterlandspartei. Die nationale Rechte am Ende des Kaiserreiches*, Düsseldorf 1997

Hagner, Michael: »Verwundete Gesichter, verletzte Gehirne. Zur Deformation des Kopfes im Ersten Weltkrieg«, in: *Gesichter der Weimarer Republik*, Hrsg. Claudia Schmölders, Sander Gilman, Köln 2000, S. 78–93

Hamann, Brigitte: *Der Erste Weltkrieg. Wahrheit und Lüge in Bildern und Texten*, München 2004

Handbuch zur »Völkischen Bewegung« 1871–1918, Hrsg. Uwe Puschner, Walter Schmitz, Justus H. Ulbricht, München u. a. 1996

Hanisch, Ernst/Fleischer, Ulrike: *Im Schatten berühmter Zeiten. Salzburg in den Jahren Georg Trakls (1887–1914)*, Salzburg 1986

Hank, Sabine/Simon, Hermann: *Feldrabbiner in den deutschen Streitkräften des Ersten Weltkriegs*, Berlin 2011

Hankel, Gerd: *Die Leipziger Prozesse. Deutsche Kriegsverbrechen und ihre strafrechtliche Verfolgung nach dem Ersten Weltkrieg*, Hamburg 2003

Harth, Helene/Stölting, Erhard: »Ästhetische Faszination und Demagogie. Zur Entstehung des ›faschistischen Stils‹ in Italien«, in: *Romanistische Zeitschrift für Literaturgeschichte* 1/2 (1986), S. 119–145

Haupt, Georges: *Der Kongreß fand nicht statt. Die Sozialistische Internationale 1914*, Wien 1967

Hermann Hesse 1877–1977. Stationen seines Lebens, des Werkes und seiner Wirkung, Marbach 1977

Hinz, Uta: *Gefangen im Großen Krieg. Kriegsgefangenschaft in Deutschland 1914–1921*, Essen 2006

Hirschfeld, Gerhard: »Erster Weltkrieg – Zweiter Weltkrieg: Kriegserfahrungen in Deutschland. Neuere Ansätze und Überlegungen zu einem diachronen Vergleich«, in: *Zeitgeschichte-online, Thema: Fronterlebnis und Nachkriegsordnung. Wirkung und Wahrnehmung des Ersten Weltkriegs*, Mai 2004, http://www.zeitgeschichte-online.de/md= EWK-Hirschfeld

Hitler, Adolf: *Mein Kampf,* München [181]1936

Hitler, [Adolf]: *Sämtliche Aufzeichnungen 1905–1924*, Hrsg. Eberhard Jäckel, Axel Kuhn, Stuttgart 1980

Hobsbawm, Eric: *Das Zeitalter der Extreme. Weltgeschichte des 20. Jahrhunderts*, München [6]2003

Hoegen, Jesko von: *Der Held von Tannenberg. Genese und Funktion des Hindenburg-Mythos (1914–1934)*, Köln u. a. 2007

Hoeres, Peter: »Ein dreißigjähriger Krieg der deutschen Philosophie? Kriegsdeutungen im Ersten und Zweiten Weltkrieg«, in: *Erster Weltkrieg – Zweiter Weltkrieg*, S. 471–495

–: *Der Krieg der Philosophen. Die deutsche und britische Philosophie im Ersten Weltkrieg*, Paderborn 2004

Hofmaier, James: *Max Beckmann. Catalogue raisonné of his Prints*, Vol. 1, Bern 1990

Hofmiller, Josef: *Revolutionstagebuch 1918/19*, Leipzig ³1939

Holzer, Anton: *Die andere Front. Fotografie und Propaganda im Ersten Weltkrieg*, Darmstadt 2007

–: *Das Lächeln der Henker. Der unbekannte Krieg gegen die Zivilbevölkerung 1914–1918*, Darmstadt 2008

Horne, John/Kramer, Alan: *Deutsche Kriegsgreuel 1914. Die umstrittene Wahrheit*, Hamburg 2004

Hugo Ball. Leben und Werk, Berlin 1986

Hüppauf, Bernd: »Schlachtenmythen und die Konstruktion des ›Neuen Menschen‹, in: *Keiner fühlt sich hier mehr als Mensch ...*, S. 43–79

–: »Kriegsfotografie«, in: *Der Erste Weltkrieg. Wirkung, Wahrnehmung, Analyse*, S. 875–909

Hürter, Johannes: »Totaler Krieg und Massenvernichtung«, in: *Oldenbourg Geschichte Lehrbuch. Neueste Zeit*, Hrsg. Andreas Wirsching, München 2006, S. 117–132

Hynes, Samuel: *A War Imagined. The First World War and English Culture*, New York u. a. 1991

Ich schneide die Zeit aus. Expressionismus und Politik in Franz Pfemferts »Aktion«, Hrsg. Paul Raabe, München 1964

Illies, Florian: *1913. Der Sommer des Jahrhunderts*, Frankfurt a. M. 2012

Innenansicht eines Krieges. Bilder, Briefe, Dokumente, 1914–1918, Hrsg. Ernst Johann, Frankfurt a. M. 1968

Isnenghi, Mario: *Il mito della Grande Guerra*, Bologna ⁶2007

Isnenghi, Mario/Rochat, Giorgio: *La Grande Guerra 1914–1918*, Mailand 2000

Jahn, Hubertus F.: *Patriotic Culture in Russia during World War I*, Ithaca/London 1995

Jugend im Ersten Weltkrieg. Tagebücher, Briefe, Erinnerungen. Dezember 1912-Oktober 1918, Hrsg. Wilhelm Eildermann, Berlin 1972

Juli 1914. Die europäische Krise und der Ausbruch des Ersten Weltkriegs, Hrsg. Imanuel Geiss, München ³1986

Jünger, Ernst: »Die totale Mobilmachung«, in: *Krieg und Krieger*, Hrsg. Ernst Jünger, Berlin 1930, S. 558–582

–: *Der Arbeiter. Herrschaft und Gestalt*, (1932) Stuttgart 1982

–: *Politische Publizistik. 1918 bis 1933*, Stuttgart 2001

–: *Der Erste Weltkrieg. Erste Abteilung – Tagebücher I–VI* (= Sämtliche Werke, Bd. 1), Stuttgart [2]2001

–: *In Stahlgewittern*, (1920) Stuttgart [45]2007

–: *Kriegstagebuch 1914–1918*, Hrsg. Helmuth Kiesel, Stuttgart 2010

Jürgens-Kirchhoff, Annegret: *Schreckensbilder. Krieg und Kunst im 20. Jahrhundert*, Berlin 1993

Kandinsky, Wassily/Marc, Franz: *Briefwechsel*, Hrsg. Klaus Lankeit, München 1983

Kappeler, Andreas: *Kleine Geschichte der Ukraine*, München [3]2009

Karady, Victor: *Gewalterfahrung und Utopie. Juden in der europäischen Moderne*, Frankfurt a.M. 1999

Karcher, Eva: *Otto Dix 1891–1969. Leben und Werk*, Köln 1988

Karlauf, Thomas: *Stefan George. Die Entdeckung des Charisma*, München 2007

Keegan, John: *Der Erste Weltkrieg. Eine europäische Tragödie*, Reinbek 2000

Keil, Lars-Broder/Kellerhoff, Sven Felix: »›Von hinten erdolcht‹? Das Ende des Ersten Weltkrieges 1918«, in: dies.: *Deutsche Legenden. Vom »Dolchstoß« und anderen Mythen*, Berlin [2]2003, S. 33–43

–: »›Lütticher Greuel‹. Deutsche Kriegsverbrechen in Belgien 1914«, in: dies.: *Gerüchte machen Geschichte. Folgenreiche Falschmeldungen im 20. Jahrhundert*, Berlin 2006, S. 27–48

Keiner fühlt sich hier mehr als Mensch ... Erlebnis und Wirkung des Ersten Weltkriegs, Hrsg. Gerhard Hirschfeld, Gerd Krumeich, in Verbindung mit Irina Renz, Essen 1993

Kessler, Harry Graf: *Das Tagebuch*, Hrsg. Günther Riederer, Bd. 5: *1914–1916*, Hrsg. Roland S. Kamzelak, Ulrich Ott, Stuttgart 2008

–: *Das Tagebuch*, Hrsg. Günther Riederer, Bd. 6: *1916–1918*, Hrsg. Roland S. Kamzelak, Ulrich Ott, Stuttgart 2006

Kielmansegg, Peter Graf: *Deutschland und der Erste Weltkrieg*, Stuttgart [2]1980

Kienitz, Sabine: *Beschädigte Helden. Kriegsinvalidität und Körperbilder 1914–1923*, Paderborn 2008

Kiesel, Helmuth: *Ernst Jünger*, München 2007

Kirkpatrick, Ivone: *Mussolini*, Frankfurt a.M./Berlin 1965

Klee, Paul: *Tagebücher 1898–1918*, Hrsg. Felix Klee, Köln 1957

Klemperer, Victor: *Curriculum Vitae. Erinnerungen 1881–1918*, 2 Bde., Hrsg. Walter Nowojski, Berlin 1996

Klepsch, Michael: *Romain Rolland im Ersten Weltkrieg. Ein Intellektueller auf verlorenem Posten*, Stuttgart/Berlin/Köln 2000

Kluge, Ulrich: *Soldatenräte und Revolution*, Göttingen 1975

Koch, Lars: *Der Erste Weltkrieg als Medium der Gegenmoderne. Zu den Werken von Walter Flex und Ernst Jünger*, Würzburg 2006

Kocka, Jürgen: *Klassengesellschaft im Krieg 1914–1918*, Göttingen 1973

Koester, Eckart: *Literatur und Weltkriegsideologie. Positionen und Begründungszusammenhänge des publizistischen Engagements deutscher Schriftsteller im Ersten Weltkrieg*, Kronberg 1977

Kollwitz, Käthe: *Tagebuchblätter und Briefe*, Berlin 1948

–: *Die Tagebücher 1908–1943*, Hrsg. Jutta Bohnke-Kollwitz, München 2007

Kostka, Alexandre: »Sur deux fronts. Harry Kessler et la propagande culturelle allemande en Suisse«, in: *Ecritures franco-allemandes de la Grande Guerre*, Hrsg. Jean-Jacques Pollet, Anne-Marie Saint-Gille, Arras 1996, S. 83–108

Koszyk, Kurt: *Deutsche Pressepolitik im Ersten Weltkrieg*, Düsseldorf 1968

Kraft, Herbert: *Musil*, Wien 2003

Kramer, Alan: *Dynamic of Destruction. Culture and Mass Killing in the First World War*, Oxford 2007

Kraus, Karl: *Die letzten Tage der Menschheit. Tragödie in fünf Akten mit Vorspiel und Epilog*, Wien 1919 (Reprint Frankfurt a. M. o. J.)

»Krieg der Geister«. Erster Weltkrieg und literarische Moderne, Hrsg. Uwe Schneider, Andreas Schumann, Würzburg 2000

Kriegsbriefe gefallener Studenten, In Verbindung mit den Deutschen Unterrichts-Ministerien hrsg. von Philipp Witkop, München 1928

Der Kriegseintritt Italiens im Mai 1915, Hrsg. Johannes Hürter, Gian Enrico Rusconi, München 2007

Kriegsende 1918. Ereignis, Wirkung, Nachwirkung, Hrsg. Jörg Duppler, Gerhard P. Groß, München 1999

Kriegserfahrungen. Studien zur Sozial- und Mentalitätsgeschichte des Ersten Weltkriegs, Hrsg. Gerhard Hirschfeld, Gerd Krumeich, Dieter Langewiesche, Essen 1997

Kriegserlebnis. Der Erste Weltkrieg in der literarischen Gestaltung und symbolischen Deutung der Nationen, Hrsg. Klaus Vondung, Göttingen 1980

Krumeich, Gerd: »Langemarck«, in: *Deutsche Erinnerungsorte*, Bd. 3, Hrsg. Etienne François, Hagen Schulze, München 2001, S. 292–309

–: »Die Dolchstoß-Legende«, in: *Deutsche Erinnerungsorte*, Bd. 1, Hrsg. Etienne François, Hagen Schulze, München 2001, S. 585–599

Kruse, Wolfgang: *Der Erste Weltkrieg*, Darmstadt 2009

Kultur und Krieg. Die Rolle der Intellektuellen, Künstler und Schriftsteller im Ersten Weltkrieg, Hrsg. Wolfgang J. Mommsen, München 1996

Kunst, Hans-Joachim/Schenkluhn, Wolfgang: *Die Kathedrale in Reims. Architektur als Schauplatz politischer Bedeutungen*, Frankfurt a. M. 1987

Kurzke, Hermann: *Thomas Mann. Das Leben als Kunstwerk*, München 1999

Kuttner, Erich: *Die erdolchte Front. Eine Anklage in Versen*, Berlin 1920

–: *Der Sieg war zum Greifen nahe*, Berlin 1921

Landauer, Gustav: *Sein Lebensgang in Briefen*, Bd. 2, Hrsg. Martin Buber, Frankfurt a. M. 1929

–: »Die Abschaffung des Krieges durch die Selbstbestimmung des Volkes« (1911), in: ders., *Erkenntnis und Befreiung. Ausgewählte Reden und Aufsätze*, Hrsg. Ruth Link-Salinger, Frankfurt a. M. 1976, S. 53–71

Landauer, Gustav/Mauthner, Fritz: *Briefwechsel 1890–1919*, Hrsg. Hanna Delf, Julius H. Schoeps, München 1994

Landauer, Gustav: *Nation, Krieg und Revolution* (= Ausgewählte Schriften, Bd. 4), Hrsg. Siegbert Wolf, Lich 2011

Lange, Britta: *Einen Krieg ausstellen. Die »Deutsche Kriegsausstellung« 1916 in Berlin*, Berlin 2003

Lebenswelten im Ausnahmezustand. Die Deutschen, der Alltag und der Krieg 1914–1918, Hrsg. Jens Flemming, Klaus Saul, Peter-Christian Witt, Frankfurt a. M. 2011

Lemp, Richard: *Ludwig Thoma. Bilder, Dokumente, Materialien zu Leben und Werk*, München 1984

Lenger, Friedrich: »Werner Sombart als Propagandist eines deutschen Krieges«, in: *Kultur und Krieg*, S. 65–76

Leonhard, Jörn: »›Über Nacht sind wir zur radikalsten Demokratie Europas geworden‹. Ernst Troeltsch und die geschichtspolitische Überwindung der Ideen von 1914«, in: *»Geschichte durch Geschichte überwinden«. Ernst Troeltsch in Berlin*, Hrsg. Friedrich Wilhelm Graf, Gütersloh 2006, S. 205–230

Lethen, Helmut: *Verhaltenslehren der Kälte. Lebensversuche zwischen den Kriegen*, Frankfurt a. M. 1994

Die letzten Tage der Menschheit. Bilder des Ersten Weltkrieges, Hrsg. Rainer Rother, Berlin 1994

Liebknecht, Karl: *Briefe aus dem Felde, aus der Untersuchungshaft und aus dem Zuchthaus*, Hrsg. Franz Pfemfert, Berlin 1920

Lindner-Wirsching, Almut: *Französische Schriftsteller und ihre Nation im Ersten Weltkrieg*, Tübingen 2004

–: »Nationale Identität und geistige Mobilmachung in der französischen Kriegsliteratur (1914–1918)«, in: *Arbeitskreis Militärgeschichte newsletter* 2 (2004), S. 8–14

–: »Patrioten im Pool. Deutsche und französische Kriegsberichterstatter im Ersten Weltkrieg«, in: *Augenzeugen. Kriegsberichterstattung vom 18. zum 21. Jahrhundert*, Hrsg. Ute Daniel, Göttingen 2006, S. 113–140

Liulevicius, Vejas Gabriel: *Kriegsland im Osten. Eroberung, Kolonisierung und Militärherrschaft im Ersten Weltkrieg*, Hamburg 2002

Llanque, Marcus: *Demokratisches Denken im Krieg. Die deutsche Debatte im Ersten Weltkrieg*, Berlin 2000

Löns, Hermann: *Leben ist Sterben Werden Verderben. Das verschollene Kriegstagebuch*, Hrsg. Karl-Heinz Janßen, Georg Stein, Kiel 1986

Löschnigg, Martin: *Der Erste Weltkrieg in deutscher und englischer Dichtung*, Heidelberg 1994

Ludendorff, Erich: *Meine Kriegserinnerungen 1914–1918*, Berlin 1921

Ludendorff, [Erich]: *Wie der Weltkrieg 1914 »gemacht« wurde*, München 1934

Ludendorff, Erich: *Der totale Krieg*, München 1935

Ludwig Meidner. Apokalyptische Landschaften, Hrsg. Carol S. Eliel, München 1990

Luft, H. Sebastian: »Germany's Metaphysical War. Reflections on War by Two Representatives of German Philosophy, Max Scheler and Paul Natorp«, in: *Themenportal Erster Weltkrieg* (2007), http://www.ersterweltkrieg.clio-online.de/2007/Article=208

Luxemburg, Rosa: *Die Krise der Sozialdemokratie (Junius-Broschüre)*, in: dies.: *Politische Schriften*, Bd. 2, Hrsg. Ossip K. Flechtheim, Frankfurt a. M. 1966, S. 19–157

Machtan, Lothar: *Die Abdankung. Wie Deutschlands gekrönte Häupter aus der Geschichte fielen*, Berlin 2008

Mai, Gunther: *Das Ende des Kaiserreichs. Politik und Kriegsführung im Ersten Weltkrieg*, München ³1997

Mann, Heinrich: *Essays*, Hamburg 1960

Mann, Thomas: *Reden und Aufsätze*, Bd. 2, Frankfurt a. M. 1965

–: *Briefe 1889–1936*, Hrsg. Erika Mann, Frankfurt a. M. 1978

–: *Betrachtungen eines Unpolitischen*, Frankfurt a. M. 1983

Marc, Franz: *Schriften*, Hrsg. Klaus Lankheit, Köln 1978

–: *Briefe aus dem Feld*, Hrsg. Klaus Lankheit, Uwe Steffen, München 1982

Marx, Julius: *Kriegstagebuch eines Juden*, Zürich 1939

Matthäus, Jürgen: »Deutschtum and Judentum under Fire. The Impact of the First World War on the Strategies of the Centralverein and the Zionistische Vereinigung«, in: *LBIYB* 33 (1988), S. 129–147

Matuschek, Oliver: *Stefan Zweig. Drei Leben – Eine Biographie*, Frankfurt a. M. 2006

Maurer, Trude: »Medizinalpolizei und Antisemitismus. Die deutsche Politik der Grenzsperre gegen Ostjuden im Ersten Weltkrieg«, in: *Jahrbuch für Geschichte Osteuropas* 33 (1985), S. 205–230

Medicus, Thomas: »Jugend in Uniform. Walter Flex und die deutsche Generation von 1914«, in: *Willensmenschen. Über deutsche Offiziere*, Hrsg. Ursula Breymayer, Bernd Ulrich, Karin Wieland, Frankfurt a. M. 1999, S. 94–108

»Meinetwegen ist die Welt erschaffen«. Das intellektuelle Vermächtnis des deutschsprachigen Judentums, Hrsg. Hans Erler, Ernst Ludwig Ehrlich, Ludger Heid, Frankfurt a. M. 1997

Mendelssohn, Peter de: *S. Fischer und sein Verlag*, Frankfurt a. M. 1970

Meschnig, Alexander: *Der Wille zur Bewegung. Militärischer Traum und totalitäres Programm. Eine Mentalitätsgeschichte vom Ersten Weltkrieg zum Nationalsozialismus*, Bielefeld 2008

Michel, Susanne: *Im Dienste des »Volkskörpers«. Deutsche und französische Ärzte im Ersten Weltkrieg*, Göttingen 2007

Michel, Susanne/Plamper, Jan: »Soldatische Angst im Ersten Weltkrieg. Die Karriere eines Gefühls in der Kriegspsychiatrie Deutschlands, Frankreichs und Russlands«, in: *Geschichte und Gesellschaft* 35 (2009), H. 2, S. 209–248

Mihaly, Jo: *... da gibt's ein Wiedersehen!. Kriegstagebuch eines Mädchens 1914–1918*, München 1986

1917, Hrsg. Claire Garnier, Laurent Le Bon, Metz 2012

Mommsen, Wolfgang J.: *Der Erste Weltkrieg. Anfang vom Ende des bürgerlichen Zeitalters*, Frankfurt a. M. 2004

Mosse, George L.: *Nationalismus und Sexualität. Bürgerliche Moral und sexuelle Normen*, München 1985

–: *Gefallen für das Vaterland. Nationales Heldentum und namenloses Sterben*, Stuttgart 1993

Mühlestein, Hans/Schmidt, Georg: *Ferdinand Hodler. Sein Leben und sein Werk*, Zürich 1983

Mühsam, Erich: »Kriegstagebuch«, in: *Sinn und Form* 6 (1984), S. 1129–1160

Müller, Richard: *Vom Kaiserreich zur Republik. Ein Beitrag zur Geschichte der revolutionären Arbeiterbewegung während des Weltkrieges*, ND Berlin 1974

Münch, Matti: *Verdun. Mythos und Alltag einer Schlacht*, München 2006

Musall, Bettina: *Schneidige Untertanen. Das deutsche Kaiserreich. 1871 bis 1914. Der Weg in die Moderne*, Der Spiegel Geschichte 3/2013, S. 28–31

Musen an die Front! Schriftsteller und Künstler im Dienst der k. u. k. Kriegspropaganda 1914–1918, 2 Bde., Hrsg. Jozo Džambo, München 2003

Musil, Robert: »Europäertum, Krieg, Deutschtum« (1914), in: ders.: *Essays und Reden* (= Gesammelte Werke, Bd. 8), Reinbek ²1981, S. 1020 ff.

Nagler, Jörg: *Nationale Minoritäten im Krieg. »Feindliche Ausländer« und die amerikanische Heimatfront während des Ersten Weltkriegs*, Hamburg 2000

Nationalismus. Dokumente zur Geschichte und Gegenwart eines Phänomens, Hrsg. Peter Alter, München 1994

Nebelin, Manfred: *Ludendorff. Diktator im Ersten Weltkrieg*, München 2011

Neitzel, Sönke: *Weltmacht oder Untergang. Die Weltreichslehre im Zeitalter des Imperialismus*, Paderborn 1999

–: *Kriegsausbruch. Deutschlands Weg in die Katastrophe 1900–1914*, Zürich 2002

–: *Blut und Eisen. Deutschland und der Erste Weltkrieg*, Zürich 2003

Oppelt, Ulrike: *Film und Propaganda im Ersten Weltkrieg. Propaganda als Medienrealität im Aktualitäten- und Dokumentarfilm*, Stuttgart 2002

Osburg, Wolf-Rüdiger: *Hineingeworfen. Der Erste Weltkrieg in den Erinnerungen seiner Teilnehmer*, o. O. 2009

Österreich und der Große Krieg. 1914–1918. Die andere Seite der Geschichte, Hrsg. Klaus Amann, Hubert Lengauer, Wien 1989

Owen, Wilfred: *Gedichte*, übersetzt von Joachim Utz, Heidelberg 1993

Paret, Paul: *Die Berliner Secession. Moderne Kunst und ihre Feinde im Kaiserlichen Deutschland*, Berlin 1981

Paul Klee in Schleißheim. Und ich flog, Hrsg. Margareta Benz-Zauner, Sabine Cichowski, Werner Heinzerling, München 1997

Pazifismus in Deutschland. Dokumente zur Friedensbewegung 1890–1939, Hrsg. Wolfgang Benz, Frankfurt a. M. 1988

Petermann, Sandra: *Rituale machen Räume. Zum kollektiven Gedenken der Schlacht von Verdun und der Landung in der Normandie*, Bielefeld 2007

Petri, Franz/Schöller, Peter: »Zur Bereinigung des Franktireurproblems vom August 1914«, in: *VfZG* 9 (1961), S. 234–248

Philippi, Klaus-Peter: *Volk des Zorns. Studien zur »poetischen Mobilmachung« in der deutschen Literatur am Beginn des Ersten Weltkriegs, ihren Voraussetzungen und Implikationen*, München 1979

Piper, Ernst: »Preußische Tugenden im Zeitalter der totalitären Herausforderung«, in: *Zeitschrift für Religions- und Geistesgeschichte* 53 (2001), H. 1, S. 35–45

–: *Alfred Rosenberg. Hitlers Chefideologe*, München 2005

–: »Das kulturelle Leben im Kaiserreich«, in: *Das deutsche Kaiserreich 1890–1914*, Hrsg. Bernd Heidenreich, Sönke Neitzel, Paderborn u. a. 2011, S. 75–96

–: *Nationalsozialismus. Seine Geschichte von 1919 bis heute*, Münster 2012

Plamper, Jan: *Geschichte und Gefühl. Grundlagen der Emotionsgeschichte*, München 2012

Pöhlmann, Markus: »Der Grenzgänger. Der Dichter Klabund als Propagandist und V-Mann im Ersten Weltkrieg«, in: *ZfG* 55 (2007), H. 5, S. 397–410.

Probst, Volker: »›Ich habe es gesehen‹. Künstlerflugblätter im Ersten Weltkrieg«, in: *Berlin SW – Victoriastraße 35. Ernst Barlach und die*

Klassische Moderne im Kunstsalon und Verlag Paul Cassirer, Hrsg. Helga Thieme, Volker Probst, Güstrow 2003, S. 147–165

Procacci, Giuliano: *Geschichte Italiens und der Italiener*, München 1989

Pyta, Wolfram: *Hindenburg. Herrschaft zwischen Hohenzollern und Hitler*, München 2007

Quidde, Ludwig: *Caligula. Schriften über Militarismus und Pazifismus*, Hrsg. Hans-Ulrich Wehler, Frankfurt a. M. 1977

–: *Der deutsche Pazifismus während des Weltkrieges 1914–1918*, Hrsg. Karl Holl, Boppard am Rhein 1979

Raithel, Thomas: *Das »Wunder« der inneren Einheit. Studien zur deutschen und französischen Öffentlichkeit bei Beginn des Ersten Weltkrieges*, Bonn 1996

Reemtsma, Jan Philipp: »Die Idee des Vernichtungskrieges. Clausewitz – Ludendorff – Hitler«, in: *Vernichtungskrieg. Verbrechen der Wehrmacht 1941–1944*, Hrsg. Hannes Heer, Klaus Naumann, Hamburg 1995, S. 377–401

Reimann, Aribert: *Der große Krieg der Sprachen. Untersuchungen zur historischen Semantik in Deutschland und England zur Zeit des Ersten Weltkriegs*, Essen 2000

Reinharz, Jehuda: »The Balfour Declaration and Its Maker. A Reassessment«, in: *Journal of Modern History* 64 (1994), S. 455–499

Remarque, Erich Maria: *Im Westen nichts Neues*, Berlin 1929

Ricketts, Harry: *Strange Meetings. The Poets of the Great War*, London 2010

Riedesser, Peter: »*Maschinengewehre hinter der Front*«. Zur Geschichte der deutschen Militärpsychiatrie, Frankfurt a. M. 1996

Riezler, Kurt: *Tagebücher, Aufsätze, Dokumente*, Hrsg. Karl Dietrich Erdmann, NA Göttingen 2008

Rogge-Gau, Sylvia: *Die doppelte Wurzel des Daseins. Julius Bab und der Jüdische Kulturbund Berlin*, Berlin 1999

Rolland, Romain: *Das Gewissen Europas. Tagebuch der Kriegsjahre 1914–1919*, 3 Bde., Berlin ²1983

Rosenthal, Jacob: »*Die Ehre des jüdischen Soldaten*«. Die Judenerzählung im Ersten Weltkrieg und die Folgen, Frankfurt a. M. 2007

Russell, Bertrand: *Autobiographie*, Bd. 2, *1914–1944*, Frankfurt a. M. 1973

Salaris, Claudia: *Filippo Tommaso Marinetti*, Florenz 1988

Sauermann, Eberhard: *Literarische Kriegsfürsorge. Österreichische Dichter und Publizisten im Ersten Weltkrieg*, Wien u. a. 2000

Schellack, Fritz: »Sedan- und Kaisergeburtstagsfeste«, in: *Öffentliche Feste. Politische Feste in Deutschland von der Aufklärung bis zum Ersten Weltkrieg*, Hrsg. Dieter Düding, Peter Friedemann, Paul Münch, Reinbek 1988, S. 278–297

Schenker, Anatol: *Der jüdische Verlag 1902–1938. Zwischen Aufbruch, Blüte und Vernichtung*, Tübingen 2003

Schivelbusch, Wolfgang: *Die Bibliothek von Löwen. Eine Episode aus der Zeit der Weltkriege*, München / Wien 1988

–: *Die Kultur der Niederlage, Der amerikanische Süden 1865 – Frankreich 1871 – Deutschland 1918*, Berlin 2001

Schmid, Bastian: *Deutsche Naturwissenschaft, Technik und Erfindung im Weltkriege*, München / Leipzig 1919

Schmidt, Anne: *Belehrung – Propaganda – Vertrauensarbeit: Zum Wandel amtlicher Kommunikationspolitik in Deutschland 1914–1918*, Essen 2006

Schmidt-Bergmann, Hansgeorg: *Futurismus. Geschichte, Ästhetik, Dokumente*, Reinbek 2009

Schmitt, Carl: *Die Militärzeit 1915 bis 1919. Tagebuch Februar bis Dezember 1915. Aufsätze und Materialien*, Hrsg. Ernst Hüsmert, Gerd Giesler, Berlin 2005

Schmitz-Berning, Cornelia: *Vokabular des Nationalsozialismus*, Berlin / New York 1998

Schoell-Glass, Charlotte: *Aby Warburg und der Antisemitismus. Kulturwissenschaft als Geistespolitik*, Frankfurt a. M. 1998

Schröttner, Bea: »Hermann Struck im Ersten Weltkrieg«, in: *Hermann Struck 1876–1944*, Hrsg. Ruthi Ofek, Chana Schütz, Berlin 2007

Schubert, Dietrich: *Die Kunst Lehmbrucks*, Dresden 1990

Schwabe, Klaus: *Wissenschaft und Kriegsmoral. Die deutschen Hochschullehrer und die politischen Grundfragen des Ersten Weltkrieges*, Göttingen 1969

Schwartz, Michael: *Ethnische »Säuberungen« in der Moderne. Globale Wechselwirkungen nationalistischer und rassistischer Gewaltpolitik im 19. und 20. Jahrhundert*, München 2013

Segall, Jacob: *Die deutschen Juden als Soldaten im Kriege 1914–1918. Eine statistische Studie*, Berlin 1922

Selig, Wolfram: *Paul Nikolaus Cossmann und die Süddeutschen Monatshefte. Ein Beitrag zur Geschichte der nationalen Publizistik im Ersten Weltkrieg*, Osnabrück 1967

Sieg, Ulrich: *Jüdische Intellektuelle im Ersten Weltkrieg. Kriegserfahrungen, weltanschauliche Debatten und kulturelle Neuentwürfe*, Berlin 2001

–: »Empathie und Pflichterfüllung. Leo Baeck als Feldrabbiner im Ersten Weltkrieg«, in: *Leo Baeck 1873–1956. Aus dem Stamme von Rabbinern*, Hrsg. Georg Heuberger, Fritz Backhaus, Frankfurt a. M. 2001, S. 44–59

–: »Die Macht gewohnter Deutungsmuster. Zionistische Deutungsmuster. Zionistische Intellektuelle in Deutschland und der Erste Weltkrieg«, in: *Geheimdienste, Diplomatie und Krieg. Das Räderwerk der Internationalen Beziehungen*, Hrsg. Carlos Collado Seidel, Berlin u. a. 2013, S. 351–363

Siemann, Wolfram: »Krieg und Frieden in historischen Gedenkfeiern des Jahres 1913«, in: *Öffentliche Feste. Politische Feste in Deutschland von der Aufklärung bis zum Ersten Weltkrieg*, Hrsg. Dieter Düding, Peter Friedemann, Paul Münch, Reinbek 1988, S. 298–320

Simmel, Georg: *Der Krieg und die geistigen Entscheidungen. Grundfragen der Soziologie. Vom Wesen des historischen Verstehens. Der Konflikt der modernen Kultur. Lebensanschauung* (Gesamtausgabe, Bd. 16), Hrsg. Gregor Fitzi, Otthein Rammstedt, Frankfurt a. M. 1999

Sittengeschichte des Ersten Weltkrieges, Hrsg. Magnus Hirschfeld, Andreas Gaspar, (1929) Hanau [2]o. J.

Soergel, Albert: *Dichtung und Dichter der Zeit. Eine Schilderung der deutschen Literatur der letzten Jahrzehnte, Neue Folge: Im Banne des Expressionismus*, Leipzig 1925

Spartakusbriefe, Hrsg. Kommunistische Partei Deutschlands, ND Berlin 1920

Spengler, Oswald: *Preussentum und Sozialismus*, München 1921

Spieler, Reinhard: *Max Beckmann 1884–1950. Der Weg zum Mythos*, Köln 1994

Spree, Tommy: *Ich kenne keine »Feinde«. Der Pazifist Ernst Friedrich*, Berlin o. J.

Stefan Zweig. Leben und Werk im Bild, Hrsg. Donald Prater und Volker Michels, Frankfurt a. M. 1981

Stern, Fritz: »Die Historiker und der Erste Weltkrieg. Eigenes Erleben und öffentliche Deutung«, in: ders.: *Verspielte Größe. Essays zur deutschen Geschichte des 20. Jahrhunderts*, München, 1996, S. 37–68

Sternhell, Zeev/Sznajder, Mario/Asheri, Maia: *Die Entstehung der faschistischen Ideologie. Von Sorel bis Mussolini*, Hamburg 1999

Strachan, Hew: *Der Erste Weltkrieg. Eine neue illustrierte Geschichte*, München 2004

Stramm, August: *Die Dichtungen. Sämtliche Gedichte, Dramen, Prosa*, Hrsg. Jeremy Adler, München 1990

Strazhas, Abba: *Deutsche Ostpolitik im Ersten Weltkrieg. Der Fall Ober Ost. 1915–1917*, Wiesbaden 1993

Stromberg, Roland N.: *Redemption by War. The Intellectuals and 1914*, Lawrence 1982

Der Sturm. Ein Erinnerungsbuch an Herwarth Walden und die Künstler aus dem Sturmkreis, Hrsg. Nell Walden, Lothar Schreyer, Baden-Baden 1954

Terraine, John: *White Heat. The New Warfare 1914–1918*, London 1982

Der Tod als Maschinist. Der industrialisierte Krieg 1914–1918, Hrsg. Rolf Spilker, Bernd Ulrich, Bramsche 1998

Trakl, Georg: *Dichtungen und Briefe*, Hrsg. Walter Killy, Hans Szklenar, Salzburg [3]1974

Traverso, Enzo: *Im Bann der Gewalt. Der europäische Bürgerkrieg 1914–1945*, München 2008

Tuchman, Barbara: *August 1914*, Bern/München 1964

Ullrich, Volker: *Die nervöse Großmacht 1871–1918. Aufstieg und Untergang des deutschen Kaiserreichs*, Frankfurt a. M. 1997

Ulrich, Bernd: *Die Augenzeugen. Deutsche Feldpostbriefe in Kriegs- und Nachkriegszeit 1914–1933*, Essen 1997

Ungern-Sternberg, Jürgen von/Ungern-Sternberg, Wolfgang von: *Der Aufruf »An die Kulturwelt«. Das Manifest der 93 und die Anfänge der Kriegspropaganda im Ersten Weltkrieg*, Stuttgart 1996

Universalgeschichte der Juden. Von den Ursprüngen bis zur Gegenwart. Ein historischer Atlas, Hrsg. Eli Barnavi, Frank Stern, Wien 1993

Die Unvergessenen, Hrsg. Ernst Jünger, München 1928

Die »Urkatastrophe« als Erinnerung. Geschichtskultur des Ersten Weltkriegs, Hrsg. Tobias Arand, Münster 2006

Die Vereinigten Staaten von Amerika, Hrsg. Willi Paul Adams, Frankfurt a. M. 1977

Die vergessene Front. Der Osten 1914/15. Ereignis, Wirkung, Nachwirkung, Hrsg. Gerhard P. Groß, Paderborn 2006

Verhey, Jeffrey: *Der »Geist von 1914« und die Erfindung der Volksgemeinschaft*, Hamburg 2000

Versammlungsort moderner Geister. Der Eugen Diederichs Verlag – Aufbruch ins Jahrhundert der Extreme, Hrsg. Gangolf Hübinger, München 1996

Der Vertrag von Versailles. Mit Beiträgen von Sebastian Haffner u. a., München 1978

Viel Feind, viel Ehr! Rätsel aus dem Ersten Weltkrieg als Übermittler von Kriegspropaganda, Hrsg. Reinhard Oberschelp, Hildesheim 1992

Vogt, Stefan: »Zionismus und Weltpolitik. Die Auseinandersetzung der deutschen Zionisten mit dem deutschen Imperialismus und Kolonialismus 1890–1918«, in: *ZfG* 59 (2012), H. 7/8, S. 596–617

Volkov, Shulamit: *Antisemitismus als kultureller Code. Zehn Essays*, München 1990

–: *Walter Rathenau. Ein jüdisches Leben in Deutschland*, München 2012

Vondung, Klaus: *Die Apokalypse in Deutschland*, München 1988

–: »Von Vernichtungslust und Untergangsangst. Nationalismus, Krieg, Apokalypse«, in: *Literarische Moderne. Europäische Literatur im 19. und 20. Jahrhundert*, Hrsg. Rolf Grimminger, Jurij Murašov, Jörn Stückrath, Reinbek 1995, S. 232–256

Von Richthofen bis Remarque: Deutschsprachige Prosa zum I. Weltkrieg, Hrsg. Thomas F. Schneider, Hans Wagener, Amsterdam 2003

Vos, Luc De/Lierneux, Pierre: »Der Fall Belgiens 1914 bis 1918 und 1940 bis 1944«, in: *Erster Weltkrieg – Zweiter Weltkrieg*, S. 527–553.

Wallace, Stuart: *War and the Image of Germany. British Academics 1914–1918*, Edinburgh 1988

War, Violence and the Modern Condition, Hrsg. Bernd Hüppauf, Berlin/New York 1997

Watson, Alexander: *Enduring the Great War. Combat, Morale and Collapse in the German and British Armies 1914–1918*, Cambridge 2008

Watzinger, Karl Otto: *Ludwig Frank. Ein deutscher Politiker jüdischer Herkunft*, Sigmaringen 1995

Weber, Max: *Zur Politik im Weltkrieg. Schriften und Reden 1914–1918*,

Hrsg. Wolfgang J. Mommsen in Zusammenarbeit mit Gangolf Hübinger, Tübingen (1984) 1988

Weber, Thomas: *Hitlers erster Krieg. Der Gefreite Hitler im Weltkrieg – Mythos und Wahrheit*, Berlin 2011

Wehler, Hans-Ulrich: *Das Deutsche Kaiserreich 1871–1918* (= Deutsche Geschichte, Bd. 9), Göttingen [5]1983

–: *Deutsche Gesellschaftsgeschichte*, Bd. 3: *Von der »Deutschen Doppelrevolution« bis zum Beginn des Ersten Weltkrieges 1849–1914*, München 1995

–: *Deutsche Gesellschaftsgeschichte*, Bd. 4: *Vom Beginn des Ersten Weltkrieges bis zur Gründung der beiden deutschen Staaten 1914–1949*, München [2]2003

Weichselbaum, Hans: *Georg Trakl. Eine Biographie mit Bildern, Texten und Dokumenten*, Salzburg 1994

Weigel, Hans/Lukan, Walter/Peyfuss, Max D.: *Jeder Schuss ein Russ jeder Stoss ein Franzos. Literarische und graphische Kriegspropaganda in Deutschland und Österreich 1914–1918*, Wien 1983

Weisbrod, Bernd: »Kriegerische Gewalt und männlicher Fundamentalismus. Ernst Jüngers Beitrag zur Konservativen Revolution«, in: *Geschichte in Wissenschaft und Unterricht* 48 (1998), H. 9, S. 544–560

Welt, Birgit: *Bücher ins Feld! Feldbuchhandel, Feldbüchereien und Liebesgaben im Ersten Weltkrieg*, Magister-Arbeit LMU, München 1993

Eine Welt von Feinden. Der große Krieg 1914–1918, Hrsg. Wolfgang Kruse, Frankfurt a. M. 2000

Der Weltkrieg 1914–1918. Ereignis und Erinnerung, Hrsg. Rainer Rother, Berlin 2004

Die Weltkriegsspionage, Hrsg. Paul von Lettow-Vorbeck, München 1931

Werckmeister, O. K.: *Versuche über Paul Klee*, Frankfurt a. M. 1981

Wette, Wolfram: *Militarismus in Deutschland. Geschichte einer kriegerischen Kultur*, Frankfurt a. M. 2008

Wieland, Lothar: *Belgien 1914. Die Frage des belgischen »Frankiteurkrieges« und die deutsche öffentliche Meinung von 1914 bis 1936* (= Studien zum Kontinuitätsproblem der deutschen Geschichte 2), Frankfurt a. M. 1984

Wiese, Stephan von: *Max Beckmanns zeichnerisches Werk 1903–1925*, Düsseldorf 1978

Wilderotter, Hans: »»Das Weltgericht tagt‹. Rohstoffversorgung und Kriegszieldiskussion«, in: *Walther Rathenau 1867–1922*, Hrsg. Hans Wilderotter, o. O. o. J., S. 362–389

Kaiser Wilhelm II.: *Ereignisse und Gestalten aus den Jahren 1878–1918*, Leipzig 1922

Willett, John: *Explosion der Mitte. Kunst und Politik 1917–1933*, München 1981

Williams, John: *The Home Fronts. Britain, France and Germany 1914–1918*, London 1972

Willmott, H. P.: *Der Erste Weltkrieg*, Hildesheim 2004

Wilmers, Annika: *Pazifismus in der internationalen Frauenbewegung 1914–1920. Handlungsspielräume, politische Konzeptionen und gesellschaftliche Auseinandersetzungen*, Essen 2008

Winkler, Heinrich August: *Der lange Weg nach Westen. Deutsche Geschichte vom Ende des Alten Reiches bis zum Untergang der Weimarer Republik*, München 2000

Winter, Jay: *Sites of Memory, Sites of Mourning. The Great War in European cultural history*, Cambridge 1995

–: *Remembering War. The Great War Between Memory and History in the Twentieth Century*, New Haven / London 2006

Wohl, Robert: *The Generation of 1914*, Cambridge/Mass. 1980

Wolff, Theodor: *Tagebücher 1914–1919. Der erste Weltkrieg und die Entstehung der Weimarer Republik in Tagebüchern, Leitartikeln und Briefen des Chefredakteurs am »Berliner Tageblatt« und Mitbegründer der Deutschen Demokratischen Partei*, Hrsg. Bernd Sösemann, 2 Bde., Boppard am Rhein 1984

The World Atlas of Warfare. Military Innovations that Changed the Course of History, London 1988

Zechlin, Egmont: *Die deutsche Politik und die Juden im Ersten Weltkrieg*, Göttingen 1969

Zeller, Bernhard: *Hermann Hesse*, Reinbek 1963

Die Zerstörung der deutschen Politik. Dokumente 1871–1933, Hrsg. Harry Pross, Frankfurt a. M. 1959

Ziemann, Benjamin: *Front und Heimat. Ländliche Kriegserfahrungen im südlichen Bayern 1914–1923*, Essen 2001

–: »Macht der Maschine‹ – Mythen des industriellen Krieges«, in: *Der Tod als Maschinist*, S. 177–189

–: *Contested Commemorations. The First World War and Weimar Political Culture*, Cambridge 2013

Zweig, Arnold: *Das ostjüdische Antlitz. Mit 50 Steinzeichnungen von Hermann Struck*, Berlin 1920

Zweig, Stefan: *Die Welt von gestern. Erinnerungen eines Europäers*, Frankfurt a.M. [36]2007

Zweig, Stefan/Zech, Paul: *Briefe 1910–1942*, Hrsg. Donald G. Daviau, Rudolstadt 1984

Abkürzungen

ADS	American Defense Society
AEC	Association des Écrivains Combattants
AEG	Allgemeine Elektricitäts-Gesellschaft
AOK	Österreichisch-ungarisches Armeeoberkommando
BUFA	Bild- und Filmamt
CGT	Confédération générale du travail
CV	Centralverein Deutscher Staatsbürger Jüdischen Glaubens
DDP	Deutsche Demokratische Partei
DNVP	Deutschnationale Volkspartei
DVLP	Deutsche Vaterlandspartei
KPD	Kommunistische Partei Deutschlands
LBIYB	Leo Baeck Institute Year Book
MNN	Münchner Neueste Nachrichten
ms.	maschinenschriftlich
Ms.	Manuskript
NA	Neuausgabe
ND	Neudruck
NSDAP	Nationalsozialistische Deutsche Arbeiterpartei
NSL	National Security League
OHL	Oberste Heeresleitung
SA	Sturmabteilung
SAG	Sozialdemokratische Arbeitsgemeinschaft
SDAP	Sozialdemokratische Arbeiterpartei
UDC	Union of Democratic Control
USPD	Unabhängige Sozialdemokratische Partei Deutschlands
VfZG	Vierteljahreshefte für Zeitgeschichte
WZO	World Zionist Organisation/Zionistische Weltorganisation
ZfG	Zeitschrift für Geschichtswissenschaft

Bildnachweis

akg: Bildarchiv Monheim 15; IAM 14; VG Bild-Kunst 20; Imagno 21

Allen Memorial Art Museum, Oberlin College, USA/Charles F. Olney Fund/Bridgeman: 9

Anti-Kriegs-Museum: 26

Archiv des Autors: 6,7, 27

bpk: CNAC-MNAM/Jean-Claude Planchet 18; Nationalgalerie, SMB/ Roman März 16

Deutsches Historisches Museum, Berlin/I. Desnica: 12

Friedrich-Ebert-Stiftung: 8

Heeresgeschichtliches Museum Wien: 3

Imperial War Museum: 13 (Q 33161), 23 (Art.IWM ART 1146)

Israel Museum Jerusalem, Eli Posner: 29

Louis Raemaekers Foundation: 10

Ludwig Meidner-Archiv, Jüdisches Museum der Stadt Frankfurt am Main: 2

Manchester Metropolitan University Special Collections, the Estate of Barnett Freedman: 17

National Museum of Health & Medicine: 25

Pechstein Hamburg/Tökendorf, 2013: 28

ullstein bild: Lombard 1; The Granger Collection 11, 22; Heritage Images 24

Universität Jena: 4

VG Bild-Kunst: 5, 19, 20

Personenregister

Jörg Friedrich

14/18
Der Weg nach Versailles

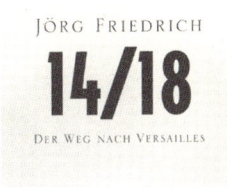

1072 Seiten. Gebunden mit
Schutzumschlag.
Auch als E-Book erhältlich.
www.propylaeen.de

»Das provokanteste Buch zum Ersten Weltkrieg.«
Michael Klonovsky, Focus

Bevor das Deutsche Reich in den Ersten Weltkrieg eintrat, hatte es den Neid der Völker auf sich gezogen – als
wirtschaftlich boomende, kulturell und wissenschaft-
lich strahlende, sozial fortschrittliche, militärisch bril-
lante Nation. Nach vier Jahren Krieg galt es als aggressiv, reaktionär, rechtsverachtend, schuldbeladen. Wie
wurde es vom Musterschüler zum Paria Europas? Jörg
Friedrich, bekannt für unorthodoxe Fragen an die Geschichte, wirft einen neuen, unverstellten Blick auf die
Weltkriegsjahre 1914 bis 1918.

»Sein erzählerisches Vermögen, seine tatsachengestützte
Lakonie, seine informationsgesättigte Unparteilichkeit lassen
einen ganz eigenen Stil entstehen.«
Martin Walser

PROPYLÄEN VERLAG

Thomas Weber

Hitlers erster Krieg

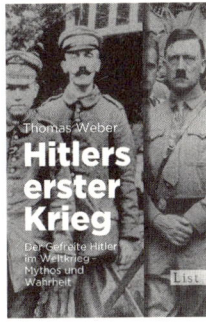

Der Gefreite Hitler im
Weltkrieg – Mythos und
Wahrheit
ISBN 978-3-548-61110-5

So unterschiedlich Hitlers Biographen sein Leben deuten, in einem sind sich alle einig: Die Fronterlebnisse
im Ersten Weltkrieg waren entscheidend für seinen
späteren Aufstieg. Hitler selbst hatte sich zum tapferen
Frontsoldaten stilisiert, dessen Freiwilligen-Regiment
den Keim der späteren NS-Bewegung bildete. Diese
Darstellung wurde von der nationalsozialistischen
Propaganda verbreitet und von späteren Biographen
weitgehend übernommen. In seinem aufsehenerre-
genden Buch zerstört der Historiker Thomas Weber
diesen Mythos gründlich.

»Eine bedeutende und wegweisende Studie«

Der Tagesspiegel

»Mehr als beeindruckend«

Frankfurter Allgemeine Zeitung

List

www.list-taschenbuch.de